미국 역대 대통령의 믿음

다니엘 마운트(Daniel J. Mount) 지음

권석균 옮김

베드로서원

미국 역대 대통령의 믿음

추천의 글

정치와 종교, 교회와 국가의 관계는 하나의 역설입니다. 너무 근접해 있어도 너무 소원해도 안 되는 관계입니다. 인류의 역사는 참여와 분리의 긴장을 보여주고 있습니다. 우리의 역사도 이런 갈등의 악순환을 계속하고 있습니다. 이런 마당에서 출간되는 이 책은 소중한 레슨들을 던지고 있습니다.

이런 갈등의 핵심에는 국가의 최고 리더십이 존재하고 있습니다. 대통령의 믿음은 그의 정책 시행과 무관할 수 없기 때문입니다. 저는 이 책이 우리 역사의 타산지석이 될 만 하다고 생각합니다. 이 책을 잘 연구하고 적용한다면 어쩌면 우리가 궁금해 하고, 우리가 갈망하는 리더십의 정체성을 모색할 수 있을 것입니다.

우리는 국가의 지도자가 우리와 같은 믿음의 소유자이었으면 합니다. 그러나 그가 소유하는 믿음의 진정성은 과연 무엇이어야 하며, 그 믿음은 한 국가의 통치 행위에서 어떻게 나타나야 할 것인가를 한국 교회의 정황에서 아직 진지하게 고민해 본 일이 없다는 의미에서 이 책은 한국 교회 모든 지도자들의 주목을 받아 마땅하다고 믿습니다.

이 귀한 책을 번역하여 소개한 권석균 목사님께 치하를 드리며, 모쪼록 이 소중한 책이 널리 강호에 읽혀지기를 기대하며 추천 드리고 싶습니다.

-이동원 목사(지구촌교회)

「미국 역대 대통령의 믿음」은 그들의 윤리, 행동, 그리고 원리의 이해력 있는 연구와 함께 우리 지도자들의 종교적인 믿음에 빛을 더해 주고 있다.

-스튜어트 바르나도(Stewart Varnado)

이 책은 대통령의 하나님에 대한 믿음과 정통 기독교에 대한 분석을 통해 '하나님 나를 도우소서'라고 한 맹세가 한층 높은 수준에 올라가도록 해준다. 시사하는 바가 많은 이 책은 '하나님 안에서 우리는 신뢰한다'는 의미를 독자들에게 한층 더 깊게 해주며, 우리 대통령들의 개인적인 동시에 공개적인 믿음의 여행에 대한 이해도를 더욱 풍부하게 해준다.

-제인 햄튼 쿡(Jane Hampton Cook,
「미국 역대 영부인의 믿음」의 저자)

철저하게 조사되고 탁월하게 쓰여진 이 책은 많은 전문적인 역사학자들을 놀라게 하며 도전하게 될 것이다.

-덕 위드(Doug Wead, 뉴욕타임스의 베스트셀러
「대통령 만들기」와 「대통령의 자녀들」의 저자)

머리말

미국 역대 대통령의 믿음은 우리 모두에게 중요하다. 왜냐하면 대통령의 믿음은 종종 그들 인생의 방향과 대통령 직무를 위한 결정, 대통령 직무기간 동안 그들의 행동에 영향을 미치기 때문이다. 대통령의 어떤 행동은 그들을 특별한 결정으로 인도한 근원적인 믿음을 알기 전까지는 이해하기 어렵다.

비록 이 책이 이 분야에 첫 번째 책은 아니지만, 이전의 책들은 역대 대통령의 신앙 중 선별된 부분에만 초점을 맞춘데 반해, 나는 그들의 회심, 신앙생활, 그리고 교리 등을 전반적으로 다루었다. 더욱이 그들의 신앙생활이 대통령 직무에 어떠한 영향을 끼쳤는가를 살펴보았다.

그리고 두 개의 부록을 첨가하였다. 처음 부록은 대통령의 개인 성품에 대해 다루었다. 성실한 대통령, 비난받은 대통령, 그리고 중간에 있었던 대통령 등이 담겨있다. 예수님이 말씀하신대로, "나무는 열매로 아는 것"이다(마 12:33). 두 번째 부록은 프리메이슨의 회원과 연관된 것을 다루었다. 어떤 대통령은 경건한 것처럼 보이고, 거듭난 그리스도인처럼 보이지만, 정치적인 목적으로 그렇게 보인다고 평가되기도 한다. 그들의 말이 오해라고 보증할 수는 없다. 그러나 그들의 행동이 무시될 수 없다면, 그들의 말은 그들의 마음을 표현하는 것이라고 믿을 수 있다.

나는 거듭난 기독교 역사가다. 그리고 내가 역사가이기 때문에 나는 정확한 역사를 기록하기를 원한다. 나는 지속되는 역사의 전도적인 접근이 습관적으로 냉소적인 접근만큼이나 학문적이라고 믿는다. 나는 대통령이 거듭난 그리스도인이라는 것이 드러났는지를 결정하지 못했고, 나의 초점을 입증하는 증거를 선별하여 진술하였다. 나는 그 증거가 판결을 정하도록 하였다. 나는 어떤 대통령도 그가 쓴 글보다 전기 작가가 쓴 글이 믿도록 하여 더 거룩하거나, 더 열등한 모습으로 그리지 않으려고 노력했다.

내가 내린 약간의 결론은 지금까지 수용된 관점과는 다르다. 그러나 나는 수정주의 역사가는 아니다. 나의 목표는 그것들이 새로운 것이든 아니든 가능한 한 가장 정확하게 결론을 맺는 것이다. 이 광범위한 분량의 책이 완벽하게 정확하지 않더라도, 나는 내가 가지고 있는 모든 자료를 가지고 최선을 다했다. 혹시 비평할 것이나 수정할 것이 있으면 AMG 출판사를 통해 내게 전해 주기를 바란다. 부디 이 책을 통해 기독교인들은 역사에 대해 더 좋은 평가를 갖게 되며, 역사가들은 기독교에 대해 더 나은 이해를 갖게 되기를 바란다.

오하이오 주 맨스필드에서
다니엘 마운트(Daniel J. Mount)

*편집자 주 : 가능한 한, 나는 오늘날 스펠링이 달라졌더라도 대통령들이 사용한 원래의 스펠링을 그대로 사용하였다. 예를 들면, 많은 경우 영국 영어가 미국 영어에서 달라졌는데 원문 뒤에 바뀐 것을 넣지는 않았다. 그 당시에는 맞는 스펠링이었지만, 그 뒤로 바뀌었다.

차례

머리말

감사의 글

서문

1. 조지 워커 부시(George Walker Bush) … 15
2. 빌 클린턴(William Jefferson Clinton) … 25
3. 조지 허버트 워커 부시(George Herbert Walker Bush) … 33
4. 로널드 윌슨 레이건(Ronald Wilson Reagan) … 43
5. 제임스 얼 카터(James Earl Carter) … 63
6. 제럴드 포드(Gerald Ford) … 81
7. 리처드 밀하우스 닉슨(Richard Milhous Nixon) … 87
8. 린든 베인스 존슨(Lyndon Baines Johnson) … 101
9. 존 피처럴드 케네디(John Fitzgerald Kennedy) … 109
10. 드와이트 데이빗 아이젠하우어(Dwight David Eisenhower) … 119
11. 해리 트루먼(Harry S Truman) … 131
12. 프랭클린 델러노 루즈벨트(Franklin Delano Roosevelt) … 145
13. 허버트 클라크 후버(Herbert Clark Hoover) … 159
14. 캘빈 쿨리지(Calvin Coolidge) … 171
15. 워런 가말리엘 뱅크로프트 위니펙 하딩(Warren Gamaliel Bancroft Winnipeg Harding) … 183
16. 우드로 윌슨(Woodrow Wilson) … 189
17. 윌리엄 하워드 태프트(William Howard Taft) … 209
18. 데오도르 루즈벨트(Theodore Roosevelt) … 215
19. 윌리엄 매킨리(William McKinley) … 223
20. 벤저민 해리슨(Benjamin Harrison) … 237
21. 그로버 클리블랜드(Grover Cleveland) … 247

22. 체스터 엘렌 아더(Chester Alan Arthur) … 257

23. 제임스 아브람 가필드(James Abram Garfield) … 263

24. 러더포드 버처드 헤이즈(Rutherford Birchard Hayes) … 273

25. 율리시스 S. 그랜트(Ulysses S. Grant) … 301

26. 앤드루 존슨(Andrew Johnson) … 317

27. 아브라함 링컨(Abraham Lincoln) … 333

28. 제임스 뷰캐넌(James Buchanan) … 363

29. 프랭클린 피어스(Franklin Pierce) … 381

30. 밀러드 필모어(Millard Fillmore) … 389

31. 재커리 테일러(Zachary Taylor) … 393

32. 제임스 낙스 포크(James Knox Polk) … 397

33. 존 타일러(John Tyler) … 407

34. 윌리엄 헨리 해리슨(William Henry Harrison) … 411

35. 마틴 밴 뷰런(Martin Van Buren) … 421

36. 앤드루 잭슨(Andrew Jackson) … 427

37. 존 퀸시 애덤스(John Quincy Adams) … 437

38. 제임스 먼로(James Monroe) … 447

39. 제임스 메디슨(James Madison) … 451

40. 토마스 제퍼슨(Thomas Jefferson) … 461

41. 존 애덤스(John Adams) … 487

42. 조지 워싱턴(George Washington) … 507

부록 A : 인물

부록 B : 메이슨이었던 우리의 대통령

참고문헌 에세이

역자의 말

감사의 글

이 프로젝트의 열매를 맺을 수 있도록 도와주신 AMG 출판사에게 감사드린다. 특별히 처음부터 끝까지 격려의 말과 함께 이 프로젝트를 살펴주신 댄 펜웰 씨에게 감사드린다. 그의 아내인 글로리아도 마케팅의 많은 부분을 제안해 주어 역시 큰 도움이 되었다. 많은 시간 동안 전문적으로 편집해 주신 아그네스 로리스에게도 특별한 감사를 드린다. 지치지 않는 열정으로 책을 교정해 주신 리치 케어니스 씨에게도 감사를 드린다. 아울러 책을 교정해 준 가족과 친구들인 메이슨, 메리, 데보라, 베다니 마운트, 태미 퍼프, 그리고 재니스 가르시아에게 감사드린다.

이 프로젝트를 위해 도서를 찾는데 도움을 준 맨스필드/리치랜드 카운티 공공도서관의 직원들과 애쉬랜드대학 도서관의 직원들에게 특별한 감사를 드린다. 추천서를 기꺼이 써주신 덕 위드, 스튜어트 바르나도, 그리고 제인 햄튼 쿡에게도 감사드린다.

질문에 대한 답변과 유용한 정보를 제공해 준 기관과 개인들에게 특별한 감사를 드린다. 뉴욕 주 킨더훅의 린덴월드 톰 마티노 순찰대원, 고든 밴 뷰런, 프리실라 프리스비, 그리고 폴 클로스가 그들이다. 이들은 마틴 밴 뷰런에 관한 유용한 정보를 제공해 주었다.

제임스 뷰캐넌(James Buchanan)의 신앙에 대해 읽고 유용한 제안을 해주신 휘트랜드의 직원들과 사적지 매니저인 수 스몰 씨에게 특별한 감사를 드린다. 같은 내용을 읽고 유용한 제안을 해 주신 단 월터스 박사님에게도 감사드린다.

앤드루 존슨(Andrew Johnson)에 관한 글을 읽어주신 앤드루 존슨 국립 사적지 소장이신 마크 코리에게 감사드린다. 루더포드 헤이즈(Rutherford B.

Hayes)의 글을 읽어주신 스파이겔 그로브의 루더포드 헤이즈 대통령 센터의 이사이신 토마스 컬버슨에게 감사드린다.

벤저민 해리슨(Benjamin Harrison)의 글을 읽어주신 벤저민 해리슨 대통령 생가의 관장 제니퍼 캡스에게 감사드린다.

워런 하딩(Warren Harding)의 글을 읽어주신 하딩 생가 주기념관의 소장 멀린다 길핀 박사에게 감사드린다.

허버트 후버(Herbert Hoover)의 글을 읽고 많은 유용한 제안을 해주신 데일 메이어와 메이어 씨를 만나게 해 주신 허버트 후버 대통령 기념 도서관의 기록보관인이신 매튜 쉐퍼에게 감사드린다.

쿨리지(Coolidge)의 신앙에 대한 유용한 정보를 제공한 캘빈쿨리지재단과 쿨리지의 글을 읽고 많은 유용한 제안을 제공해 주신 짐 쿡에게 감사드린다.

그리고 일일이 다 열거하지 못했지만 도와주신 모든 분들께 감사를 드린다.

서론

용어 정의

　　미국의 역대 대통령의 종교적 믿음에 대해서 책을 쓴 많은 저자들이 용어를 부주의하게 사용해 왔다. 그들은 자신들이 사용하는 용어에 대한 설명도 없이 "워싱턴은 유신론자였다" 혹은 "링컨은 이신론자였다"라고 말한다. 그리고 용어해설은 종종 무시를 당해왔다. 그러나 저자가 쓴 글을 독자가 이해를 할 수 없다면, 독자는 저자가 대화를 나누기를 원하는 사상을 이해할 수 없을 것이다. 그래서 나는 주요한 용어의 정의를 책의 뒤가 아닌 앞부분에 배치하였다.

　　불가지론자 : 하나님의 존재나 사후세계를 아는 것이 불가능하다고 믿는 사람을 말한다. 불가지론자는 물질의 현상만 믿는다.
　　무신론자 : 하나님이 없다고 믿는 사람이다.
　　거듭나다 : 거듭난 사람은 예수 그리스도를 구주와 주님으로 영접한 사람이며, 기독교의 기본 교리를 받아들인 사람이다.
　　그리스도인 : 예수 그리스도를 개인의 구주와 주님으로 영접한 사람이다. 이 사람은 성경의 진리대로 살려고 노력하는 사람이다.
　　그리스도인은 아래의 사항들을 믿는다.

- 예수가 육체로 오신 하나님이시며
- 동정녀에게서 나셨고
- 십자가에서의 희생적인 죽음으로 우리의 죄를 속하셨으며
- 죽음에서 살아나시고 승천하신 후 성부 하나님의 보좌 우편에 앉아

계시며, 다시 오실 것을 믿으며
- 성경은 하나님의 감동으로 기록된 말씀이며 하나님께 가는 길은 오직 예수를 통해서만 갈 수 있다는 사실을 믿는다.

'그리스도인'이라는 말은 그들이 도덕적인 삶을 살며 기본적인 기독교 교리를 믿는 사람으로 널리 사용되었다. 이 사용을 존중하여, 내가 조사한 바에 의하면 대통령이 기본적인 기독교 교리를 부인한 것이 드러났을 때, 나는 그들이 "정통 기독교인"이 아니라고 결론을 지었다.

회심 : 어떠한 믿음에서 다른 믿음으로 변화한 것을 말한다. 이 책에서는 믿음이 없는 사람이 기독교의 믿음을 가진 것을 말할 때 사용하였다.

이신론자 : 이신론자는 하나님이 세상을 창조하셨다고 믿지만 계속해서 간섭하지는 않는다고 믿는다. 이신론자들은 다음의 사항을 믿는다.

- 하나님의 존재는 이성으로만 증명할 수 있고 계시는 없다.
- 하나님은 피조물과 계속적인 접촉을 하지 않았기에 신적 계시는 없다.
- 이 땅에서 하나님의 접촉이 없기 때문에 자연법칙을 바꿀 수 있는 방법은 없으며, 그래서 기적은 일어나지 않는다.
- 세계는 항상 현재 상태로 존재하며 원래의 상태에서 타락한 것이 아니다.
- 모든 역사는 세상의 피조물을 결정지으며 인류는 우주 장치의 부분일 뿐이다.

유신론자 : 유신론자는 하나님이 우주를 창조하시고 통치하시며 계시를 통해 자신을 나타내신다고 믿는다. 모든 그리스도인들은 유신론자이다. 그러나 모든 유신론자들이 그리스도인은 아니다.

1장

조지 워커 부시
GEORGE WALKER BUSH

그가 공중 앞에서 그 믿음에 대해 고백했듯이, 조지 W. 부시는 중생한 그리스도인이다.
그의 교리적인 신념은 정통 기독교의 가르침과 일치하는 것처럼 보인다.

조지 워커 부시 GEORGE WALKER BUSH

조지 W. 부시는 1946년 7월 6일에 태어났다. 그의 부모는 성공회 전통에 따라 그에게 유아 세례를 주었고, 어린 부시는 자라면서 부모를 따라 성공회교회에 출석하게 된다. 그의 자서전「맡아야 할 본분」(A Charge to Keep)에 의하면, 부시는 "주일학교에서 교사로 가르쳤을 뿐만 아니라, 교회를 섬기며 봉사했었다"고 전해진다. 그러나 그는 아버지를 떠난 탕자와 같이 하나님으로부터 멀어졌다. 물론 탕자가 아버지 품으로 돌아온 것처럼, 그 역시 다시 하나님 품으로 돌아온다.

그가 다시 하나님께로 돌아오기까지는 많은 만남들과 결심들이 있었는데, 그 가운데 빌리 그래함의 역할이 지대했다고 자서전을 통해 밝히고 있다. 1985년 여름, 그래함이 메인 주의 케네벙크포트에 있는 부시 가족의 여름 별장을 방문하게 된다. 그때 그래함은 부시에게 "하나님과 올바른 관계를 가지고 있습니까?"라고 묻는다. 이에 부시는 "그렇지 못했습니다. 그러나 그렇게 되기 원합니다"라고 말한다.

부시는 그때 그래함 목사가 그에게 그리스도를 따르기를 결심하도록 씨앗을 심었다고 말한다. 그래함의 영향력은 그의 말이 아닌, 그의 "친절하고 사랑이 넘치는 품행"을 통해서 전해졌다고 부시는 회고하고 있다. 부시는 그날의 만남이 "예수 그리스도 앞에 내 마음을 재헌신할 수 있었던… 내 인생의 변화의 출발점이었다"고 고백한다.

여기서 부시가 '재헌신(recommit)' 이라는 말을 썼다는 점이 주목할 만하다. 이 말은 그의 회심이 빌리 그래함과 그 주말을 함께 보내기 전에 이미 있었음을 의미하기 때문이다.

부시는 실제로 그로부터 일 년 전인 1984년 4월 3일, 복음전도자 아더 블레시트(Arthur Blessitt)와 중요한 만남을 가졌다.

"저는 어떻게 예수 그리스도를 알고, 어떻게 그분을 따르는지에 대해 당신과 이야기 하고 싶습니다."

블레시트는 "예수님과 당신의 관계는 어떠합니까?"라고 묻는다. 부시가 "잘 모르겠습니다"라고 답하자, 블레시트는 그가 죽으면 천국에 간다고 확신하는지에 대해 묻는다. 부시는 "아니오"라고 답하였다.

이에 블레시트는 하나님의 구원의 계획에 대해 설명해 주면서, 부시가 묻는 다른 질문들에도 답해 주었다. 그리고 그는 부시에게 죄인의 기도를 함께 드리도록 초청하였다. 그가 기억하는 한 (그의 기억은 그날의 만남을 주선하고 함께 참석했던 짐 세일(Jim Sale)에 의해 보충되었다) 그 기도는 다음과 같았다.

"사랑하는 하나님, 저는 당신을 믿습니다. 그리고 제 삶에 당신이 필요합니다. 이 죄인을 불쌍히 여기소서. 주인 되신 예수님, 제가 아는 최선의 방법으로 당신을 따르기를 원합니다. 저의 죄를 사하시고, 제 삶 가운데 구세주요 주인으로 함께 해 주시기 원합니다. 저는 주님이 죄 없이 사셨다고, 나의 죄로 인해 십자가에 달려 죽으시고, 삼일 만에 다시 일어나셨으며, 하나님 아버지께로 승천하신 것을 믿습니다. 사랑합니다, 주님. 제 삶을 이끌어가 주시기 바랍니다. 당신께서 제 기도를 들으시는 줄 믿습니다. 성령께서 제 삶을 당신의 길로 이끌어 주실 것을 믿습니다. 모든 이들을 용서합니다. 그리고 당신의 성령으로 나를 채우사, 모든 이들을 사랑하게 하시기 원합니다. 다른 사람들의 필요를 돌볼 수 있도록 인도하소서. 저의 처소를 하늘에 만드시고, 제 이름을 당신의 책에 적어주시기 바랍니다. 저는 예수 그리스도를 주로 영접하며, 주님을 따르는 진실된 신앙인이 되기를 원합니다. 하나님, 제 기도를 들어주서서 감사합니다. 예수의 이름으로 기도합니다. 아멘."

부시는 자서전에서 이 만남에 대해 언급하지 않는다. 그 이유는 아마도 수십 년간 전 세계를 순회하며 복음을 증거하던 블레시트의 복음전도 방법이 훗날 다소 논쟁의 소지가 되었기 때문인 듯하다. 또한 블레시트와의 만남은 분명했지만, 부시의 선거용 자서전은 사회 전반으로부터 존경받고 있는 빌리 그래함과의 만남을 상세히 설명하는데 주력하는 것처럼 보인다.

1985년 부시는 텍사스 주 미드랜드에 소재한 지역공동체 성경연구회에 참석한다. 이 공동체 성경연구회는 조직적인 성경연구를 통해 기독교인들의 신앙을 성장시킬 목적으로 1975년에 리 캠벨(Lee Campbell)에 의해 시작된 모임이었다. 부시는 1년에 성경을 일독할 수 있도록 구분한 성경(성경을 365쪽으로 나누었다)을 가지고, 2년마다 한 번씩 성경을 일독했는데, 지금까지 그렇게 시행하고 있다. 성경을 일독하지 않는 해에는, 그는 다양한 성경본문들을 연구하기도 한다.

조지 W. 부시와 로라 부시가 미드랜드에 거주할 때에는 미드랜드 제일감리교회에 출석했었다. 1987년과 1988년에는 부시가 그의 아버지 조지 H. W. 부시의 대선 캠페인을 돕기 위해 워싱턴 D.C.에 살았는데, 그때는 성공회교회인 라파옛 스퀘어 성 요한교회에 출석했었고, 그의 아버지가 대통령으로 재임했을 때는 하이랜드 파크 연합감리교회에 출석했었다.

부시는 이 기간 동안에 여전히 거듭난 기독교인으로서의 기초적인 신앙에 대해 배워가고 있었다. 1988년 캠페인에서, 덕 위드(Doug Wead)는 부시에게 미국인들 가운데 회심한 그리스도인이라고 고백하는 사람들의 수에 관한 통계를 보여줬는데, 부시의 반응은 믿을 수 없다는 것이었다. "이들 숫자는 맞을 리가 없네. 너무 높아. 그들은 어떤 근거에서 자신들이 거듭났다고 정의할 수 있지?"

위드는 "그리스도에 대한 신앙고백, 하나님의 말씀으로서의 성경, 그들 생의 전환점이 되는 구세주로서의 그리스도를 영접함"이라고 말하였다. 그러자 부시는 "그런 근거에서라면, 나도 거듭난 그리스도인이네"라고 답했다고 한다.

텍사스 주지사로서 조지 W. 부시는 낙태와 사형 제도와 같은 이슈들과 씨름해야 했다. 부시는 그의 공적 활동을 통해 줄곧 대부분의 경우 낙태가 허용되어서는 안 된다는 입장을 표명해왔다. 그러나 그는 다음과 같은 자신의 신념을 드러내기도 하였다. (한 전기 작가의 말에 의하면) "낙태법은 문화 속에서 어떤 변화가 먼저 있기 전까지는 결코 바뀌지 않을 것이다." 텍사스 주지사로 재임하는 동안, 부시는 사형 제도를 지지함으로 비판을 받았다. 150명 이상이나 되는 사형을 언도받은 기결수들이 부시의 재임기간 처형되었지만, 누구보다 세인의 주목을 받은 기결수는 칼라 패이 터커(Karla Fay Tucker)였다. 1983년 6월 13일, 터커는 데보라 손톤(Deborah Thornton)을 살해하였다. 재판 기간 중, 그녀는 범죄사실을 인정했고, 범행을 즐겼다고 고백한다. 그녀는 사형을 언도받았다. 그러나 사형집행을 기다리는 동안, 그녀는 그리스도인이 되었고, 그녀의 삶이 변화되었기에 그녀는 자신이 처형되어서는 안 된다고 믿었다. 하지만 항소회는 만장일치로 그녀에 대한 유죄판결과 사형집행일을 확정하였다.

부시는 그녀의 사형선고를 감형할 권한이 없었다. 그러나 팻 로버트슨(Pat Robertson)과 교황 요한 바오로 2세 등과 같은 일부 기독교 지도자들은 30일의 집행 유예 기간을 줘야 한다고 주장하였다. 부시는 항소회의 결정을 뒤집지 않을 것을 결정하였다.

"이 사건에 감동한 많은 사람들처럼, 나 또한 기도 가운데 하나님의 인도하심을 구했습니다. 나는 사형을 언도받은 개인의 마음과 영혼에 대한 심판은 보다 상위의 권위에게 맡겨져야 하는 것이 최선이라는 결론을 내렸습니다. 칼라 패이 터커는 그녀가 끔찍한 범죄에 대한 유죄를 인정했고, 그녀의 동료 배심원단에 의해 유죄를 입증 받고, 형을 언도 받았습니다. 정부의 임무는 우리의 법을 시행하여 모든 개인이 그러한 법 앞에 동등하게 다루어지도록 확인하는데 있습니다."

비록 부시는 그와 동일한 한 그리스도인에 대한 처형을 승인함으로 광범위한 비판을 받았지만, 그의 결정은 중대한 숙고에 의한 것이었다. 만일 그가 그와 동일한 종교로 회심한 자에 대한 집행연기를 승인했다면, 그는 동일하게 타종교로 회심한 범죄자의 집행도 연기해야 했을까? 만일 그가 이 케이스에서 30일 집행 유예를 승인할 경우, 범죄자들은 합법적으로 어떤 종교로든 회심할 것이고, 그들의 집행이 유예되는 소기의 목적을 달성했을 것이다. 만일 부시가 기독교로의 회심만을 집행 유예로 승인했다면, 그는 공화제에서는 부적절한 편파주의를 보이는 격이 되고 말았을 것이다.

일부 사형 제도에 반대하는 사람들은 부시가 사형 제도를 지지하면서, 낙태를 반대하는 비일관성을 보인다고 비판하였다. 부시는 그의 캠페인 자서전에서 이 두 주제에 대한 입장을 논의하였다.

"완벽한 세상에서 생명은 하나님으로부터 주어지며 오직 하나님에 의해 거두어집니다. 저는 언젠가 우리 사회가 생명을, 즉 태아로부터 시작해서 노인에 이르기까지의 모든 범위의 생명을 존중하기를 소원합니다. 저는 언젠가 법에 의해 보호를 받고, 생명체로서 환대되기를 소원합니다. 저는 사형 제도를 지지하는데, 그 이유는 신속하고 공정하게 집행될 경우, 사형은 미래의 폭력에 대항하는 억제력이자 무고한 생명들을 구하기 때문입니다. 몇몇 생명에 대한 지지자들은 왜 제가 낙태를 반대하면서도 사형 제도를 지지하는지에 대한 답을 요구하고 있습니다. 제게 있어서 거기에는 무고함과 죄라는 차이점이 있습니다."

1999년경, 조지 W. 부시는 미국의 대통령 후보로 출마할 것을 결심하였다. 그는 제임스 로비슨(James Robison)에게 그것이 하나님의 부르심이라고 믿는다고 말한다. "나는 하나님이 내가 대통령으로 출마하는 것을 원하신다고 느낍니다. 설명할 수는 없지만, 나는 내 조국이 나를 필요로 할 것이라고 느낍니다. 무슨 일이 생길 것이고, 그때 조국은 나를 필요로 할 것입니다. 그것은 내게나 나의 가족 모두에게 쉬운 일이 아니겠지만, 하나님은 내가 그 일을 하기를 원하십니다.

사실 나는 출마하고 싶지 않습니다. 나의 아버지가 대통령이셨으니까요. 나의 가족 모두 그로 인해 영향을 받았습니다. 나는 그 대가를 압니다. 나는 대통령이 된다는 것이 무엇을 의미하는지 압니다. 나는 언젠가 내가 월마트에서 낚시 미끼를 살 때 사람들이 나를 가리키며, '저기 우리의 주지사가 있다' 라고 말하게 된다면 더 없이 행복할 것입니다. 그것이 내가 원하는 전부입니다. 그러나 내가 대통령 후보로 출마하게 된다면, 그 같은 삶은 끝나고 말 것입니다. 나의 인생은 더 이상 이전과 같지 않을 것입니다. 그러나 나는 하나님께서 이것을 원하신다고 느낍니다. 그래서 나는 반드시 이 일을 해야 합니다."

1999년, 부시는 그의 고문인 캐런 휴즈(Karen Hughes)와 함께 「맡아야 할 본분」(A Charge to Keep)이라는 캠페인 자서전을 공동 집필했다. 그는 그의 종교적 신념을 요약해 주는 표현을 택했다. "하나님은 나 같은 죄인을 위해 그의 아들을 보내셨다. 나는 그 아들을 통해 하나님의 놀라운 은총을 발견할 수 있다는 사실에 위로를 얻었다. 그 은총은 어떤 경계선도, 어떤 장애물도 넘어서는 모든 이들에게 열린 은총이다. 그리스도의 사랑으로 나는 삶을 변화시키는 신앙의 능력을 이해하게 되었다."

부시는 2000년에 제43대 미합중국 대통령으로 선출되어 2001년에 취임하였다. 그는 종종 대통령 연설들 가운데 종교적인 표현을 사용하였다. 부시는 1월 20일에 행한 취임연설에서 다음과 같이 말했다.

"우리는 그분의 목적에 따라 시간과 영원을 채우는 이 이야기의 저자가 아닙니다. 그러나 그분의 목적은 우리가 본분을 다할 때 성취됩니다. 그리고 그 본분은 우리가 서로 서로 섬길 때 완성됩니다. 결코 피곤치 않으며, 결코 고분고분하지 않으며, 결코 끝맺지 않으며, 우리는 우리 조국이 보다 공평하고, 관대할 수 있도록, 우리의 삶과 모두의 인생의 위엄을 확약하기 위한 그 목적을 오늘 새롭게 할 것입니다. 이 일은 계속됩니다. 이 이야기는 진행 중입니다. 그리고 천사는 소용돌이 속을 날며, 이 폭풍우를 감독하고 있습니다. … 우리는 우리보다 큰 힘에 의해 인도받고 있습니다. 그분은 우리를 그분의 형상과 동일하게 만드셨습니다. 또한 우리는 우리를 연합하게 하며 계속 앞으로 나아가게 할 원리들을 믿습니다."

2001년 9월 11일, 부시는 플로리다 주 사라소타의 한 초등학교에서 세계무역센터와 펜타곤이 침략을 받았다는 소식을 듣게 된다. 그는 그의 다른 스텝들이 사태를 파악하는 동안, 즉시 학교에서 나와 대통령 전용 비행기로 갔다. 부시는 아내에게 그가 집으로 가고 있음을 알렸다. 비행기 한대가 백악관으로 향한다는 가능성을 언급하면서, 그는 "만일 내가 백악관에 있고, 비행기가 나를 향해 돌진한다면, 내가 말할 수 있는 것은 그저 그날 내가 성경 읽기를 소망한다는 것이야"라고 말했다. 그날 밤, 백악관으로 무사히 돌아온 부시는 시편 23편의 구절들로 국민을 위로했다.

"오늘밤 나는 모든 슬퍼하는 자들과 그들의 세상이 산산 조각난 아이들과 안전과 보호를 위협받는 모든 사람들을 위해 여러분이 같이 기도해 줄 것을 요청합니다. 그리고 나는 수많은 세대를 통해 낭송되어온 시편 23편을 통해 우리 자신보다 크신 어떤 힘에 의해 그분들이 위로를 얻을 수 있기를 기도합니다. '내가 사망의 음침한 골짜기로 다닐지라도 해를 두려워하지 않을 것은 주께서 나와 함께 하심이라.'"

그는 2001년 9월 14일 전국적인 기도와 추모의 날을 공포했다. 당일 워싱턴 D.C.의 국립대성당에서의 연설에서 부시는 "그분(하나님)께서 만드셨던 세상은 도덕적인 구상에 의한 것이었습니다. 슬픔과 비극, 증오는 일시적일 뿐입니다. 선함, 추모, 사랑은 다함이 없습니다. 생명의 주님께서는 죽은 자 모두와 애통하는 자 모두를 붙잡고 계십니다"라고 말했다.

그는 콜롬비아 우주선이 공중분해 되었을 때에도 이와 비슷한 언어를 사용하며 국민들을 위로했다. "별들의 이름을 지으신 그 창조자는 우리가 오늘 애도하는 일곱 영혼들의 이름들을 또한 알고 계십니다."

조지 W. 부시는 예수 그리스도를 개인적으로 영접한 자들만이 천국에 가는지에 대해 그의 어머니와 논쟁을 했다. 그는 긍정적인 쪽으로 논쟁했다. 그들이 빌리 그래함에게 이 문제에 대한 그의 견해를 물었을 때, 빌리 그래함은 "나는 조지가 신약성경을 해석한 것에 관해 동의 할 수 있습니다. 그러나 두 분 모두에게 상기시킬 점이 있습니다. 결코 하나님을 가지고 장난치지 마시기 바랍니다"라고 답했다.

한때 이 같은 이야기를 듣고, 일부 유권자들(특히 유대인들과 같은)은 부시의 신앙에 대해 불쾌해 했다. 부시는 기자들에게 이렇게 답했다고 한다. "저는 하나님께서 누가 천국에 갈지 결정하신다고 믿습니다. 그것은 분명 조지 부시가 아닙니다."

2장

윌리엄 제퍼슨 클린턴
WILLIAM JEFFERSON CLINTON

클린턴은 어린 시절 기독교로 개종했다. 비록 그의 회심은 교회 출석과 같은 외향적인 형태로서의 헌신이었지만, 수년간의 변모를 통해 그는 그 자신을 거듭난 그리스도인이라고 묘사하기에 이른다. 그의 핵심된 기독교 교리들에서는 다소 정통적인 것 같아 보이지만, 인간 생명의 존엄성과 창세기에 대한 정확성 등과 같은 영역에서는 성경의 가르침을 부정하고 있다.

윌리엄 제퍼슨 클린턴 WILLIAM JEFFERSON CLINTON

윌리엄 제퍼슨 블리드 4세는 1946년 8월 19일에 알칸사 주의 호프 (Hope)에서 태어났다. 그의 모친이 로저 클린턴(Roger Clinton)과 결혼했을 때, 블리드는 그의 성을 "클린턴"으로 쓰기 시작했고, 1962년 법적으로 이름을 바꾸었다.

클린턴은 초등학교 2~3학년 기간 성 요한 가톨릭 학교를 다녔다. 비록 그는 교회의 예전들에 매혹되기는 했지만, 훗날 그 시절의 가톨릭의 묵주 기도에 대해 "그것은 이제껏 호프의 제일침례교회의 주일성경학교와 여름성경학교만을 다녀 봤던 장난기 많은 소년에게는 너무 지나친 것이었다"고 술회한다.

그의 가족들이 알칸사 주의 핫 스프링으로 이사한 뒤, 클린턴은 파크 플레이스이 침례교회에 출석하기 시작했다. 그는 매주 주일학교와 예배에 참석하는 가운데 1955년 회심하게 된다. "당시 나는 내 자신이 죄인이라는 사실과 예수님이 나를 구원하시기 원한다는 교회의 가르침에 열중했었습니다. 그래서 나는 주일 예배가 끝날 무렵, 단 앞으로 나가 그리스도에 대한 나의 믿음을 고백하고, 침례 받기를 요청했습니다." 그는 회심 이후 곧 침례를 받았다.

학교의 영어 상급반 수업에서 클린턴은 자서전적인 에세이 한편을 썼는데, 거기서 그는 자신을 "몹시 종교적이나 여전히 나 자신이 어떠해야 하는가에 대한 믿음에 확신이 없는" 상태라고 표현했다. 1964년, 클린턴은 고향을 떠나 조지타운대학의 외교학과에 입학한다. 그 때로부터 알칸사 주지사가 될 때까지, 클린턴은 교회를 정기적으로 출석하지 않았다.

1975년 10월 11일, 클린턴은 힐러리 로댐(Hillary Rodham)과 결혼한다. 그해 클린턴은 부두신(voodoo)을 믿는 사람들 안에 영이 들어가 그들로 초자연적인 능력을 행사하게 하는 부두교 의식을 목격하게 된다. 그는 그 의식에 대해 회고록에 기록하고 있다. 클린턴은 자신의 회고록에 그 이야기를 포함시킨 이유에 대해 그가 "타문화권에서 어떻게 생명과 자연을 이해하고, 그 가운데 인류 이전부터 존재했고, 인류가 사라진 후에도 여기 남아 있을 비물질적인 신에 대한 보편적인 믿음이 어떠한지에 대해 항상 궁금증을 가져왔기 때문이라고" 설명한다.

그는 계속해서 다음과 같이 설명한다. "아이티 사람들의 삶을 통해 드러난 신에 대한 이해와 대다수 기독교인들, 유대인들, 혹은 모슬렘들의 그것과는 매우 다르다. 그러나 그들의 문헌을 통해 전승되어 온 경험들은 하나님이 신비로운 방식으로 일하신다는 고언을 입증해 주고 있다."

이렇게 클린턴은 부두신에게 홀린 모습을 주님의 일하심으로 믿었다. 이후에도 그는 이러한 확신을 그의 회고록에서 다시 진술하고 있다. 오순절교회 예배를 설명하면서, 클린턴은 "이들이 예수에 의해 감동되었다고 믿었다는 점을 빼고는" 그가 목격한 것들이 아이티에서 봤던 부두교 의식을 연상시킨다고 말한다.

1978년, 클린턴은 알칸사 주의 주지사로 선출된다. 1980년, 그는 임마누엘 침례교회에 멤버로 등록, 16년 만에 정기적으로 교회에 출석하게 된다. 그 교회의 담임목사인 보트(W. O. Vaught)는 종종 낙태 문제들과 같은 클린턴의 자유주의적 관점을 지지하면서, 클린턴의 신앙에 강한 영향을 미친다.

클린턴은 보수주의 신학자들이 낙태에 반대하는 성경적 주장을 잘 알고 있었다. 언젠가 그는 보트 목사와 낙태와 관련된 성경구절들을 이야기 했는데, 클린턴의 전기 작가인 데이빗 마리스(David Marriss)는 다음과 같이 묘사하고 있다. "비록 그가 지성적으로는 임신중절 지지론에 동의하고, 주변에 힐러리와 벳시 라이트(Betsey Wright) 등과 같은 강력한 임신중절에 찬성하는 여성들에 둘러싸여 있었지만, 그[클린턴] 자신은 양면된 감정들을 모두 가지고 있었다. 인간 생명의 정의에 대한 개념과 여전히 씨름하는 가운데 클린턴은 담임목사인 보트가 신구약 성경말씀을 통해 어떤 깨달음을 줄 수 있지 않을까 생각했다."

보트 목사는 클린턴에게 자신이 "거의 줄곧 낙태에 반대해왔다"고 말했다. 그러나 "목회자로서의 내 생애 가운데 '몇몇 극단적으로 힘겨운 상황들'을 목도했기에 성경은 모든 경우에 낙태를 금한다고는 믿지 않는다"고 말했다.

그리고 보트는 클린턴에게 성경이 결코 낙태를 책망하지 않았고, 성경에서의 말하는 생명은 태아가 아니라 엄마의 몸에서 나온 아기가 등을 찰싹하며 맞을 때 숨을 토해냄으로 시작되는 것이라고 설명했다. 클린턴이 "내가 너를 복중에 짓기 전에 너를 알았고"(렘 1:5)와 같은 성경말씀에 대해 질문을 하자, 보트 목사는 그 본문은 단지 하나님의 전지하심을 드러내는 본문이라고 말하며 낙태에 대한 견해를 재확증했다. "이후 낙태와 관련된 그의 모든 변론들에 있어, 클린턴은 임신중절을 지지하는 그의 담임목사의 성경 해석을 의지했다"고 마리스(Marriss)는 말한다.

그의 회고록에서 클린턴은 "모든 사람이 생명은 생물학적으로 태아에서 시작한다고 알고 있다. 그 누구도 언제 생물학이 종교인들을 위해 인간세계에 뛰어들었는지, 언제 영혼이 몸 안에 들어왔는지는 알지 못하고 있다"고 말했다. 생명이 시작되었다는 점을 시인하면서도, 클린턴은 아직 태아나지 않은 생명들의 종지부를 찍을 법제정을 돕기 위한 명분으로 태아가 인간임을 부정하는 사람들이 있다는 사실을 말한다. 1993년 클린턴은 "이 나라의 정부는 결코 신학자들조차 심각한 의견의 불일치를 보이는 주제에 대해서 범죄적 행위들을 해서는 안 된다"고 믿고 있음을 밝혔다.

클린턴은 1992년 대통령으로 당선된다. 1993년 1월 20일에 있었던 취임연설에서 갈라디아서 6장 9절을 인용해 다음과 같이 결론을 맺는다. "성경은 '우리가 선을 행하되 낙심하지 말지니 피곤하지 아니하면 때가 이르매 거두리라'고 말합니다. 이 기쁜 축하의 산봉우리에서 우리는 골짜기에서 섬기라는 부르심을 듣습니다. 우리는 트럼펫 소리를 들었고, 우리의 호위병을 바꾸었습니다. 그리고 이제 우리는 각자의 자리에서 하나님의 도우심 가운데 그 부르심에 답해야 합니다."

클린턴이 대통령으로 처음에 한 일들 가운데는 낙태술을 제공하는 국제기구들에 대한 연방 보조와 태아 조직검사, 연방으로부터 후원받는 낙태를 상담하는 패밀리 클리닉들을 허용하는 대통령령을 발효시켰다. 또한 클린턴은 두 명의 임신중절 지지자들을 대법원의 법관으로 임명하였고, 군에서 동성연애 행위를 허용토록 한 것이다. 로버트 버드(Robert Byrd) 상원의원을 설득하는데 실패했던 클린턴은 버드 상원위원에게 다음과 같이 말했다. "버드 상원의원님, 하나님께서 십계명을 주셨을 때, 그분은 동성연애를 금지하지 않았습니다. 양심의 문제로서 당신이 반드시 나라를 위해 복무해야 한다면, 동성연애 사실이 결코 당신의 나라를 위한 봉사를 막아서는 안 됩니다."

클린턴의 이 같은 주장은 성경이 다른 구절들에서 금하라고 명하고 있다 하더라고, 십계명에서 금하지 말라고 언급하지 않은 행위는 허용된다는 식의 믿음을 드러내었다.

그의 임기 가운데 클린턴은 적합한 경우에 종교를 참고했다. 1993년 2월 4일에 있었던 조찬기도회에서 클린턴은 믿음에 대해 언급했다. "우리는 힘의 근원으로의 믿음이 필요합니다. 성경은 '믿음은 바라던 것들의 실상이요, 보지 못하는 것들의 증거니'라고 말하고 있습니다. 저에게 그것은 다음과 같은 의미가 되어 주고 있습니다. 그 어떤 고통스러운 상황에 처해 있다할지라도, 만일 우리에게 충분한 믿음만 있다면, 우리는 외부로부터 언제나 자신을 규정하려는 사람들과는 다르게 우리 자신을 내면으로부터 보여줄 수 있다는 것입니다.

우리는 희망의 재료로서 우리의 믿음을 필요로 합니다. 왜냐하면 빌리 그래함 목사가 말한 것처럼, 믿음은 우리 각자가 완벽하지는 않더라도 언제나 진보하는 구원의 가능성을 우리 각자에게 주기 때문입니다. 우리는 또한 도전의 재료로서 믿음을 필요로 합니다. 왜냐하면 우리가 성경을 주의 깊게 읽는다면, 거기서 우리는 우리 모두가 믿는 바대로 살아야만 한다는 사실을 배울 수 있기 때문입니다. 그것은 좀 더 진부하게 말하자면, 케네디 대통령이 일찍이 말한바, 이곳 지상에서는 하나님의 일이 반드시 우리 자신의 일이 되어야 한다는 교훈대로 살아가는 것을 의미합니다. (클린턴은 케네디 대통령의 이 말을 1993년의 연설과 성명서에서만 해도 4번이나 인용할 만큼 좋아했다)

그러나 저에게 있어 무엇보다 가장 중요한 사실은, 쉰(Sheen) 주교가 말했듯이 믿음은 대통령인 저를 비롯한 부통령, 상원의원, 하원의원, 장군, 법관 등 우리 모두가 죄인이라는 사실을 기억나게 하는 겸손의 재료로서 필요하다는 것입니다. 바울은 성경에서 믿겨지지 않을 만큼 감동적인 말을 했습니다. '내가 원하는 것은 행하지 아니하고 도리어 미워하는 것을 행함이라.' 더 나아가 우리가 단순히 잘못을 행하기 때문이 아니라, 우리가 항상 무엇이 옳은가를 알지 못하기 때문에 잘못을 범하는 것입니다."

1993년 12월 25일, 성탄절 라디오 연설을 통해 클린턴은 다음과 같이 말했다. "이번 성탄절 기간은 우리가 가치 있게 여기는 것이 무엇인지, 무엇이 우리 삶을 의미 있게 하는지에 대해 곰곰이 생각해 볼 시간입니다. 오늘날 기독교인들은 2천여 년 전 그리스도께서 구유에 나심으로 인간에 대한 하나님의 사랑이 구현되었음을 축하합니다. 주님이 태어나신 소박한 환경들, 본이 되는 주님의 삶, 그리고 주님의 가르침의 능력은 우리로 우리 주변의 사람들을 사랑하고 돌보도록 고무합니다."

클린턴의 친구이자 정치적 조언자인 딕 모리스(Dick Morris)는 클린턴의 종교에 대해 다음과 같이 묘사한다. "어떤 공식 종교에도 헌신되지 않으면서, 클린턴은 그의 행동들에 대한 매일의 지침으로 그의 기억 가운데 종교적인 통찰력을 암호화 하는데 심혈을 기울입니다."

모리스는 그의 책「대통령 집무실 뒤편에서」(Behind the Oval Office)에서 자신과 연관된 한 일화를 통해 클린턴의 신앙이 그의 부통령보다 덜 보수적인 성향을 보여주고 있다고 말한다. 그리고 모리스, 클린턴, 고어(Gore)는 환경에 대한 클린턴과 고어의 관심을 전달하기 위해 기획된 미디어 이벤트를 준비 중이었다. 그들은 대머리 독수리를 놓아 줄 계획을 하고 있었다. 대화는 당시 다목적 댐의 개발과 맞물려 멸종 위기에 처해 논쟁거리가 된 달팽이 시어(snail darter)에 대한 이야기로 흘러가고 있었다. 모리스는 이 부분에서 고의적으로 '과장된 문체로' 본인부터 시작되는 내용들을 묘사하고 있다. "당신들은 이러한 종(species)들을 보호하는 노아의 방주와 같을 것입니다." 뒤이어 다음과 같은 대화가 오갔다.

클린턴은 그의 오른편에 앉아 있던 고어를 향해 돌아서면서, "엘(Al), 자네도 알겠지만 노아의 방주에 달팽이 시어는 없었다네." 고어의 표정은 이내 경직되더니 화난 표정이 되었다. 그는 가식적으로 그의 얼굴을 대통령을 향해 돌린 후, 조롱하듯 형식에 맞추어 말하였다. "대통령님, 그 물고기들은 당시 방주 안에 있었습니다."

"정말인가?" 대통령은 미심쩍은 표정으로 고어를 바라보며, "자네가 그것을 어떻게 아는가?" "그 물고기들이 지금 이 땅에 있지 않습니까!" 부통령은 침례교 근본주의자와 같은 어투와 그랜트 우드(Grant Wood)의 그림

'아메리칸 고딕'에 나오는 주인공들이 막 그림 밖으로 나온 표정으로 말했다. "아, 그런가?" 대통령은 우스꽝스럽게 맥 빠진 채 말했다. 고어는 다시 앞을 바라보며, 힘껏 그의 머리를 흔들었다.

클린턴은 1993년부터 2001년까지 대통령직을 수행했다.

3장

조지 허버트 워커 부시
GEORGE HERBERT WALKER BUSH

조지 H. W. 부시는 공적으로 그 감정을 드러내는 사람이 아니다. 그럼에도 불구하고 그는 공개 석상에서 자신이 그리스도를 구세주로 영접했음을 이야기하곤 했다. 비록 그가 정확히 언제 그의 삶에 그러한 회심의 순간을 맞이했는가는 언급한 적이 없지만, 그는 공개적으로 그의 신앙이 정통 기독교의 교리에 기초하고 있음을 확언했다.

조지 허버트 워커 부시 GEORGE HERBERT WALKER BUSH

조지 허버트 워커 부시는 1924년 6월 12일, 매사추세츠 주 밀턴(Milton)에서 태어났다. 그의 가족은 성공회 교인으로 정기적인 가정예배를 드린 믿음의 집안이었다. 가족 예배 시간에 프레스콧 부시(Prescott Bush)는 기도로 모임을 인도했고, 가족들은 성경과 존 베일리(John Bailey)의 '개인 기도일기'를 읽곤 했다. 부시 가족은 매 주일마다 코네티컷 주 그린위치(Greenwich)의 그리스도교회에 출석했다.

조지 부시는 바바라 피어스(Barbara Pierce)와 1945년 1월 6일에 결혼했다. 부시 가족이 텍사스 주 미드랜드에서 살 때, 제일장로교회에 출석하며 주일학교 교사로 학생들을 가르치곤 했다. 조지 부시는 집사가 되었고, 후에 교회의 장로가 되었다.

1946년, 어린 아들 조지 W. 부시의 헌아식에서 목사는 부시 부부에게 "당신들은 사도신경에 포함된 모든 기독교 신앙의 조항들을 진지하게 믿으십니까? 그리고 당신들은 힘이 닿는 대로, 이 아이가 주님의 양육과 훈계 안에서 자라도록 도와야 할 의무를 인정합니까? 아울러 이 아이가 성경을 부지런히 배우며, 사도신경과 주의 기도와 십계명을 비롯한 그의 영혼의 건강을 위해 알아야 하고, 믿어야 할 것을 가르침 받도록 도와야 할 의무를 인정합니까?"라고 물었을때 그들은 "우리는 인정합니다"라고 답했다.

1953년 조지와 바바라는 딸 로빈(Robin)을 백혈병으로 잃었다. 조지는 로빈이 병에 걸렸을 때 치유를 위해 매일아침 교회로 가서 기도하곤 했다.

훗날 그는 이렇게 말한다. "그 때의 그 고통스러운 경험은 우리가 실제로 얼마나 하나님께 의지하고 있는지에 대해, 그리고 우리의 믿음이라는 것이 얼마나 중요한가를 가르쳐 주었습니다. 그 같은 순간에는, 당신이 가진 것은 오직 하나님밖에 없습니다."

부시 가족이 텍사스 주 휴스톤에 살았을 때, 그들은 성 마틴 성공회교회 멤버였다. 메인 주의 케네벙크포트에 정착한 이후, 부시는 성 앤 성공회 교회를 출석하며, 교구위원이 되었다.

1974년 10월부터 1975년 12월까지 부시는 중국에 대한 미국의 연락책이었다(그는 비공식적인 대사였는데, 이는 미국이 공산주의 정권이었던 본토 중국을 인정하지 않았기 때문이다). 부시 가족은 한 성서연구소에서 주관하는 작은 교파 간 채플 모임에 참여했다. 12명에서 20명으로 구성된 각기 다른 국적의 회중 안에서, 부시 가족은 유일한 미국인들이었으며, 예배는 영국 성공회와 감리교, 장로교 목사에 의해 중국어로 진행되었다. 참석자들은 설교 없이 각기 다른 언어로 찬양을 부르며, 교회 교의를 읽는 것으로 예배를 대신했다.

1980년에 부시는 공화당 대통령 후보 지명을 시도했으나 로날드 레이건(Ronald Reagan)에게 패함으로 고배를 마시고 말았다. 전국 공화당 전당대회 기간 중, 로날드 레이건은 부시를 불러 다음과 같이 제안했다. "저는 전당대회를 잘 치르기 위해 당신이 내가 선택한 부통령임을 알리고 싶습니다. … 당신만 괜찮으시다면 말입니다." 이에 부시는 "주지사님, 저로서는 영광입니다"라고 답했다.

레이건은 그의 결정을 발표하기 전에, 부시로부터 몇 가지 핵심사안에 있어서 도움이 필요했었다고 말했다. 그것은 제안된 세금 삭감과 낙태에 관한 것이었다. 부시는 이들 사안에 있어서 레이건의 입장을 지지하는데 동의했다. 이때 부시의 낙태에 관한 입장은 임신중절 합법화를 찬성하는 입장

(pro-choice)에서 임신중절 합법화를 반대하는 입장으로 선회했다.

1970년 그의 상원의원 캠페인에서, 부시는 낙태에 관한 그의 첫 번째 공식 입장을 내놓았다. "저는 이것이 정치적으로 아주 민감한 사안임을 압니다. 그러나 저는 여성들의 선택할 권리를 믿습니다. 그것은 개인의 문제입니다. 제 생각으로는 궁극적으로 이것은 입법적인 질문이 될 것입니다. 저는 연방 낙태법과 같은 것을 좋아하지 않습니다. (이것은 로 대 웨이드(Roe v. Wade) 사건 훨씬 이전의 일이다) (로 대 웨이드 사건은 헌법에 기초한 사생활의 권리가 낙태의 권리를 포함하는가에 대한 미국 대법원의 중대한 판례로, 이 판결에 따르면 낙태를 처벌하는 대부분의 법률은 미국 수정헌법 14조의 적법절차 조항에 의한 사생활의 헌법적 권리에 대한 침해로 위헌으로 판결되었다. 이로 인해 낙태를 금지하거나 제한하는 미국 모든 주와 연방의 법률들은 폐지되었다고 한다. - 역자 주) 그 당시 바바라는 부시의 관점에 동의했다. 비록 10년 후에 부시의 관점은 바뀌었지만, 바바라는 그렇지 않았다.

비록 1980년에 이르러 부시가 그의 공식입장을 변경했지만, 그의 개인적인 신념은 이미 변화 중에 있었다. 「부시 가(家): 명문가의 초상」(The Bushes: Portrait of a Dynasty)에서 피터와 로첼 슈바이처(Peter and Rochelle Schweizer)는 부시의 점진적인 변화에 대해 다음의 말로 설명한다.

"레이건 행정부에 참여하기 전에, 부시는 법적으로 낙태를 제한하는 것에는 반대하는 가운데 '개인적으로 낙태에 반대' 해 왔었다. 그러나 그의 종교적인 신념이 자라는 가운데, 그의 이 같은 태도가 변화하기에 이른다. 가장 심원한 변화는 마빈(Marvin)이 그 첫 아이를 입양했을 때 찾아온다. 그 아이는 입양하기 전에는 유산되어질 수 있었던 아이였다. 부시는 '나는 진정 의심스러울 때는, 지금도 그렇지만, 나는 마샬(Marshall)을 본다네' 라고 그의 형 벅(Buck)에게 글을 남겼다."

마빈과 마가렛(Margaret) 부시의 아들, 마샬은 1986년에 태어나 입양되었다. 아마도 이러한 영향으로 부시는 낙태에 대한 공식입장으로 종종 낙태보다는 입양이 보다 현명한 대안이라고 언급하곤 했다. 실례로 부시는 1990년에 전국 종교방송 정기총회에서의 연설에서 다음과 같이 말했다. "우리는 많은 미국인들이 반대하는 이슈 곁에 있습니다. 그러나 나로서는 매우 분명히 하고 싶습니다. 저는 생명의 신성함을 지지합니다. 우리는 낙태가 아닌 입양을 권장하는 정책이 필요합니다. 그것은 바로 마음으로부터 나오는 것입니다."

1988년 그의 대선 캠페인이 한창 무르익을 즈음에, 부시는 보수주의 기독교인들에게 다가서기 위한 여러 시도들을 했다. 기독교인들을 위해 만든 한 비디오에서, 부시는 그가 설명하는 "삶을 변화시키는 경험"에 대해 이야기 했고, 빌 미뉴타글리오(Bill Minutaglio)가 묘사한 "부시의 기독교 회심 체험"을 이야기 한다. 그 비디오는 기독교 서점 협의회의 멤버들에게 보여졌다.

조지 W. 부시는 그의 아버지의 선거 캠페인을 지지할 보수적 기독교인들을 끌어들이는 역할을 맡았는데, 「조지 부시: 청렴한 사람」(George Bush: Man of Integrity)이라는 책에서 그의 고문인 덕 위드(Doug Wead)는 조지 W. 부시의 도덕적이고 종교적인 특성들을 소개한다. 이 책은 위드가 질문하고 부시가 답하는 인터뷰 형식으로 구성되었다. 위드는 부시에게 구원에 대한 그의 입장을 물었다. 부시는 그 질문이 중생에 대한 질문인지를 묻고, 다음과 같이 말했다. "만일 질문하고 있는 '중생'이 '당신은 예수 그리스도를 당신의 구세주로 영접하셨습니까?'에 대한 질문이라면, 나는 명쾌하게 '그렇습니다'라고 답할 것입니다. 망설임 없이, 두려움 없이 말입니다. 그러나 만일 묻는 질문이 '당신의 삶 가운데 어느 한순간이라도 즉각적인 변화를 경험한 일이 있으십니까?'에 대한 것이라면, '글쎄요. 나는 그런 일이 일어났었노라'고 말할 수 없을 것입니다. 거기에는 많은 순간들이 있었습니다. 나는 위대한 성경 전문가도 신학자도 아닙니다. 나는 한 사람의 신앙인입니다. 나는 주님을 열심히 믿고 있으며, 죽음 이후에 생명이 있음을 믿습니다."

부시는 그 책에서 낙태와 관련한 자신의 입장을 표현한다. "나는 태아의 어머니의 생명이 위협받거나 강간이나 근친상간일 경우를 제외하고는 낙태에 반대합니다." 그는 이렇게 덧붙인다. "나는 낙태에 대한 1973년 대법원의 로 대 웨이드 결정을 뒤집을 입법적 개정안을 지지합니다. 나는 태아의 어머니의 생명과 강간, 근친상간을 제외한 인간-생명 개정안을 지지합니다. 더불어 나는 태아의 어머니가 실제로 위협받는 상황을 제외하고는 낙태를 위해 연방기금이 쓰여지는데 반대합니다."

부시는 학교에서의 자발적 기도에 대한 지지 입장도 밝혔다. "나는 학교에서 자발적인 기도를 하는 것이 가르침의 가치들에 우리 자신을 헌신하는 연장으로서 선호합니다. 나는 학생들이 원하기만 한다면, 일시적인 숙고, 묵상, 혹은 기도를 할 수 있는 권리를 가져야 한다고 믿습니다."

1988년 부시는 미합중국 대통령으로 선출되어 1989년부터 1993년까지 대통령직을 수행했다. 아이젠하워와 마찬가지로, 부시는 취임식 기도를 작성했다. 자신의 취임연설에서 부시는 다음과 같이 말한다.

"저의 대통령으로서의 첫 번째 행동은 기도입니다. 저는 여러분께 여러분의 머리를 숙여주실 것을 부탁드립니다. '하나님 아버지, 우리의 머리를 숙여 당신의 사랑에 감사드립니다. 오늘날 우리에게 주신 평화와 지속되는 공유된 믿음에 대한 우리의 감사를 받아주시기 원합니다. 우리로 강하게 하셔서 당신의 일을 감당하도록 하시며, 주의하여 당신의 뜻을 경청하게 하시고, '사람들을 돕기 위해 권능을 사용하라'는 말씀을 우리 마음에 새겨 주시기 원합니다. 당신은 우리 자신의 목적을 진척시키기 위함이나, 세상에 위대한 쇼나 이름을 내어 보이기 위한 목적으로 우리에게 힘을 주신 것이 아니라, 사람들을 섬기기 위한 오직 하나의 바른 목적을 위해 우리에게 힘을 주셨습니다. 주님, 우리로 그것을 기억하게 하시기 원합니다. 아멘."

아이젠하워와 마찬가지로, 부시는 하나님에 대한 신앙과 미국의 기독교적 전통에 대해 공적으로 시인하는 일을 권면하고 지지했다. 1990년, 부시는 다음과 같이 말했다. "저는 전심으로 하나님에 대한 믿음 없이는, 그 믿음이 그에게 줄 힘이 없이는, 미국의 대통령이 될 수 없다는 사실을 믿습니다. 또 다른 대통령, 드와이트 아이젠하워(Dwight Eisenhower, 애칭-사랑받는 이케)는 한때 이렇게 말했습니다. '자유 정부는 절실한 종교적 신앙의 정치적 표현입니다.' 이제 우리 모두가 아이젠하워의 믿음을 본받아 미국의 가장 숭고한 가치를 표현합시다. 그래서 함께 결코 양도할 수 없는 인간의 권리를 섬길 수 있도록 말입니다."

부시는 1990년 1월 31일, 연두교서에서 미국이 그 유산을 기억하도록 독려했다.

"오늘밤 저는 여러분 모두에게 무언가를 요청하려고 합니다. 이제 저는 저의 세대와 함께, 그리고 저 밖의 할아버지 세대와 함께 시작하려고 합니다. 여러분은 과거와 우리 삶의 연결고리입니다. 여러분이 국내와 국외에서 행했던 숱한 분투의 이야기들과 자유를 위해 기꺼이 희생했던 이야기들을 이제 여러분의 자손들에게 이야기해 주십시오. 그리고 그들에게 당신 자신의 이야기도 해 주시기 바랍니다. 왜냐하면 모든 미국인은 해줄 이야기가 있기 때문입니다. 그리고 부모들이여, 여러분은 여러분의 자녀들이 여러분의 지도와 인도를 바라고 있다는 사실을 기억하시기 바랍니다. 그들에게 신앙과 가족에 대해 이야기하시기 바랍니다. 그들에게 우리는 하나님 아래 하나 된 국가라고 말해 주시기 바랍니다. 그리고 그들에게 모든 많은 선물 가운데 그들이 자유를 부여받을 수 있다는 사실이 그들의 가장 값진 유산이라는 것을, 그리고 모든 선물 가운데 그들이 줄 수 있는 가장 큰 선물이 누군가를 돕는 일이라는 것을 가르쳐 주시기 바랍니다."

1991년의 한 조찬기도회 연설에서 부시는 미국이 하나님 아래 하나 된 국가라는 개념과 그 전통에 대한 자신의 결의를 다시금 확인했다.

"여러분은 미국이 하나님 아래서 세워진 나라라는 사실을 알 것입니다. 그리고 처음부터 우리나라가 전시 때나 평화스러운 때 모두 하나님의 능력과 인도하심에 의존해 왔습니다. 그리고 이것은 우리가 결코 잊지 말아야 할 무언가를 말하는 것입니다. … 저는 모든 대통령들이 배웠을 것이라 생각하는 것을 배웠습니다. 하나님에 대한 믿음 없이, 하나님 아래 우리가 하나 된 나라라는 확신에 찬 깨달음 없이, 대통령이 될 수 없다는 사실입니다."

조찬기도 연설을 하기 불과 며칠 전에, 부시는 전국 종교방송 정기총회에서 자신의 하나님에 대한 신뢰를 언급했다.

"저는 영예롭게도 2년간 이 위대한 나라의 대통령으로 섬기고 있습니다. 그리고 그 어느 때보다 하나님을 신뢰하지 않고는 미국의 대통령이 될 수 없음을 새삼스럽게 깨닫고 있습니다. 저는 그분 안에서 모든 것을 가능케 하시는 절대자가 존재하지 않는 그 어떤 세상도, 그 어떤 생명도 상상할 수 없습니다. 남북전쟁이라는 가장 어두운 시기에, 우리가 단순히 그 업적 때문이 아닌 그의 됨됨이 때문에 존경해마지 않는 아브라함 링컨은 '하나님이 과연 당신의 편이신가'에 대한 질문을 받았습니다. 그러자 링컨은 다음과 같이 말했습니다. '저의 관심은 하나님이 제 편이신가 아닌가에 대한 것이 아니고, 과연 제가 하나님 편인가에 대한 것입니다.' 친애하는 미국 시민 여러분, 저는 심중으로부터 이제 곧 세상이 압도적으로 하나님 편에 속함으로 평화의 때가 올 것을 확실히 믿습니다."

그는 1989년의 한 정기조찬기도회 연설에서도 이와 비슷한 감회를 표현했다. "우리 모두는 기도와 하나님 안에서의 강력한 믿음 없이 우리가 가진 책임을 완수하려고 시도해서는 안 될 것입니다." 그는 계속해서 다음과 같이 말했다. "아브라함 링컨은 말했습니다. '저는 많은 경우 저 자신이 다른 어떤 곳으로도 갈 수 없다는 절체절명의 확신 가운데 무릎을 꿇게 됩니다.' 물론 그는 그런 사실을 깨달은 첫 대통령도, 마지막 대통령도 아니었습니다."

1991년 12월 11일, 부시는 성탄절 준수에 관한 성명서를 발표했다. 그 성명서에서 부시는 미국이 그리스도의 이타적인 나눔의 본을 따를 것을 요청했다.

"크리스마스에 우리는 2천여 년 전 인류를 위해 하나님께서 구원의 약속으로 주신 것을 축하합니다. 그리스도의 탄생은 역사의 향방을 바꾸어 놓았고, 그분의 삶은 인간의 영혼을 바꾸어 놓았습니다. 그리스도께서는 그 어떤 야망보다도 주는 것이 가장 위대한 야망이며, 그 어떤 무력보다도 구속적인 사랑의 힘과 희생이 가장 강력하다는 것을 가르쳐 주셨습니다. 이러한 지혜와 진리의 가르침은 지난 2천 년간 단순히 유지된 것이 아닌, 더 풍성하게 증거 되어 왔습니다. … 그분의 말씀과 그분의 삶으로, 그리스도께서는 우리가 가진 많은 축복들로 다른 사람과 나누라고 부르고 계십니다. 개인적으로 혹은 한 국민으로서, 이제 우리는 주님께서 독생자를 우리에게 주심으로 보여주셨던 인류를 향한 그 사랑과 자비를 우리의 가정과 우리의 지역공동체 안에서 여러 모양으로 다른 사람들에게 확장시킬 수 있습니다. 성탄절 기간은 물론 일 년 내내 예수께서 영감으로 우리 자신의 삶 가운데 우리를 위해 그 일을 행하신 하나님께 감사드리며, 그리스도의 가르침을 따라 우리가 우리 자신에게 하듯, 다른 사람들을 대하도록 구현하신 나눔의 이타적인 영을 바라봅시다."

보수주의 기독교인들에게 다가서기 위한 시도로, 1992년 부시와 퀘일(Bush-Quayle) 재선 캠페인은 공화당 전당대회의 정당 강령에 하나님께 감사하는 문구를 넣도록 위원회를 설득했다. 부시 대통령은 종교 원탁회의에서 "저는 다른 당이 'G-O-D'라는 단순한 세 글자를 빼놓고 수천마디의 말들로 정당 강령을 만든다는 사실에 충격을 받았습니다"라고 말함으로 그 캠페인에서 성공할 수 있었다.

그의 가장 최근의 종교적인 발언은 그의 임기 후 대변인이자 연설문 작성자인 짐 맥그래스(Jim McGrath)가 편집한 '심장박동: 조지 부시 그 자신의 말들'에서 발견된다. 1996년 텍사스 A&M대학에서 '수사학과 대통령직'이라는 주제로 열린 강연회에서 한 학생이 부시에게 그의 종교에 대해 물었을 때 그는 이렇게 말했다.

"저는 그리스도인입니다. 저는 그리스도를 믿습니다. 솔직히 말해서, 저는 대통령 재직 시에 제 종교의 깊이에 대해 말하는 것이 편치 않았습니다. 저는 성공회교인입니다. 저는 종교 앞에서 내면 지향적인 사람입니다. 저는 그것을 강하게 느낍니다. '시간을 내어 하나님 앞에 무릎 꿇고 당신의 신앙을 고백하고, 하나님께 힘을 구하며, 우리의 조국을 구해주실 것을 구하지 않고는 대통령이 될 수 없습니다'라고 말한 링컨의 말은 옳았다고 생각합니다. 그러나 저는 교회와 국가가 분리되어야 한다는 것을 강력히 믿습니다. 저는 대통령이 특정 교단을 지지해야 한다거나, 특정 종교를 지지해야 한다는 것을 믿지 않습니다. 그럼에도 제가 지금 질문한 학생의 질문에 명확한 답을 한다면, 저와 바바라는 매일 밤마다 기도하며 축복합니다. 그것은 기계적인 종교행위 이상입니다."

4장

로널드 윌슨 레이건
RONALD WILSON REAGAN

레이건은 공식석상에서 그 자신이 거듭난 기독교인임을 밝혔다. 사적이고 공적인 진술들을 통해 그는 정통 기독교의 가르침들에 그 자신의 교리상 일치함을 피력했다. 최근의 그 어떤 대통령보다도, 레이건의 신앙은 그의 대통령직과 국가에 긍정적인 영향을 미쳤다.

로널드 윌슨 레이건 RONALD WILSON REAGAN

　로널드 윌슨 레이건은 1911년 2월 6일 일리노이 주 탬피코(Tampico)에서 태어났다. 그의 아버지, 존 에드워드 레이건(John Edward Reagan)은 가톨릭 신자였고, 어머니 넬 클라이드 윌슨(Nelle Clyde Wilson)은 개신교 신자였다. 그의 아버지 존이 종교적인 교육을 아내에게 맡겼기 때문에 로널드 레이건은 개신교 신자로 성장할 수 있었다.

　레이건은 1922년 회심하여 그해 6월 21일 일리노이 주 딕슨(Dixon)의 제일크리스천교회에서 침례를 받았다. 비록 훗날 레이건은 그가 이때 거듭났는가에 대한 질문을 받았지만, 1976년까지 그는 "거듭남"이라는 용어에 정통해 있지 않았었다. 그러나 아직 그가 거듭남이라는 용어를 알게 되기 이전에 이미 그 자신이 그리스도인임을 명백히 했다. 1967년의 한 편지에서 레이건은 다음과 같이 기록하고 있다. "나는 기독교 교회를 다니며 성장했는데, 당신이 아는 것처럼 그곳에서는 예수를 믿기로 영접한 사람은 침례를 받아야 한다는 것을 믿습니다. 나의 결심도 10대 초반에 이루어졌습니다."

　1984년, 레이건은 해롤드 벨 라이트(Harold Bell Wright)의 책, 「우델의 인쇄기」(That Printer of Udell's)가 그의 결심을 이끌었다고 기록하고 있다. 그의 책은 "나로 하여금 항상 기억케 해 주었습니다"고 전한다. "그 책을 읽고 며칠을 생각한 끝에 나는 어머니께 가서 나의 신앙을 고백하고 침례를 받았습니다." 레이건은 십대 시절 줄곧 그의 어머니가 준비한 스킷드라마를 연기하고 교회 청소를 도와가면서 교회에서 활발히 지냈다. 그는 또한 주일 학교에서 수년간 교사활동을 하기도 했다.

빌리 그래함의 자서전에서, 그래함은 "레이건이 10대 후반에 몇몇 설교들을 한" 사실을 알았다고 기록하고 있다. 아마도 그래함은 레이건이 주일학교에서 가르쳤고, 1926년의 부활절 새벽예배를 인도한 것 등에 대해 이야기 들었을 것이다.

한 전기 작가는 레이건이 유레카대학을 다닐 당시 "성경은 매일 그의 삶에 없어서는 안 되는 일부분이었다"고 기록하고 있다. 캘리포니아 주의 할리우드에서 영화배우 생활을 시작할 때 레이건은 할리우드 베벌리 크리스천교회를 다녔고 그의 부모 역시 할리우드로 이주해 그의 어머니가 함께 교회를 다녔다. 로널드 레이건은 십일조를 드리기 시작했지만, 당시 아직 정식 멤버로는 등록하지 않았다.

그는 제인 위만(Jane Wyman, 위만의 무대명은 사라 준 펄크스였다)과 1940년 1월 24일에 결혼했다. 레이건의 자녀들은 주일학교에 참여했고, 위만은 주일학교에서 가르쳤다. 나중에 레이건은 다른 교회로 옮기게 되지만, 그는 평생 이 크리스천교회에 멤버십을 두며, 매달 정기적으로 헌금을 했다.

위만과 레이건은 1948년 이혼을 하게 된다. 레이건은 포퓰리스트(1891년에 결성된 미국의 제3당, 인민당의 통칭이다. 그레인저 운동, 농민동맹 등을 통해서 남북전쟁 후의 농업부진에 대한 불만을 정치적으로 해소하려고 서부 및 남부의 농민을 중심으로 조직한 정치집단들의 활동을 말한다. - 역자 주) 민주당원으로 할리우드에 들어갔다가, 포퓰리스트 공화당원으로 그곳을 나왔다. 공산주의자들과의 갈등은 그의 이 같은 정치적인 전향에 한 몫을 했다. 영화배우 조합의 회장으로서, 그는 그가 할 수 있는 모든 것을 동원하여 공산주의자들이 할리우드를 장악하는 것을 막았다. 공산주의자로서 할리우드를 뒤바꾸려 했던 이들 중의 일부였다가 나중에 공산당을 떠났던 스털링 헤이든(Sterling Hayden)은 나중에 연방의회에서 선약에 의한 증언 가운데 왜 공산주의자들이 할리우드를 차지하지 못했는가에 대한 질문에 다음과 같이 답변하였다. "우리는 로니(Ronnie, 로널드의 애칭 - 역자 주) 레이건이라는 한 사람의 대부대와 충돌해야 했습니다."

1952년 3월 4일, 레이건은 낸시 데이비스(Nancy Davis)와 재혼을 하게 된다. 1963년부터 그들은 로스앤젤레스의 벨 에어 장로교회에 출석하기 시작했다. 로널드 레이건은 돈 무마우(Donn D. Moomaw) 담임목사를 "나의 목사"로 호칭했다.

레이건 부부는 그들이 어떻게 하면 교회의 정식 멤버가 될 수 있는지를 물었다. 무마우는 10주의 멤버십 클래스에 참석해야만 정식 멤버가 될 수 있다고 답했다. 거기에는 어떤 예외도 없었고, 당시 레이건은 캘리포니아의 주지사로서 도저히 시간을 낼 수 없었다. 무마우 목사는 당시 레이건이 다음과 같이 답했던 것을 기억한다. "우리는 벨 에어 교회를 우리의 교회로 여길 것입니다. 아마도 언제가 다른 모든 사람들과 마찬가지로 우리도 정식 멤버가 될 수 있는 시간이 있을 것입니다."

1975년부터 1979년까지 레이건은 신디케이트로 제작하여 전국 200개의 라디오 방송국으로 보내는 라디오 논평에 매일 3분씩 함께 했다. 그의 대부분의 이야기는 정치적인 것이나 인간사에 대한 주제들이었지만, 간혹 그는 종교적인 논평도 전달하곤 했다. 1978년 1월 9일의 논평이 바로 그런 경우에 해당하는데, 그때 그는 그리스도의 신성에 대해 논했다. 거기서 레이건은 최근 많은 신학교에서 "예수의 신성을 축소하고, 동정녀 탄생을 부정하며, 예수를 오직 인간으로만 간주하려는 경향들이 있다"는 기사를 읽고 마음이 편치 않았다고 말했다.

레이건은 왜 아무도 모든 것 가운데 가장 위대한 기적에 대해 설명하지 않는지 의아해 하지 않을 수 없었다고 말한다.

"그의 아버지가 목수인 젊은 청년은 커서 아버지의 가게에서 일한다. 그는 정규 교육을 받지 못했고, 아무것도 소유하고 있지 않다. 그러던 어느 날 그는 그의 연장들을 내려놓고 아버지의 가게를 떠난다. 그는 길모퉁이에서나 가까운 시골 마을에서 설교하기 시작한다. 비록 안수 받은 목사는 아니었지만 그는 백마일 반경을 넘지 않는 지역을 방방곡곡 걸어 다니면서 시종 말씀을 선포한다. 그는 이 같은 삶을 삼 년간 살았다. 그리곤 그는 붙잡혔고, 시험을 받았으며, 사형판결을 받았다. 거기에는 어떤 상소도 없었고, 그는 두 명의 일반 강도들과 함께 33세의 나이로 처형되었다. 그때 그의 처형을 맡은 자들은 누가 그가 가진 유일한 소유였던 옷을 가질 것인지를 결정하기 위해 주사위를 굴렸다. 그의 가족은 묘지를 구하지 못했기 때문에 그의 몸은 빌린 무덤에 매장 되었다.

이것이 이야기의 끝인가? 아니다. 교육받지 못하고, 가진 것이 없이 고작 3년간 길모퉁이에서 말씀을 전하던 이 젊은 청년은 비록 2천여 년 전에 스스로 어떤 기록된 말들을 남기지 않았음에도 불구하고, 그 어떤 지배자와 왕과 황제, 모든 정복자들, 장군들, 학자들, 과학자들, 그리고 철학가들 등과 같은 모든 이들을 합한 것보다 더 큰 영향력을 온 세계 가운데 드러냈다. 우리는 그것을 어떻게 설명할 수 있을까? 만일 그가 말한 대로의 그가 아니라면 말이다."

토마스 그리피스(Thomas H. Griffith)는 그리스도의 신성과 관련된 이 같은 레이건의 입장을 반박하는 편지를 썼는데, 1978년 3월 1일 레이건은 그리피스에게 그리스도의 신성을 변론하는 답장을 보낸다.

"다음과 같은 그분의 말씀 가운데 진정 어떤 모호함이 있다는 말입니까? '내가 곧 길이요, 진리요 생명이니 나로 말미암지 않고는 아버지께로 올 자가 없느니라' 라고 말씀하신 그분은 또 이렇게 말씀하셨습니다. '내 아버지 집에 거할 곳이 많도다 그렇지 않으면 너희에게 일렀으리라 내가 너희를 위하여 처소를 예비하러 가노니.' 요한복음 10장에서는 '아버지께서 내 안에 계시고 내가 아버지 안에 있다' 고 말씀하셨습니다. 하나님과 함께 함에 대해 '세상이 있기 전 하나님의 우편에' 앉아계셨다고 말씀하십니다. 물론 저는 여러분이 이 본문들을 잘 알고 있으리라 생각합니다. 이 같은 본문들과 주님의 자신에 대한 다른 증언들은 그분의 신성에 대한 제 자신의 견해나 어떤 질문도 설 자리를 잃어버리게 만듭니다. 주님께서 이 문제와 관련 우리에게 어떤 선택권 - 주님은 그분이 말씀하신대로의 그분이시거나 혹은 그분은 세상의 가장 큰 거지말쟁이라는 선택권 - 을 주셨다고 보이지 않습니다.

저는 거짓말쟁이나 허풍선이를 믿는 일이 지난 2천 년간이나 인류에게 효력을 보일 수 있었다고는 믿어지지 않습니다. 제 아무리 세상 최고의 거짓말쟁이라 할지라도, 말 한마디면 자신의 생명을 부지할 수 있었을 상황에서 거짓으로 증언함으로 스스로 십자가형을 택할 수 있을까요?

저는 주님이 태어나기 수백 년 전에 만들어진 구약성경의 예언 가운데 그분의 신성과 관련된 말씀들을 아주 많이 찾을 수 있습니다(그것들 모두는 그분의 생애 가운데 성취되었습니다). 유대인으로서 그분이 이러한 예언들을 알고 있었다는 점을 물론 여러분도 답할 수 있을 것입니다. 그러나 여기서 우리가 다시 사기꾼의 소행에 대해 언급해야 할까요? 그분은 당신이 말한 것처럼 우리에게 어떤 선택권을 주셨나요? 당신과 다른 사람들이 만들어 놓은 것처럼, 그분의 가르침은 믿으면서, 그분 자신의 정체에 대한 진술에 대해서는 부정하는 식으로 말입니다."

레이건은 그 외에도 그리스도의 신성에 대해 논한바 있는데, 1985년 성탄 메시지에서 "우리가 그리스도와 그의 삶을 이야기 할 때, 우리는 예언자이자 교사로서 모든 타종교인들에게도 존중받는 분에 대해 이야기 합니다. 그리고 기독교인들은 과거나 지금도 신성을 가진 위대한 한 분에 대해 이야기 합니다"라고 말했다.

레이건은 또한 성육신 사건을 믿었는데, 1975년 12월 25일에 그는 그의 아내에게 편지를 썼다. "동방의 별은 동정녀 탄생을 알리는 기적이었습니다. 나는 이들 기적들을 믿는데 아무런 어려움이 없습니다. 왜냐하면 기적은 내게도 일어났고 지금도 일어나고 있기 때문입니다." 이어서 그는 아내에 대한 자신의 사랑을 표현했다.

그는 또한 성경이 하나님의 영감에 의해 쓰여졌다고 믿었다. 1967년에 쓴 편지에서, 그는 다음과 같이 말했다. "저는 성경이 단순한 역사가 아니라 하나님의 영감에 의한 결과라는 점을 믿습니다. 저는 성경을 믿습니다."

1980년 대통령 캠페인 기간 동안 쓴 편지에서, 레이건은 "저는 우리나라가 영적인 부흥을 갈망하고 있다고 믿습니다"라고 말했다.

캠페인 기간 중 복음주의와 근본주의 진영의 기독교 목회자들이 주로 참석한 종교 원탁회의의 "국정 브리핑"에서, 레이건은 다음과 같이 말했다. "저는 여러분이 저를 지지하지 않을 것을 알고 있습니다. 그러나 저는 여러분들과 여러분이 하고 있는 일들을 지지한다는 점을 알아주시기 바랍니다."

한 번은 기독교서점 연합회 전무와의 만남에서, 레이건은 그가 가장 좋아하는 구절로 요한복음 3장 16절을 인용했다. 그 이유를 묻는 질문에 그는 다음과 같이 설명했다. "그것은 나의 주님으로 예수 그리스도를 영접했음을 의미합니다. 저는 요한복음 10장 10절에서 우리 모두에게 약속하신 이 땅에서의 풍성한 삶과 더불어 천국에서 영원히 사는 하나님의 약속을 가졌습니다."

선거 유세 기간에 레이건은 "진화론에 대해 의구심을 표하며" 창조론이 공립학교에서 가르쳐져야만 한다고 제안하는 가운데 많은 진화론 전문가들을 놀라게 만들었다. 대통령 임기 동안, 레이건은 이에 대해 좀 더 상세한 자신의 관점을 피력했는데, '전도에 관한 학생의회'에서 행한 연설에서 다음과 같이 말한다. "여러분도 아시겠지만, 저는 자유가 있는 우리나라에서는 누구나 하나님을 믿는 대신에 무신론을 선택하기 원한다면, 그것은 그들이 그렇게 할 수 있는 권리임을 잘 알고 있습니다. 그러나 저는 언젠가 기회가 된다면 한 무신론자를 초대해 이제껏 경험해 본 적이 없는 최고의 만찬을 대접하고 싶습니다. 그리고 식사가 끝나갈 때쯤, 저는 그 무신론자에게 과연 그는 저쪽에 주방장이 있다는 사실을 믿는지 묻고 싶습니다."

레이건은 대통령으로 선출되어 1981년부터 1989년까지 대통령직을 수행했다. 그의 첫 취임연설에서 그는 다음과 같이 연설했다. "저는 수만의 기도모임이 오늘 열린다고 전해 들었는데, 이에 대해 깊이 감사드립니다. 우리는 하나님 아래 한 국가입니다. 그리고 저는 우리를 자유케 하려 하셨다는 사실을 믿습니다. 앞으로는 매 취임연설 일이 기도의 날로 공포된다면 적절하고 좋을 것이라 생각됩니다."

어느 정도 일부 다른 대통령들이 했던 바, 레이건은 그의 국가 원수로서의 위치에서 나라를 하나님 앞으로 소집했다. 1982년 크리스천 훼밀리 투데이(Christian Families Today)의 사장, 그레그 브레지나(Greg Brezina)에게 쓴 편지에서 그는 다음과 같이 말했다. "저는 항상 역대하 7장 14절을 생각하고 있습니다. 저는 매일의 기도 가운데 하나님께서 저로 이 직책을 통해 그분을 섬기도록 도와주실 것을 기도합니다. 테디 루즈벨트(Teddy Roosevelt)는 대통령직을 선전의 기회로 여긴다고 말했습니다. 저는 그 말을 사용하려고 합니다. 그래서 제가 가진 최고의 재능으로 주님을 섬길 것입니다."

1981년 3월 30일, 레이건은 암살자에 의해 총격을 받고 거의 죽을 뻔 했다. 그로부터 1년여 후에, 로스앤젤레스 타임즈의 리포터로부터 "그 사건으로 인해 당신의 삶에 대한 안목을 바꾸었는지"에 대한 질문을 받았는데, 레이건이 다음과 같이 답했다. "글쎄요. 저는 당신이 더 잘 알 것이라 생각하지만, 주님은 그날 저를 틀림없이 지켜보고 계셨다는 것을 매우 잘 알고 있습니다. 그리고 이제부터는 저의 시간은 그의 시간이라고 생각합니다."

돈 무마우 목사는 병상에 있는 레이건을 방문하여 "당신이 만일 죽게 된다면 하나님을 만날 준비가 되어 있는지"를 물었다. 레이건은 단호한 어조로 답했고, 왜냐고 물었을 때, "저에게는 주님이 계시기 때문에 하나님을 만날 준비가 되어 있습니다"라고 답했다.

시간이 흐르면서, 그는 하나님께서 모든 일에 계획을 갖고 계시다는 점을 보게 되었다. 심지어 그 암살 기도조차도. 레이건의 대통령 재직 시, 그리고 그 후로도 비밀 경호원으로 임명된 존 바레타(John Barletta)는 레이건이 다음과 같이 말한 사실을 기억하고 있다. "하나님은 생각하셨네, 아니지 하나님은 생각하시지 않지. 하나님은 내가 주의환기가 필요했음을 아셨네. 하나님은 암살 기도가 일어나기를 원하셨던 거야. 그분은 긴급주의(a wake-up call)를 주셨던 거야. 이제부터 내가 하는 모든 것은 내가 하나님께 빚진 것들일세."

암살기도 이후, 레이건은 한동안 백악관 밖에서 예배를 드리지 않았다. 이는 그의 생명에 대한 위협으로 인한 결정이었다(냉소주의자들은 레이건 이후의 세 명의 대통령들의 경우 위협에도 불구하고 교회 가는 일을 생략하지는 않았다면서 레이건을 비꼬지만, 이들 세 명의 대통령들은 결코 실제 죽음의 문턱까지 이르는 암살 기도를 경험하지 않았다는 점에서 부적절한 비교라고 할 수 있다). 레이건은 "대통령이 교회에 오면, 사람들의 관심은 설교나 예배가 아닌 대통령을 향하는데, 나는 나 자신이 그런 분위기에 편할 거라 생각하지 않는다"고 말했다. 또한 제리 뮬러(Jerry Mueller)에게 쓴 한통의 편지에서 레이건과 그 아내는 "항상 교회를 다녀왔고, 테러리스트들의 위협만 없다면 지금도 그럴 것입니다"라고 기록하고 있다.

그러나 이 같은 염려에도 불구하고, 레이건은 교회 가는 일을 전적으로 포기한 것은 아니었다. 그는 백악관에서 성찬식을 가졌고, 그 자신이 워싱턴에 있지 않을 때는 교회에 참석했다. 또한 워싱턴의 국립 장로교회가 레이건 대통령 내외를 위해 특별한 구역을 따로 마련하자, 레이건 대통령은 예배를 방해하는 일 없이 혹은 회중들을 방해하는 일 없이 예배에 함께 할 수 있었다. 그는 재임기간 동안 워싱턴에서 간헐적으로 예배에 계속 참석했다. 그것은 테러리스트들에게 그의 고정된 패턴을 노출하지 않으려 하기 위함이었다.

1982년, 로널드 레이건은 의회에 학교에서 자발적으로 기도를 허용하는 헌법 개정안을 제출했다. 그는 첨부된 메시지를 통해 그의 입장을 다음과 같이 밝히고 있다. "공적으로 하나님을 향한 우리 믿음의 기도를 표현하는 것은 사립학교와 공립학교를 막론하고, 모든 미국의 학교에서 법으로 배제시켜서는 안 되며 우리 미국 역사 유산의 근원적인 한 부분이자 특권이다." 그러나 이 개정안이 그 해에 통과가 되지 못함에 따라, 레이건은 1983년에 재시도를 하게 된다. 그리고 1984년 대국민연설에서 그 개정안에 대한 옹호론을 드러낸다.

"우리의 개정안은 어떤 아이들도 강제로 기도하지 않도록 보호할 것입니다. 진정으로, 이러한 표현이 개정안에 명시되어 있습니다. 뿐만 아니라 개정안은 어떤 기도문구도 작성하는 것을 허락하지 않도록 했습니다. 그러나 법원이 학교에서 우리 아이들의 자발적인 기도를 금할 수는 없습니다. 저는 그들의 종교 표현의 자유를 거듭 주장하면서, 우리의 아이들이 미국이 종교적인 신념과 관습에 있어서 다양성이 있음을 이해하도록 도울 것입니다. 만일 이 땅의 선한 백성인 여러분들이 여러분의 목소리를 높여, 여러분의 의지의 강력함을 의회의 홀에 강력한 힘으로 나타낼 수 있는 때가 있다면, 지금이 바로 그 때입니다."

로널드 레이건은 낙태 문제도 아주 깊은 관심을 갖고 다루었는데, 그에게는 이 문제가 조지 부시가 부통령 후보가 되기 위해서는 반드시 그 입장을 변경해야만 하는 두 가지 중대한 사안 중의 하나였다.

그는 낙태가 도덕적으로, 헌법적으로 잘못되었다고 믿었다. "뒤돌아서서는 매일 4천여 태아의 생명을 죽여가면서, 앞에서는 우리는 인간의 생명이 신성하다는 높은 이상을 선포할 수는 없습니다. 이러한 일은 중단되어야 합니다. 우리의 헌법은 '생명, 자유, 그리고 행복 추구'를 보장하고 있는데, 낙태는 그런 인간의 생명을 거두는 일입니다."

재임기간 동안, 레이건은 줄곧 임신중절 반대 입장을 취했다. 1983년 전국 종교방송 총회연설에서, 그는 다음과 같이 말했다. "우리는 한때 심장은 5개월까지는 박동하지 않는다고 믿었습니다. 그러나 의학기술이 발전하면서, 우리는 심장이 그보다 훨씬 이전부터 박동한다는 사실을 배웠습니다. 헌법의 생명, 자유, 행복 추구에 대한 보호는, 태아에게는 생명이 없을 것이라는 전제가 의심을 넘어 사실로 입증되지 못하는 한, 태아에게도 확대되어야 합니다. 그리고 저는 그렇게 (태아에게는 생명이 없다고) 주장하는 자들에게 입증의 책임이 있다고 믿습니다."

이듬 해, 동일한 연설에서 레이건은 "저는 모든 인간에게 생명의 권리를 회복시키는 일보다 미국의 기질을 형성하는데 더 중대한 도전은 없다고 믿습니다"라고 말했다.

1988년 '인간생명의 신성함의 날'을 선포하는 자리에서 레이건은 다음과 같이 말한다.

"우리나라는 더 이상 우리의 역사와 우리의 유산과 우리의 정의 개념들에 어긋나는 낙태의 지름길로 내려갈 수 없습니다. 이 같은 우리나라의 신성한 유산과 복지와 미래는 무고한 생명들의 보호를 보증할 것과 이 땅을 통해서 태아의 인간됨이 선포되고, 보호되어야 함을 요구하고 있습니다. 저의 요청에 의해 시작된 법률제정에 대한 100번째 의회의 첫 회기에서, 저는 입법부가 '태아의 인간성과 태어나기 전의 각 개인의 생명을 보호하는 일에 여러 주들이 강제적인 관심을 갖도록' 선포해 달라고 요청했습니다. 이 같은 선포의 임무는 너무도 근원적이어서 그 사안이 행정부에도 마찬가지로 해당됩니다. 저 또한 이 같은 선포로 이제부터 거기에 준해 행동할 것입니다.

그러므로 이제 미합중국의 대통령인 나는 미합중국의 헌법에 의해 직권으로 부여된 권한으로 태아로부터 시작해서 자연적인 죽음에 이르기까지 모든 미국인들의 양도할 수 없는 인간성을 선포하고 법적으로 공포합니다. 그리고 저는 미합중국의 헌법과 개개의 법률이 미국의 태아들을 보호하기 위해 성실하게 집행되도록 보호할 것을 선포하고, 임명하고, 법으로서 공포합니다. 이러한 실행이 정의에 입각한 것이며, 헌법에 의해 보장받는다는 점을 진심으로 믿기에, 저는 인류의 사려 깊은 판단과 전능하신 하나님의 넘치는 은혜에 호소합니다. 저는 또한 1988년 1월 17일, 일요일은 인간생명의 신성함을 위한 날로 공포했습니다. 저는 이 축복받은 나라의 시민들이 그들의 가정과 예배 처소에서 함께 모여 그들이 즐기고 있는 생명을 선물로 주신데 감사하며, 모든 인류의 존엄성과 모든 인간 생명의 신성함에 대해 헌신할 것을 재 다짐하기를 부탁드립니다."

레이건은 많은 연설과 성명서들을 통해 하나님을 인정했다. 1981년 3월 19일, 구국기도회를 요청하는 성명서를 발표했는데, 그 성명서는 다음과 같은 내용이 포함되어 있다.

"우리나라의 모토인 '하나님 안에서 우리는 신뢰한다' 는 문구는 가볍게 선택된 것이 아닙니다. 이 문구는 우주에는 신적 권위가 있고, 우리나라는 경의를 표한다는 사실에 대한 기본적인 인식을 반영합니다.

우리의 역사 가운데 미국인들은 하나님에 대한 신앙을 표현해 왔습니다. 그리고 우리가 그런 신앙으로 인해 축복을 받아왔음을 아무도 부정할 수 없을 것입니다.

초기 이 땅의 정착자들은 종교적인 자유를 찾아 이곳에 왔습니다. 황량한 해안가에 상륙한 그들은 영적 기초를 확립했고, 후에 그것이 우리에게 도움을 주고 있습니다. 세상이 우리를 부러워하게 만든 그 영적 기초는, 우리 국민의 노력이며, 그들이 누린 자유이며, 하나님에 대한 그들의 신앙이었습니다.

우리나라의 모든 큰 도시들은 우리 국민의 믿음의 증거의 기초가 세워졌습니다. 모든 교단의 예배처소들은 모두 가장 오래된 건축물들 가운데 하나입니다.

폭군에게 절하는 것을 결코 달가워하지 않으면서도, 우리의 선조들은 기꺼이 하나님 앞에 무릎 꿇기를 즐겨했습니다. 재난이 위협할 때 그들은 구원의 하나님을 향해 돌아섰습니다. 풍년이 들었을 때 그들이 처음 했던 생각은 하나님께 대한 감사였습니다. 기도는 그때와 마찬가지로 오늘날에도 우리나라에서는 강력한 원동력이 되어주고 있습니다.

신을 향한 행로를 선택할 수 있는 자유가 자유의 핵심이라는 점에는 인정하면서도, 국가적인 차원에서 우리는 보다 많은 시민들이 기도를 통해 그 창조자와 좀 더 가까운 관계 속으로 들어가기를 바라지 않을 수 없습니다.

이 같은 우리의 대대로 이어진 유산들을 인정하는 가운데 의회는 1952년 4월 17일, 대통령이 매년 적합한 날을 따로 정해서 구국기도의 날로 정하도록 한다는 내용의 상하의원 공동결의문(36 U.S.C. 169h; 66 Stat. 64)을 승인했습니다. 이에 미합중국의 대통령인 나는 1981년 5월 7일 목요일을 구국기도의 날로 선포하는 바입니다. 그날 나는 나와 함께 참여할 것이라 믿는 모든 분들께 전능하신 하나님께서 이 땅에 주신 축복들과 백성으로서 우리를 보호하신 것에 다 같이 감사드릴 것을 요청합니다.

국가적인 차원에서 우리는 우리 앞에 놓인 시험들과 하나님의 인도의 필요성을 충분히 인식하면서 함께 하나님 앞에 나아가도록 합시다. 하나님을 향한 흔들림 없는 믿음과 유산으로 받은 자유를 간직한 채 우리는 자유로운 국가로서 반드시 살아남아 번영할 것입니다."

1983년 2월 23일, 레이건은 빌리 그래함 목사에게 자유훈장을 수여하며 다음과 같이 말했다. "윌리암 '빌리' 그래함 목사님의 지칠 줄 모르는 전도는 지구촌 구석구석으로 하나님의 말씀이 퍼져 나가게 했고, 그 자신은 20세기 최고의 영감 있는 영적 지도자들 중의 하나가 되었습니다. 하나님께 깊이 헌신된 그리스도인으로서, 예수 그리스도를 영접하라는 그의 도전은 수백만 명의 사람들의 슬픔을 달래고 소망을 새롭게 하면서 사람들의 마음에 기운을 북돋았습니다. 빌리 그래함 목사님은 한 사람의 미국인으로 무엇보다 먼저 그리고 항상 동포들을 위해 살았습니다. 그에게 경의를 표하면서, 우리는 하나님의 가장 위대한 영적 선물인 믿음, 소망, 사랑에 대해 감사드립니다." 레이건은 그래함 목사를 1950년대에 처음 만났었다.

레이건은 1983년을 '성경의 해'로 선포하면서 모든 미국인들이 "값을 매길 수 없고 영원한 말씀들을 점검하고 재발견할 것"을 권면했다. 레이건은 1984년 재선출되었고, 그의 두 번째 취임연설에서, 그는 다음과 같이 말했다. "우리는 오늘 하나가 되어 서있습니다. 하나님 아래 하나 된 국민은 우리의 미래가 우리의 과거와 같을만한 가치가 있음을 결심케 했습니다. … 우리의 모든 문제들과 우리의 차이점들에 관련해, 우리는 가장 부드러운 음악의 저자이신 하나님께 호소함으로 오래전부터 함께 해왔습니다. 그리고 우리가 세상을 우리의 음악 - 연합, 호의, 그리고 사랑의 음악 - 으로 채움에 있어 하나님께서 계속 우리를 하나로 묶어주시기를 소망합니다. 하나님께서 인간의 마음에 두신 자유의 꿈에 바쳐진 '하나님 아래 한 백성'은 그 꿈을 계속해서 우리를 기다리며 우리에게 희망을 걸고 있는 세상에 건네 줄 것을 부름 받았습니다. 하나님께서 여러분과 미국을 축복하시기를 바랍니다."

1988년의 전도에 관한 학생의회 연설에서, 레이건은 미국 역사 속에서의 하나님의 역할에 대한 그의 관점들에 대해 논했다.

"저는 이 나라의 역사를 생각할 때마다 미국인들이 얼마나 믿음에 고취되어 있던가를 알고 충격을 받았습니다. 최초의 정착인들의 대다수는 자유로운 예배를 위하여 특별히 이곳으로 이주했습니다. 역사학자 사무엘 모리슨(Samuel Morrison)은 그들에 대해 이렇게 기록하고 있습니다. '아무것도 의심하지 않고, 그 누구도 두려워하지 않으며, 그들은 모든 구부러진 길은 곧게 하고 새 하늘과 새 땅을 창조하는 일을 착수했습니다. 만일 그들이 영국 땅에서 그것을 허락받지 못했다면, 그들은 다른 곳을 찾아 거기서 그들의 신의 도시를 건설했을 것입니다.' 그렇습니다. 그곳은 다름 아닌 이 드넓고 열린 땅, 우리가 미국이라 부르는 땅입니다.

독립에 관한 논쟁들과 헌법제정회의의 기록들은 건국의 아버지들이 하나님에 대한 그들의 신앙에 의해 그들의 일을 훌륭하게 해 냈음을 명백히 보여줍니다. 독립선언서에서 토마스 제퍼슨(Thomas Jefferson)은 모든 인간은 '그들의 창조자에 의해 부여받은 양도할 수 없는 권리들이 있다'고 기록했습니다. 그리고 '정치적인 번영을 이끄는 모든 기질들과 습관들 가운데 종교와 도덕성이야말로 없어서는 안 되는 지원입니다'라고 말한 사람은 조지 워싱턴(George Washington)이었습니다. 훗날 정치가들은 필라델피아에 모여서 우리의 헌법이 되는 것들을 기록했습니다. 그들은 종종 그들이 서로 조화를 이루지 못하며, 독살스럽고 이기적인 가운데 그들의 목적이 방향을 잃고 있음을 목도해야 했습니다. 어느 날 벤자민 프랭클린(Benjamin Franklin)이 일어나 이렇게 말하기 전까지 말입니다. '저는 많은 시간 이끌림을 받아왔습니다. - 오 저런, 죄송합니다. - 저는 오랜 시간을 살아왔습니다. 그리고 제가 오래 살수록 하나님께서 인간사를 주관하신다는 진리를 더욱 더 확신하게 됩니다. 그리고 만일 하나님이 모르는 사이에 참새 한 마리도 땅에 떨어지지 않는다면, 어떤 제국도 그분의 도우심 없이 일어설 수 있다는 것이 과연 가능할까요?' 그리고 프랭클린은 헌법제정회의를 매일아침 기도로 시작하자고 요청했고, 실제로 그렇게 시행했습니다. 수십 년간 미국은 매우 종교적인 나라로 존속했습니다. 평화시에는 하나님께 감사드리며, 위기의 순간에는 그분을 바라보면서 말입니다. 남북전쟁 기간, 아마도 우리나라의 가장 어두운 시기에 아브라함 링컨은 '저는 많은 경우 더 이상 갈 곳이 없다고 확신하며 무릎 꿇었습니다' 라고 말했습니다. 그렇습니다. 그가 말한 바를 정확히 알고 믿지 못한다면, 어느 누구도 이 집무실에서 일할 수 없을 것입니다."

레이건은 여러 번 역대하 7장 14절이 그가 가장 좋아하는 성경구절 중의 하나라고 말했다. 1982년 5월 6일, 구국기도의 날을 기념하는 자리에서 그는 다음과 같이 말했다.

"제가 좋아하는 성경구절 중의 하나는 역대하를 통해 하나님께서 우리에게 주신 약속에 대한 것입니다. '내 이름으로 일컫는 내 백성이 그 악한 길에서 떠나 스스로 겸비하고 기도하여 내 얼굴을 구하면 내가 하늘에서 듣고 그 죄를 사하고 그 땅을 고칠지라.' 그 약속은 미국의 소망이요 모든 우리 국민의 소망입니다. … 이제 모두 함께, 깊고 변치 않는 하나님에 대한 믿음이야말로 이 위대한 나라의 반석이라는 자각 가운데, 미국의 종교적이고 도덕심을 새롭게 깨어나게 할 도전에 응하도록 합시다."

1983년 2월 3일, 정기 국가조찬기도회에서 레이건은 다음과 같이 말했다.

"저는 매우 특별한 오래된 성경책을 갖고 있습니다. 역대하의 한 구절 옆에는 손으로 쓴, 이제는 몹시 흐릿해져버린 글자들이 있습니다. 저는 이 글자들을 쓴 분에게 어떤 권위가 있었다고 믿습니다. 그분의 이름은 넬 윌슨 레이건(Nelle Wilson Reagan)입니다. 그분은 저의 어머니입니다. 그분은 그 구절에 대해 이렇게 기록해 놓았습니다. '나라의 치유를 위해 가장 아름다운 구절.' 이제 그분께서 표시했던 구절을 읽겠습니다. '내 이름으로 일컫는 내 백성이 그 악한 길에서 떠나 스스로 겸비하고 기도하여 내 얼굴을 구하면 내가 하늘에서 듣고 그 죄를 사하고 그 땅을 고칠지라.'"

로널드 레이건은 많은 도덕적인 문제들이 미국을 괴롭게 하는 것을 보았고, 그런 문제들에 대한 해결책들을 조성했다. 그러나 근본적으로 그는 희망의 사람으로 남았다. 그는 그 같은 사실을 1988년 7월 28일에 있었던 전도에 관한 학생의회에서 다음과 같이 표현했다.

"우리의 모든 물질적인 부와 영향력은 하나님에 대한 우리의 믿음과 그 믿음으로부터 오는 근원적인 가치들 위에 세워졌습니다. 150여 년 전 우리나라를 방문했던 위대한 프랑스의 철학자 알렉시스 드 토크빌(Alexis de Tocqueville)은 당시 젊은 국가였던 이 나라에서 벌써부터 위대함의 비결을 찾을 수 있을지 알아보기 원했습니다. 그리고 그는 '미국은 선하기 때문에 위대하다. 그리고 그 나라가 선하기를 멈출 때, 그 나라는 더 이상 위대하지 않을 것이다'라고 말했습니다.

이 같은 사실은 저에게 오늘날의 도전들이 되고 있습니다. 왜냐하면 우리는 최근 미국이 그 종교적이고 도덕적인 태도들을 상실했다는 점을 인정해야 하기 때문입니다. 우리는 그 같은 징후들을 우리 주변 어디서나 볼 수 있었습니다.

이런 문제들은 지금도 우리와 함께 하고 있습니다. 그러나 저는 거기에는 모종의 변화들이 있다고 믿습니다. 그 변화에는 여러분 젊은이들도 한 부분을 이루고 있습니다. 성경은 말합니다. '내 이름으로 일컫는 내 백성이 그 악한 길에서 떠나 스스로 겸비하고 기도하여 내 얼굴을 구하면 내가 하늘에서 듣고 그 죄를 사하고 그 땅을 고칠지라.' 아주 오래 전에 저의 어머니께서는 바로 이 성경구절에 밑줄을 그어 놓으셨습니다. 그리고 저는 1980년에 어머니의 성경 위에 제 손을 얹고 취임선서를 했습니다. 그리고 저는 어머니께서 밑줄을 치셨던 그 본문을 펼쳐 보았습니다. 오늘날 더욱 더 많은 미국인들이 하나님의 얼굴을 구하고 있습니다. 그렇습니다. 하나님께서는 이미 이 땅을 치유하시기 시작하셨습니다."

레이건은 고별연설에서 미국은 언덕 위의 빛나는 도시가 되어야 한다는 그의 굳은 신념을 반복해서 말했다.

"지난 며칠간… 저는 '언던 위의 빛나는 도시'에 대해 좀 생각을 해봤습니다. 이 말은 존 윈드로프(John Winthrop)가 사용한 말로써 그는 이 같은 표현을 그가 상상하는 미국을 묘사하기 위해 썼습니다. 그가 상상했던 것이 중요한 이유는 그가 초기의 이주자였고, 초기의 자유인이었기 때문입니다. 그는 이곳으로 오늘날 우리가 흔히 말하는 작은 나무배를 타고 왔습니다. 그리고 다른 많은 이주자들과 마찬가지로 자유를 줄 그런 보금자리를 찾았습니다.

저는 저의 정치 인생에서 이 빛나는 도시에 대해 줄곧 이야기 해왔지만, 제가 그것을 말할 때 제가 본 것을 한 번이라도 바르게 이야기 했는지 잘 모르겠습니다. 그러나 제가 생각하기에 그것은 크고, 자랑스러운 도시로 바다보다 강한 바위로 지어졌고, 바람을 막아주며, 하나님의 축복을 받았고, 다양한 사람들이 조화와 평화를 이루며 살아가는 비옥한 곳입니다. 그 도시는 창업과 창의성으로 번영을 이룬 자유항을 가진 도시입니다. 그리고 만일 그 도시에 성벽이 필요하다면, 그 성벽에는 문이 있고, 그 문은 그 안에 들어가고자 하는 사람 누구에게나 열려 있습니다. 그것이 제가 본 언덕 위의 도시의 모습이고, 지금도 그렇습니다.

그렇다면 지금과 같은 겨울 저녁에 그 도시는 어떤 모습일까요? 그것은 8년 전보다 더 번영하고, 보다 안전하며, 보다 행복한 모습일 것입니다. 그 뿐 아닙니다. 앞으로 2백년, 즉 2세기 후에도 그 도시는 견고하며 진실 되게 단단한 봉우리 위에 서 있을 것이며, 그 타오르는 빛은 어떤 폭풍 후에도 그 빛을 잃지 않을 것입니다. 뿐만 아니라 그 도시는 모든 자유를 가진 사람들과 모든 잃어버린 곳으로부터 어둠을 뚫고 보금자리를 찾아 온 모든 이주자들에게 여전히 등대와 자석과 같습니다.

우리는 우리의 몫을 다 했습니다. 이제 제가 도시의 거리로 나가면서, 레이건 혁명기의 모든 분들을 향한 마지막 말, 지난 8년간 미국을 본래의 자리로 되돌리기 위해 수고한 모든 분들을 향한 마지막 말을 하려고 합니다. 나의 친구들이여, 우리는 해냈습니다. 우리는 결코 시간만 보내지 않았습니다. 우리는 변화를 가져왔습니다. 우리는 이 도시를 더 강하고, 더 자유롭게 만들었고, 선한 손길들에게 물려주었습니다. 전체적으로 괜찮았습니다. 안녕히 계십시오. 하나님이 여러분을 축복하시기 원합니다. 그리고 하나님이 미합중국을 축복하시기 원합니다."

레이건은 2004년 6월 5일 캘리포니아 주 산타 모니카에서 죽었다. 그의 책, 「두 번 채용되다」(Twice Adopted)에서 마이클 레이건은 아버지와 함께 비행기를 탔을 때의 이야기를 전한다. 그는 아버지가 그의 손가락을 세고 있는 것을 알고, 무엇을 하고 있는지 물었다. 로널드 레이건은 "나는 내가 다시 교회를 다닐 수 있게 될 때까지 몇 달이 남았는가를 세고 있단다. 이제 꼭 아홉 달 남았구나"라고 답했다. 이에 마이클이 "무슨 말씀이세요?"라고 재차 묻자, 레이건은 "내가 총에 맞은 후, 그들은 나를 차로 집어넣었다. 그 후로 나는 내가 교회에 가서는 안 된다고 생각했다. 그때 창밖으로 사람들이 땅 위에 엎드린 채 피를 흘리고 있는 것을 보았거든. 나 때문에 말이다. 나는 그런 일이 교회에서 반복되기를 원하지 않았다. 그래서 그날 이후로 나는 교회를 정기적으로 다니지 않게 되었다. 나는 총을 든 어떤 자가 교회로 와서 나를 쏘기 위해 사람들을 해하게 하고 싶지 않았다. 이제 1월이면 워싱턴을 떠나게 되는데, 그러면 나는 교회에 다시 갈 수 있게 된다. 난 정말 주님과 함께 하는 그 시간을 갖고 싶었거든."

마이클 레이건은 그의 아버지가 집무실에서 나오자마자 "알츠하이머 병이 심해져서 교회를 다닐 수 없기 전까지 주일예배를 한 번도 빠지지 않았다"고 전한다. 마이클은 기독교야말로 그의 부모가 자신에게 준 가장 큰 선물이었다고 고백한다. "제게는 다른 무엇과 비교할 수 없게 빛나는 부모님이 주신 한 가지 선물이 있습니다. 이제 저의 아버지는 90세의 일기로 삶의 여정을 마치셨고, 어머니도 어느새 90세에 가까워지면서 병치레를 하고 계시지만, 저는 그 어느 때보다 더욱 그분들이 저에게 주신 선물에 감사하고 있습니다. 저는 지금 저의 아버지가 어디 계신지 알고 있습니다. 저는 어머니가 어디로 가실 지도 잘 알고 있습니다. 그리고 저는 제가 천국에 가면 다시금 그분들을 만나 뵐 수 있음을 알고 있습니다."

5장

제임스 얼 카터
JAMES EARL CARTER

카터는, 그 자신의 말에 의하면, 거듭난 기독교인이다. 다른 어떤 역대 대통령들보다도 그는 자신의 종교적 신념들에 대해 설명하려고 애썼다. 그 자신의 종교적 신념들은 정통 기독교의 핵심된 교리들을 지지하고 있다. 하지만 그는 성경의 무오성에 대해서는 부정하고 있다.

제임스 얼 카터 JAMES EARL CARTER

제임스 얼 '지미' 카터는 1924년 10월 1일, 조지아 주 플레인스(Plains)에서 태어났다. 그는 침례교 가정에서 자라, 플레인스 침례교회에 출석했다. 그의 아버지 제임스 카터는 주일학교 교사였다. 그러나 카터는 후일 그의 아버지에 관해 다음과 같이 말하였다. "비록 나의 아버지는 편안하게 교회에서 가르쳤지만, 들판에서 일할 때라든지 저녁식사 때 기독교와 관련된 주제를 나와 이야기 하는 것에 상당히 당황해 하시곤 했다. 그런 점에서 나는 주일학교를 통해 또 다른 아버지의 모습을 본 것이다."

카터가 11세 되던 1935년, 그의 교회에서 열린 부흥집회 기간 그는 그리스도를 구세주로 영접했다. 그리고 그 다음 주에 로열 콘웨이(Royall Conway) 담임목사에 의해 침례를 받았다. 그러나 카터는 다음과 같이 말한다. "내 나이 11살 때, 거듭남은 일어나지 않았다. 나에게 있어서 거듭남은 진화와 같은 것이었다. 갑작스러운 섬광이나 말씀하시는 하나님의 급작스러운 환상이라기보다는, 나를 그리스도께서 서서히 이끈 것은 연속적인 계단들과도 같았다. 11세 때의 나의 회심은 그런 계단들 가운데 단지 하나에 불과했다."

그의 어머니는 카터가 어렸을 때부터 교회에서의 자신의 역할에 대해 심각하게 생각했었다고 회상한다. 그러나 그녀는 카터가 신앙심이 깊지는 않았던 것으로 기억한다. 카터가 메릴랜드 주 아나폴리스의 미해군사관학교에 입학했을 때 그는 왜 자신이 창조되었으며, 그의 삶의 목적은 무엇이며, 하나님은 누구신가에 대해 호기심을 갖기 시작했다.

1946년 7월 7일, 해군사관학교를 졸업한 카터는 로잘린 스미스(Rosalynn Smith)와 결혼한다. 로잘린 카터는 본래 감리교인이었는데, 결혼 후 남편의 교단에서 신앙생활을 하기로 결심한다. 카터와 그 아내는 매일저녁 성경 한 장을 함께 읽는 규칙적인 성경읽기를 시작했고, 나중에는 스페인어와 영어로 쓰여진 성경을 읽으며 외국어 실력을 쌓는다.

1953년 카터는 아버지의 죽음으로 그 인생의 전환점을 맞이하게 된다. 그것은 그의 진로와 신앙으로의 헌신 모두에 있어서의 전환점이었다. 그는 해군을 떠나 플레인즈의 가족농장으로 돌아온다. 그는 왜 하나님께서 58세라는 그다지 늦지 않은 나이의 아버지를 죽게 하셨는지에 대한 물음을 가지고 씨름하기 시작한다. "그것은 나로서는 아주 가혹한 처사였다. 그것은 마치 복음서 속의 자애롭고 용서하는 예수의 모습과는 전혀 다른 구약의 하나님, 곧 가혹한 심판자의 모습이었다." 이 같은 물음은 그로 하여금 기독교 신학자들의 글을 연구하게 만든다. 플레인즈로 이주한 뒤, 그는 다시 플레인즈 침례교회를 출석하며 그의 아버지가 맡았던 주일학교 9세부터 12세까지의 남학생들 반을 맡았고, 그의 아내는 같은 연령대의 여학생들을 가르쳤다. 카터는 중등부의 부장이 되고, 교회 집사가 된다.

그는 드디어 정치에 입문하기를 결심하고, 백악관으로 가는 노정에 발을 딛기 시작한다. 그러나 1966년 카터는 조지아 주지사로 출마한 선거에서 실망스러운 패배로 고토를 겪게 된다. 그는 인종 차별주의자인 레스터 매독스(Lester Maddox)에게 패한 것이다. 선거 후, 그의 누이 루스(Ruth)는 카터에게 "그리스도와 신선하고, 친밀하고, 개인적이며, 사랑이 넘치고, 돌보는 관계"를 구하도록 설득한다.

그 후로 그는 성경을 더 많이 읽기 시작했고, 곧이어 그의 담임목사 로버트 해리스(Robert Harris)의 설교를 통해 "만일 당신이 그리스도인이 되었다면, 거기에는 분명한 증거들이 있지 않겠습니까?"라는 질문을 받게 된다.

카터는 자신의 삶에 그러한 증거들이 없다는 사실을 깨닫고, 그의 삶을 다시 한 번 그리스도를 위해 재헌신하게 된다.

카터는 1976년 대통령 선거 기간 중, 로 대 웨이드(Roe v. Wade) 사건 이후 처음으로 낙태 문제에 대한 공식 입장을 요청받게 된다.

조지아 주지사로서, 그에게는 "낙태를 포함한 강력하게 지원받고 있는 가족계획"을 갖고 있었다. 뿐만 아니라 그는 어려움에 빠진 여성을 위한 서문을 썼는데, 그 책은 낙태를 지지하는 입장의 책이었다. 비록 그 자신은 낙태를 지지하지 않는다고 서문에서 밝히고 있지만 말이다. 1973년 그는 또한 낙태를 합법화시키는데 일조한 도와 볼튼 소송사건(Doe v. Bolton lawsuit)의 고소인을 지지하기도 했다.

하지만 대선 출마에 나서면서 카터는 종교적 보수층을 겨냥하여 임신중절 반대론의 입장 쪽으로 기운다. 1975년 아이오와 당원대회가 열리기 전, 그는 한 가톨릭신문에서 낙태를 금지하는 '국가법(national statutes)'을 지지한다고 언급한다. 이 신문은 당원대회가 열리기 전 주일아침 가톨릭교회들로 배포되었는데, 그로 인해 가톨릭 교인들로부터 표를 얻은 카터는 당원대회에서 승리한다. 이를 목격한 일부 사람들은 가톨릭신문에 언급된 카터의 낙태와 관련된 진술이 아이오와에서 승리한 결정적인 열쇠였다고 믿는다.

당원대회에서 승리하자, 여론은 그를 물러서게 하려 했다. 카터는 사제들로부터 "당신이 낙태에 반대하는 국가법을 지지하게 된 어떤 동기가 있습니까?"라는 질문을 받게 된다. 이에 카터는 "비록 제가 특별히 무언가를 생각할 수는 없습니다만, 분명 그렇게 할 수 있는 동기가 있다고 생각합니다"라고 말하며, 다음과 같이 그의 입장을 분명히 밝힌다. "저는 줄곧 저 자신이 낙태에 대한 대법원의 판결을 뒤집으려는 헌법 개정을 반대한다고 말해 왔습니다. 하지만 저는 개인적으로 낙태를 반대하고, 정부가 낙태를 권장하는 어떤 행동도 하지 말아야 한다고 생각합니다. 대법원은 많은 결정들을 풀지 못한 채로 놔두었습니다. 저는 대통령으로서 낙태와 연관된 이런저런 질문들에 대한 법원의 결정을 따르고 준수할 것입니다."

이러한 그의 발언은 여성들의 권리를 주장하는 그룹을 만족시켰다. 그는(강간, 근친상간, 임산모의 생명과 연관된 경우를 제외하고) 낙태에 대한 연방기금에 대해 반대했다. 대신 그는 그 기금을 산아제한을 위해 쓰여지기를 원했다. 낙태와 관련된 카터의 가장 흥미로운 진술은 그가 대통령직을 수행하기 위해 그의 신앙을 포기해야만 한 적이 있는가를 묻는 질문에 답하는 가운데 드러난다.

"그렇습니다. 저는 대통령직을 수행하기 위해 저의 기독교 신앙을 수정해야만 했던 낙태라는 그 유일한 이슈가 떠오릅니다. 그리고 이것은 매우 사적인 것입니다. 저는 예수 그리스도가 낙태를 인정하셨다고는 상상하기 힘듭니다. 그리고 대통령으로서의 저의 임무는 여러분도 잘 아시겠지만, 임신 3개월 내에 임산모가 의사와 상의할 경우 낙태를 공인한다는 대법원의 판결을 우리나라의 법으로서 이행하는 일이었습니다. 비록 대통령으로서의 임무를 이행하는데 있어서 결코 실패한 적은 없었지만, 저는 개인적으로 이러한 판결에 반대합니다."

카터의 신앙은 글로 대통령 선거에서 승리하는데 일조했다고 봐도 무리가 아닐 것이다. 대선 캠페인에서 "거듭났는가"를 묻는 질문에 그는 "예"라고 답함으로 헤드라인을 장식했다. 이 같은 대대적인 공개에 대한 그의 개인적인 반응은 흥미로웠는데, 그는 다음과 같이 말한다. "그것은 전국 헤드라인 기사가 되었습니다. 그리고 저는 그런 현상에 대해 걱정하기 시작했습니다. 왜냐하면 저는 저의 신앙과 대통령으로서의 저의 임무가 뒤섞이는 것을 원치 않았기 때문입니다."

비록 자유주의자들에게 그러한 그의 신앙고백이 줄 영향에 대해 걱정했지만, 그의 신앙고백은 도리어 통상 공화당을 지지하지만 그보다는 거듭난 기독교인을 지지하기를 원하는 보수층 기독교인들의 지지를 이끌어 냈다. 1978년 정기 국가조찬기도회 연설을 통해, 카터는 자신이 고백했던 "거듭남"의 의미에 대해 설명했다.

"저에게 하나님은 진정으로 실재하는 분이십니다. 저에게 하나님과의 관계는 매우 개인적인 친밀함입니다. 하나님은 제 삶 가운데 항상 현존하시며, 제가 약할 때 저를 도우시고, 제가 그분을 바라볼 때 인도자가 되어주십니다. 그리고 하나님은 그리스도의 삶을 통해 그리스도인으로서의 저에게 다른 사람들과 더불어 본받고자 하는 완벽한 본을 제공해 주십니다. 매일 밤 저는 제 아내와 함께 예배를 드리며, 낮에는 종종 하나님과의 개인적으로 조용한 시간을 갖습니다. 수개월 전, '거듭남' 이라는 말이 이전까지 그 의미에 대해 익숙하지 않던 많은 미국인들의 의식에 현저한 인상을 남겼습니다. 그 단어들은 수많은 잡지의 커버페이지의 헤드라인으로 사용되었습니다. 그러나 기독교 신앙을 갖고 있는 우리들에게 '거듭남' 이라는 말은 매우 단순한 의미를 갖고 있습니다. 즉, 그것은 개인적인 체험을 통해 우리는 겸손한 하나님의 자녀로서 우리의 삶을 재헌신하는 것입니다. 하나님의 자녀됨은 서로를 가장 실제적으로 형제요 자매로 만들어 줍니다. 가족들은 가장 친밀할 수 있는 연줄로 묶여 있습니다."

카터의 신앙은 대통령으로서의 그의 노정에 영향을 끼쳤고, 또한 그의 대통령직의 여러 사건들은 그의 신앙에 영향을 끼쳤다. "저는 제 인생의 다른 어느 때보다 많은 기도를 지난 4년간 드렸습니다. 저는 단순히 미국국민들을 위한 바른 결정들을 내릴 수 있도록 하나님의 인도하심을 구했습니다."

1980년, 대통령으로서의 일이 주는 중압감이 그의 영적 삶에 부정적인 영향을 미치지 않았는가를 묻는 질문에 대해, 카터는 다음과 같이 답했다.

"그렇지 않습니다. 저는 침례교인이자 그리스도인으로서 교회와 정부는 분리되어야 한다는 것을 확고히 믿습니다. 그리고 저는 저의 신앙이 대통령으로서의 행정업무를 간섭하지 못하게 했습니다. 그러나 저는 거기서 그 어떤 불일치를 찾지 못했습니다. 저는 제가 공직에 있지 않을 때나 주지사로 있을 때보다 훨씬 더 무거운 짐을 제 어깨에 지고 있기 때문에, 대통령이 아니었을 때보다 더 많은 기도를 하고 있습니다.

우리의 건국의 아버지들이 하나님 앞에서 그 생각을 처음 발견할 때부터 인정되었듯이, 이 나라는 하나입니다. '하나님 안에서 우리는 신뢰한다'는 표현은 우리의 동전에 쓰여져 있습니다. 이것은 미국인들에게 있어서 하나님을 진심으로 믿는 일은 나쁜 것이 아니라 이 나라의 법이 우리에게 하나님을 예배할 권리, 우리가 원할 때 예배할 권리를 주고 있다는 사실을 말해줍니다. 그리고 의회는 종교를 구성하는 것(establishment of religion)과 관련된 어떤 법도 임의로 통과시킬 수 없습니다.

그러나 저의 개인적인 신앙과 믿음은 그 어느 때보다 견고해졌습니다. 저는 어느 때보다 많이 기도하면서, 한편으로는 제가 그리스도인이라는 점과 다른 한편으로는 이 나라의 대통령이라는 점 때문에 어떤 불일치성을 찾을 수 없습니다."

이전의 다른 많은 대통령들이 그러했듯이, 카터는 그의 취임연설에서 인용할 성경구절로 역대하 7장 14절을 택한다. "내 이름으로 일컫는 내 백성이 그 악한 길에서 떠나 스스로 겸비하고 기도하여 내 얼굴을 구하면 내가 하늘에서 듣고 그 죄를 사하고 그 땅을 고칠지라." 하지만 그의 연설문 작성자가 그 본문이 너무 종교성이 강하다는 이유로 반대하자, 카터는 미가서 6장 8절로 인용문을 대신한다. 이와 관련된 문구의 최종 연설문은 다음과 같다.

"제 앞에 있는 성경은 우리의 첫 대통령이 1789년 취임식에서 사용했던 것이며, 방금 저는 몇 해 전에 저의 어머니께서 주신 성경 위에 손을 얹고 취임선서를 마쳤습니다. 이 성경을 통해 우리는 옛날 미가 선지자를 통한 시대를 초월한 훈계를 들을 수 있습니다. '사람아 주께서 선한 것이 무엇임을 네게 보이셨나니 여호와께서 네게 구하시는 것이 오직 공의를 행하며 인자를 사랑하며 겸손히 네 하나님과 함께 행하는 것이 아니냐 (미 6:8).''

덧붙여 말하자면, 미가서 6장 8절은 56년 전 워런 가말리엘 하딩(Warren Gamaliel Harding)의 취임연설에서 이미 인용된 바 있다.

카터는 1977년 1월 27일 조찬기도회 연설에서 그 성경본문을 택하게 된 후일담을 들려준다.

"제 취임연설문의 초고에는 정의, 인자, 겸손에 대한 미가 선지자의 훈계가 포함되어 있지 않았습니다. 대신 저는 오늘 라이트 하원의원께서 인용하신 역대하 7장 14절 본문을 택했습니다. '내 이름으로 일컫는 내 백성이 그 악한 길에서 떠나 스스로 겸비하고 기도하여 내 얼굴을 구하면 내가 하늘에서 듣고 그 죄를 사하고 그 땅을 고칠지라.'

저의 참모들이 제 연설문의 초안을 읽고 그들은 그 인용문에 대해 반대 의사를 표했습니다. 두 번째로 연설문을 수정하면서 저는 그 인용문을 초고 때와 같이 그대로 두었습니다. 그러자 참모들이 제게 와 다음과 같이 말했습니다. '그들은 그 본문을 이해하지 못할 것입니다. 그것은 마치 대통령께서 당선되어 솔로몬의 위치에서 다른 사람들을 책망하며, 미국인들은 모두 악하다고 말하게 되는 격입니다.'

그래서 저는 정당하게 혹은 부당하게 인용문을 미가서의 구절로 바꾸었습니다. 저는 이 에피소드가 오늘날 우리가 직면한 문제를 예증해 주고 있다고 생각합니다. 간혹 우리는 죄를 인정하고, 겸손의 필요성을 인정하는 일이 우리 국민들의 의식 속에 스며들어 있을 것이라 당연시하는데, 사실은 그렇지 않은 것입니다."

1978년, 뉴햄프셔 주 나슈아(Nashua)에서의 질의 응답시간에, 카터는 미국인들이 자신들의 부도덕한 행동들에 대해 회개할 것을 요청해야 하는 자리에 있다고 생각하는지, 그리고 그렇게 시행할 것인지에 대해 질문을 받고 다음과 같이 답했다.

"글쎄요. 제 자신의 신앙은 훨씬 더 개인적인 것입니다. 저는 우리가 기도를 통해 하나님께 직접 나아갈 수 있고, 그런 점에서 회개는 개인적인 것이라고 생각합니다. 저는 우리나라가 과거에 행했던 것들과 혹은 제가 백악관에 있으면서 하는 일들에 대해 하나님 앞에 회개토록 하는 것이 저의 책임이라고 믿지 않습니다. 저는 그것은 미국인들 개개인을 통해 시작되고, 완수되어야 할 일들이라고 생각합니다. 그러나 만일 제가 이 나라에 의해 과거, 현재, 혹은 미래에 죄악 되고, 부적합하고, 무자비한 일이 벌어지는 것을 보게 된다면, 그것은 분명히 대통령으로서의 저의 책임으로 그런 만행으로 야기될 불공정과 고통을 막기 위해 적합한 조취들을 취할 것입니다. 질문하신 것에 대해 이보다 더 잘 답변해 드리지는 못할 것 같습니다.

저는 저 자신이 이 나라의 영적 지도자라고 생각하지 않습니다. 저는 정치적인 지도자입니다. 저는 제 자신이 미국민들 앞에 저 자신의 믿음에 대해 솔직해야 할 권리와 의미가 있다고 생각합니다. 저는 이 나라의 회개를 위해 어떤 권한이나 부름을 받은, 설교 강대상 위에 서야 하는 사제나 감독, 그 누구도 아닙니다. 저는 어설프게 당신의 질문에 답했습니다. 그러나 그것이 제가 그 질문에 대해 느끼고 있는 바입니다.

저는 제 자신의 결점과 죄인 됨을 알고 있습니다. 저는 하나님께 저를 용서해 주실 것을 기도합니다. 그리고 저는 더 나아지려고 노력합니다. 미국인들은 그들이 신앙이 있건 없건 상관없이 이 같이 자신의 결핍된 것들을 바로잡고, 잘못된 것을 고치고, 우리나라가 이제껏 위대할 수 있었던 최고의 도덕적인 원리들에 대한 본으로서, 개인적으로든 집합적으로든 더 가깝게 나아가고자 하는 강한 성향을 가져야 한다고 생각합니다."

카터는 백악관에 설교자들을 초청해 설교하게 하지 않았다. 이에 대해 그는 다음과 같이 기록하고 있다. "우리는 전임자들이 빌리 그래함이나 다른 유명 목회자들을 초대해 훌륭하게 공표되는 예배를 백악관에서 드리도록 한 것을 그간 지켜봤습니다. 우리는 그렇게 할 수 있었던 그들의 권리를 존중합니다. 그러나 저는 그렇게 하는 것이 교회와 정치는 분리되어야 한다는 우리의 개념을 어기는 행위라고 생각합니다."

대신 카터는 워싱턴에 있는 동안 역대 전임 대통령들, 마틴 밴 뷰런(Martin Van Buren), 프랭클린 피어스(Franklin Pierce), 해리 트루만(Harry S Truman), 린든 베인스 존슨(Lyndon Baines Johnson) 등이 출석했던 제일침례교회로 그의 멤버십을 옮겼다. 그는 대통령으로 있는 동안에 그 교회에서 여러 차례 주일학교를 가르쳤다.

1980년 대통령 선거에서 종교가 다시금 이슈가 되었는데, 카터는 그 자신의 종교적 신념의 진정성에 대한 질문에 대해 다음과 같이 답했다.

"저의 종교적 신념은 제 자신에게 매우 값진 것이지만, 저는 저와 다르게 예배하는 사람들을 비판하려고 한 적은 없습니다. 올해에 이르기까지, 하나님께 대한 제 믿음의 진실성과 예수 그리스도를 저의 주님으로 믿는 기독교인으로서의 저의 헌신에 대해 아무도 의심하지 않았습니다.

그러나 최근 들어 저는 일부 매우 사악한 텔레비전 광고들이 저에 대해 교묘하게 온갖 종류의 손상을 입히게 하면서, 저의 종교적 신념에 의문을 제기한다는 이야기를 전해 들었습니다. 저 자신은 그것들을 아직 보지 못했습니다. 저는 그들에게 일일이 대꾸하면서 그들의 공격을 존중해 주지 않을 것입니다. 그러나 저는 제 자신과 하나님의 관계에 대해 자신합니다. 저는 받아들여질 만한 정치인이라는 식의 종교적인 정의를 좋아하지 않습니다. 또한 기독교인의 친목이나 종교적인 친목을 위한 정치적인 정의를 좋아하지 않습니다."

카터는 회고록에서, 그의 대통령직에 있어서 기도의 역할에 대해 논한다.

"저는 제 생의 어느 때보다도 많은 시간을 기도했습니다. 그리고 그 기도 가운데 하나님께서 우리나라와 세계의 많은 사람들의 생명에 영향을 미칠 수 있는 업무들을 다루는 가운데 제게 분명한 생각과 바른 판단과 지혜를 주시기를 기도했습니다. 비록 저의 결정들이 언제나 최상의 것이었다라고 장담할 수는 없지만, 기도는 제게 큰 힘이 되었습니다. 최소한 기도는 제가 매일의 책임들로서 대면하는 것들에 두려움과 절망의 소지를 없애도록 해 주었습니다."

카터의 신앙이 그의 대통령으로서의 임무수행에 영향을 주었던 특별한 경우가 있었는데, 그것은 중국의 등소평(Deng Xiaoping)과의 외교협상 때였다. 중국과 미국의 관계가 정상화되어야 하는가에 관한 협상 기간 중, 카터는 등소평에게 중국에 더 많은 종교적 자유를 허용하도록 설득했다. "저는 당신의 국민들이 성경을 가질 수 있도록 허가받기를 원합니다. 종교의 자유는 다시금 그것들에 대한 보증이 되어 줄 것입니다." 카터는 덧붙여서 "또한 중국으로 돌아가 교육, 병원, 농업, 그 외 당신이 원하는 어느 곳에서나 일하고 싶어 하는 수많은 선교사들이 있습니다"라고 말했다. 이에 등소평은 처음의 두 가지 요청은 재고해 보겠지만, "외국의 종교 활동가들이 중국에 오게 하는 일은 더 이상 허용하지 않을 것"이라고 답했다.

카터는 평화 협상가로서 잘 알려졌다. 이집트 대통령 사다트(Sadat)가 이스라엘을 방문 중인 1977년 1월 20일, 제일침례교회 밖에서 리포터와 이야기를 나누었다. "저의 기도는 이것입니다. 온 세상이 평화를 원한다는 사실을 아는 것입니다. 그것은 우리의 구원자이신 그리스도께서 평화의 왕이시라는 것입니다. 그것은 중동 지역이 그곳의 누구도 원치 않는 전쟁을 매일같이 치르고 있다는 것 - 그중 4건의 중요한 전쟁이 지난 30년간 있었습니다. - 에 대한 것입니다. 그것은 매우 종교심이 강한 수상이 유대인들의 성전에서 예배를 드렸다는 것에 대한 것입니다; 오늘 아침 사다트 대통령이 모슬렘 사원에서 동일한 하나님께 예배하였고, 후에 그리스도가 묻힌 기독교인의 성지에서 동일한 하나님을 예배했습니다. 그리고 그것은 세상 모든 사람들이 평화를 위해 기도하고 있다는 것입니다."

레이건이 선거에서 승리한 뒤, 카터 일가는 망연자실했는데, 카터의 책 「성취를 위한 모든 것」(Everything to Gain)에서 로잘린 카터는 그의 남편과 그 주간 나눈 대화에 대해 다음과 같이 전하고 있다.

"'저는 이해할 수 없어요. 왜 하나님께서 우리를 선거에서 패하게 하셨는지 이해할 수 없어요'라고 남편에게 말했습니다. 지미는 언제나 기독교인으로서 저보다 더 성숙한 사람이었습니다. 그는 이렇게 말했지요. '당신이 생각하기에 사람은 하늘에서 하나님께서 작동하는 로봇 같소? 혹 당신은 설마 하나님께서 이 모든 것을 지시하셨다고 생각하는 것은 아니겠지, 그렇지? 우리의 우선순위가 하나님의 그것과 같지 않다는 사실을 인정한다는 것은 우리로서는 정말 어려운 일일 거야. 우리는 너무도 인기, 부, 정치적 성공 등과 같은 일에 중요성을 부여하고 있어. 그분께는 우리가 가장 중요하게 생각하는 문제가 결코 하나도 중요한 일이 아니지. 그러나 하나님은 우리가 가진 시간을 최선을 다해 사용하고, 예수님과 같이 살아보도록, 또 우리가 어디에 있든지 우리의 삶이 의미 있고, 다른 사람들에게 호의를 베풀며 살도록 우리를 신뢰하시지.' 저는 그때 비로소 1980년 대선의 결과를 받아들이고 사는 법을 배웠답니다. 하지만 그것이 결코 쉽게 받아들여졌다고는 말하고 싶지 않네요."

카터는 은퇴 후 조지아 주 플레인즈 집으로 돌아왔다. 그는 모교회인 마라타나 침례교회에서 장년 주일 성경학교를 가르쳤다. 그는 은퇴 후의 기간들 동안, 다른 어떤 역대 대통령들보다 그의 종교적 신념에 관한 글을 많이 썼다. 그의 책들 가운데 「믿음으로 살기」(Living Faith)와 「힘의 원천」(Sources of Strength)은 대통령이 쓴 책들 가운데 자신의 종교적 신념들에 대한 논의로만 할애하여 쓰여진 유일한 책이다.

이 책들에서 그가 논하고 있는 교리적 입장들은 무엇일까? 「믿음으로 살기」에서 카터는 "그리스도를 받아들이기"로 결정했던 것이 무엇을 의미했는지에 대해 설명한다.

"내가 '그리스도를 영접한다고 결심한' 것은 무엇을 의미하는가? 예수는 메시아였고, 오랫동안 기다려 오던 구원자로서, 하나님을 우리에게 드러내 보이시고, 하나님과 인류 사이의 틈을 고치시기 위해 오신 분이시다. 예수께서 제자들에게 '나를 본 자는 아버지를 보았거늘'(요 14:9)이라고 말씀하셨다. 더 나아가 복음서는 예수께서 어떻게 완벽하고 흠없는 삶을 사셨으며, 어떻게 우리가 범한 죄에 대한 속죄로 우리를 대신하여 십자가에서의 고통스런 죽음을 받아들이셨는가를 자세히 말해주고 있다. 그리스도를 나의 구세주로 받아들인다는 의미는 복음서의 이 내용들을 모두 믿고 그리스도를 통해 하나님과의 관계 속으로 들어감으로 나의 과거와 미래의 죄는 더 이상 나를 창조주로부터 떼어놓지 못하게 한다는 것을 의미한다. 우리의 모든 믿음을 이러한 개념들 위에 놓아두는 것을 가리켜 '거듭남'이라고 일컫는다."

하지만 그의 청년기에는 그대로의 부활이 실제로 존재할지에 대해 염려했었다고 기록하고 있다. 그의 십대 때와 장년이 된 초기에, 그는 다음과 같이 매 기도의 끝에 간구를 드렸다. "하나님, 제가 부활을 믿을 수 있도록 도와주소서." 그는 마침내 문자적인 부활에 대해 더욱 확신하게 되었다.

카터는 자신이 성경의 전적 무오설을 믿지 않는다고 기록하고 있다. 카터의 전기 작가인 피터 본(Peter Bourne)은 "그가 성경을 참된 기독교인의 삶을 인도해 주는데 있어 연구되어야 하며, 따라야 할 절대적으로 권위 있는 지침으로 보는 반면, 근본주의자들이 생각하는 것처럼 그것을 문자 그대로 하나님의 말씀으로는 생각하지 않았다"고 말한다.

하지만 카터는 "성경의 모든 지혜는 현대 우리들에게 적용된다"고 기록한다. 그는 성경에 대한 그의 입장을 「힘의 원천」(Sources of Strength)에서 밝히고 있다.

"만일 우리가 오래된 것으로 생각하고 해당 구절들을 없애버리기 시작한다면, 우리는 우리의 성질, 습관 혹은 약점 등에 맞는 구절들만을 찾아볼 수 있게 될 것이다. 성경은 우리의 개인적 취향을 고치도록 도와야지, 그것들을 강화시키는 쪽으로 쓰여져서는 안 된다.

그와 동시에 성경은 비록 하나님의 말씀이지만, 그가 살던 시대의 지식과 신념들을 공유하는 오류를 범하기 쉬운 인간에 의해 쓰여졌다. 성경에 나타난 과학과 천문학은 현대적 기준에서는 부정확하다(이를테면, 지구가 네 개의 모퉁이로 되어 있다는 식의 설명). 그리고 신약시대의 성경 저자들은 의심의 여지없이 노예제가 합법적인 사회제도인 듯 기록하고 있다. 그래서 우리가 성경의 의미를 해석하고, 그것의 현대적 메시지를 위해서는 성경이 쓰여졌던 시대를 고려해야 하는 것이 바람직하다."

실제로 카터는 그의 믿음을 성경의 교리에 맞도록 가꾸는 일과 성경을 그의 믿음에 맞도록 가꾸는 일 사이의 긴장을 어떻게 적용했을까? 하나의 예가 되는 것은 여성 목사의 안수 문제이다. 그의 책 「믿음으로 살기」(Living Faith)에서 그는 갈라디아서 3장 28절, "너희는 유대인이나 헬라인이나 종이나 자유자나 남자나 여자 없이 다 그리스도 예수 안에서 하나이니라"를 인용하면서 "바울은 남녀 간의 성별을 믿는 사람들 안에서는 더 이상 차별을 두지 말아야 할 것으로 포함시키고 있다"고 말했다.

이어 그는 이 구절을 안수의 문제를 다루고 있는 디모데전서 2장을 위한 자료로 참고했는데, 그 구절은 "여자는 일절 순종함으로 종용히 배우라"고 말하며, "남자를 주관하는 것"을 금하는 등 교회 내의 질서와 신분 문제를 다루고 있다.

그가 갈라디아서 3장 28절을 여성들이 안수를 받을 수 있다는 의미에서 해석을 하기 때문에, 그는 디모데전서 2장을 다음과 같은 의미에서 언급한다. '바울의 여성의 '순종'에 대한 훈계는 바울 자신의 다른 서신들을 포함하여, 예수와 다른 신약성경 본문과 비교할 때 예외적인 것이다."

성경의 전적인 무오성을 부정하는 첫 발자국을 허락하면, 주관적인 견해와 대립되는 본문은 "덜 절대적"이 되어 그 본문을 버리는데 더 용이해진다.

이와 유사한 하나님 말씀으로서의 성경인 동시에 절대적인 무오성을 인정하지 않는 원칙으로 적용된 예는 창조 대 진화의 주제 가운데서도 찾아볼 수 있다. 카터는 진화론을 믿었는데, 그는 이것을 그의 종교적인 견해와 어떻게 조화를 이룰 수 있는지에 대해 다음과 같이 설명한다.

"나는 신앙인으로서 천문학, 지질학, 고생물학 등에서의 발견들이 아무런 문제가 되지 않는다. 우주는 광대하고 계속 확장되고 있으며, 지구는 오래됐고, 인류는 원시 조상들로부터 진화해왔다. 나는 어렵지 않게 우주의 기원에 대한 '빅뱅' 이론을 받아들일 수 있다. 만일 천국에 대한 보다 심화된 탐구와 하나님이 하신 일에 대한 새로운 설명들이 발전되어져 이 이론을 반박하기 전까지는 말이다. 나로서는 성경의 초기 저자들이 지구는 평편하고, 별들은 크리스마스트리 장식과도 같이 작아서 우리에게 떨어질 수 있고, 창조는 6일 만에 이루어졌으며, 인류 최초의 여성은 남자의 갈비뼈에서 나왔고, 아담과 하와는 현대인의 장성한 모습으로 태어났다는 등의 생각들은 내 신앙을 흔들지 않는다. 그들의 이해와 우리의 이해 사이의 간격은 지식이라는 것이 갈릴레오, 뉴턴, 다윈, 아인슈타인, 허블과 우리 모두에게 이르기까지 시간이 흐를수록 점점 더 발전한다는 것을 알려주고 있는 것뿐이다."

성경은 오류가 있고, 과학적인 견해는 "반박되기 전까지는" 보다 상위의 권위를 갖는다는 식의 관점은 논리적인 주장처럼 보일지 모른다.

참고로 덧붙여 말하자면, 성경이 지구가 평편하다고 주장하는 내용은 사실 성경에서 본래적으로 그렇게 말하고 있는 의미가 아니었다. 성경은 "지구의 표면"에 대해 27회 언급하고 있다(그중 하나는 신약성경에서 볼 수 있다). 표면은 본래 평편하지 않고 둥글다.

즉, 이는 중세 저자들의 잘못된 번역이지 성경의 본래 저자의 잘못이 아니다. 또한 성경에서 별들이 "크리스마스트리 장식과 같다"는 식의 표현은 찾아볼 수 없다. 다만 성경에서 별들이 떨어진다는 언급만 있을 뿐이다. 요한계시록 8장 10~11절은 "셋째 천사가 나팔을 부니 횃불같이 타는 큰 별이 하늘에서 떨어져 강들의 삼분의 일과 여러 물샘에 떨어지니 이 별 이름은 쑥이라 물들의 삼분의 일이 쑥이 되매 그 물이 쓰게 됨을 인하여 많은 사람이 죽더라"고 표현하고 있다. 여기서 떨어지는 별은 큰 별이며, 그것은 지상에 심각한 영향을 미쳤다.

성경에 대한 카터의 관점들은 남침례교 총회(Southern Baptist Convention, 이하 SBC)의 보수적인 멤버들과 갈등을 불러 일으켰다. 그리고 이들 보수파는 지도력을 갖고 SBC를 보다 보수적인 노선으로 가게 한다. 유감스럽게도, 보수파와 자유주의 침례교도들과의 갈등의 골은 더욱 깊어졌다. 남침례교 총회장이었던 아드리안 로저스(Adrian Rogers)는 카터와의 회동에서 "저는 당신이 세속적 인본주의를 버리고 기독교로 돌아와 주기를 바랍니다"라고 권면했다.

카터는 공식적인 자리에서 보수파 침례교인들에게 답했는데, 알바니아에서의 뉴스 컨퍼런스에서 그는, "종교적 근본주의는 항상 인권과 민주주의와 자유에 위협이 되어 왔습니다"라고 주장했다. 그는 덧붙여서 "저는 제가 다니는 교회에서 침례교 근본주의자들로부터 위협(threat)을 느낍니다"라고 고백했다. (카터가 쓴 이 '위협'이라는 용어로 인해 SBC는 로저스의 리더십 아래 보다 보수적인 노선으로 나아가게 된다)

이 같은 남침례교 총회의 보수주의 기독교로의 방향전환에 대한 반응으로, 5천여 명의 온건주의와 자유주의 침례교인들은 침례교협력단체(Cooperative Baptist Fellowship, 이하 CBF)를 조직한다. 카터는 이때 SBC를 떠나 CBF에 합류한다.

6장

제럴드 포드
GERALD FORD

제럴드 포드는 그의 평생을 통해 교회에 활동적으로 참여했다. 우리는 그의 교리 등에 상응하는 보다 많은 내용들과 개인적인 문헌들이 공개되기까지는 그의 정확한 교리적 신념들에 대해 더 많이 알 길이 없다.

제럴드 포드 GERALD FORD

레슬리 린치 킹 주니어(Leslie Lynch King Jr.)는 1913년 7월 14일, 네브라스카 주 오마하(Omaha)에서 태어났다. 그의 부모가 이혼한 뒤, 그의 어머니는 제럴드 루돌프 포드(Gerald Rudolff Ford)와 결혼한다. 비록 아버지 포드는 공식적으로 그 아내의 아들을 입양하지는 않았지만, 젊은 킹은 제럴드 루돌프 포드로 불리기 시작했고, 평생 그 이름을 유지했다.

제럴드 포드는 1948년 10월 15일에 엘리자벳 '베티' 블루머(Elizabeth 'Betty' Bloomer)와 결혼했다.

1973년 12월 6일, 그는 스피로 애그뉴(Spiro Agnew)의 사임 후 공석인 부통령의 자리에 임명되었다. 1974년 8월 1일, 포드는 수일 내에 대통령이 될 수 있겠다는 사실을 알게 되었다. 이때 그는 아내와 다음과 같은 기도를 드렸다.

"하나님, 우리에게 힘을 주시고, 지혜를 주시고, 우리 앞에 있는 새로운 삶을 인도해 주소서. 우리는 그것이 무엇이든지 최선을 다할 것을 약속합니다. 과거에도 우리를 지켜주셨던 당신께서 앞으로 있을 어려움과 도전들에 대한 인도의 손길이 되어 주실 것을 믿습니다. 예수님의 이름으로 기도합니다."

기도의 말미에 포드는 잠언 3장 5~6절을 인용한다. "너는 마음을 다하여 여호와를 의뢰하고 네 명철을 의지하지 말라 너는 범사에 그를 인정하라 그리하면 네 길을 지도하시리라."

미국 하원의원으로 활동하던 수년간, 포드는 그의 동료였던 존 로우즈(John Rhodes), 앨 퀘이(Al Quie), 멜 래어드(Mel Laird) 등과 매주 기도 모임에 참석했다. 그는 부통령이 되어서도 이 모임을 계속 참석했으며, 그가 대통령이 되기 직전인 1974년 8월 7일에 마지막 모임을 참석했다.

부통령 재임 기간, 그는 버지니아 알렉산드리아 언덕 위의 임마누엘교회에 출석했다. 포드는 그의 아내가 "거기서 주일학교를 가르쳤다"고 말하면서, 자신도 "정기적으로 담임목사의 요청에 의해 회중에게 강연을 했다"고 한다. 그는 다음과 같이 덧붙였다. "나는 교구위원은 아니었지만, 다양한 남성들의 직무를 임마누엘교회에서 행했습니다. 내 자녀들은 모두 워싱턴에서 태어났고, 임마누엘교회에서 침례 받았습니다."

1974년 8월 9일, 포드는 대통령으로 임명되었다. 그는 재임기간 라파옛 스퀘어에 있는 성 요한 성공회교회에 출석했다. 그가 리처드 닉슨의 사면을 승인하는 논쟁의 여지가 있는 결정에 관련된 연설에서 그는 다음과 같이 말했다.

"우리가 하나님 아래 한 국가로서, 저는 하나님의 도우심 가운데 우리의 법을 지키도록 맹세했습니다. 그리고 저는 제 선임자인 리처드 닉슨과 그의 성실한 아내와 가족들을 존중하는 결정을 내리기 위해 그러한 법을 준수했고, 특별한 주의 가운데 제 자신의 양심을 따랐습니다." 그는 덧붙여서 다음과 같이 말했다. "대통령으로서가 아닌 하나님의 비천한 종으로서 저는 자비를 드러내지 못한다면, 저 또한 자비 없는 처벌만을 받아야 한다고 마음과 뜻과 영을 다해 믿습니다."

포드가 대통령으로 취임한 뒤 몇 개월이 지나, 그의 아내 베티가 암 진단을 받았다. 포드는 몇 년 후 그 일이 그들 부부의 영적인 여정에 미친 영향에 대해 다음과 같이 말하고 있다.

"대통령으로서의 경험 자체가 제 자신을 하나님께 더욱 의지하고, 저의 종교에 더욱 감사하게 하는 계기가 되었다면, 지금으로부터 2년 반 전 백악관에서의 심각한 상황 또한 그런 계기가 되어주었습니다. 저는 1974년 9월, 제가 대통령직에 오른 지 불과 몇 주 안 되었을 때 베티에게 암이 발병했던 것을 생생히 기억하고 있습니다. 그 기간 우리는 예수 그리스도와의 개인적 관계에 대해 더 깊은 이해를 가질 수 있었습니다. 인간의 연약함이 그처럼 우리 삶의 현실로 다가올 때 우리는 바울이 말한 것과 같이 우리의 약함 가운데 그리스도의 강함이 온전해 진다는 의미를 분명히 목도할 수 있었습니다. 그 같은 경험을 해 봤기에, 우리는 고통 중에 있는 다른 사람들을 보다 잘 위로하고 희망을 줄 수 있게 된 우리 자신을 발견할 수 있었습니다."

1974년 12월 17일, 포드는 크리스마스트리를 점등하는 행사에서, 점등과 관련된 에너지 절약에 대해 이야기하면서도 다음과 같이 말했다. "성탄절의 불빛은 하나님에 대한 우리의 영원한 믿음과 사랑이라는 결코 부족하지 않는 전력으로부터 와야 합니다."

1975년 1월 30일 조찬기도회에서 포드는 다음과 같이 말했다.

"제가 갑작스럽게 미합중국의 대통령이 된 날, 모든 귀빈들이 물러 간 뒤, 저는 백악관 1층의 몇몇 빈방들을 지나다가 식당에 있는 대리석 덮개 위에 새겨진 문구를 읽게 되었습니다. 그것은 백악관에 머물던 첫 대통령의 기도였습니다. '저는 이 집과 이후로 이 집에 살게 될 모든 사람들에게 하늘로부터의 최상의 축복을 있기를 기도합니다.' 계속해서 존 애덤스(John Adams)는 다음과 같이 기도하고 있습니다. '정직하고 현명한 사람들만이 이 지붕 아래서 이 나라를 다스리게 하소서.'

저는 애덤스 전임 대통령께서 그러한 메시지를 남기고, 그의 기도에 근 2세기 동안 아멘으로 화답한 이들께 진심으로 감사드립니다. 제 자신의 기도 또한 하나님의 지속적인 축복과 인도하심이 이 나라와 모든 국민들, 그리고 그들을 위해 정부에서 섬기며 노력하고 있는 이들에게 계속될 것입니다."

1975년 추수감사절 연설에서, 포드는 다음과 같이 말했다. "우리는 새롭게 '하나님 안에서 우리는 신뢰한다' 는 이 나라의 모토를 인식하고 있습니다. 우리는 계속 신뢰할 것입니다. 우리의 믿음은 200주년을 맞이하는 추수감사절이 다가옴에 따라 다시금 재입증되고 있습니다."

포드는 전국 곳곳의 시민들을 만나면서, 종교에 대한 질문들에 재치 있게 답했다. 그 첫 번째로 1976년 3월 13일에 노스캐롤라이나 주의 윌키스보로(Wilkesboro)에 있었던 기자회견에서 한 침례교 목사가 다음과 같이 질문한다. "대통령님, 저는 침례교 목사로, 저의 질문은 다음과 같습니다. 왜 우리나라는 허버트 후버(Herbert Hoover) 이후로는 어느 대통령도 예수 그리스도의 이름을 공개적으로 언급하지 않습니까?"

포드는 이에 다음과 같이 대답했다. "제 아내 포드 여사와 제 장남 마이크는 매사추세츠의 고든콘웰신학교에서 목회를 공부하고 있습니다. 제 아들은 헌신하고 있고, 저 또한 그러합니다. 그리고 저는 그 아이를 자랑스러워하며, 우리의 헌신을 자랑스럽게 생각합니다."

그로부터 한 달 후 텍사스 주 타일러(Tyler)에서 포드는 비슷한 질문을 받게 되는데, 그는 보다 일관되게 답변한다. 질문은 이러했다. "대통령님, 제 질문은 두 가지인데, 성경이 예수는 왕 중의 왕이며 만군의 주라고 말할 때 그 성경은 하나님의 감동으로 된 것임을 믿으십니까? 대통령께서는 평소 개인적으로 예수 그리스도를 삶의 왕으로서 모시고 있습니까? 또한 정치적인 리더로서 대통령께서는 사법, 입법, 행정 혹은 개인적인 모든 결정들에 있어서 그리스도께서 주신 원리들을 기준으로 삼고 살아가고 있습니까?"

포드는 다음과 같이 답했다. "자세히 말씀 드리기 전에 단도직입적으로 답부터 한다면, 그렇습니다. 저는 저의 부모 가족의 일원으로서, 그리고 우리 가족의 일원으로서 하나님께 깊이 헌신된 자입니다. 저는 제가 매일 내리는 결정들이 보통 인간들이 행하는 그것보다 더 높은 권위와 관련된다고 생각합니다. 그리고 제 견해로는, 이것이야말로 우리 모두가 미래에 필요로 하는 도움을 얻는 길이라 생각합니다."

포드는 1977년까지 대통령직을 수행했다. 그의 책 「대통령 캠페인」(Presidential Campaigns)에서 폴 볼러(Paul Boller Jr.)는 카터를 복음주의 기독교인으로 평하면서, 덧붙여 포드는 "1960년대 초반 제임스 제올리(James Zeoli) 목사의 영향으로 그의 신앙을 새롭게 한, 다소 복음주의적인 기독교인이었다"고 평한다. 포드는 제올리 목사에 대해 다음과 같이 말한다. "그분은 그랜드 래피즈(Grand Rapids) 지역에서 매우 활동적이고, 매력적이고, 헌신적이며, 매우 정교한 종교 지도자였습니다. 그분은 특별히 저의 가족, 제 아내와 아이들과 가까왔습니다. 그리고 제가 부통령과 대통령이 되었을 때에도 우리는 계속 친분을 유지했습니다."

빌리 그래함은 포드에 대해 "저는 그분이 기독교인이라고 고백한 것을 알고 있습니다. 그리고 우리는 여러 차례 함께 기도했습니다."

포드는 2006년 12월 27일 캘리포니아 주 랜초 미라쥐(Rancho Mirage)에서 타계했다.

7장

리처드 밀하우스 닉슨
RICHARD MILHOUS NIXON

닉슨은 13살 때 그리스도께 자신을 헌신했다. 그는 그의 나머지 젊은 시절을 교회에 적극적으로 참여하며 지냈다. 그가 대학에 입학했을 때 그의 어머니는 자유주의적 교수들에게 현혹되지 말 것을 경고했는데, 그의 대학 시절 신문에서 드러나듯 자신의 성경적 신념을 그것에 반대해 만들어진 논쟁들로부터 지켜내지 못했다. 그의 기존의 신앙을 변론하는 증거를 찾는 대신, 닉슨은 그의 신앙을 더 자유주의적인 입장으로 변경시켰다. 나이가 먹어감에 따라 그의 몇몇 교리들은 그의 본래의 정통주의 입장에 더 가까워졌다. 그러나 나머지 교리들의 경우는 결코 끝까지 변하지 않았다. 한때 닉슨이 빌리 그래함과 그의 어머니 한나 밀하우스 닉슨의 깊은 신앙에 대해 이야기 나누었는데, 그래함은 닉슨에게 그도 그런 믿음을 갖고 있는지 물었다. 닉슨은 조용히 다음과 같이 대답했다. "저는 제가 그런 믿음을 가졌다고 믿습니다."

리처드 밀하우스 닉슨 RICHARD MILHOUS NIXON

리처드 밀하우스 닉슨은 1913년 1월 9일 캘리포니아 주 요바 린다(Yorba Linda)에서 태어났다.

그는 신앙심이 깊은 가정에서 자랐는데, 그의 어머니 한나 밀하우스(Hannah Milhous)는 신실한 퀘이커교도였다. 1900년, 15세의 나이에 그녀는 "영적 각성"을 하게 되고, 그녀의 여동생 제인 밀하우스(Jane Milhous)를 설득해 "주님을 영접"하게 했다. 그 장면을 설명하면서, 제인 밀하우스는 다음과 같이 술회한다. "언니는 내게 언니가 어떤 감정이나 죄책감, 혹은 그와 같은 그 어떤 것들로부터 해방된 더 강해진 느낌을 받는다고 말했어요." 한나는 예수님이 복음서에 말한 골방에 들어가 기도하라고 하신대로 평생 그렇게 기도생활을 했다.

닉슨의 아버지 프란시스 닉슨(Francis Nixon)은 감리교인으로 자랐다. 1908년 그가 한나 밀하우스를 만났을 때 그는 그녀와 결혼하기를 원했고, 그녀 집안에서 종교적인 이유로의 결혼 반대를 극복하기 위해 스스로 퀘이커교도가 되었다(퀘이커교도들은 이 문제에 있어 상당히 엄격해서, 돌리 메디슨(Dolley Madison)이 제이슨 메디슨(James Madison)이라는 비퀘이커교도와 결혼했다는 이유로 퀘이커교에서 파면한 전례가 있다).

리처드 닉슨의 고향인 캘리포니아 주 위티어(Whittier)에는 두 곳의 퀘이커 모임 장소가 있었는데, 그중 하나는 상대적으로 더 전통적인 퀘이커 모임이었고, 다른 하나는 이스트 위티어 프렌즈라 불리는 모임으로 닉슨 가족은 이 모임에 참여했다. 프란시스 닉슨은 "음악, 찬양, 열정적인 예배"가 있는 복음주의적인 퀘이커 모임이라고 소개된 그 교회에서 주일학교를 가르쳤다.

 그들의 교회가 갖고 있는 복음주의적인 특색과는 대조적으로, 닉슨 가족은 보다 전통적인 퀘이커적인 삶의 방식을 준수했다. 침묵기도를 주로 드렸고, 식사시간 전에도 지켜졌다. 1925년 8월, 리처드 닉슨의 동생 아더(Arthur)가 죽었을 때 프란시스 닉슨은 하나님께 위로를 구했고, 보다 신앙에 관심을 갖게 되었다. 매 주일마다 닉슨 가족은 주일학교, 예배, 그리고 "기독교인들의 노력"(Christian Endeavor)이라고 불리는 젊은이들의 아침 모임과 또 다른 저녁 예배까지 정기적으로 출석했다. 그가 중학생이었을 때 리처드 닉슨은 몇몇 예배 시간에 피아노를 연주했다.

 1920년대, 프란시스 닉슨은 그의 가족들을 데리고 LA로 가서 엔젤러스 성전의 에이미 셈플 맥퍼슨(Aimee Semple McPherson)과 트리니티 감리교회의 밥 슐러(Bob Schuler) 목사가 인도하는 여러 부흥집회에 참석했다. 닉슨이 13살이 되던 1926년 9월, 프란시스 닉슨은 그의 아들들을 데리고 복음전도자 폴 레이더(Paul Rader)의 집회에 갔다. 그리고 그 집회의 초청의 시간에 리처드 닉슨은 앞으로 나아가 "수백 명의 다른 사람들과 함께 그리스도께 자신을 맡기는 회심의 시간을 가졌다"고 말하고 있다.

 닉슨은 정통주의 교리를 지지하는 것으로 알려지게 된다. 훗날 퀘이커교 목사가 된 닉슨의 친구 레이몬드 버뱅크(Raymond Burbank)는 "딕은 교회에서 직분을 주장할만한 위치에 있는 친구였습니다. 그는 교회를 바르게 할 수 있는 친구였습니다"라고 말했다.

 그 자신의 말에 의하면, 닉슨은 젊었을 적에 "성경의 무오성과 문자적인 정확성, 기적, 심지어는 고래 이야기에 이르기까지 모두 사실로 받아들였다"고 말했다.

　닉슨은 위티어대학을 다닐 때에도, 어린 시절만큼 성실히 교회에 출석했다. 여전히 이스트 위티어 프렌즈에 참석하면서 말이다. 그는 또한 교회의 복음 증거 팀을 이끌었다. 전기 작가 로저 모리스(Roger Morris)의 말에 의하면, 닉슨은 "그만의 부흥사적인 열정을 갖고 젊은이들과 다른 회중 앞에서 설교하며, 논쟁하는 모습으로 목격되곤 했다."

　대학에 입학하기 전, 그의 부모는 닉슨에게 자유주의적인 관점을 가진 대학 교수들에게 현혹되지 말 것을 경고했다(닉슨의 자신의 말이다). 하지만 그것은 정확히 앞으로 일어날 그의 신앙에 대한 암시가 되어준다. 1933년 3월 7일, 그의 형제 해롤드(Harold)의 죽음으로 그의 신앙은 "산산이 부서지고" 만다.

　이 일 후, 그의 교리는 보다 자유주의적 관점으로 옮겨가게 된다. 1933년 그는 허쉘 코핀(J. Herschel Coffin) 박사의 '기독교 재건을 위한 철학'이라는 제목의 연속강의를 수강하게 된다. 닉슨이 이 수업을 위해 준비한 '나는 무엇을 믿을 수 있는가? 라는 제목으로 쓰여진 여러 장의 페이퍼는 그의 종교적 신념의 대 전환점이 되어 주었다. 복음주의적이고, 정통 기독교 세계관을 반영하던 그의 관점은 이제 이 강의를 통해 덜 정통적인 모습으로 변모했다. 물론 여전히 그의 믿음은 정통적인 면을 일부 간직하고 있었지만 말이다. 그 자신의 수필에서, 닉슨은 다음과 같이 적고 있다.

　"'근본주의 퀘이커교도들'이였던 나의 부모는, 교회의 협조 가운데 그분들의 엄격한 성서해석으로 온갖 근본주의적인 사고를 내게 주입하셨다. 성경의 무오성과 문자적인 정확성, 기적, 심지어는 고래 이야기에 이르기까지, 4년 전 내가 대학에 들어가기까지 사실로 받아들였다. 그 때까지도 사실 난 너무 자유주의적일지 모르는 대학 교수들에게 현혹되지 말라는 부모의 훈계를 잊을 수가 없었다. 대부분의 어린 시절의 생각들은 모두 소멸되었지만, 나 자신은 여전히 내려놓을 수 없는 생각들이 있다. 나에게 우주의 광대함은 설명하기에는 너무도 벅찬 개념이다. 나는 여전히 하나님은 창조주이시며, 모든 존재의 제 일의 원인되심을 믿는다. 나는 또한 그분이 오늘도 여전히 살아계시며, 어떤 형태로든 우주의 운명을 인도하신다고 믿는다. 어떻게 나는 이러한 생각들을 나의 과학적 방법들과 공존케 할 수 있을까? 물론 이것은 답할 수 없는 질문이다. 하지만 한동안 나는 칸트에 의해 제시된 해결책을 수용하려 했다. 즉, 사람은 자신의 연구와 설명들에까지 나아갈 수 있다. 그리고 그 다음부터는 우리는 하나님을 받아들여야만 한다. 사람에게 알려지지 않는 것은 하나님이 아시는 것이다."

그는 또한 이렇게 기록하고 있다. "저는 더 이상 7일 창조를 믿지 않는다. 하나님이 세상을 창조하셨다고 말할 때, 나는 다른 방식으로는 그것에 대해 설명할 도리가 없다고만 생각했다. 나는 성경은 다른 모든 책들과 마찬가지로 인간의 작품이며, 그에 따라 오류가 있다고 배웠다. 이제 나는 인간의 창조와 우주의 창조에 대한 보다 적절한 설명을 듣기 원한다. 그것은 하나님에 대한 나의 생각만이 아니라 나의 마음이 자신에게 옳다고 말하는 것에 들어맞아야 하는 설명이어야 한다. 나는 내 삶의 자리를 보다 잘 발견하기 위해 내가 여기에 왜 있는지를 알기 원한다."

이 같은 논리에 비추어 볼 때, 닉슨이 그의 두 번째 취임연설에서 다음과 같이 말한 점은 흥미롭다. "희망에 대한 확신과 서로에 대한 우리의 견고한 믿음, 지속적인 창조주 하나님에 대한 믿음, 그리고 그분의 목적대로 최선을 다하는 삶으로 계속 앞을 향해 나아갑시다."

예수에 관해 그는 다음과 같이 기록하고 있다.
"저는 예수와 하나님이 하나이시다라고 말할 수 있다. 왜냐하면 예수는 인간을 이상적인 삶으로 이끌 만큼 위대한 본을 보이셨기 때문이다. 그의 삶은 너무도 완벽했기에 그는 그의 영혼을 하나님의 그것과 '뒤섞을 수' (mingled) 있었다. … 예수가 죽은 지 삼일만에 다시 살아나 40일간 제자들 앞에 나타나셨고, 하늘로 승천하셨다는 등의 이야기까지 할 필요가 없을 것이다. 중요한 사실은 예수가 온전한 삶과 가르침으로 그가 죽은 뒤에도 사람들의 마음속에 계속 살아 계시다는 것이다. 부활이 신화라는 주장은 사실일 수도 있다. 그러나 상징적으로 그 이야기는 인간은 그의 삶에 가장 숭고한 가치를 성취하면, 영원을 얻게 된다는 중요한 교훈을 준다."

그가 쓴 또 다른 에세이 연재물에서 닉슨은 다음과 같이 기록했다. "나의 믿음은 산산조각이 났다. 그러나 바로 그 자리에 새로운 철학이 자리를 잡고 세워졌다. 내 신앙의 몇몇 조각들은 이 같은 새로운 철학을 세우는데 유용함이 입증되었다."

그는 그의 에세이 연재물을 다음과 같이 결론졌다.

"내 이상적인 모델은 예수의 생애다. 예수가 제안한 사회 시스템은 인류에게 큰 유익을 줄 것이다. 그의 가치체계는 능가할 수 없는 것이다. 따라서 내 삶의 목표는 할 수 있는 한 예수의 종교를 따르는 것이다. 나는 내가 어떤 직업에 종사하던지 그분의 원리를 적용시켜야 한다고 생각한다. 나는 무엇을 믿는가? 여기에 대한 나의 답은 '내가 예수의 종교에 무엇을 해야 하는가?'라고 질문할 때 보다 좋은 답이 나올 수 있을 것 같다. 이러한 지적 기록(intellectual log)은 예수의 종교에 대한 이해에 점차적으로 진보하는 것으로 나타난다. 이제 나의 가장 큰 바람은 그러한 이해를 내 삶에 적용시키는 일이다."

그는 이 에세이 연재물에서 그리스도의 신성, 부활, 성경의 영감, 문자적 7일 창조 등에 대한 그의 교리적 믿음의 변화가 있었음을 주목한다. 비록 내적 혼란이 있었음에도, 닉슨은 그의 대학 시절, 이스트 위티어 프렌즈에서 대학생 연령대의 주일학교 수업을 가르쳤다.

훗날 빌리 그래함과의 대화에서, 닉슨은 자신이 젊은 날 회심했다고 말하지만, "저를 위해 기도해 주세요. 저는 변절자입니다"라고 덧붙여 고백했다. 빌리 그래함의 자서전,「내 모습 이대로」(Just as I Am)에서 빌리 그래함은 닉슨과 나누었던 또 다른 대화를 언급한다.

"그의 어머니의 장례식 직전, 닉슨은 저와 함께 그의 어머니의 믿음에 대해 몇 분간 이야기 나누었습니다. 저는 '딕, 당신은 그 같은 믿음을 갖고 있습니까?' 라고 물었습니다. 닉슨은 조용히 '저는 그렇다고 믿습니다' 라고 답변했습니다. '그것만이 당신이 생명으로 인도받는 길입니다. 그것만이 당신이 천국으로 가는 길입니다' 라고 말하며 저는 그와 함께 기도했습니다. 후에 그는 그때가 그의 인생에 정말 위대한 순간이었다고 고백했습니다."

닉슨은 텔마 캐서린 (패트리샤) 라이언(Thelma Catherine 'Patricia' Ryan)과 1940년 6월 21일에 결혼했다. 그는 1968년에 대통령으로 당선, 1969년부터 1974년까지 재임했다.

부정 폭로 기자인 안토니 섬머스(Anthony Summers)는 닉슨은 가톨릭을 존경했고, 1972년 대통령 선거 전에 가톨릭으로 개종한 것으로 여긴다고 전한다. 존 얼리치만(John Erlichman)은 닉슨이 한 때 그에게 여러 차례에 걸쳐 퀘이커 신앙은 "보다 믿을만합니다"라고 말했고, 그 뒤 "당신도 알겠지만, 제가 종교를 갖는다면, 그것은 그 교리에 잘 훈련되었고, 정의가 뚜렷한 가톨릭이 될 것입니다"라고 말했다고 전한다.

그는 재임 기간 그가 키 비스캐인(Key Biscayne)에 있을 때마다 정규적으로 키 비스캐인 장로교회에 출석했다. 그의 친구 베베 레보조(Bebe Rebozo) 역시 교회를 정기적으로 출석하면서, 닉슨을 담임목사였던 존 후프만(John Huffman)에게 소개시켜 주었다.

1973년 4월 29일, 닉슨이 그의 수석 참모인 할드만(H. R. Haldeman)에게 사퇴할 것을 요청했을 때, 다음과 같이 말했다고 할드만은 증언한다.

"우리는 안으로 들어왔고, 그는 말을 시작했습니다. 그가 공적으로는 종교적이지 않았기 때문에 아무도 모르겠지만, 그는 매일 밤 그의 대통령 집무실에서 무릎을 꿇고 기도했습니다. 특별히 이번 사퇴 결정에 대해 그는 많은 기도를 하였고, 그가 내린 가장 힘든 결정 중의 하나였다고 고백했습니다. 그는 왜 그런 결정을 내려야 하는지에 대한 이유를 명확히 말했고, 그 결과 우리를 사퇴하도록 했다고 말했습니다."

닉슨은 재임 기간 많은 종교적 표현들을 했는데, 1969년 국립 성경 주간에 행한 연설에서는 벤저민 프랭클린을 인용하며 다음과 같이 말했다. "저는 특별히 벤저민 프랭클린의 불멸의 사고들을 기억합니다. 그는 참새 한 마리도 하나님의 뜻이 아니면 떨어지지 않는다는 말씀을 빗대어 하나님의 뜻이 아니면 어느 나라도 바로 서지 못한다고 말했습니다."

1972년 조찬기도회 연설에서 그는 또 이렇게 말했다. "남북전쟁이라는 큰 비극 속에서 아브라함 링컨은 그의 두 번째 취임연설에서 감동적으로 연설했는데, 그는 남과 북 양 진영의 신실한 자들 모두가 같은 하나님께 기도한다는 사실을 지적했습니다. 그것을 말하며, 링컨은 분명 오늘 이 자리에 있는 우리 모두도 이해해야 할 다음과 같은 사실을 표현했습니다. 즉, 우리는 우리의 믿음 때문에 완벽하지도, 우월하지도 않습니다. 오직 우리가 살아가는 방식과 우리가 행한 것에 의해 우리는 세상으로부터, 이 나라로부터, 그리고 우리 자신으로부터 갈채를 받을만한 자격이 주어집니다.

전쟁이 막바지로 치달을 무렵, 한 사람이 링컨에게 나아와 '하나님은 우리 편이십니까?'라고 묻습니다. 그러자 링컨은 여러분도 잘 알고 있겠지만, 다음과 같이 대답했습니다. '나는 하나님이 우리 편이신가 보다 과연 우리가 하나님의 편인가에 더 관심이 있네.'

사실 모든 분들이 오늘 아침 미합중국의 대통령을 위해 기도해 주셨는데, 개인적으로 깊이 감사드립니다. 하지만 앞으로 여러분이 계속되는 여정 가운데 기도하실 때에는 이 나라의 대통령이 우리가 가진 최선의 역량으로 하나님 편에 서 줄 것을 위해 기도해 주시기 바랍니다."

1974년 1월 31일 닉슨은 조찬기도회에서 다시 한 번 연설하게 된다.

"감리교도였던 저의 아버지는 통성기도의 능력을 강력히 믿으셨고, 퀘이커교도였던 저의 어머니는 침묵기도를 믿었습니다. 그리고 두 분은 두 기도 모두 각자의 중요성이 있다는데 동의하셨습니다.

제가 8,9살이 되던 무렵, 저는 아홉 자녀를 두신 퀘이커교도이자, 매우 영적이셨던 저의 할머니께 '왜 퀘이커 교인들은 침묵기도를 믿는지'에 대해 물었습니다. 그 당시 우리는 식탁에 앉을 때마다 침묵 가운데 식사기도를 드렸고, 교회에서도 종종 그랬습니다. 간혹 성령에 이끌림 받은 목회자나 누군가가 일어나는 경우가 있었지만, 우리는 대부분 그렇게 조용히 앉아 기도했습니다. 제 할머니의 답은 매우 인상적이었는데, 그것은 왜 링컨이 침묵 가운데 기도했는가에 대한 답도 되어줍니다.

제 할머니는 언제나 그 자식과 손자들에게 하시듯 고른 목소리로 다음과 같이 말씀해 주셨습니다. '리처드, 네가 기도할 때 반드시 이해해야 하는 사실은 하나님께 말하는 것이 아닌, 하나님으로부터 듣는 것이란다. 기도의 목적은 하나님께 네가 원하는 것을 말하는 것이 아니라 하나님께서 너에게 원하시는 것이 무엇인지를 발견하는 것이란다.'"

연설의 후반에, 닉슨은 다시 기도의 주제로 돌아와서 이렇게 말했다.

"친애하는 여러분, 우리 조국의 지도자들을 위한 여러분의 기도에 감사드립니다. 여러분의 신앙이 어떠하든 간에, 저는 앞으로 여러분이 침묵 가운데 기도드려 주시기를 부탁드립니다. 왜냐하면 우리는 종종 너무도 교만하여 우리가 원하는 것만을 하나님께 말하고 맙니다. 우리 모두가, 이 나라가 해야 할 기도는 침묵 가운데 기도하는 것입니다. 그 가운데 우리는 하나님으로부터 그분께서 우리에게 무엇을 원하시는지를 듣고 알아야 합니다. 그 때 우리는 바른 일들을 행할 수 있을 것입니다."

그는 또한 세계 가운데 미국의 역할에 대해 논의하면서 미국은 남의 나라를 정복하거나 남의 나라에 대항해서 전쟁을 일으키는 것이 아닌 자유를 지켜내는 것이 그 본연의 목적이라는 그의 신념을 표출했다. 그는 우리가 반드시 "우리와 다른 세상 사람들의 권리를 인정해야 한다"고 주장했다. 비록 "그들 가운데는 우리와 신앙이 다르고, 때론 종교적 신념조차 없음에도 우리는 그들을 받아들여야 한다"고 주장했다. 덧붙여서 그는 다음과 같이 말했다. '반면, 저는 지금 하려는 말이 저의 부모님이 믿던 우리 교회의 선교사역에 대한 깊은 믿음과는 상치된다고 생각하지만, 미국 세계의 리더로서 반드시 세계의 평화가 상대방의 권리와 이웃과 친구들과 세계 모든 민족의 관점들을 존중해 줄 때 주어지는 것임을 알아야 합니다."

닉슨의 수석 참모인 할드만(H. R. Haldeman)은 비록 닉슨이 여러 조찬기도회를 참석해서 연설도 했지만, 그다지 좋아하지는 않았다고 그의 일기에 기록했다. 1972년 2월 2일의 일기 서두에, 할드만은 다음과 같이 기록한다. "아침은 조찬기도회로 시작되었다. 그것은 대통령께는 기껏해야 고문과 같은 모임이었다. 이번 경우 대법원장이 앞에 나올 때까지는 나름대로 괜찮았다. 대법원장은 자신에게 예정된 20분의 시간을 초과해 25분간 시편 23편의 참된 의미에 대해 반복해서 설명했다."

대통령 재임 시와 그 후, 닉슨은 낙태와 동성애에 관한 자유주의적 입장을 택했다. 그는 낙태에 관련해서 한 번은 다음과 같이 자신의 입장을 밝혔다. "저는 낙태에 대해 듣기 원하지 않습니다. 그것은 각자의 삶의 문제입니다. 이 정당에는 너무도 낮은 수준의 관용이 존재하는 것 같습니다."

닉슨은 같은 연설에서 "많은 사람들이 남성 동성애자거나 양성론자인데, 저는 개의치 않습니다. 저는 그런 이야기들을 듣고 싶지 않습니다. … 우리는 계속해서 진심으로 서로를 향해 뻗어나가야 합니다."

하지만 그는 군대에서 동성애자들이 복무하는 것에 대해서는 회의적이었다. "저는 남성 동성애자들에 반대하지 않습니다. 저의 행정부에는 수많은 동성애자들이 있습니다. 저는 닫힌 문 뒤에서 그들이 무엇을 하든 관심이 없습니다. 그것은 그들의 문제입니다. 그러나 군대에서의 삶은 닫힌 문

뒤의 삶과는 다릅니다. 그것은 말 그대로 문이 없는 삶이라 할 수 있습니다. 실제적으로 동성애자들은 참호에 거하지 못합니다. 그것은 그들의 싸울 능력에 대한 문제가 아닙니다. 그것은 닫힌 막사에서 긴장할 필요 없이 살아가는 문제에 관한 것입니다."

1990년, 닉슨은 회고록이자 관점들을 수록한 책, 「경기장에서」(In the Arena)를 집필했다. 그 책에서 닉슨은 한 단원을 종교에 할애했는데, 거기서 대학 시절에 종교에 대해 쓴 글을 다음과 같이 인용한다.

"존재하는 모든 것들 가운데… 어떻게 나의 과학적 방법론과 조화를 이룰 수 있을까? … 한동안 나는 칸트에 의해 제시된 해결책을 수용하려 한다. 즉, 사람은 자신의 연구와 설명들에까지 나아갈 수 있다. 그리고 그 다음부터는 우리는 하나님을 받아들여야만 한다. 사람에게 알려지지 않는 것은 하나님이 아시는 것이다. 부활 이야기는 상징적으로 인간은 그의 삶에 가장 숭고한 가치를 성취하면, 영원을 얻게 된다는 중요한 교훈을 준다. 정통주의 교사들은 항상 육체적 부활은 기독교 신앙에서 가장 중대한 모퉁이돌임을 주장해왔다. 나는 현대 세계는 예수의 삶과 가르침 안에서 참된 부활을 찾을 것이라 믿는다."

그는 "지금까지도 그 같은 믿음을 고수하고 있다"고 덧붙여 말한다. 그의 일생 동안 닉슨은 성경을 매우 중시했고, 규칙적으로 성경을 읽었다. 그의 전기 작가 조나단 에이켄(Jonathan Aitken)에게 다음과 같이 기록을 전한다. "나는 일찍이 그랬던 것처럼 매일 성경을 읽지는 않는다. 하지만 그들의 종교를 드러내놓고 다니는 사람들에 비한다면 훨씬 자주 성경을 읽는 편일 것이다." 그는 또 다음과 같이 말했다. "덧붙여 말하자면, 나는 항상 킹 제임스 번역본을 읽는다. 그 외의 모든 현대 번역본은 결코 읽지 않는다."

하지만 닉슨은 그 노년에 이르기까지 성경의 오류성에 대한 그의 견해를 고수했다. 그의 책, 「경기장에서」(In the Arena)에 보면, 그의 아내 팻(Pat)

에 관한 단원을 포함시키는데, 거기서 다음과 같이 말하고 있다. "성경은 진리의 원천이다. 그러나 성경은 여성은 약한 성을 가졌다는 거짓을 포함하고 있다. 통계학은 우리에게 여성들이 남성들보다 더 오래 산다는 사실을 말해 주고 있다. 경험은 나에게 여성이 육체적으로, 정신적으로, 감정적으로 더 강하다는 사실을 말해 준다. 자금 위기(Fund Crisis), 카라카스(Caracas)에서의 살인적 폭도들과의 대면, 반전 시위자들과의 대치, 사임의 시련 등에 있어서 팻은 항상 나보다 강했다. 그녀가 없었다면 나는 내가 해냈던 일들을 온전히 다 해내지 못했을 것이다." 만일 성경이 한 쪽을 말하고 있고, 통계가 다른 한쪽을 말하고 있다면, 닉슨은 통계를 믿는 쪽을 택했을 것이다. 즉, 통계에 보다 높은 권위를 부여하며 말이다.

그러나 성경의 영감설에 대한 닉슨의 관점이 그의 소년기 때의 관점으로 후퇴한 때가 있었는데, 빌리 그래함의 자신의 자서전에서 다음과 같이 말하고 있다. '나는 닉슨 대통령의 신앙에 대한 불안감을 갖고 있었지만, 그는 그런 문제에 있어서 전문 성경학자가 아닌 평신도일 뿐이었다. 나는 그의 영적 문제에 대한 진실성이나 성경의 권위와 그리스도의 위격에 대한 그의 복음주의적 입장의 진실성을 결코 의심하지 않았다. 그는 내게 '성경을 처음부터 끝까지 모두 믿는다'고 말했다."

패트리샤 닉슨은 1993년 6월 22일에 타계했고, 리차드 닉슨은 그로부터 1년이 채 안된 1994년 4월 22일 타계했다. 빌리 그래함은 닉슨의 장례식에서 다음과 같이 말했다.

"십자가에까지 도달한 신앙인들에게, 죽음은 더 이상 어둠을 향한 두려움에 찬 건너뛰기가 아닙니다. 대신 그것은 영광된 새 삶을 향한 문과 같습니다. … 믿는 자들에게 있어서 죽음이라는 무지막지한 사실은 예수 그리스도의 부활에 의해 정복되었습니다. 죄로부터 돌아서서 그리스도를 주님이요 구원자로 영접한 사람에게 죽음은 더 이상 끝이 아닙니다. 믿는 자들에게는 무덤 너머에 소망이 있습니다. … 리차드 닉슨은 그런 소망이 있었고, 오늘 우리의 소망도 그와 같습니다."

8장

린든 베인스 존슨
LYNDON BAINES JOHNSON

존슨은 디사이플교회의 멤버였고, 성공회의 성찬 참여자였으며, 다른 많은 교단들에도 출석했다. 빌리 그래함과 이야기할 때 존슨은 "나는 내가 구원을 받았고, 천국에서 영원히 살 것을 믿네"라고 말했다. 우리는 비록 존슨이 정통 신앙에서 말하는 바의 구체적인 교리들을 믿었는지에 대해 잘 알지 못하지만, 우리는 거기에서 위배되는 어떤 신앙을 그가 가졌는지에 대해 아는 바가 없다.

린든 베인스 존슨 LYNDON BAINES JOHNSON

린든 베인스 존슨은 1908년 8월 27일 텍사스 주 스톤월(Stonewall) 근방에서 태어났다. 그의 가문은 대를 이어 침례교인이었다. 그의 증조부인 조지 워싱턴 베인스(George Washington Baines)는 25세의 나이에 침례교 목사가 되었다. 베인스는 알라바마에서 설교하기 시작했고, 텍사스에서 사역을 마치기 전 알칸사스와 루이지애나에서 교회를 개척했다. 그 후 그는 베일러대학의 두 번째 총장이 된다.

1964년 남침례교 총회 리더십세미나 연설에서, 존슨은 종교적 유산이 그의 가문을 통해 이어져왔다고 설명하면서, 특별히 베인스에 대해 언급했다. "신앙이라는 것은 죽은 자들을 위한 기념비가 아닌, 우리로 오늘을 살아가게 하는 힘이라는 점에서, 결코 과거에 매여 있는 것이 좋지 않습니다. 우리 선조들의 믿음, 조지 베인스 같은 믿음은 그들의 자녀들에겐 어리석음이 될 것입니다. 만일 우리가 개인적으로 하나님을 대면하지 못한다면 말입니다. 누구도 내가 아는 것보다 그것에 대해 더 잘 아는 사람은 없을 것입니다."

1968년 3월 26일, 남침례교 리더들의 기독교 시민 강좌에서 행한 연설에서 존슨은 그 자신이 침례교인들로 가득한 집안에서 자란 점을 강조했다. "저는 침례교인이 될 만큼 행운을 얻지 못했습니다. 저는 '디사이플파'의 신도입니다. 하지만 저는 여러분의 교단과 항상 매우 가깝다고 느껴 왔습니다.

저의 집안에서 저를 제외한 모든 사람들은 침례교인입니다. 저의 할아버지와 증조부께서는 침례교도들이었습니다. 조지 워싱턴 베인스는 남북전쟁 기간 베일러대학의 2대 총장을 지낸 초창기 침례교 목사였습니다. 그분은 4륜 마차를 타고 텍사스에 와서 순회설교자가 되었습니다. 그분은 대부분의 침례교인들이 갔던 미개척의 영역으로 가장 일찍, 그리고 가장 값싼 교통수단을 이용해 갔습니다. 그분은 오직 한 가지 일만을 하기로 작정하셨는데, 그것은 바로 영혼을 구하는 일이었습니다."

그렇다면 왜 린든 베인스 존슨은 디사이플파 신도가 되었을까? 빌리 그래함의 자서전, 「내 모습 이대로」(Just As I Am)에서 존슨은 "어느 순간 그의 집에게 가장 가까운" 디사이플교회에 출석했다고 전한다. 존슨 시(Johnson City)의 디사이플교회는 크리스천교회 국제총회에 소속되어 있었다.

존슨은 클라우디아 알타 "레이디 버드" 테일러(Claudia Alta "Lady Bird" Taylor)와 1934년 11월 17일 결혼 했다. 그녀가 성공회 신도였기에, 그 딸들은 성공회교회에서 자라났다. 그 후 그 딸 중의 하나인 루시는 가톨릭으로 개종했다.

존슨은 1963년 11월 22일 케네디 대통령의 암살 이후 대통령이 되었다. 달라스의 파크랜드 메모리얼 병원에서 케네디 대통령이 서거했다는 소식을 들은 그는 하원의원 호머 손베리(Homer Thornberry)에게 "지금은 그 어느 때보다 기도해야 할 때일세, 호머"라고 말했다.

계획은 서둘러 진행되었고, 존슨은 대통령 전용 비행기에 오르면서 취임선서를 해야 했다. 선서 직전, 성경으로 생각되는 책이 선서를 하기 위한 존슨의 손아래 놓여졌다. 하지만 많은 저자들이 그 책은 케네디의 성경이 아닌 그의 가톨릭 미사경본이었다고 말한다. 흥미롭게도 존슨은 그가 가톨릭 미사경본 위에 손을 얹고 선서를 했다고 종지부를 찍는다. "래리 오브라이언(Larry O' Brien)은 성경을 찾으러 갔다가 가톨릭 미사경본을 커버박스에서 꺼내 돌아왔다."

린든 베인스 존슨은 갑작스러운 대통령 취임 직후, 간략한 성명서를 다음과 같이 발표한다.

"이것은 국민 모두에게 슬픈 시간입니다. 우리는 감당할 수 없는 상실의 고통을 감내하고 있습니다. 저 개인에게 있어서도, 이것은 크나큰 비극입니다. 이 시각 세계도 케네디 여사와 그 가족들의 슬픔을 같이 하고 있을 것이라고 믿습니다. 저는 최선을 다할 것입니다. 그것이 제가 할 수 있는 모든 것입니다. 저는 여러분의 도움과 하나님의 도우심을 구합니다."

존슨의 가장 중요한 우선 과제는 미국을 복지국가가 되게 하는 일이었다. 1964년 4월 17일, 린든 존슨은 신문 편집자들의 미국학회의 회원들에게 행한 연설에서 기독교 사회로서 미국의 임무 가운데 하나는 "과부와 고아를 돌보는" 일이며, "인류 전체를 위해 보다 좋은 삶의 기초"를 제공하는 일이라 믿는다고 말했다. 그것은 개인의 책임일 뿐 아니라 기독교 사회의 정부로서 감당해야 할 임무로서, 그는 다음과 같이 말했다.

"세상은 더 이상 여러분과 저의 선조들이 알던 세상이 아닙니다. 한때 세상은 공평한 힘에 의해 다스려졌지만, 오늘날 권력은 널리 퍼져나갔고, 새롭게 부상하고 있습니다. 물론 대부분의 나라들은 단속적이나마 이러한 환경 속에서 자신들 고유의 주도권을 주장하지만, 세상은 이 나라가 불어넣어 주는 어떤 영감을 바라고 있습니다. 인류의 삼분의 이나 되는 많은 일반 대중들은 대부분 40대 이하의 어린 나이의 사람들로, 그들은 그들의 몸을 지탱해 줄 음식과 거주할 집 없이 살아가야 하는 운명에 처해 있습니다.

우리의 과학과 기술로부터, 우리의 긍휼과 관용으로부터, 우리의 하나됨과 우리의 유산으로부터, 우리는 이제 본보기와 권고로서 지도력의 대담한 모험의 문턱에 서 있습니다. '이는 힘으로 되지 아니하며 능으로 되지 아니하고 오직 나의 신으로 되느니라' (슥 4:6). 우리의 유대교적이고 기독교적인 유산으로부터, 우리는 인류에 대한 하나님의 형상을 그려볼 수 있습니다. 그 하나님은 그 자녀들의 기도나 가식에 의해서가 아닌, 그들이 가난한 자들에게 베푸는 자비와 약자들에 대해 갖고 있는 생각들에 의해 그들을 심판하십니다.

우리는 그와 같은 기질을 숨기면서 기독교 사회의 일원이라고 말할 수 없습니다. 고통 중에 있는 과부와 고아를 돌보는 일은 순수하고 훼손되지 않은 종교의 모습입니다. 저는 이 나라로 인해 두려워하고 있습니다. 저는 우리나라 국민들이 가장 번영하는 시간에 우리 신앙의 깊은 곳에서 오는 도덕적 의무에 등을 돌려버리지는 않는지 두려워하고 있습니다.

우리가 이 같이 할 때 고통을 겪고 있는 세상은 무관심과 경멸의 얼굴로 일어나 우리를 주저앉힐 것입니다. 하나님은 경멸 받지 않으십니다. 우리는 우리가 뿌린 것을 거두게 됩니다. 우리 하나님은 여전히 질투하시는 하나님, 그의 의에 대한 질투, 그의 자비에 대한 질투, 부자가 앉아서 먹고, 일어나 즐기는 동안 연약한 자 중의 가장 작은 자는 먹지 못하는 것에 대해 질투하시는 하나님이십니다. 그리고 만일 저의 행정이 현재에 유익을 주고, 현재뿐 아니라 다음 세대의 인류를 위한 보다 나은 삶의 기초를 제공해주지 못한다면, 저는 실패한 것입니다."

결국 베트남 전쟁의 압력은 그의 복지국가 프로그램을 더 이상 우선적 관심이 못되게 만들었다. 수많은 사상자들은 존슨으로 하여금 논쟁의 상황에서 영혼을 찾는 일을 하게 만들었다. 부정폭로 기자였던 잭 앤더슨(Jack Anderson)과의 대화에서, 존슨은 "그들 중 일부는 돌아오지 못할 것을 알면서도 젊은이들을 전쟁터로 보내야 하는 부담감"은 그의 어깨를 너무 무겁게 하고 있다고 말했다. 그는 "저는 제가 옳게 행하고 있다고 믿습니다. 저는 그들의 희생이 많은 생명들을 구할 것을 믿습니다. 하지만 잘 모르겠습니다. 그래서 저는 기도합니다. 하나님께서 내게 무엇을 하기를 원하는지 알기란 너무도 어렵습니다."

비록 존슨은 디사이플교회의 멤버였지만, 워싱턴 D.C.에 있는 내셔널 시티 크리스천교회와 텍사스 존슨 시에 있는 제일 크리스천교회 등을 비롯하여 매우 다양한 교회를 종종 출석했다. 그 아내와 함께 가장 많이 방문했던 교회 중의 하나는 성 마가 성공회교회였는데, 거기서 간혹 그는 성찬식에 참여하기도 했다. 한 성직자가 이에 대해 나무라자, 그 교회의 교무 목사와 워싱턴의 감독은 그를 성찬에 참여하는 자로 환영해 주었다. 존슨은 그의 재임 기간 로마 가톨릭교회들도 종종 방문했는데, 1967년에만 워싱턴에서의 미사와 텍사스에서의 미사에 14회 참여했다.

존슨은 빌리 그래함과 친분을 맺었는데, 그래함은 자서전에서 존슨과 나누었던 종교와 관련된 여러 대화들을 자세히 설명했다. 그중 하나는 존슨의 텍사스 목장에서 나눈 대화이다.

"그래함은 존슨에게 '대통령님, 당신은 개인적으로 예수 그리스도를 구주로 모셨습니까?' 그는 넌지시 주변 경치를 바라보며, '글쎄, 빌리, 나는 내가 그분을 모셨다고 생각하네.' 나는 좀 더 그가 말하도록 조용히 기다렸습니다. '나는 유년 시절 부흥집회에 참석했었지.' 그는 잠시 말을 멈추었다. '나는 내 증조부의 복음주의적 설교들을 모은 책에서 한 설교를 읽었다네.' 다시 이야기를 중단한 뒤, '나는 내가 여러 차례 그렇게 했다고 생각하네.'

내가 조심스럽게 '대통령님, 저는 누군가 그와 같이 답할 때 그것에 대해 확신이 가질 않는다고 느낍니다'라고 묻자, 존슨은 곤혹스러운 표정으로 나를 바라보았다.

'구원은 단 한 번의 거래라 할 수 있습니다. 대통령께서 그리스도를 영접하면 그분은 당신을 구원하십니다. 성령은 당신이 하나님의 자녀됨을 증거하십니다.' 그는 고개를 끄덕였다. 나는 그때 더 이상 말하는 것이 좋지 않겠다는 생각이 들었다. 하지만 나는 그가 내가 말한 것을 생각할 것이라는 것을 알았다."

그래함은 존슨의 기독교에 대해 다음과 같이 요약했다. "나는 린든 존슨의 영적 상담가가 되려고 노력했습니다. 하지만 저는 그의 고해신부는 아니었습니다. 그는 내게 비록 상세하게는 아니었지만, 그가 수치스럽게 생각하는 잘못 행한 일들에 대해 이야기 했습니다. 하지만 그는 그 자신의 믿음을 표현할 수 있었습니다. '나는 내가 구원을 받았고, 천국에서 영원히 살 것을 믿는다네.' 저는 개인적으로 그에 대해 그런 고백에 위배되는 어떤 사실을 알지 못합니다. 주님께서 말씀하시듯 그리스도는 죄인들을 구하기 위해 오셨지, 의인을 위해 오신 것이 아니었습니다(눅 5:32 참조)."

존슨은 1969년까지 대통령으로 일했고 1973년 1월 22일 텍사스의 샌안토니오(San Antonio)에서 타계했다. 존슨은 빌리 그래함 목사에게 그의 하관예배에서 설교해 줄 것을 미리 요청했었다. 그는 "빌리, 언젠가 자네가 나의 장례식에서 설교하게 될 날… 그때 자네는 성경을 읽고 복음을 증거하겠지. 나는 자네가 그렇게 해주길 바라네. 그리고 자네가 거기 참석한 이들에게 내가 말하려던 것들을 말해주기를 바라네"라고 부탁했었다. 그래함 목사는 실제로 존슨의 하관식에서 설교했다.

9장

존 피처럴드 케네디
JOHN FITZGERALD KENNEDY

케네디는 그의 가문의 전통의 일부로 가톨릭의 외적인 의식을 따랐다. 하지만 나는 그의 누이 유진이 말한 것처럼 케네디의 신앙에 대해 책을 쓴다면 그것은 "지독히도 얇은 책"이 될 것이라는 말에 동의한다. 종교는 그의 삶에 있어서 우선순위가 아니었던 것처럼 보인다. 그가 그렇게 신앙을 우선순위에서 밀어냈을 때 그는 어쩌면 하나님께로 갈 때까지는 아직 몇 십 년의 삶이 더 남았다라고 생각했을지 모른다.

존 피처럴드 케네디 JOHN FITZGERALD KENNEDY

존 F. 케네디(John F. Kennedy)는 1917년 5월 29일 매사추세츠 주 부룩클린(Brookline)에서 태어났다. 그의 부모는 로마 가톨릭 신자였고, 그의 어머니 로즈(Rose)는 바티칸에 의해 교황백작의 칭호도 얻게 되었다. 그녀의 회고록,「회고의 시간」(Time to Remember)에서 로즈 케네디는 "종교는 우리 집에서는 결코 억압되어지거나 눈에 두드러지게 나타나는 무엇이 아니었다. 그것은 항상 우리 삶의 일부로 거기 있었으며, 교회의 가르침과 관습들은 지켜졌다."

청년으로서 존 F. 케네디는 로마 가톨릭에 대해 의구심을 표출했다. 이러한 의구심은 두 가지 사실을 빼놓고는 이야기할 가치가 없다. 첫째, 청소년기에 그는 보다 종교에 대해서 많이 이야기 했다. 둘째, 이제껏 나는 그의 견해가 바뀐 것을 발견하지 못했다(다른 사가들은 단호하게 이러한 의구심의 표현이 케네디가 말했던 유일한 종교에 관한 견해들이라고 말한다. 나는 아직까지 그렇게까지는 단정 짓지는 못하겠다).

케네디는 그의 어머니에게 다음과 같이 글을 썼다. "그 안에서 말씀, 진리는 반드시 위로부터 와야 하며, 개인에게는 해석의 권리가 주어지지 않게 되는 그런 구조 안에서 우리는 충분히 의례적이지도, 형식적이지도, 위계적인 구조에 있지 않습니다. 혹은 그런가요?"

1939년 케네디는 유럽 여행을 마치고 돌아와 가톨릭 성직자에게 "저는 하나님이 하늘로 올라가신 바위를 보았습니다. 그리고 바로 그 자리에서 저는 무하마드가 백마를 타고 하늘로 올리어지는 것을 보았습니다. 무하마드는 수없이 따르는 무리들이 있었고, 예수 또한 수많은 무리들이 따르고 있었습니다. 그런데 왜 우리는 무하마드 대신 예수를 믿어야만 하는 거죠?"라고 말했다. 그 성직자는 잭이 "자신이 갖고 있는 문제를 솔직히 드러내지 못한다면 무신론자가 될 수 있겠다"는 생각에 두려웠다고 술회하고 있다.

하버드대학에서 그의 친구 가운데 한 명은 주일 미사에 참석하는 그를 보고, 왜 그렇게 하는가를 물었다. 그러자 케네디는 뜻밖의 질문에 곤란해하는 표정으로 다음과 같이 답했다. "이건 내가 내 아버지를 위해 하는 일들 가운데 하나야. 나머지는 모두 나를 위해 하지." 하지만 거기까지가 케네디가 그 아버지를 위한다는 명목으로 했던 종교 활동이었다. 역사가 덕 위드(Doug Wead)에 의하면, 케네디는 1942년 그의 부모가 여자 친구와의 관계를 끊도록 종용하자, 개신교 성경공부 반에 가입하겠다고 으름장을 놓았다고 한다.

청년기를 지나 케네디는 그의 신앙에 대한 이야기를 거의 하지 않았다. 하지만 그는 성실하게 로마 가톨릭의 외적 형식들을 준수했고, 주일 미사도 정기적으로 출석했다. 대통령이 되어서도 예배에 같이 온 리포터들과 사진기자들이 "예배를 방해하지 않는다"는 사실을 주지하면서, 그는 계속 이 같은 종교 활동을 계속했다. 그의 친구인 데이브 파워스(Dave Powers)는 케네디가 매일 침대 밑에서 무릎을 꿇고 기도했다고 전해준다. 그는 대통령 전용 비행기를 타고 여행할 때 성경을 함께 가지고 다녔고, 윌리엄 맨체스터(William Manchester)에 의하면, 케네디는 "성경을 침대조명을 끄기 전에 읽곤 했다"고 전하고 있다. 케네디는 자신의 이름의 머리글자를 성경 뒤표지에 수놓기도 했다.

하지만 그의 연설문 작성자이자 친구였던 데오도르 소렌센(Theodore Sorensen)은 다음과 같이 말했다.

"케네디가 가톨릭 신도였고 동시에 학자였지만, 그는 가톨릭 학자라고 불릴만하지는 못했다. 그는 신학에 대해 조금도 고려하지 않으며, 그의 연설 여기저기에는 개신교 성경으로부터의 인용문들을 사용했고, 한 번은 전도서의 그가 좋아하는 말씀인 '울 때가 있고 웃을 때가 있으며 슬퍼할 때가 있고 춤출 때가 있으며…' (전 3:4)를 그 자신의 정치현실에 빗대어 '낚을 때가 있고 미끼를 끊어야 할 때…(태도를 분명히 하라는 의미의 관용어 - 역자주)'로 변조시켜 그의 아내를 놀라게도, 그리고 웃게 만들기도 했다."

소렌센은 그가 "다른 사람 앞에서는 결코 소리 내어 기도하지 않았다"고 전한다. 또한 "11년간 교회와 정부와 관련된 여러 대화들에도 불구하고, 그는 결코 하나님과 인간의 관계에 대한 그의 개인적인 견해를 드러낸 적이 없었다"고 전한다.

소렌센은 계속해서, "케네디는 가톨릭교회의 모든 덕목들을 믿지 않았고, 비가톨릭 신도들은 지옥에 간다고도 믿지 않았다. 그는 자신의 종교에 대해 자의식이 강하거나 우월감을 느끼지 않았고 그저 그 삶의 일부로만 여겼다."

케네디는 재클린 부비에(Jacqueline Bouvier)와 1953년 9월 12일에 결혼했다.

1960년 대통령 선거 캠페인 기간 중, 케네디의 가톨릭 신앙에 대한 문제가 이슈가 된 적이 있었는데, 그때 그는 단호하게 "대통령이 되기 위한 가톨릭 후보가 아닌 대통령으로 출마하려는 민주당원이 우연히도 가톨릭 신자"인 것이라고 자신의 입장을 밝혔다. 그는 만일 그의 양심이 그에게 필요한 행동을 하도록 허용하지 않는다면, 그 자신은 국익을 져버리기보다는 스스로 사임할 것임을 밝혔다.

일부 개신교 신자들은 로마 가톨릭 미사가 백악관에서 열릴 것이라며 두려워하기도 했다. 데오도르 소렌센은 이를 캠페인 기간 중 직면한 "최소한으로 설명될 수 있는 종교적 반대"였다고 칭한다. 소렌센은 "이 같은 염려를 표출한 사람들에게 그런 일은 1963년 11월 23일 단 한 번 일어났었다고 확실히 말할 수 있다"고 말했다. 덧붙여 말하자면, 케네디 대통령이 서거한 후, 이 로마 가톨릭 예배는 새로운 개신교회의 신도인 대통령의 재임 중에 거행된 것이다.

케네디는 그의 취임연설을 하나님의 축복과 도우심을 구하면서 마쳤다. "우리의 선한 양심과 함께, 우리의 행한 것들에 대한 마지막 심판자로서 역사와 함께, 우리가 사랑하는 이 나라를 이끌기 위해 하나님의 축복과 그분의 도우심을 구하며 함께 나아갑시다. 이 땅에서 그분의 일하심은 분명 우리 자신의 열심으로 드러남이 분명할 것입니다."

그 연설에서, 그는 또한 이사야서 58장 6절을 포함시켰다. "나의 기뻐하는 금식은 흉악의 결박을 풀어 주며 멍에의 줄을 끌러 주며 압제 당하는 자를 자유케 하며 모든 멍에를 꺾는 것이 아니겠느냐."

케네디는 대통령이 되어 염려하는 개신교인들을 안심시키기 위해 많은 종교적 발언들을 한다. 1961년 2월 9일, 케네디는 국제 기독교인 리더십 회사의 개관을 축하하는 조찬 석상에서 미합중국의 대통령들의 믿음에 대해 이야기 한다.

"미합중국의 대통령으로 대통령 집무실에 들어온 이들 중 누구도 하나님에 대한 그 특별한 의탁을 부정할 사람은 없을 것입니다. 이제껏 모든 대통령은 오늘 우리가 그런 것처럼 하나님께서 '내가 너와 함께 함이니라 너를 떠나지 아니하며 버리지 아니하리니 너는 두려워하지 말라 놀라지 말라'(수 1:9, 사 41:10)고 하신 말씀을 듣고 위로를 얻고 용기를 얻었습니다. 비록 그들은 모두 다양한 종교적인 배경 가운데서 왔지만, 각각의 대통령들은 자신만의 방식으로 하나님께 대한 특별한 신뢰를 보여주었습니다. 지적으로 가장 강력한 자는 또한 영적으로도 가장 강력합니다."

열한 번째 정기 조찬기도회에서의 연설(1961년)에서, 그는 다음과 같이 말했다.

"우리는 오랜 시간을 건너야 하는 바다 위를 안전하게 지나는 것을 보기 위해 단순히 우리의 물질적인 부, 군사적인 힘 혹은 우리의 지적인 기술이나 육체적인 용맹함 등에만 의존할 수는 없습니다. 그 모든 것들과 함께 우리에게는 믿음이 필요합니다. 우리에게 필요한 그 믿음은 바다를 건너와 광야에 정부를 만들고 하나님의 영광을 위해 시행한 순례자들의 매이플라워 서약이라 불리는 임무를 완수했던 개척자들의 믿음입니다.

우리에게 필요한 것은 이 나라 건국의 아버지들이 자랑스럽게 이 나라의 독립을 선포했던 그 믿음이 필요합니다. 그것은 그들의 삶, 운명, 그리고 그들의 성스러운 영예를 하나님의 가호에 전적으로 의지하면서 맹세한 것으로 당시에는 희망이 없는 몸부림처럼 보이던 것이었습니다. 우리는 175년의 길고 짧은 해 동안 이 나라를 지탱하고 인도해준 그 믿음이 필요합니다. 우리는 모두 미래의 건축자들입니다. 우리가 공공의 심부름꾼으로서 건설하건, 시민의 한사람으로 건설을 하건 혹은 우리가 국가적인 측면에서 건설하건, 지역적인 측면에서 건설을 하건 혹은 우리가 해외와 관련된 건설을 하건, 국내적인 건설을 하건 우리는 시편의 진리를 알고 있습니다. '여호와께서 집을 세우지 아니하시면 세우는 자의 수고가 헛되며 여호와께서 성을 지키지 아니하시면 파숫군의 경성함이 허사로다' (시 1271:1)."

몇몇 공개석상에서 케네디는 도덕법의 종교적 기초에 대해 논의한 적이 있다. 1961년 기독교인들과 유대인들 협의회의 간부들에게 행한 연설에서, 그는 다음과 같이 말했다.

"우리의 종교적 신념이 어떠하든 상관없이 우리는 도움과 영감, 말하자면 도덕적인 방향성을 동일한 영역, 즉 신구약 성경으로부터 받습니다. 우리가 다양한 종파에도 불구하고 가장 친밀한 조화를 이루며 살아야 할 마땅한 이유가 여기 있습니다. 우리는 세상에 비해 훨씬 유리한 위치에 있습니다. 우리는 그 같은 동일한 뿌리를 갖고 있기 때문에 비록 우리의 신념이 우리 신앙의 다른 방향으로 우리를 이끌어 갈지는 몰라도, 여전히 도덕법, 하나님의 존재, 인간과 하나님의 관계 등에 대한 기본 전제에서는 일치를 이루고 있습니다."

그러나 케네디는 도덕법 질문에 의해 공격을 받은 적도 있었다. 데오도르 소렌센은 다음 사건과 연관시켜 설명한다. "한 사제가 케네디가 가톨릭 여학교에서 답변한 내용 - '중국 공산당을 인정하는 것은 도덕적 이슈가 아니다' - 에 대해 분개해 그에게 다음과 같이 물었다. '케네디 상원의원님, 당신은 모든 법이 하나님으로부터 온다는 사실을 믿으십니까?' 그러자 케네디는 바로 다음과 같이 답한다. '저는 가톨릭 신자이고, 따라서 저는 그렇게 믿습니다. 그러나 그런 사실은 국제법과는 아무 상관이 없습니다.'"

1961년 10월 28일, 그의 첫 추수감사절 선포식에서 케네디는 다음과 같이 말했다.

"하나님께 감사드리는 것은 좋은 일입니다. 고통과 시련의 해를 지난 최초의 이주자들은 지금으로부터 3세기 이전에 겸손히 경외하는 마음으로 하나님께 그들을 보호하신 것과 땀 흘려 일함으로 미개간지에 풍작을 하게 하심을 감사하는 특별한 날을 마련했습니다. 무덤과 알려지지 않은 위험들은 여전히 남아 있었습니다. 그러나 그들은 믿음과 수고로 혹독한 뉴잉글랜드의 겨울을 이겨냈습니다. 그래서 그들은 일을 중단하고, 하나님의 보호하심으로 그들에게 주어진 축복들에 감사했습니다."

케네디는 이어 미국의 자유의 축복과 물질적 혜택들을 나열했다. 그는 미국인들에게 추수감사일을 묵상과 경외와 기도의 날로 보낼 것을 요청했다. "저는 각 가정의 가장들이 그 자녀들에게 첫 뉴잉글랜드의 추수감사절에 대해 이야기 해 줄 것을 부탁드립니다. 그래서 미래의 세대들에게 이 나라의 유산이 수고, 위험, 목적을 갖고 태어났고, 또한 권리와 정의와 자유는 인간의 노력으로 인내되어지고, 하나님의 축복으로 달성된다는 확신으로 태어났다는 것을 전해주어야만 합니다."

1963년 1월 14일에 행해진 의회 연두교서에서, 케네디는 다음과 같은 말로 결론을 맺는다. "오늘 우리는 여전히 변화의 바람을 환영합니다. 그리고 우리는 우리가 여전히 강력한 물결로 흘러가고 있다고 믿을만한 여러 이유들을 갖고 있습니다. 위험한 수로를 지나도록 지키신 전능하신 하나님께 감사드리며, 우리는 하나님이 '연방이라는 좋은 배'를 이끄실 때 새롭게 역사하시도록 기도할 것을 요청합니다."

케네디는 링컨의 노예해방 선언 100주년을 기념하며, "의는 국가를 고상하게 만든다"는 말을 인용했다. 그는 또한 "원조보다는 섬김, 구조보다는 갱생을, 그리고 연장된 의존으로서의 훈련보다는 유용한 일을 위한 훈련" 등의 말을 인용함으로 국립건강협회를 창설, 정부의 의료정책과 대중적 예방접종 프로그램을 활성화시켰다.

1963년 11월 5일에 발포된 세 번째 추수감사절 선포식을 통해 케네디는 다음과 같이 말했다. "이제 여러 방면의 축복으로 보호하신 것에 대한 감사를 선포합시다. 물려받은 이상들에 대해서도 겸손히 감사합시다. 그리고 그러한 축복과 그러한 이상을 이 세상 가운데 동료 인간들과 함께 나눌 것을 결심합시다." 그리고 그는 1963년 11월 28일을 "국가 재정 추수감사일"로 지정하며 다음과 같이 말했다. "그날 예배를 위해 마련된 처소에 모이거나 가족의 사랑으로 축복받은 집에 함께 모여 하나님의 영광스러운 선물들에 감사를 표합시다. 그리고 하나님께서 평화, 정의, 모든 사람들과 나라들에 대한 이해와 그들이 있는 곳에서의 고통의 종식 등 아직 끝나지 않은 위대한 임무들을 위해 계속해서 우리를 인도하고 보호하시도록 정직하고 겸손하게 기도합시다."

케네디는 공식석상에서 미국의 시민종교 - 그것은 하나님께서 그 나라의 운명과 그 지도자들을 결정하신다는 믿음을 피력하는 신앙이다. - 를 지지했다. 그렇다면 케네디를 개인적으로 알던 이들은 그의 신앙에 대해 어떻게 말할까?

케네디의 친구인 아더 크로크(Arthur Krock)는 재클린이 그 남편으로 하여금 신앙에 헌신하도록 만들었다고 진술했다. 1960년 대통령 캠페인에서, 케네디는 그의 가톨릭 신앙 때문에 언론으로부터 가혹한 대접을 받았다. 재키는 이 일에 대해 아더 크로크에게 다음과 같이 답했다. "그가 가톨릭 신도이기 때문에 반대된다는 것은 공평치 못하다고 생각합니다. 아무튼 그는 불쌍한 가톨릭 신도에 불과해요. 바비(Bobby)였다면, 그는 결코 미사를 빠지지 않고 항상 기도했을 겁니다."

케네디의 누이, 유니스 케네디 슈리버(Eunice Kennedy Shriver)는 비슷한 이야기를 보다 솔직히 표현했다. "어떤 사람이 케네디와 그의 가톨릭 신앙에 대한 글이 쓰여져야 한다고 말했을 때, 그녀는 '그것은 지독하게 얇은 책이 될 거예요.'"

종교에 대한 그의 언급 가운데 이들 두 내용이 그를 가장 잘 알던 사람들에 의한 것이다. 몇몇 친구들은 그를 보다 종교적으로 묘사했다. 아마도 진실은 그 친구들의 장밋빛 묘사와 그 가족들의 솔직한 진술 중간쯤 어딘가에 있을 것이다. 케네디의 공석에서의 이미지는 그의 개인적인 생각들을 담아내지 못했다.

케네디는 사후 생명에 대한 소망에 대해 언급하지 않았다. "나는 죽음이 많은 것들의 끝이라고 생각한다. 나는 하나님께서 이 모든 일들을 다 마무리 짓도록 시간을 주시기를 바랄 뿐이다."

빌리 그래함은 케네디가 가진 신앙의 다른 측면을 보았다. 그것은 부족한 소망에도 불구하고 결국에는 더 알기 원하는 것에 흥미를 갖고 있는 신앙이었다. 그의 자서전, 「내 모습 이대로」(Just as I Am)에서 빌리 그래함은 케네디가 대통령으로 당선된 후 나눈 대화를 묘사했다.

"케네디의 집으로 돌아오는 길에, 대통령 당선자는 차를 세우고 나를 향해 '당신은 예수 그리스도의 재림을 믿습니까?' 라는 갑작스런 질문을 했다.

'저는 틀림없이 그것을 믿습니다.'
'그렇다면, 저의 교회도 그것을 믿나요?'
'그것은 그 교회의 교리 가운데 포함되어 있습니다.'
'그런데 그들은 재림에 대해 설교하지 않는데요. 그들은 저희들에게 재림에 대해 많이 이야기 해주지 않습니다. 저는 당신이 재림에 대해 어떻게 생각하시는지 듣고 싶습니다.'

나는 그리스도께서 처음 오셨을 때의 이야기들 - 십자가에 죽으시고, 죽은 자 가운데 부활하시고, 다시 올 것을 약속하시는 내용들 - 에 대해 성경의 말하는 바를 설명해 주었다.

'그런 후에, 우리는 영원한 세상의 평화를 맛보게 될 것입니다.'
'매우 흥미롭군요. 우리는 언젠가 이것에 대해 좀 더 이야기 나누어야 할 것 같습니다.'"

그래함은 그의 자서전에서 다음과 같이 피력했다. "사람들은 개인적으로 케네디를 좋아하지 않을 수 없을 것입니다. 그러나 그의 영적 헌신과 관련해서는, 나는 정말 아무것도 아는 바가 없습니다."

10장

드와이트 데이빗 아이젠하워
Dwight David Eisenhower

아이젠하워는 자신의 삶의 많은 부분을 종교성을 가지고 교회 출석하는 사람으로 살았다. 대통령직의 막중한 책임들이 그를 하나님에게로 나아가게 하였고, 그는 대통령으로 당선된 후 기독교 신앙에 대한 교육을 받았고, 그 후 장로교회에 등록하였다. 그 결단의 순간부터 그의 말과 삶을 통해 볼 때 그의 신앙에 대한 결단이 진실되고 진솔한 것임을 증명한다고 할 수 있다.

드와이트 데이빗 아이젠하워 Dwight David Eisenhower

　드와이트 아이젠하워는 1890년 10월 14일 텍사스 주 데니슨(Denison)에서 태어났다. 그의 가족의 종교적 뿌리는 메노나이트(Mennonite) 신앙이다. 가장 먼저 미국으로 이민 온 한스 야곱 아이젠하워(Hans Jacob Eisenhower)는 메노나이트의 멤버였으며, 그는 종교적 박해로 인해 스위스를 떠나 미국으로 건너 온 것으로 보인다.
　1800년대에 아이젠하워 가문은 형제교회의 메노나이트 계열의 일원이 된다. 형제교회는 리버형제파라고도 불리는데, 그 이유는 그들이 강가에서 침례를 베풀었기 때문이다. 드와이트 아이젠하워의 조부인 야곱 아이젠하워는 펜실베이니아 주의 리켄스 밸리 리버형제교회의 목회자였다. 드와이트 아이젠하워의 부모인 데이빗 아이젠하워와 아이다 스토버(Ida Stover)는 켄사스 주 레콤톤(Lecompton)에 위치한 리버형제파 소속인 레인대학교에 다녔다.

　드와이트 아이젠하워는 "나는 기독교 가정에 태어나는 특혜를 누렸다"고 회고하고 있다. 아이젠하워는 빌리 그래함 목사에게 자신의 부모님들이 "헬라어로 된 원문 신약성경을 읽었으며 당신의 아들들에게 성경을 암송하도록 가르쳤다"고 이야기 하였다. 가문의 전통에 따르면, 아이다 스토버 아이젠하워는 1,325개의 성경구절을 암송하여 상을 받은 적도 있다.
　자신의 대통령 기념 도서관 완공 기념식에서, 아이젠하워는 자신의 어린 시절을 회고하였다. 그는 자신의 부모님이 "지식의 근본은 여호와를 경외하는 것이다"(잠 1:7)라는 것을 믿었다고 말하였다. 성경책은 그들의 삶에 살아있었고, 활력을 주었고, 영향력을 끼치는 책이었다. 아침과 저녁 하루에 두 번씩 아이젠하워의 가족은 기도를 하였다. 드와이트 아이젠하워의 아버지는 식사 전후에 성경을 읽었다. 하지만 드와이트 아이젠하워의 형제인 밀톤(Milton)은 성경 읽기가 "기계적으로 읽어 내려가기에는 좋은 방법"이었는지는 몰라도 "이해를 도와주는 데는 좋지 않은 방법"이었다고 회고하였다. 아이젠하워의 자서전 기자인 스티븐 암브로스(Stephen Ambrose)는 다음과 같이 기록했다. "그들이 무엇을 읽었는지 대화하지 않았고, '왜?'라는 질문을 결코 던지지 않았으며, 성경의 깊이 있는 미묘한 묘사나 풍부한 상징적 표현을 탐구하지도 않았다." 성경은 하나님의 말씀이었기에 그것만으로 충분하다고 생각하였다. 부족한 인간의 할 바는 성경을 탐구하고 조사하며 질의를 던지며 생각해 보는 것이 아니라 그냥 받아들이는 것이었기 때문이다."

아이젠하워가 14살이었을 때 그의 무릎이 까지게 되었다. 상처가 감염되기 전까지는 그는 별것이 아닐 것이라고 생각했었다. 감염의 정도가 심화되어 의사들은 다리 절단까지도 생각하였다. 아이젠하워는 절대 절단해서는 안 된다고 말하였고 몇 주후 그의 다리는 완쾌되었다. 그의 회복은 기적으로 여겨졌지만 아이젠하워 가족들은 "일상에서 일탈하여 더 기도 한 것도 덜 기도 한 것도" 아니었음을 강조하였다. (이러한 주장은 아이젠하워의 완쾌를 위해 가족 모두 계속적인 기도를 드렸다는 보고에 대한 답변이었다. 스티븐 암브로스에 따르면, 아이젠하워 형제들은 자신의 부모들이 믿음으로 치료를 받는다는 것을 신뢰한다는 인상을 사람들에게 주는 것을 정말 싫어했다고 전한다)

아이젠하워의 조부인 야곱은 메노나이트/리버형제파의 평화주의 교리에 따라 남북전쟁에 참여하지 않았다. 아이젠하워의 부모 또한 메노나이트/리버형제파 소속이었지만, 1954년 기자회견에서 아이젠하워는 자신의 아버지는 "펜실베이니아에 정착한 독일계 이민자의 불같은 성격을 소유하고 있었고 자신이 보기에는 평화주의자의 모습은 찾을 수 없었다"고 회고하였다. 자신의 어머니는 "열정적인 평화주의자"였지만, 자기에게는 한마디도 건네지 않았다고 하였다. 아이젠하워는 자신의 군복무기간 동안 부모님과 친근한 관계를 유지하였다.

그는 마미 제네바 도드(Mamie Geneva Doud)와 1916년 7월 1일 결혼하였다. 그녀는 어린 시절부터 장로교회 소속이었다. 그녀의 남편이 장로교회로 옮기기 전까지 계속해서 수십 년간 멤버십을 유지하고 있었다.

1985년 국가조찬기도모임에서 로널드 레이건은 아이젠하워가 프랭크 칼슨(Frank Carlson) 상원의원과 1952년 대통령 선거 운동 중 나눈 대화를 전하였다. "아이젠하워는 유럽에서 연합군을 지휘하던 중 칼슨 상원의원에게 자신의 영적 경험에 대한 사실을 털어 놓았다. 그는 하나님의 함께하심과 그의 인도하시는 손길을 느꼈으며 노르만디 상륙 며칠 전부터 자신의 친구들로부터 공급되어 오는 영적인 힘에 대해 이야기 하였다."

1952년 아이젠하워는 미국 대통령 선거에 출마하기로 결심한다. 그는 선거운동 시작의 첫 연설을 자신의 고향인 캔사스 주의 아빌린(Abilene)에서 하였다. (보수파의 테네시 출신 하원의원인 캐롤 리스(Carroll Reece)는 그의 연설을 "고향, 어머니 그리고 천당에 대한 이야기 외에는 별다른 것이 없다"고 비평하였다)

선거기간 동안 아이젠하워는 빌리 그래함을 만났다. 그래함은 그에게 "장군님, 당신은 당신의 부모님들처럼 성경의 가르침을 존중하십니까?"라고 물었다. 아이젠하워는 "네, 하지만 좀 멀리 떠나 있었습니다"라고 대답하였다. 그래함은 교회에 등록하기를 권장하면서 "솔직히 국민들이 자신들의 대통령이 교회 등록은 물론 교회에 다니지도 않는다는 사실을 좋아하지는 않을 것이라 생각합니다"라고 말하였다. 아이젠하워는 그래함에게 "선거가 끝나자마자 교회에 등록하겠다"고 말하면서, 그는 "교회가 정치적 목적으로 사용되기는 원치 않습니다"라고 대답하였다.

아이젠하워는 1952년에 대통령으로 선출되었고, 1952년부터 1961년까지 그 직무를 수행하였다. 그는 취임사에서 자신의 취임연설 전에 관례를 깨고 스스로 작성한 기도를 하였다. 그의 기도문은 다음과 같다.

"친애하는 동료들에게, 취임식에 적절한 생각과 말을 전하기 전에 제가 준비한 짧은 개인적인 기도를 올릴 수 있는 특혜를 허락해 주시기를 부탁드립니다. 그럼 다 같이 머리 숙여 기도하겠습니다.

전능하신 하나님, 우리가 이 순간 이 자리에 모여, 새로 발족하는 정부에 임명된 보좌관들과 함께 기도합니다. 당신께서 여기 모인 모든 이들과 각지의 국민 모두에게 그들을 섬기려는 우리의 헌신의 다짐을 충만하고 완전하게 하옵소서. 옳고 그름을 분별할 수 있는 힘을 주옵시고, 우리의 말과 행동이 그 분별력과 그리고 이 땅의 헌법에 의해 통치되어지게 하옵소서. 특별히 기도하옵는 것은 우리의 관심이 신분, 인종 또는 직업을 넘어 모두에게 미치도록 하옵소서. 서로 협력하며 헌법안에서 다른 정치적 관점들을 가진 이들의 상호간 바라는 것들이 우리 사랑스러운 조국과 당신의 영광을 위해 모두 힘쓰게 하옵소서. 아멘."

그의 자서전, 「변화를 위한 명령」(Mandate for Change)에서 아이젠하워는 자신의 이 같은 행동을 설명하고 있다. "몇 주 동안 숙고하던 여러 가지 생각들 중 종교에 관한 것 또한 포함되었습니다. 물론 내 자신이 목회자도 아니었고 또 나의 취임식 연설을 설교처럼 하고 싶은 마음도 없었습니다. 하지만 나의 형제들과 마찬가지로 유년 시절부터 전능하신 하나님의 은혜에 대한 깊은 믿음이 자리 잡고 있었습니다. 그러기에 나는 신앙에 대한 나의 위치를 확실하게 알리면서도 미합중국의 수장으로서의 나에게 주어진 책임을 하나님에게 떠맡기려는 인상은 주지 않으려 했던 것입니다. 나는 우리들이 너무 세속화되어져 가고 있다는 것을 알리려고 하였을 뿐입니다."

아이젠하워는 "하나님에 기초한 깊은 믿음, 그것이 어떠한 믿음이든지 상관치는 않지만, 그 믿음 없이는 미국의 존재 의미가 없다는 것을" 믿었다. 아마도 이것은 그가 하나님에 대한 믿음과는 달리 교단의 다양성에 대해서는 개의치 않았음을 나타내어 주는 것이다.

아이젠하워는 또한 대통령 자문회의를 기도로 시작하였다. 자문위원들 중 대표기도를 요구하지 않는 한 묵도 형식의 기도였다.

그가 대통령으로 취임한 후 그는 워싱턴 D.C.에 위치한 내셔널 장로교회에 부인과 함께 출석하였다. 교회 당회와 개인적인 모임에서 장로 교단의 규례에 따라 아이젠하워는 부인과 함께 장로 교단에 정식으로 입교하여 교회의 성도들과 함께 성만찬에 참여 하였다.

빌리 그래함은 "그 교회 가입은 절대 형식적인 예식이 아니었다"고 회고하였다. "대통령이 자신의 의사를 밝혔을 때 에드 엘슨(Edward L. R. Elson) 목사는 그에게 하루에 한 시간씩 5일 동안 교리문답을 먼저 해야 한다고 말하였다. 아이젠하워는 겸손하게 응하였으며 그리스도인이·된다는 것과 장로 교인이 된다는 것의 의미를 세례를 통해 교인으로 등록하기 전에 자신의 것으로 확고히 하였다."

그날 기록된 아이젠하워의 일기에는 자신의 교인등록도 기록되어 있지만 중점적인 내용은 담임목사인 엘슨 박사가 자신과의 약속을 어기고 공식적으로 교인들에게 자신의 교인등록에 관한 것을 알린 것에 대한 불쾌감이 기록되어져 있다. 1953년 2월 1일, 아이젠하워는 다음과 같이 기록했다. "마미와 나는 장로교회에 등록하였다. 우리는 담임목사에 의해 모든 것이 공개되기 전에 가까스로 집에 도착하였다. 그는 나에게 모든 것을 비공개로 하겠다고 약속했었다. 나는 같은 교단의 다른 교회로 지금 당장 옮기고 싶은 심정이다. 그가 다시 한 번 약속을 어긴다면 그때는 정말 옮길 것이다."

아이젠하워는 미국의 모토인 "하나님 안에서 우리는 신뢰한다"를 '자유'라는 제목의 기념우표 시리즈에 집어넣는데 주도적인 역할을 담당하였다. 1954년 4월 8일에 미국의 모토가 적힌 첫 우표의 헌정식에서 이와 같이 말하였다.

"오늘 이 자리에 서게 됨을 특별히 영광스럽게 생각하는 이유는 많은 친구들을 만날 수 있는 기회라는 것도 있지만, 저 개인적으로는 오늘 모든 국민들 한 명 한 명이 서로에게 한 메시지를 보낼 수 있는 뜻 깊은 행사에 참여할 수 있다는 것입니다. 편지 속에 담겨있는 내용의 수려함의 차이는 있을지 몰라도 겉봉투에 누구든지 '여기 자유의 땅에서, 그리고 전능자께서 우리에게 베푸시는 자비로움을 경외하며 살아가는 나라'라는 중요한 메시지를 첨부하게 된다는 것입니다. 그리고 그 메시지를 받는 사람을 생각할 때 보내는 이는 자신 스스로가 받는 이에게 그 무엇인가 명확하고 건설적인 것을 전하였다고 느낄 수 있을 것입니다. 제 생각에는 우리 한 명 한 명 모두가 오늘 이후로 이 우표를 편지에 부착할 때마다 예외 없이 우리가 자유의 여신상과 '하나님 안에서 우리는 신뢰한다'를 읽을 때마다 느끼는 그 어떠한 영감을 느끼게 될 것이라 확신합니다."

그는 또한 '나라에 대한 맹세'에 "하나님 아래서"라는 문구를 첨부하도록 이끌었다. 1954년 6월 14일, 국기의 날에 그는 추가 문구를 첨부하는 법안에 서명하였다.

"오늘 이후로 수만 명의 어린 학생들이 매일 모든 도시와 지역, 모든 마을과 농촌 지역 학교에서 국가와 국민에 대한 맹세를 전능자에게 선포할 것입니다. 미국을 진정으로 사랑하는 모든 이에게 있어 매일아침 각 학교에서 우리의 어린이들이 조국의 참된 의미를 되새기며 새로운 다짐을 하는 모습을 바라보는 것보다 더 감동적인 것은 없을 것입니다.

특별히 오늘의 세상을 돌아보면 그 의미가 더욱 심오합니다. 지구 각 처에서 인류는 폭력과 만행으로 잔인하게 찢어져왔고 유물론적 철학이 가져온 삶을 통해 수없이 많은 마음과 영혼들이 그 생명력을 잃어버렸습니다. 인류 모두는 핵전쟁 발발의 가능성에 경악하고 있습니다. 이러한 암울한 상황에서 오늘 이 법안과 그 효과는 오늘날 심오한 의미를 가지고 있습니다. 이와 같이 우리는 미국의 역사적 유산과 미래를 통해 종교적인 신앙의 탁월성을 다시 한 번 확인하는 것입니다. 이와 같이 의도적으로 우리 조국의 가장 강력한 원동력이 될 영적인 무기를 평화로울 때나 전쟁 중에도 계속해서 보강해야 할 것입니다."

그는 1956년에 재당선 되었다. 그는 두 번째 취임연설에서 다음과 같이 말하였다. "그 무엇보다도 먼저 우리는 한 국가로써 우리 모두의 노력위에 전능하신 하나님의 축복이 임하기를 바라야 합니다."

이 같은 종교적 성명과 행동에는 미합중국이 기독교 국가임을 상기시키려는 아이젠하워의 천명된 계획의 한 부분이었다. 그는 빌리 그래함에게 이런 말을 한 적이 있다. "제가 당선된 이유 중의 하나는 이 나라를 영적으로 인도하는데 도움이 되기 위해서라고 생각합니다. 우리에게는 영적 부흥이 필요합니다." 그는 미국이 기독교 국가이며 국민은 자신들의 최고 책임자가 같은 신앙을 소유하기를 원한다고 믿었다. 그의 부대통령이었던, 리처드 닉슨은 아이젠하워가 자기에게 다음과 같은 조언을 하였다고 회고하였다. "1960년 선거운동 시작 전에 아이젠하워 대통령은 제안하기를 만일 내가 하나님에 대한 언급의 횟수를 연설 중에 늘린다면 보다 효과적일 것입니다. 그가 지적한 것은 미국은 기독교 국가이며 유권자들은 성경을 인용하며 자신들의 신앙을 공유하는 모습을 보이는 자에게 보다 친밀함을 느끼게 될 것이기 때문입니다."

"제가 질문 하나 하지요"라고 아이젠하워는 말문을 열었다. "만일 우리 하나 하나의 마음속에 온전한 덕목 - 정직, 용기, 자신감, 그리고 성경에 대한 확고한 믿음의 사모함이 있다면 (우리나라가 경험하고 있는) 문제들의 많은 부분들이 스스로 해결되어지리라 생각하지 않으십니까?'

1953년 11월 18일, 그는 교회 평의회에서 다음과 같이 말하였다.

"저는 지금 제가 이곳에 서있는 확연한 이유를 느끼고 있습니다. 저는 확고한 종교적 신념이 반영된 정치 형태의 한 표현으로 세워진 국가의 수장입니다. 마그나카르타, 우리의 독립선언문, 그리고 프랑스의 인권선언문은 단지 자신들의 정부가 인간의 평등성과 존엄성을 인정하기를 바라는 인간적 노력의 한 결과입니다. 하지만 그것은 우리의 평등성의 근원인 신의 존재를 인정하지 않는다면 그러한 노력들은 전혀 근거 없는 전제들에 불과합니다. 그러하기에 우리의 국가 체계가 확고한 종교적 신념 위에 자리 잡고 또 세워졌다는 사실이 제가 이곳 교회 평의회의 모임에 참석하는 것에 대한 정당성, 즉 적합성을 부여 한다고 생각합니다."

1954년 11월 9일, 아이젠하워는 미국 민주주의의 영적토대를 위한 첫 전국회의에서 연설하였다. 아이젠하워는 "하늘에 계신 전능하신 하나님"을 믿는 사람으로 소개되었다. 그는 이에 대해 "글쎄요, 당연한 사실을 믿는 저에게 너무나 거창한 소개는 어울리지 않는 듯합니다"라고 답하였다. 그리고 그는 "저에게는 영적 믿음, 종교적 신념, 그리고 우리의 정치 체제의 구조가 너무나 확연하게 연계되어 보이기에 그것들의 관계를 확인한 사람을 특이하다 할 수는 없을 것 같습니다"라고 덧붙였다.

그는 독립선언문은 우리가 새로운 나라 건립을 결정하게 된 이유의 근거는 바로 우리의 창조주가 우리에게 부여한 거부할 수 없는 권리 때문이라고 명시하고 있다고 지적하였다. 그러면서 그는 "다시 돌아와 확인해 본다면 단 한 가지만 남게 되는데 바로 하나의 개념입니다. 그것은 주관적인 것이기도 한데 인간은 하나님의 형상을 입고 태어나기에 존재의 가치가 있다는 것입니다"라고 말하였다.

1963년 11월 22일, 케네디 대통령이 암살당하였을 때 아이젠하워는 린든 존슨에게 편지를 보냈다. 그는 존슨이 국정모임에서 연설할 것을 제안하며 다음과 같이 조언하였다.

"먼저 전혀 예상치 못한 상황에서 대통령직을 감당하게 되었음을 밝히고 전능하신 하나님의 헤아릴 수 없는 지혜로 이 나라의 가장 막중한 직분을 맡기시는 그분의 결정을 따를 것이라고 하십시오."

인생의 뒤안길을 걸을 때 아이젠하워는 심장 마비를 경험하게 된다. 심장마비 전에 그는 빌리 그래함과 구원에 대한 대화를 나누었다. 그래함은 차후에 이렇게 기록하였다. '나는 그가 가장 이해하지 못하는 말씀인 '그 은혜를 인하여 오직 그리스도 안에 있는 믿음으로 말미암아 구원을 얻었나니 이것이 너희에게서 난 것이 아니요' (엡 2:8~9)에서 다시 용기를 얻음을 느꼈다."

그래함과 아이젠하워의 마지막 대화는 1968년 12월 월터 리드 병원에서였다. 그래함은 대화 내용을 다음과 같이 설명하고 있다.

"나에게 주어졌던 아이젠하워와의 20분간 대화가 30분을 넘어가고 있을 때 그는 담당 의사와 간호사들에게 자리를 잠시 비워 줄 것을 부탁하였다. 정맥주사가 튜브에 연결되었지만 베개를 의지하여 자신을 세운 뒤 그는 나의 손을 잡고 나의 눈을 바라보며 '빌리, 당신은 나의 죄들이 용서 받았음에 대한 확신에 대해 가르쳐 주었고 또한 내가 천국 갈 것이라고 말해 주었는데, 지금 다시 말해 줄 수 있겠나? 나는 성경책을 꺼내 그에게 익숙한 영생에 관한 하나님의 고귀한 약속이 담긴 복음의 구절들을 읽어 주었다. 그 후 그의 손을 계속 잡으며 나는 간략한 기도를 드렸다. 그는 '고맙네, 나는 준비되었네'라고 말하였다. 나 또한 그가 준비되었음을 알고 있었다."

아이젠하워는 1969년 3월 28일 타계하였다. 그는 마지막으로, "나는 항상 나의 부인을, 나의 자녀들을, 나의 손자 손녀들을, 그리고 나의 조국을 사랑하였다"라는 유언을 남겼다.

11장

해리 트루먼
Harry Trueman

트루먼은 18세에 기독교 신앙의 근본 진리를 받아들였고 침례를 받았다. 시간이 지나면서 어릴 적 신앙의 측면에서 벗어난 것이 분명하다. 그는 기독교 신앙을 잘 이해했으나 그것의 다른 측면을 믿었고 나머지는 거부했다.

해리 트루먼 Harry Trueman

해리 트루먼은 1884년 5월 8일 미주리(Missouri) 주의 라마(Lamar)에서 출생하였다. 미주리 주의 캔사스(Kansas) 시에서 살면서 벤톤 블루버드 침례 교회에 다녔다.

그는 어린 나이에 일생동안 계속할 기독교에 대한 연구를 시작했다. 언젠가 과거를 회상하며 학교 다니기 전에 "성경 전체를 두 번" 읽었다고 말했다. 18세에 "구원의 의미를 깨닫고" 침례를 받았고, 미주리 주의 그랜뷰 침례교회에 교인이 되었다. 후에 그는 설교자가 자신을 유명인으로 대하지 않고 일반 교인의 한 사람으로 대했기에 교회에 다녔다고 말했다.

그는 18세에 규칙적으로 이런 기도를 드렸는데 이는 훗날까지 계속되었다.

"오, 하늘과 지구, 그리고 우주의 창조주이시며 전능하시고 영원하신 하나님! 옳다는 이유 때문에 바른 사람이 되고, 바른 것을 생각하며 바른 일을 하도록 도와주시고, 모든 일에 진실하고 정직하도록 해주시고, 보상을 바라지 않고 바른 것과 명예를 위해 지적으로 정직하도록 해주십시오. 동료들을 불쌍히 여기고 용서하며 인내하는 능력을 주시고, 당신께서 나를 아시는 것처럼 그들의 동기나 결론을 이해하도록 도와주소서. 아멘."

그는 장로교회 주일학교에서 엘리자베스 '베스' 윌리스(Elizabeth 'Bess' Wallace)를 만났다. 그는 윌리스가 좋았지만 쑥스러워 5년 동안 말을 건네지 못하다가 용기를 내어 말을 건넬 수 있었고, 얼마 지나지 않아서는 편지를 주고받기 시작했다. 직접 말로 하지 못하는 생각을 종이에 옮기는 것이 편안했다. 이 편지에 이들의 신앙에 대해 언급한 것이 최소 한 번 나온다. 트루먼의 전기 작가인 데이빗 맥컬루(David McCullough)는 트루먼이 "그린뷰(Greenview)에서 이해하는 방식으로 보면 단지 합리적이고 좋은 침례교인이었다. 나는 말하는 것보다 행동하는 것에 더 무게가 있다고 생각한다"고 말했다고 진술했다.

트루먼은 1919년 6월 28일 윌리스와 결혼했다.

그는 1945년 프랭클린 델러노 루즈벨트(Franklin Delano Roosevelt)의 죽음으로 대통령직을 승계했고 1953년까지 섬겼다. 1945년 4월 16일 상하 양원 동시 모임 중에 행한 연설에서 그는 이렇게 말했다.

"나는 이 순간 마음에 한 가지 기도가 있습니다. 나는 무거운 직무를 맡았기에 솔로몬 왕의 말로 전능하신 하나님께 겸손히 기도합니다. '누가 주의 이 많은 백성을 재판할 수 있사오리이까 지혜로운 마음을 종에게 주사 주의 백성을 재판하여 선악을 분별하게 하옵소서'(왕상3:9)."

트루먼은 1945년 5월 8일 2차 대전(유럽에서의 승리) 전승기자 회견을 열었다.

"우리가 얻은 군사력과 영의 승리와 각처에서 자유를 사랑하는 일에 우리와 함께한 사람에 대한 약속에 대해 국가로서 우리는 힘주시고 승리를 주신 전능하신 하나님께 감사드리는 것이 마땅합니다. 이에 따라서 미대통령인 본인은 지금 1945년 5월 13일을 기도의 날로 정합니다."

트루먼은 1948년 1월 20일 대통령으로서 정식임기를 시작했다. 그는 이 같은 말로 취임연설을 마무리 지었다.

"전능하신 분에 대한 믿음을 지속하면서 우리는 인간의 자유가 보장되는 세상으로 걸어갈 것입니다. 그 목표를 향해 힘과 자원과 굳은 결심을 쏟아 부을 것입니다. 하나님의 도우심으로 인류의 미래는 정의와 조화, 평화의 세상이 보장될 것입니다."

트루먼은 미국이 근본적으로 기독교국가임을 믿었다. 미국 교인들의 워싱턴 순례에 대한 연설에서 그는 말했다. "하나님을 믿는 사람들이 이 나라를 세웠습니다. 하나님이 이 나라를 세웠다고 우리 선조들이 믿은 것을 우리가 보게 될 것입니다. 그리고 본인은 이를 믿습니다. … 만약 우리가 독립선언으로 돌아간다면 창조주 하나님께서 모든 사람을 평등하게 만들었으며 아무도 빼앗아갈 수 없는 권리를 주셨다고 믿는 사람에 의해 작성되었다는 것을 목격합니다. 위대한 일을 시작할 때 독립선언문에 서명한 사람들은 신적 섭리의 보호하심에 맡겼습니다.

우리 선조에게 이 나라가 독립이라는 아픔을 통과하고 승리를 얻을 수 있었던 것이 일종의 기적이었습니다. 독립을 향한 성공적인 투쟁에서 하나님의 손이 일하는 것을 그들은 보았습니다. 조지 워싱턴은 첫째 취임연설에서 '사람의 일을 주도하는 보이지 않는 손에 대해 미국인보다 더 인정하고 경외하는 사람은 없습니다' 고 말했습니다.

1949년 라디오 연설에서 그는 "미국이 세워졌을 때 자애로운 하나님에 대한 미국의 믿음을 증언하는 동전이 만들어졌습니다. 그 구호는 '하나님 안에서 우리는 신뢰한다' 입니다. 이것은 여전히 우리의 구호이며 국민으로서 우리는 여전히 하나님께 굳건한 신뢰를 둡니다. 국가로서 우리의 힘은 영적인 것입니다. 우리는 인간의 고귀함을 믿습니다. 우리는 인간이 우리 모두의 아버지이신 하나님의 형상으로 만들어 졌음을 믿습니다."

트루먼은 "우리가 서있는 것들의 기초"가 율법과 마태, 마가, 누가, 요한복음서에 들어 있다고 믿었다. 트루먼은 1947년 피우스 12세(Pius XII) 교황에게 보낸 서신에서 이런 말로 미국을 묘사했다.

"거룩하신 분이여, 이 나라는 기독교 국가입니다. 반세기 전 이 땅의 최고 법정의 포고문에 선언문이 기록되었습니다. 유럽을 떠나 여기 정착한 용감한 선조들이 식민개척 초기에 실천하고 지지할 충분한 준비를 했습니다. 초창기에 교육받지 못한 야만인에게 예수 그리스도의 메시지를 전달하는 일에 있어서 위험과 역경, 죽음을 견딘 기독교 선교사의 이야기는 여전히 사람의 마음을 움직입니다. 기독교 국가로서 가장 간절한 바람은 선한 의지를 가진 사람과 함께 어디서든지 모든 인종과 모든 나라가 상호 신뢰 속에 살도록 바라시는 창조주가 만든 세상에서 전쟁과 전쟁을 일으키는 이유를 축출할 것입니다. 헌법을 만든 우리 선조에 의해 정해지고 미국기 아래 사는 모든 사람을 향한 양심의 자유는 이 나라의 설립부터 오늘까지 국가의 힘에 대한 성채이며 행복의 근원입니다."

그러나 그는 기독교 국가란 사실이 다른 민족보다 모든 것이 수월하다고 믿지는 않았다. "여러분도 기억하다시피 이스라엘 백성은 하나님과의 언약 때문에 다른 민족보다 더 쉬운 삶을 살았던 것은 아닙니다. 다른 국가보다 그들의 기준은 높았고 그들을 향한 심판은 더 끔찍했습니다. 우리가 가진 것처럼 신앙의 유산이 편안한 것은 아닙니다. 그것이 우리가 다른 민족보다 더 덕이 많다는 것을 의미하지 않습니다. 오히려 옳고 그른 것을 구별할 수 있기 때문에 잘못을 범한 일에 대해 변명의 여지가 더 적다는 것을 의미합니다."

1952년 11월 23일, 그는 버지니아 알렉산드리아에 웨스트민스터 장로교회의 주춧돌을 놓을 때에 이렇게 연설했다.

"민주주의란 첫째, 그리고 가장 우선적으로 영적 힘입니다. 이것은 영적 기초위에 세워졌으며 하나님에 대한 믿음과 도덕 원리에 대한 관찰에 기초한 것입니다. 그리고 결국에는 교회가 그 근거를 제시할 수 있습니다. 우리 선조는 이 진리를 알았지만, 이를 소홀히 할 위험이 우리에게 있습니다."

그는 이 나라의 영적 기초가 죽었다고 믿지 않았다. 그는 우리가 감히 무시하지 않기를 바랐다. 워싱턴 유대인 회중이 새로운 성전의 주춧돌을 세웠을 때 트루먼은 기념식에서 다음과 같이 말했다.

"신앙이 깊어지고 성장하는 것은 국가로서 우리의 복지에 필수적입니다. 자유를 얻기 위해 하나님께 대한 믿음을 요구했습니다. 오늘 전쟁과 전체주의의 끔찍한 위협에 직면해 그런 자유를 지키고자 한다면 우리는 오늘 그 같은 믿음이 필요합니다. 하나님에 대한 믿음을 붙잡지 않는다면 외국에서 오는 위험과 국내에서 우리 가운데 일어났던 불신과 공포라는 위험에 대해 이길 수가 없습니다."

1952년 12월 15일, 트루먼은 독립선언과 헌법, 권리장전, 성지를 헌당하는 기념식에서 다음과 같이 연설했다.

"자유의 종(Liberty Bell)에 새겨진 '모든 땅에 걸쳐 모든 주인에게 자유를 선포하라'는 구호는 레위기에서 온 것이며, 그리스도께서 오시기 1500년 전에 기록된 것으로 추정됩니다. 그날 이후 35세기 동안 자유를 향한 사랑은 결코 죽지 않았으나 자유 그 자체는 계속해서 상실되어 왔습니다. 이 나라에서 자유가 상실 될 것이라고 믿기는 어려울 것입니다. 하지만 그것은 상실될 수 있고 이 문서가 심오한 믿음에 대한 최고의 표현이 아니라 단지 유리 케이스에 있는 호기심 정도로 여겨진다면 앞으로도 그럴 수 없습니다."

트루먼은 공산주의의 위협이 정치나 이념이상이며 도덕적인 분쟁이라 믿었다.

"이것은 우리가 맞서야 할 중대한 문제입니다. 우리가 사는 이유인 이념을 배반하지 않는다면, 우리는 소련의 공산주의에 굴복할 수 없습니다. 문명을 위험에 빠뜨리지 않는 또 다른 전쟁은 없습니다. 이 위험한 골목에서, 우리에게 힘을 주는 최고의 근원이며 승리에 대한 위대한 희망은 우리 모두의 통치자로 인정하는 하나님께 달려 있습니다. 우리는 그분의 뜻을 성취할 지혜와 힘을 달라고 그분께 믿음으로 기도해야 합니다. 우리는 그분께서 현재의 위험에서 나와 평화의 길로 가게 해 달라고 구해야 합니다. 인간사의 위기에서 하나님을 믿는다고 공헌하는 모든 사람은 그분의 도움과 인도함을 구하는 일에 하나가 되어야 합니다. 서로의 차이를 이해하고 이제 함께 해야 합니다. 왜냐하면 오늘 우리가 직면하는 위험에서 서로간의 차이란 너무도 작고 중요하지 않기 때문입니다. 이 교회나 혹은 저 교회가 위험에 처했는가가 아닙니다. 이 신조 혹은 저 신조가 위협받는 것이 아닙니다. 모든 교회, 모든 신조가 위협받고 있습니다. 하나님의 말씀이 미래, 선지자와 예수님의 생애로부터 지금까지 전해온 가르침이 걸려 있습니다."

트루먼은 1953년까지 대통령으로 재임했고 미주리 주의 인디펜던스(Independence) 시로 물러났을 때 토마스 머레이(Thomas Murray)에게 말했다. "나는 신앙의 사람이 아닙니다. 아내는 신앙에 관심을 기울였습니다." 이 같은 태도는 1950년 빌리 그래함 목사와 한 대화에서 나타난다.

그래함은 트루먼에게 "신앙적 배경과 믿음"에 대해 말해달라고 했다. "저는 황금률과 산상수훈에 따라 살려고 했지요"라고 대답했다. "신앙은 그것 이상입니다"라고 빌리 그래함이 대답했다. "당신에게 필요한 것은 그리스도에 대한 믿음이요, 십자가에서 죽으신 그리스도에 대한 믿음입니다." 이 말에 대한 트루먼의 대답은 일어서서 대화를 끝낸 것이었다. 기도 후에 그래함 목사와 동료는 떠났다.

트루먼은 빌리 그래함이 사기꾼이라 믿었다. "그러나 이제 한 전도자, 즉 빌리 그래함이 우리에게 있는데 그는 머리가 어떻게 된 사람입니다. 그는 괜찮기는 하지만 당신에게 그 사람이 누구인지 말하자면 그는 가짜입니다. 모든 대통령의 친구라고 말하지만 내가 대통령이 되었을 때 결코 내 친구는 아니었습니다. 나는 그런 사람에게 끌리지 않습니다. 그의 모든 관심은 신문에 이름이 나는 것입니다."

1952년 10월 26일, 표준 성경위원회는 트루먼에게 개정 표준성경 한 권을 보냈다. 그는 예일대 명예학장이며 위원회 의장인 루터 와이글(Luther Weigle) 박사에게 선물에 대한 감사를 했다.

"내 어머니는 1881년에 출판된 뜸틀(deckle-edged) 성경을 갖고 계셨는데 킹 제임스 번역본에 버금가는 최초의 개정판 신약성경이었습니다. 나는 그 책으로 성장했고 킹 제임스 번역본에 대한 내 애정은 결코 내게서 떠나지 않을 것입니다. 큰 관심을 갖고 읽을 것이고 나를 양육한 성경을 더 잘 이해하는 데 사용할 것입니다. 영국의 제임스 1세와 스코틀랜드의 제임스 6세를 기억하는 유일한 이유는 당신이 이 직업에서 그랬던 것처럼 수많은 학자가 신구약 성경이 처음 기록되었을 때처럼 원문이라 생각하는 자료로부터 직접 번역을 했다는 것입니다. 당신은 한 걸음 더 나아가 킹 제임스 번역본에 없는 단어의 의미를 명확히 해 주는 다른 문서를 조사했다고 확신합니다. 말씀하신 것처럼 만약 이 책을 처음부터 끝까지 읽고 철의 장막(The Iron Curtain) 뒤에 있는 의미를 완전히 알게 된다면 이 세상에는 모든 인류를 위한 평화라는 한 가지 만이 남게 될 것입니다."

그러나 현대 번역본에 대한 트루먼의 사적 견해는 그리 긍정적이지 않다. 그는 킹 제임스 번역본이 결코 대체될 수 없다고 생각했다. "나는 언제나 킹 제임스 번역본을 읽었다. 지금까지 있는 그리고 앞으로도 있을 성경 중에서 킹 제임스 번역본이 최고며 번역을 위해 수많은 대학 교수들이 오랫동안 그것으로 작업했고 그들이 한 것은 성경에서 시가서를 취한 것이다." 이것은 분명히 얼마간 그의 견해가 되었다.

친구인 알버트 릿지(Albert A. Ridge) 판사는 이 같이 회상했다. "나는 킹 제임스 번역본이 최고며 수정해야 할 여지가 있다는 데 회의를 품었다고 그때 그가 말한 것을 기억한다. 나는 그가 여전히 그렇게 생각한다고 믿는다."

트루먼은 다수의 연설과 글에서 그는 황금률에 대한 존경을 언급했다. 한때 그는 이렇게 말했다.

"우리에게는 어려움이 있을 것입니다. 어려움 없이 가치 있는 일을 할 수는 없습니다. 아무것도 이룬 일이 없는 사람은 실수 없이 할 수 있다는 기대를 갖습니다. 아무것도 하지 않는 사람은 결코 실수하지 않습니다. 많은 어려움이 있을 수 있지만 복음에서 발견하는 교훈을 실천하도록 요청합니다. 거기서 그리스도께서는 세상에서 살아가는 방식에 대해 말씀하셨습니다. 여러분 자신에게 하듯 이웃에게 하십시오.

우리는 또 다른 세계 대전을 견딜 수 없습니다. 우리가 아는 한 문명의 종식을 의미하는 전면전이 아닌 전쟁조차도 있어서는 안 됩니다. 우리는 전쟁을 하지 않을 것입니다. 황금률을 받아들이고 전능하신 하나님께서 우리가 갖기를 원하신다고 생각하는 운명을 만날 것을 기대합니다. 우리는 그런 지도자가 될 것입니다."

국가 크리스마스트리 점등식 연설에서 그는 이렇게 말했다.

"그것이 개인적이든 국가적이든 이기심과 탐욕이 고통을 초래합니다. 오늘밤 출생을 축하하는 그분은 세계의 가장 큰 지도자입니다. 그분은 이렇게 말했습니다. '그러므로 무엇이든지 남에게 대접을 받고자 하는 대로 너희도 남을 대접하라 이것이 율법이요 선지자니라' (마 7:12). 그분이 말씀하신 이래로 전 세기에 걸쳐 역사가 그분의 가르침을 입증해 왔습니다."

트루먼은 산상수훈을 "삶의 길이며, 언젠가는 사람들이 삶의 참된 길로 이해하게 될지도 모르는 성경에서 가장 큰 가르침"으로 불렀다. 그는 연방교회협의회에서 이렇게 말했다.

"만일 인간과 국가가 산상수훈의 가르침과 고대 선지자의 교훈에 따라 산다면 지금은 그토록 어려운 문제가 금방 사라질 것입니다. 그것은 신앙의 교사가 해야 할 가장 큰 일입니다. 이것은 교회가 이 땅에서 선교를 계속해서 이루어 나가야 할 최상의 기회입니다. 개신교회, 가톨릭교회, 유대 회당은 미국적 형제애로 서로 결합되어 있고, 도덕적, 영적 각성을 수행할 충격파를 제공해야 합니다. 다른 어떤 기관도 이를 해낼 수 없습니다. 만약 이 일을 해내지 않는다면, 우리는 마땅히 받아야 할 재앙을 향해 나가는 셈입니다."

1950년 12월 22일, 캔사스 시에 있었던 언론을 위한 점심식사에서 그는 이 같이 말했다. "메소포타미아 골짜기의 함무라비 법전으로 기원한 것이 모세에 의해 제의되고 예수 그리스도에 의해 자세히 설명된 산상수훈은 인간이 살아야 할 최고의 윤리적 프로그램입니다." 그는 하나님께서 모세에게 주신 법이 함무라비 법전이라고 잘못 믿었으나 그리스도의 산상수훈을 다시금 칭찬했다.

1952년 9월 26일, 교회를 위한 국가회의의 대표자에게 트루먼은 이 같이 말했다.

"출애굽기 20장과 마태복음 5~7장의 가르침을 믿는 사람은 이웃이나 친구가 옳은 일을 하는 한 적의를 품을 수 없습니다. 인내와 이타심, 형제애 등 훨씬 더 가치 있는 세상을 위해 일하도록 영감을 불어넣는 것은 바로 이 믿음이며 이런 세상은 산상수훈의 교훈에 따라 사는 세상입니다. 본인은 만일 사람이 고대 선지자와 산상수훈의 교훈에 따라 산다면 오늘 세상의 모든 문제가 해결될 것이라 믿습니다."

트루먼은 한 연설에서 예를 들기 위해 성경을 자주 인용했다. 몇 가지 예가 아래에 나온다.

"구세주의 오심이 로마 세계에 긴 평화의 시간을 가져 왔다는 사실을 잊지 맙시다. 따라서 성탄절의 정신이 인간에 대한 평화, 사랑, 자비의 정신이란 사실을 기억해야 합니다. 베들레헴의 구유에서 인간의 마음과 정신을 향한 새로운 호소가 왔습니다. '새 계명을 너희에게 주노니 서로 사랑하라' (요 13:34).

세상 역사의 이 시점에서 사도 바울의 말은 전에 없이 중요한 의미가 있습니다. 바울은 이렇게 말합니다. '그런즉, 믿음, 소망, 사랑, 이 세 가지는 항상 있을 것인데 그중에 제일은 사랑이라' (고전 13:13). 우리는 이를 믿습니다. 삶의 근본 원리로 받아들입니다.

여기 백악관 잔디밭에 국가 크리스마스트리를 점등하면서, 우리 모두 마음에 크리스마스트리의 불을 켤 때 오래 전의 한 밤을 기억합니다. 그 때에 마구간에 한 아기가 태어났습니다. 한 별이 지나가면서 멀리서부터 동방박사를 이끌어 왔습니다. 들판에서 목자들은 '지극히 높은 곳에서는 하나님께 영광이요 땅에서는 기뻐하심을 입은 사람들 중에 평화로다' (눅 2:14)는 천사의 노래 소리를 들었습니다. 그것이 최초의 크리스마스이며 우리에게 주시는 가장 큰 하나님의 선물입니다. 이는 놀라운 이야기입니다.

해를 거듭하면서 이 이야기는 고통 받는 세상에 평화와 평정을 가져다 주었습니다. 그리고 오늘밤 '하나님이 세상을 이처럼 사랑하사 독생자를 주셨으니 이는 저를 믿는 자마다 멸망치 않고 영생을 얻게 하려 하심이니라' (요 3:16)는 것에 대한 오래 전 이야기를 향할 때 땅은 고요해진 것 같습니다. 예수 그리스도를 통해 세상은 더 좋고 아름다운 곳이 될 것입니다.

우리는 개인과 공공의 삶에 있어서 도덕을 위해 일해야 합니다. 법으로 정직한 사람을 만들 수 없습니다. 만약 인간이 윤리적인 대중이나 시민 개인이 되려는 올바른 도덕적 기질을 갖고자 한다면 그는 산상수훈과 출애굽기 20장의 원칙에 의해 양육 받아야 합니다."

그러나 신앙에 대한 트루먼의 사적 견해는 상당히 전통파괴자와 같았다. 트루먼의 1952년 6월 1일 일기에 기록된 것이 고전적인 예이다. 그는 로마 가톨릭 성지에서 예수님과 마리아의 형상을 한 여러 개의 금관이 도둑맞았다는 뉴스에 대해 덧붙였다.

"만약 예수님이 여기 계셨다면 그날의 동정심은 자신을 금과 보석으로 관 씌운 바리새인을 향하지 않고 도둑들을 향할 것이라 생각한다.

그분이 쓴 유일한 왕관은 로마 황제와 유대 제사장의 심부름꾼이 거기에 둔 가시관이다. 만약 예수 그리스도가 다시 오신다면 그분은 전 세계에서 핍박받은 사람 편에 계실 것이다. 예수 그리스도는 왕관을 쓰지 않고, 좋은 옷을 입지 않으시고, 대충 만든 부대자루 옷을 입고 인내와 형제애와 진리를 길거리에서 전하며 서 계실 것이다. 그분은 오늘날 금관을 쓴 사람의 추종자인 가장 방종한 사람에게 돌 맞고 핍박당할 것이다. 그는 아마도 자유국가에 있는 요양소에 보내질 것이다. 그분은 총 맞고 목매달리거나 철의 장막위에 있는 노예 노동농장에 보내질 것이다. 워싱턴에 있는 파운드리(Foundry) 감리교회나 제일침례교회 혹은 뉴욕에 있는 리버사이드교회나 삼위일체교회보다 켄터베리에 있는 성당이나 성 바울 성당에 있는 그분의 가르침을 더 알아보지 못할 것이다.

그분은 조직화되고 제사장이 통제하는 교회에 반대하는 개혁자이며 개신교도였다. 그분은 모든 사람의 긍휼하신 하나님이시며, 로마 황제인 아우구스투스(Augustus)나 대제사장인 가야바를 통해서가 아닌 하나님 아버지에게 가까이 가는 방법을 죄인에게 가르치기 위해서 세상에 오셨다. 그 길은 직접적이고 곧바른 길이다. 누구나 전능하시고 긍휼하신 하나님께 자신의 고민을 말할 수 있고 인도해 달라는 요청을 할 수 있다. 인간은 그것을 얻게 될 것이다."

또한 1945년 6월 1일 일기에 이런 내용도 있었다.
"유대인은 전능하신 하나님이 특별한 특권을 주시려고 그들을 선택했다고 주장한다. 하지만 나는 하나님은 보다 나은 심판을 하신다고 확신한다.

사실 나는 하나님께서 어떤 특권을 위해 누군가를 선택한 것이라고 생각해 본적이 없다. 내가 연구한 바에 의하면, 하나님은 그분의 뜻을 행하는 어느 민족이나 신조나 유색인종을 선택할 수 있다고 본다."

1951년 8월 8일, 트루먼은 이렇게 썼다.

"(편지 비서인) 빌 하셋(Bill Hassett)과 나는 국가를 구하는 이익을 이룬다면 새로운 종교 분파를 시작하기로 결정했다. 빌과 내가 일하는 새로운 종교 분파에 대해 약이나 아이디어 혹은 또 다른 신약성경이나 몰몬경을 팔 것인지는 아직 결정하지 못했다."

1952년 2월 26일 일기에 트루먼은 이렇게 썼다.

"만약 우리가 도덕 없는 세상에 대항해 도덕적인 세상을 얻는 데 성공한다면, 장차 올 세상에는 세계 평화가 있게 될 것이다. 공자, 부처, 모세, 그리고 우리의 예수 그리스도, 모하멧 등 모두가 '받은 대로 행하라'고 선포했다. 대접을 받은 대로 타인을 대하라. 모든 위대한 스승과 철학자도 그리했다. 그러나 '막스, 레닌, 트로츠키(Trotsky), 스탈린은 도덕과 지적인 정직을 혼란케 하고 자신들을 기원하는 사람들에게 많은 혼돈을 주려고 왔다.' '우주의 위대한 창조주는 그것을 허락하지 않는다'고 나는 확신한다."

12장

프랭클린 델러노 루즈벨트
Franklin Delano Roosevelt

루즈벨트는 가끔 교회에 출석했고, 국가를 다스리는 하나님에 대해 개인적이고 공적인 믿음을 표시했고, 교훈과 책망을 위한 성경의 가치를 믿었으나 종교가 그의 삶에서 높은 우선순위를 갖지는 못했다.

프랭클린 델러노 루즈벨트 Franklin Delano Roosevelt

프랭클린 루즈벨트는 1882년 1월 30일에 뉴욕 주의 하이드 파크(Hyde Park)에서 태어났다. 1883년 3월 20일에 그는 하이드 파크에 있는 성 야고보 감독교회에서 유아세례를 받았다. 그는 그 교회에서 평생 성만찬에 참여하였다.

그는 그로톤 고등학교에 다녔다. 당시 교장은 엔디콧 피바디(Endicott Peabody) 목사였는데 학교 근처의 교구목사였다. 그 학교의 설립취지는 "주로 기독교 인격에 모든 노력을 기울이며 지적 발전뿐 아니라 도덕과 물리에 관심을 갖는다"였다.

그는 1896년 그로톤 고등학교 재학 시 부모에게 보낸 편지에서 성경과 기도 책을 보내준 것에 감사했다.

할아버지 워렌 델러노 2세(Warren Delano II)가 1898년에 죽었을 때 어머니에게 보낸 편지에는 천국에 대한 성경적 견해가 반영되어 있었다. "사랑하는 할아버지께서 세상을 떠나셨다는 소식을 듣고 얼마나 상심했는지 상상하실 수 없을 것입니다. 마음이 상하신 것을 알지만 이 땅보다 더 좋은 곳으로 가셔서 거기에서 훨씬 더 복된 삶을 사실 것이라는 것을 기억하셔야만 합니다."

1898년 12월 4일에 부모에게 보낸 편지에서 그는 선교단체에 선출되었다고 말했다. "오늘밤 첫 모임이 있었고 콩코드(Concord)에 있는 소년원의 교목인 블랫(Blatt) 씨가 뛰어난 연설을 했습니다. 그것은 죄수들에게 행한 최고의 것이며 매우 흥미로운 것이었습니다."

그는 그로톤 시절 몇 달 동안 선교 일을 했다. 1899년 3월 23일, 부모님께 보낸 편지에서 그는 이렇게 썼다. "제가 선교사가 된다는 것을 아시면 놀라실 것입니다. 이웃에 있는 선교 주택에 오르간 연주자가 없어서 제가 자원하여 오늘밤 다른 두 소년과 함께 말을 타고 갈 것이며, 히글러(Higler) 씨가 여기서 6마일 정도 떨어진 로키 힐(Rocky Hill)에서 예배를 인도할 것입니다. 피아노 치는 법을 거의 잊었지만 학교 건물에 있는 작은 오르간으로 연습했고 찬송가 네 곡은 꽤 잘 칠 수 있습니다. 오늘밤 6시 30분에 떠나 10시 정도에 돌아올 예정이며, 그 때에는 교수진의 저녁식사가 있을 것입니다."

그 특별예배는 잘 진행되지 않았다. 3월 26일에 부모님께 보낸 편지에서 그는 예배에 대해 묘사했다. "제가 오르간 연주를 할 것이라고 목요일에 쓴 것을 알고 계시죠. 목요일 밤 앞이 안보일 정도로 눈보라가 쏟아지는 중에 우리 넷은 두 명 앉는 왜건에 있었습니다. 연설할 예정이던 히글러 씨가 우리를 태워 로키 힐이라 불리는 시골에 있는 작은 가정학교로 6마일 정도 갔습니다. 거기 도착했을 때 난로 불 켜는 사람과 어린아이 하나로 구성된 회중을 발견했습니다. 그 때가 8시 30분이며 진눈깨비가 내리고 있었는데 아무도 나타나지 않아 문을 잠그고 다시 집으로 돌아와서 연주할 기회가 없었습니다."

3월 30일 모임은 잘 진행되었다. 3월 31일 부모님께 보낸 편지에서 그는 이렇게 묘사했다. "17명의 회중이 있었는데 꽤 존경할 만한 사람들이었고, 학교 근처에 흩어져 사는 농부들 가정으로만 구성되었습니다. 여행은 즐거웠고 어두울 때 집으로 돌아왔습니다. 그들을 위해 오르간을 쳤고 노래 부르는 사람의 소리를 압도했으나, 처음 한 것 치고는 꽤 잘했고 찬송가 네 곡 중 한 곡만 연주할 수 있었습니다. 소프라노로만 연주했고 알토는 가끔씩 베이스 코드로 진행했습니다. 그것은 마지막 예배였으며 사순절 기간에 거기서 열린 유일한 예배였습니다."

그 해 10월, 적어도 한 번은 주일학교 예배에서 오르간 연주를 도왔다. 10월 15일 부모님께 보낸 편지에서 그는 이렇게 썼다. "오늘 아침 예배 전에 그리스월드(Griswold) 씨와 함께 옛날 건물에서 열린 주일학교를 도왔습니다. 10명의 아이가 있었고 찬송가 두 곡을 연주했습니다."

그는 1905년 3월 17일 엘리노 루즈벨트(Eleanor Roosevelt)와 결혼했다. 결혼 직후 그는 교회의 교구위원으로 임명되었다. 결국 상임 교구위원이 되어서 아버지의 뒤를 따랐다. 아버지 제임스 루즈벨트(James Roosevelt)는 화란 개혁교회에서 자랐으나 감독교인이 되기로 결정했고, 하이드 파크에 있는 성 야고보교회의 교구위원과 감독관이 되었다.

루즈벨트 부부가 아이를 키우는 동안 엘리노는 아이들이 기독교 신앙으로 양육되어야 하는지, 아니면 아무런 신앙 교훈을 하지 않고 성장한 후 스스로 신앙을 선택하도록 해야 하는지를 남편에게 물었다. 케네스 데이비스(Kenneth Davis)는 이 대화에 대해 이렇게 묘사해 준다.

"그는 아이들이 교회에 출석하고 그가 받았던 가르침을 배우는 것이 좋다는 생각을 한다고 대답했다. 이것은 아이들에게 아무런 해를 입히지 않는다. 그러나 만약 그 가르침이 잘못된 것이라면… 부인은 알고 싶어 했다. '그 자신이 모든 가르침을 믿었을까요? 그는 신나는 듯이 그리고 우스꽝스런 미소를 지으며 그녀를 바라보고 이렇게 말했다. '그건 결코 생각해 본적이 없소. 그런 문제에 대해 너무 많이 생각하지 않는 것이 당연하오.' 그 당시 그녀는 그런 식으로 논의를 중단한 것에 대해 무척이나 화가 났고, 이런 태도가 경박하고 조롱하는 것으로 보였다. 그가 표현한 소원과 일치하여 그가 친구들과 골프를 칠 때 그녀는 아이를 교회에 데리고 갔고 이런 일은 여름 내내 계속되었는데 그 후 수년간 계속해서 일종의 '덕스런 고충'을 느꼈다.

1918년까지 루즈벨트의 교회 출석은 뜸했다. 엘리노 루즈벨트는 "지난 주일에 교회에 갔고 오늘 다시 갔으며 이것은 나를 즐겁게 하려고 큰 희생을 치른 것을 나는 알고 있다"고 남편이 말한 것을 일기에 썼다.

초기에 엘리노는 남편의 교회 출석이 뜸해지자 화가 났다. 그녀 자신은 교회에 신실하게 출석했고 성찬 참여자였으며 성찬식에 참여하지 못했을 때는 일기에 써놓을 만큼 그런 일은 매우 중요했다. 훗날 그녀는 그것에 대해 농담을 할 정도까지 되었다.

1918년 프랭클린은 해군차관이 되었을 때 워싱턴에 있는 성 도마 감독교회의 교구위원으로 임명되었다. 어머니인 사라 델리노 루즈벨트(Sara Delano Roosevelt)에게 보낸 편지에서 엘리노는 그 소식이 그에게 "두려움을 주는 충격"이며 그 직분을 받아들이지 않을 것이라는 그녀의 소망을 피력했다. 하지만 그는 결국 받아들였다. 대통령이 된 후 그는 교회의 명예 교구위원이 되었다.

전기 작가인 케네스 데이비스는 루즈벨트가 말한 것처럼 "그가 기도를 하는 동안 '자신을 쳐다보는 것'이 싫었다는 이유로 좀처럼 교회 예배에 출석하지 않았다고 말했다. 종교적 열정, 신앙적 감정에 대해 그는 아무것도 드러내지 않았다"고 기록했다. 루즈벨트는 신앙이 개인적인 것이라서 동료 신자와 자신의 경험을 나눌 수 없다고 여겼다.

1928년 민주당 대통령 후보인 앨 스미스(Al Smith)에게 보낸 편지에서 그는 "조용한 그리고 군중과 예배자들로부터 완전히 벗어난 두 주간"에 대한 열망을 전적으로 공유한다고 말했다.

1921년 7월 루즈벨트는 폴리오(Polio)로 알려진 소아마비에 걸렸다. (전기 작가인 케네스 데이비스의 말에 의하면) 수년 후 프랜시스 퍼킨스(Frances Perkins)에게 그는 "하나님으로부터 완전히 버림받은 것으로 느꼈다"고 말했다.

1932년 루즈벨트는 대통령으로 선출되었다. 취임하던 1933년 3월 3일 그는 엔디콧 피바디(Endicott Peabody)가 인도하는 성 요한 감독교회의 예배에 출석했다.

첫째 취임연설은 이 같은 말로 끝난다. "국가를 헌정하는 이 날 우리는 겸손히 하나님의 축복을 구합니다. 그분께서 우리 각자와 모두를 지켜주시기를 소원합니다. 장차 올 날에도 인도하시기를 기원합니다."

선언문과 연설에서 그는 자주 상황에 맞추어 기독교에 대해 언급했다. 1933년 11월 21일, 그는 추수감사절 포고문을 내리고 이 같이 말했다. "그날에 교회와 가정에서 전능하신 하나님께서 지난날에 우리에게 주신 축복에 대해 겸손히 감사드리도록 합시다."

1933년 12월 24일 크리스마스 메시지에서 그는 다음과 같이 말했다. "훨씬 더 크게, 그분의 탄생을 축하하면서, 오늘 우리 인생에서 그분의 가르침의 중요성을 깊이 확신함으로 나의 행복감은 솟아오릅니다. 우리에게 더욱 더 '네 이웃을 네 몸과 같이 사랑하라' (마 19:19)고 말씀하신 것이 우리의 매일의 생활에서 목표가 되어 보여주고 증명하는 의미 있는 말씀이 되어 왔습니다."

1934년 추수감사절 메시지에서 그는 이 같이 말했다. "따라서 전능하신 하나님께 삶의 축복에 대해 가을의 하루를 떼어 놓는 것은 현명하고 하나님을 경외하는 관습이며 오래도록 사람들에게 소중히 여겨질 것입니다. 이 관습을 다시 지키는 것은 마땅합니다."

그는 1936년 대통령에 재선되었다. 그는 두 번째 취임연설을 이 같은 말로 결론지었다. "미 대통령으로서 다시 한 번 직무선서를 하는 데 있어서 본인은 앞으로 나아가기로 선택한 길을 따라 미국민을 인도하는 엄숙한 의무를 취합니다. '이 직무가 내게 있는 동안 국민의 뜻을 행하는데 최선을 다할 것이며, 우리 각자가 어둠에 앉아 있는 사람에게 빛을 비추며 평화의 길로 인도하도록 도우실 신적 인도하심을 구합니다."

1937년 추수감사절 공포문에서 그는 미국민이 "일상적인 일에 앞서가고 익숙해진 예배처에서 각자의 방식대로 모든 선과 완벽한 선물이 오는 하나님의 긍휼을 겸손히 인정하도록" 권면했다.

1939년까지 루즈벨트의 메시지는 임박한 전쟁에 대해 점차 더 많이 다루었다. 1939년 국민에게 주는 성탄메시지는 이런 말로 시작한다. "여러 나라에서 일어나는 분쟁과 비극의 날들에서, 평화를 유지하는 우리의 행운에만 감사하는 것을 절제하며, 아직도 평화 가운데 있는 나라들에 머무릅시다."

그는 미국민이 '타인을 위해 살 힘을' 달라는 기도를 드리며 전쟁 중인 국가들이 산상수훈을 이해하도록 기도해야 한다고 권면했다. 그리고 산상수훈을 전체적으로 인용했다.

1941년 12월 7일, 일본이 진주만을 공격함으로 전쟁이 발발했다. 그리고 12월 11일 독일이 미국에 선전포고를 했고, 미국은 일본과 독일에 선전포고를 했다. 한 달이 채 되지 못해 루즈벨트는 연례 연두연설을 했다. 그리고 다음과 같은 말로 결론을 지었다.

"우리 획득은 인류에 대한 불경한 경멸과 잔인한 냉소주의에 의해 즐기고 있습니다. 우리는 창세기 첫 장의 '하나님께서 그분의 형상대로 인간을 창조하셨다'(창 1:26)는 시대까지 거슬러 올라가는 믿음에 의해 영감을 얻습니다. 우리 편에서는 그 같은 신적 유산에 충실하려고 애쓰고 있습니다. 우리 선조들이 싸웠듯이 우리는 하나님의 보시기에 모든 사람은 평등하다는 교리를 붙들기 위해 싸웁니다. 다른 편에서는 이 같은 심오한 믿음을 파괴하고 그들 자신의 형상에 따른 세상을 만들려고 하는데 그런 세상은 폭정과 잔인, 그리고 농노제도의 세상입니다. 어떤 타협은 그런 갈등을 끝내지 못합니다. 그런 경우는 결코 없었고 앞으로도 선악간의 타협은 그렇게 될 것입니다. 오직 완전한 승리만이 인내와 품위, 자유와 믿음의 승리에 대해 보상할 것입니다."

1942년 11월 추수감사절 공포문에서 루즈벨트는 특히 전쟁에 직면하여 우리는 "전능하신 하나님을 의존한다고 장엄하게 표현" 해야 한다고 국가에게 상기시켰다.

그는 시편 23편 전체를 인용하여 "국가가 이런 말로 신앙과 용기로 감명 받고" 그리고 "국가적 비상시기에 직면하고 있는 일에 대해 다시 한 번 향하도록" 권면했다.

1943년 2월 22일, 루즈벨트는 조지 워싱턴의 생일을 기념하는 라디오 연설을 했다. 워싱턴의 상황과 당시 상황을 비교하고, 단순하고 굳건한 믿음이 그를 우선적인 것부터 먼저라는 필수적인 원리에 유념하도록 했다는 것을 국가에게 상기시켜 주었다.

"기적의 시대를 여전히 믿는" 사람들을 비판하고 "우리 시대에는 여호수아가 없다"고 말하고 갈등을 견디어 낼 믿음, 소망, 사랑에 의존하라고 말했다. 그는 산상수훈 전체와 고린도전서 13장의 여러 구절을 인용하여 이렇게 결론 내렸다.

"그런 진리들로 인해 워싱턴과 13개 식민지의 남녀가 감동받았습니다. 우리 국가와 세계에 전해 내려온 모든 어둠을 통하여 이 진리들은 모두에게 인도하는 빛이었습니다. 우리 조상들이 그랬듯이 승리와 자유, 평화에 대한 소망이 실현될 때까지 그 빛을 따라야 합니다."

그는 1944년 12월 24일 국민에게 전하는 크리스마스 메시지에서 다음과 같이 말했다.

"친애하는 국민 여러분, 이 같은 파괴적인 전쟁의 시기에 '메리 크리스마스' 라고 말하기가 쉽지 않습니다. 또 오늘밤 전 세계에 있는 전투기지의 우리 군인과 그곳에서 싸우는 동맹군에게 가볍게 '메리 크리스마스' 라고 말할 수 없습니다. 우리를 향한 깊은 영적 의미 때문에 우리 삶에 그리스도의 가르침이 근본적이기에 또 젊은 세대가 이 전통의 의미와 평화를 불멸하는 왕자의 선한 의지의 오심의 중요성을 알면서 자라기를 바라기 때문에 여기

가정에서 전통적인 미국 성탄절을 축하할 것입니다. 하지만 어쩌면 미국의 모든 가정에는 우리를 지키며 모든 인류를 위해 그분의 가르침의 열매와 문명 자체의 기초를 보존하기 위해 삶을 거는 수백만 명의 사랑하는 사람과 함께 계속해서 슬프고 불안한 생각이 있을 것입니다."

루즈벨트는 1944년 4선에 성공했다. 그는 네 번째 취임연설을 이 같은 말로 끝냈다.

"전능하신 하나님께서는 여러 면으로 우리 땅을 축복하셨습니다. 그분은 우리 백성에게 굳건한 마음과 강한 군대를 주셨고, 그것으로 자유와 진리를 위해 강한 충격을 줄 것입니다. 그분은 고통스런 세상에 모든 사람에게 희망이 될 믿음을 우리나라에 주셨습니다. 그래서 우리는 땅위에 평화를 원하시는 그분의 뜻을 성취하는 데까지 우리 길을 명확히 보고 우리와 우리 동료를 위한 보다 나은 삶으로 이끄는 길을 보도록 그분께 기도합니다."

루즈벨트는 1945년 4월 12일 사망 시까지 대통령으로 재직했다. 루즈벨트의 신앙적 신념은 단순했다. 그는 하나님이 계신다고 믿었으며, 특히 성경의 가치, 시편 23편, 산상수훈, 고린도전서 13장을 믿었다. 그의 글에는 이런 믿음에 대한 언급이 여러 차례 되어 있다. 이외에 그는 다른 시도를 하지 않았다. 루즈벨트는 이렇게 말했다. "성경 전반에 대한 교육은 '모든 사람을 위한 교양교육이다. 이 나라의 거의 모든 위대한 사람은 성경 가르침에 아주 익숙하다."

그는 1935년 최초의 영어성경 발간기념 40주년을 축하하며 글을 썼다. 미국 문화에 미친 성경의 영향에 대해 논의하면서 그는 이렇게 말한다.

"공화국의 형성시기에 성경이 국가의 선조들에게 길을 제공했다는 것은 너무나도 분명합니다. 워싱턴에게 성경은 행동의 근거를 구성하는 분명하고 확실한 도덕적 교훈을 포함했습니다. 여기로부터 나온 것은 그 사상이 아무리 높다 해도 다른 모든 책을 능가합니다. 워싱턴의 명민한 정신에서 도덕과 신앙원리는 정치적 번영과 '시민사회의 필수적 기둥'을 지지하는 '없어서는 안 될 것' 입니다. 제퍼슨같이 학식 있는 사람은 고대철학에서도 최고였으나 높은 사상과 사유의 출처로 성경에 의지했습니다. 스승의 고결한 가르침을 언급하면서 그는 이렇게 말했습니다. '그는 사람의 마음을 샅샅이 조사했고 사상의 영역에 재판정을 세웠고, 샘의 근원에 있는 물을 정화했습니다.' 이를 넘어서 그는 세상이 알아온 가장 고귀한 윤리적 가르침이 성경에 포함되어 있었다고 믿었습니다. 그 자신이 성경의 일부를 뽑아내었고 제퍼슨 성경으로 불린 것은 그가 신봉했던 것에 대한 심오한 경외감을 증거로 드러냅니다.

　　이 같은 인용구와 완전히 별도로 성경은 선하고 위대한 사람의 사상과 철학을 점령했습니다. 그것은 이제껏 그러했고 지금도 수많은 사람들에 의해 문학의 최고 지위를 부여받고 있습니다. 사람에게서 일어나는 사고와 기회가 그 길에 가져오는 것이 무엇이든 간에, 세상의 변화하는 관습과 방식이 미치는 영향이 무엇이든 간에, 이 책은 가장 사랑받고 가장 많이 인용되고 가장 보편적으로 읽혀지고 도서관을 채우고 있는 모든 책 중에서 가장 많이 생각하는 것으로 필적할 수 없는 위치를 계속해서 유지할 것입니다. 이 책은 어떠한 공격에도 견뎌왔고, 현미경으로 세밀히 조사해도 견디고 살아남았으며, 적용가능한 모든 시험에도 서있었고, 책 중의 책으로 계속해서 최상의 위치에 있습니다. 엄격하고 심한 비평을 받았던 기간도 있었으나 가장 뜨겁게 타는 비평의 불로도 지속적인 성경의 능력을 파괴하지 못했습니다. 공화국의 형성에 점하고 있는 위치를 생각하지 않고는 국가로서 우리의 성장과 발전의 역사를 읽을 수 없습니다. 널리 제안되고 있듯이 성경의 가르침은 인류의 마음을 쟁기로 갈아엎고 있습니다."

　　1938년 연합감리교 평의회의 어네스트 리온 월도프(Ernest Lyon

Waldorf) 주교에게 보낸 편지에서 그는 이렇게 말했다. "산상수훈에 모범으로 제시된 종교로 돌아갈 필요가 있습니다. 종교가 지구의 다양한 지역에서 도전 받고 있는 오늘 우리는 하나님의 아버지 되심이라는 옛날 사상을 붙들고 인간의 형제애가 반드시 굳건해야 하며 영(spirit)에 대한 우리 믿음에 멈추지 않는 증언을 제시하는 데에 하나가 되어야 합니다."

이런 확실한 영역을 넘어서 루즈벨트는 더 나아가기를 원하지 않았다. 엘리노 루즈벨트는 한때 남편이 진정으로 기독교 교리를 진리로 확신하는지 알고자 했다. 그는 이렇게 말했다. '나는 그것에 대해 정말 생각해 본적이 없소. 그것에 대해 너무 많이 생각하지 않는 것이 당연하다고 생각하오.'

엘리노는 「이것을 나는 기억한다」(This I Remember)란 자서전에서 남편에 대해 위와 동일하지만 좀 더 자세하게 묘사했다.

"프랭클린이 삶을 받아들인 것처럼 죽음에 대한 생각도 받아들였다고 확신합니다. 그는 강한 신앙적 감정을 갖고 있었으며 그의 신앙은 매우 개인적인 것이었습니다. 그가 정말로 하나님께 인도함을 구하고픈 마음을 가졌고, 그것을 받았다고 생각합니다. 그것이 그가 시편 23편, 산상수훈, 고린도전서 13장을 사랑한 이유입니다. 신앙이나 신앙적 견해에 대해 말하지 않았으나 믿는 것에 대한 지적 어려움이 있는 것으로 보인 적이 결코 없었습니다. 한때 내게 보낸 심령주의자와의 대화에 대해 그와 말할 때 (사람들은 언제나 죽은 자와의 대화에 대해 내게 글을 보냈습니다) 나는 다소 회의적인 믿음을 표현했습니다. 그는 내게 매우 단순하게 말했습니다. '참인지 거짓인지를 증명할 수 없을 때 아무것도 믿지 않는다고 말하는 것은 현명하지 못하다고 생각해요. 발견의 세계에서는 단지 지금 이해할 수 없는 새로운 것이 언제나 세상에는 얼마든지 있어요. 따라서 그들의 신념을 이해할 수 없거나 경험에 대해 공유할 수 없을지라도 사람들이 무엇을 믿든 간에 그것에 대해 관심이 있고 존경하오.'

내가 보기에 이것은 그가 취할 매우 자연스런 태도로 보입니다. 그는 언제나 그의 관심 안에 들어오는 어떤 것이든 열린 마음을 갖고 있었고, 자세히 들여다보고 연구할 준비가 되어 있었으나 그 자신의 믿음은 어떤 단순한 영향으로 인해 자라난 어린아이의 믿음이었습니다. 종교란 닻이며 힘과 인도함을 주는 출처라는 근본적 느낌을 여전히 고수했고, 그래서 삶의 현상을 바라보는 만큼이나 조용히 미래를 바라보면서 죽었다고 확신합니다."

그녀는 또한 이렇게 묘사했다. "나는 언제나 내 남편의 신앙이 그 자신에 대한 믿음과 관련이 있다고 느꼈습니다. 내가 이미 말한 것처럼, 그것은 매우 단순한 신앙이었습니다. 그는 하나님의 인도하심을 믿었습니다. 그는 인간이 행해야 할 과업이 주어졌고, 그 과업과 함께 그것을 이루어나갈 능력과 힘이 주어졌다고 믿었습니다. 그는 하나님께 도움과 인도함을 달라고 기도했고, 그 결과로 자신의 판단에 대해 신뢰했습니다. 취임예배와 기념일, 그리고 큰 위기가 올 때 언제나 고집했던 교회예배는 그 자신의 신앙에 대한 표현이었습니다. 내 생각에 이것 때문에 책임을 받아들이고 어떤 위기가 오더라도 맞이하려는 그의 능력에 대한 신뢰에 대해서 놓쳐서는 안 됩니다."

오티스 그래함(Otis Graham)과 메간 원더(Meghan Wander)는 루즈벨트의 신앙을 자신들의 책인 「프랭클린 루즈벨트, 그의 삶과 시대, 백과사전적 견해」(Franklin D. Roosevelt; His Life and Times; An Encyclopedic View)에서 묘사했다. 그가 내면적인 신앙에 대해 드러내놓고 말하도록 요구하지 않았기에 영어식 표현으로 만족스럽게 생각한다고 말했다. 그들은 루즈벨트가 "완전히 지혜로우시고 전능하며 전적으로 선하고 무한히 사랑스런 하나님 아버지와 그의 아들인 예수 그리스도"를 믿었다고 덧붙였다.

루즈벨트 전기 작가인 케네스 데이비스는 루즈벨트의 신앙이 단순했다고 말한다.

"그는 사랑의 하나님이 본질적으로 혹은 거의 전적으로 세상을 창조하시고 다스리시는 하나님을 믿었고, 하나님의 말씀을 전했으며 죄된 인류를 구속한 하나님의 아들이신 예수그리스도를 믿었습니다. 그는 영혼불멸과 선한 삶이 천국에서 보상받는다는 것을 믿었습니다."

13장

허버트 클라크 후버
Herbert Clark Hoover

후버는 퀘이커교도였다. 퀘이커교도들은 자신들의 신앙에 대해 거의 토론을 하지 않는다. 후버가 말했던 것은 전통적인 기독교의 교리들과 항상 일치했다. 또한 종교적인 일과 관련해 그가 보여준 절제심은 그가 종교적이었고 모범적인 삶을 살았으며 자신의 교회에 헌신적이었다는 것을 알게 해준다.

허버트 클라크 후버 Herbert Clark Hoover

　허버트 후버는 1874년 8월 10일에 아이오와 주 웨스트 브렌치(West Branch)에서 태어났다. 그의 집안은 1700년대 초부터 퀘이커교도였다. 그는 자신의 5대조 할아버지인 앤드루 후버에 관해서 "앤드루 후버는 독실한 퀘이커 신자였으며 그의 자손들은 모두 퀘이커교도가 되었다"고 말했다. 후버는 자신의 선조들 가운데는 신앙으로 인해 박해를 받은 사람들도 있었으며, 신앙의 자유를 찾아 미국 대륙으로 이민을 오게 되었다고 말했다.
　후버는 자신이 퀘이커 신앙인으로 어떻게 성장했는지를 이렇게 말한다.
　"혼자서 성경을 읽는 것은 퀘이커 교인에게 있어 교육의 일부분이라고 할 수 있다. 나는 아이오와 주를 떠나기 전까지 처음부터 끝까지 매일 정해진 분량을 통독했다. 퀘이커교도에게 있어서 종교교육은 태어나면서부터 시작된다. 어린 아기들도 매일 아침마다 기도하고 성경을 읽는 가정예배에 참여한다. 주일이면 아기들을 맡길만한 곳이 없기 때문에 이 아기들도 예배에 참석한다. 오랜 시간동안 조용하게 진행되는 퀘이커교회의 예배 시간에는 아기들이 울고 보채는 소리가 유일한 소음이었다. 예배당에는 칸이 나뉘어져 있어서 남성들과 여성들은 서로 다른 곳에 따로 앉았다. 예배당에서 내가 볼 수 있는 여성들이란 높은 자리에 따로 앉아있는 여장로님들 뿐이었다."

후버는 독서가 허용된 책들에 대해서 이렇게 말한다. "내가 읽을 수 있는 책들은 청소년들을 타락시킬 수도 있는 위험이 없는 성경책이나 백과사전, 아니면 악을 정복하는 영웅들을 그린 소설 같은 것들이었다."

후버는 자신의 퀘이커 신앙에 대해 이렇게 회상한다.

"퀘이커 신앙에 정통한 사람이나 혹은 퀘이커 예배당의 소박한 내부 장식을 잘 아는 사람이나, 아니면 성령이 누군가를 감동하실 때까지 몇 시간이고 엄숙하게 기다리는 예배형식도 잘 아는 사람이라면 발가락이 몇 개인지도 모르는 열 살짜리 소년이 예배에 참석해서 자기 자신을 억제하며 인내하는 상황을 잘 이해할 수 있을 것이다. 그 예배는 재미없었지만 인내심을 기르는 강력한 훈련이 되었다.

퀘이커교도들(정확히 말하면 '친구들')이라는 명칭은 17세기 초에 붙여진 이름으로 이들이 진동을 하기 때문이 아니라 그 설립자인 조지 팍스(George Fox)가 당국자들에게 주님 앞에서 떨며 감동하라고 계속해서 요구했기 때문에 붙여진 이름이다. 그들은 종교의 자유 및 극단적인 종교적 형식주의에 반대해 생성된 여러 개신교 분파들 가운데 하나였다. 기계적으로 암기하는 종교적인 형식에 반발하는 이들은 최근까지도 '검소한 옷차림'이라는 독특한 모습과 '순수한 언어생활'을 고수해왔다. 하지만 시간이 지나면서 한결같은 예배당의 건축양식과 예배 형식 등 그들 자신의 문화는 고유의 형식주의로 굳어져 버렸다.

퀘이커 신앙의 종교적인 특징은 성경을 문자 그대로 믿으며 관용을 베풀고 성도들 각자 '내면의 빛'으로부터 솟아나는 영적인 영감에 대한 확신을 갖는다는 점이다."

후버는 스탠포드대학교의 첫 번째 입학생들 가운데 하나였다. 그 대학교는 1891년 10월 1일에 공식 개교했는데 후버는 그 개교식에 참석했었다. 대학 교육은 그의 사상에 영향을 미쳤다. 그는 이렇게 말했다.

'나는 생물학, 진화론, 그리고 과학과 종교의 조화에 관한 많은 강의들을 들었다. 대학 교육은 당시 근본주의 종교를 믿는 많은 젊은이들에게 많은 토론과 함께 영적인 갈등도 가져다주었다. 그러나 퀘이커 신앙의 '내면의 빛'은 다른 학생들보다는 갈등을 더 적게 일으키도록 도와주었다. 나는 보다 형식주의에 치우치거나 혹은 더 광범위한 교리를 가진 다른 교파 출신 학생들보다도 더욱 쉽게 근본적인 자연과학의 법칙을 나의 영적인 세계에 받아들일 수 있었다.'

스탠포드에서 공부하는 동안 후버는 아내인 루 헨리(Lou Henry)를 만나게 되었다. 헨리는 아버지 쪽이 퀘이커 신앙의 전통을 갖고 있었지만, 어린 시절을 성공회의 신앙을 가지고 성장했으며 후버를 만났을 무렵에는 퀘이커 신앙을 가지지 않은 상태였다.

그녀는 캘리포니아 주의 위티어(Whittier)에 있는 퀘이커 거주지에서 3년을 보내면서 퀘이커교의 가르침과 접할 수 있었다.

두 사람은 결혼하기로 결정했다. 비록 그들이 퀘이커식의 결혼식을 원했지만, 캘리포니아 주 몬테레이(Monterey)에는 퀘이커 예배당이 없었기 때문에 이 소망은 이루어지지 않았다. 그들은 개신교 목사인 토우번(Thoburn)에게 결혼식 주례를 요청했다. 그러나 토우번 목사는 결혼식 6주 전에 세상을 떠나고 말았다. 그들은 결혼 주례를 부탁할 다른 개신교 목회자를 찾는데 계속 실패한 끝에 결혼식 당일 전에서야 집안과 절친한 관계였던 가톨릭 신부인 메스트레스(Mestres)에게 주례를 부탁했다. 그는 두 명의 개신교인들이 가톨릭교회에서 결혼하는 것이 특별한 섭리라고 받아들이고 1899년 2월 10일에 결혼식을 주례했다.

후버는 1895년에 광산에 기술자로 취업했다. 1903년부터 1917년 사이 그는 후버 대통령의 전기 작가인 데일 메이어(Dale Mayer)의 표현대로 "광산업의 윤리적 기준을 끌어 올리는 일인 캠페인"을 벌였다. 그는 투기성이 높은 주식을 광고하고 판매하는 업계의 부정직성을 강하게 비판했다. 그는 광산업계가 사용하고 있는 부정한 방법들을 고발하는 많은 기고문들을 언론에 투고했다. 그리고 그 자신이 설립 멤버 가운데 한 사람이었던 베윅 모어링(Bewick Moering) 사의 알게르논 모어링(Algernon Moering) 사장이 투기성 주식을 홍보하는 것과 관련된 사실을 알게 되자 결국에는 회사를 떠났다.

1908년에 베윅 모어링 사를 떠난 그는 자신의 회사를 설립했다. 후버는 1899년부터 수년간 중국에서의 광산 채굴을 감독하는 일을 했었다. 그러나 후버와 그의 아내는 1990년 중국에서 의화단 사건이 일어나기 전에 그곳을 떠났다. 그 사건으로 많은 사람들이 죽게 되자 대부분의 노동자들은 달아나 버렸다. 그러나 후버의 직원들은 회사에 대한 충성심이 높아서 후버가 떠나도록 설득했지만 절반 정도가 남게 되었다. 후버는 자신의 회사 직원들 가운데 불법적인 재판을 받아 사형을 당할 처지에 놓여있던 사람들을 무사히 구출하기도 했다.

세계를 여행하는 동안 후버 부부는 퀘이커교회의 정기 예배에 참석할 수 없었다. 그러나 1901년부터 1928년까지 그들이 스탠포드나 혹은 캘리포니아의 팔로알토(Palo Alto)에 돌아오면 어거스터스 머레이(Augustus Murray) 박사의 집에서 열리는 예배에 참석하곤 했다. 루 여사는 1928년 브런(Brun) 부인에게 보낸 편지에서 이때 상황을 이렇게 기록하고 있다.

"스탠포드에서 살 때처럼 이 나라에 머무는 동안에는 산호세보다도 더 가까운 곳에는 예배당이 없습니다. 그리고 탄광촌에서는 예배당이 아예 없습니다. 나의 남편은 오리건 주의 교회에 등록이 되어 있지만, 나는 어느 교회에도 등록 교인이 아닙니다. 지난 수년간 스탠포드의 머레이 교수님 댁에서 작은 모임에 참석하는 것이 재미가 있기는 하지만, 이 모임은 정식 교회가 아니라서 등록 교인이 될 수는 없었습니다."

비록 루 후버 여사가 퀘이커 교단의 공식적인 교인이었는지에 대해서는 알려져 있지 않지만, 그녀는 결혼생활 내내 자신을 퀘이커교도로 여기고 있었으며 가능할 때마다 정기적으로 남편과 퀘이커 예배에 참석했다. 재미있는 사실은 이 편지가 허버트 후버가 퀘이커교회의 등록 교인이라는 사실을 알려주는 유일한 문서라는 점이다. 이 편지의 정확성을 의심할 여지는 없지만, 우리는 그 사실을 알려줄 다른 사료가 없다. 후버는 캘리포니아에서 공식적인 예배에 참석하지 않았기 때문에 다른 교회에는 등록을 하지 않았다.

후버는 하딩(Harding) 대통령과 쿨리지(Coolidge) 대통령 정부에서 상무부 장관을 지냈다. 이 직책에 있는 동안 그는 초기 연방 라디오 관련법들을 제정했다. 당시에 규정지어야 했던 문제들은 초창기 라디오 방송국들이 정부의 허가를 받도록 하는 규정도 거부하고 방송 주파수도 제멋대로 바꾸는 것이었다.

시카고에서 라디오 방송국을 소유했던 라디오 설교자 에이미 샘플 맥퍼슨(Ainee Semple Mcpherson)은 규정에 도전할 뿐만 아니라 방송 주파수를 이리저리 바꾸어서 합법적인 방송국들을 방해하고 있었다. 라디오 방송국 규정을 담당했던 후버는 이에 반발했고, 맥퍼슨도 신랄한 비난을 퍼부었다. "사탄의 앞잡이가 내 방송국을 건들지 못하게 하라. 전능하신 분이 당신이 정한 주파수에 안주하시기를 기대하지 말라. 내가 그분께 기도할 때 나는 그분의 주파수에 맞추어야만 한다."

허버트 후버의 책 「내각과 대통령」(The Cabinet and the Presidency)에서 그는 이 문제를 어떻게 풀었는지 이야기 한다. "마침내 재치 있는 우리의 직원이 자신이 추천하는 사람을 이 방송국의 매니저로 취직을 시켰고 그 매니저는 주파수를 고정시켰다."

1928년의 대통령 선거에서는 종교가 주요 이슈가 되었다. 이 문제는 너무도 쟁점이 심화되었기 때문에 후버는 이를 "선거에서의 최악의 재앙"이라고 불렀다.

그는 주요 정당 후보 중 최초의 퀘이커교도 출신이었다. 그러나 이것은 민주당 후보인 알 스미스(Al Smith)가 가톨릭 교인이라는 것보다는 정도가 덜한 것이었다.

후버가 종교적인 질문들에 대해 정치적인 싸움을 원치 않았기 때문에 그는 1928년 8월 11일에 있었던 공화당 후보 지명 수락 연설에서 다음과 같이 말했다.

"관용이 넘치는 이 땅에서 우리는 여전히 불관용이 넘치는 것을 보고 있습니다. 나는 퀘이커교도 출신입니다. 나의 조상들은 자신들의 신앙으로 인해 박해를 받았습니다. 그들은 이 땅에 와서 종교의 자유를 발견했습니다. 나는 행동과 신앙으로 종교적인 관용의 편에 설 것이라는 점을 약속합니다. 자신의 양심에 따라 하나님을 예배하는 모든 사람들의 권리 속에서 미국의 이상은 명예롭게 존재하는 것입니다."

후버의 선거 참모였던 알프레드 커크오퍼(Alfred Kirchoffer)는 후버가 개인적으로 이러한 공적인 입장을 견지했다고 기록하고 있다. 그는 후버가 이러한 정책에 대해 "우리는 경쟁자인 스미스 후보의 종교를 언급하거나 공격해서는 안 되고 정정당당한 승부를 겨루어야 한다"고 말했다고 기록했다.

하지만 스미스 후보는 오클라호마 주 선거 유세에서 이 문제를 공개적으로 거론하면서 종교적인 신앙으로 인해 공직자의 자질이 떨어지는 것은 아니라고 언급했다. 후버 부부는 스미스 후보가 동정심을 얻기 위해 이런 발언을 했다고 믿었다. 후버는 "나는 스미스 후보가 이 문제를 공개함으로써 지지자를 얻을 수 있다고 생각했다고 믿는다"고 자신의 비망록에 기록했다.

루 여사도 1928년 친구에게 보낸 편지에서 스미스 후보가 "자신에 대한 동정심을 불러일으키고 자신이 해결책 마련에 어려움을 겪고 있는 정치적인 실제 문제들로부터 사람들의 주의를 돌리고자" 이 문제를 거론했다고 쓰고 있다.

한 버지니아 주 개신교 기관이 스미스 후보의 가톨릭 신앙을 반대하는 문서를 배포했을 때 후버는 이러한 성명을 발표했다.

"이 문서가 근거가 있건 혹은 위조이건 간에 이 문서는 내가 가진 모든 본능에 위배되는 것입니다. 나는 이에 분개하며 거부합니다. 이러한 태도는 공화당의 모든 원칙에 전적으로 위배됩니다. 나는 후보 수락 연설을 통해 내 입장을 분명히 했습니다. 그때나 지금이나 변함이 없습니다."

그러나 그런 종류의 문서들은 선거기간 내내 떠돌았다. 후버는 9월 28일에 더욱 강력한 성명을 발표했다.

"나는 그러한 문서들에 대해 분노를 금할 길이 없습니다. 또한 이번 선거에서 종교는 문젯거리가 아니라는 점을 더 이상 어떻게 강력하게 반복해서 말해야 할지 모르겠습니다. 나는 공화당과 내 자신이 그런 입장에 있다는 점을 계속해서 이야기해 왔습니다."

비록 종교적인 문제가 뜨겁게 논의 되었지만 후버는 이 문제가 선거 결과에 큰 영향을 끼치지 않았다고 믿었다. 그는 이렇게 말했다. "스미스 후보가 개신교인이었다고 해도 그는 선거에서 졌을 것이고 아마도 더 적은 표를 얻었을 것이다. 종교적인 이슈가 최종 결과에 별로 영향을 주지 못했다는 점은 뉴욕 주 선거를 보면 알 수 있다. 가톨릭 신자인 스미스 후보는 이곳에서 두 번이나 주지사로 당선되었었기 때문에 이곳은 가장 종교적인 편협성이 강한 곳이다. 그런 그가 자신의 주에서조차 패했던 것은 그의 가톨릭 신앙과는 다른 요인이 있었기 때문이다."

후버는 그의 대통령 취임연설에서 이처럼 말했다.

"이는 미국 시민으로서 할 수 있는 가장 신성한 선서를 하는 행사일 뿐만 아니라 하나님 아래의 가장 높은 관직에서 국민을 위한 봉사를 하기 위한 헌신이며 성직수임입니다. 나는 겸손히 오직 전능한 하나님의 인도하심을 통해 이러한 무거운 짐을 감당할 수 있기를 희망합니다. 나는 국민들이 내게 요청한 이 나라를 위한 봉사에 전능하신 하나님의 도우심을 구합니다."

그는 또한 그의 선거 운동이 야기한 몇 가지 사실들을 언급했다. 그 가운데 한 가지는 "종교적인 정신의 성장과 모든 신앙들의 관용"이었다. 그는 1929년 의회 연두교서에서도 비슷한 말을 반복했다.

1931년 8월 8일, 국제 YMCA 총회에서 행한 라디오 연설에서 후버는 흥미 있는 발언을 했다. "생각이 있는 사람이라면 여러분들이 따르고 있는 그리스도의 이상과 생각들이 그분의 시대 이후의 문명의 방향을 좌우했을 뿐만 아니라 오늘날 우리의 경제와 사회의 근본을 이루고 있다는 사실을 부인할 수 없을 것입니다."

이 연설에서 그가 "여러분들이 따르고 있는"이라는 표현을 쓴 것이 흥미롭다. 이 말은 청중들이 가진 이상을 존중하지만 수용하지는 않을 때 쓰이기 때문이다.

후버는 재선을 위한 선거운동을 준비하면서 금주법에 대한 그의 입장을 재고하기 시작했다. 1928년의 선거전에서 그는 금주법을 지지했었다. 그러나 그가 대통령으로 재임하던 기간 동안 금지법을 강력히 적용하는 노력을 증대시키고 이로 인해 유죄 판결이 세 배나 늘었지만 불법은 줄어들지 않았다. 1930년에 그는 금주법을 더 이상 적용하는 것이 불가능하다고 결론을 내렸다.

1932년 그는 공화당 정당 강령 위원회에 개정안을 제출하기로 결정했다. 개정안에는 주정부가 자신들의 주민들의 결정에 의해 금주법을 결정하며 금주법을 존속시키는 주들을 보호하는 연방 정부의 권리는 존속시킨다는 내용을 담고 있었다. 또한 술집을 다시 여는 것과 종업원들을 학대하는 것에 대한 안전장치도 마련되었다.

이 문제를 각 주정부에 맡기자는 이러한 제안은 위원회에서 받아들여지지 않았다. 그리고 그 위원회가 만들어 낸 개정안은 어느 분파도 만족시키지 못했다. 후버의 개정안은 몇몇 종교 그룹들로부터 비난을 받았다. 그러나 그는 실제로 금주법을 강행하는 것이 불가능한 상태에서 이러한 입장을 받아들이는 것이 필요하다고 느꼈다.

1932년 6월 16일, 그는 공화당 대선 후보로 다시 지명되었다. 수락 연설에서 그는 자신의 목표들을 이야기 한 후 "끊임없는 노력과 용기, 그리고 전능하신 하나님에 대한 신앙을 가지고 이것들은 달성될 것이다"라고 말했다.

백악관에 있는 동안 후버는 워싱턴 D.C.에 퀘이커 예배당을 건축했다. 1931년에 프렌즈(Friends) 예배당이 완공되었다. 후버 부부가 팔로알토에 거주할 때 자신의 집을 예배 처소로 제공했던 어거스터스 머레이(Augustus Murray) 박사가 스탠포드대학을 2년간 휴직하고 이 새로운 예배당의 책임자로의 초청에 응했다. 후버 부부는 머레이 박사가 머무는 동안의 비용을 부담했다.

1932년 10월 22일, 미시간 주 디트로이트에서 행한 연설에서 후버는 미국의 존속의 원인에 대한 자신의 생각을 이야기 했다. "우리나라는 자신들의 이기심이나 물질에 대한 탐욕보다도 하나님의 뜻을 더욱 중요하게 생각하는 사람들에 의해 하나님을 기쁘시게 하기 위해 세워졌기 때문에 지금까지 존속되어 왔습니다. 정부와 법률을 규정하는 위대한 궁극적인 근원은 우리 국민이 가진 도덕적 영적 추진력입니다."

미국 독립 전쟁에서 승리의 전환점이 되었던 킹스 마운틴(Kings Mountain) 전투 150주년 기념 연설에서 후버는 비슷한 주제를 다루었다. 자유, 해방, 자치, 그리고 견제와 균형에 대한 헌법적 원리들을 언급한 후에 그는 "미국 역사를 공부하는 학생들 가운데 누구도 이러한 원리들과 이상이 종교적인 바탕과 우리 국민의 정신적인 열망으로부터 나온 것이라는 점을 부인할 수 있는 사람은 아무도 없을 것이다. 우리의 이상은 영적인 유산을 묶는 것이다. 우리는 혼란이 없이는 이것을 이룰 수 없다. 우리는 확신을 가지고 선조들을 따라야 한다."

1931년 12월 3일과 1932년 12월 6일에 미국 크리스마스트리 협회에 보낸 메시지를 통해 그는 이렇게 말했다.

"그리스도의 탄생을 앞두고 살아있는 나무 아래서 개최하는 여러분들의 연례 크리스마스 예배는 국민들을 고무시키는 국가적인 행사입니다. 이는 이기주의를 버린 기쁨과 평화의 영원한 메시지로 우리들의 위대한 크리스마스 축제에 상징과 생기를 줍니다.

그리스도의 탄생일에 살아있는 나무 아래서 해마다 드려지는 당신들의 크리스마스 예배는 수년간 크리스마스를 축하하는 감격적인 상징으로 역할을 해왔습니다. 인류의 영적인 삶에서 가장 위대한 순간인 예수의 탄생을 되돌아 볼 수 있도록 이 행사는 중단되지 않는 영적 상징으로 계속되어야만 합니다."

허버트 후버는 예수의 탄생이 역사적인 사건이며 "인류의 영적인 삶에서의 위대한 순간"이라고 믿었다. 후버는 성경을 높이 존중했다. 그는 성경에 대해 이렇게 말했다.

"성경보다도 더 다양성을 가지고 있거나 지혜를 집약하고 있는 책은 없습니다. 법률, 사업, 도덕 혹은 인간의 행복을 위한 건설적인 계획을 창조하도록 인도하는 꿈에 이르기까지 이러한 것들을 찾는 사람들은 성경 속에서 빛을 발견할 수 있습니다. 당신이 성경을 공부하는 것은 인류의 가장 풍성한 도서관에서 대학원 공부를 하는 것과 같은 것입니다. 미국은 국가의 이상과 대의정치의 모범을 성경에서 가져왔습니다. 미국을 보존하는 것은 성경의 원리들을 고수하는 여부에 달려 있습니다. … 우리 문명의 모든 영감은 그리스도의 가르침과 선지자들의 가르침들로부터 온 것입니다. 이러한 관점에서 성경을 읽는 것이 미국인의 삶에서 필요한 일입니다."

대통령에서 물러난 뒤에도 후버는 국제적인 일들에 관여하면서 영향을 미쳤다. 예를 들면, 그는 유엔에 공산주의 국가들이 포함되어서는 안 된다고 믿었고, 1950년 4월 27일 그는 이렇게 말했다.

"세계가 지금 필요한 것은 이 붉은 불가지론자들의 물결에 대항하는 하나님을 믿는 결정적이고 영적인 동원력을 가진 국가들입니다. 나는 유엔이 공산주의 국가들을 제외하고 재조직되어야만 한다고 믿습니다. 만일 그것이 비현실적이라면 자유를 사랑하고 도덕과 종교를 지향하며 공산주의를 거부하는 사람들의 새로운 연합전선이 만들어져야만 합니다. 나는 하나님을 경외하는 자유 국가들의 도덕적 영적 협력체에 대해 제안합니다. 그리고 무신론자들의 다른 세상을 거부하면서 나는 전능하신 하나님이 우리와 함께 하실 것이라고 확신합니다."

후버는 1964년 10월 20일 뉴욕 시에서 서거했다. 그의 아내 루 여사는 그에 대해 이렇게 말했다. "그는 '만일 내가 하나님과 함께라면 아무 염려도 없다'는 퀘이커의 신앙에 깊이 물들어 있었다."

14장

캘빈 쿨리지
Calvin Coolidge

쿨리지가 공인으로서 평생을 살았기 때문에 공적으로나 개인적으로 자신의 신앙을 표현하는 것을 많이 절제했지만, 그가 표현한 것들을 보면 그의 신앙은 기독교의 기본적인 교리에 기초하고 있다는 것을 알 수 있다. 다른 많은 대통령들과 마찬가지로 그는 오랜 기간 등록 교인이었던 한 여성과 결혼생활을 했다. 그는 교회의 등록 교인이 되는 영예가 주어졌을 때에 감사히 그것을 수용했다.

캘빈 쿨리지 Calvin Coolidge

존 캘빈 쿨리지 대통령은 1872년 7월 4일 버몬트 주의 플리머스(Plymouth)에서 출생하였다. 쿨리지의 고향 마을인 플리머스 노치(Notch)는 전임 목사도 없을 만큼 작고 가난한 마을이었다. 그러나 가끔씩 순회 전도자들이 방문해 설교를 하곤 했었다. 대부분의 방문 전도자들은 회중교회 목사들이었고 이따금 침례교와 감리교 목사들도 방문했다.

쿨리지는 자기 고향 마을 사람들의 신앙심에 대해 이렇게 회고했다. "그들은 교회를 세우지 않았습니다. 또한 설교도 정기적으로 듣지 못했습니다. 그들의 신앙을 밖으로 표현할 만한 일들도 별로 없었습니다. 하지만 그들은 모두 하나같이 신앙인들이었고 선한 행실을 했던 사람들이었습니다. 그들은 성경의 가르침들을 소중히 여겼으며 그 교훈대로 살기 위해 노력했습니다."

쿨리지의 전기인 「바벨론의 청교도」(A Puritan in Babylon)를 쓴 윌리엄 알렌 화이트(William Allen White)는 이렇게 기록했다.

"참으로 캘빈 쿨리지는 유년 시절이나 청소년기에 공적인 신앙의 영향을 받은 것 같지는 않습니다. 쿨리지의 이 시절의 이야기에는 어떤 교단으로부터의 부흥회나, 아니면 정신적인 영향이 보이지 않습니다. 교리적인 분쟁 같은 것은 플리머스 노치 같은 곳에서는 사회적인 중심에 있을 수 없었습니다. 존 캘빈 쿨리지와 빅토리아 조세핀(Victoria Josephine)은 자신들의 자녀들을 이교도로 기르지 않았습니다. 자녀들은 글자를 배우게 되면 성경을 읽었고 자연스럽게 자신들의 신앙의 길을 걸었으며 커서도 그 길에서 떠나지 않았습니다."

쿨리지는 유년 시절과 청소년기에 매 주일 주일학교에 출석했다. 자서전에서 쿨리지는 이렇게 말한다. "나는 소년 시절에 내 할머니가 책임자로 있는 예배당의 주일학교에 정기적으로 참석했습니다. 나중에는 나의 아버지가 할머니의 자리를 물려받았습니다. 할머니는 항상 성경을 읽는 사람이었으며, 매일의 삶에 하나님의 인도하심을 간구하는 헌신적인 신앙인이었습니다."

쿨리지의 할머니는 매일 그에게 성경을 한 장씩 읽어주었다. 캘빈 쿨리지의 할아버지인 캘빈 갈루샤 쿨리지는 죽을 때에 그의 손자에게 요한복음 1장을 읽어 달라고 부탁했고, 캘빈 쿨리지는 그에게 성경을 읽어주었다. 그때 캘빈 쿨리지의 나이는 겨우 여섯 살이었다.

쿨리지는 엠허스트대학에 입학을 했는데 그 시절을 그는 이렇게 회고한다.

"학교 강당은 주중에는 매일아침에 모여 예배를 드리고, 일요일에는 저녁예배를 드리는 장소였습니다. 이 예배에는 의무적으로 참석해야만 했습니다. 물론 학생들은 참석하는 것을 좋아하지 않았으며 예배의 자유에 대한 권리에 대해 이야기를 나누기도 했습니다. 또한 성경을 읽는 것과 시편을 찬양하는 것과 기도와 설교를 듣는 것을 강제로 당해야만 하는 고통으로 인해 도덕적, 그리고 정신적으로 좋지 않은 반응을 보였습니다. 우리는 전공을 임의로 선택할 수 있었습니다. 하지만 엠허스트대학은 당시의 다른 대학들처럼 학생들의 불신앙을 없애고 훈련하는 것을 최우선의 목적으로 하는 경건한 사람들이 설립했기 때문에 종교적인 가르침은 학사 일정의 일부였으며 학교에 다니고 싶은 사람들은 이 방침을 따라야만 했습니다. 나는 이러한 종교적인 예배에 참석하는 것이 당시 학생들 가운데 누구에게라도 해를 주었다는 이야기는 들어 보질 못했습니다. 그러한 학교 정책이 주었던 장점들은 무한한 것이었다고 믿습니다. 그중에도 가장 큰 것은 젊은이들이 종종 깊이 생각지 않는 것들에 대한 계속적인 훈련이었습니다. 우리가 하고 싶은 일들을 하는 자유는 없었지만, 우리는 우리가 해야만 할 일들을 통해 더 큰 유익을 얻을 수 있었습니다. 이로 인해 우리의 이기주의가 깨졌고 우리의 반항심을 누그러뜨렸고, 충동을 완화시켰고, 결국은 이성적인 사람으로 만들어 주었습니다."

대학에서 쿨리지는 찰스 가르맨(Charles E. Garman) 교수로부터 큰 영향을 받았다. 쿨리지는 가르맨 교수에 대해 이렇게 썼다.

"우리는 가르맨 교수를 하나님과 동행하는 사람으로 보고 존경했습니다. 그의 수업시간은 하나님의 임재가 있었고, 우리가 하나님을 알게 되는 힘이 생겼습니다. 그리고 아버지와 창조주로서의 하나님 - 그 안에서 우리의 삶과 생명 및 존재의 의의를 갖게 되는 - 완전히 의탁하게 되는 하나의 본보기였습니다. 그 세계에서 일어나는 모든 현상은 하나님의 임재를 나타내는 것입니다.

인간은 하나님의 아들로서, 그리고 자연은 하나님이 입고 계신 옷의 끝자락으로 계시된 존재들입니다. 하나님을 아버지로 하여 인간은 공통의 형제애를 갖게 됩니다. 음악, 조각 및 모든 예술 속에 깃든 영적인 요소들은 하나님이 가진 신성한 아름다움을 나타내 주는 계시입니다. 이러한 관점으로부터 논리적이고 또한 불가피한 결론들이 도출됩니다. 그것은 우주의 모든 다른 창조물들로부터 분리된 왕국 안으로 인간을 격리시키고 그를 진정한 하나님의 아들, 그리고 하나님의 본성에 참여하는 자가 되게 한다는 것입니다.

종교에 관한 몇몇 이론들과 자신의 의견이 잘 맞지 않는 부분이 있을 때면 그는 학생들에게 가장 강력한 종교적인 확신의 기초를 제공했습니다.

그는 신비주의나 독단주의를 가르치지 않았으며, 신앙에 관해서는 학설을 절대로 우리들에게 강요하지 않았으며, 사실과 논리에 의거한 모든 입장들을 지지했습니다. 그는 종교와 과학 사이에 상호간 어떠한 갈등도 거부하고 진리를 아는 우리의 능력을 기초로 공통의 자리를 마련할 수 있다는 점을 보여주었습니다.

가르맨 교수는 학생들을 영적인 삶의 높은 산으로 데리고 올라가서 하나님을 만나게 하는 능력이 있었습니다. 그에게는 세상적인 평판에 대한 오만함도 없었고, 조금의 이기주의도 없었습니다. 그는 진실을 추구하는 사람이며, 우리 모두의 허약함을 감당한 십자가의 제자였습니다."

대학을 졸업 한 후 쿨리지는 법률 사무소에서 일하게 되었다. 그래서 그는 시골의 변호사와 같은 직업을 갖게 될 것으로 기대 했다. 그는 자신의 삶을 법률가로서 살다가 아마도 판사가 되어서 은퇴할 것이라는 계획을 세웠다. 그러나 그런 계획은 다른 것으로 바뀌고 말았다. 그는 다음과 같이 말했다. "내가 학생 때에 약간 의심을 했었던 어떤 힘이 나를 붙잡아 플리머스 노치의 허름한 이웃들에게서 백악관의 주인으로 옮겨가도록 만들었습니다."

그는 그레이스 안나 굿휴(Grace Anna Goodhue)와 1905년 10월 4일에 결혼했다. 그는 매사추세츠 주의 정치가였던 시절과 대통령으로 재임하던 시기에 매주 일요일에 회중교회에 성실하게 출석했다.

그는 매사추세츠 주 노스햄턴(Northampton)의 에드워드 회중교회에 가족석을 가지고 있었다. 그는 그의 침대 옆에 항상 성경을 놓아두었다.

1923년 8월 2일, 워런 하딩(Warren Harding) 대통령이 뉴잉글랜드에서 한밤중에 갑작스럽게 서거 했을 때 캘빈 쿨리지는 휴가를 맞아 아버지의 집에 머물고 있었다. 그의 아버지의 집에는 전화가 없었기 때문에 하딩 대통령의 갑작스런 죽음을 쿨리지에게 알리는 데는 많은 어려움이 있었다. 따라서 전보가 가장 빠른 방법이었고 우편배달부는 전보를 들고 뛰어가야만 했다.

쿨리지는 한밤중에 깨어 일어났다. 그는 다음과 같이 말했다. "방을 나가기 전에 나는 무릎을 꿇었습니다. 그리고 하나님께 미국인들을 축복하시도록, 그리고 나에게 그들을 섬길 힘을 주시도록 기도했습니다."

공증인이었던 그의 아버지는 대통령 취임선서에 사용되는 서약서를 찾았다. 그는 그의 아들에게 그 서약을 먼저 모든 가족들 앞에서 하도록 했다. 그리고 가족들은 다시 잠자리로 돌아갔다. 쿨리지는 워싱턴 D.C.로 돌아갔다.

되돌아간 첫 번째 일요일에 그는 워싱턴 제일회중교회의 예배에 참석했다. 그는 자서전에서 "비록 내가 꾸준히 출석했었지만 그 교회의 교인으로 등록하지는 않았었다"고 한다.

그는 그날 예배에서 일어났던 일들을 다음과 같이 기록하고 있다.

"내 고향에서는 신실한 예배가 드려지기는 했지만 조직된 교회는 없었습니다. 그 외에도 나는 교회의 등록 교인으로서의 삶을 나타내는 모범적인 삶을 살 자신이 없었습니다. 이제 나는 그러한 생각이 어둠의 세력으로부터 왔던 것이라고 생각합니다. 이 첫 번째 예배는 성찬일이었습니다. 우리의 담임목사인 피어스(Pierce)는 단상에 올라서서 교회의 등록 교인이건 아니건 기독교 신앙을 믿는 모든 사람들을 누구나 성찬에 참여하도록 초청했습니다.

처음으로 나는 이 초청에 응했습니다. 나중에 피어스 목사가 나를 지켜보고 있었다는 것을 알게 되었습니다. 그리고 며칠 후에 이 행동이 나의 신앙에 대한 공적인 고백으로 충분하다고 판단한 그 교회는 나에게는 어떠한 통보도 없이 나를 등록 교인으로 받아들였습니다. 내 속에 있던 신앙을 공적으로 고백한 이 사건은 큰 만족을 주었습니다.

내가 대통령이 되고 난 후에 그 교회에 정상적인 방법으로 등록을 했더라면, 그러한 행동은 겉치레로 꾸민 것처럼 보였을 것이고 받아들이기 어려웠을 것입니다. 그랬더라면 내가 예상하지 않았던 대통령이 된 사건의 결과로 내가 구원을 받았다는 잘못된 생각을 갖게 되었을 것입니다."

그레이스 쿨리지는 이미 노스햄턴의 회중교회의 등록 교인이었다. 그녀는 캘빈 쿨리지가 워싱턴 제일회중교회의 등록 교인이 되자 이 교회의 준회원이 되었다.

쿨리지는 전도활동에 적극적으로 참여하지는 않았지만, 자신의 절친한 친구였던 길버트 그로스베너(Gilbert H. Grosvenor)에게 자신의 교회를 추천했다. 그는 그로스베너에게 피어스 목사의 설교가 "워싱턴에서 최고"라고 말했다. 피어스 목사는 습관적으로 예배가 끝난 후에는 다른 교인들이 교회를 떠나기 전에 쿨리지를 교회 문 밖까지 배웅했다. 한번은 그 교회를 방문했던 목사가 예배를 인도했다. 예배 후에 그 목사는 쿨리지를 교회 문 밖까지 배웅했다. 평소에도 말수가 적은 쿨리지는 교회 문 앞에 나올 때까지도 한마디도 하지 않았다. 쿨리지로부터 치하하는 말을 듣고 싶었던 그 목사의 희망은 산산이 깨지고 말았고, 쿨리지가 내 뱉은 한마디는 날씨에 관한 것이었다. '고약한 날씨로군!'

공식적으로 확인되지 않았지만, 쿨리지의 재임기간 중에 워싱턴에서 널리 알려진 일화가 있다. 하루는 그레이스 쿨리지 영부인이 예배에 참석할 수 없었다. 쿨리지 대통령이 예배에 참석하고 돌아오자, 그녀는 목사님의 설교가 무엇이었는지를 물었다. 쿨리지는 "죄"라고 간단하게 대답했다. 그러자 영부인이 다시 물었다. "목사님이 죄에 대해 뭐라고 말씀하셨나요?" 그러자 쿨리지는 "그는 그것을 싫어해"라고 답했다. 후에 그레이스 쿨리지는 이 소문을 부인했다.

전기 작가인 클로드 퓨스(Claude Fuess)는 「캘빈 쿨리지: 버몬트에서 온 사람」(Calvin Coolidge: The Man from Vermont)에서 이런 일화를 소개하고 있다. "그가 미국 골동품협회의 모임에 참석했을 때 한 회원이 미국 의회가 엄청난 돈을 들여 구텐베르그 성경을 구입했다고 말했습니다. 그러자 쿨리지는 이렇게 말했습니다. '의원들에게는 그냥 보통의 킹 제임스 성경을 주어도 좋을 거라고 생각합니다.'"

쿨리지는 그의 아들 캘빈이 1924년 7월 7일, 16세의 나이로 사망했을 때 큰 충격을 받았다. 그러나 그는 하나님의 뜻에 순종했다. 그는 "하나님의 섭리는 종종 우리의 이해를 뛰어넘는다"고 말했다. 그러나 하나님의 뜻이 캘빈이 사는 것이었으면 더 좋았을 것이라고 아쉬워하면서 "하나님만이 할 수 있는 일들이 일어나는 것이 바로 세상 사람들이 필요로 하는 것이라고 생각된다"고 말했다.

쿨리지는 대통령에 재선되어 1925년에 두 번째 임기를 시작했다. 취임식에서 그는 자신의 할아버지의 임종 시에 자신이 읽어 드렸던 바로 그 성경책의 요한복음 1장을 펴서 그 위에 손을 얹고 취임선서를 했다. 이날에 대해 기록한 다른 자료들 가운데는 요한복음 1장이 쿨리지가 가장 좋아하는 구절이라고 기록해 놓은 것들이 있지만, 만일 그랬다면 그의 아내가 눈치 채지 못했을 리가 없다. 그녀는 이런 기록을 남겼다. "쿨리지는 가장 그의 마음에 들어 좋아하는 것을 겉으로 표현하는 것을 항상 자제하는 사람이었습니다. 만일 그가 성경에서 가장 좋아하는 구절이 있었더라면 그는 그것을 너무 귀중하게 생각한 나머지 이에 관해 남들에게 말하지 않았을 것입니다."

쿨리지는 취임연설에서 이런 말을 남겼다.

"미국은 피와 군대 위에 세워지는 이 땅의 제국을 추구하지 않습니다. 어떠한 유혹이나 야심도 미국으로 하여금 외국을 지배하려는 유혹에 빠지게 하지 못합니다. 미국이 진출하는 지역은 칼이 아닌 십자가로 무장을 하고 나갑니다. 미국이 모든 인류를 위해 충실히 추구하는 것은 인간으로부터가 아니라 신으로부터 온 더 고상한 나라입니다. 미국은 전능하신 하나님의 뜻을 따르기 위한 것 외에 다른 목적을 신봉하지 않습니다."

쿨리지는 그의 자서전에 이렇게 기록하고 있다. "대통령은 자신이 찾을 수 있는 최선의 자문을 받고, 자신이 내릴 수 있는 최선의 결정을 내리고, 그 일을 하나님의 섭리에 맡깁니다."

그는 또한 이런 기록도 남겼다. "백악관의 자리에 앉은 사람이라면 누구나 그 자리가 자신의 공로나 노력의 결과라고 느끼지 않게 됩니다. 그 자신의 능력을 벗어난 외부로부터의 어떤 힘이 그를 통해 나타납니다. 그가 자신의 집무실에서 일하고 있을 때 그는 자신이 하나님의 손에 있는 도구에 불과하다는 겸손한 마음이 더욱 커지는 것을 깨닫게 됩니다."

쿨리지는 자신의 재임기간 동안에 워싱턴에서 열렸던 전국 회중교회 총회에 참석해서 이렇게 연설했다.

"나는 신앙으로부터 오는 것보다 더 큰 능력의 원천을 알지 못합니다. 나는 신앙으로부터 오는 것 외에 우리의 정부를 지지하는 다른 어느 적절한 방법도 알지 못합니다. 만일 법을 집행하는데 어떠한 일반적인 오류가 발생한다면, 이는 그 법을 지키지 않으려는 잘못된 의도 때문입니다. 나는 신앙의 영향력을 통한 것 외에는 사회를 교란하는 악들을 치유하기 위한 더 좋은 방법을 생각할 수 없습니다. 실패하지 않는 교육정책은 없습니다. 실패하지 않는 정부 형태는 없습니다. 실패하지 않는 포상 제도도 존재하지 않습니다. 보상은 희생을 통해서 와야만 하고 희생은 신앙의 본질입니다. 만일 이러한 원리가 대중들에게 널리 알려지고 목회자들이 이를 계속해서 설교한다면 말할 수 없는 유익이 있을 것입니다. 그러한 신앙이 없이는 우리가 만든 개화된 문명은 존속되지 못할 것입니다."

캘빈 쿨리지는 목회자들이 사회복음보다는 기독교를 가르치는 것을 원했다. 1932년에 보스턴 신학대학원의 한 학생과 했던 인터뷰에서 그는 이렇게 말했다.

"나는 교회와 교회의 사역에 대해 조금도 비판적인 입장을 가지고 있지 않습니다. 그러나 나는 오늘날 많은 목회자들이 사회주의를 설교하고 있다고 생각합니다. 나는 교회가 새로운 탄생, 회심, 삶의 변화에 대해 가르쳐야 한다고 생각합니다. 너무나도 자주 이것들이 실행되지 않습니다. 나는 어느 작가가 '예수님은 가이사의 궁정에 절대로 앉은 적이 없다'고 말한 것을 기억합니다. 다른 말로 하면, 예수님은 자신의 원리와 자신의 왕국을 중흥시키기 위해서 세상의 법제도에 의존하지 않았습니다."

존 맥클리스터(John McCollister)는 「하나님 나를 도와주소서」(So Help Me God)라는 책에 이렇게 기록했다. "그는 설교가 '은혜에 의한 구원', '마음의 변화', '기도의 능력'과 같은 표준적인 주제로 제한되어야만 한다고 느꼈습니다. 그는 '사회 복음'을 지지하는 발언을 하는 목회자들을 매우 의심스러워하게 되었습니다."

1926년 9월 23일, 쿨리지는 부르스 바톤(Bruce Barton)과의 인터뷰에서 자신의 신앙에 대해 이렇게 말했다.

"나는 내가 할 수 있으면 항상 교회에 출석했습니다. 그러나 나의 소년시절에 나의 고향에는 조직된 교회가 없었기 때문에 어느 한 교회의 등록 교인이 될 수 없었습니다. 내가 대통령이 되었을 때에 워싱턴 제일회중교회는 나와 상의하지도 않은 채 나를 자기들의 멤버로 받아들이기로 투표를 통해 결정해 버렸습니다. 나는 그들이 그런 결정을 한 것을 기뻐했고, 그들이 나에게 제안한 교인 등록 제의를 받아들였습니다. 하나님의 섭리의 인도하심을 믿지 않고서는 누구도 대통령과 같은 큰 직책을 수행할 수 없다고 생각합니다. 대통령이 인류의 복지를 위해 일할 수 있는 신성한 힘을 신앙에 의지해서 유지하지 않는 한 그는 세계의 모든 곳으로부터 계속해서 그에게 쏟아지는 다양한 문제들을 감내할 용기를 가질 수 없을 것입니다."

쿨리지의 임기가 끝났을 때 그는 매사추세츠 주 노스햄턴으로 되돌아갔다. 그는 그의 아내와 함께 에드워드 회중교회에 정기적으로 참석했다.

그는 1933년 1월 3일에 노스햄턴에서 서거했으며, 그의 장례식은 에드워드 회중교회에서 치러졌다.

15장

워런 가말리엘 뱅크로프트 위니펙 하딩
Warren Gamaliel Bancroft Winnipeg Harding

하딩은 규칙적으로 교회에 참석했다. 기독교의 기본적인 교리들에 대해 그가 어떤 신앙을 가졌는지 우리는 조금밖에 알 수 없다. 그러나 우리는 그가 기독교의 여러 부분을 높이 존중했다는 것과 자기 자신이 영예롭게 성찬을 받을 만큼 가치 있는 사람이 아니라는 이유로 성찬을 거절했다는 것을 알 수 있다. 스테이시 메테니(E. Stacy Matheny)는 하딩이 열네 살에 그리스도를 영접했다고 기록하고 있다. 이 기록이 정확하다면 그의 신앙심은 청소년기에 시작되었을 것이다. 이것은 또한 그의 다른 가족들이 안식교인이 되었는데도 그 자신은 감리교인으로 남게 되었던 이유를 잘 설명해 준다.

워런 가말리엘 뱅크로프트 위니펙 하딩
Warren Gamaliel Bancroft Winnipeg Harding

워런 하딩은 1865년 11월 2일 오하이오 주 코르시카(Corsica)에서 태어났다. 그의 아버지인 조지 트라이언 하딩(George Tryon harding)은 침례교인이었다. 그의 어머니인 피비 엘리자베스 디커슨 하딩(Phoebe Elizabeth Dickerson Harding)은 감리교인이었으며 만년에는 안식일교회에 출석했다.

피비 하딩은 그녀의 아들에게 신앙교육과 읽기를 가르쳤는데 가장 먼저 가르친 것들 중에는 성경도 포함되어 있었다. 어머니는 하딩에게 '가말리엘'이라는 이름을 덧붙여주면서 하나님의 사람들을 가르치는 목회자가 되기를 원했다.

1932년에 오하이오 주 지도목사였던 스테이시 메테니(Stacy Matheny)는 「미국의 애국적 헌신」(American Patriotic Devotions)이라는 책에서 미국 대통령들의 신앙에 대해 기록했는데, 그는 하딩에 대해 이렇게 기록했다. "열네 살에 그는 오하이오 주 칼레도니아(Caledonia)에서 열렸던 하나월트(G. L. Hahnawalt) 목사의 부흥회에 참석해서 감리교인이 되었습니다. 매리온(Marion)으로 이사한 후에는 워런 하딩은 침례교인이 되었습니다. 그는 교회생활에 적극적이었으며, 수년간 평신도 지도자로 일했습니다."

우리는 이 기록이 근거 없는 기록이라는 다른 자료는 찾을 수 없다. 또 다른 전기 작가인 앤드류 싱클레어(Andrew Sinclair)는 하딩이 처음에는 무신론에 관심을 가졌었다고 말하지만, 우리는 하딩이 침례교인이 되었다는 것을 알 수 있다.

하딩은 1891년 7월 8일에 플로렌스 클링(Florence Kling)과 결혼했다. 그는 오하이오 주 매리온에 있는 트리니티침례교회에 등록했고, 평신도 지도자가 되었다. 그는 또한 메이슨(the Mason)이나 엘크스(the Elks)에도 가입하고 정부 일에도 관여했다.

그는 매리온데일리스타신문과 매리온위클리스타신문의 편집장이 되었다. 1911년 12월 19일자 사설에서 그는 이렇게 기록했다.

"도덕법의 힘은 모든 것을 법제화하려는 인간에 의해 무시되어 왔습니다. 도덕적인 회복보다는 조직적인 행형제도가 더욱 강조되어 왔습니다. 그러나 도덕적 회복이 선행되어야 하며 이것은 개인들의 마음속에서부터 시작되어야만 합니다. 미국인들은 교회의 영향력으로부터 동떨어진 사람들이 아닙니다. 그러나 강단에서는 너무도 자주 이러한 확신을 심어주는 것에 실패하고 있습니다. 위대한 진리는 절대로 실패하지 않았습니다. 실패는 그것을 말하지 않는 것에 있습니다. 개인적인 양심을 불러일으키기 위한 설교는 아직 충분하지 않습니다."

그는 1920년에 대통령에 당선되었다. 그는 당선 소식을 듣자 이렇게 말했다. "지금은 기뻐할 때가 아니라 내가 내 임무를 잘 완수할 수 있도록 하나님께 기도할 때이다." 그는 자신의 취임연설 말미에 이렇게 말했다.

"나는 오직 하나님의 특별한 사랑과 인도하심, 그리고 영적인 겸손한 마음으로 전심을 다해 나의 직무를 다하겠습니다. 이를 통해 나는 두려워하지 않고 확신을 가지고 미래에 직면하겠습니다. 나는 거룩한 성경이 질문하고 있는 말씀대로 직무를 다 할 것을 맹세했습니다. '사람아 주께서 선한 것이 무엇임을 네게 보이셨나니 여호와께서 네게 구하시는 것이 오직 공의를 행하며 인자를 사랑하며 겸손히 네 하나님과 함께 행하는 것이 아니냐? (미

6:8) 이것이 하나님과 국가에 대한 나의 서약입니다."

콜로라도 주 콜로라도스프링스(Colorado Springs)에서 미국인에게 행한 연설에서 그는 이렇게 말했다.

"여러분, 세상은 그리스도를 더욱 더 필요로 합니다. 세상은 나사렛에서 온 사람의 정신이 필요합니다. 그리고 우리가 우리들 사이에서나 혹은 세계 여러 국가 간의 관계 속에 그리스도가 가르친 인류애의 관계성을 도입할 수 있다면 우리는 회복된 세상을 만들 수 있을 것입니다. 우리는 전쟁을 없애거나 줄일 수 있을 것이고, 지구 전체에 인류를 위한 새로운 희망을 건설할 수 있을 것입니다."

하딩은 마지막 공식 문서에서 이렇게 말했다.

"우리는 분리주의와 종파주의, 그리고 광신적인 열정들을 줄여야 합니다. 그 대신에 그리스도의 정신과 그리스도에 대한 믿음을 더해야 하며, 하나님에 대한 헌신과 경외심을 새롭게 해야만 합니다. 나는 형제애의 정신이 성장할 것이라고 낙관합니다. 우리는 다른 사람의 악한 면보다 장점을 바라볼 때 성장합니다. 교제에 대한 선천적인 선호감이 인간을 하나로 묶습니다. 그리고 질투와 의심이 사라질 때 형제애는 승리하며, 형제애는 사람들에게 새로운 축복을 가져다줍니다. 그리스도는 평화의 왕이며, 그리스도의 이름의 영광을 추구하는 우리는 평화와 형제애, 그리고 봉사의 길을 가야만 합니다."

대통령 재임 시, 하딩은 워싱턴 D.C.에 소재한 갈보리 침례교회에 출석했다. 그 당시 그 교회의 담임목사는 윌리엄 애버네시(William S. Abernethy)였는데, 하딩은 예배 후 문 앞에서 종종 그 목사와 담화를 나누곤 했다. 「워싱턴의 대통령의 교회들」(Churches of the Presidents in Washington)을 쓴 올가 존스(Olga Jones)는 하딩에 대해 "성경을 매우 잘 알았다"고 기록했다.

하딩은 교회 활동에 적극적으로 참여했지만, 자신이 성찬에 참여할 자격이 없다고 여겨 성찬에는 참여하지는 않았다. 하딩은 1923년 8월 2일에 캘리포니아 주 샌프란시스코 근처의 한 기차 안에서 사망했다. 하딩은 이런 말을 한 적이 있다. "미국 사람들의 근본적인 문제는 그들이 전능하신 하나님으로부터 너무 멀리 떨어지게 된 것이라고 나는 확신합니다."

16장

우드로 윌슨
Woodrow Wilson

우드로 윌슨은 미국에서 가장 신학적인 대통령이었다. 그의 삶을 통해, 그리고 특히 프린스턴 대학교의 총장 재임 시기에 그는 자신의 견해를 다양한 방법으로 표현했다. 대부분은 정통 교리였으며 몇몇은 아니었다. 윌슨은 매주 교회에 출석했고, 1873년 공적으로 자신의 신앙을 고백한 이후 장로교회의 등록 교인이었다.

우드로 윌슨 Woodrow Wilson

　토마스 우드로 윌슨은 1856년 12월 29일 버지니아 주 스턴톤(Staunton)에서 출생하였다. 그의 부모인 조셉 윌슨(Joseph Wilson)과 지니 윌슨(Jeanie Wilson)은 모두 스코틀랜드 혈통의 장로교인이었다.
　조셉 윌슨은 장로교 목사이며 신학대학 교수였다. 그는 남장로교단에서 지도급에 있는 목사였다. 실제로 남장로교회의 창립총회는 1861년에 그가 시무하던 교회에서 개최되었다. 그는 1865년부터 1898년까지 교단의 총회에서 의장을 맡았으며, 1879년에는 총회장으로 선출되었다. 윌슨 목사는 그의 아들에게 성경과 소요리문답을 가르쳤다.
　한 손녀의 증언에 따르면 윌슨 목사는 "부모들이 가정에서 그 자녀들에게 신앙교육을 하지 않는다면 교회의 주일학교는 큰 도움이 되지 못한다"고 믿었다. 이 믿음은 우드로 윌슨에게로 전해져서 그는 자신의 세 딸들을 주일학교에 보내지 않고 집에서 가르쳤다. 엘렌 윌슨(Ellen Wilson)은 교회 예배가 시작되기 전에 집에서 그 아이들을 가르쳤다.
　윌슨이 어렸을 적에 다녔던 교회의 반주자였던 E. F. 베르데리(Verdery) 부인은 윌슨의 전기 작가인 레이 베이커(Ray S. Baker)에게 이렇게 말했다. "그 목사님의 아들은 매우 수줍어하고 조용한 아이였다. 특히 음악에 민감해서 성찬예배 때 잘 부르는 '그 어둡고 슬픈 날에' 같은 찬양이 나오면 그 작은 아이는 앉아서 눈물을 흘렸다."

1872년과 1873년 사이의 겨울에 윌슨은 콜럼비아신학교의 학생이었던 프랭크 브룩크(Frank J. Brooke)가 강사였던 집회에 참석했다. 이 기간에 열린 예배에서 브룩크가 그리스도를 영접할 사람은 앞으로 나오라는 초청을 했을 때 윌슨은 응했다. 윌슨은 그날을 자신이 기독교인이 되었던 날로 여겼다.

1873년 7월 5일, 우드로 윌슨은 사우스캐롤라이나 주의 콜롬비아 제일장로교회에서 신앙고백을 하고 교인으로 등록을 했다. 교회에는 "주일학교에 참여하고 성도들에게 잘 알려진" 윌슨 외 두 명이 교인 등록 신청을 했다는 기록이 남아있다. 교회 기록에는 이렇게 쓰여 있다. "자유롭게 신앙고백을 한 다음에 이들은 자신들의 마음속에 일어났던 은혜스러운 사건들을 몇 가지씩 간증했다. 교인들은 이들의 교인등록을 만장일치로 가결했다."

신앙고백을 하고 장로교회의 교인이 된 지 일 년 후인 1874년 윌슨은 "철학적 의문들"을 가지고 아버지를 찾아갔다. 윌슨 목사는 이렇게 말했다. "아들아, 교리적인 문제로 고민하느냐. 네 자신에게 이런 질문을 하거라. '내가 주 예수 그리스도를 사랑하고 그분을 섬기고 싶어 하는가? 만일 네가 확신 있게 대답할 수 있다면 걱정할 필요 없다."

그 해 5월 3일에 그는 자신의 종교적인 신앙에 대해 일기에 이렇게 기록했다.

"'자기가 시험을 받아 고난을 당하셨은즉 시험받는 자들을 능히 도우시느니라' (히 2:18). 나는 이제 열일곱 살이 되었다. 그러나 나의 지나온 삶을 돌이켜 볼 때 내가 하나님을 경외하는 시간이 얼마나 적었으며, 반대로 얼마나 많은 시간을 악마를 섬기는 데 보냈는가를 보면 슬픈 일이 아닐 수 없다. 비록 얼마 전에 그리스도의 이름을 고백하였지만, 나는 은혜 속에서 별로 성장하지도 못했고 이 땅에서 주님을 위해 거의 아무것도 한 일이 없다. 아, 나에게 가장 큰 기쁨을 주는 일을 하는 것이 얼마나 어려운 일인가! 만일 하나님이 은혜를 주신다면 지금부터 나는 그분을 섬기기 위해 노력할 것이며 완전에 더욱 가까워지고 가까워지도록 노력할 것이다."

그리고 그는 '하늘을 향한 발걸음'이라는 카보트(Cabot) 박사의 편지 문을 인용했다. 카보트 박사는 주님에 의해 주어진 구원의 무한한 은총에 감사하기 위해서 우리는 그분에게 전적으로 자신을 헌신해야 한다고 말했다. 또한 카보트 박사는 매일 성경을 읽고 경건한 생활과 거룩한 교제, 그리고 기도의 시간을 가지라고 촉구했다.

윌슨은 노스캐롤라이나 주의 데이비슨대학에 진학했다. 그는 매 학기마다 성경과목을 수강했다. 그는 1학년 때에 "구약의 역사, 연대기, 그리고 지리"를 공부했다. 2학년 때는 "신약 헬라어, 복음서의 조화" 과목을 공부했다. 3학년과 4학년 때 그는 "신약 헬라어, 서신서"를 공부했으며, 특히 3학년 때는 "기독교의 증거들"을 수강하기도 했다.

1880년 4월 2일, "미국에서의 로마 가톨릭의 요소가 미국의 제도에 위협이 되는가" 하는 토론이 일어났다. 윌슨은 부정적인 의견을 피력했다. 그는 로마 가톨릭교회가 주장하는 최고의 권위가 미국을 위협하지 않는다고 말하고, 그 이유에 대해 "위험성은 이미 다 알려져 있으며 우리는 무장하고 있다." 그리고 "자치라고 하는 난공불락의 방어 체제" 때문이라고 말했다.

버지니아 대학교 교지는 이 논쟁에 관한 내용을 실었다. 윌슨은 자신의 주장을 이렇게 결론지었다. "우리의 과거의 경험과 기억이 지워지고 메이플라워호와 그 배에 탔던 청교도들이 잊히기 전에는 우리의 자유는 안전합니다. 또한 우리의 공립학교 시스템이 부패해서 국민들이 무지에 빠지고 입법부가 종교법과 신부들의 주교 재판에 자신들의 기능을 넘기기 전까지는 우리의 자유는 안전합니다."

윌슨의 대학 시절에 근본주의와 근대주의자들 사이의 논쟁이 장로교회를 갈라놓았다. 전기 작가인 레이 베이커는 "과학적"이었던 윌슨의 삼촌 제임스 우드로(James Woodrow)가 "미국의 근대주의의 선구자들 가운데 한 사람이었으며, 정통주의를 수호하기 위해 처음으로 교단의 징계를 받은 사람들 가운데 한 사람이었다"고 기록했다.

특히 보수주의 장로교인들이 꺼려했던 논점은 제임스 우드로가 다윈의 진화론을 옹호한다는 점이었다. 1873년에 이미 우드로는 "현대 과학에 무지하다고 추정된다"고 로버트 데브니(Robert L. Dabney) 목사를 공격한 바 있었다.

1884년에 제임스 우드로는 자신이 교수로 있던 콜롬비아 신학교의 이사회에 자신이 다윈의 이론을 받아들였다고 통보했다. 신학교 측은 제임스 우드로 교수에게 사임할 것을 요청했다. 윌슨은 자신의 훗날 아내가 된 엘렌 루이스 엑손(Ellen Louise Axson)에게 보낸 편지에서 자신이 근대주의와 진화론의 편에 서 있다고 분명하게 말했다. 그는 이렇게 기록했다.

"그 요청에는 다른 어떤 사람도 아닌, 맥(Mack) 박사가 어떠한 결정도 내리기 전에 제임스 삼촌이 사임을 함으로써 자신이 비기독교인이라는 것을 고백해야 한다는 엄청난 내용이 들어 있습니다. 만일 맥 박사가 시간을 가지고 제임스 삼촌의 관점을 읽어보게 된다면, 그는 우드로 박사가 자신과 같은 훌륭한 기독교인이며, 단지 과학의 명백한 사실들에 관심이 있다는 점을 발견하게 될 것입니다. 만일 제임스 삼촌이 신학교를 떠나게 된다면, 맥코쉬(McCosh) 박사는 교회를 떠나야 할 것입니다. 또한 나와 같이 진화론을 믿는 모든 개별적 신도들도 제명 조치를 기다리기 전에 교회를 떠나야 할 것입니다. 만일 미시시피 계곡의 형제들이 하나님 안의 신앙을 따르는 것에 그토록 불확실한 나머지 자신들의 아들들이 현대 과학을 공부하는 것을 두려워한다면, 그들로 하여금 우드로 박사를 벽으로 몰아붙이도록 그냥 내버려 두어야 합니다."

1885년 1월에 제임스 우드로는 콜롬비아 신학교의 교수직에서 사임했다. 신학교 내에서 진화론과의 싸움을 이끌었던 보수적인 창조론자 조셉 맥

(Joseph Mack) 교수가 그의 자리를 대신 차지했다. 우드로 윌슨은 그 결정 소식을 듣고 격노했다. 그는 자신의 의견을 이렇게 표현했다.

"제임스 삼촌의 자리에 맥 박사가 임명되었다는 것을 알면 당신은 매우 실망하고 화가 날 것입니다. 나는 신학교가 문을 닫게 되기를 바라고 있습니다. 만일 그런 위험한 사람이 지금껏 영예로웠던 자리에 앉게 된다면 신학교가 곧 문 닫게 되기를 원합니다. 그는 과학과 종교를 관장하는 직책을 맡았습니다. 그는 다른 사람들의 영적인 진실도, 과학적 사실도 잘 알지 못하는 사람입니다. 이제 우리 교회는 어찌 되겠습니까. 교회는 무지와 어리석음의 악한 시간으로 떨어지게 되었습니다!"

윌슨의 비정통적인 근대적 신앙은 다윈의 진화론이라는 논란에만 국한된 것이 아니었다. 윌슨의 전기를 쓴 아더 월워스(Arthur Walworth)는 윌슨이 '정통파'에 대해 종종 농담하기를 "이들은 종교의 영적인 개업의사들 같아서 근본주의의 공염불을 외는 지루한 사람들이다"라고 말했으며, 윌슨과 엘렌에게 지옥이란 단순히 마음의 상태일 뿐이었다고 기록하고 있다. 윌슨의 딸인 엘레노어(Eleanor)는 아더 월워스의 기록을 뒷받침하고 있다.

엘레노어 윌슨 맥아두(Eleanor Wilson McAdoo)의 책 「우드로 윌슨 일가」(The Woodrow Wilsons)에서 그녀는 그녀가 어렸을 때 일어났던 한 사건을 이렇게 기록하고 있다.

"마가렛 윌슨이 나와 제시가 놀고 있는 놀이방으로 뛰어들어 왔습니다. 그녀는 울면서 말했습니다. '나는 아빠와 엄마가 믿지 않는 것이 뭔지 알아!' 나는 그녀를 의아하게 쳐다보았습니다. 그러나 제시는 조용히 말했습니다. '아마도 산타클로스겠지.' 마가렛은 반짝이는 눈으로 말했습니다. '오, 아니야. 산타크로스가 아니고 뭔가 중요한 거야!' 갑자기 그녀는 조금 겁먹은 듯한 표정으로 다시 뛰어 나갔습니다. 몇 년이 흐른 뒤에 나는 그날의 일을 기억해내고 그녀에게 아버지와 어머니가 믿지 않았던 것이 무엇이었는지 질문했습니다. 그녀는 '그것은 지옥이었어'라고 대답했습니다. '나는 지옥이 그저 마음의 상태에 불과하다고 부모님들이 말하는 것을 들었어.'"

1889년 12월 28일, 윌슨은 자신의 일기에 종교적인 신앙에 대한 자신의 접근법에 대해 이렇게 기록했다.

"나는 내가 읽은 다른 젊은이들의 이야기에서 그들이 가졌던 것과 같은 깊은 영적인 갈등들을 내가 경험하지 못했다는 것을 막연히 불안하게 생각했다. 나는 지적인 갈등들을 보았지만, 그런 것들이 큰 문제가 되지는 않았다. 그러한 것들은 내가 배운 종교의 본질에 있는 나의 신앙과 아무 상관도 없는 것처럼 보였다. 신앙의 기준에서 내가 읽은 것들은 비정통적이지만 그럼에도 불구하고 나는 나의 신앙에서 정통 신앙인이다. 나는 지적으로 만족하지 않고도 영적으로 만족한 사람이 될 수 있다."

그는 이런 말도 했다. "자신들이 이해할 수 있는 것만을 믿는 사람들이 있다. 그러한 그들의 이해심을 보편적인 기준으로 보면 건방진 것이라고 생각한다."

그가 진화론 학자들을 성경보다도 더 높은 기준으로 보았지만, 그는 성경의 다른 부분들에 대해서는 인간의 의견들보다도 더 권위 있는 것으로 믿었다. 그의 삶을 통해 윌슨은 매일 성경을 한 장씩 읽고 기도를 했다. (그의 일생동안 몇 권의 성경책이 닳아버렸다) 매주일 그는 교회 예배에 참석했다. 그는 주일을 너무 철저하게 지켰기 때문에 주일에는 신문을 읽는 것도 꺼릴 정도였다.

1884년에 윌슨은 엘렌 루이스 엑슨(Ellen Louise Axson)과 연애를 시작했다. 그들의 약혼 기간 동안 그들은 계속해서 편지를 교환했는데, 가끔 종교적인 주제들을 다루기도 했다. 1884년 2월에 그들은 엘렌의 아버지의 건강에 대해 논의했다.

"성경이 '항상 기뻐하라' (살전 5:16)고 말할 때는 실제로 그런 뜻으로 말한 것이죠. 그 말은 기뻐하는 것에는 우리가 찾아내야만 하는 무언가 더 깊은 것이 있다는 뜻입니다. 그러나 나의 아버지의 앞날을 생각해 보면 그런 것들을 생각한다는 것이 너무도 힘들군요. 정신병동에 수용되어 있는 사람에게 최선의 미래는 무엇이란 말인가요! 아, 그래요. 그분에게는 미래가 있지요. 영광스러운 미래! 저는 지금이라도 기뻐할 수 있습니다. 그러나 이것은 현재의 어둠과 절망을 건너서 멀리 앞을 내다 볼 때만 그렇습니다. 하지만 하나님께 감사합니다. 현재와 미래 사이에 있는 좁은 간격과 그것 너머의 아름다운 것들을… 이 말씀을 기억합니다. '생각건대 현재의 고난은 장차 우리에게 나타날 영광과 족히 비교할 수 없도다' (롬 8:18). 저는 지혜가 무한하신 하나님이 하나님의 위대하고 선하신 목적으로 그것을 명령하셨다고 믿습니다. 그리고 저는 제가 단지 그의 뜻에 복종하는 것이 아니라 기쁘게 동의하기를 원한답니다."

우드로 윌슨은 이렇게 답장을 썼다.

"그대는 자신의 거대한 문제를 믿음과 인내와 용기로 감내하는 사랑스럽고 용감한 작은 소녀입니다. 밝고 신뢰에 가득 찬 그대의 편지는 내 마음을 매우 달콤한 기쁨으로 가득 채웠습니다. 그대의 편지는 말할 수 없는 평안을 내게 줍니다. 새로운 한 주의 일들을 행하기에 앞서 깊은 휴식을 취하는 이 조용한 주일들을 보내면서 내 생각은 근면, 의무, 그리스도인의 사랑, 그리고 신앙과 같은 삶의 위대한 주제로 향하고 있습니다. 당신과 내가 서로 사랑하고 신뢰하며 같은 주님을 섬기려고 노력하는 것을 생각해 봅니다. 우리는 다른 모든 것들과 함께 이러한 위대한 것들에 대해서도 하나입니다. 내가 그토록 열망하며 뜨겁게 기다리는 우리들의 결혼생활을 우리는 서로를 위한 우리들의 사랑의 힘과 기쁨이 더해진 가장 큰 기쁨으로 맞이할 것입니다. 가장 확실하고 성스럽게 결속된 연합이 없이 한 남자와 한 여자가 어떻게 행복해질 수 있을까요?"

엘렌의 아버지가 세상을 떠났을 때 윌슨은 이러한 편지로 그녀를 위로했다. "그분의 죽음은 비록 슬프고 비극적인 것이지만, 당신의 사랑하는 아버지는 지금 행복한 곳에 있습니다. 그분의 주님은 최후의 순간에 당신의 종을 버리지 않았습니다. 그리고 그분이 지금 자신보다 먼저 가신 어머니와 재회했다는 것을 생각하는 것은 기쁨입니다."

윌슨의 편지가 모두 이처럼 고상한 말씨로 기록된 것은 아니다. 1884년 3월 23일 윌슨은 엘렌에게 자신이 제임스 레프트위치(James T. Leftwich) 박사가 담임목사로 있는 볼티모어 제일장로교회에 다니기 시작했다고 편지를 보냈다. 그는 그 교회에 대해 이렇게 기록했다.

"나는 최근에 큰 발견을 했습니다. 매우 높지도 않고 엄하지도 않은 볼티모어의 기준으로 보면 제일 좋은 설교가 있고 예쁜 아가씨들도 많은 교회입니다. 나는 지금 이 교회에 매주 출석하고 있습니다. 강단에서는 정통 교리가 선포되고 좌석에는 미인들이 있는 이런 멋진 곳은 쉽게 찾을 수 없습니다. 그래서 나는 특히 이런 발견으로 인해 감사하고 있습니다. 교리를 엄하게 훈련하는 것이 얼마나 유익한가 보세요. 성공회나 감리교회나 혹은 침례교회의 고상하고 아름다운 처녀들 가운데 누구도 나를 유혹하지 못했습니다. 그러나 매주 참석하는 이 교회의 처녀들은 불쾌한 감정이 없는 생각을 가지고 대할 수 있습니다.

그건 그렇고 나의 정통주의는 여전히 또 다른 시험을 받고 있습니다. 나는 이 도시에서 가장 좋은 성가대에 초청을 받았습니다. 그러나 그곳은 감리교회였기 때문에 거절을 했지요. 실제로 나는 어떤 성가대에 참여하든 상관은 없습니다. 그러나 그렇게 하지 않는 것은 교리에 대한 질문들과 연관이 되어 있습니다. 제가 장로교회의 성가대에서 찬양을 해야 한다면 나는 쉽게 '아니다' 라고 말할 수 있는 이유를 찾을 수 있을 것입니다."

재미있는 사실은 윌슨은 유니테리언교회에서 노래하는 것에 대해 그러한 신학적인 가책을 느끼지 않았다는 점이다. 1885년 1월 11일 그는 자신의 미래의 아내에게 이렇게 썼다.

"이것을 알면 그대는 놀랄 것입니다. 그동안 신세를 많이 진 무반주 합창 클럽에 있는 한 친구의 요청으로 나는 유니테리언교회의 성가대에서 몇 주 동안 봉사를 했습니다. 오늘 아침 그곳에서 노래를 했고, 강렬했던 뉴잉글랜드 시절을 회상하는 훌륭한 설교를 들었습니다."

1884년 5월에 윌슨과 액슨은 예정론에 관해 토의하는 재미있는 편지를 주고받았다. 이 토론은 엘렌 액슨이 교사로서의 직장을 구하려고 했던 것에서 시작되었다.

그녀는 "저는 그것이 옳다고 확신해요"라고 썼다.

윌슨은 이렇게 답했다. "그것은 그대가 가진 우연의 철학입니다. 자신의 앞에 무엇이 닥치건 '옳다'고 하는 것이지요. 그것은 '무엇이건'이라는 그 자체를 옳다고 말하는 것과도 같습니다. 그것은 진리와는 먼 것입니다. 나는 섭리의 옳은 순서에 대한 완전한 믿음이 있습니다. 그러나 우리가 그것을 바라볼 때 우리는 우리의 책임을 다 해야 할 뿐만 아니라 현명하게 그것을 처리하는 데 있어서도 조심해야만 합니다. 우리가 잘못된 걸음을 옮기는 것은 옳은 것이 아닐 것입니다. 왜냐하면 섭리는 하나님이 예정하신 사건들의 순서에 따르는 것이기 때문입니다."

이에 대해 액슨은 이런 답장을 보냈다. "교육자가 되는 것에 그렇게 무서운 일은 없어요. 게다가 이것은 나에게 좋은 훌륭한 훈련이 될 것입니다. 그리고 저는 마지막에 모든 것이 다 잘 될 것이라고 확신합니다. 조심하세요, 선생님, 당신이 저를 반대쪽으로 설득하려고 하다니요. 만일 제가 모든 것이 합력하여 선을 이룬다(롬 8:28)는 신앙을 잃어버리게 된다면, 저는 바로 그 시간에 누워서 죽고 말거예요!"

윌슨은 이러한 말로 다시 그녀를 설득했다. "나의 소중하고 성숙한 작은 애인이여, 그대는 내가 모든 것이 합력하여 선을 이루지 않는다고 그대를 설득하려 한다고 정말 생각했나요? 나는 아마도 이제 하나님이 없다고 당신을 설득하려고 하겠군요. 나는 단지 당신의 편지에 당신이 쓴 대로 당신의 철학의 작은 부분이 그저 사물들을 흘려보내는 것을 정당화한다는 의미였습니다. 그렇게 하면 행복한 결과가 올 것이라고 확신하면서 말이죠. 모든 일들이 우리의 의무를 조심스럽게 수행하는 것을 통해 어떻게 선을 위해 일하는가 하는 나의 생각을 한마디로 너무도 서투르고 간략하게 표현했던 것 같습니다."

이 편지에서 윌슨은 또한 이렇게 기록했다. "내가 하나님의 존재와 구원의 방법 이외의 것을 믿지 않는 것처럼 내 안에는 당신의 신앙을 신뢰하고 있습니다."

윌슨과 엑손은 1885년 6월 24일 결혼했다.

1888년부터 1890년 사이 윌슨이 커네티컷 주의 미들타운(Middletown)에 소재한 웨슬리언대학교에 교수로 재직하고 있을 때 드와이트 무디(Dwight Moody)가 그 도시를 방문한 적이 있었다. 윌슨과 무디는 어느 이발소에서 우연히 만났는데 윌슨은 그때의 만남에 대해 이렇게 기록했다.

"그 이발소는 매우 서민적인 장소였다. 나는 이발을 하려고 그 이발소의 의자에 앉아 있었는데 어떤 사람이 나와 같은 목적을 가지고 그 이발소에 들어와 내 옆자리에 앉았다. 그가 말하는 이야기들은 가르치려고 하는 이야기들은 아니었지만 그에게 봉사하는 이발사는 깊은 관심을 가지고 듣고 있었다. 그리고 내가 이발을 하고 있는 동안 나는 부흥회에 참석하고 있는 듯한 느낌을 받았다. 왜냐하면 내 옆자리에 무디가 앉아 있었기 때문이다. 나는 무디가 떠난 후에도 일부러 그 이발소에 오래 머물렀다. 그리고 무디의 방문이 그 이발소의 이발사들에게 끼친 영향력을 보았다. 그들은 작은 목소리로 서로 이야기를 나누었지만 그 손님의 이름은 알지 못했다. 그러나 그들은 무언가가 그들의 마음을 들뜨게 했다는 것을 알고 있었다. 그리고 나는 그 이발소를 나오면서 예배를 마치고 나오는 것과 같은 느낌을 받았다."

1890년에 윌슨은 프린스턴대학교의 교수가 되었다. 그 도시에는 두 개의 장로교회가 있었는데 윌슨 일가는 제2 장로교회에 매주 출석했다. 전기작가 아더 링크(Arthur Link)는 윌슨 일가가 1897년 6월 2일에 그 교회의 등록 교인이 되었다고 기록하고 있다.

프린스턴 프레스(Princeton Press) 5월 22일자 신문에는 우드로 윌슨이 1897년 5월 19일에 그 교회의 평신도 지도자로 선출되었다고 보도했다.

만일 그 두 날짜가 맞는다면 윌슨은 그 교회의 등록 교인이 되기 몇 주 전에 그 교회의 평신도 지도자로 선출된 것이 된다. 있을 법하지 않지만 이것은 불가능한 상황은 아니다. 윌슨과 몇몇 교인들은 그 두 교회의 화해와 통합을 위한 노력에 실패한 뒤에 제2 장로교회를 나와 제1 장로교회에 교인 등록을 한 것이다.

윌슨은 뉴 브룬스윅(New Brunswick) 노회의 회원이었다. 1902년 4월 12일에 그는 그 노회의 역사 편찬위원회의 위원으로 임명되었다.

1900년 3월 1일, 필라델피아 소사이어티는 프린스턴대학교에서 '지성인은 왜 기독교인이어야 하는가?' 하는 주제로 일련의 회의를 열었다. 윌슨은 이 회의에서 행한 연설에서 이렇게 말했다.

"거룩함은 영혼의 구원을 이룰 뿐만 아니라 사람으로 하여금 이 세상의 삶에서 눈에 보이는 목표를 향해 직선으로 달려가는 것과 같은 확신의 삶을 추구하는 것을 가능하게 해 줍니다. 거룩함은 성경, 박애, 정의, 그리고 사랑과 같은 것을 통해 온 것이기 때문에 기독교를 믿지 않는 사람일지라도 그 신실한 삶의 길을 본받는 사람에게는 유익을 줍니다. 이 세상으로부터 저 세상으로 구원을 받는 유일한 길은 예수 그리스도를 받아들이고 그에게 가장 큰 충성된 사랑을 바치는 것입니다."

윌슨이 말한 내용들은 흥미를 자아내지만 그가 말하지 않은 요소들도 역시 흥미를 불러일으킨다. 윌슨은 구원에 대해 예수를 "충성스럽게 사랑하는 것"으로 축소했다. 그가 명백하게 말하기는 했지만 만일 더욱 구체적으로 파고든다면, "예수의 대속적인 죽음을 받아들이는 것과 죄로부터 용서를 받는 것이 구원의 일부분"이라는 내용은 그의 연설에는 등장하지 않는다.

　　1902년 윌슨은 프린스턴대학교의 총장으로 선출되었다. 이 때 그는 학교의 종교 모임에서 연설을 할 기회가 있었다. 전기 작가인 아더 윌워스는 그 연설 내용을 이렇게 요약했다.

　　"단상의 중간에 서서 그는 진지하게 앉아있는 젊은 제자들에게 자신의 어린 시절에 그가 이해할 수 없던 일들을 이해할 수 있도록 어떻게 그의 아버지가 그를 도와주었는지를 말했습니다. 그리고 성경을 '인간의 정신을 집약한 최고의 책'이라고 말하면서 그는 그리스도의 길은 가장 어려운 길이라고 말했습니다. 그리고 기독교의 역동성의 증거는 '지금 막대한 양의 현대 설교가 남아있는 것'에 있다고 말했습니다."

　　프린스턴대학교의 총장이자 교수로서 윌슨은 여러 번 예배를 인도했다. 그는 안수 받은 목사가 아닌 사람으로서는 처음으로 선출된 총장이었지만 그의 종교적인 배경과 지식은 이 책임을 훌륭하게 완수할 수 있도록 도와주었다. 그의 설교 노트 중에 일부는 나중에 '우드로 윌슨의 문서들'에 수록되어 전해진다.

　　몇몇 설교는 신학적인 주제를 다루고 있다. 이 노트 가운데 1895년 1월 13일의 주일 오후 설교에서 그는 이렇게 말했다. "그리스도인에게 있어서 경외한다는 것은 존경심을 가지고 조심한다는 말입니다. 그것이 우리를 어디로 인도합니까? 구원의 계획은 믿음, 받아들임, 그리고 그리스도의 피로 인해 선행에 의해서가 아닌 갱생에 의한 것입니다. 그리스도를 알기 위한 지혜는 그를 받아들이고 이해하는 것에 있습니다."

다른 설교들은 좀 더 실제적이다. 그 가운데 하나는 그가 학생들에게 이렇게 도전을 준 내용이다. "우리는 프린스턴대학교가 종합대학교로서 지적으로 깨어나기 위해 기도했습니다. 우리는 이 대학이 능력을 갖기 위해 영적으로 깨어나기 위해 기도해야 합니다."

1903년 2월 9일에 트렌톤(Trenton) YMCA에서 행한 연설에서 그는 이렇게 말했다. "모든 문제의 해결점은 당신보다 더욱 높고 귀하신 분을 사랑하는데 있습니다. 사람은 주 예수를 단지 구원 받기 위해서만 사랑해서는 안 됩니다. 그것은 이기적인 것입니다. 사람은 구원 때문에 그분을 사랑하는 것이 아니라 그분을 사랑하기 때문에 섬겨야 합니다. 예수 그리스도는 사랑하기 때문에 섬기는 완전한 모범을 보이신 유일한 분입니다."

1904년 기독교 교육에 관해 이야기 하면서 어떻게 신앙을 가르칠 것인가를 자세히 이야기 했다. 다행히 이 설교는 전문이 남아있다.

"종교는 소통할 수 있는 것입니다. 성령님의 신령한 역사하심을 제외한다면, 나는 오직 모범을 보이는 것만을 신뢰합니다. 기독교인이 아닌 부모가 아무리 많은 교훈으로 집에서 가르친다고 해도 자녀들의 삶과 영혼에는 영향을 끼치지 못합니다. 만일 당신의 자녀가 기독교인이 되기를 바란다면, 당신이 먼저 기독교인이 되어야 합니다. 이것이야 말로 가정에서 은혜로운 기적이 일어날 수 있는 유일한 방법입니다. 그리고 당신의 자녀를 교회 주일학교에 보내는 것으로 이 책임을 전가해서는 안 됩니다. 주일학교에 보내는 것으로 많은 것을 개선할 수는 있겠지만, 그렇다고 해서 당신의 책임을 전가할 수는 없는 것입니다.

만일 자녀들이 기독교 신앙을 가정에서 자신들의 핏속에 담지 못한다면, 언젠가 가정을 떠나 자신들의 삶 속에서 기독교인의 삶이 그들에게 깊은 영향을 주고 그들의 의식을 지배하게 되는 그날이 오기 전에는 결코 이 신앙이 그들의 핏줄 속에 자리 잡지 못할 것입니다. 다음 세대에게 신앙을 주입시키기 위한 가장 친밀하고, 중요하고, 또한 가장 최초의 중요한 기관은 바로 가정이며 집입니다. 이것이 모든 상황에 대한 열쇠입니다. 이것이 바로 당신이 당신의 주일학교 사역에서 어린이들을 품기 위해서는 먼저 그 가정을 품어야만 하는 이유입니다. 만일 주일학교의 어린이들과 혹은 그 어머니들만을 상대한다면 당신의 사역은 절반만을 이루는데 그치고 말 것입니다. 당신은 그 아이들의 아버지들도 포함시켜야만 합니다. 그리고 현명하게 그 가정을 파악해서 당신의 어린이들이 주중에 집안에서 기독교인이 될 수 있는 분위기를 가질 수 있도록 만들어야 합니다."

그는 덧붙여 말하기를 "불신앙의 결과로 생기는 공포스런 일들을 사람들이 믿도록" 너무 많이들 노력하고 있다고 말했다. 그는 "자신이 지옥에 간다는 공포 때문에 인간과 창조주 사이의 개인적인 관계로 들어가는" 사람은 없다고 믿는다고 말했다.

프린스턴대학교의 총장 재임기간에 윌슨은 자신의 신앙 노선을 정통 교리에 따랐다. 그러나 그는 대학의 방향을 정통에서 벗어난 방향으로 나가게 하는 중요한 구조조정을 단행했다. 전기 작가인 어거스트 헥쉐어(August Heckscher)는 윌슨의 정책을 "근대화"라고 분석하고, 윌슨이 "프린스턴의 근본주의자들을 뒤로 던지고 보수적인 장로교인들에 의해 이사회가 좌지우지 되는 것으로부터 대학이 자유로워지도록 도왔다"고 말했다.

윌슨은 처음으로 로마 가톨릭 교인과 유태인을 교수로 임명하고 과학 프로그램의 확대 정책을 시작했다. 윌슨이 재임 중이던 1906년에 프린스턴대학교 이사회는 대학을 무종파 교육기관으로 만드는 결의를 통과시켰다.

윌슨은 목회자들이 사회복음을 전하는 것에 초점을 맞추어서는 안 되며 "성경을 효과적으로 가르치는데" 힘써야 한다고 믿었다. 그는 교회들이 영적인 기관이 되어야 하며 "박애주의 기관"이 되어서는 안 된다고 믿었다.

그러나 그는 개인들이 변화된다면 기독교는 온 세상을 변화시킬 수 있는 힘이라고 믿었다. 그는 "기독교는 개인들을 구원할 뿐만 아니라 세상을 구원하기 위해 이 세상에 왔으며 개개의 사람들은 세상 그 자체가 새로워지는 과정 속에 그 일부분으로 구원을 받는다는 자각을 가져야 한다"고 말했다. 그가 사회 안에서의 교회의 역할에 대해 이야기 했지만 그의 말은 믿음에 의해 개인이 구원을 받는다고 하는 정통 기독교 교리와는 갈등을 빚는 것으로 여겨진다.

뉴저지 주의 주지사가 된 윌슨은 대통령 후보가 되기 위해 1911년에 미국을 돌며 순회 연설을 했다. 5월 7일 그는 '성경과 진보'라는 제목으로 덴버의 한 기독교 그룹 모임에서 연설을 했다. 그는 성경을 이렇게 정의했다. "우리는 하늘에 우리를 위한 표준이 있다는 것을 압니다. 이 책에서 우리에게 계시된 표준은 우리가 자신을 판단하는 영원불변의 표준입니다."

그는 이러한 말로 이 연설을 끝맺었다. "그리고 성경에 그의 신앙의 뿌리를 둔 사람은 개혁을 멈추면 안 된다는 것을 압니다. 이 나라의 얼굴 위에서 움직이는 하나님의 손가락은 이 나라를 멸망시키거나 사람들을 속이려는 음모를 꾸미는 사람들을 대적합니다. 이러한 사람들은 심판의 두려운 날이 임하면 무지하여 그저 어리둥절하거나 혼비백산하게 될 사람들입니다. 주님이 그의 영광중에 오실 때 기쁘게 노래하게 될 사람에게는 이 날이 계시와 자유의 기쁜 날이 될 것입니다."

윌슨은 1912년 대통령에 당선되었으며, 1913년부터 8년간 재임했다. 첫 번 취임식이 열리기 직전에 그는 뉴저지 주 트랜턴에서 이러한 연설을 했다.

"성경이 나를 키워주었습니다. 내가 어렸을 때에 집에서 나를 가르쳤을 뿐만 아니라 내 삶에서의 경험과 중요한 순간들, 그리고 학업의 모든 걸음마다 성경은 계시의 가장 위대한 원천이었습니다. 그것은 삶의 의미에 대한 계시였고, 하나님이 본질과 영적인 본질, 그리고 인간의 필요에 대한 계시였습니다. 성경은 영혼을 평화와 구원의 길로 실제적으로 인도하는 유일한 인생의 안내자입니다. 만일 사람들이 그것을 깊이 알게 되고 그것의 가치를 알게 된다면, 우리는 개인과 사회의 갱생을 확실하게 만들어 낼 수 있을 것입니다."

1914년 8월 6일, 엘렌 윌슨이 사망했다. 그 후 얼마 안 되어서 윌슨은 메리 헐버트(Mary Hulbert) 부인에게 이런 내용의 카드를 써 보냈다. "물론 당신은 내게 무슨 일이 일어났는지 알고 있습니다. 그러나 나는 직접 당신에게 이것을 알려주고 싶습니다. 하나님은 내가 거의 감당할 수 없을 정도로 나를 치셨습니다."

1915년 1월에 윌슨을 방문했던 낸시 토이(Nancy toy) 부인은 신앙에 관해 윌슨과 나누었던 이야기들을 일기로 남겼다. 이 기록은 윌슨이 종교적인 신앙을 어떻게 유지했는지를 알려주는 진귀한 대화록이다. 토이 부인의 일기는 다음과 같이 쓰여 있다.

"오늘 아침 대통령은 마가렛과 나를 대동하고 교회에 갔다. 나는 걸어서 돌아가자고 제의했지만, 대통령은 네 명의 경호원들이 따라오는데 걷는 것을 즐길 수 있겠느냐고 물으면서 걷는 것을 싫어했다. 오후에 헬렌과 나는 그와 함께 두 시간 동안 드라이브를 했다. 그는 윌슨 부인, 나의 어머니, 그리고 신앙에 대해 많은 이야기를 했다. 그 이야기는 피치 목사님의 설교에 내가 은혜를 받았는지 헬렌이 물어 본 것으로부터 시작되었다. 목사님이 이 망가진 문명과 이 거대한 고통, 그리고 삶은 살 가치가 없다는 말씀을 전해서 나는 그것에 반발했다고 말했다. 우리는 하나님이 모든 일의 뒤에 계시고 그분 자신의 계획을 가지고 계신다고 믿지 않는가. 나는 그의 말을 믿을 수 없었고 삶이 살 가치가 있다고 생각한다고 말했다. 그러자 대통령이 나의 말을 받았다. 그의 관점은 피치 목사님의 것과 같은 것이었다. 그는 '만일 종교의 신앙과 순수함과 순전함의 힘이 없었더라면 나의 삶은 살 가치가 없을지도 모른다. 나는 신앙에 의해 영향을 받지 않은 사람들이 신앙에 반대하는 논쟁들을 내 모든 삶을 통해 지켜보았다.' 나는 '당신은 종교적인 질풍노도의 시기를 가져 본 적이 없었나요?' 하고 물어보았다. '아니, 단 한 순간도 나는 나의 종교적인 신앙에 대해 의심을 해 본적이 없다. 어떤 사람들은 자신들이 이해하는 것만을 믿지. 나는 그것이 주제 넘는 짓이고 자신들의 이해를 우주의 표준으로 삼으려는 짓으로 보인다.'"

우드로 윌슨은 에디스 볼링(Edith Bolling)과 1915년 12월 18일에 결혼을 했다. 대통령직에 있는 동안 그는 워싱턴 D.C.에 소재한 중앙장로교회에 매주 출석했고, 1913년 4월 23일에 등록 교인이 되어 1924년 2월 3일에 세상을 떠나기까지 그 교회에 다녔다. 그는 가끔 성공회교회에 출석하기도 했다.

그가 대통령에 재선되었을 때 이런 취임사를 남겼다. "나는 이제 임무의 의미가 무엇인지를 알게 되었습니다. 나는 직무와 관계된 완전한 책임을 깨닫습니다. 나는 이 위대한 국민들을 위한 나의 임무를 완수할 수 있도록 지혜와 분별력을 달라고 하나님께 기도합니다. 나는 그들의 종이며, 국민들이 신뢰와 협조를 통해 나를 지지하고 안내해 줄 때 성공할 수 있습니다. 내가 신뢰하는 것, 그것 없이는 어떠한 계획이나 행동도 부질없어져 버리는 바로 그것은 임무와 기회와 봉사의 바탕위에 비전과 목적과 감성이 연합된 미국의 일치입니다."

그가 1919년 2월 노스캐롤라이나 주 랄리(Raleigh)를 방문했을 때 그는 캐피탈 클럽에서 스톤웰 잭슨(Stonewell Jackson)의 초상화를 헌정하는 자리에서 이런 연설을 했다. "나는 많은 사람들이 어째서 주 예수 그리스도 안에서 믿음 없이 삶의 임무를 끝내는지 도무지 이해할 수 없습니다."

그는 개인적인 신앙을 믿었으며 국가적인 신앙도 믿었다. 한번은 이런 말을 했다. "우리나라는 영적으로 구원받지 않으면 물질적으로는 생존할 수 없다."

국제 연맹의 창설을 제창한 그의 제안이 상원에서 통과되지 않자 그는 실망했다. 그는 자신의 주치의에게 고린도후서 4장 8-9절을 읽어 달라고 부탁했다. "우리가 사방으로 우겨쌈을 당하여도 싸이지 아니하며 답답한 일을 당하여도 낙심하지 아니하며, 핍박을 받아도 버린바 되지 아니하며 거꾸러뜨림을 당하여도 망하지 아니하고." 그 논란이 계속되던 시기에 그는 "만일 내가 기독교인이 아니었더라면 나는 미쳐버렸을 것이다"라고 말했다. 그는 성공할 것이라는 희망을 결코 버리지 않았지만 결국 미국은 국제 연맹에 가입하지 못했다.

그는 1924년 2월 3일에 워싱턴 D.C.에서 사망했다.

17장

윌리엄 하워드 태프트
William Howard Taft

윌리엄 하워드 태프트는 성부 하나님을 믿었다. 공식적인 연설에서 그는 축복이 하나님으로부터 온 것이며 우리는 이로 인해 하나님께 감사를 드려야 한다고 말했다. 그는 또한 다른 종교들에 대해서도 관용을 베풀었다. 그는 신앙이 있는 사람이었지만 개인적으로 예수의 신성을 믿지 않는다고 고백했다. 이것은 기독교의 중요한 요소 중의 하나를 거부한 것이다. 따라서 그의 말을 통해 자신의 신앙을 표현했다고 해도 그 신앙은 자신의 죽음 이전에는 바뀌지 않았다. 그는 정통 기독교인은 아니었다.

윌리엄 하워드 태프트 William Howard Taft

　윌리엄 하워드 태프트는 1857년 9월 15일 오하이오 주 신시내티(Cincinnati)에서 출생하였다. 그의 아버지인 알폰소 태프트(Alphonso Taft)는 침례교회를 다니다가 후에 침례교의 교리를 버리고 유니태리언 교인(삼위일체를 받아들이지 않는 교파 - 역자 주)이 되었다. 알폰소와 그 아내 루이스 태프트(Louise Taft)는 자신들의 아들을 신시내티의 웨스턴 유니태리언 컨퍼런스교회에 다니게 했고, 윌리엄 태프트는 그 교회의 주일학교에서 청소년기를 보냈다.
　태프트의 공식 전기 작가인 헨리 프링클(Henry Pringle)은 태프트의 어린 시절의 가정환경이 "종교적인 것은 아니었다"고 말하고, 그의 일생동안 종교라는 것은 "비교적 약간 중요한 문제"였다고 기록하고 있다.

　1878년 태프트는 예일대학교를 차석으로 졸업했다. 그는 1886년 6월 19일 헬렌 헤론(Helen Herron)과 결혼을 했다. 이때는 이미 태프트가 법률가로 명성을 쌓고 있을 때였다. 그의 형인 헨리는 예일대학교의 총장이 되라고 추천을 했다.
　태프트는 이를 거절하면서 그 자리를 맡을 수 없는 두 가지의 "해결할 수 없는 문제들"이 있다고 말했다. 그는 "자신의 신앙의 관점과 그 중요한 직책을 수행할 만한 자질이 없다"는 이유에서였다.
　그는 예일대학교를 지원하는 사람들이 "정통 복음주의 교회들의 교리를 믿는 사람들이다"라고 말했다. 그는 대학교의 차기 총장을 선출함에 있어서 "복음을 전하는 안수 받은 목회자"라는 "편협한 전통"을 떠나 평신도 가운데서 선택해야 한다고 권고하면서도 자신은 그 인물이 아니라고 믿었다.

그는 "예일대학교와 국가에 영향을 미치는 많은 보수적인 사람들이 뉴 잉글랜드의 정통 회중교회의 교리를 받아들이지 않는 사람이 총장으로 선출되는 것을 본다면 충격을 받게 될 것이다. 만일 그러한 선출이 실제로 벌어진다고 해도 그것은 감정의 고통을 유발할 것이며, 그 신임 총장이 자신의 임무를 완수하기 위해 협력해야 하는 사람들과 함께 행동하는 모든 사역들은 그를 쓸모없는 인간으로 만들게 될 것이며, 대학교에 심각한 손해를 끼치게 될 것이다"라고 말했다.

그는 자신의 신앙적인 관점을 이렇게 설명했다. "나는 유니테리언이다. 나는 하나님을 믿는다. 그러나 나는 그리스도의 신성을 믿지 않는다. 그리고 내가 받아들일 수 없는 많은 정통 교리들이 있다. 그러나 나는 신앙에 대한 냉소주의자는 아니며, 그 반대로 종교가 인류의 역사에 항상 고귀한 영향력을 끼쳐왔다고 생각한다." 그가 자신의 입장을 바꾸었다는 기록은 전혀 찾아볼 수 없다.

태프트는 그의 신앙이 대부분의 미국인들이 가지고 있던 것과 같은 선상에 있지 않다는 점을 자각했다. 그래서 1908년 그의 대통령 선거 유세에서 종교적인 문제에 대해 토론하기를 거부하면서 이렇게 말했다. "물론 나는 기독교 문명이 전파되는 것에 관심이 있습니다. 그러나 교리적인 문제를 토론하는 것은 내가 이기든 지든 상관없이 하지 않을 것입니다. 만일 미국의 유권자들이 유니테리언을 선출하지 않을 정도로 좁은 소견을 가지고 있다고 해도 상관없습니다. 나는 그 결과를 받아들일 것입니다."

그러나 수많은 정통 기독교인들의 우려에도 불구하고 태프트는 대통령으로 당선되었다. 태프트의 당선을 반대했던 사람들 가운데는 그의 비정통적 신앙을 문제 삼아 윌리엄 제닝스 브라이언(William Jennings Bryan) 후보에게 투표하라고 말했던 신시내티 제2 장로교회의 목사도 포함되어 있었는데, 태프트의 형인 찰스 태프트도 그 교회의 등록 교인이었다.

대통령으로서 태프트는 자신의 연설문에 종교적인 내용을 다루었다. 그는 자신의 취임연설의 말미에서 다음과 같이 말했다.

"나의 임기 중에 다시 재발할 수 있는 질문들을 되짚어보면서, 그리고 의회의 권고를 받게 될 것으로 예상되는 질문들을 요약해서 대답하는 의미에서, 그리고 행정부의 수장으로서, 나의 임무에 대해 나의 책임을 완수할 수 있도록 미국 시민들의 지원과 포용력, 그리고 전능하신 하나님의 도움이 있기를 기원합니다."

그는 몇몇 추수감사절 선언문에서 하나님을 언급했다. 1909년 선언문에서 그는 하나님이 미국을 축복하신 방법들에 대해 열거한 후 이렇게 끝맺었다.

"이러한 축복들이 하나님으로부터 왔다는 것에 대해 겸손하고 감사한 마음을 가져야 한다는 것은 우리 모두가 공감하는 것입니다. 그러므로 나는 11월 25일 목요일을 보편적인 감사의 날로 선포합니다. 그리고 나는 그날에 사람들이 직업의 일손을 내려놓고 교회에서 전능하신 하나님께 감사와 찬송의 예배를 드리기 위해 연합할 것을 요청합니다."

그는 1910년의 추수감사절 선언문에서도 비슷한 생각을 표현했다. 그 해에 일어났던 축복들을 열거한 후에 그는 "이것들은 하나님의 보상이며 축복들입니다"라고 말하고, 국민들에게 "전능하신 하나님을 찬양하며 하나님의 모든 선하심과 사랑스러운 은총에 정성을 다해 감사하기 위해" 교회에 모일 것을 호소했다.

태프트가 자신의 후계자로 선택했던 데오도르 루즈벨트(Theodore

Roosevelt - 위키백과사전에는 시어도어로 나와 있음 - 역자 주)는 태프트가 국가를 운영하는 방식을 좋아하지 않았다. 루즈벨트가 1912년의 대선 후보가 되기로 결심했을 때 공화당의 여론은 양분되었으며, 그 결과로 우드로 윌슨이 대통령에 당선되었다. 하딩 대통령은 태프트를 대법원장으로 임명했다. 태프트는 남은 생애 동안 그 직책에 있다가 1930년 3월 8일 워싱턴 D.C.에서 사망했다.

18장

데오도르 루즈벨트
Theodore Roosevelt

루즈벨트는 자신의 삶 전체를 통해 자신감이 넘쳐나는 인물이었다. 루즈벨트 연구자인 가말리엘 브래드포드(Gamaliel Bradford)는 그의 자신감을 그의 종교적인 신앙과 재미있게 연관시켜 이렇게 말했다. "나는 데오도르의 글이나 삶에서 뚜렷하거나 명백하게 하나님을 발견할 수 없다. 그는 하나님이 필요 없었고 갈망하지도 않았다. 왜냐하면 실제로 그는 그 자신의 크고 풍부한 능력 외에 다른 아무것도 필요치 않았기 때문이다. 그리고 풍부하고 많고 막대한 이 세상이라는 실재는 다른 것이 끼어들 틈이 없었다."

우리는 루즈벨트가 믿음으로 구원을 받는다는 교리를 받아들인 적이 있는지 증거를 갖고 있지 않다. 그는 행위를 믿었고 그는 많은 일들을 했지만 행위는 구원을 가져다주지 않는다. 그가 하나님께로 돌아서지 않았다면 그가 했던 "죽음은 항상 그리고 모든 상황에서 비극이다"라는 말은 그가 자신의 운명을 받아들이고 "어둠으로 내려갈 것이다"고 말했던 것처럼 그의 경우에 있어서 진실이 된다.

데오도르 루즈벨트 Theodore Roosevelt

데오도르 루즈벨트(위키백과사전에는 시어도어로 나와 있는데, 데오도르로 더 많이 알려져 있어 그 이름을 따랐음 - 역자 주)는 1858년 10월 27일 뉴욕시에서 태어났다. 근처에 개혁교회가 없었기 때문에 한동안 그의 가족은 뉴욕시의 매디슨 스퀘어 장로교회에 출석했다.

데오도르 루즈벨트가 16,7세 되었을 무렵에 그는 뉴욕의 성 니콜라스 네덜란드 개혁교회에 등록을 했다. 그는 목사에게 이런 질문을 했다. "사람이 어떤 신을 믿게 되면 그렇게 말하는 것이 그의 의무가 아닐까요? 만일 내가 교회의 등록 교인이 된다면 그것이 내가 하나님을 믿는다고 세상에 말하는 가장 좋은 방법이 아닐까요?"

하버드대학교 재학 시절 그는 그리스도 성공회교회에서 3년 반 동안 주일학교 교사로 섬겼다. 루즈벨트가 그 교회의 등록 교인이 아니라는 것을 알았을 때 그 교회의 교구 목사는 그에게 등록 교인이 될 수 있는 기회를 주었다. 루즈벨트는 후에 이렇게 기록했다. "나는 이것을 거절했다. 그래서 나는 떠나야만 했다. … 나는 그가 속이 좁은 사람이라고 생각한다고 그 목사에게 말했다."

1878년 그의 아버지의 죽음으로 인해 그는 자신의 일생에서 가장 신앙심 깊은 말들을 남기게 되었다. 일기장에 그는 이렇게 기록했다. "하늘에서 우리가 만난다는 생각은 아름다운 것이다. 슬픔과 고통의 끔찍한 이 시간에 나에게 이 생각을 줄 수 있는 것은 주 예수 그리스도 안에 있는 나의 믿음 외에는 아무것도 없다."

　이 일기장의 기록에는 죽음 이후의 삶에 대한 믿음이 들어 있는데, 루즈벨트는 노년에 이 믿음을 계속 유지하지 않았다. 그는 엘리스 헤더웨이 리(Alice Hathaway Lee)와 1880년 10월 27일 결혼했다.

　그녀가 사망한 후 그는 에디스 커밋 캐로우(Edith Kermit Carow)와 1886년 12월 2일 결혼했다. 루즈벨트는 "자유주의 신앙 잡지"로 알려진 더 아웃룩(The Outlook) 지의 기고 편집자가 되었다. 그 잡지의 편집장인 라이맨 에보트(Lyman Abbott)는 루즈벨트의 신앙에 대해 이렇게 말했다.

　"그는 신앙적 경험에 대해 표현하는 것에 매우 신중했다. … 그러나 그가 하나님에 대한 신앙심이 있었다는 점에 대해서 나는 의심하지 않는다. 그러나 그는 '하나님'이라는 단어의 정의를 내리지 않았다. 나는 루즈벨트가 기독론에 대해 어떤 견해를 가졌는지 모른다. 나는 단지 그가 내가 그랬던 것과 같이 인격적인 하나님에 대해 확실한 것을 요구했다고 말할 수 있을 뿐이다. 그는 예수의 신성에 대해 설명하려고 노력하지 않았으며, 헌신과 연관된 인성을 따르는 것에는 관심이 많았다."

　데오도르 루즈벨트는 이렇게 말했다. "나는 믿음으로 구원을 얻는다는 루터교회와 칼빈주의의 교리를 별로 신봉하지 않는다. 또한 교회의 통치, 교황 무오설, 고해성사, 성직자의 독신 등을 포함한 로마 가톨릭의 교리에 대해서도 그렇다. 나는 야고보서에 기록된 실천하는 복음을 믿는다."

　그는 자신의 책 「하나님을 경외하고 당신의 역할을 하라」(Fear God and Take Your Own Part)에서 자신의 견해를 이렇게 표현했다. "하나님을 경외하고 당신의 역할을 하라! 하나님을 경외한다는 말의 진실한 의미는 하나님을 사랑하고 하나님을 존경하며 하나님께 영광을 돌리는 것이다. 그리고 이 모든 것은 우리 인간의 연약한 의지력과 위대하고 변치 않는 정의의 법이 허용하는 최대한으로 우리의 이웃을 사랑하고 이웃을 정의롭고 자비롭게 대하고 모든 방법을 다해 부정과 무법으로부터 이들을 보호하는 것을 통해서만 이루어진다."

그는 하나님을 경외한다는 것은 "우리들 자신의 영역 안에 있는" 연약하거나 강한 사람들에 대해 정의롭게 행동하는 것을 의미한다고 말하고 "우리가 전적인 미국인이 되고 우리의 애국심이 우리 존재의 근본이 되지 않는다면 우리는 하나님을 섬길 수도 없고 우리 자신의 역할을 감당할 수도 없다"고 말했다.

재미있는 사실은 루즈벨트는 신앙심을 애국심과 동일하게 보았다는 점이다. 그에게 있어서 이 두 가지 요소는 서로 뗄 수 없는 관계였다.

루즈벨트의 몇몇 연설문을 보면 그가 죽음 이후의 삶에 대해 확신이 없었다는 점을 말해준다. 그는 이렇게 말했다. "우리는 이 땅에서 한 번의 생명만을 가지고 있습니다. 그리고 그 이후에 오는 것에 대해서는 우리는 확신을 가지고 말할 수 없습니다." 이러한 관점의 결과에 대해 그는 이렇게 말한다. "모든 상황을 막론하고 죽음은 항상 비극입니다. 그 이유는 만일 비극이 아니라고 한다면 그것은 삶 자체가 동일하다는 것을 의미하는 것입니다." 그는 또한 "불가피한 죽음을 불평하거나 매도하는 것은 무익한 것입니다. 조용하고 고귀한 마음으로 우리는 우리의 운명을 맞고 어둠 속으로 내려가야만 합니다"고 말했다.

1912년 그가 세 번째의 임기를 위해 대통령 선거 유세를 할 때 펠릭스 프랑크퍼터(Felix Frankfurter)에게 했던 말이 전기 작가 윌리엄 하르버(William Harbaugh)의 책에 기록되어 있다. "나는 다시 대통령이 되는 것으로부터 영예롭게 벗어나지 못한다. 나는 특정한 종교적 신앙이 없으며 내생이 존재한다는 확신도 없다."

루즈벨트는 영생이나 믿음으로 구원을 받는다는 것과 같은 정통 교리에 동의하지는 않았지만 성경의 도덕적 기준들을 존중했다. 브랜즈(H. W.

Brands)는 루즈벨트의 신앙에 대해 이렇게 기록했다. "그 주제에 관한 그의 생각을 요약해서 말해 달라는 질문을 받았을 때 루즈벨트는 미가서를 인용해 이렇게 말했다. '오직 공의를 행하며 인자를 사랑하며 겸손히 네 하나님과 함께 행하는 것이 아니냐' (미 6:8). 그가 말한 것이 그의 신앙의 모든 것이었다." 브랜즈는 그 세 가지 계명들을 함축적으로 사용해 루즈벨트가 "정의에 강하고, 인자하며, 겸손함에 있어 모자람이 없었다"고 기록했다.

루즈벨트는 이런 기록도 남겼다. "나는 철학자들이 종교에 관해 최종적으로 어떤 정의를 내리는지 알지 못합니다. 그러나 미가서와 야고보서는 종교라는 것은 정의와 자비, 그리고 지혜와 의로움의 위대한 법을 따르는 것을 통해 이웃에게 보답하고 봉사하는 것이라고 정의하고 있습니다."

루즈벨트는 또한 매주 교회에 출석했고 신앙을 밖으로 표현해야 한다고 믿었다. 그는 이런 말을 했다. "나는 교회에 가지 않기 위한 모든 핑계들을 다 알고 있다. 나는 사람이 교회에 가는 것처럼 자기 집안에서나, 시냇가에 가거나, 숲으로 가거나 하더라도 다 창조주를 예배하고 선한 삶에 헌신할 수도 있다는 것을 안다. 그러나 나는 또한 실제로는 그러한 방법으로는 평범한 사람들은 예배를 드리지 않거나 헌신하지 않는다는 것도 안다."

전기 작가인 에드먼드 모리스(Edmund Morris)는 "주일성수가 그에게는 개인적으로 큰 의미가 있는 것은 아니었지만, 그것은 많은 미국인들에게는 큰 의미였다. 그리고 그는 대통령으로서 그러한 공통된 신앙을 존중해야 할 책임을 느꼈다"고 기록하고 있다.

루즈벨트가 가장 좋아하는 찬송은 '예루살렘 금성아', '주 예수 우리 구하려', '거룩, 거룩, 거룩', '굳건한 반석'이었다.

루즈벨트는 윌리엄 매킨리(William Mckinley)가 암살당한 후 1901년에 대통령이 되었다. 그는 매킨리가 "국민들을 위해 가장 크게 사랑했던 삶"을 살았고 "기독교인의 불굴의 정신으로 죽었다"고 애도했다. 그는 1901년 9월

19일을 매킨리의 장례일로 선포하고 국민들에게 "이날 자신들의 예배 처소에서 전능하신 하나님의 뜻에 정중히 엎드리고 그의 죽음으로 나라가 고통을 받게 된 위대하고 선한 대통령에게 온 마음으로 사랑과 존경의 예를 다할 것"을 부탁했다.

몇 달 후 1901년 11월 2일 루즈벨트는 첫 번째 추수감사절 선언문을 발표했다. 전국은 아직 매킨리 대통령의 서거를 애도하고 있었다. 루즈벨트는 그러나 "이런 커다란 재앙에도 불구하고 지구상의 어떤 민족도 우리가 가진 추수감사의 풍성한 이유를 갖지 못합니다"라고 말하며, 하나님의 축복 몇 가지를 열거한 후에 그는 이렇게 결론지었다. "우리는 이 땅에서 이 시간에 우리 서로가 이웃들에게 자신의 의무를 다 하는 것을 통해서 전능자에게 대한 우리의 감사를 증명할 수 있습니다."

1902년 10월 29일, 루즈벨트는 두 번째의 추수감사절 선언문을 통해 첫 번째에 했던 것과 같은 주제를 계속 이어갔다. 루즈벨트는 우리가 "말로써가 아니라 행동으로써 우리 자신들과 우리 이웃들에 대한 의무를 다 하는 것을 통해 선한 것을 주시는 하나님을 찬양해야 합니다"고 말했다.

그는 1903년 10월 31일 개혁주일에 세 번째 추수감사절 선언문을 발표했다. "지난 한 해 동안 주님은 우리에게 풍성한 축복을 주셨습니다. 나라 안팎에 평화와 우리 국민이 전쟁과 기근과 재앙에 방해 받지 않고 자신들의 복지를 위해 일할 기회를 주셨습니다. 이런 축복이 우리에게 주어진 것은 우리가 크게 기뻐할 가치가 있습니다. 그 뿐만 아니라 우리를 신뢰하고 주신 것들을 정확하게 사용할 수 있을 만큼 우리가 가치가 있다는 것을 보여주시기 위해 우리에게 하늘아래 축복이 임한 것에 대해 중대한 책임감을 가지고 받아들여야만 합니다."

1904년 11월 1일, 그는 이런 내용의 추수감사절 선언문을 발표했다. "전능하신 하나님이 미국인들에게 또 한해의 안전과 영광을 가져다주신 것은 즐거운 일입니다. 그리고 우리 조상들에 의해 우리에게 전해 내려온 오랜 동안의 전통에 따라 전국을 인자하게 붙들어 주신 하나님께 감사하기 위해 특별한 날을 정해야 할 때가 왔습니다." 그는 1904년에 미국에 주어진 많은 축복들을 하나씩 열거한 후에 미국인들에게 이렇게 촉구했다. "직장 일들을 쉬고 예배 처소나 혹은 집에 모여서 전능하신 하나님이 우리 개인들과 나라에 축복을 주신 것에 전심으로 감사하며 장래에 하나님의 은총이 우리에게 계속되어지기를 간절히 기원해야 합니다."

1907년 루즈벨트 대통령은 동전에 새겨진 "하나님 안에서 우리는 신뢰한다"는 표어를 지우도록 명령을 내렸다. 그 일 달러짜리 은화는 50센트 가치의 은을 함유하고 있을 뿐이었기 때문에 어떤 비판론자는 "우리는 그 나머지 50센트를 위해 하나님을 믿는다"고 빈정거렸다. 그러나 이러한 결정에 대해 많은 반대가 일어났기 때문에 의회는 그 다음 해에 그 표어를 다시 회복시켰다.

1908년의 종교개혁 주일에 그는 자신의 마지막 추수감사절 선언을 발표했다. 그는 미국의 물질적 풍요에 대해 이야기 했다.

"우리에게 가득한 물질적 풍요의 진정한 이유는 우리가 그에 걸맞은 도덕적 영적 진보를 이루는 것을 전능자에게 보여주어야 할 의무가 있다는 것을 의미합니다. 한 국가와 한 국가를 이루는 개인들에게 물질적 풍요는 없어서는 안 될 기초가 됩니다. 그러나 그 자체로서는 쓸모가 없습니다. 그러한 삶은 낭비되고 말며 또한 낭비보다도 더 나쁜 것은 단지 육신의 환락과 부에 의존하는 권력을 위해서 그 주인이 그저 쌓고 또 쌓기만 하는 것입니다. 만일 미국이 그 위대한 사명을 적절하게 완수하고 우리가 열렬히 고대하고 바라는 모든 것을 성취하려면 기초로서의 물질적 풍요 위에 영적인 삶의 고귀한 구조를 세워야만 합니다. 육적인 것은 좋은 것이며 지적인 것은 더 좋은 것이지만, 영적인 것이 가장 좋은 것입니다. 왜냐하면 개인에게서 마찬가지로 국가에서도 장기적으로는 그것이 성격을 결정짓기 때문입니다. 따라서 우리는 악에 확고하게 대항하고 모든 사람들을 향해 친절과 선의로 폭넓은 자선을 베풀고, 굽히지 않는 결심을 가지고 거짓을 때려눕히고 개인의 삶과 공공의 삶에서 정의를 위해 우리에게 주어진 모든 힘을 다해 노력해야 합니다.

따라서 이제 미합중국의 대통령인 나는 11월 26일 목요일을 추수감사와 기도의 날로 선포하며, 그날에 모든 국민들은 자신들의 일을 쉬고 가정이나 교회에서 지나간 날들 동안 받은 많은 축복들에 대해 전능하신 하나님께 감사하며, 미래에도 이러한 축복들이 계속될 수 있도록 자신들의 삶에 힘을 더해 주시도록 기도하기를 권고합니다."

대통령 재직 중에 그는 워싱턴 D.C.에 소재한 그레이스 개혁교회에 출석했다. 루즈벨트는 1919년 1월 6일 뉴욕의 오이스터 베이(Oyster Bay)에서 사망했다.

19장

윌리엄 매킨리
William McKinley

매킨리는 미국의 가장 경건한 대통령들 가운데 한 사람이었다. 열 살 때 수련회에서 구원을 받은 이후 그는 일생동안 자신의 교회와 기독교에 헌신적으로 살았다. 그가 가진 정통 기독교 신앙은 그의 삶과 대통령직에 크고 중요한 영향을 미쳤다.

윌리엄 매킨리 William McKinley

윌리엄 매킨리는 1843년 1월 29일 오하이오 주 나일스(Niles)에서 태어났다. 열 살 때 그는 수련회에서 구원을 받았다. 그는 감리교회의 수습 멤버였다가 6년 후에 신앙에 대한 자신의 헌신을 재확인한 후에 정식 교인이 되었다. 그는 이다 색스턴(Ida Saxton)과 1871년 1월 25일에 결혼했다.

매킨리 가족은 오하이오 주의 캔톤(Canton)에 소재한 제일감리교감독교회의 교인이 되었다. 그는 주일학교의 교장이 되었고, 그의 일생동안 감리교감독교회의 교인으로 살았다.

매킨리는 캔톤 YMCA의 활동에도 열성적으로 참여해서 동호회 활동을 했고 결국 그 지부의 회장까지 되었다.

매킨리의 전기 작가인 마가렛 리치(Margaret Leech)는 매킨리의 신앙에 대해 이렇게 기록하고 있다. "그는 감리교 정신이 투철해서 교단이나 교리의 차이로 발생할 수도 있는 우려할 만한 길로 자신을 인도하지 않았다. '하나님의 선하심'은 매킨리의 신앙이었으며 그의 중심에 있는 평화의 원천이었다. 그가 좋아하던 찬송은 '내 주를 가까이 하게함은', '내 갈 길 멀고 밤은 깊은데', '비바람이 칠 때와', '하나님의 은혜는 넓다' 등이었다. 이러한 찬송들은 영적인 교제를 지속한다는 것을 표현하고 있다. 종파주의가 날카롭게 대립하던 시대에 매킨리는 편협성이 없었으며, 그 자신의 장점을 자각하지 않고 관용을 베푸는 축복된 성품을 가지고 있었다."

1892년 매킨리는 오하이오 주 주지사 선거에 도전했다. 9월 6일에 행한 연설에서 그는 이렇게 말했다.

	"이 정부를 수립한 사람들은 하나님에 대한 신앙을 가지고 있었으며, 그분을 지극히 신뢰했습니다. 그들은 자신들이 진보하는 매 걸음마다 하나님의 지도와 조언을 간절히 원했습니다. 그리고 그 이후로 그렇게 지내왔습니다. 미국의 역사는 우리나라에 커다란 시련이 있을 때마다 이 경건함의 특징과 더 높은 능력자에게 충심으로 의지했던 일들로 가득 차 있습니다. 우리의 통치자들이 모두 항상 외적인 형태로 신앙심을 표출한 것은 아니었지만, 우리는 워싱턴부터 해리슨까지 모두 공적으로 하나님을 믿지 않는다고 공언하거나 우리 국민의 대다수의 신앙을 비웃은 대통령을 가져 본 적이 없습니다."

	4년 후인 1896년 그는 미국의 대통령으로 선출되었다. 그는 자신의 취임사를 이런 말로 시작했다.

	"국민들의 뜻에 순종하기 위해, 그들의 앞에서, 이 맹세로 인해 내게 부여된 권위를 가지고, 나의 국민들의 지지에 의지하고 전능하신 하나님의 인도하심을 기원하면서 나는 미합중국의 대통령으로서의 힘들고도 막중한 의무를 받아들입니다. 우리의 신앙은 우리의 조상들의 하나님보다 더 안전하게 의지할 것이 없다는 점을 가르쳐 줍니다. 하나님은 모든 국가적인 시련에서 미국인들을 그토록 기묘하게 사랑하셨고, 우리가 그의 계명들을 지키고 그분의 발걸음을 겸손히 따라 가는 한 우리를 버리지 않으실 것입니다."

	그는 직책에 대한 맹세의 말을 다시 반복하면서 자신의 연설을 끝맺었다. "이것은 내가 가장 높으신 주님 앞에서 공손히 받아들이는 책무입니다. 그것을 유지하는 것이 나의 유일한 목표이며, 나의 끊임없는 기도입니다. 그리고 나는 확신을 가지고 나의 엄숙한 책무들을 이행하는 데 있어서 모든 국민들의 도움과 관용에 의지할 것입니다."

그는 1900년에 재선되었다. 그는 두 번째 취임연설에서 이렇게 말했다.

"국민들이 두 번째 대통령의 임기를 위임함에 따라 나는 국민들의 신실한 위임에 대한 나의 임무에 전적으로 헌신할 것을 약속하면서 전능하신 하나님의 은총과 지도하심을 겸손히 간구하며, 새로운 영예와 위임에 따른 커다란 책무에 감사하며 이 직무에 들어갑니다."

대통령 재임 중에 그는 워싱턴에 소재한 메트로폴리탄 감리교회에 출석했고, 백악관에서 찬양 모임을 열기도 했다. 그의 매일의 일과에 대해 전기 작가인 루이스 구드(Lewis Gould)는 이렇게 기록했다. "그는 저녁에 매킨리 부인과 친구들과 함께 밤 10시까지 성경을 큰 소리로 읽으면서 시간을 보냈다."

매킨리는 이렇게 말했다. "우리는 개개인이 하나님을 필요로 할 뿐만 아니라 한 국민으로서도 하나님을 필요로 합니다." 1899년 5월 26일에 그는 이런 기록을 남겼다. "나의 신앙은 그리스도의 신성과 세계 문명의 가장 강력한 요소로서의 기독교를 인정하는 것을 받아들입니다."

매킨리는 네 번의 추수감사절 선언문을 자신의 대통령 재임 기간에 발표했다. 1897년의 그의 첫 번째 선언문에서 그는 이렇게 말했다. "지난 한 해 동안 우리에게 대한 하나님의 선하심을 기념하면서 하나님께 감사를 드리며 지극히 높으신 분께 우리들의 서원을 드립니다." 그리고 나서 그는 "하나님의 강한 손"과 "세심한 섭리" 아래 주어진 축복들을 열거했다. 그리고 이렇게 말했다.

"이 위대한 축복들로 인해 겸손과 감사의 마음으로 주님을 찬양하고, 그분에게 우리들의 가장 정직한 기원을 드리는 것은 우리의 의무입니다. 우리는 자유 정부와 물질적 풍요의 축복을 은혜롭게 주신 그분의 백성으로서의 책임을 인정해야 합니다. 이제 미합중국의 대통령인 나는 11월 25일 목요일을 전국 추수감사와 기도의 날로 지정합니다. 모든 국민들이 이 날에 자신들의 예배 처소에서 적절한 종교적 예배를 드릴 것을 요청합니다. 이 기쁨과 재회의 날에 모든 선한 것과 완전한 선물을 주신 분께 우리에 대한 그분의 은총과 사랑이 계속되어 우리의 마음이 선의와 자비로 가득차고, 우리가 계속해서 그분의 축복을 받을 수 있도록 우리의 기도가 올라가도록 합시다."

1898년 7월 6일, 대통령은 "추수감사와 기도를 위해 국민들에게 담화문"을 발표했다. 이 연설문은 쿠바와 필리핀에서의 군사작전 승리에 대한 소식도 담겨 있었다. 그러나 매킨리는 미군들의 안전과 계속되는 성공을 위해 기도하고, 하나님께 찬송을 드리기 위해 환희의 감정을 잠시 접어 두자고 국민들에게 촉구했다.

그는 "승리의 환희 속에서 우리는 미국을 붙들고 계시는 하나님의 은혜의 보좌 앞에 경건히 절해야 하며, 하나님께 전심으로 찬송을 드려야 합니다. 그분은 자신의 높으신 뜻으로 미국인에게 놀라운 일을 행하셨고, 그의 얼굴의 빛을 우리에게 내려주시며 우리의 용감한 육군과 해군을 승리로 이끄셨습니다"고 말했다.

그는 국민들에게 "상처 받지 않고 전쟁을 승리로 이끌어 주신 전능하신 하나님께 감사를 드리자"고 말하고 다음과 같이 연설을 끝맺었다.

"국가적인 감사와 함께 우리의 씩씩한 아들들이 조국의 영광을 드높이기 위해 애쓰는 동안 전함들의 충돌과 전쟁터에서의 위험으로부터 보호받고 고통과 질병의 아픔이 없이 지낼 수 있도록 국가적인 기도를 드립시다. 그 위에 영웅적으로 전사한 고귀한 사람들을 생각하면서 온 국민들은 더욱 거룩한 경외심을 갖읍시다. 그리고 생명을 잃은 고통을 당한 사람들과 질병과 부상을 견뎌내야 하는 사람들, 그리고 두려운 싸움에 사로잡힌 모든 사람들에게 자비로운 동정심을 갖읍시다. 그리고 무엇보다도, 전쟁의 괴로움을 우리들로부터 빨리 옮겨주시고, 우리의 땅에 평화를 회복하는 축복과 잔혹한 싸움으로 파괴된 모든 영역에 평안과 안보의 귀중한 혜택이 임하기 위해, 모든 선한 것들을 주시는 그분께 진지한 열정으로 기도드립시다."

1898년 10월 28일, 매킨리는 그의 두 번째 추수감사절 선언문을 발표했다. 그는 "지난 한 해 동안 우리에게 주신 하나님의 모든 축복들을 위해 전능하신 하나님께 감사를 드리는 우리 조상들의 관습"에 대해 언급했다. 그 해에는 그는 모든 나라들과의 평화에 대해서는 감사를 드리지 못했다. 그는 이렇게 말했다. "우리는 인류를 위해 칼을 들지 않을 수 없었습니다. 그러나 비록 그 희생에 대해 슬퍼하고 애통해야 마땅하지만, 중요한 것은 그 분쟁이 짧은 기간에 끝이 났으며 커다란 결과를 성취하였다는 것을 고려해 볼 때 이것은 만군의 하나님께 우리가 찬송과 감사를 드릴 마음을 더욱 고취시키는 것입니다."

그는 미국인들에게 오래 지속된 전쟁이 끝난 것에 대해 하나님의 이름을 높이고 찬미하도록 부탁하고 이렇게 말했다.

"나는 11월 24일 목요일을 전국적인 추수감사의 날로 정하여, 한 해 동안 순한 날씨와 땅의 소산을 주신, 국민들에게 계속해서 풍요를 주신, 우리 군의 헌신과 용기, 우리의 영광스러운 승리와 정의로운 평화에의 희망, 우리를 이곳까지 안전하고 영예롭게 이끄신 하나님의 인도하심이 앞으로 오는 해에도 은혜스럽게 계속되어지도록, 이와 같은 모든 축복들을 주신 전능하신 하나님께 자신들의 예배당에서 함께 모여 감사와 찬송의 예배를 드리도록 바다에서나 외국 땅에서 체류하는 모든 사람들, 그리고 모든 친애하는 국민들을 초청합니다."

1899년 10월 25일 발표된 그의 세 번째 추수감사절 선언문에서 매킨리는 미국-스페인 전쟁이 종결되어 미국이 "이제 지구의 모든 세력과 친근한 관계"가 되어 "영예로운 평화"가 온 것을 찬송하는 내용을 집어넣을 수 있었다. 그는 11월 30일 목요일을 지키도록 촉구하면서 이렇게 말했다. "이 대륙에 있는 우리 모든 국민과 우리가 새롭게 얻은 섬들, 그리고 바다나 외국의 땅에서 체류하는 사람들 모두가 이 날을 감사와 기도의 날로 지킬 것을 촉구합니다. 그리고 나는 이 날 교회나 모든 교단들의 모임 장소들에서는 그날의 사회적인 특징들이 그 진정한 중요성을 잃어버리지 않도록, 하나님의 인도하심이 없이는 인간의 노력이 헛되기 때문에 하나님의 인도하심이 계속되도록, 나라를 위해 자신들의 친족과 친구들의 삶이 희생당한 사람들에게 하나님의 위로가 임하도록, 지극히 높은 분에게 전심으로 기도하고 종교적인 행사들을 거행할 것을 권고합니다."

1900년 10월 29일 매킨리는 그의 네 번째이자 마지막 추수감사절 선언문을 발표했다. 이를 통해 그는 11월 29일 목요일을 "자신의 손으로 나라를 붙잡고 계신 그에게 찬송과 감사를 드리는 날"로 선언했다. 그는 미국인들에게 다시 "자신들의 예배 장소에 모여 그분이 우리에게 하사한 번영에 대해, 파종의 때와 수확의 때를 인해, 우리 육군과 해군의 용기와 헌신과 박애에 대해, 개인과 국가에 주신 그의 은혜에 대해 그에게 경건한 감사를 드리고, 국민들이 하나님의 신성한 은총을 위해 계속 겸손히 기도할 수 있도록, 다른 국가들과의 친선과 화합을 위해, 그리고 우리의 길에 평화와 정의가 함께 하도록 기도합시다"고 권고했다.

1901년 9월 6일 매킨리는 저격을 당했다. 경호원들은 재빨리 그 저격범을 잡았다. 매킨리가 의자로 옮겨졌을 때 그는 어떤 사람이 그 저격범의 얼굴을 주먹으로 때리는 것을 보았다. 전기 작가인 찰스 올코트(Charles Olcott)는 이 장면을 이렇게 기록했다. "이 장면을 보고 있는 대통령에게 그의 일생 동안 섬겼던 주님의 영이 임했다. 그리고 그는 동정의 목소리로 외쳤다. '그 사람을 때리지 못하게 해.'" 매킨리는 그의 암살범을 공적으로 용서했던 것이다.

처음에 매킨리는 상처를 회복할 수 있을 것으로 보였다. 의사들은 수술을 하기로 결정했다. 전기 작가 찰스 올코트는 수술 직전의 상황을 이렇게 기록했다.

"그가 열 살 되던 때부터 매킨리 대통령은 과장 없이 솔직하게 하나님을 신뢰했다. 그것은 가장 풍부하고 깊은 그의 영혼의 생각이었다. 그리고 이제 그가 자신의 눈을 감으면서 아마도 더 이상 깰 수 없는 잠을 자게 되었다는 것을 깨닫고 그의 입술은 움직이기 시작했고, 그의 창백한 얼굴은 미소로 빛이 났다. 이제 그를 돕는 것은 바로 그 믿음이었다. '나라이 임하옵시며, 당신의 뜻이 이루어지이다' 그는 중얼 거렸다. 의사들은 손길을 멈추었다. 주변에 있던 사람들은 눈물을 흘렸다. '나라와 권세와 영광이 아버지께 영원히 있사옵나이다. 아멘.' 이 말을 하고 그는 의사들이 그의 생명을 연장하기 위해 자신들의 노력을 다 하는 동안 의식을 잃었다."

그 수술 이후 그는 며칠을 더 생존했다. 그러나 1901년 9월 14일 서거했다. 죽기 얼마 전에 그는 찬송가 '내 주를 가까이 하게 함은'의 가사를 인용한 말을 했다. 그가 마지막으로 남긴 말은 "그것은 하나님의 길이다. 우리가 아닌 그분의 뜻이 이루어지기를"이었다. 라스웰(Roswell) 박사는 매킨리의 생명을 구하기 위해 자신이 할 수 있는 최선을 다했다. 그는 매킨리의 마지막 순간을 지켜보았다. 그 장면에 대해 그는 이렇게 회상했다. "그 때까지 나는 한 사람이 훌륭한 정치가이며, 훌륭한 기독교인이 될 수 있다는 것을 절대로 믿지 않았었다."

역사적 논란들

매킨리가 필리핀 정책에 대해 자신의 "그리스도가 역시 그들을 위해서 죽은 우리의 동료들"이라는 선언을 만들었는가?

1899년 11월 21일, 매킨리는 감리교감독교회의 선교위원회의 예방을 받았다. 그는 그들에게 미국이 필리핀에 곧 개입하게 될 것이라고 말했다. 그들이 떠날 때 그는 그들에게 한 가지 더 연설을 했다. 이 마지막 연설에 대한 이야기는 대부분이 사실과 일치한다.

이 이야기는 찰스 올코트가 쓴 매킨리의 전기인 「윌리엄 매킨리의 생애」(The Life of William McKinley)에 다음과 같이 기록되어 있다.

"잠깐만 기다리시오! 여러분, 당신들이 떠나기 전에 나는 필리핀과 관련한 이야기를 하고 싶습니다. 나는 필리핀에 대한 좋은 조건에 대해 그럴만한 가치가 없다는 비판을 받아 왔습니다. 솔직히 말하자면 나는 필리핀을 원치 않습니다. 그리고 그것이 신들의 선물로써 우리에게 왔을 때 나는 그것을 어떻게 해야 할지 몰랐습니다. 스페인 전쟁이 일어났을 때, 드웨이(Dewey)는 홍콩에 있었습니다. 그리고 나는 그에게 마닐라로 가서 스페인 함대를 사로잡거나 쳐부수라는 명령을 내렸습니다. 왜냐하면 만일 지게 된다면 그는 지구 반대편에서 재정비를 할 수 있는 장소가 없었기 때문이었습니다. 그리고 만일 스페인이 이기게 된다면 스페인 함대는 태평양을 건너 우리의 오리건이나 캘리포니아 해안을 파괴 했을 것입니다. 그래서 그는 스페인 함대를 쳐부숴야만 했고 그는 성공했습니다. 그러나 그 때까지는 나는 거기까지밖에 생각지 못했습니다.

그 다음에 내가 필리핀이 우리의 무릎에 떨어졌다는 것을 깨달았을 때 나는 그것을 가지고 무엇을 해야 할지 몰랐다는 점을 고백합니다. 나는 민주당뿐만 아니라 공화당의 모든 사람들로부터 자문을 구했습니다. 그러나 도움을 별로 얻지 못했습니다. 나는 먼저 우리가 마닐라(Manila)를 점령하고 그 다음은 루손(Luzon), 그리고 또한 아마도 다른 섬들을 점령할 것이라고 생각했습니다. 나는 매일 밤마다 자정까지 백악관의 마루 위를 서성거렸습니다. 그리고 신사 여러분, 나는 이런 말을 하는 것이 부끄럽지 않습니다. 나는 무릎을 꿇고 전능하신 하나님께 빛과 인도하심을 달라고 밤마다 기도했습니다.

그리고 어느 날 밤 그 해답이 왔습니다. 나는 그게 어떻게 왔는지 모르지만 그것은 왔습니다. '(1) 우리는 필리핀을 스페인에 되돌려 줄 수 없다. -

그것은 겁먹은 것이며 불명예다. (2) 우리는 그것을 프랑스나 독일에게 넘겨줄 수 없다. - 그들은 동양에서 우리의 상업적인 라이벌이며, 따라서 그 결정은 나쁜 거래이고 신용을 떨어뜨리는 것이다. (3) 우리는 그것을 필리핀 사람들 자신에게 맡길 수 없다. - 그들은 스스로 통치할 능력이 없으며, 따라서 그들은 곧 무정부 상태가 되고 잘못 다스려 스페인 통치 때보다 더 악화 될 것이다. (4) 그렇다면 우리가 할 수 있는 것은 필리핀을 모두 가지고, 필리핀 사람들을 교육하고, 그들을 향상시키고 문명화하고, 기독교화 하고 그리스도께서 역시 그들을 위해 죽으신 우리의 동료로서 하나님의 은혜로 그들에게 할 수 있는 우리의 최선을 다 하는 것밖에 없다.'

그리고 그때 나는 침대로 가서 잠이 들었고 평안한 잠을 잤습니다. 그리고 다음날 아침에 나는 우리의 지도 제작자인 전쟁부의 최고 기술자를 불렀습니다. 나는 그에게 필리핀을 미국의 지도에 포함시키라고 (그의 사무실에 있는 커다란 지도를 가리키면서) 말했습니다. 그리고 그대로 되었고 그것은 내가 대통령으로 있는 동안 그 자리에 있을 것입니다."

이 이야기에 대해서는 몇몇 다른 자료들이 서로 다른 구조로 묘사하고 있다. 올코트가 "그것이 신들의 선물로써 우리에게 왔을 때"라고 기록한 대신에 요세푸스 대니엘스(Josephus Daniels)는 매킨리가 "그것이 하나님의 선물로써 우리에게 왔을 때"라고 기록하고 있다.

대니엘스의 기록은 요약되어 있다. 그의 훨씬 짧은 기록은 다음과 같다. "사실 나는 필리핀을 원하지 않았습니다. 그리고 그것이 하나님의 선물로써 우리에게 왔을 때 나는 그것을 어떻게 해야 할지 몰랐습니다. 나는 매일저녁 자정까지 백악관을 서성거렸습니다. 그리고 여러분, 나는 이것을 말하는 것이 부끄럽지 않습니다. 나는 무릎을 꿇고 저녁마다 전능하신 하나님께 빛과 인도하심을 구했습니다. 그리고 어느 날 밤 그 응답이 내게 왔습니다. '우리가 그것을 다 갖는 것밖에는 다른 길이 없으며, 필리핀 사람들을 교육해서 향상시키고 문명화하고 기독교화 해서 그리스도께서 역시 그들을 위해 죽으신 우리의 동료로서 그들에게 할 수 있는 우리의 최선을 하나님의 은혜로 다 하는 것밖에 없다.' 그리고 그때 나는 침대로 가서 평안한 잠을 잤습니다."

공식적인 기록이 없기 때문에 나는 더 긴 이야기를 따랐다. 말이나 문장의 길이에 대한 것은 아마도 중요할 지도 모르지만, 여기서는 그다지 중요한 요소가 아니다. 정작 더 중요한 논란은 매킨리가 그러한 말을 했느냐 안 했느냐에 있다. 매킨리를 연구하는 학자인 루이스 구드는 매킨리의 연설이 실제로 있지 않았거나 혹은 과장되었을 "가능성"이 있다고 생각했다.

그는 「윌리엄 매킨리의 대통령 시절」(The Presidency of William McKinley)에서 다음과 같은 사실을 기록했다. "그 이야기는 제임스 러슬링(James F. Rusling) 장군의 기록에 따른 것이며, 이것은 그 감리교인들이 백악관을 방문한 지 3년 이상 지난 후에 출판되었다."

1899년의 책에서 러슬링은 아브라함 링컨(Abraham Lincoln)이 1863년에 자신에게 다음과 같은 말을 했다고 기록했다. "나는 어느 날 나의 방으로 들어가 무릎을 꿇고 전능하신 하나님께 게티즈버그의 승리를 위해 기도했다." 구드는 계속해서 이렇게 인용했다. "전능자와의 기도로 그렇게 애를 쓴 후에, 나는 그것이 어떻게 왔는지 모르지만, 그리고 그것을 설명할 수는 없지만, 달콤한 평안이 내 영혼으로 스며들어 왔다."

링컨과 매킨리는 "무릎을 꿇고 전능하신 하나님께 기도했다"는 말과 "나는 그것이 어떻게 왔는지 모른다"는 말에서 서로 같은 말을 하고 있다. 두 사건이 비슷하고 그 말들이 같다는 것으로 인해 구드는 "두 개의 비슷한 이야기를 놓고 볼 때 러슬링이 이전에 했었던 자료를 가지고 매킨리의 이야기를 좋게 보이게 만들었을 가능성이 있다"고 말했다.

그것은 가능성이 있다. 그리고 구드의 추측은 표면적으로 그럴듯하다.

그러나 증거들을 보면 그것이 추측이며 근거가 희박하다는 것을 알 수 있다. 그러한 추측을 심각하게 고려할 수 없다는 반론들이 세 가지가 있다.

첫째, 그 추측은 두 비슷한 이야기가 의도적으로 만들어졌다는 주장에 근거하고 있다. 비록 그 이야기들이 비슷한 생각을 가지고 있기는 하지만, 링컨과 매킨리는 사무실에서 기도했던 유일한 대통령은 아니었다. (그들은 또한 자신의 기도생활에 대해 자신의 친구들에게 이야기 했던 유일한 사람들도 아니었다) 비록 두 이야기들이 비슷한 말을 가지고 있지만, 그 이유로 이것이 표절이라는 증거는 될 수 없다. 만일 이것이 구드의 추측에 반대하는 유일한 논거일 수밖에 없다면, 그 두 이야기는 동일한 일이 일어난 것이라고 말할 수밖에 없다. 하지만 그래도 다른 두 개의 중요한 증거가 남는다.

둘째, 그 이야기는 러슬링의 증언에만 기반을 두고 있는 것은 아니다. 올코트는 공식 「윌리엄 매킨리의 생애」(Life of William McKinley) 제2권에 그 이야기에 대해 "제임스 러슬링 장군이 쓴 인터뷰 보고서로부터 온 것이며, 이는 그 자리에 참석했던 다른 두 명으로부터 확인을 받은 것이다. 1903년 1월 22일 '크리스천 옹호자'의 허락을 받아 재 인쇄함"이라고 기록했다. 그 모임에 참석했던 다른 참가자들은 토마스 보우맨(Thomas Bowman) 감독, 존 허스트(John F. Hurst) 감독, 사무엘 업햄(Samuel F. Upham) 박사, 그리고 존 버클리(John M. Buckley) 박사였다. 따라서 러슬링의 이야기에는 한 명이 아닌 다섯 명의 증인이 있었다.

비록 누구라도 정확한 이야기를 잊어버릴 수는 있겠지만 적어도 그들 가운데 한 사람은 사실과 다른 어떠한 중요한 실수라도 눈치 챘을 것이다.

셋째, 링컨이 게티즈버그의 승리를 위해 기도했다는 이야기는 러슬링의 책이 나온 1899년 이전에 이미 잘 알려진 이야기였다. 윌리엄 매킨리 자신이 그 이야기를 러슬링의 책이 나오기 7년 전인 1892년, 그리고 그 모임이 있기 9년 전의 연설에서 이미 인용했었다.

내가 구드의 주장을 읽었을 때 나는 그 질문을 내 스스로 조사해 보았다. 초기 단계로, 나는 그 이야기가 러슬링이 사용하기 이전에 잘 알려진 것이었는지를 보기로 했다. 만일 그렇다면 매킨리는 그 이야기를 들었을 것이다. 나는 매킨리가 그 이야기를 읽어보지 못했을 뿐만 아니라 그 이야기를 자신이 사용했다는 사실을 발견하지 못할 것이라고 기대했다.

첨언 하자면, 나는 매킨리가 인용했다는 것을 찾기 위해 오랜 시간을 조사할 필요가 없었다. 루이스 구드는 자신의 책, 「윌리엄 매킨리의 대통령 시절」에서 그 이야기가 신빙성이 없을 가능성에 대해 각주를 달아 논의 했다. 따라서 구드는 매킨리가 그 이야기를 알았었다고 의식하고 있었다. 아마도 그는 먼저 그 이론을 이미 만들어 놓은 상태에서 강력한 반대의 증거가 앞에 놓여 있음에도 불구하도 이 이야기를 그대로 주장했었던 것 같다. 따라서 의도적인 동일성이 있다는 것은 증명되지 않았다. 가장 먼저 나온 증언을 보면 그 이야기에 반대되는 주장은 가능성이 없다. 만약에 두 이야기 사이에 의도적으로 동일한 부분이 있다고 한다면 그것은 매킨리 쪽이 의도 했을 것이다.

20장

벤저민 해리슨
Benjamin Harrison

해리슨은 마이애미 대학교에서의 개종과 장로교회에 등록 교인이 되기로 결심했던 것으로 인해 평생 동안 기독교에 헌신했다. 그의 종교적 신앙은 그의 대통령직과 그의 나머지 다른 사역에 영향을 끼쳤다.

벤저민 해리슨 Benjamin Harrison

벤저민 해리슨은 1833년 8월 20일에 오하이오 주 노스벤드(North Bend)에서 태어났다. 그의 집안은 성경을 읽고 찬송을 하며 가족들이 함께 기도하는 경건한 집안이었다. 해리슨의 아버지 존 스캇 해리슨(John Scott Harrison)은 1849년 10월 8일 공식적인 신앙고백을 하고 자신의 아들에게도 그렇게 하도록 격려했다.

해리슨 가족은 매주 일요일마다 어김없이 주일을 지켰다. 가장 가까운 곳에 있는 장로교회는 오하이오 주 클리브즈(Cleves)에 있었다. 예배는 격주로 있었지만 당시 도로 사정이 좋지 않은 탓에 해리슨 가족은 그 예배에 항상 참석할 수는 없었다. 그러나 그 가족은 매주 일요일마다 "4시부터 잠 잘 시간까지" 찬송을 불렀다.

후에 벤저민 해리슨이 결혼하고 자녀들을 갖게 되었을 때 그는 주일을 꼭 지켰으며, 그의 가족들은 그의 평생 동안 이 전통을 신실하게 지켰다.

해리슨은 오하이오 주 옥스퍼드에 소재한 마이애미대학교에 입학을 했다. 이 대학교는 공립학교였지만 1873년까지는 총장이 모두 장로교 목사 출신들이었다.

해리슨이 재학 중일 때 대부분의 교수들과 이사들도 역시 장로교인들이었다. 이 대학교에서는 매일의 일과를 성경을 읽고 기도하는 것으로 시작했다.

해리슨이 이 대학교에서 공부하던 당시 히브리어와 동양문학 교수는 목사였던 조셉 클레이바흐(Joseph Claybaugh) 박사였다. 1850년 말에 클레이바흐 박사가 캠퍼스에서 인도한 수련회에서 해리슨은 기독교인이 되었다. 그가 이 결정에 관한 자신의 이야기를 집에 편지로 써 보내자, 그의 누이인 샐리(Sallie)가 이렇게 답장을 보내왔다. "우리는 며칠 전에 너의 편지를 받았다. 네가 네 자신을 교회와 연결시키게 되었다는 것을 알고 나서 우리 모두가 어떤 기쁨을 느꼈는지 너는 아마 상상할 수 없을 것이다. 네가 이 결정을 한 것에 대해 절대로 후회하지 않기 바란다. 사실은 그리스도를 따르는 사람들과 한 멤버가 된다고 하는 것은 위대한 특권이다."

이 결정을 하고 나서 해리슨은 정기적으로 "기도 모임 및 다른 경건생활 모임"에 참석했다.

비록 그가 결국에는 법관이 되기로 결정을 했지만, 그는 먼저 목회자가 되는 것에 대해 심사숙고 했었다.

해리슨은 1853년 10월 20일 캐롤라인 라비니아 스캇(Caroline Lavinia Scott)과 결혼했다. 전기 작가 해리 시버스(Harry Sievers)는 "그들은 결혼 서약을 하기 전에 자신들이 캘빈(Calvin)과 낙스(Knox)의 신앙을 따를 것임을 공식적으로 헌신 했다"고 기록하고 있다.

그가 스물한 살이던 1854년 벤저민과 캐롤라인 해리슨은 인디애나 주의 인디애나폴리스로 이사하여 제일장로교회의 등록 교인이 되었다. 1925년에 그 교회는 '백주년 기념집'을 발간했다. 이 책에서 해리슨에 관해 이렇게 기술하고 있다. "1854년 스물한 살 때 이 지역으로 왔을 때 그는 지체 없이 이 교회에 등록을 하고 열심히 신앙생활을 했다. 그는 주일학교에서 교사가 되었고 교회의 모임에 빠짐없이 참석했다. 그는 기도 모임에도 성실히 참석했다. 그는 특히 YMCA 같은 곳에서 젊은이들과 함께 일했다. 그리고 공적이든 사적이든 간에 길이 열리기만 하면 그는 자신의 신앙과 그의 주님의 주

되심에 대해 간증을 했다."

1857년 해리슨은 그 교회의 집사가 되었다. 1861년 그는 장로로 선출되었고 제일장로교회에서 40년 동안을 장로로 시무했다. 그는 또한 수년간 주일학교에서 청년부 성경공부를 가르쳤다.

남북전쟁이 일어나자 해리슨은 인디애나 주 보병대의 연대장으로 참전했으며 육군 준장으로 승진했다. 훈련 초기 시절에 그는 자신의 아내에게 이렇게 편지를 썼다.

"나는 당신과 가족들이 집에서 우리를 기억하고 나의 연대와 나를 위해 매일 하나님께 많은 기도를 올릴 수 있기를 바랍니다. 사랑하는 아내여, 나를 위해 하나님께 이렇게 기도해 주기를 바라오. 첫째는 예수 그리스도의 좋은 군사로 내 자신을 감당할 수 있도록. 둘째는 내 나라와 나의 친구들의 영예를 위해 하나님이 나에게 내 자신을 통제할 용기와 능력을 주시기를, 그리고 마지막으로는 만일 하나님이 원하시는 뜻이 계신다면 내가 사랑하는 사람들이 있는 집으로 다시 돌아갈 수 있도록. 만일 그렇지 않다면 하나님의 은혜의 풍성하신 위로가 나와 그리고 살아남은 사람들에게 충분히 임하도록."

1864년 해리슨은 전투를 앞두고 준비하는 동안 그의 아내에게 쓴 편지에서 이렇게 말했다.

"하나님이 그의 크신 은혜로 우리에게 위대한 승리를 주시기를, 그리고 우리나라가 하나님을 찬양할 수 있게 되기를… 나는 당신과 아이들을 생각하고 있소. 그리고 나의 온 마음은 사랑과 애정으로 당신을 향해 달려가고 있소. 나는 이 밤에 하나님께 수많은 정직한 기도를 올려 드리고 있다오. 당신이 남편을 잃고 자식들은 아버지를 잃게 될지도 모르기 때문에 하나님의 은혜 안에서 당신은 하나님의 풍성한 위로를 받게 되기를, 그리고 하나님의 섭리 안에서 풍성한 세상의 위로와 도움을 받게 되기를. 나는 당신이 나를 잊지 않을 것이라는 것을 알고 있소. '내가 전사자들 가운데 포함된다고 해도.' 나는 그리스도 안에서 나의 조국을 위해 죽은 것이기 때문에 당신의 슬픔이 위로를 받고 경감되기를 바란다오."

해리슨은 인간들은 자신이 좋아하거나 싫어하거나 관계없이 자신들의 삶을 최선의 것으로 만들기 위해서는 하나님의 결정을 신뢰해야만 한다고 믿었다. 수년이 지난 후인 1887년 자신의 아들인 러셀(Russell)에게 그는 이런 편지를 보냈다. "나는 네가 너의 기독교 신앙과 의무를 새롭게 하기를 원한다. 하나님을 신뢰하는 것은 커다란 위로가 된다. 비록 하나님의 섭리가 즐겁지 않아 보여도 말이다. 미끄러운 곳을 걸어갈 때는 끊임없이 기도하거라. 비록 구한 것들이 주어지지 않는다고 해도 말이다."

남북전쟁이 끝나고 나서 해리슨은 다시 그의 교회에서 청년들을 가르치고 수십 년간 "정기 성경공부 반"을 계속해서 가르쳤다.

1875년에 제일장로교회의 담임인 예레미야 커믈러(Jeremiah P. E. Kumler) 목사가 사임하자, 해리슨은 새로운 목회자 청빙 위원회의 위원장이 되었다. 그 작업이 2년이나 소요되었지만 그 위원회는 결국 마이론 리드(Myron W. Reed) 박사를 후임자로 결정했다.

전기 작가인 해리 시브스는 "해리슨의 삶에서 신앙은 항상 중요한 역할을 했지만 마이론 리드 목사의 영향력 아래 그 신앙은 새로운 깊이를 더하게 되었다. 리드 목사는 인디애나폴리스에서 사역한 목사들 가운데 가장 인기 있는 목회자였다. 리드 목사는 해리슨에게 강력한 영향력을 발휘했다"라고 기록하고 있다.

해리슨은 인디애나폴리스 지역에 새로운 지교회를 세우는 사역을 주도했고, 이로 인해 인디애나폴리스 제9 장로교회가 설립되었다.

1876년 그는 인디애나 주의 주지사 선거에 도전했으나 낙선했다. 민주당원들은 그의 성격을 빙자해서 그를 "빙산처럼 차가운 사람"이라고 불렀다.

전기 작가인 해리 시버스는 다른 말을 사용해서 해리슨을 묘사하기를 "그는 수줍음을 많이 탔다. 그럼에도 불구하고 그는 필요한 때에는 긴장을 풀었다"고 말하고, 해리슨은 "좋은 이야기를 하는 사람들과는 여러 시간을 앉아 있었으며 모든 사람들에게 웃으며 진심으로 흥겨워했다"고 하였다.

1880년 해리슨은 미연방상원의원에 당선되었다. 그는 1888년 대통령에 당선되어 한 차례의 임기동안 대통령으로 재임했다. 그는 취임연설에서 다음과 같이 말했다.

"나의 공약은 이미 발표되었습니다. 그러나 진지하게 현실적으로 말하자면, 여러분이 원하는 것은 발표되지 않았습니다. 그러나 서로가 지지하여 미국의 연합과 헌법을 수호하고, 모든 법률을 기꺼이 지키며, 모든 국민들이 동등한 시민적, 그리고 정치적 권리를 갖는다는 점에 대해 내가 모든 국민들이 나와 약속을 했다고 추측하는 것이 나의 잘못된 판단이라고는 생각지 않습니다. 그러므로 서로가 엄숙한 언약의 관계로 들어가는데 있어서 우리는 전능하신 하나님의 은총과 도움을 확실히 기대하고 경건하게 간구해야 할 것입니다. 하나님이 나에게 지혜와 용기, 성실함을 주시도록, 그리고 우리 국민들에게 형제 사랑의 정신과 의와 평화를 사랑하는 마음을 주시도록."

대통령으로서의 해리슨의 연설과 선언들은 종교적인 인용문들로 가득 차 있다. 그가 첫 번째 한 일 가운데 하나는 조지 워싱턴(George Washington)이 취임선서를 했던 이후 백 년째가 되는 미국정부수립 백주년 기념을 선포하는 것이었다. 그날 아침 해리슨은 "모든 교회들"은 "정부와 그 첫 번째 대통령을 하나님이 축복하시기를 기도하라"고 말하고 있다. 그는 이렇게 말했다.

"이 국민들의 마음속에 깊은 감사의 기쁨이 되도록 하기 위해, 과거에 우리가 받은 모든 축복들로 인해, 그리고 하나님께 경건한 기도를 드리기 위해, 또한 미래에도 그들의 감사가 계속될 수 있기를 위해, 기독교와 유대교 양측의 종교적인 교리의 대표자들은 그날에 기도와 감사를 통해 정부를 기념하기 위한 한 시간을 지정키로 했습니다. 이에 따라 미합중국의 대통령인 나 벤저민 해리슨은 이러한 경건하고도 온당한 요청에 부응하여, 4월 30일 화요일 오전 9시를 기해 전 국민이 하나님의 은총을 간구하는 자신들의 신령한 예배 처소에서 자유, 번영, 평화의 축복이 우리와 함께 하도록, 그리고 하나님의 손이 우리를 정의와 선한 행동으로 인도하시도록 기도할 것을 권고합니다."

해리슨의 재임 기간 동안 여덟 명의 장관이 있었다. 그는 모든 장관들을 장로교인들 중에서 뽑았다.

1889년 6월 7일, 해리슨은 아브라함 링컨이 1862년에 발동했던 명령을 더욱 강화해서 육군과 해군에 주일을 지키도록 촉구하는 명령서를 발표했다.

"1862년 링컨 대통령은 자신의 관점을 확증하기 위해 워싱턴의 말을 인용해서 이런 명령을 내렸습니다. '육군과 해군의 사령관인 대통령은 육군과 해군에 복무중인 장교와 사병들이 주일을 지킬 수 있도록 바라며 명령한다. 인간과 짐승이 매 주일마다 이러한 휴식을 갖는 것의 중요성은 기독교인 병사들과 수병들의 신성한 권리이며, 기독교인들에게 최선의 경의를 표하는 것이다. 또한 육군과 해군이 주일에는 최소한도로 노동을 줄여야 한다는 신의 섭리를 마땅히 존중해야 한다.'

이처럼 간결하게 규정된 진리는 주의 깊고 성실하게 다루어야 하며, 이것을 무시하려는 압력은 전쟁 시기보다도 작금에 와서 현저히 줄어들었습니다. 우리 역사의 가장 힘들었던 시절의 이들 위대한 대통령들에 의해 내려진 친절하고도 동정심 깊은 명령의 정신을 되돌아보고, 능률과 사기를 진작시키기 위해 대통령은 일요일 아침의 점호가 단순하게 무기를 휴대하지 않은 간편한 복장과 일반적인 외양으로만 진행되어야 하며, 육군 규정 1889의 제 950조에서 요구하는 사항인 전 군이 무기를 휴대하고 받는 좀 더 완전한 검열은 토요일에 행할 것을 명령합니다."

해리슨 대통령은 그의 재임 중 네 번의 추수감사절 선언문을 발표했다. 1889년 11월 1일 그의 첫 번째 선언문에서 그는 이렇게 말했다.

"하나님의 섭리로 인한 축복에 그 삶을 의지하는 축복받은 백성들은 자신들이 받은 많은 축복을 내려주신 하나님을 찬양하고 감사의 마음을 표현하기에 알맞은 시간을 찾아야만 합니다. 그 시간은 우리가 감사의 마음으로 지난 한 해를 돌아보면서 우리 땅에 평화가 지속되도록 자비를 내려주시고, 기근과 질병으로부터 우리 국민들 지켜주시고, 우리의 농부들에게 풍성한 수확을 내려주시고, 자신들의 노동에 보상을 해 주신 하나님의 무한한 자비에 감사할 가치가 있는 시간들입니다.

이제 미합중국의 대통령인 나는 이 달 11월 28일 목요일을 따로 정하여 전국 추수감사와 기도의 날로 지정함에 있어서, 우리나라의 국민들이 노동과 염려로부터 휴식을 취하고, 자신들의 예배 장소에 모여, 축복하시고 우리의 길을 평화의 길로 만드신 하나님께 기도하고, 하나님께 우리의 현재와 미래의 선을 위해 그날을 축복하시어 그날이 모든 가정들이 연합해 진정한 하나가 되며, 크게는 국가가 하나로 묶여지도록 간구하기를 바랍니다."

1890년 11월 8일, 해리슨 대통령은 그의 두 번째 추수감사절 선언문을 발표했다. 그는 미국인들에게 "자신들이 언제나 모이던 예배당에 모여 감사를 표현하고, 인자하신 창조자께서 우리나라에 주신 그의 풍성한 축복들을 찬양하고, 그분의 보호와 은혜가 앞으로도 계속되기를 간구하라"고 촉구했다.

1891년의 그의 세 번째 추수감사절 선언문에서 그는 "하나님의 섭리의 풍성함을 인해서, 우리가 즐길 수 있도록 허용된 평화를 인해서, 그리고 하나님이 시민과 종교의 자유 - 우리의 조상들에게 그것을 고안해 낼 수 있는 지혜를 주시고 우리에겐 그것을 보존할 수 있는 용기를 주신 - 를 누릴 수 있는 제도를 보존해 주심을 인해 하나님께 기쁨의 감사를 드리자"고 촉구했다.

1892년 6월 29일, 해리슨은 콜럼버스가 미대륙을 발견한지 4백 주년을 기념하는 선언서를 발표했다. 거기서 그는 이런 말을 했다. "교회에서 그리고 다른 집회 장소에서 그 발견자의 독실한 신앙, 그리고 우리의 역사를 인도해 오신 하나님의 돌보심과 우리 국민들을 그토록 풍성하게 축복하심을 인해 사람들이 하나님의 섭리에 감사를 표현하도록 합시다."

1892년 11월 4일 해리슨 대통령은 그의 네 번째이자 마지막 추수감사절 선언문을 발표했다. 그 내용은 다음과 같다.

"지난 한 해 동안의 하나님의 선물들은 참으로 풍성하고 각별했습니다. 하나님은 전염병이 우리 문 앞에 머물게 하지 않으셨습니다. 하나님은 우리에게 자유 시민 제도를 더욱 사랑하게 하셨습니다. 그 제도 안에는 그의 섭리의 지도하심이 똑똑히 드러나 있습니다. 그는 법을 더욱 깊이 존중하도록 일깨우셨습니다. 그는 다른 나라의 재난을 원조하기 위해 부르심으로써 우리들의 자선사업을 더욱 폭넓게 하셨습니다. 그는 우리의 학교들을 축복하셔서 애국적이고 하나님을 경외하는 세대들이 우리나라를 위해 그분의 위대하고 호의적인 계획들을 실천할 수 있도록 하셨습니다. 그는 우리에게 크게 증가된 물질적 부를 주시고 우리 국민들의 가정에 평안과 안정이 폭넓게 보급되도록 하셨습니다. 그는 비탄에 빠진 사람들에게는 은혜를 주셨습니다. 이로 인해 미합중국의 대통령인 나는 모든 국민들이 이번 달 11월 24일 목요일을 그분의 긍휼과 그분의 계속적인 돌보심과 은혜를 탄원하기 위해 하나님께 대한 추수감사의 날로 지킬 것을 요청합니다."

1888년 해리슨의 선거가 끝나고 난지 얼마 후 펜실베이니아 주의 공화당원인 매트 퀘이(Matt Quay)가 해리슨을 축하하기 위해 인디애나 주를 방문했다. 선거 운동원으로 일했던 퀘이는 외관상으로 자기 자신의 의견에 대해 너무 자신감이 넘쳐 있었다. 해리슨이 "하나님의 섭리로 우리가 승리했다"고 말했을 때 퀘이는 펜실베이니아 신문 기자에게 투덜거리며 말했다. "그는 하나님의 섭리가 그것과는 아무런 관계도 없다는 것을 알아야만 한다."

해리슨이 하나님이 선거를 인도하실 것이라고 계속해서 믿는 동안 퀘이는 믿지 않았다. 훗날에 해리슨과 퀘이가 다가올 1892년 대통령 선거에 대해 이야기 했을 때 해리슨은 "그가 있었던 곳에 그를 두신 것은" 하나님이시라고 말했다. 그러자 퀘이는 이렇게 대답했다. "그렇다면 하나님이 당신을 재선시키시도록 합시다." 그리고 그는 백악관과 선거운동을 떠나버렸다.

비록 해리슨이 1892년 선거에서 패배했지만, 그것은 그가 하나님에 대한 믿음이 부족한 탓은 아니었다. 1889년 훗날 전국 장로교회로 개칭한 언약 교회가 첫 번째 예배를 드렸을 때 벤저민 해리슨 대통령은 그 자리에 참석했다. 올가 존스(Olga Jones)는 「워싱턴의 대통령들의 교회들」(Churches of the Presidents in Washington)에서 해리슨 대통령 부부가 워싱턴에 있는 동안 "거의 정규적으로 교회에 참석했다"고 기록하고 있다.

캐롤라인 해리슨이 죽자 벤저민 해리슨은 메리 스캇 로드(Mary Scott Lord)와 결혼했다. 그는 여러 차례 장로교회의 총회에서 봉사하면서 에드먼드 풀러(Edmund Fuller)와 데이비드 그린(David Green)의 "자유주의적인 혹은 근대적인 교회 정책들"을 지지했다. 그는 1901년 3월 13일 인디애나 주의 인디애나폴리스에서 사망했다.

그로버 클리블랜드
Grover Cleveland

클리블랜드는 그의 삶 전체를 통해 장로교인으로 살았다. 그는 교회에서 자라났고 교회의 등록 교인으로 지냈고, 생애의 마지막 순간까지 자신의 믿음을 지켰다. 나는 그의 종교적인 신앙에 관한 공적인 혹은 개인적인 기록을 별로 찾아내지 못했지만, 그가 말한 것은 언제나 정통 기독교 교리와 일치한 것이었다.

그로버 클리블랜드 Grover Cleveland

스티븐 그로버 클리블랜드는 1837년 뉴저지 주의 콜드웰(Caldwell)에서 출생하였다. 그의 아버지 리처드 폴리 클리블랜드(Richard Falley Cleveland)는 장로교회의 목사였다. 리처드 클리블랜드 가족은 일주일 중에 하루는 주님께 헌신해야 한다는 것을 확실히 이해하고 있었다. 그로버는 어린 시절부터 설교, 주일학교, 또 다른 설교, 오후 기도 모임까지 교회에서 하는 모든 예배에 참석했다. 자녀들이 잠자리에 들면 부모들은 다시 교회로 가서 저녁예배를 드렸다.

클리블랜드 목사가 뉴욕 주 훼잇빌(Fayetteville)의 장로교회의 목사로 있을 때 그로버는 성찬위원이었다. 훗날 그가 뉴욕 주 버팔로(Buffalo)에 살았을 때도 "그는 훼잇빌에 있는 그의 아버지의 옛 교회의 멤버십을 계속 유지하고 있었다." 그는 일생동안 장로교회에서 성찬위원을 하였고, 그의 아버지가 죽은 후 그로버는 어머니와 동생들을 돌봤다. 그의 두 형들은 남북전쟁에 참전하였지만, 그로버는 가족을 돌보기 위해 집에 남을 수 있도록 병역 대신에 대치금을 지불했다.

클리블랜드는 뉴욕 주 에리 카운티(Erie County)의 보안관이 됨으로써 정치에 발을 들여놓았다. 그는 직책에 있을 때 두 명의 살인자에게 교수형을 집행하기도 했다. 클리블랜드는 1885년부터 1889년까지 제22대와 1893년부터 1897년까지 제24대 미국 대통령으로 재임했다. 그는 첫 번째 재임 중이던

1886년 6월 2일에 프랜시스 폴섬(Frances Folsom)과 결혼했다.

    그는 자신의 첫 번째 취임연설에서 국민들에게 이렇게 촉구했다. "인간의 노력만을 신뢰하지 말고 겸손히 전능하신 하나님의 능력과 선하심을 인정하면서 그분의 도우심과 축복이 우리들의 노력 위에 임하도록 기원합시다. 그분은 우리나라의 운명을 관장하시는 분이며, 우리나라의 역사 속에 항상 자신을 드러내신 분입니다."

    클리블랜드는 대통령으로서 총 여덟 번의 추수감사절 선언문을 발표했다. 1885년 11월 2일, 그의 첫 번째이자 가장 긴 추수감사절 선언문은 다음과 같다.

    "미국인들은 전능하신 하나님께 대한 감사의 제목이 항상 풍성했습니다. 그분의 세심한 돌보심과 인도하시는 손길은 미국인들의 삶의 모든 과정마다 명백하게 나타났습니다. 위험의 시간에는 그분이 보호하고 지켜주셨으며, 어둡고 위험한 시간에는 그들을 안전하게 인도하셨습니다. 따라서 국가적으로 매년마다 특히 그러한 목적을 가지고 한 날을 정하여 하나님의 선하심을 공적으로 인정하고, 그분의 모든 은혜로운 선물들에 대해 감사를 돌리는 것은 적절하고도 이치에 맞는 일입니다. 그러므로 미합중국의 대통령인 나는 이에 11월 26일 목요일을 따로 정하여 공적인 추수감사와 기도의 날로 지정하며 이 땅의 모든 사람들이 지켜 줄 것을 호소합니다.

    한 국가로 보존해 주신 것을 인하여, 그리고 우리를 정치적 어려움의 충격과 위험으로부터 구해주신 것을 인하여, 지구상의 다른 국가들이 전쟁과 전쟁의 소문들로 동요되고 고통 받는 동안 안전하고 조용히 지내게 해 주신 평화의 축복을 인해, 다른 나라들에서는 수많은 사람들이 죽고 길거리에서는 애도자들이 넘쳐나게 되었던 유행병의 재앙에 대해 안전했던 것으로 인해, 농부들이 일한 보상인 풍성한 곡식들로 우리나라의 부가 증가한 것으로 인해, 그리고 우리의 국경 안에서 부와 풍성함이 따른 것으로 인해, 그날에는 모든 세속적인 사업 활동을 멈추고 모든 국민이 자신들이 평소에 모이던 예배 장소에 모여 기도와 찬송으로 지난 한 해 동안 그분이 우리에게 행하신 모든 것들을 통하여 모든 선한 것과 완전한 선물을 주신 것에 감사를 드리도록 합시다.

그리고 그날에는 좋은 추억들로 가족들이 다시 만나는 귀중하고 성스러운 날이 되게 합시다. 그리고 유쾌한 회상과 친구들과의 사회적인 교제가 우정으로 강하게 묶여지고 호의로 새로워지게 합시다. 그리고 우리가 우리의 삶에 씌워진 평온을 즐기며 감사하는 동안 진정한 감사의 마음은 자선의 행동으로 기울어지게 된다는 점을 잊지 맙시다. 그리고 가난한 자들을 친절하게 대하는 것은 우리의 감사의 조건을 두 배로 즐겁게 만들고, 주님의 눈앞에 우리의 찬송과 감사가 더욱 받으실 만한 것이 되게 합시다."

그의 두 번째 추수감사절 선언문은 1886년 11월 1일에 발표되었다. 그는 하나님의 축복들을 열거한 후에 미국인들에게 "하나님의 은총과 선하심을 인정하고 그의 계속된 돌보심과 보호하심을 기원하라"고 요청하면서, 또한 "우리가 지진, 홍수, 폭풍우 속에서 하나님의 무한하신 능력을 잘 숙고해 보는 동안, 하나님의 은총으로 위험으로부터 보호받은 사람들의 감사의 마음들이 고난으로 고통을 받은 사람들을 향해 동정과 친절로 나타나게 합시다. 또한 우리의 추수감사가 가난하고 부족한 사람들에게 용기를 주는 것이 되게 하고, 이로 인해 우리의 예배가 주님이 받으실 만한 자선의 행동이 되게 합시다"고 하였다.

1887년 10월 25일, 클리블랜드는 그의 세 번째 추수감사절 선언문을 발표했다. 그는 세속적인 일과 직업을 쉬고 "언제나 모이는 예배 장소에 모여 기도와 찬송으로 하늘의 아버지께 우리를 위해 그분이 하신 모든 일들을 인하여 감사를 드리고, 동시에 겸손히 우리의 죄악들을 용서해 주시고 그분의 은총이 계속되기를 기원하자"고 촉구했다.

그는 1888년 11월 1일에 네 번째 추수감사절 선언문을 발표했다. 그는 하나님이 미국에 하셨던 모든 일들을 기억하고 "평소의 일과 직업을 쉬고 모이던 예배 장소에서 기도와 찬송을 드리며, 하나님의 모든 은총들에 대해 감사를 드리자"라고 촉구했다. 그는 또한 이렇게 덧붙였다.

"이 땅의 일부 지역에 찾아왔던 고통스러운 하늘의 섭리를 잊지 말아야 합니다. 우리는 하나님의 능력 앞에서 겸손한 자세를 유지하면서 역병의 죽음의 행진에 한계를 정하신 하나님의 은총에 사의를 표해야 합니다. 그리고 우리의 마음은 고통 받고 슬퍼하는 이웃들에게 동정을 베풀어야 합니다. 그리고 하늘의 아버지의 손으로부터 받은 모든 축복들을 인해 우리가 감사를 돌려 드리면서 하나님이 우리에게 자선을 행하도록 명령하셨다는 것을 잊지 맙시다. 이 추수감사의 날에 가난한 사람들과 도움이 필요한 사람들을 관대한 마음을 갖읍시다. 이로 인해 우리의 찬양과 감사가 주님 앞에 받으실 만한 것이 될 것입니다."

4년간의 공백이 있은 후에 클리블랜드는 1893년에 다시 대통령에 당선되었다. 그는 자신의 두 번째 취임연설에서 이렇게 말했다.

"나의 동포들의 위임에 순종하면서, 근엄한 맹세를 통해 나는 내 자신을 그들을 위한 봉사에 헌신하려는 순간에 있습니다. 나를 이 봉사의 직책으로 부른 국민들의 개인적인 애정과 확신의 표현에 의해 깊은 감동을 받았습니다. 나의 감사보다도 지금 내가 하나님과 또한 나에게 영예를 안겨 준 국민들의 복지를 위해 헌신하고 있는 이 증인들 앞에서 하려고 하는 이 맹세는 더 큰 의미가 있는 것이라고 확신합니다. … 무엇보다도 나는 인간의 일들을 다스리고 그분의 선하심과 은총이 항상 미국인들을 뒤따르는 최고의 존재가 있다는 것을 알고 있습니다. 그리고 나는 만일 우리가 그분의 강력한 도우심을 겸손하고 공손하게 찾는다면, 그분이 우리를 등지지 않는다는 것을 알고 있습니다."

1893년 11월 3일, 그는 그의 두 번째 임기 동안의 첫 번째인 자신의 통산 다섯 번째 추수감사절 선언문을 발표했다.

"미국인들이 한 국가로서 시작이 되었던 이후로 국민들은 찬송과 감사로 하나님의 선하심과 은총을 매일 기억해야만 하지만, 매년 하루를 정해서 특별히 하나님의 애정이 깃들인 친절함과 하나님으로부터 우리가 받았던 축복들을 바라보는 것은 꼭 필요한 것입니다. 따라서 미합중국의 대통령인 나는 이 달 11월 30일 목요일을 따로 정해 추수감사와 찬송의 날로 지정해 이 땅의 모든 사람들에 의해 지켜지기를 바랍니다. 그날에는 우리가 평범한 직업과 일들에 앞서 우리들이 평소에 모이던 예배 장소에 모여, 하나님이 우리를 위해 행하신 모든 것들을 되돌아보고 감사의 마음으로 드리는 우리의 연합된 찬송이 은혜의 보좌에 다다르도록 합시다. 그날에는 친족들의 재회와 친구들과의 사교적인 모임이 즐거움과 활기를 주도록 합시다. 그리고 가난한 사람들과 도움이 필요한 사람들의 구호를 위한 자선의 관대한 선물로 우리의 추수감사의 순수함이 증명되도록 합시다."

그의 여섯 번째의 추수감사절 선언문은 1894년 11월 1일에 발표되었다. 그는 미국인들에게 "최고의 통치자에게 찬송과 감사를 드립시다. 그분은 지난 한 해 동안 친절함과 돌보심으로 미국인들을 지켜주셨습니다. 미국인들은 자신들의 필요에 따라 계속해서 축복해 주신 모든 자비의 아버지께 겸손과 신실한 기도를 드려야 합니다. 그리고 모든 선한 것들과 완전한 선물을 주시는 분의 은총을 위해서 자선의 행위를 해야만 합니다"고 말하고, 그의 다른 선언문에서와 마찬가지로 가난한 사람들과 도움이 필요한 사람들을 기억하도록 촉구하는 것으로 끝맺었다. "우리에게 안전과 풍요를 주신 분은 우리가 빈곤한 사람들을 구제하는 것과 자선을 위한 봉사를 우리의 추수감사에 대한 진실한 감사의 증거이자, 진정한 감사의 마음이 표현된 것으로 보십니다."

1895년 11월 4일, 그는 일곱 번째 추수감사절 선언문을 발표했다. 그는 감사를 드리도록 미국인에게 촉구하고 나서 그는 하나님이 미국을 떠나시지 않도록 기도하라고 촉구했다. 그는 이렇게 말했다. "우리의 추수감사와 함께 겸손히 그분께 기도합시다. 우리 국민들의 마음이 하나님께 기울어지도록, 그래서 하나님이 우리를 떠나지 않고 우리나라를 버리지 않도록, 그리고 그분의 은총과 보호하심을 통해 국가적 풍요와 행복의 길로 우리를 인도하심이 계속되도록, 그리고 우리 가운데 국가적 유산으로서 주어진 자유의 나라를 위한 애국적인 사랑이 계속 살아있게 되도록 기도합시다."

1896년 11월 4일, 그는 여덟 번째이자 마지막 추수감사절 선언문을 발표했다.

"미국 국민들은 무서운 재난으로부터 보호하신 주의 깊은 돌보심을 통해 평화와 행복의 길로 인도하신 하나님께 감사의 빚을 지고 있다는 것을 절대로 잊어서는 안 됩니다. 또한 하나님의 가르침으로부터 벗어나 자신들의 지혜를 따라 죄악된 자만심을 따르기를 좋아하는 마음을 뉘우치고 인정하기를 거부해서는 안 됩니다. 이러한 생각들이 더욱 더 활기차게 마무리 지어지도록 하기 위해서는 한 날을 정해 우리가 함께 모여 찬양과 기도로 은혜의 보좌 앞에 나가는 것이 적절한 것입니다.

따라서 미합중국의 대통령인 나는 이 달 11월 26일 목요일을 따로 정하여 우리나라 전체가 추수감사와 기도를 드리는 날로 지키도록 규정합니다. 이 날에는 우리 모든 국민들이 자신들의 일상의 일과 직업을 쉬고 평소에 모이던 예배 장소에 모여 우주의 통치자께 한 국가로 우리를 보존해 주심을 인하여, 모든 위험으로부터 구해주심을 인하여, 우리나라 국경에 평화를 주심을 인하여, 지나간 한 해 동안 질병과 역병을 막아 주신 것에 대하여, 우리의 농부들의 노동에 따른 풍성한 수확을 인하여, 그리고 우리에게 허용된 다른 모든 축복들을 인하여 한 마음으로 감사를 드립시다.

그리고 우리에게 어떻게 기도해야 하는지 가르쳐 주신 그분을 묵상하는 것을 통해 우리의 죄의 용서와 하늘의 축복이 계속되기를 간구합시다. 이 감사의 날에는 가난하고 도움을 필요로 하는 사람들을 잊지 말고, 자선의 행위로 인해 우리의 찬송의 제물이 주님의 목전에서 더욱 받으시기 합당한 것이 되게 합시다."

대통령 재임 중에 그로버 클리블랜드는 워싱턴 D.C.의 제일장로교회에 출석했다. 이 교회는 후에 내셔널 장로교회로 개명했다. 클리블랜드가 다니던 시절에는 바이런 선더랜드(Byron Sunderland) 목사가 그 교회의 담임을 맡고 있었다.

1904년 1월 7일에 클리블랜드의 장녀인 루스(Ruth)가 12세의 나이로 사망했다. 그 아이가 죽은 후에 그는 그 사건에 대해 친구에게 이렇게 편지를 써 보냈다. "루스가 주님의 팔에 안겨 있다는 것 대신에 차갑고 음산한 무덤 속에 있다는 생각을 내 머리 속에서 떨쳐버리기 위해 나는 한동안 매우 어려운 시간을 보냈다. 그 시간의 많은 부분을 나는 그 애가 하늘에서 즐겁게 살고 있다는 것이 아닌 오직 그 애의 죽음만을 생각할 수 있을 뿐이었다. 하나님이 나를 돕기 위해 찾아오셨고, 나는 사랑하는 루스의 죽음에 대해 이 기적인 인간성이 허용하는 한도만큼 나의 생각을 조절할 수 있었다. 나는 한 가지는 확실히 말할 수 있다. 그 애가 우리 곁을 떠난 후 단 한순간도 내 마음 속에 반항심이 생겨난 적은 없다."

1908년 봄에 클리블랜드의 건강은 쇠약해졌다. 그의 누이인 예오만스(E. B. Yeomans) 부인은 이렇게 기록했다. "이 마지막 몇 주 동안, 그는 옛 집에 있던 자신의 어린 시절에 가족 기도 시간에 사용했던 낡은 찬송가책을 가져 오도록 했다."

그의 오랜 친구인 세인트 클레어 멕켈웨이(St. Clair McKelway)는 이렇게 기록했다. "점차 연약해지면서, 그는 전능자를 신뢰하고 인간에게 대한 선한 마음을 품은 채 마지막 순간을 맞이했다. 그의 얼굴에 나타나는 무언가 열중해 있는 시선을 보면 그것을 이해할 수 있었다."

클리블랜드는 1908년 6월 24일 뉴저지 주의 프린스턴(Princeton)에서 사망했다. 그의 누이들 가운데 하나는 "그의 어린 시절의 신앙은 그의 죽음의 시간들을 빛나게 만들었다"고 기록했다.

최근에 클리블랜드의 전기를 쓴 리처드 웰치(Richard Welch Jr.)는 클리블랜드를 "종교적인 세계관이 없었던 사람"이며 "자신의 어린 시절의 장로교회의 교리를 많이 버렸다"고 기록했다. 그러나 클리블랜드가 "종교적인 편견이 없거나 거의 보여주지 않았다"는 주장 외에는 웰치의 이러한 수정론을 지지할 만한 증거는 없다.

하지만 종교적인 편견이 없거나 거의 보여주지 않았다는 것이 클리블랜드가 장로교회의 교리를 버렸고 종교적인 세계관을 가지고 있지 않았다는 주장을 증명하지는 못한다. 클리블랜드의 문서들과 이 장에서 언급했던 것을 포함해 내가 접했던 어떠한 문서들에서도 나는 클리블랜드가 정통 교리를 버렸다는 증거를 전혀 찾지 못했다. 웰치 자신도 그의 이전 기록과 모순되는 기록을 남겼다. 그는 클리블랜드가 "그의 어린 시절의 교리를 의심할 이유를 전혀 보지 못했다. 그리고 그는 성경구절들에 대해 합리주의적 해석을 하려는 사람들에 대해 노여움을 표시했다"고 기록하고 있다.

웰치는 또한 클리블랜드의 유년 시절의 장로교회 교육의 영향력이 과장된 것이라고 주장했다. 만일 그렇다고 해도 클리블랜드 그 자신이 과장을 했을 것이다. 그는 목사의 아들로서 유년 시절에 받은 교육이 "내 삶의 어떤 사건보다도 내게 강력한 영향력을 준 더욱 가치 있는 것이었다"고 말했다.

22장

체스터 엘렌 아더
Chester Alan Arthur

아더는 그의 아버지와 어머니로부터 신실한 교육을 받고 자랐다. 그러나 우리가 알고 있는 한 그는 이러한 유산을 거부했다. 그는 일생동안 교회에 정기적으로 출석하기는 했지만 공적으로 신앙을 고백한 적은 한 번도 없었으며, 어느 교회에도 등록 교인이 되지 않았고 정통 기독교의 교리를 믿는다는 표현을 한 적도 없었다.

체스터 엘렌 아더 Chester Alan Arthur

체스터 엘렌 아더는 1829년 버몬트 주 페어필드(Fairfield)에서 태어났다. 그의 아버지인 윌리엄 아더(William Arthur) 목사는 장로교인으로 자랐지만, 성공회에서 멜비나 스톤(Malvina Stone)과 결혼을 했다. 멜비나 스톤의 삼촌인 존 스톤(John Stone)은 침례교 목사였다.

1827년 윌리엄 아더는 버몬트 주 벌링톤(Burlington)에서 열린 프리윌(Freewill) 침례교 부흥회에 참석해 개종하게 되었다. 바로 그 해에 그는 침례교 목회자가 되었고 설교 허가증을 받았다.

그의 아들의 전기 작가는 이렇게 기록하고 있다. "그 다음 해에 윌리엄은 더 큰 규모의 교단으로 이적했다. 공식적인 성직자 심사를 받은 후에 1828년 5월 8일 목사 안수를 받았다."

그 후 한 달이 채 못 되어 윌리엄 아더는 버몬트 주 페어필드(Fairfield)에 담임목사로 청빙을 받고 그곳으로 이사를 했다.

그 다음 해에 그의 아들 체스터가 태어났다. 체스터가 비록 교회적 환경에서 성장했지만, 그는 개인적으로 삶을 그리스도에게 전혀 헌신하지 않았다. 그의 전기 작가인 토마스 리브스(Thomas Reeves)는 이렇게 기록하였다. "체스터가 품위 있는 사람의 고상한 의무로써 가끔씩 넬(Nell)과 함께 교회에 출석하기는 했지만, 그는 그리스도의 복음에 대해 개인적인 헌신을 보인 적이 절대로 없었다. 그랬다면 자신의 아버지를 기쁘게 했을 것이다." 그의 부모들은 체스터와 그의 형 윌리엄(William)이 그리스도를 믿기를 기도했지만, 그 기도는 응답되지 않았다. 그 두 형제들은 "신앙에 대해 적대적이었고" 결국에는 "자신들의 부모님들과 사이가 멀어지게 되었다."

그들의 어머니인 멜비나는 그 아들들에게 편지를 써서 그리스도를 믿으라고 재촉했다. 체스터의 형에게 쓴 편지 가운데 하나에는 이렇게 기록되어 있다.

"윌리엄, 나는 네가 잘되기를 간절히 바라고 있다. 네가 잘 알다시피 나는 매일, 매 시간마다 하나님께 너를 축복하시고 너를 네 주변에 있는 많은 유혹들로부터 지켜주시기를 기도한다. 술 취함과 방탕함과 불경스러운 욕설과 도박 같은 것들은 다른 어느 곳보다도 군대에서 더 많이 발견되는 것들이다. 나는 이 모든 죄악들로부터 너를 지켜주시고 하나님이 그것들을 싫어하시듯이 네가 그것들을 싫어하게 되도록 하나님께 기도한다. 오, 네가 그리스도의 명령에 순종하여 그를 믿고 침례를 받는다면, 네가 살든지 죽든지 너는 세상이 네게 줄 수 있는 모든 것보다도 신앙이 더 필요하게 될 것이다. 사랑하는 아들아, 네가 언제까지 하나님께 대해 반역하고 그의 계명을 순종하기를 거부하는 삶을 살려고 하느냐? 하나님이 이 생명을 거두시기 전에 나의 기도를 응답해 주시기를, 너와 체스터가 공개적으로 그리스도를 고백하고 그분을 위해 기꺼이 바보가 될 수 있기를. 네가 원하기만 한다면 그분이 너를 영원한 생명으로 인도하실 것을 나는 믿는단다."

우리는 윌리엄이 그의 어머니의 간청과 기도에 응답했는지 알지 못한다. 우리가 알 수 있는 모든 것을 종합해 보면, 체스터는 그렇게 하지 않았다. 유타대학에 재학 중이던 시절에 체스터 아더는 다음과 같은 글을 썼다. 이는 그가 대학 시절에 쓴 글 가운데 현존하는 세 편 중 하나다.

"대홍수 이후 현대까지의 간략한 역사

모세는 물에 의해 지구의 모든 사람들이 멸망한 뒤 살아남은 유일한 사람이었다. 몇 년을 더 살고 난 후에 그는 자신의 아들 느부갓네살에게 솔로몬의 성전을 짓도록 했다. 공사 도중에 언어가 혼잡해지는 일이 생겨났다. 그리고 이것이 바로 성전이 미완성으로 남게 되었던 원인이었다. 이 시기에 알렉산더 대왕은 몇 달간의 포위 끝에 기습공격으로 바벨탑을 점령했다. 그리고 그 모든 사람들을 칼로 죽였다. 그러나 얼마 못 가서 그는 정신병에 걸렸고 갈대밭에 떨어졌는데 거기서 바로의 딸이 그를 발견하고 그를 보살펴 주었다."

이것이 그의 종교적인 유산에 대한 반항 수단의 하나로 농담으로 쓴 것인가? 아니면 혼란에 빠진 젊은이가 역사에 대해 심각하게 생각한 결과인가? 그의 전기 작가인 토마스 리브스는 농담이었다고 생각하지만 우리는 알 수 없다.

아더는 엘렌 루이스 헌돈(Ellen Lewis Herdon)과 1859년 10월 25일 결혼했다. 그녀는 성공회교회에 출석했으며 성가대원이었다. 아더는 그녀와 함께 그 교회에 출석했지만 절대로 공적인 신앙의 고백을 하지도 않았고 교인 등록도 하지 않았다.

그는 이익을 위해서 정당을 지지하는 이권 운동인 엽관(獵官) 제도의 이점을 이용해 뉴욕 주 공화당에서 정치적으로 부상했다. 또한 당의 주류에 충성을 다한 이권으로 그는 1880년 부통령에 지명되었다. 아더는 가필드가 암살당하자 대통령이 되었다. 대통령이 되고 나서 얼마 되지 않은 1881년 9월 22일에 아더는 가필드의 장례식이 있던 9월 26일을 "수치와 비탄의 날"로 선포하고 국민들에게 "그날 자신들의 신성한 예배 장소에 모여, 전능하신 하나님의 뜻에 그들의 슬픈 순종의 제물을 함께 드리도록" 진지하게 권고했다.

아더는 1881년부터 1885년까지의 재임 중에 네 번의 추수감사절 선언문을 발표했다. 첫 번째는 1881년 11월 4일 발표되었는데, 그 해의 축복에 대한 감사를 표현하고 또한 가필드의 죽음에 대해 슬픔을 표현했다. 아더는 비록 미국이 "거대한 상실의 그림자 속에 있으나 지난 12개월간 우리에게 쏟아진 셀 수 없는 축복들은 우리의 열렬한 감사를 요구하고 있으며, 우리가 감사로 기뻐하기에 합당하도록 만든다. 주님이 그의 한없는 긍휼로 우리나라와 우리 국민을 두드러지게 축복하셨다"고 말했다. 아더는 "그의 선하심이 우리의 삶과 역사에 명백히 드러나 있는 전능하신 하나님께" 찬송과 영광을 돌리도록 국민들에게 요청하고, "그분의 축복이 우리들과 우리의 자녀들에게 계속되도록 진실한 기도를 드리자"고 말했다.

1882년 10월 25일, 그는 그의 두 번째 추수감사절 선언문을 발표하고, 1882년 11월 30일 목요일을 추수감사절로 지정했다. 그는 국가적으로 감사해야 하는 이유들을 이렇게 열거했다. "세계의 모든 나라들과 미국 사이에 존재하는 평화와 우호", "미국 내 다른 지역들 사이에 증가하는 친선", "자유, 정의, 헌법적 정부", 그리고 "풍성한 수확을 거둔 농부들을 위한 시장을 가능케 만든 노동자들의 수고에 대한 풍부한 보상"과 같은 국내의 축복들…

그는 이렇게 결론지었다. "따라서 나는 위에 지정한 그날이 전국에 걸쳐 추수감사와 기도의 날로 지켜지기를 권고합니다. 그리고 국민들은 자신들의 일상의 노동을 쉬고 자신들의 예배 양식에 따라 모임을 가지며, 전능하신 하나님의 보좌에 가까이 다가가서 그분이 우리에게 내려주신 많은 선한 것들에 대해 그분에게 찬송과 감사를 드리고, 그분의 축복과 그분의 은총이 계속되기를 기도하기를 바랍니다. 그리고 더 나가서 나는 그날이 고통 받는 사람들과 도움이 필요한 사람들에게 친절과 자비의 행동을 하는 특별한 날로 지켜지기를 권고합니다. 이를 통해 이 땅에 거하는 모든 사람들이 전국적인 추수감사의 이 계절을 즐기고 기뻐할 수 있을 것입니다."

그는 자신의 세 번째 추수감사절 선언문을 1883년 10월 26일에 발표했다. 그는 하나님이 "모든 선한 것을 주시는 분"이라고 인정하고 추수감사절에 "국민들은 자신들의 일을 쉬고 자신들의 예배 장소에서 모임을 갖고, 이 땅에 그토록 풍성하게 만들어 주신 하나님께 감사를 표현하고 그분의 은혜와 축복이 영원히 함께 하도록 기도하기를" 권고했다.

아더의 네 번째이자 마지막 추수감사절 선언문은 1884년 11월 7일에 발표되었다. 여기서 그는 "전국에 있는" 국민들에게 "가정 및 자신들의 예배 장소에서 휴일을 지키고, 마음과 목소리를 다해 모든 선한 것들을 주시는 분께 그분이 이 나라 위에 주신 셀 수 없는 축복들을 인해 경건하게 감사하라"고 촉구했다.

그의 아내 엘렌이 죽자 체스터 아더는 워싱턴 D.C.에 소재한 성 요한 성공회교회에 그녀를 기념해 창문을 기증했다. 그는 그 창문이 백악관으로부터 보일 수 있도록 건물의 남쪽에 달도록 지시했다.

아더의 대통령 수표 장부에는 1882년 7월 5일에 한 흑인 교회를 위해 헌금했던 기록이 남아있다.

아더는 1886년 11월 18일에 뉴욕시에서 사망했다. 그의 장례식은 1886년 11월 22일 월요일에 뉴욕에 소재한 하늘의 휴식처 교회에서 치러졌다.

23장

제임스 아브람 가필드
James Abram Garfield

제임스 가필드는 자기 자신의 간증대로 진정한 기독교인이었다. 그는 미국이 지금까지 가졌던 대통령들 가운데 가장 복음주의적인 대통령들 가운데 한 사람이었을 뿐만 아니라 대통령에 당선되었던 유일한 목회자이기도 했다.

제임스 아브람 가필드 James Abram Garfield

　　미국의 제20대 대통령인 제임스 가필드는 오하이오 주 오렌지(Orange)에서 1831년 11월 19일에 출생하였다. 그의 부모인 아브람(Abram)과 엘리자 가필드(Eliza Garfield)는 제임스가 두 살 정도 되었을 때에 기독교인이 되어 그리스도의 제자들교회의 등록 교인이 되었다. 1833년 아브람이 갑자기 죽은 후 엘리자는 계속 교회에 다니면서 자녀들에게 신앙교육을 했다.

　　1850년 3월 3일, 제임스 가필드는 개종을 했다. 그는 그리스도의 제자들 교단의 목사였던 윌리엄 릴리(William Lillie)가 인도하던 수련회의 마지막 시간에 초청에 응해 앞으로 나왔다. 그의 좋은 친구였던 오린 주드(Orrin Judd)를 포함한 몇몇 다른 청년들도 함께 구원을 받았다.

　　그는 다음날 침례를 받았다. 그는 그날 3월 4일의 일기에 이렇게 기록했다. "오늘 나는 침례를 받음으로 그리스도와 함께 장사되었고 새로운 삶의 길을 걷기 위해 일어났다."

　　가필드는 그리스도의 제자들 교단의 등록 교인이 되었다. 이 교단은 알렉산더 캠벨(Alexander Campbell)이 자신의 아버지인 토마스의 도움을 받아 1809년 창설된 교단이다. 이 교단은 부흥운동으로부터 탄생한 교단으로, 이 부흥 운동은 신약성경의 가르침을 부흥시키자는 목적을 가지고 있었다. 그리스도의 제자들 교단은 캠벨파 그리스도의 제자들교회와 버튼 스톤(Burton Stone)파 "기독교인들" 교단이 1831년에 합쳐져 만들어졌다.

알렉산더 캠벨이 강조한 것은 교의와 교단의 부재, 그리고 예수를 구세주로 받아들이고 물에 잠기는 침례를 받은 모든 사람을 받아들인다는 것이었다. 그들은 또한 토마스 캠벨의 말대로 다음과 같은 것들을 강조했다. "성경이 말하는 것을 우리는 말한다. 성경이 침묵하는 것은 우리도 침묵한다." 따라서 그들은 교의를 피하고 자신들의 이해할 수 있는 최대한을 가지고 성경을 자신들의 신학의 기초로 삼았다. 그들의 교리 가운데는 지역 교회들의 자치권, 장로회의 과반수 의사결정, 매주 일요일 성찬을 나눔, 침수에 의한 침례를 받은 후에만 교인으로 등록 등이 있다.

가필드는 인간의 전통들보다 성경의 권위를 더욱 강조하는 것과 같은 이러한 교리들을 받아들였다. 그는 일기에 이렇게 기록했다. "나는 사람들이 인류의 모든 전통들을 버리고 성경만을 자신들의 지침으로 삼았으면 좋겠다."

그는 기독교인들은 전쟁에 나가거나 정부공무원이 되어서는 안 된다는 것과 같은 그리스도의 제자들 교단의 교리들도 받아들였다. 그러나 칼빈주의 학교인 윌리엄스대학에 다니면서 그의 관점들은 변했다. (그랬기 때문에 그는 남북전쟁에서 장군이 되었고 미국의 대통령이 되었다) 칼빈주의자 친구들과 그들의 교리에 노출된 이후에 그는 "전쟁이 정당화될 수 있는가?" 하는 토론에서 전쟁을 찬성하는 주장을 하게 되었다.

1858년 봄에 그는 그리스도의 제자들교회에서 설교를 하기 시작했다. 1854년에 가서는 거의 매주 설교를 했다. 오래 되지 않아서 그는 매주 두세 군데 교회에서 설교를 했다.

비록 그가 그리스도의 제자들교회 교인들에게 항상 설교를 했지만, 그가 윌리엄스대학에 재학 중이던 시절에 적어도 한 번은 "자유의지 침례교단" 소속 교회에 초청을 받아 설교를 하기도 했다. (그는 그 사건을 이렇게 기록했다. "나는 그들에게 말씀의 구분과 새로운 왕국의 건설에 대해 한 시간 반 동안 설교했다. 나이 많은 집사님이 와서 그 말씀이 좋은 침례교 교리였다고 말해 주었다. 그러나 나는 그들이 그 내용을 받아들이지 못하고 자신들의 '자유의지 침례교단'의 교의를 계속 그대로 붙들게 될 것이 우려된다")

전기 작가인 엘렌 페스킨(Allen Peskin)은 가필드의 설교가 "구원보다는 윤리를, 하나님의 진노보다는 하나님의 사랑을 강조했다"고 말했다. 가필드는 구원을 믿었다. 그러나 페스킨에 따르면 이것은 그가 강조한 것이 아니었다. 가필드는 성경을 매일 읽었다. 학생 시절의 어느 날 그는 친구들과 등산을 갔다. 그 마지막 날에 함께 간 친구들이 그에게 오락 시간을 인도해 달라고 요청했다. 그러자 그는 이렇게 말했다. "친구들, 나는 오래 떨어져 계신 어머니와 매일저녁 성경을 한 장씩 읽는 것이 습관화되어 있어, 내가 큰 소리로 읽어도 될까?" 그 말을 듣고 모든 친구들은 그렇게 하라고 했다.

1851년 여름에 가필드는 오하이오 주 클리블랜드에서 케이티(Katie)와 마가렛 팍스(Margaret Fox) 자매들이 인도하는 심령대부흥회 집회에 참석했다. 그는 다음과 같은 기록을 남겼다.

"그것은 (그것이 무엇이든 간에) 톡톡 두드리는 것에 의해 반응했다. 두드리는 어떤 두 개의 영들이라도 같은 것은 없었다. 나는 나의 아버지에게 그의 이름을 물어보았다. 나는 수차례 다른 이름들을 불렀다. 그리고 바른 이름을 불렀을 때 그것은 응답했다. 이 방식으로 그 존재는 나의 이름을 말했다. 그리고 내게 한 명의 살아있는 형제가 있다고 말했다. 그 존재는 자신의 이름을 말했고, 나에게 영들의 땅에 또 한 명의 형제가 있다고 말해 주었다. 이름과 나이도 이야기 해 주었다. 그리고 그 존재(아버지)가 사망한지 몇 년이 흘렀는지도 말했다. 몇 가지 다른 시험을 해 보았는데 모두 옳은 답을 했다."

그 지역에 사는 많은 다른 사람들이 그러한 모임에 방문을 했다. 어떤 작가는 그 영과의 교류가 "죽음 이후의 삶에 대한 기독교의 교리들을 직접적으로 도전하는 것"이었으며, 오하이오 주 북부의 몇몇 지역에서 "뉴잉글랜드의 정통 교리를 이어 받았던 지역에 많은 연기와 재를 남겼다"고 기록했다.

1851년 5월에 무신론자 조셉 트리트(Joseph Treat)가 오하이오 주 하이람(Hiram)의 하이람감리교회에서 영과의 교류에 대하여 강연회를 열었다. 그는 그 문제에 관해 토론할 의사가 있다고 말했다. 며칠이 지난 후에 토마스 뮤넬(Thomas Munnell) 교수가 그 도전을 받아들였다. 뮤넬 교수는 그 영들이 실재하는 것들이지만, 그것들은 악한 영들이라는 입장을 고수했다. 가필드의 전기 작가에 따르면 가필드는 "뮤넬 교수가 영과의 교류에 대한 논쟁에 바른 방향을 잡고 있지 못하다고 크게 확신했다."

뮤넬 교수와 트리트의 논쟁이 며칠간 진행된 후에 학생들은 가필드에게 뮤넬 교수를 대신하라고 촉구했다. 왜냐하면 그들은 그 빈정거리는 무신론자에게 대항하기에는 그 교수가 너무 예의바르다고 판단했기 때문이다. 가필드의 친구인 코리던 풀러(Corydon Fuller)는 그 일을 이렇게 기록했다.

"가필드는 자리에서 일어나 자신이 그 신사의 연설을 크게 주의해서 잘 들었다고 말하고, 무슨 대답을 해야 할지 참으로 힘들지만 그에게 한 가지 질문을 하고 싶다고 말했다. 그리고 트리트가 청중들에게 참으로 친절하다면 그리스어로 '존재하다'라는 동사의 현재분사가 무엇인지, 혹은 다른 말로 하면 영어의 '존재'에 해당하는 그리스어가 무엇인지 말해 줄 수 있느냐고 질문을 했다. 트리트는 대답을 하지 않았다. 가필드는 그의 질문을 다시 반복했고 그에게 대답하도록 도전했지만 그 불쌍한 사람은 알지 못했다. 그러자 가필드는 청중들을 향해 돌아서서 학생들이 그리스어 문법 시간 맨 처음에 배우는 것도 알지 못하는 사람이 전국을 돌아다니면서 세계에서 가장 위대한 학자들이 이룬 업적들을 비판하는 것을 보면서 무슨 생각들을 하고 있느냐고 질문을 던졌다."

트리트가 마음의 평정을 되찾은 후에 그 토론은 계속되었다. 일주일 정도 지난 후의 한 토론에서 가필드는 성경의 권위를 옹호했다. 그는 이렇게 말했다. "진실은 강력하고 영원하다. 그리고 성경은 나라들이 무너지고 행성들이 깨지는 때에라도 하나님의 보좌와 같이 든든하게 설 것이다." 그 토론을 마칠 때 가필드나 트리트 누구도 패배를 인정하지 않았다. 그러나 트리트는 그 이후 그곳을 떠나서 다시는 되돌아오지 않았다.

가필드가 윌리엄스대학교에 재학 중이던 1855년 그 학교는 부흥의 물결에 휩쓸렸다. 비록 그가 침례교의 교리적 요소들에 동의하지 않는 부분도 있었지만, 그는 그 행사를 위해 협력해 일하고 공적으로는 자신의 교리적인 차이점을 자기 자신에게만 지켰다. 그는 그의 아내가 될 루크레티아 랜돌프(Lucretia Randolph)에게 보낸 편지에서 그것을 인정했다.

"대학에서는 지금 큰 '부흥집회'가 열리고 있소. 나는 그 모든 길과 의미들에 찬성할 수는 없지만 무언가 더 좋은 일이 이루어졌다고 믿소. 그리고 진실로 말하건대 내가 윌리엄스대학에서 찾은 사람들보다 더 영적인 생각을 가진 기독교인들과 함께 했던 적은 없었소. 나는 믿지 않는 사람들을 기독교 신앙에 관심을 갖도록 자극하는 일에 마음으로부터 그들과 협력하고 있소. 그러나 교리에 대해서는 나는 그들이 자신들의 길을 지키도록 하고 있소. 나는 지금과 같은 시간에 부조화의 요소를 드러내는 것이 옳은 것이 아니라고 생각하오. 비록 내가 그들에게 복음이 무엇인지를 말해주고 싶은 욕망을 참는 것이 힘들더라도 말이오."

1856년에 가필드는 인생에서 어떤 길을 가야 할지 고민하고 있었다. 그는 "나는 어떤 곳으로 인도되든지 간에 그 의무의 길을 기꺼이 따라가게 되기를 소망한다"고 말하며 계속 다음과 같이 말했다.

"나는 기독교인의 첫 번째 가장 큰 의무는 그의 몸과 정신과 가슴의 모든 재능을 다해 가장 귀하고 조화로운 행동으로 자신의 최선의 것을 찾는 일이라고 믿는다. 이 일은 하나님과 그의 주변 사람들에게 대한 그의 모든 의무가 포함되며 이것은 그들과의 관계 속에서 성장한다. 이 일에 대한 선행 조건으로 사람은 그 자신의 적절한 삶의 활동 영역을 찾아야만 하고, 그가 가장 적합한 적임자인 바로 그 자리를 채워야 한다."

1857년에 가필드의 고향인 오하이오 주에서는 대각성운동의 마지막 물결이 몰아닥쳤다. 두 주간 계속되었던 한 수련회에서 가필드는 두 주 동안 거의 매일 설교를 했으며, 40명을 주님 앞으로 인도했다. 그가 윌리엄스대학에 가려고 뉴잉글랜드로 갔을 때 그는 버몬트 주와 뉴욕 주의 그리스도의 제자들 교인들에게 설교했다. 몇 가지 이유 때문에 가필드는 대학 졸업 후 강단에서 떠났다.

비록 그가 자신이 젊은 시절에 가지고 있었던 몇몇 교리들(이를테면 평화주의, 젊은 지구론, 그리고 정치에서의 기독교인들의 역할 등)에 대한 자신의 생각이 변했지만, 그는 그 신앙을 결코 떠나지는 않았다. 그의 설교들 중에 몇몇은 힌스데일(B. A. Hinsdale)이 1882년에 쓴 「가필드와 교육」(Garfield and Education)에 수록되어 있고 다른 것들은 「가필드 문서들과 대중 연설들」(Garfield Papers, Public Addresses)에 수록되어 있다.

그는 루크레티아 랜돌프와 1858년 11월 11일 결혼했다. 1858년 가필드가 하이람대학의 총장으로 있던 시절에 덴톤(Denton)이라는 초기 진화론자가 오하이오 주를 찾아와 지구의 기원에 대한 토론을 하자고 공개 도전했다. 덴톤은 "자연 발생과 점진적 진화"를 지지하는 입장에 있었다. 가필드는 좀 더 성경적인 입장에서 방어하려고 했다. 그 토론은 5일 밤낮으로 지속되었으며 각 토론자는 스무 번 이상의 연설을 했다. 비록 많은 청중들이 가필드가 그 토론에서 이겼다고 믿었지만, 그는 결정적인 타협을 했다.

초기 시절인 1854년에 가필드는 휴 밀러(Hugh Miller)의 간격 이론을 읽은 적이 있었다. 간격 이론은 창조 주간의 7일이 문자적인 하루가 아니고 정해지지 않은 긴 시간의 단위라는 절충적 이론이다. 가필드는 이 토론에서 성경적인 젊은 지구론의 입장을 버리고 간격 이론을 옹호했다. 가필드는 1850년에 자신의 일기장에 그가 "토론에서 다음과 같은 주장을 지지하게 되었다; 기독교인들은 인간들의 정부에 참여할 권리가 없다"고 기록했다. 비록 그가 인기가 없는 그리스도의 제자들교회가 가르치는 그 교리를 믿었지만, 그는 "인기 있는 잘못된 생각에 대항해 인기 없는 진실을 옹호하는데 영광을 더했다."

그러나 시간이 지나면서 그는 자신의 입장을 바꾸었고 정계에 입문하기로 결정했다. 1881년에 기록된 가필드의 전기를 보면, 그가 1859년에 다음과 같은 말을 했던 것이 수록되어 있다.

"형제들이 자신들을 가르치고 설교해 주기를 나에게 바라는 것, 내가 할 수 있는 대로 선한 일을 하려는 바람, 숭고한 소명을 받기 위해서, 학문의 길을 통한 나의 길에 비용을 지불할 수 있는 어떤 것, 그리고 채무를 이행하는 것, 그리고 가르치고 설교하는 것으로 마음을 수양하고 훈련받는 것, 그리고 가르치고 설교를 위해 연구하는 고상한 주제들, 이와 같은 것들이 나를 양 갈래 길의 소명으로 인도해 왔다. 나는 내 삶을 어느 한 쪽이나 혹은 양쪽에 헌신하려고 의도했던 적은 없다. 비록 최근에 하나님의 섭리는 나의 길과 연계해 나를 목회로 밀어 붙이고 있는 것처럼 보이지만, 나는 항상 법률가가 되기를 의도하고 있었고, 아마도 정치가의 삶으로 들어갈 것이라는 생각도 있었다. 그런 생각들은 내가 그런 것들을 생각한 이래로 나의 비밀스런 야망이었다. 나는 한동안 법을 공부했다."

1859년 그가 오하이오 주 상원의원에 당선되었을 때 그는 그리스도의 제자들 교단의 지도자였던 아이삭 에레트(Isaac Errett)에게 "정치적인 명예가 가장 높은 명예인지" 질문을 했다. 에레트는 이렇게 대답했다. "당신이 매우 잘 이해하고 있는 진리와 당신이 그토록 헌신적으로 사랑하는 주님은 당신에게 대해 최고의 것을 요구하고 있습니다. 이것은 어떠한 지상의 유혹으로 인해 타협하도록 해서는 안 되는 것입니다."

가필드는 자신의 선출된 직위를 선택해서 그곳으로 갔다. 이는 그의 전기 작가가 기록한 것처럼 그 교단이 "정치의 죄악된 세계"라고 인식하고 있는 세계였다.

비록 그가 자신의 교단으로부터 축복을 받지는 못했으나, 그는 그 일이 자신이 해야 할 올바른 일이라고 굳게 확신했다. 가필드는 미연방하원에서 10여 년간 의원생활을 했다. 그 기간 동안과 자신의 대통령직에 있던 기간 내내 가필드는 전국 도시 기독교인 교회의 등록 교인이었다. 그 교회의 기록에는 이렇게 남아있다. "제자들교회 목회자이며 하원의원인 제임스 가필드 장군이 본 교회의 등록 교인이 되었다." 올가 존스(Olga Jones)는 자신의 책 「워싱턴의 대통령의 교회들」(Churches of the Presidents in Washington)에서 "그가 자신의 교회에서 많은 설교를 했다는 기록을 볼 수 있다"고 말했다.

하원의원으로서 활동하던 당시에 가필드가 추진했던 것은 연방 교육부를 제정하는 것이었다. 그의 많은 후원에 힘입어 교육부는 차관급의 정부기관으로 설립될 수 있었다. 청년 시절에 가필드는 노예제도 폐지 운동을 반대했었다. 그는 교단의 입장에 동조하여 "주인과 노예의 단순한 관계는 비기독교적인 것이 아니다"라고 생각하였다. 그러나 시간이 흐르면서 그는 노예제도가 국가적인 죄악이며, 남북전쟁은 이에 대한 징계라고 믿었다. 남북전쟁이 발발하자, 그는 "점점 더 노예제도 폐지론자가 되었다." 그는 북군에 입대까지 하여 육군의 장성의 계급까지 도달했다.

그는 이런 말을 한 적이 있다. "하나님 앞에서, 나는 나의 확신을 여기 기록한다. 노예제도는 반항의 정신이며, 악마의 화신이다. 이것은 우리가 어떠한 지속적이고 안정적인 평화도 기대하기 이전에 반드시 몰아내야만 한다."

가필드는 1880년 미국의 대통령으로 당선되어 그 다음 해에 취임했다. 그는 자신의 취임연설을 다음과 같이 마무리했다. "나는 의회의 애국심과 지혜, 그리고 행정부의 책임과 의무를 나와 함께 나누는 사람들, 그리고 무엇보다도 이 위대한 국민들의 복지를 향상하기 위한 우리의 노력들을 의지하면서 전능하신 하나님의 축복과 도우심을 간절히 기원합니다."

1881년에 찰스 기토(Charles Guiteau)라는 사람이 가필드 대통령을 암살하기 위해 그의 뒤를 따라다니기 시작했다. 그는 교회에까지도 따라갔다. 1881년 6월에 그는 주머니에 권총을 숨긴 채 가필드가 참석한 한 예배에 찾아갔다. 설교 시간에 기토는 목사의 설교를 막으며 소리쳤다. "당신은 그리스도가 대체 뭐라고 생각하는 거요?" (가필드는 그 사건을 자신의 일기에 적고 기토가 "큰 목소리를 가진 둔감한 젊은이였다"고 기록했다) 기토는 가필드를 쏘는 것을 그 다음 주까지 연기하기로 결정했다. 그 다음 주 일요일에 가필드는 지방 출장을 가야만 했다. 기토는 1881년 7월 2일 가필드를 쏘았다. 기토는 그 저격에 대해 설명하는 편지에서 이렇게 기록했다. "나는 대통령이 기독교인이라고 생각했다. 그리고 그가 여기에서보다 천국에서 더 행복할 것이라고 생각했다." 그가 비록 "대통령을 향한 나쁜 뜻이 없었다"고 주장했지만, 기토는 그 저격이 "정치적으로 필요했다"고 믿었다.

가필드는 1881년 9월 19일 자신의 임기를 몇 달 채우지도 못하고 뉴저지 주 엘버론(Elberon)에서 사망했다.

24장

러더포드 버처드 헤이스
Rutherford Birchard Hayes

전기 작가들의 의견은 헤이스에 대해 신실한 감리교인이라는 주장에서부터 사적으로는 유니테리언이었다는 주장에 이르기까지 다양하다.
어떤 관점이 진실인가? 그 대답은 교리의 어느 부분을 헤이스가 믿기에 어려워했는지에 달려있다. 더 나가서 그는 교리들이 옳다는 느낌을 갖고 있으면서도 이해하는데 어려움을 겪었는가, 아니면 그는 실제로 그것을 믿지 않았는가? 거기에는 차이점이 있다.
그의 개인적인 신앙의 믿음에 대한 문제에 대해 헤이스는 과묵한 대통령 가운데 한 사람이었다. 새로운 연구가 새로운 정보를 밝혀내지 않는 이상 우리는 단순히 헤이스가 신앙에 대해 깊은 관심과 생각을 갖고 있었으며, 그 외적인 형태들도 신실하게 지켰던 대통령이라는 신중한 설명으로 우리 자신을 만족시켜만 한다.

러더포드 버처드 헤이스 Rutherford Birchard Hayes

　러더포드 헤이스는 1822년 10월 4일에 오하이오 주 델라웨어에서 유복자로 태어났다. 그는 1822년 7월 22일에 사망한 그의 아버지 러더포드 헤이스 주니어를 한 번도 볼 기회가 없었다. 헤이스의 부모들은 장로교회의 교인들이었다. 그의 어머니인 소피아 버처드 헤이스(Sophia Birchard Hayes)는 헤이스의 어린 시절에 그를 장로교회에 데리고 다녔다.

　1836년부터 1838년까지 헤이스는 오하이오 주 노르웍(Norwalk)에 있는 사립학교인 감리교 아카데미에 다녔다. 1838년부터 1842년까지 그는 성공회 학교인 케년대학교에 다녔다.

　1839년에 케년대학교 캠퍼스에 부흥의 물결이 몰아닥쳤다. 헤이스는 그것을 캠퍼스에서 "모두가 열중하고 있는 주제"라고 기록하고 있다. 그의 어머니에게 보낸 편지에서 그는 그 학교와 학생들의 상태에 대해 이렇게 말했다.

　"학교 전체에서 아직 변하지 않은 학생들은 이제 열 명밖에 남지 않았습니다. 저는 그 열 명 가운데 한 명입니다. 저의 가장 친한 친구들은 모두 그 모임의 부름을 따라 '떠나 버렸습니다.' 저는 그 모임에 참석해서 친구들이 하라는 대로 모든 책들을 다 읽었습니다. 그러나 그 무엇보다도 저에게 영향을 끼치는 것은 나의 친구들을 잃어버렸다는 사실입니다. 부흥회가 '선한' 친구들뿐만 아니라 '악한' 친구들까지도 가져가기 시작했을 때 저는 대 여섯 명의 절친한 친구들과 어울리곤 했습니다. 그 가운데서 오직 저만이 신앙심을 존중한다고 '인정하는' 사람이었지요. 그러나 그 친구들은 모두 떠나고 저 혼자 남았습니다. 제가 그들과 어울리게 될 거라는 희망은 거의 없습니다."

그의 기록을 보면, 그가 그 부흥회에서 영향을 받았다는 증거를 찾을 수 없다.

그의 삶 전체를 통해 헤이스는 신앙심과 성경에 대한 높은 존경심을 유지했다. 1841년 6월 19일 일기에서 그는 "나의 현재의 희망들과 계획들을 보존하기 위한 기록"을 남기기로 했다. 그것들 가운데 한 가지는 "진실한 친구와 좋은 시민의 품성과 일치하지 않는 일은 절대로 하지말자"였다. 그는 그 이유를 이렇게 설명했다. "그런 사람이 되기 위해서 나는 내가 확실히 믿는 성경의 가르침에 따라 살아야만 한다. 비록 내가 그 가르침이 강력하게 '내 행동을 지배하도록' 해 본적은 없더라도."

1853년 2월 24일 일요일, 그는 자신의 일기에 이렇게 기록했다. "지난 며칠 동안 창세기를 읽었다. 나는 기독교인이 '영적인 위로'와 '교훈' 같은 것들을 얻기 위해 읽는 것이나 혹은 믿지 않는 사람들이 비판하고 비난하고 흠을 잡기 위해 읽는 것과는 다른 의미로 읽었다. 그것은 모든 문학적 생산물들 가운데 가장 오래되고 또한 가장 아름다운 것에 대한 정보와 지식을 얻기 위한 것이었다. 성경의 문학은 사람들이 셰익스피어를 연구하는 것과 같이 인간 본질의 진실한 모습을 위해, 그리고 그 초기 역사적 기록들을 위해 그 실례와 언어가 연구되어야 한다."

생의 후반기까지 헤이스는 성경에 대한 높은 존경심을 계속 유지했다. 그는 1884년 10월 15일 일기장에 이렇게 기록했다.

"우리 카운티의 성경협회가 곧 연례 모임을 갖는다. 이 모임의 부회장의 한 사람으로서, 교회의 비등록 교인으로서, 신앙고백을 하지 않은 사람으로서, 나는 왜 세상의 사람들, 그리고 자신의 국가와 민족을 사랑하는 사람들이 기독교의 믿음인 성경의 신앙을 지지해야 하는지 말해야만 하겠다. '존경을 드려야 할 위대한 창조주'를 예배하기 위해. 우주를 만들고 조종하는 전능하신 능력자와의 관계를 확립하는 것은 인간의 본성에 깊이 잠재되어 있다. 그것은 모든 인간들의 인종들 가운데 발견된다. 그것은 거의 보편적이다. 모든 사람들은 종교심을 갖고 있다.

우리 시대에 기독교 신앙을 던져버린 사람은 유신론에 시간과 노력을 쏟음으로써 이와 같은 내재된 성향을 보여준다. 만일 성경의 하나님을 없앤다면 그 자리에는 이성의 여신이 세워질 것이다. 종교는 항상 존재했고 항상 존재할 것이다. 이제까지 세상이 가졌던 가장 최선의 종교는 그리스도의 신앙이다. 한 사람이나 혹은 한 집단이 그것을 받아들이는 것은 고결하고 성공적이고 행복한 것이다.

바이런(Byron)은 이렇게 말했다. '만일 우리의 하나님이 사람이라면, 혹은 사람이 하나님이라면, 그리스도는 양쪽 모두이다.' 나는 그의 신조를 반박하지 않는다. 이 기독교 신앙을 반대하려는 사람은 얼마나 큰 실수를 저지르게 되는 것인가! 만일 우리가 그 결과만을 보고 사람의 행동을 심판한다면, 그것은 얼마나 큰 범죄행위인가! 뿐만 아니라 성경의 신앙을 지지하지 않는 사람은 얼마나 큰 실수를 하는 것인가!"

1885년 11월 9일에 그는 비슷한 글을 일기에 적었다.

"어제 저녁에 프랜티스(Prentiss) 목사님은 카운티 성경협회에서 성경에 관해 좋은 말씀을 해 주었다. 내가 비록 신앙고백을 하지 않은 사람이며 '세상의 평범한 사람'이지만, 나의 주변인들과 내 나라의 번영을 원하는 나는 성경이 많이 읽혀지고 그 영향력이 더해지도록 도와야 한다. 내가 가지고 있는 대체적인 관점은 이것이다. 모든 사람들은 종교를 가지게 된다. 죽음은 그 이후에 신을 대면해야 한다는 것을 사람의 마음속에서 심사숙고하도록 이끌기 때문이다. 이것이 종교다. 현재 세상이 그동안 알았던 것 가운데 최선의 신앙은 성경이다. 그것은 모든 선한 것들로 이루어져 있다. 그것은 모든 악한 것들을 감소시키거나 금지시킨다. 성경과 함께 인간은 행복해지고 국가는 번영한다. 성경을 찾을 수 없는 곳에서는 악덕과 죄악이 널리 퍼진다."

1890년 11월 24일, 헤이스는 그 주제로 다시 돌아와 일기에 이렇게 적었다. "성경의 종교는 세상에서 가장 최선의 것이다. 나는 종교의 한없는 가치를 본다. 그것은 항상 용기를 북돋워준다. 미신과 사악한 행동의 세계는 스스로의 모양과 형식을 가지고 성장한다. 그러나 그 속에 있는 진실이라는 것은 인간의 본성에 들어 있는 깊은 감상들에 불과하다."

1843년부터 1845년까지 헤이스는 하버드 법대에서 공부했다. 그곳에 있는 동안 그는 신약성경을 구입하고 매주 그것을 공부하기로 결심했다. 그는 또한 교회도 매주 출석했다.

그가 기록한 가장 긴 종교적인 글 - 아마도 교리의 관점에서는 그가 쓴 가장 긴 글 - 이 이 시기에 기록되었다. 1844년 5월 26일의 일기에 그는 이렇게 기록했다.

"나는 오늘 아침에 '행하지 않는 믿음은 죽었다'는 말씀을 주제로 한 워커(Walker) 박사의 설교를 들었다. 루터는 야고보서에서 그 자신이 좋아하는 교리와 갈등이 되는 점을 많이 발견하고 그것을 '이상하다'고 말했다. 그리고 다른 사람들도 그것이 별 가치가 없다고 생각했다. 왜냐하면 야고보서에는 그리스도가 냉담하게 한두 번 언급되었을 뿐이었기 때문이고, 부활과 거듭남의 교리는 거의 보이지 않고, 단순한 도덕에 대한 원리들을 너무 많이 다루고 있기 때문이다.

그러나 이로 인해 한 기록자를 다른 기록자들보다 우위에 - 바울을 야고보의 우위에 - 두는 것은 사려 깊은 행동이 될 수 없다. 불일치되는 것들이 설명되고 조정되어지며 명백하게 갈등을 일으키는 구절들이 조화되는 관점을 채택하는 것이 더 현명할 것이다. 신앙과 행위에 관한 그 위대한 논쟁의 시작과 존속은 크게 보았을 때, 신앙과 행위라고 하는 그 두 단어의 애매모호함에 달려있다. 만일 행위가 단순히 밖으로 향하는 행동을 의미한다면, 어떤 사람이 실제로 보여줄 수 있는 기회는 없지만, 커다란 자비심을 갖고 있는 경우와 같이 행위가 없는 구원이 존재할 것이다.

따라서 다른 한편으로는 자비심의 행동은 보상이 없이도 행해질 수 있다. 만일 믿음이란 것이 진실과 선한 것을 받아들이고 믿는 지적인 행동만을 의미하는 것이라면 그 행함이 없는 믿음은 죽은 것이다. 그러나 만일 믿음이 기회가 일어날 때마다 밖을 향한 행동으로 나타나게 되는 내적인 성향을 말한다면, 그 믿음은 구원의 필수요소가 된다. 따라서 바울과 야고보는 서로 다른 단어를 사용했지만, 그들의 원리는 같다. 그들은 서로 다른 위치에서 그 주제를 보았지만, 그들의 관점은 같다. 바울은 행동의 동기를 보았고, 야고보는 행동의 결론을 보았던 것이다.

이러한 연결 속에서 유대교와 기독교의 특징을 비교해 보는 것은 재미있다. 믿음의 행위에 관련해서 생각해 보자. 양쪽 모두 외적인 의식들과 규율들은 중요하다. 여기서 감정, 즉 마음이 중요하다. 다른 관점에서 보면 그 차이는 중대하다. 성경의 종교는 복종과 진보를 강조한다. 구약성경은 의식과 모양새를 따르는 것을 강력하게 규정한 제도를 가지고 있으며, 이런 점에서 우리 인간의 아동기의 교육에 맞는 듯한 형식이다. 신약성경은 행동해야 할 원리들을 중시한다. 어떤 것들이 옳다고 하면 그것은 다 옳은 것이라는 원리이다.

그러나 원리들이 영속성을 갖는 것에 비해 규칙들은 그 원리들에 대한 부산물일 뿐이다. 따라서 유대교의 제도들은 일시적인 것이며, 지나가는 것이고, 기독교는 계속 남아야 하는 영원한 것이다. 따라서 두 사도의 기록을 사용하는데 있어서 우리는 우리가 살고 있는 시대의 심각한 죄악과 우리가 마주 대하는 사람들에 대해 고려해 보아야 한다. 만일 야고보서에 나오는 대로 사색적이고 신비주의적이라면 행위의 효력에 대하여 설교를 해야 한다. 만일 바울이 선포한 것과 같이 그것이 외양으로만 드러나는 것이고 장대한 의식이나 의례와 같은 것이라면 그것에 대하여 설교를 해야 한다."

이러한 훌륭한 주석은 전문적인 신학자와 맞먹을 만한 것이다. 이 글은 헤이스의 다른 글에서는 볼 수 없는 그의 다른 면을 보여준다. 그는 자신의 교리적인 의심을 옆으로 제쳐두고 냉정한 언어로 복잡한 신학적 질문에 대해 논하고 있다. 이 글을 쓰던 시기의 그의 관점은 분명히 이신론(理神論)에 영향을 받고 있다. 이신론은 신이 세상을 창조하고 난 후에 그 세상이 스스로 돌아가게 두었다는 믿음이다.

1845년 4월 15일에 그는 멀리 다우비그네(Merle d'Aubigne)가 저술한 「종교개혁의 역사」(History of the Reformation)를 읽고 이런 평을 남겼다.

'다우비그네의 '종교개혁의 역사'에 따르면 기독교는 모든 인간의 제도들과는 다른 두 가지의 특별한 특징이 있다. (1) 하나님과 인간 사이의 유일한 중보자는 예수 그리스도이다. (2) 구원은 은혜로 인한 하나님의 선물이다. 다우비그네는 자신의 의견을 통해 계속적으로 그것을 주장하면서 종교개혁은 신이 손으로 이룬 직접적인 작품이라고 말했다.

나의 관점으로는 섭리는 인간들의 일에 더 이상 간섭하지 않는다. 작게는 개인의 일에서부터 국가의 일들은 더 이상 신적인 지배자의 특별한 간섭의 대상이 아니다. 신의 영향력은 세상의 무생물보다도 못하다. 창조주는 창조 시에 그의 손으로 만든 모든 창조물에 법칙을 주었고, 그 법칙에 따라 무슨 일이 발생하든지 그분은 확실히 앞을 내다보고 있다. 따라서 그의 법칙이 불완전하기 때문에 본래의 설계의 목적이 완수되도록 하기 위해 특별한 개입이 필요하다고 말할 수는 없다. 또한 창조물들이 그 법칙을 깰 수 있는 가능성도 없다. 종교개혁은 다른 혁명들과 마찬가지로 세상이 시작될 때 이래로 존재해 왔던 원리들과 합치되는 것이다."

1847년 헤이스는 하버드 법대를 졸업하고 오하이오 주의 노어 샌더스키에서 법률가로 활동을 시작했다. 그 해에 그의 외삼촌인 사르디스 버처드(Sardis Birchard)는 스베덴보리주의(Swedenborgianism)에 영향을 받게 되었다. 스베덴보리주의는 1668년부터 1772년까지 살았던 임마누엘 스베덴보리(Emanuel Swedenborg, 스웨덴의 신학자이다. 1741년 영적 생활에 들어가 천사나 여러 신령과 말하고, 천계 및 지계에 대한 독자적인 해석을 시도했다. - 역자 주)의 가르침에 기초한 분파다. '미국 기독교 소사전'에 따르면 스베덴보리는 "삼위일체, 원죄, 죄의 대속, 육체의 부활" 등을 부인했다.

스베덴보리가 사망한 후 수년 후에 로버트 힌드마시(Robert Hindmarsh)에 의해 시작된 새예루살렘교회는 스베덴보리의 교리를 가지고 설립된 교단이다. 1847년 어머니에게 보낸 편지에서 헤이스는 이렇게 썼다.

"외삼촌은 '민주주의와 정치가' 말고는 아무것도 읽지 않는 우리들에게 스베덴보리주의의 소책자들과 부시(Bush) 교수의 글들을 읽게 했습니다. 그 새 교단의 관점들은 매우 인기가 있습니다. 자신의 존재를 믿지 않으려고 했던 사람들은 아무런 반발심도 없이 이 탁월한 신비에 빠져듭니다. 우리는 이 새로운 관점을 성화시킬 새로운 교회를 아직은 세우지는 않을 것입니다. 그러나 장차 우리는 그런 국면으로 가게 될 것입니다. 우리 모든 이교도들과 무신론자들이 '제자들'이 된다면 우리는 경건한 자들이 될 것입니다."

헤이스가 정말 스베덴보리주의자가 되었을까? 비록 그의 말이 그것을 함축하고 있다고 주장할 수도 있겠지만, 그는 말을 하지 않았다. 그가 스베덴보리의 교리들을 동의했던 사건을 살펴보면, 그는 이것이 다른 종교로 개종하는 것이라고 보지 않았던 것 같다. 그는 이 문제를 단순히 정확한 글을 쓰는 작가의 글을 읽는다는 관점으로만 보았다. 스베덴보리주의는 몇 개월 후 그의 편지에 다시 등장한다. 그의 누이 패니(Fanny)에게 보낸 편지에 그는 이렇게 썼다.

"나는 감리교 교리나 장로교 교리가 종교로서의 맹목적인 끔찍함을 개선하기 위해 스베덴보리주의와 잘 비교되어야 한다는 경향에 대해서 생각해 보았어. 아마도 누이는 보지 못했겠지만 어머니가 지난번에 보내주신 편지는 이런 특징에 대한 실례로써 나를 충격에 빠뜨렸지. 어머니는 이렇게 말했어. '우리의 군인들과 모든 다른 사람들은 그들 앞에 있는 모든 혐오스러운 것들을 위해 죽을 준비가 되어 있어야 한다.'"

지나가는 말로 언급한 것 말고는 이것이 스베덴보리주의에 대해 그가 언급했던 마지막 기록이다. 만일 그의 생의 말년에 질문을 받았더라면 그는 자신이 스베덴보리주의자가 아니라고 말했을 것이다. 그가 일생동안 스베덴보리주의자로 살았다는 관점을 고수하는 사람은 수정주의 역사가가 되고 말 것이다. 그러나 스베덴보리주의가 그에게 영향을 미쳤을 가능성은 농후하다. 그리고 그것을 염두에 둘 필요가 있다.

1849년 11월에 헤이스는 법률가로서 오하이오 주 콜럼버스(Columbus)로 이주하기 위해 준비했다. 그의 누이 패니에게 보낸 편지에서 그는 이사하고 나서 자신의 삶에서 바꾸고 싶은 것들에 대해 이렇게 언급했다.

"큰 도시의 군중 속에서 섞여서 살아가면서 반드시 고쳐야만 할 버릇들을 바꾸는 것을 생각해 볼 때 어떤 것들은 변덕이기도 하고, 아니면 오래전에 나의 생각들로부터 사라졌던 의무에 대한 절반 정도의 자각이라고나 할까, 그런 것들이 나를 압박하고 있어. 신앙의 진정한 본질을 믿는다는 것을 진지하게 생각해 보면, 나의 연약하고도 절반은 회의적인 믿음으로도 이 주제를 무시할 수 없는 무언가가 있는 거 같기는 해. 그렇지만 나는 삶의 기회에 의해서나, 아니면 친구들이 이러한 것들을 권유하는 것에 의해서 내게 주어진 기회들을 기쁘게 받아들이는 대신에, 그런 것들은 지금까지 그랬던 것처럼 나중에 더 좋은 시간이 올 때까지 미루어야겠다고 생각해."

1850년 5월에 헤이스는 랄프 왈도 에머슨(Ralph Waldo Emerson)이 오하이오 주 신시내티에서 강연회를 한다는 이야기를 듣게 된다. 헤이스는 에머슨의 신학에 대해 그 자신의 말로 이렇게 요약했다. "개인에게 창조적으로 역사하는 하나님은 존재하지 않는다. 단지 인간과 동물의 일부이며 모든 것에 널리 퍼져있는 영이 바로 하나님이다. 영이 가장 크게 나타난 것은 인간이다. 인간은 단지 이 이유로 인해 특별한 존재다. 인간의 영은 자각한다. 따라서 인간은 자연의 다른 어떤 존재들보다도 더욱 비인격화 신성에 가깝다. 그리고 다른 어떤 것보다도 인간이 하나님이라는 것은 더 진실성이 있다고 말할 수 있다. 인간은 다른 어떤 존재들에 비해서도 그의 내면에 더 많은 하나님을 가지고 있다."

그러나 39년 후에 쓴 편지에서 그는 에머슨에 대해 이렇게 말했다. "그는 우리의 신앙을 바꾸지 않을 것이다. 그는 우리를 다른 신앙으로 이끌지 않을 것이다."

헤이스는 에머슨의 신앙에 대해 알고 있었으면서도 그는 여전히 에머슨을 자신이 가장 좋아하는 작가라고 불렀다. 1891년 6월 11일, 그는 일기에 이렇게 적었다. "버처드 삼촌은 존 러스킨(John Ruskin)의 책을 읽는다. 러스킨은 삼촌이 가장 좋아하는 작가다. 나는 아니다. 나는 지난 40년간 에머슨을 좋아했다. 러스킨은 많은 좋은 이야기를 했고 그중에 어떤 것들은 에머슨이 한 말과 비슷한 가치가 있는 것들도 있다. 다음과 같은 것들은 그런 경우에 잘 들어맞는다. 어느 종교적인 신앙에서든지 우리가 우리의 마음을 다른 사람들과는 다른 관점위에 머물도록 허용할 때 우리는 틀린 것이고 악마의 영향력 속에 있는 것이다. 그것이 바로 '주여 내가 다른 사람들과 같지 않음을 감사하나이다' 라고 기도했던 바리새인의 감사기도의 핵심이다."

1851년 8월 신시내티에서는 '그리스도가 무엇인가, 새로운 진리를 계시했는가?' 라는 주제로 토론이 벌어졌다. 헤이스는 부정적인 의견을 피력했다. 그의 일기에서 그는 자신의 관점을 이렇게 요약했다. "부정적이다. 많은 나라들이 한 하나님에 대한 관념을 갖게 되었다. 바리새인들은 영혼의 불멸과 미래의 보상, 부활, 최후의 심판 등을 믿었다. 대부분의 정부 시스템과 법률 등에 대한 것은 모세가 이집트로부터 얻은 것이다. 에세네파(the Essenes; 고대 유대의 금욕·신비주의의 한 파 - 역자 주)는 그리스도가 주장했었던 모든 최종적인 도덕률들을 주장하고 실천했었다고 요세푸스 등이 증언했다."

같은 달에 그는 「채닝 박사의 삶과 업적」(The Life and Works of Dr. Channing)을 읽고 그를 "지금껏 살았던 사람들 가운데 가장 고귀하고 순수한 사람 중의 한 사람"이라고 평가했다.

훗날 그의 아내가 된 루시 웹(Lucy Webb)에게 보낸 편지에 그는 그 책을 읽은 감상을 이렇게 썼다.

"채닝 박사는 몇몇 교리적인 부분에서는 실수가 있을는지 몰라도 그의 시스템의 위대한 특징은 진리의 반석위에 기초하고 있소. 만일 내가 기독교인이 된다면 그것은 그의 것과 같은 관점에 영향을 받아서 일거요. 그는 기독교의 판단 기준은 마음과 감정의 상태이지, 인간의 지적 신앙의 상태가 아니라고 말했소. 만일 어떤 사람이 겸손하게 자신이 죄를 짓기 쉽다고 느끼고 하나님의 도움을 구하고, 자신이 잘못한 것들을 회개하고, 삶의 모든 관계 속에서 선한 목적으로 올바른 행동을 하기를 갈망한다면 그는 기독교인이오. 왜냐하면 그는 그리스도가 가르치고 본을 보인 정신을 받아들였기 때문이지. 이것은 그의 신앙이 칼빈주의자이건, 유니테리언이건, 유니버설리스트이건 혹은 가톨릭교도이건 상관이 없소. 이것이 내가 이해하고 있는 내용이오. 정통 교리들의 절반은 내가 이해할 수 없으며 완전히 믿을 수도 없소."

젊은 시절에 쓴 이 편지로 그는 자신의 관점을 잘 표현하고 있다. 그는 8월 18일의 일기에 채닝 박사의 말을 인용하면서 다음과 같이 좀 더 솔직한 기록을 남겼다.

"나의 관점에서 보면 종교는 행복의 또 다른 이름이다. 그리고 내가 가장 종교적일 때 나는 최고로 즐겁다. 행복은 사랑의 또 다른 이름이다. 채닝 박사는 얼마나 순수하고 선하고 영적이고 흠이 없는 사람이었던가. 만일 내가 종교적인 사람이 될 수 있다면, 그것은 이 사람과 같은 신앙을 갖는 것이 될 것이다. 정통파 칼빈주의자들이 가진 우울한 신학을 나는 믿지도 않고 믿을 수도 없다. 정통파가 성경에 대해 이야기하는 신학의 많은 부분들, 아니 대부분을 나는 믿지 않는다.

나의 모든 관점은 매우 이교도적이다. 그것 또한 내가 바라는 것은 아니지만, 나는 가장 자유주의적인 교리들과 같은 의견을 갖고 있다. 채닝 박사는 긍정적인 칼빈주의자가 선언한 독단주의가 자신의 감정을 무시무시하게 때린 충격을 이렇게 말한다. '이것은 사실일 수가 없다. 만일 그렇다면 모든 환희는 끝장나고 말 것이다.' 그러나 그의 신앙심 깊은 삼촌은 이렇게 말했다. '확실한 교리야, 모든 것이 확실해.' 그는 집으로 가서 코트를 벗고 신문을 읽고 정치에 관해 이야기를 했다. 그리고 채닝을 생각했다. 그 교리는 실제적으로 믿을 수 없다고. 그리고 그는 궁극적으로 그의 삶의 남은 기간 동안 그가 설교했던 종교적인 신앙의 공적인 자유사상으로 그를 이끌게 된 그 생각에 몰두하기 시작했다."

1852년 11월 헤이스는 "유명한 기독교 이단자, 보스턴의 데오도르 파커(Theodore Parker)"가 인도하는 집회에 참석했다. 그의 누이 패니에게 보낸 편지에서 그는 그 설교의 요점들을 요약하고 비평했다.

"중요한 내용들은 그의 설교에 있었다. 그는 교양이 낮았던 초기의 모든 하나님의 사람들이 좋아했던 어리석은 생각들에 대해 이야기했다. 그는 그들이 엉터리였다고 말하고 히브리인들, 모세, 족장들이 생각하는 신학은 매우 불완전하고도 편협한 것이었다고 말했다. 그는 구약의 하나님은 불공평하고, 복수심에 불타고, 증오하고, 정당한 이유 없이 사랑하고, 자비가 없는 하나님이라는 점을 증명했다.

신약에서 생각하는 하나님은 더 고상했지만 여전히 불완전 했다. 신약에서는 하나님을 사랑, 정의, 선 혹은 능력에 있어서도 완전하지 못했다. 왜냐하면 이로 인해 그가 절대적이고도 영원한 악을 창조하게 되었기 때문이다. 말하자면 악마, 지옥, 영원한 형벌, 그리고 그의 창조물들을 구하기 위한 고통을 감수할 수밖에 없는 하나님의 대리자. 페넬론(Fenelon, 중세 프랑스의 신비주의자 - 역자 주), 스베덴보리, 윌리엄 로(William Law, 미국 독립 직전 시대에 살았던 영국의 성직자이다. 그는 조지 왕에 대한 충성 맹세를 거부함으로 지위를 잃고, 국교회에 의해 요주의 인물이 되었다. 그래서 그는 명상과 기도에 전념하게 되었다 - 역자 주), 워즈워스(Worsworth, 영국의 낭만주의 시인 - 역자 주), 그리고 채닝과 같이 최선의 신앙을 찾아볼 수 있는 문헌의 작가들이 오히려 진실한 생각에 더욱 가까이 다가가 있다. 그러나 그들의 사상들은 두려움과 불안으로 변질되어 있다. 그들의 저술들에서 보이는 신약에 나타나는 하나님은 분노하시는 하나님이다. 비록 모두가 다 인정하지는 않겠지만 부인하기는 어렵다. 그러나 작금에 와서 그 유명한 신학들과 갈등을 겪기 시작하는 진실한 이론은 하나님이 사랑, 정의, 긍휼, 능력 등에 있어 완벽한 존재라는 이론이다."

헤이스는 자신이 이 전체의 내용을 믿는다고 말하지도 않았고 이 주장들 가운에 어떤 것도 거부한다고도 말하지 않았다. (그가 어떤 설교자의 설교에 동의하지 않을 때 그는 그 사실을 종종 일기장에 기록했다. 그는 이 편지에 그렇게 하지 않았다. 비록 자신이 어느 쪽인지 침묵하고 있기는 하지만)

1852년 12월 30일, 루시 웹과 결혼한 후 그는 아내와 감리교회에 정기적으로 출석했다. 비록 그가 등록 교인이 되지는 않았지만, 그는 거의 매주 일요일마다 예배에 참석했다. 그는 또한 헌금도 했으며 이사회의 멤버가 되기도 했다.

헤이스는 남북전쟁에서 오하이오 주 제23연대의 장교로 참전했다. 그의 인생에서 이 시기에 썼던 기록들은 참으로 재미있다. 그는 믿지는 않았으면서도 정통 기독교에 가장 큰 존경심을 표시했다. 비록 그가 솔직하게 자신이 정통 기독교인이 아니며 한 때는 "불신자"라는 단어로 자신을 표현했던 적도 있으나, 그는 또한 진심으로 언젠가는 신자가 되고 싶다는 말을 했다.

1861년 10월 그는 다음과 같은 내용을 거의 시처럼 기록했다.

"기묘한 세상이여! 우리는 우리가 가진 적은 시간이 초조하다. 시간은 행복하고 지나가 버린다. 가 버린다! 어디로 가는가? '불멸에 대한 이 갈망! 영원을 향해 헤매는 이 생각들!' 나는 지금까지 이러한 모든 신성한 진리들에 대한 불신자였다. 그러나 내가 내 조상들의 신앙 속에 마침내 안식을 취하게 될 것인가? 거대한 혼돈, 알 수 없는 미래. 우리가 어떤 고정된 신앙에 우리 자신을 포기해 버린다면 우리는 더욱 행복해지지 않을까? 그것이 없다면 더욱 안전하게 느끼게 될 것인가? 나는 지금까지 세상에 만들어졌던 것 가운데 최고의 종교를 향해 점점 더 가까이 가고 표류해가고 빠져들어 가는 것은 아닌가? 그렇게 보인다. 한 해 중에서 가장 아름다운 계절의 장엄한 풍경 사이를 달리면서 나의 생각은 이 비참한 전쟁과 그 모든 관련된 것들을 떠나 표류한다. 몇몇 아니 많은 장엄한 것들, 그 뿐만 아니라 그렇지 않은 모든 것들조차 나에게 감명을 준다. 그리고 나는 생의 언덕을 내려가는 마지막 날들에는 내 자신이 신실하고, 겸손하고 헌신적이며 양심적인 기독교인이 될 것이라고 생각한다. 이 전쟁 속에서 나의 믿음은 어떤 다른 신앙 못지않게 깊은 것이다. 나는 그것을 직면하고 있으며 기뻐한다."

기독교에 대한 그의 태도가 매혹적이다. 그는 사람이 종교가 없이 안전하게 느낄 수 있을 것인지 질문했다. 그는 '나의 조상들의 신앙에 안식을' 취하는 것에 대해 이야기했다. 그는 '어떤 고정된 신앙'에 자신을 포기해버린 사람들이 더욱 행복하지 않을까 질문했다. 그는 아직 자신이 그 단계에까지 이르지 못했지만 자신이 기독교인이 된 모습을 그려보면서 기뻐했다.

기독교를 향한 그의 태도는 그의 삶 전체를 통해 이와 같이 남아 있었다. 그의 삶에서 종교는 중요한 부분을 차지했다. 그는 미국의 가장 정통적인 몇몇 대통령들보다도 더욱 자주 교회에 참석했다. 헤이스는 삶의 마지막 때까지 높은 존경심을 가지고 기독교를 외부에서 관망했다.

헤이스는 1876년에 대통령에 당선되었다.

1877년 2월 25일, 헤이스는 만약 대통령 선거에 자격박탈이 되었을 경우에 사용하기 위한 연설문의 초고를 그의 일기장에 기록했다. 그 연설을 할 기회는 없었지만 그 내용의 마지막 부분은 이렇게 되어 있다. "우리는 북부 연합이나 남부 연합을 원하지 않는다. 우리는 하나의 연합된 나라를 원한다. 그리고 그 커다란 책임이 나에게 맡겨진다면 나는 우리나라의 운명을 손에 쥐고 계시는 하나님이 나에게 그 임무를 완수할 수 있는 지혜를 주셔서 국가 전체에 진정한 최고의 이익을 실현시킬 수 있도록 간절히 기도한다."

헤이스는 대통령직을 한 번 수행했다. 그는 하나님을 일반적인 방식으로 인용하면서 그의 취임연설을 다음과 같이 마무리 지었다.

"이 나라와 개인들의 운명을 만드시는 하나님의 손길을 의지하면서 나는 상원의원들, 하원의원들, 판사들, 그리고 이 자리와 모든 곳에 있는 국민들이 나라의 안전을 위한 노력에 나와 함께 연합하고 물질적인 풍요뿐만 아니라 정의, 평화, 그리고 무력에 의한 강압적이지 않은 자유민들의 헌신의 사랑을 바탕으로 한 연합의 축복들을 구합니다. 그리고 모든 일들이 가장 선하고 확실한 기초들 위에 질서 있게 설 수 있기를 바랍니다. 그리고 평화와 행복, 진리와 정의, 종교와 신앙심이 모든 세대를 위해 우리들 가운데 확립되기를 바랍니다."

헤이스는 자신이 대통령으로 있는 동안 매년 한 번씩 네 번의 추수감사 선언문을 발표했다. 1877년 10월 29일 발표된 첫 번째 추수감사 선언문에서 그는 그 시기가 "신앙심 있는 사람들이 전능하신 하나님의 영원한 은총에 감사와 찬송으로 축하하는 때"라고 말했다. 그는 미국인들에게 그 해에 받은 축복들을 상기시켰다. 그는 "지난해의 경험은 하나님의 섭리에 따른 보호와 수많은 약속들, 그리고 향후 세대들에 대한 눈에 띨 만한 기록을 남겼다"고 말했다. 그는 국민들에게 "우리 모두 한 영과 한 목소리로 하나님이 이 땅에 주신 다양한 축복들과 우리나라에 주신 많은 도우심들에 대해 감사와 찬송을 높여 드립시다." 또한 "전능하신 하나님의 자비를 찬송하고 감사하며 이런 것들이 계속되도록 경건하게 간구합시다"라고 촉구했다.

1878년 10월 30일, 그는 두 번째 추수감사절 선언문을 발표했다. 그는 축복받은 것들에 대해 감사하도록 권고했다. 그는 또한 국민들이 '연합의 정신'을 가지고 그 해에 넓게 퍼졌던 전염병에 대항했던 것을 축하하도록 격려했다. 그리고 국민들에게 "그날에 자신들의 예배 장소에서 전능하신 하나님께 그분의 은총에 대해 감사와 찬송을 드리고 이것이 계속되도록 경건히 간구"하도록 촉구했다.

1879년 11월 3일, 발표된 그의 세 번째 추수감사 선언문에서 그는 이렇게 말했다. "전능하신 하나님께 감사를 드리며, 우리 온 나라 사람들에게 더욱 크게 가시화되고, 더욱 다양해지고 더욱 보편적인 모습으로 기뻐할 수 있는 물질적인 번영에 그분의 은총이 계속되기를 겸손히 간청하는 축제를 신앙 깊은 사람들이 경건한 전통으로 만들었습니다." 그는 11월 27일 목요일을 지정해서 "전국 추수감사와 기도의 날"로 선언하고 "세속적인 염려와 일들을 쉬고 그날에 자신들의 예배 장소에서 함께 모여 전능하신 하나님께 찬송과 감사를 드리며 그 축복들이 계속되기를 경건히 기도하도록" 진심으로 권고했다.

그는 1880년 11월 1일 자신의 네 번째이자 마지막 추수감사 선언문을 발표했다. 그는 미국이 탄생된 이래로 국민들이 "전능하신 하나님의 은총에 기쁨과 감사를 드리고, 그분의 애정깊은 사랑에 감사를 드릴 그토록 큰 책임을 가지며, 하나님의 계속적인 돌보심과 보호하심을 겸손히 기원하는 그토록 풍성하고 보편적인 이유"를 가졌던 시기가 전에 없었다고 말했다. 그는 미국이 받았던 축복들을 열거하고 난 후, "이 모든 것들로 인해 하나가 된 행복한 국민들의 감사를 담아 한 목소리로 모든 선한 선물을 주시는 분에게 경건한 존경을 올려 보내자"고 말했다.

그가 외적인 모습으로 신앙을 지키는 것은 많은 다른 정통 신앙인들보다 더욱 견실한 것이었다. 1875년에 그의 아들 웹(Webb)에게 보낸 편지에서 그는 규칙적으로 교회에 출석하는 것에 대해 다음과 같은 말로 설명을 했다. "나는 네가 교회에 가는 것을 통해 유익을 얻게 되기를 바란다. 그런 습관을 통해 기독교인이 되지는 않지만 이를 통해 점차 사람이 예의바르고 세련되게 된다. 이보다 더 좋은 것이 없다면 이것이 교회를 지지하는 충분한 이유가 된다."

헤이스는 가족들과 매일 아침기도회를 가졌다. 그는 이 모임에 대해 "가족들이 돌아가면서 한 절씩 성경을 한 장 읽고 무릎을 꿇고 주기도문을 외웠다"고 말했다. 어떤 기록에 의하면 헤이스 부부는 백악관에서 찬송을 부르고 하루를 마쳤다고 기록하고 있다. 몇몇 일요일 저녁에는 그들은 다른 사람들을 초대해 함께 찬송을 부르기도 했다. 일요일 저녁의 찬송 부르기 모임에 참석한 사람들 가운데는 미국의 몇몇 저명한 정치가들도 포함되어 있었다. 헤이스가 대통령이던 시절에 그 가족들은 파운드리(Foundry) 감리교회에 출석했다.

1878년 3월에 기록한 일기장에서 헤이스는 "내가 대통령이 된 이후 매 일요일마다 적어도 한 번 교회에 갔다"고 기록했다.

1892년 5월 22일 일기에는 그날 자신이 교회에 가지 못했다고 기록하고 "이렇게 오랜 동안 교회에 가지 않은 것은 다시는 되풀이 되지 않기를 바란다. 이는 전쟁 때 6주간을 빠졌던 이래로 가장 오랜 기간이다." 따라서

1865년부터 그의 인생의 마지막 일 년까지 그는 주일예배를 다섯 주 이상 계속해서 빠진 적이 없었다. 그가 대통령으로 재직하던 기간에는 백악관에서 음주가 금지되었다.

이 금주령은 주로 상징적인 것이었다. 헤이스는 백악관 밖에서 남북전쟁 참전 군인들과 가끔씩 술을 마시기도 했고, 루시 부인도 친구들에게 포도주를 선물하기도 했다. 그러나 헤이스 가족들은 대통령이 모범을 보이는 것이 얼마나 강력한 것인지를 알았다. 헤이스가 오하이오 주 주지사로 재임하던 시절 이런 말을 남겼다. "너무 많은 훌륭한 사람들이 음주로 인해 공공의 직책을 믿고 맡기는 것에 신뢰가 가지 않게 만든다."

몇몇 비평가들이 백악관으로 술들이 몰래 들어갔다고 비판했을 때 헤이스는 이렇게 답했다. "로마(Roman) 오렌지 펀치 음료에 대한 그 농담은 우리에 대한 것이 아니라 술주정뱅이들에게 맞는 것이다. 나의 명령은 그것에 자마이카 럼주(Jamaica Rum)와 같은 강한 풍미를 곁들이도록 하는 것이었다. 그것뿐이다! 거기에는 단 한 방울의 음주의 마음도 들어 있지 않았다!"

헤이스가 은퇴 후 오하이오 주 프레몬트의 집으로 돌아갔을 때 그는 그곳의 감리교 감독교회에 출석했다. 1883년 그는 그 교회의 새로운 건물을 세우는 계획에 참여했다. 1883년 3월 18일의 일기에서 그는 "세 가지의 아이디어를 제안했고 다 받아들여졌다"고 기록했다. 그리고 그는 네 가지를 열거했다. "1. 교회는 총 1만 5천 달러 이상의 비용을 들여서는 안 된다. 2. 확실한 기부금액이 예상 비용의 5분의 4가 될 때까지는 어떠한 채무도 져서는 안 된다. 3. 계획이 결정이 되는 대로 모금위원회는 청약금에 대한 기부요청 활동을 시작해야 한다. 4. 기부요청 활동이 시작되기 전에 공식 이사회가 계획서를 채택해야 한다." 그 이후 몇 달 동안 그는 그 프로젝트를 감독하는 이사회의 회의에 참석했다.

이 계획에 대한 경비가 1만 8천 달러에서 2만 달러 정도로 증가되자, 그는 자신이 그 비용의 4분의 1을 내겠다고 서약했다. 그 교회는 1885년 2월 27일에 완공되었지만, 8천 3백 달러의 채무를 지게 되었다. 2월 28일의 일기에서 헤이스는 다음과 같이 서약했다고 기록했다. "교회의 채무를 모두 처리하기 위해 다른 사람들이 충분한 모금을 하게 될 것이며, 헤이스 장군 부부는 그 액수의 4분의 1을 기부할 것이다. 만일 모금액이 부족하게 되면 그들은 모금액 전체의 4분의 1을 기부할 것이다."

그 다음날 충분한 액수가 모금되었으며 3월 1일 헤이스는 자신의 서약을 지켰다. 불행하게도 1888년 2월 6일에 그 교회 건물은 완전히 불타 버리고 말았다. 그날 저녁 헤이스는 건축위원회의 다른 멤버들을 만나서 "즉시 재건축을 시작하고 기부금을 걷기로 결정했다."

헤이스는 또한 다른 교회 일에도 참여했다. 1883년 그 교회의 담임인 매터(D. D. Mather) 목사가 "여성들에 대해 무분별하고 방탕한 행동을 했다"는 고발을 당했다. (헤이스는 이 고발에 대해 '쓸데없는 험담'이라고 표현했다) 헤이스는 그 소문을 거짓이며 하찮은 것이라고 믿었다. 그는 목사의 편에 서기로 결정하고 교단의 결정이 사람들을 안정시키기를 원했다. 그는 이렇게 말했다.

"화합과 연합이 부족한 이 사건은 부상을 입은 우리 목사님에 대해 회개와 보상이 이루어지거나, 아니면 지도자들의 영향력이 교회에 화합을 되찾는 변화가 올 때까지 계속될 것이다. 나는 그처럼 나누어진 교회에 남아있지 않을 것이다. 만일 적절한 감정들이 다시 복원된다면 나는 되돌아 올 것이다. 나는 감리교 감독교회를 선호하지만 평화를 더욱 좋아한다. 나는 평화롭게 우리가 지낼 수 있는 다른 교단들이 있다고 생각한다."

그는 오하이오 주 클리블랜드의 랜돌프 포스터 감독에게 매터 목사 징계 보류를 촉구하는 편지를 썼다. 하지만 헤이스는 그 싸움에서 졌다. 1884년 9월 그는 자신의 일기장에 매터 목사가 그날 아침에 프레몬트 감리교 감독교회의 목사로서 마지막 설교를 했다고 기록했다. 그는 매터 목사의 "훌륭한 백발"이 "많은 사람들; 특별이 우리 가족들"로 부터 사랑을 받았다고 기록했다.

헤이스는 청소년 시절부터 부흥회에 참석을 했다. 1839년 8월에 캐년대학교 캠퍼스에서 있었던 부흥회는 이미 언급했다. 그것이 그가 참석한 첫 번째 부흥회였지만, 그것이 마지막은 아니었다. 그는 1885년에 참석했던 부흥회에 대해 관찰자로서의 재미있는 관점으로 기록했다. 그는 1885년 4월 2일 자신의 일기장에 다음과 같은 광범위한 해설을 기록했다.

"저녁때 감리교 감독교회의 부흥회에 참석했다. 이 모임은 여섯 주나 혹은 여덟 주 동안 거의 매일저녁 열렸다. 교회는 백 명 이상의 새로운 결신자를 얻었고, 전에 교회에 다녔거나 예배에 참석지 않았던 사람들 중에서도 사오십 명 가량을 얻었다. 이 집회는 곧 끝날 것이다. 이 집회로 우리 프렌티스 목사님은 자신의 기력을 회복하고 교회의 일반적인 일들에 관심을 가질 수 있는 기회를 가질 수 있었다. 새로운 신자들은 기독교인으로서의 의무를 다 할 수 있도록 자리 잡게 해 주어야 한다.

자신들의 새로운 상황에 대한 흥분은 점차 사라지고 매일의 삶이 다시 재개 되어야만 한다. 이것이 프렌티스 목사님의 관점인 것으로 보인다. 부흥회가 진행되는 방법은 항상 이와 비슷하다. 정해진 시간에 정확히 종을 치고, 모든 성도들은 자리에 앉아 침묵한다. 프렌티스 목사님이 강단 가로대 위에 있는 강대상 앞에 나와 선다. 그리고 작은 부흥회 찬송가를 펴라고 말한다. 작은 오르간 앞에 앉은 아이크스(Ickes) 양이 그 곡을 치기 시작한다. 노래 잘하는 프렌티스 목사님은 찬송을 시작하고 강단 가로대 뒤의 십오 미터 정도 되는 단상을 왔다 갔다 하면서 왼손으로 박자를 젓는다. 그는 진지하고 강하고 좋은 목소리로 노래를 한다. 모든 교인들은 일어나서 그 분위기에 동참한다.

그리고 점점 증가하는 열정으로 반복되는 합창이 된다. 가장 많이 부르는 찬송은 '곡식 단으로 들어오라' 이다. 첫 번째 찬송이 끝나고 나서 두 번째, 세 번째, 그리고 네 번째 찬송이 계속 이어진다. 예배당 전체는 곧 영적인 열기 속으로 들어간다. 네 번째 찬송이 끝나고 나면 프렌티스 목사님은 '우리 모두 무릎을 꿇고 하나님의 도우심을 간구합시다' 라고 말한다. 그는 강대상 앞에 무릎을 꿇고 모든 사람들의 마음에 성령이 오시기를 감정적으로 짧게 기도한다. 그 다음에 그는 성경을 읽는데 가끔 짧은 설명을 곁들인다. 그리고 또 찬송이 이어진다. 그리고 즉각적인 항복이 필요하다거나 혹은 구원의 의미를 받아들여야 한다는 짧은 설교가 있다. 그 설교가 끝난 후 그는 앞으로 나와서 '나이가 많거나 적거나, 그리스도 안에서 오래 된 신자나 혹은 초신자나, 우리가 찬양을 하는 동안 그리스도를 원하거나 교회가 기도해 주기를 원하는 사람들, 아니면 자신의 영혼의 구원에 관심이 있다고 느끼는 사람들은 모두 앞으로 나와서 제단 앞에 무릎을 꿇으세요' 라고 말한다.

 교회의 등록 교인들이 앞으로 나와 대기하면 모든 사람들은 일어나서 찬송을 한다. 그러면 그는 의자 사이를 지나면서 교회에 등록을 하기를 생각하는 사람이나 깊은 관심이 있는 사람은 앞으로 나오라고 말한다. 한 사람 그리고 또 한 사람 앞으로 나와서 무릎을 꿇는다. 그렇게 본을 보이는 것은 전염성을 가지고 있어서 어떤 날 저녁에는 열 명 혹은 열다섯 명 정도의 새로운 '회심자들' 이 '주님을 찾아' 나온 것을 보았다. 교인들은 짧은 기도를 하도록 요청을 받는다. 기도와 찬송은 이십분이나 혹은 삼십분 정도 계속된다. 소리를 치는 경우는 별로 없고 자연적으로 '아멘' 하는 소리도 별로 많지 않지만, 가끔씩 '하나님, 감사합니다', 아니면 탄식이나 신음 소리가 들리기도 한다. 프렌티스 목사님 자신도 자주 기도의 문맥과 상관없이 '아멘', '하나님 감사합니다' 하는 말들을 함으로써 기도가 계속될 때에 자신의 감정을 표출하는 경향이 있다.

 모든 새 결신자들이 무릎을 꿇고 있는 동안 등록 교인들이 그들의 옆에 무릎을 꿇고 '새로운 삶'을 받아들이라고 사랑스럽게 재촉한다. 여성들은 작고 부드러운 음성으로 기도한다. 거기에는 꼴사납거나 거친 것이 없다. 과시가 없는 따뜻하고 깊은 감정만이 있다. 절제된 흥분이 모임 전체에 스며들어 있다. 개종자들은 남성과 여성, 청년과 장년이 각각 절반 정도씩이다. 그들 대부분은 중산층이나 저소득층이다. 앞으로 나와 개종을 한 사람들과 모두 이야기하고 인사를 한 후에 프렌티스 목사님은 '이제 당신들은 모두 자신의 자리로 돌아가십시오'라고 말한다. 찬송을 한 곡 부르고 기도를 하고 송영을 부르고 축도로 그 모임을 마친다."

헤이스는 수년간 이러한 집회에 여러 번 참석했지만 앞으로 나가지는 않았다. 1886년 4월 또 다른 부흥집회가 열렸을 때 그의 아들이 앞으로 나가서 "새신자 명단"에 들게 되어 그는 깜짝 놀랐다. 그 부흥회 기간에 그는 신앙을 공적으로 고백하도록 개인적인 초정을 받았다. 그는 "훌륭해 보이는 겸손한 젊은 여성이 내 손을 잡고 물었다. 그녀는 나를 알고 있었지만 나는 그녀가 누군지 몰랐다. '주님을 사랑하시나요?' 나는 친절하게 대답했다. 그녀는 모범을 보이기 위해서 공적인 고백을 하는 것이 얼마나 중요한 것인지 내게 말했다." 그는 그녀의 충고를 자신의 일기장에 기록했지만 그 기회를 그냥 그대로 지나쳤다. (첨언하자면, 이것은 그가 공적으로 그리스도의 신앙을 고백하도록 재촉을 받은 유일한 사건은 아니었다. 그의 1889년 2월 6일 일기에는 프레드릭 메릭(Frederick Merrick) 목사님이 자신에게 '그리스도의 신앙을 공적으로 고백하는' 모범을 보여줄 것을 권고하는 편지를 자신에게 보내왔다고 기록하고 있다." 비록 그가 "가장 좋은 의미에서 고상하고, 자비로운 진실한 기독교인"이며 "통상적인 의미에서 개종자"이기는 하지만, 그는 그러한 충고를 받아들이지 않았다)

그는 1880년 3월에 야트맨(Yatman) 목사가 인도했던 부흥회를 "내가 참석했던 것 가운데 최고였고 가장 즐거웠던" 부흥회였다고 기록했다.

약 일 년 후인 1891년 그는 자신의 일기장에서 마지막 기록으로 남은 또 다른 부흥회에 대해 이렇게 기록하고 있다. "알브리톤(Albritton) 목사는 우리 교회를 각성시키는 매우 성공적인 계절을 보냈다. 그는 교회를 가득 채웠다. 다시 타락한 사람들과 차가운 교인들이 모두 관심을 가졌다. 그리고 많은 사람들이 자신의 이름을 교회에 등록했다."

1889년 6월 25일, 루시 헤이스 부인이 죽었다. 그녀가 죽기 몇 시간 전에 헤이스는 그 임박한 사건에 대해 그의 일기에 이렇게 적었다. "그녀의 앞에 무엇이 닥칠 것인지 누가 알겠는가? 그녀와 함께하는 이것은 참으로 어렵고도 어렵다. 그러나 내가 그녀를 다시 부를 수 있을까? 차라리 그 엄청난 신비의 진실을 깨달을 수 있도록 노력하자. '주신 자도 여호와시요 취하신 자도 여호와시오니 여호와의 이름이 찬송을 받으실지니이다'(욥 1:21)."

1890년 5월 17일, 헤이스는 일기에 이렇게 적었다. "모홍크 흑인 협의회(Mohonk Negro Conference)를 위해 짧은 글을 쓰면서 기독교인이라는 단어를 내가 사용하고 있다는 것을 발견했다. 나는 어떠한 교리의 신봉자도 아니다. 나는 어떤 교회의 등록 교인도 아니다. 그러나 내 자신을 만족시키는 의미에서, 그리고 자신이 중요한 존재라고 스스로 믿으면서, 나는 기독교인이 되기 위해 노력한다, 혹은 나는 기독교인이 되고 싶다. 그리고 기독교인의 사역을 돕는 일을 하고 싶다."

1892년 3월 13일, 그의 일기에 헤이스는 찰스 디킨스(Charles Dickens)에 대해 이렇게 평가했다. "찰스 디킨스에 관한 딘 스탠리(Dean Stanley)의 설교는 맥켄지(Mackenzie)의 '디킨스의 삶'에 수록되어 있다. 그것은 너무도 훌륭하다. 내 아이들아, 그것을 읽어보렴. 디킨스가 자신의 신앙에 대해 말한 그의 유언도 읽어보라. 나는 그것도 역시 위와 같다고 전심을 다해 말할 수 있다." (디킨스의 유언은 이러한 말로 끝맺고 있다. "나는 우리의 주님이며 구원자 예수 그리스도의 은총에 아이들의 영혼을 맡긴다. 그리고 나는 나의 사랑하는 자녀들이 신약성경과 그 속에 있는 광대한 영성에 의해 자신들이 인도함을 받도록 겸손히 노력할 것과 어떠한 속 좁은 인간이 여기저기에 만들어 놓은 편지에도 신앙을 두지 말라고 권고한다")

그럼에도 그의 인생의 마지막까지 헤이스는 자신을 정통 기독교인으로 묘사하지 않았다. 비록 그가 자신의 신앙에 대해 한 가지 한 가지씩 열거한 적은 없지만, 특별한 교리들에 관해서는 의견을 개진했다. 1892년 11월 19일 일기에 그는 이렇게 썼다. "알브리톤 목사는 칭의에 관한 좋은 설교를 했다. 나는 그의 교리를 받아들일 수 없었지만, 그가 가르친 도덕성과 그가 주장한 실제적인 의무들에 대한 내용들은 정통한 것이고 잘 표현된 것이다."

1892년 9월 4일 그는 중국 상하이의 선교사인 핏치(Fitch) 목사의 강의에 대해 자신의 일기에 이렇게 논평했다.

"저녁때 우리는 우리의 명랑한 사촌 메리 맥렐란드(Mary McLelland)의 남편이자 20년 동안 중국에서 선교를 한 핏치 목사의 강의에 참석했다. 그 두 사람 중에 그녀에게 더 재미가 있었다. 그는 장로교인이다. 그는 우리 감리교회에서 좋은 강의를 했다. 그는 중국에 3억 명의 사람들이 있다고 말했다. 한 해 동안 1천 2백만 명이 성경을 알지 못하고 죽으며, 이는 한 달에 백만 명이 구원을 받지 못하고 죽는다는 것이다. 이 말은 내게 어처구니없는 것처럼 보인다. 모든 것의 아버지 하나님, 사랑이신 하나님이 수백만의 자신의 창조물들을 영원한 고통으로 운명을 정한다. 그가 이런 말을 한 것은 아니다. 그러나 물론 이것이 그가 암암리에 말한 것이다. 그는 매우 적은 사실들을 말했는데 새로운 것은 없다. 그것을 조용하고 겸손한 방법으로 이기주의나 허식이 없이 말했다. 그는 좋은 성격을 가졌다고 말할 수 있지만, 그의 능력과 지혜는 그렇지 않다. 그는 조용하고 교양 있는 사람들에게 새로운 종교를 소개했다."

그렇지만 헤이스는 자신이 죽기 몇 달 전에 자신의 사촌이며 핏치 목사의 아내인 메리 핏치(Mary Fitch)에게 보낸 편지에서 희망을 표현했다. "그리스도의 가르침들, 말하자면 자신의 삶과 행동에 대해 그분 자신이 해석한 말들은 구원의 진실한 길이다. 그리스도의 가르침들을 받아들이려는 애쓰고 바라면서 나는 내가 안전하다는 것을 알고 있다."

1893년 1월 8일, 그가 죽기 9일 전에 헤이스는 마지막 교회 예배에 참석했다. 그는 "반즈(Barnes) 감독 장로의 훌륭한 설교를 들었다"고 자신의 일기에 기록했다. 그는 또한 자신의 마지막 종교적인 기록을 남겼다. "나는 나의 믿음의 자각에 따르면 기독교인이다. 물론 성격이나 행동으로는 아니다. 그러나 목적과 희망은 그렇다. 물론 정통적인 기준으로는 아니지만, 나는 만족하며 신뢰와 안전의 감정을 갖고 있다."

"물론 정통적인 기준으로는 아니다?" 이것이 그의 삶을 통해 지속된 헤이스 신앙의 성격이었다. 공식 전기 작가인 찰스 윌리엄스(Charles Williams)는 헤이스가 모든 중요한 요소들에서 자기 자신이 기독교인이라고 느꼈다. 비록 "그가 어느 교회에도 소속되지는 않았지만"이라고 말하였다. 이 말은 증거를 정확하게 요약하고 있다. 1851년에 헤이스는 이렇게 말했다. "정통 교리들의 절반을 나는 이해할 수 없으며 완전히 믿을 수도 없다."

헤이스는 그리스도의 가르침들이 구원의 길이라고 믿었다. 그것들은 중요하다. 하지만 그가 그 가르침들 가운데 십자가, 속죄 부활과 같은 것도 포함시켰을까? 만일 그리스도의 말이 그리스도의 속죄와 함께 받아들여졌다면 그것은 구원의 길이다. 하지만 그리스도의 말이 그리스도의 속죄 없이 받아들여진다면 그것은 구원을 주지 못한다.

헤이스는 1893년 7월 17일 오하이오 주 프레몬트에서 사망했다. 그가 마지막을 기록했던 말은 "나는 내가 루시가 있는 곳으로 간다는 것을 알고 있다"였다. 그의 장례식은 1월 20일 프레몬트 감리교회에서 치러졌다. 전기 작가 찰스 윌리엄스는 그 장례식을 이렇게 묘사했다. "짧은 예배가 드려지는 동안 수천 명의 군중들이 눈 내리는 밖에서 서 있었다. 예배는 프레몬트 감리교회의 목사가 시편 23편을 읽는 것으로 시작되었다. 클리브랜드 합창단은 헤이스의 개인적인 친구였던 프레몬트의 프레드 도르(Fred H. Dorr) 여사의 지휘로 '내 평생에 가는 길'을 찬송했다. 오하이오 웨슬리언대학교의 배쉬포드(Bashford) 총장이 감동적인 기도를 했다. 가장 좋아했던 찬송인 '우리 다시 만날 때까지'를 부르고 참석자 전원이 주기도문을 외웠다."

벤저민 해리슨 대통령은 헤이스의 죽음을 발표하면서 미국을 위한 그의 봉사를 치하하고 그를 "충성스러운 동료이자 친구, 인정 많고 도움이 되는 이웃, 그리고 행복한 기독교인의 가정의 명예로운 가장"이라고 평가했다.

헤이스가 죽은 다음 주일날, 워싱턴 글래든(Washington Gladden) 목사는 오하이오 주 콜럼버스의 그의 교회에서 기념 설교를 했다. 그는 헤이스의 신앙에 대해 이렇게 말했다.

"나는 그가 어떠한 교리를 자신을 위해 형식적으로 나타냈는지 알지 못한다. 그는 아마도 신앙의 근본적인 진리들의 매우 짧은 몇 가지에 만족했다. 그는 모든 신앙들의 심장을 구성하는 진리 속에 깊은 관심을 가지고 있었다. 그는 얼마 전에 나에게 우리 교단의 어떤 목회자를 아느냐고 물었다. 나는 내가 그를 신학교 다닐 때부터 알고 있다고 말했다.

그는 '나는 지난 주 일요일에 버몬트 주 브래틀보로(Brattleboro)에서 그의 설교를 들었습니다'라고 유머러스한 눈빛으로 말했다. '우리는 우리와 동의하는 사람은 자격이 있는 사람이라고 항상 생각하고 있습니다. 그러나 그가 이 설교에서 사용한 성경 본문은 놀랄만한 것이었습니다. 그가 사용한 본문은 ' '둘째는 그와 같으니'라는 것이었습니다. 그것이 성경 본문의 전부였지요. 그러나 매우 강력한 설교의 기초를 만드는 데는 그것으로 충분했습니다.' 나는 그것을 쉽게 믿을 수 있었다. '둘째는 그와 같으니'는 그것과 동등하다는 것이다. 그것은 주님이 율법의 두 번째 위대한 명령에 관해 말씀하신 것이다.

그 첫 번째 위대한 명령은 '네 마음을 다하고 목숨을 다하고 뜻을 다하여 주 너의 하나님을 사랑하라'(마 22:37)는 것이고, 그 두 번째도 이와 같다. 즉, 동등하게 구속력이 있고, 동등하게 근본적이고, 동등하게 신앙적이다. '네 이웃을 네 몸과 같이 사랑하라'(마 22:39). 대통령의 마음에 감명을 주었던 그 사실은 이 두 명령이 같은 가치를 지니고 있었다는 점이다. 그것은 대통령의 마음이 그 두 가지를 인정하고 있었다는 것을 말한다. 그러나 나는 만일 그가 자신의 믿음을 고백하도록 도전을 받았다면, 그것은 주님의 사랑을 받았던 사도의 말 속에 들어 있었을 것이라고 추측한다. '보는 바 그 형제를 사랑치 아니하는 자가 보지 못하는바 하나님을 사랑할 수가 없느니라'(요일 4:20). 그리고 만일 그 사도의 말이 사실이라면 '사랑하는 자마다 하나님께로 나서 하나님을 알 것이다'(요일 4:7). 그렇다면 마지막 십년 동안 이 기적이지 않았던 사역은 그 첫 번째의 위대한 명령이 또한 그의 삶의 법칙이었다는 것을 증명해 준다."

역사적인 논란들

헤이스가 다음과 같은 말들을 했는가?

페데러(Federer)의 「미국의 하나님과 나라」(America's God and Country), 그리고 노스롭(Northrop)의 「구름 같은 증인들」(A Cloud of Witnesses)에서 헤이스는 "나는 하나님의 가르침, 완벽한 본보기, 예수 그리스도의 속죄의 희생을 굳건히 믿는다. 나는 또한 성경이 세상을 구원하고 계몽하기 위한 하나님의 말씀의 계시라고 믿는다."

다른 문헌에서는 이 말을 인용하고 있는 곳이 없다. 나는 이 구절을 다른 어느 곳에서도 찾을 수 없다. 이것들이 어디서 왔는가? 이것이 진실인가? 이 질문에 대한 대답이 요구된다.

25장

율리시스 S. 그랜트
Ulysses S. Grant

그랜트는 그의 삶 동안에 기독교에 대해서 가볍게 존경하는 것 이상을 보여주지 않았다. 그의 삶의 마지막에 그가 좀 더 영적인 일들을 생각했었다고 믿을 수 있는 몇몇 이유들은 존재한다. 티파니 박사와 뉴만 박사, 두 명의 목사들은 자신들이 그를 예수께로 이끌었다고 주장한다. 티파니 박사의 증언이 좀 더 신뢰가 간다. 왜냐하면 그랜트가 티파니 목사와 대화를 할 때 자신의 환경과 행동에 대해 온전한 자각을 갖고 있었다는 것은 논의의 여지가 없는 사실이기 때문이다. 그랜트는 공적인 신앙고백을 하지 않았지만 자신의 목사인 티파니 박사와 이야기 하는 동안 구원을 받아들였을 것이다.

율리시스 S. 그랜트 _{Ulysses S. Grant}

율리시스 그랜트는 1822년 4월 27일 오하이오 주의 포인트 플레젠트(Point Pleasant)에서 출생하였다. 「미국 대통령들의 기독교」(Christianity of the Presidents)에 대한 책을 쓴 블리스 이슬리(Bliss Isley)는 그랜트에 대해 "경건한 감리교인인 어머니가 성경을 알도록 자녀들을 키웠다"고 기록하고 있다.

1838년 가을부터 1839년 봄 학기까지 그랜트는 오하이오 주 리플레이(Ripley)에 소재한 장로교 사립중학교에 다녔고, 1839년에는 웨스트포인트 육군사관학교에서 공부를 시작했다. 1839년 9월에 그의 사촌인 멕킨스트리 그리피스(R. McKinstry Griffith)에게 보낸 편지에서 그랜트는 교회 예배를 빠지면 벌점을 주는 학교의 교칙에 대해 불평을 하기도 했다.

그는 오하이오 주 출신의 또 다른 사관생도인 엘리후 그랜트(Elihu Grant)에 대한 이야기를 이렇게 기록하였다. "그는 교회에 가지 않았다는 이유로 한 달간 외출 금지령을 받았다. 우리는 교회에 가야만 할 뿐만 아니라 행군 대형으로 줄을 맞춰 가야만 한다. 이것은 공화국이 아니라 성공회교회다."

그랜트는 토마스 잭슨(Thomas J. J. Jackson)을 웨스트포인트에서 알게 되었다. 후에 "스톤월(Stonewall, 돌담; 완고한 사람이라는 뜻 - 역자 주)"이라는 별명을 얻게 된 잭슨에 대해 "그 때 그는 신앙이 깊은 사람이었고, 우리는 그를 광신자라고 불렀다"고 기록했다.

그랜트는 줄리아 보그스 덴트(Julia Boggs Dent)와 1848년 8월 22일에 결혼했다. 멕시코 전쟁에 참전한 후에 그랜트는 전역하고 개인적인 삶을 즐기게 되었다. 1860년 그는 일리노이 주 갈레나(Galena)로 이사하고 사무공무원이 되었다. 그곳에서 지내는 동안 그는 존 빈센트(John H. Vincent) 목사가 담임으로 있는 감리교 감독교회에 출석했다.

남북전쟁 동안 그랜트와 빈센트 목사는 서로 편지를 교환했다. 그중에 남아있는 한 편지가 그랜트 보존 문서에 실려 있다. 그랜트는 빈센트 목사에게 이렇게 편지했다. "우리가 마지막으로 만난 이후, 그리고 강단에서의 당신의 열정적인 설교를 듣는 기쁨을 마지막으로 들은 이후, 많은 일들이 일어났습니다. 나는 당신으로부터 편지를 받을 때에 진심으로 기뻐하고 그것이 마지막이 아니기를 기대합니다. 만일 당신이 계획대로 팔레스타인을 방문하는 여행을 떠나게 된다면, 그렇게 먼 땅에서 당신으로부터 소식을 듣는 것은 나에게 커다란 기쁨이 될 것이며, 당신의 편지에 반드시 답장을 할 것입니다."

1861년 9월에 그랜트는 육군 준장으로 다음과 같은 명령을 내렸다.

"사령관 명령 제9호 : 미합중국 대통령은 이 달 26일 목요일을 국가의 모든 국민들을 위한 겸손, 기도, 그리고 금식의 날로 선포하고, 모든 종교적인 의식과 겸손함으로 이날을 지키고 준수하여, 모든 연합된 기도가 은혜의 보좌 앞에 올라가 나라 위에 풍성한 축복들이 임하도록 권고했다.

따라서 그날에 이 지역에 주둔 중인 각 예하부대는 이 날을 올바르게 지켜, 우리에게 맡겨진 임무 가운데 불가피한 것들을 제외한 모든 군사적 의무를 중단하고, 장교들과 예비 장교 및 사병들은 자신들의 신앙에 따라 예배에 참석하고, 우리의 사랑하는 조국에 내려주신 전능하신 하나님의 축복에 대해 한 마음으로 열렬한 기원의 예물을 드릴 것을 명령한다.

준장 U. S. 그랜트의 명령에 따라, 존 A. 로린스"

이 명령은 비록 그랜트의 이름으로 발동되었지만, 존 로린스(John Rawlins)가 쓴 것이기 때문에 그랜트가 이 명령서의 내용에 얼마나 자세한 영향을 끼쳤는지를 가늠하기는 불가능하다.

1861년 11월 23일 그랜트는 다시 이와 비슷한 명령을 발표한다.

"존경하는 일리노이, 미주리, 그리고 켄터키의 주지사들이 이 달 11월 20일 목요일을 전능하신 하나님께 추수감사와 기도의 날로 지정함에 따라, 이 지역 사령관은 그의 예하부대의 장교들과 사병들에게 그날을 올바르게 지킬 것을 진심으로 기쁘게 권고한다. 공공의 의무에 적합한 한도 내에서 모든 업무를 중지하고 군목들은 자신들의 소속부대 안에서 적절한 종교적 예배를 가지도록 하라."

1862년 11월 3일, 그랜트는 자신이 책임지고 있는 지역 (테네시 군 관구) 안에서 "폭동에 동정을 표하는 사람들"은 가난한 주의 시민들을 구호할 책임이 있다고 말하고 이런 명령을 내렸다. "이 명령에 따른 구호물자를 배급할 필요성이 있는 지역에 주둔중인 각 예하부대에서는 적당한 군목이나 장교를 임명하라. 이 책임자들은 물자의 배급을 감독하고 자신의 임무를 신실하게 수행할 책임을 지도록 하며 구호물자가 가치 없이 배분되지 않도록 주의하라."

1863년 8월 16일, 그랜트는 감리교 선교위원회 신시내티 연회의 회원으로 선출되었다. 그는 이 위원회의 서기인 말레이(J. F. Marlay) 목사에게 보낸 감사의 편지에서 이렇게 말했다. "당신이 명예로운 서기를 맡고 계신 그 위원회가 나를 그 회원의 한 사람으로 선출함으로 인해 내게 영광이 끼쳐진 것에 대해 당신에게 나의 감사를 표현하고자 합니다. 나는 그 회원 선정의 이유를 감리교 선교위원회 신시내티 연회의 회원들이 지금과 같은 시련의 시간에 처한 우리나라를 성실하게 지원하고 있다는 상징으로 받아들입니다."

1864년 3월 9일, 아브라함 링컨 대통령은 그랜트를 중장으로 진급시키고 미합중국 육군총사령관에 임명했다. 링컨은 이렇게 말했다. "그랜트 장군, 당신이 지금까지 한 일들에 대해 감사하며, 현존하는 커다란 갈등 속에서 앞으로 해야만 할 일에 대해 당신에게 의지하고 있는 조국은 이제 당신에게 미합중국 육군 중장의 임무를 부여합니다. 이 고귀한 영예와 함께 이에 상응하는 책임도 당신에게 위임합니다. 이에 조국은 하나님 다음으로 당신을 신뢰하며 중책을 훌륭히 수행해 낼 것으로 믿습니다. 나는 여기서 무슨 말을 더 해야 할 필요를 느끼지 않습니다. 왜냐하면 내 자신의 개인적인 마음은 조국과 함께 하기 때문입니다."

그랜트는 이렇게 답변했다. "대통령 각하, 나는 그 고귀한 영예가 수여된 것에 감사하며 그 임무를 수용합니다. 우리 조국을 위해 수많은 전쟁에서 싸웠던 영예로운 육군의 도움을 힘입어 당신의 기대에 실망을 주지 않도록 나의 진심을 다해 노력할 것입니다. 나는 육군과 또한 그 무엇보다도 조국과 국민들을 인도하는 하나님의 섭리의 은총으로 인해 이제 내게 위임된 책임을 무겁게 느낍니다."

1865년 필라델피아 여행 중에 그랜트는 스프링 가든(Spring Garden Street) 감리교 감독교회에 6백 달러를 헌금했다. 그 헌금액 가운데 5백 달러는 그의 이름으로 1백 달러는 그의 아내의 이름으로 된 것이었다. 그 교회 교인들이 1천 달러를 더 헌금한 후에 의자 하나가 그랜트 가족을 위해 영구 지정되었다.

1866년 볼티모어에 사는 토마스 켈소(Thomas Kelso)라는 사람이 그랜트에게 편지를 썼다. 켈소는 그랜트에게 "당신의 부모님들이 속해있는 영광스러운" 감리교 감독교회가 워싱턴 D.C.에도 세워지는 것을 보고 싶다고 말했다. 그는 "장군, 나는 이 새로운 교회에 당신의 명의로 5천 달러를 헌금하고 싶습니다. 이렇게 함으로써 이 신성한 사역과 당신의 이름을 연관시킬 수 있다고 생각하며, 또한 하나님 아래 우리가 사랑하는 조국을 위해 당신이 주었던 혁혁한 공훈을 흠모하는 나와 모든 애국적 시민들의 공통적인 감사를 표시할 수 있다고 봅니다."

켈소는 그랜트의 이름으로 5천 달러를 헌금하고 자신의 이름으로 9천 달러를 추가로 헌금했다.

그랜트는 1868년 대통령에 당선되었다. 그는 취임사에서 "도달해야 할 목표는 다수를 위한 최선이다"라고 말하고, "이것은 우리 모두의 조국의 모든 지역에서 지역적 편견이 없이 인간, 재물, 그리고 종교와 정치적인 의견들에 대한 안전을 필요로 한다"고 하였다.

그는 나라를 위해 기도해 줄 것을 국민들에게 구하면서 이렇게 연설을 맺었다. "결론으로 나는 전국에 걸쳐 서로에게 인내로써 관용을 가질 것과 행복한 연합을 굳건히 하기 위해 모든 시민들이 자신의 역할을 다 해 줄 것을 호소합니다. 그리고 이것을 완수하기 위해 전능하신 하나님께 온 나라가 기도할 것을 요청합니다."

그는 1872년에 재선되었다. 그는 자신의 두 번째 취임연설에서 "하나님의 섭리 아래서" 자신이 "두 번째로 위대한 나라의 행정부의 수장을 맡기 위해 부름 받았다"고 말했다. 이 연설 가운데 그는 정부의 영토를 넓이는 것이 국가에 손해를 주는가 하는 질문에 대해 자신의 의견을 이렇게 제시했다. "영토를 넓히는 것으로 인해 정부의 힘이 점차 약해지고 파괴되어 정부가 위험해 진다는 많은 사람들의 우려에 나는 찬성하지 않습니다. 상업, 교육, 생각의 빠른 전파, 전보와 증기기관이 이 모든 것을 변화시켰습니다. 그보다 나는 우리의 위대한 창조주께서 이 나라가 한 나라가 되고, 한 언어로 이야기 하고, 군대도 더 이상 필요 없는 세상을 준비시키고 계신다고 믿습니다."

그랜트는 감리교회의 등록 교인이 된 아내와 함께 매주 예배에 참석했다. 대통령으로서 그는 메트로폴리탄 감리교회에 출석했으며 등록 교인은 아니었지만 이사가 되었다.

대통령직에 있는 동안 그는 워싱턴 제일장로교회에 지정석을 위해서 매 분기마다 21달러를 헌금했다. 그가 얼마나 자주 그 지정석에서 예배를 드렸는지는 알려진 바 없다.

그랜트는 대통령직에 있는 동안 몇 차례 인디언 정책에 대해 다루었다. 1870년 의회 연두교서의 초고에서 그는 다음과 같이 기록하고 있다.

"인디언 정책에 대한 개혁에 관한 문제는 본 행정부가 처음 취임한 날부터 오늘에 이르기까지 특별한 관심을 기울이고 있습니다. 몇몇 기관들의 시범적인 선교 사역을 통해 퀘이커 교단과 협력하는 것이 효과적인 것으로 판명되었습니다. 모든 기관들과 감독기관들은 육군의 장교 신분으로 임명되는 것을 썩 달가워하지 않습니다. 의회가 법을 통해 육군의 장교들이 시민들을 위한 직책을 수행하는 일에는 부적당하도록 육군의 기반을 축소했기 때문입니다.

인디언 기관들이 공무원이 되면, 나는 그러한 종교적인 교단들의 사역을 그 모든 인디언 기관들에게 편입시키기로 결심했습니다. 이것은 지금까지 인디언 부족들 속에 선교 사역으로서 선교사들을 세웠던 것과 같은 것이며, 그리고 아마도 그 사역을 같은 조건으로 책임을 지게 될 다른 교단들에게도 해당됩니다. 선별된 부족들은 자신들 고유의 대리자들을 선정하는 것이 허용되며, 이 대리자들은 선교사로서 그들을 돌보고, 도와줌으로써 인디언들을 기독교화시키고 문명화시키며 평화적인 방법으로 훈련시킵니다."

1871년 1월 30일, 의회 연두교서에서 그랜트는 1870년 12월에 인디언 부족 연합회가 열려 권리장전을 선포하고 자신들의 자치정부 헌법을 채택한 것에 대해 이렇게 말했다. "이것은 이들 원주민들이 우리가 가진 형태의 정부를 원한다는 첫 번째의 징조이며, 그들이 스스로 유지되고, 스스로 신뢰하며 기독교화되고 문명화되기를 원한다는 것을 의미합니다."

1874년 10월 15일, 그랜트는 일리노이 주 스프링필드의 오크 릿지(Oak Ridge) 묘지의 링컨 기념탑 헌정식에서 이렇게 말했다. "우리나라의 많은 애국자들이 의심과 낙담에 빠져있을 때 아브라함 링컨은 한순간도 의심하지 않았으며, 마지막 결과가 이 땅의 모든 사람들에게 평화, 연합, 그리고 자유를 줄 것이라고 생각했습니다. 모든 현명한 하나님의 섭리를 의지한 그의 믿음은 이 마지막 결과까지 우리의 팔을 인도했고, 그것은 말하자면 그의 구원자가 살아계신다는 기독교인의 신앙이었습니다."

그랜트는 대통령으로서 모두 여덟 번의 추수감사절 선언문을 발표했다. 1869년 10월 5일 발표된 그의 첫 번째 선언문에서 그는 한 해 동안 미국이 받은 많은 축복들을 열거한 후 이렇게 말했다. "이러한 축복들은 사람들이 그 축복들을 주신 최고의 창조자에게 감사드리는 것을 즐기게 하며, 그들의 보은의 마음과 신뢰를 찬송과 감사로 보답하고, 하나님의 은총을 계속적으로 경건히 간구하게 합니다."

1870년 10월 21일 발표된 그의 두 번째 추수감사절 선언문에서 미국인들에게 하나님이 주신 것들에 감사를 돌릴 것을 촉구하면서 이렇게 말했다. "사람들은 자신들이 전능하신 하나님을 의지하고 있다는 것을 공적으로 분별할 필요가 있습니다. 그리고 공동체적으로 하나님의 축복과 은혜를 인한 감사의 마음을 인정해야 합니다. 그리고 그것들이 계속되도록 겸손히 기도해야 합니다."

그랜트는 1871년 10월 28일 자신의 세 번째 추수감사절 선언문을 발표했다. 그는 지난 한 해 동안 받은 축복에는 감사, 그리고 재난을 당한 사람들에게는 동정을 촉구하면서 이렇게 말했다. "11월 30일 목요일에 국민들은 자신들의 예배 장소에서 모여 전능하신 하나님께 하나님이 우리에게 주신 축복들과 악으로부터 지켜주심에 대한 전통적인 연례 감사의 예배를 드리고, 하나님의 지혜 가운데 징계를 받아 복을 많이 받지 못한 형제들을 위해서도 하나님의 보호하심과 자비를 기원합시다."

1872년 10월 11일, 그랜트는 그의 네 번째 추수감사절 선언문을 발표했다. 그는 만일 어떤 한 국민이 "다른 국민들보다 더 많은 이유로" "전능하신 하나님의 은총과 그의 축복들에 감사할" 이유가 있다면, 그것은 바로 미국민들일 것이라고 국민들에게 상기시키고, 미국민들이 지난 한 해 동안 시민과 종교의 자유, 법 앞에 평등, 그리고 "어떠한 고통이나 재난으로부터도 제외된 기쁨을 누렸다"고 말했다.

1873년 10월 14일, 그랜트는 그의 다섯 번째 추수감사절 선언문을 발표하고 미국이 점차, 그리고 확실하게 "무서운 시민전쟁의 지속된 결과들로부터 회복되고 있는" 사실을 인해 감사를 드리자고 말했다.

그랜트는 1874년 10월 27일 그의 여섯 번째 추수감사절 선언문을 발표했다. 그는 모든 시민들에게 "다음 달 11월 26일 목요일에 자신들의 예배 장소에 모여 전능하신 하나님의 은총과 긍휼에 자신들의 감사를 표현하고, 모든 세속적인 직업과 모든 정치적인 토론들을 내려놓고, 그날을 휴식과 감사와 찬송의 날로 지킬 것을" 권고했다.

1875년 10월 27일, 그랜트는 국민들에게 "우리의 감사를 전능하신 하나님께 겸손히 표현하자"고 요청했다. 그는 "우리들의 장점들을 풍성하고 자유롭게 즐기는 가운데 우리는 그것들이 유래된 근원을 잊지 말고, 은총의 아버지께 우리는 은의를 더욱 가져야 한다"고 말하고 "시민과 종교의 자유, 평화, 그리고 안전은 하나님의 계속적인 은총으로부터 오는 것"이라고 말했다.

1876년 10월 26일, 그는 여덟 번째이자 마지막 추수감사절 선언문을 발표했다. 그는 미국인들이 자신들의 개인적인 축복들을 인해 감사를 드려야만 한다고 말하고 나서 이렇게 말했다.

"개인들에게 수여된 이들 축복들에 더해서 우리는 우리의 진심에서 우러나는 감사를 전능하신 하나님께 특별하게 표현하는 기회를 가지고 있습니다. 그 하나님의 섭리와 인도하심에 의해 우리의 정부는 한 세기 전에 세워졌고 그 개국을 했던 이들의 목적을 그동안 충족시켜 왔습니다. 그 목적은 모든 민족에게 피난처를 제공하고, 국경 안에 있는 모든 사람들에게 시민과 종교의 자유를 보호하고, 모든 사람들이 정의와 법 앞에 평등을 얻도록 하는 것입니다. 그 위에 특히 모든 자비의 아버지께 그분의 은총이 개인과 국가에 계속 임하도록 우리의 겸손한 기도를 드리는 것은 우리의 의무입니다."

그랜트는 1876년 6월 26일 미국 독립 백주년을 기념하는 선언문을 다음과 같이 발표했다.

"미국인들이 지구상의 다른 국가들과 동일한 신분과 분리의 권리를 선언한 백주년을 기념하는 날을 특별하게 지킬 것이 요구되어집니다. 조상들은 정부가 처음 태어나고 연약할 때에 하나님의 섭리의 보호와 축복을 기원했으며, 그 당시에 주장했던 사상들과 그들이 드렸던 뜨거운 기도들로 인해 열세 개의 주와 삼백만 명의 사람들은 강력하고도 많은 인구를 가진 국가로 확장되었습니다.

우리가 한 국가로서 존속하게 된 백 년째를 기념하면서, 우리의 사랑하는 조국에 내려주신 하나님의 관대하심과 보호하심을 인해 전능하신 하나님께 감사의 사례를 드리는 것은 적절한 것입니다. 따라서 나는 다가오는 7월 4일이 돌아오면 여느 때처럼 이 날을 습관적이고 관례적으로 지키는 것에 더해 그러한 방법으로 시간에 자신들 각자의 장소와 종교적인 장소에서 공공의 종교적 의식으로 전능하신 하나님께 그분이 한 국가로서의 우리들에게 지난 한 세기 동안 내려주신 축복들을 인해 감사의 기도를 드리도록 미국의 모든 국민들을 초청합니다."

그랜트는 1877년까지 대통령직을 수행했다. 1875년 9월 29일 테네시주 재향군인회 모임에서 그는 이렇게 말했다.

"사상의 자유, 표현의 자유, 언론의 자유, 순수한 도덕, 종교의 자유, 그리고 국적, 피부색 혹은 종교에 상관없이 모든 사람들에게 동등한 권리와 특권을 주기 위해, 그리고 좀 더 완벽한 안전을 보장하기 위한 모든 필요를 채우기 위해 우리의 모든 노력을 경주합시다. 자유로운 교육을 장려하고 지원하는 돈의 단 1달러라도 어떠한 분리주의 학교에라도 지원되어 교육에 충당되지 않도록 결의합시다. 국가나 주 혹은 그 양쪽의 교육기관들은 이 땅에서 자라는 모든 어린이들이 분리주의, 이교도 혹은 무신론주의와 혼합되지 않은 좋은 일반적 학교교육을 충분히 받을 수 있는 기회를 만듭시다. 신앙의 문제는 가정의 범주에서 해결하도록 놔두고, 교회와 사립학교의 지원은 전적으로 개인적인 기부금으로 운영되도록 놔둡시다. 교회와 국가의 분리원칙을 영원히 지킵시다. 우리가 이러한 안전장치들을 지키기 위해 '테네시군'이라고 불리며 치렀던 그 전투들은 헛된 것이 아니었습니다."

그 연설에서 나타나는 재미있는 사실은 그랜트가 "단 1달러라도 분리주의 학교"에 쓰이지 않아야 한다고 말하고, 미국 땅에서 재정지원을 받은 교육기관들은 "분리주의, 이교도 혹은 무신론주의"와 혼합되지 말아야 한다는 주장이다. 따라서 그는 로마 가톨릭계 학교나 개신교 계통의 학교들에 정부의 지원금을 주는 것을 허용하지 않을 뿐만 아니라, "다문화주의"에 관심을 가지고 다른 종교 및 기독교를 제외한 모든 종교들의 계율을 가르치는 현대적인 공립학교 제도도 역시 반대할 것이라는 말이다.

1885년 4월 그랜트의 죽음이 임박했다. 그의 가족들은 뉴만(J. P. Newman) 목사를 불렀다. 뉴만 목사는 그랜트가 죽기 얼마 전에 물을 뿌리는 방식으로 그랜트에게 세례를 주었다. 그러나 몇몇 역사가들과 그랜트의 친척들은 그랜트가 잠들어 있거나 의식이 없는 동안에 물을 뿌렸으며, 그가 이를 알아채지 못했다고 증언했다. (이 장의 말미에 이 문제를 더 자세히 다루도록 하겠다)

1885년 7월 8일 그가 죽기 며칠 전에 볼티모어에서 한 가톨릭 신부가 그랜트를 방문해서 모든 사람들이 그를 위해 기도하고 있다고 말했다. 후두암으로 말을 할 수 없었던 그랜트는 글로 써서 이렇게 답했다.

"예, 나도 압니다. 그리고 전국의 기독교인들이 나를 위해 기도해 주는 것에 매우 감사한 마음을 느끼고 있습니다. 구약성경과 신약성경에서 보여지고 있는 것처럼 이 감사가 포함되지 않는 종교나 분파는 없습니다. 우리나라의 가톨릭교인들, 개신교인들, 유대교인들, 모든 좋은 사람들, 그리고 종교인들뿐만 아니라 모든 정치인들, 그리고 모든 외국인들이 회복을 바라고 기도하는 것에 하나가 된 것처럼 보입니다. 나는 그동안 줄곧 크게 고통을 받아 왔던 사람입니다. 그러나 지금 나와 연관된 것들은 그 모든 것들에 대해 충분한 보상을 주고 있습니다. 내가 할 수 있는 모든 것이라고는 이들 모든 좋은 사람들의 기도가 응답을 받도록 기도하는 것이며, 또 다른 그리고 더 나은 세상에서 함께 만날 수 있는 것입니다. 1885년 7월 8일, U. S. 그랜트, (서명)"

그랜트는 1885년 7월 23일 뉴욕의 마운트 맥그레고(Mount McGregor)에서 사망했다. 율리시스 그랜트의 인기 있는 이미지는 시가를 피우며 차가운 마음을 가진 비종교적인 장군의 모습이다. 대통령의 기독교 신앙을 다룬 모든 이전의 서적들은 그러한 이미지들을 더욱 고착화시키는데 일조했다. 그러나 그의 삶에는 또 다른 면이 있다.

윌리엄 메익피스 테이어(William Makepeace Thayer)는 1885년에 쓴 저서 「가죽공장에서 백악관으로: 율리시스 S. 그랜트의 생애」(From Tannery to the White House: The Life of Ulysses S. Grant)를 위한 자료조사 활동 중에 워싱턴에서 한때 그랜트 장군의 담임목사로 있었던 티파니(O. H. Tiffany) 박사와 인터뷰를 한 적이 있다.

티파니 박사는 그랜트가 자신의 설교에 반응했던 일들을 이렇게 증언했다.

"그는 종교적인 습관을 가지고 있었으며, 하나님이 섭리로 다스리심에 대해 그것이 없이는 역사적으로 어떤 특정한 사건들은 불가능한 것이었다는 순수하고 진지한 믿음을 견지했습니다. 그리고 헌신적인 누이의 견고한 신앙을 존경했으며, 자기 부모들의 경건함 속에서 나타나는 아름다움에 신성한 존경심을 표했습니다. 그는 마르타(Martha) 포도원을 일주일 동안 방문한 적이 있었습니다. 그곳은 지금 나의 여름 별장으로 사용하고 있는 곳인데, 나는 거기서 '또 여러 형제가 어린양의 피와 자기의 증거하는 말을 인하여 저를 이기었으니' 하는 본문을 가지고 신앙의 승리에 대해 설교를 했습니다.

그는 그 이전의 나의 어떤 설교를 들을 때보다도 더욱 감동을 받았습니다. 그리고 그 설교가 끝났을 때 그의 제안에 따라 우리는 사람들을 떠나서 솔직하고 진지한 대화를 나누었습니다. 그는 이렇게 물었습니다. '당신의 설교와 신약성경 안에는 피를 흘리는 이야기를 왜 그렇게 크게 강조를 하고 있습니까?' 나는 속죄의 교리를 가장 쉬운 단어로 그에게 설명했으며, 그는 그것을 완전히 이해한 것처럼 보였습니다. 사랑의 수단으로 생명을 포기한다는 원리는 수천 명을 이끌고 죽음을 통과해 승리를 이끈 사람에게 부정할 수 없는 논거가 되었습니다. 그리고 나는 그날 장군이 예수 안에 있는 진리를 개인적으로 사실화했다고 강력하게 확신합니다."

많은 역사가들과 전기 작가들은 이 이야기를 무시한다. 그리고 그랜트를 죽는 순간까지 비기독교적인 인물로 그리고 있다. (그들이 주장하는 증거의 일부 가운데는 채피(Chaffee) 상원의원의 일기장이 있는데, 그는 뉴만 목사가 마지막 죽음의 침상에서 베푼 세례 이야기와 상반되는 증거를 제시하고 있다)

외관상으로는 그랜트는 티파니 박사와의 대화에서 믿음의 고백을 하지 않았다. 그러나 만일 이 이야기가 정확하다면 티파니 박사는 구속의 교리를 정확하게 설명을 했으며, 그랜트는 "그것을 완전히 이해한 것처럼 보였다." 그가 자신의 입으로 예수 그리스도를 주라고 고백했든지 안했든지 그는 적어도 구원의 기본 교리를 이해할 기회는 확실히 가졌던 것이다.

그랜트는 이렇게 말했다. "나는 성경을 믿는다. 그리고 그 말씀에 따라 사는 사람은 이로 인해 축복을 받는다. 인간은 그 해석에 있어 많은 차이점이 있을 수 있다. 그러나 성경은 인간에게 최선의 지침서다."

역사적인 논란들

율리시스 그랜트가 자신의 죽음이 임박했을 때 세례를 받았는가?

1885년 4월 그랜트의 임종이 가까워졌다. 그랜트가 그리스도 안에서 신앙고백을 한 적이 없다는 것을 알고 있는 그의 가족들은 저명한 감리교 목사인 뉴만을 초청했다. 에드먼드 풀러(Edmund Fuller)와 데이빗 그린(David Green)이 공저한 「백악관의 하나님: 미국 대통령들의 신앙」(God in the White House: The Faiths of American Presidents)에 다음과 같은 말이 나온다.

"뉴만의 신앙의 신실함을 비난하지 않더라도, 그가 자신이 그랜트 장군을 개종시켰다는 명성을 얻기를 원했던 것은 확실한 사실이다. 그러나 고통스럽게 죽어가는 그랜트는 자신의 아내와 자녀들에게 위로가 된다면 자신의 옆에서 얼마나 많은 기도를 하던 상관하지 않겠다고 무뚝뚝하게 말했다. 뉴만은 4월부터 시작해서 그랜트가 죽은 1885년 7월 23일까지 계속적으로 나타나 맴돌았다."

그랜트의 아들인 율리시스 그랜트 주니어는 제롬 채피(Jerome Chaffee) 전 상원의원의 딸과 결혼을 했었다. 그랜트의 건강이 약화되고 뉴만 목사가 그를 방문했던 그 기간 동안 채피 상원의원은 이렇게 기록했다.

"뉴만 박사의 방문은 터무니없는 것이었다. 그랜트 장군은 뉴만 박사의 기도가 자신을 구할 수 있을 것이라고 믿지 않았다. 그는 단지 뉴만 박사의 심정을 상하게 하지 않기 위해 기도를 하도록 허용했던 것뿐이다."

몇몇 사람들은 그랜트가 세례를 받은 적이 없다고 주장하지만, 그랜트가 죽기 바로 직전에 물을 뿌리는 세례를 받았기 때문에 그 말은 기술적으로 틀린 주장이다. 그러나 에드먼드 풀러와 데이빗 그린은 그 세례가 실제로는 어릿광대짓이었다고 말하고 있다. 그들은 그 광경을 이렇게 묘사했다.

"그랜트가 거의 혼수상태에 가까운 잠에 빠져 있을 때에 의자에 앉혀졌다. 그리고 뉴만 목사는 물을 뿌려 그에게 세례를 주었다. 그랜트는 물이 뿌려지고 기도 소리가 들리자 깨어났다. 그리고 무슨 일인지를 말해주자, 그랜트는 '당신들이 나를 놀라게 했소' 라고 간단하게 대답했다. 그랜트는 그 의식에 아무런 고백을 하지 않았다. 그러나 뉴만 목사는 그랜트가 감리교 신앙으로 개종을 하고 세례를 받았다고 기자들에게 말했다."

26장

앤드루 존슨
Andrew Johnson

존슨은 신앙의 사람이었다. 그는 일반적인 의미로 "기독교인"이었으며, 기독교회에 출석하고 교회의 많은 가르침에 동의한 사람이었다. 그러나 그가 남긴 기록이나 연설문을 보면, 그는 정통 기독교와 일치되지 않는 몇몇 신조들을 가지고 있기도 했다.

앤드루 존슨 Andrew Johnson

앤드루 존슨은 1808년 12월 29일 노스캐롤라이나 주의 랄리(Raleigh)에서 태어났다. 그는 1827년 5월 17일 엘리자 맥커들(Eliza McCardle)과 결혼했다. 그녀는 감리교 감독교회의 등록 교인이었다. 존슨은 등록 교인은 아니었지만 그녀와 함께 교회에 출석했다.

존슨은 테네시 주 그린빌(Greenville)에 정착해서 양복 재단사가 되었다. 1843년 5월 12일, 그린빌의 기능공들은 죄수들을 다양한 직업의 기능공으로 고용하도록 테네시 주에 촉구하는 청원을 만장일치로 채택했다. 앤드루 존슨은 그 청원서를 작성하는 다섯 명의 위원들 가운데 선정되었다. 그는 자신이 "그 청원서의 모든 글을 썼다"고 말했다.

그 청원서는 "이스라엘 자손들을 다스리기 위해 세워진 신권정체(政體)보다도 부도덕한 행동들을 제지하고 완벽함에 더 가까이 갈 수 있도록 고안된 더 적합한 시스템은 없을 것"이라고 주장했다. 또한 범죄자들이 자신들이 저지른 일들을 복원할 뿐만 아니라 자신들의 행동을 적절하게 보상해야 한다는 내용이 들어 있는 출애굽기 22장 1~3절을 인용하면서 존슨은 이렇게 주장했다.

"출애굽기의 말씀을 읽어 볼 때 우리의 마음에 만족을 얻습니다. 처벌은 그 범죄자가 저지른 것과 같은 양으로 주어져야 한다는 것을 하나님 스스로가 의도하고 있습니다. 신약성경을 넘겨보면 우리는 바로 그 원리가 주님에 의해 인정되고 지지되었다는 것을 발견할 수 있습니다. 마태복음 5장 17절에는 '내가 율법이나 선지자나 폐하러 온 줄로 생각지 말라 폐하러 온 것이 아니요 완전케 하려 함이로라'고 말씀하셨고, 26장 52절에는 '이에 예수께서 이르시되 네 검을 도로 집에 꽂으라 검을 가지는 자는 다 검으로 망하느니라'고 말씀하셨습니다."

존슨은 계속해서 이렇게 말했다. "위원회는 그 주제에 관해 상세하게 논의할 시간이나 의향도 가지고 있지 않습니다. 그러나 하나님의 직접적인 지도 아래 실시되고, 그 이후에는 인간에게 구원을 가능케 하기 위해 십자가의 고통을 받으신 예수님에 의해 유지되고 인정받았던, 모세에 의해 전해진 규칙과 규정들을 기꺼이 받아들일 용의가 있습니다."

이것이 존슨에 의해 만들어진 예수님에 관한 가장 최초의 자료다. 그의 두 번째는 역시 같은 문서의 뒷부분에 이렇게 기록되어 있다. "우리는 예수의 어머니인 마리아의 남편 요셉의 직업이 목수였다는 것을 배웠으며, 우리의 주님이 스스로 그 일을 뒤따라 했을 가능성은 매우 큽니다."

존슨이 주 상원의원이던 1848년에 그는 테네시 주 상원에서 매일의 기도를 반대했었다. 그의 정적이었던 윌리엄 브라운로우(William G. Brownlow)는 존슨이 "공공연한 이교도"였다고 말했다. 그러나 전기 작가인 한스 트레포우세(Hans Trefousse)에 따르면 1849년 가을에 의장 선출을 둘러싸고 미연방하원이 교착 상태에 빠졌을 때 존슨이 "그 경선을 빨리 끝내도록 하기 위해 의회에서 기도를 하는 법안"을 제안했다고 기록했다.

1844년 존슨은 하원연설에서 자신이 "한 개신교회의 등록 교인"이라고 말했다. 내가 알고 있는 지식에 따르면 이 말은 아직도 검증이 되지 않았다.

1845년 존슨의 휘그당(Whig) 정적들은 그가 무신론자라는 것을 증명하려고 시도했다. 1845년 10월 15일, 그는 "테네시 주 제1 연방하원 선거구의 자유민들에게"라는 항변서를 발표했다. 이것은 자신의 신앙에 대해 자신의 손으로 깊이 있게 논의한 글이다. 그는 자신이 무신론자라는 점이 증명되면 그의 정치적 생명은 끝난다는 점을 잘 알고 있었다. 따라서 그는 이 글에 자신의 종교관을 공개적으로 이야기 했다. 휘그당원들은 존슨이 예수가 사생아이며 마리아는 창녀였다고 공개적으로 말했다고 주장했다.

존슨은 이렇게 응답했다. "그 말의 근거와 악의에 찬 비난은 처음부터 끝까지 완전히, 그리고 절대적으로 거짓입니다. 그리고 남자나 여자나 소년이나 어린이나 백인이나 흑인이나 산사람이나 죽은 사람이나 간에 내가 그런 표현이나 혹은 그런 비슷한 말을 사용해 잃어버리고 파멸된 사람의 구원자를 경멸하거나 경시한 것을 들어 본 사람은 단 한 사람도 없습니다."

그는 또한 예수를 고리대금업자이며 사기꾼이라고 말했다는 비난을 당했었다. 같은 글에서 그는 이렇게 응답했다. "우리 주님이 불법적인 고리대금업자라거나 혹은 '가짜 교리를 만든 사기꾼' 이라는 주장은 공허한 것이라는 사실을 나도 역시 확실하게 느낍니다. 그러한 생각은 나의 생각에 들어와 본 적이 없으며, 그러한 표현이 나의 입술 밖으로 나왔던 적도 없습니다. 그리고 살아있는 사람들 가운데 그의 위치가 높거나 낮거나 상관없이 예수 그리스도의 이름과 연관해서 내가 그러한 말이나 그와 비슷한 말을 사용하는 것을 들어 본 사람은 없습니다."

무신론자라는 고발을 받았을 때 그는 그러한 비난이 "진실의 기초가 투영되어 있지 않다"고 응답했다. 그는 "무신론자"라는 말에 대해 "성경의 신적인 권위를 믿지 않고 - 미래의 보상과 형벌을 믿지 않고 - 혹은 다른 말로 하면, 성경에서 선언하고 있는 것과 같이 죄인들을 벌주기 위한 지옥이라는 장소가 없다고 믿는 사람들" 이라고 정의하고 자신은 이러한 묘사에 맞지 않는다고 선언했다.

그는 "나는 내가 이전 기회에 여러 차례 이야기 했었던 것을 다시 반복하는 것이 적절하다고 생각합니다. 지난 번 선거 유세에서 나에 대해 이야기된 무신론자라는 주장은 완전히, 그리고 절대적으로 처음부터 끝까지 거짓입니다. 그리고 예수 그리스도 그 분에 의해 시작되고 가르쳐지고 지켜온 성경의 교리들에 관해서나 혹은 구원의 위대한 계획에 대해서나 나는 지금까지 단 한 가지도 의심하지 않았습니다"라고 덧붙였다.

그는 자신이 "순수하고 다른 것이 섞이지 않은 민주주의의 원칙에 대한 믿음을 가지고 있으며 우리 주님의 신앙을 믿습니다. 나는 주님이 이곳 지상에서 계시는 동안 구별되는 출생을 통해 머물 곳과 부유함도 없이 고결하고 가치 있는 삶을 보내셨다는 믿음을 갖고 있습니다"라고 다시 한 번 반복하면서 끝맺었다.

그의 정치생활의 초년 시절에는 앤드루 존슨은 성경을 자주 언급하거나 인용했다. 지금 현존하는 그의 연설문을 보면 어떤 이유인지 정치적인 사다리를 올라감에 따라 성경의 언급이나 인용은 줄어들고 있다. 아마도 그는 대표자로서 선출되는 것에 충분한 신앙인이라는 점을 유권자들의 눈에 보이게 할 필요성을 점차 덜 느꼈던 것 같다.

1845년 12월 19일, 존슨은 테네시 주 하원에 이러한 결의안을 제출했다. "현 의회가 결정한 대로 - 각각 다른 교단의 목회자들에게 매일아침, 그리고 의회 의사의 시작 때에 신실한 기도로 모든 선한 것을 주시는 분에게 이 나라에 그분의 축복이 계속되도록 기도해 주도록 가장 정중히 초대를 하는 바이며, 진심으로 참가할 것을 요청합니다. 그리고 그것은 예수 그리스도의 복음에 기록된 대로 - '돈 없이 값없이' - 이루어져야 하며 예외적으로 이 의회의 의원들이 개인적이며 자발적으로 기부하는 것은 제외합니다."

비록 이 결의안은 통과되지 못했지만, 이것은 존슨이 무신론자라는 고발을 피해 가는데 도움을 주었을 것이다.

1852년 5월 뉴욕 토지 개혁주의자들의 모임 연설에서 존슨은 평등주의

자라고 비판을 받았던 한 개척자의 이야기를 예로 들면서 이렇게 말했다. "인류의 구원자는 많은 사람들을 끌어 올려 사람과 천사들의 모습으로 영예를 얻을 수 있도록 하기 위해 하늘에서 내려왔습니다. 그리고 만일 갈보리에서 자신의 피를 뿌린 그 사람을 평등주의자라고 부른다면, 그 말은 맞는 말입니다."

1853년 10월 17일, 존슨은 테네시 주 주지사로서 자신의 첫 번째 취임 연설을 했다. 그 연설에서 그는 인간이 "당신의 이미지대로 인간을 만드신 하나님의 본질과 성품을 가장 많이 닮았기 때문"이라는 이유로 "인간의 신성"이라는 말을 사용했다. 그는 이렇게 말했다. "신성 혹은 민주주의의 이러한 원리를 증대시키는 작업을 하는 일에서 진보를 이루어 내는 것은 민주당이 할 일입니다. 그리고 이로 인해 인간을 좀 더 완전하게 만들고 향상시킵니다. 나는 이 세상에서, 그리고 특별히 미국에서 인간의 정치적인 구원을 민주당이 추진해야 하며, 조만간 그 위대한 일은 성취될 것입니다."

또한 존슨은 그 '진보와 향상의 일'은 언젠가 끝날 것이라고 믿으면서 다음과 같이 말했다.

"교회 군대는 존재하지 않게 될 것이며, 교회의 승리가 시작됩니다. 동시에 민주주의의 진보는 길을 잃고 더 이상 존재하지 않으며 신정(神政)정치가 시작될 것입니다.

인간의 신성은 이제 완전히 개발되었습니다; 그것은 이제 확신과 기쁨을 가지고 사람의 소리는 하나님의 소리라고 주장할 수 있습니다. 그리고 이렇게 선포합니다. '천년왕국의 아침이 밝았다. 사자와 어린양이 함께 누우며, 어린이가 뱀의 굴에 손을 넣으며, 온 땅에 인간들의 정치적 종교적 구원에 대한 기쁨의 소식들이 선포되며, 땅에서는 인간들을 향한 평화와 선함이 가득 찼다.' 이것은 모든 분별력 있는 젊은 사람들이 쉽게 지각할 수 있는 것이 될 것입니다. 즉, 민주주의는 정치와 조화된 사다리이며 야곱이 자신의 꿈에서 보았던 영적인 것과 같이 그들의 전성기에 올라 갈 수 있는 것이 될 것입니다."

이 연설은 드라마틱한 구조를 사용하였다. 아마도 이 연설은 그 청중들에게 잘 전달이 되었을 것이다. 그러나 그 속에 들어 있는 신학은 비정통적이다. 정통 기독교에서는 인간을 신으로 보지 않는다. 그리고 천년왕국은 예수의 재림과 함께 오는 것이지 인간을 신이라고 선언하는 것을 통해 오는 것이 아니다. (정통 기독교인들의 미래에 대한 계시적 사건들에 대한 해석은 기본적으로 시간을 해석하는 것에 따라 다르게 표현된다. 대부분의 기독교인들은 환난과 천년왕국이 있을 것이라고 믿고 있으며 그 기간이나 환난, 그리고 예수의 재림 시기에 관해 약간의 의견차이가 있을 뿐이다)

1855년 10월 23일, 그의 두 번째 테네시 주 주지사 취임연설에서 존슨은 이렇게 말했다. "따라서 본질적으로 보통 사람들에게 이익을 주기 위한 목적을 가지는 정책이라면 그것이 어떤 것이든 국가의 거짓된 귀족정치가의 입장에서는 적대적으로 보게 될 것이라는 일반적 사실을 항상 마음속에 품는 것은 중요합니다. 따라서 진정한 기독교와 민주주의 이 두 가지는 겸손한 사람, 환경, 그리고 상황의 지지를 받아왔습니다. 과도한 부, 고등교육, 권력, 지위, 그리고 권위로 득의양양한 사람들은 일반적으로 하층민 출신, 빈곤, 그리고 무지를 경멸한다고 고백합니다."

존슨은 연방 상원의원으로 선출되었다. 1858년 2월 17일 그는 상원에서 '유타 주에서 연방정부의 권위를 유지하는 것'에 대한 주제의 연설에서 이렇게 말했다. "이러한 모든 잘못된 생각의 와중에서, 우리가 몰몬교도들에 대해 반대하며 들어가고자 하는 의도를 가지고 일을 추진함에 있어, 우리는 기도교인답게 행동해야 합니다. 기독교의 빛을 가지고, 성경을 앞세우고, 우리는 미혹되고 잘못 인도함을 받은 사람들을 고치고 개혁하기 위해 노력해야 합니다."

그 다음날, 존슨은 같은 주제를 가지고 이렇게 말했다. "나는 기꺼이 자비를 베풀 것입니다. 모든 주들의 주 헌법에 들어 있는 이 위대한 원리들을 바탕으로 나는 우리가 다른 것들을 받아들여야 한다고 생각합니다. 우리는 기독교인들로서 몰몬교도들에 대해 한편으로는 성경의 행동원칙을 따르면서, 다른 한편으로는 이성의 횃불을 들어야 합니다. 그리고 우리가 할 수 있다면 그들을 자신들의 길을 계속 가는 것으로부터 단념시켜야 합니다."

남부의 주들이 연방을 탈퇴했을 때 존슨은 연방을 지지하고 남아 자신의 자리를 지키고 있던 유일한 남부 출신 상원의원이었다. 테네시 주에는 연방 주의자들이 많았으며 남북전쟁으로 인해 내부적으로 분열되었다.

1862년 1월 31일 존슨은 인디애나 주의 제시 브라이트 상원의원의 제명 건에 대해 이렇게 발언했다. "우리 모두 우리나라의 영광스러운 국기를 들고 십자가 밑에 그것을 못 박고 그것이 예전에 그랬던 것처럼 거기서 나부끼게 될 미래를 바라봅시다. 그리고 함께 그것을 둘러서서 우리의 표어를 새겨봅시다. '자유와 연합, 나누어질 수 없는 하나, 현재와 그리고 영원히' 라고. 우리 모두 그것을 둘러싸고 그것이 십자가 아래서 펄럭이는 동안 함께 큰 소리로 외칩시다. '첫째는 그리스도, 그 다음은 우리의 조국' 이라고!"

1862년에 존슨 상원의원은 남부 연맹으로부터 빼앗은 테네시 주의 임시 주지사로 임명되었다. 그 당시 네쉬빌은 남부군의 공격을 받고 있었다. 아브라함 링컨은 화가인 프랭크 카펜터에게 그 포위공격을 받을 당시의 존슨이 감리교 목사인 그랜빌 무디(Granville Moody)와 나누었던 대화의 내용을 다음과 같이 들려주었다.

"존슨은 격한 감정으로 말했다. '무디 우리는 이제 끝이오. 부엘(Buell)은 반역자야! 그는 도시를 철수시키려고 하고 있고, 48시간 안에 우리는 반군의 손에 떨어지게 될 거요!' 그리고 그는 그의 친구가 진정하라고 애원하는 것도 듣지 못한 것처럼 손을 비비며 우리에 갇힌 호랑이처럼 초조하게 다시 바닥을 바라보며 서성거렸다.

갑자기 그는 돌아서서 그에게 와서 말했다. '무디, 기도해 주겠소?' '복음 사역자로서 그것은 내가 당연히 할 일입니다.' '그래요, 무디 나는 당신이 기도해 줬으면 좋겠소.' 두 사람은 방의 반대편으로 가서 즉시 무릎을 꿇었다. 기도가 뜨겁게 달아오르자 존슨은 진정한 감리교인 스타일로 반응을 하기 시작했다. 즉시로 그는 자신의 손과 무릎으로 기어서 무디의 옆으로 갔다. 그리고 자신의 팔을 그에게 두르고 깊은 감정을 드러냈다. 마음 깊은 '아멘'과 함께 기도를 끝내고 그들은 자리에서 일어섰다. 존슨은 깊은 숨을 쉬면서 강조해서 말했다. '무디, 나는 기분이 좋아졌소!' 잠시 후 그는 이렇게 물었다. '당신은 내 편이 돼주겠소?' '물론 그렇게 하지요'

'좋아요, 무디, 나는 당신을 신뢰하오. 당신은 수십만 명 중에 한 명 있을까 말까한 사람이오.' 그리고 그는 다시 바닥을 바라보며 서성거리기 시작했다. 갑자기 그는 방향을 바꾸고 말했다. '오! 무디, 내가 당신에게 기도해 달라고 요청했다는 이유로 내가 종교적인 사람이 되었다고 생각을 당신이 하게 되기를 원치 않소. 이렇게 말해서 미안하지만 나는 아니오, 그리고 절대로 종교적인 것처럼 꾸미지도 않았소. 아마 그 누구보다도 당신이 그것을 잘 알거요. 그러나 무디, 한 가지 확실한 것은 내가 전능하신 하나님을 믿는다는 것이오. 그리고 나는 성경도 역시 믿소. 그리고 내쉬빌이 함락된다면 나는 ____ 할거요!' 그러나 내쉬빌은 함락되지 않았다."

1864년 1월 21일, 연방주의자들이 테네시 주 의회에 모여 테네시 주와 주정부의 재건을 요구하는 결의안에 서명을 할 때 그들은 "눈에 띄지 않는 구석에" 있던 존슨 주지사를 발견하고 그에게 연설을 요청했다. 그 연설에서 그는 하나님이 나라를 인도하신 것에 대해 이야기 했다. "하나님이 섭리하시는 방법은 부정한 사람의 짧은 소견으로는 이해할 수 없는 것입니다. 세계 역사의 다양한 기간들 속에서 우리에게 이해할 수 없는 능력들이 나타났습니다. 그리고 나는 도덕적 세계와 물질적 세계 사이에는 직접적이고 중요한 연관성이 있다는 것을 믿습니다. 그리고 그 한편에 커다란 사건이 일어나는 것에 있어서 다른 한편으로부터 크게 영향력을 주고받습니다. 세계 역사를 되짚어 보면, 우리는 마지막 결과들보다 오히려 앞서 나타나는 사건과 징조들을 찾을 수 있습니다. 많은 사람들이 생각하는 것처럼 이 나라는 그동안 커다란 죄에 연루되어 왔습니다. 국가적으로 그리고 개인적으로 조만간 자기들의 허물로 인해 압도당할 것입니다. 아마도 이 반란은 위대한 선이라는 결과를 낼 것입니다. 이 나라는 징벌을 받고 그 죄의 사함을 받을 것입니다. 누가 아니라고 말할 수 있겠습니까?'

그는 이렇게 역사 속에서 사라진 나라들의 예를 들고 난 후 계속해서 말했다.

'나는 이러한 일들이 하나님의 섭리가 특별히 개입되거나 하나님의 법이 실행된 결과적 사건들이라고 말하지는 않겠습니다. 그러나 그것들은 엄연한 사실들입니다. 나는 당신들에게 예루살렘의 이야기를 상기시키고 싶습니다. 유대인들은 그리스도를 핍박하고 십자가에 못 박았습니다. 그리고 이제 그들은 지구의 모든 부분으로 분산되어 버렸습니다. 나는 이것이 하나님의 특별한 섭리라거나, 혹은 일반적인 법칙의 결과라고 추측하지는 않겠습니다. 그러나 이것은 엄연한 사실이며 유대인들은 그동안 흩어지고 박해받았습니다. 전능하신 하나님이 자신의 능력을 나타내는 데는 많은 방법들이 있습니다. 그는 바람을 풀어놓으시며, 숲을 쪼개시며, 감추어진 바위나 사막의 한가운데 우뚝 서십니다.

종종 하나님은 갈라지는 번개 불 안에서 그분의 능력을 보이시며, 멀리서 천둥소리를 통해 그의 음성을 들려주십니다. 그분은 가끔씩 우주의 한쪽 끝에서 혜성을 일으키고 그 불타는 꼬리로 역병과 죽음을 진동시킵니다. 하늘의 뜻을 알려주는 하나님이 보내신 신호가 있습니다. 나라들이 비탄에 빠지고 용서를 받으라는 명령의 신호입니다. 결단력 없이 망설이는 마음을 가진 자들이 '이 엄청난 죄악이 깨끗하게 청소되어야 하며, 그렇지 않으면 이 나라가 파멸되며 무너지는 결과를 가져오게 된다는 겁니까? 라고 묻는다면, 나는 이렇게 말하겠습니다. '악을 제거하십시오, 하늘의 법에 복종하십시오. 그리고 항상 올바른 결론에 도달하십시오.'"

1864년 존슨은 연합당의 부통령 후보로 지명되었다. 아브라함 링컨이 1865년 4월 15일에 죽자, 그는 대통령이 되었다. 살몬 체이스(Salmon P. Chase) 대법관이 존슨의 취임선서를 주재했다. 존슨은 선서를 마치고 자신이 손을 얹고 선서했던 성경책에 입을 맞추었다. 며칠 후 체이스 대법관은 존슨이 취임선서 때에 썼던 그 성경책을 존슨에게 보내면서 존슨이 에스겔서 11장 21절에 입을 맞추었다는 메모를 함께 보내왔다. "그러나 미운 것과 가증한 것을 마음으로 좇는 자는 내가 그 행위대로 그 머리에 갚으리라 나 주 여호와의 말이니라."

이틀 후 4월 17일에 워싱턴 D.C.의 목회자 60여명이 모여 존슨 대통령을 위한 연합메시지를 준했다. 그 이야기를 듣고 존슨은 즉시로 그들을 보자고 했다. 그들이 오자 존슨은 몇 분간 다음과 같이 말했다.

"나의 온 생애는 뿌리 깊은 믿음에 기초하고 있습니다. 모든 것의 바탕에는 위대한 정의의 원리가 있다는 그 믿음은 절대로 흔들려 본 적이 없습니다. 나는 항상 그 원리를 의지하는 모든 사람들에게 지주가 되어 준 그 위대한 정당성의 원리, 그리고 정의와 진리를 신뢰했습니다. 나는 그것을 신뢰할 것입니다. 그리고 행정부가 공공의 일을 할 때에 그것에 복종하도록 인도할 것입니다. 나는 미래에 대한 염려가 있습니다. 그러나 나는 그 원리의 힘과 그것을 세우신 하나님 안에서의 확신을 품고 있습니다. 나는 여러분들이 기쁨으로 나에게 준 그 확신에 감사를 드립니다. 우리는 우리나라에 임한 재난에 오늘까지도 애통하고 있습니다. 나는 우리의 사랑하는 조국이 현재의 고통을 지나가게 될 것이라고 생각합니다.

나는 다시 말하거니와 우리의 모든 제도 아래 기초가 되는 그 위대한 원리들을 신뢰합니다. 그리고 우리가 그 갈등을 빠져나와 더 낫고 더 고귀한 삶으로 나가게 될 것이라고 믿습니다. 우리의 조국은 아직 그 임무를 완수하지 못했습니다. 그러나 전능자의 자비로운 미소 아래서 조국은 그것을 달성하게 될 것입니다. 조국은 마지막에 승리할 것입니다. 그리고 이 위대한 원리들은 굳건하게 설 것입니다."

그가 대통령으로 재임할 때 존슨은 성 패트릭(St. Patrick) 로마 가톨릭 교회에 종종 출석했다. 왜냐하면 그는 맥과이어(Maguire) 신부의 설교를 좋아했기 때문이다. 이 때문에 한 작가는 존슨이 "그의 마음속 깊이 로마 가톨릭 교인이었다"고 기록하기도 했다. 현존하는 증거들은 이 주장을 지지하지 않는다. 그는 확실히 가톨릭교회에 반감을 가지고 있지는 않았다. 필자는 그가 다른 모든 것보다 가톨릭교회를 더 선호했다는 이론을 지지할 만한 기록은 지금껏 아무것도 찾지 못했다. 그는 단지 맥과이어 신부의 설교를 좋아했던 것뿐이다. 그는 또한 그의 아내와 함께 감리교회에도 종종 출석했다.

1865년 4월 25일 존슨이 대통령으로서 가장 먼저 한 행동은 5월 25일을 링컨을 위한 애도의 날로 선포한 것이다. 그 선언문에서 그는 이렇게 말했다.

"우리나라는 가장을 빼앗긴 커다란 비탄의 집이 되었습니다. 그리고 그 상실이 국가적으로 성화되기 위해서 우리 자신이 전능하신 하나님 앞에 다시 한 번 애도할 수 있는 특별한 시간이 지정되어야 한다고 믿습니다.

따라서 하늘의 아버지와 함께 교감하는 것에 의해서만 완화될 수 있는 이 땅의 슬픔을 경감하기 위해, 그리고 의회에서 채택한 결의안을 통해 나와 교감한 상원과 하원의 희망에 의거한 승락을 받고, 미합중국의 대통령인 나는 다음 달 25일 목요일을 미국의 깃발이 존중받는 곳 어디에서나, 국치와 애도의 날로서 준수할 것을 지정합니다. 그리고 나는 나의 동료 시민들에게 자신들 각자의 예배 장소에 모여 전능하신 하나님께 서거한 선한 사람을 기념하는 예배를 드릴 것을 권고합니다. 이를 통해 모든 사람들은 같은 시간에 그의 미덕을 상기하는 시간을 갖고 그의 갑작스럽고 폭력적인 죽음에 슬픔을 표할 수 있게 될 것입니다."

그가 선포한 그 애도의 날이 예수 승천일과 겹친다는 것을 알게 되자, 그는 두 번째 선언문을 발표했다. 그는 그가 지정한 그날이 "수많은 기독교인들에게 주님이 승천하신 기쁨의 신성한 날"이기 때문에, 애도와 기도의 날을 6월 1일로 재조정한다고 발표했다.

존슨은 전 남부 연맹에 대한 자신의 포용정책을 옹호하는 연설을 몇 차례 했다. 이 연설들 가운데 두 번에 걸쳐 그는 죄인들에 대한 예수의 자비를 본보기로 들었다. 1866년 2월 22일에 행한 이 두 연설 가운데 첫 번째에서 그는 이렇게 말했다.

"우리는 자신들의 행동과 품행을 우리의 거룩한 신앙을 설립한 그리스도의 본에 따라야 합니다. 그것이 아니라면 나는 이 경우와 관련해 어떠한 개인적인 견지에서도 그것과 비교를 할 수 없습니다. 내가 미국의 헌법과 국민들의 동의에 의한 결론에 도달했을 때 무엇을 발견했겠습니까?

나는 법에 의해 죽음의 유죄 판결을 선고 받은 팔백만 명의 사람들을 발견했습니다. 내가 복수와 원한의 정신에 양보를 하고 그들 모두를 전멸시키고 파괴해야 한다고 선언했습니까? 그랬다면 그의 신성한 지배력은 세상 끝까지 이르고 그의 손가락은 우주를 품고 있는 우리 신앙의 거룩한 설립자가 행했던 본보기와 이것이 얼마나 큰 차이가 있겠습니까. 이 위대한 설계를 이 세상에 만드신 그분이 법에 의해 인간이 유죄 판결을 받고 사형을 당하게 된 것을 발견한다면 그는 어떻게 했을까요?

그는 세상을 심판하거나 한 국가를 죽음으로 몰아넣지 않고 십자가에서 죽었습니다. 자신의 상처와 자신의 피로 진실성을 보이면서 그는 인류가 살도록 하기위해 죽었습니다. 그러므로 나는 관대함과 친절함과 신뢰와 확신을 확대 적용할 것입니다."

1866년 8월 29일 존슨은 뉴욕에서 행한 연설을 통해 전 남부 연맹에 대한 관대한 정책을 다시 한 번 옹호하면서 이렇게 말했다.

"나는 모든 사람을 파멸시키지 않습니다. 또한 자신들의 삶에서 한 번 죄를 범한 모든 사람들을 완전히 파멸시키려는 것을 비난합니다. 나는 그리스도의 잊지 못할 모범을 믿습니다. 그는 평화롭게 와서 자신의 사람들을 치유했습니다. 그리고 그는 인간들이 율법의 저주아래 놓인 것을 보았습니다. 그는 사형을 집행하거나 세상에 피를 뿌리는 것 대신에 인간들이 구원을 받을 수 있도록 자신을 십자가에 달았습니다. 만일 내가 많은 사람을 용서한다면, 나는 잘못을 저질러도 중대한 과오는 피한 것입니다. 만일 내가 많은 사람을 용서한다면, 나는 그것이 나라의 유익을 위한 최선의 길이라고 믿습니다. 그리고 우리의 남부 형제들이 자신들의 행동과 고백에 의해 인간을 구원하기 위해 죽은 그리스도를 본받아 자신들이 회개 한 증거들을 보였다고 믿고 확신합니다. 나는 자비를 베푸는 것이 나의 의무라고 믿고 행동했습니다."

존슨은 대통령으로서 몇 차례 추수감사절 선언문을 발표했다. 1865년 10월 28일에 발표된 그의 첫 번째 선언문에서 그는 남북전쟁이 끝난 것과 외국 국가들과의 평화를 감사했다. 그는 국민들에게 "죄는 누구든지 꾸짖게 되지만 정의는 나라의 명예를 높인다"고 말하고, 미국인들에게 "하나님의 무한하신 선하심에 대항한 우리의 국가적 죄악을 고백하자. 그리고 한 마음과 한 뜻으로 국가적인 선행과 신성한 길로 인도해 주시도록 간구하자"고 말했다.

1866년 10월 8일 발표된 그의 두 번째 추수감사절 선언문에서 그는 "우리들 속에서 최근에 끝난 남북전쟁은 어느 곳에서도 재발되지 않았다"고 말하고, "어떤 나라이건 그것을 통해서만 모든 선한 길로 인도될 수 있는 하나님의 지혜를 우리의 정치 지도자들과 모든 국민들에게 주시도록" 하나님께 간절히 기도하자고 국민들에게 요청했다.

존슨의 1867년 추수감사절 선언문은 추수감사절에 모든 일들을 쉬고 휴식을 취하도록 미국민들에게 촉구했다. 그는 미국민들에게 "공손하고 경건하게 하늘의 아버지께 올해 내려주신 은총들과 축복들로 인해 감사를 드리고, 우리가 지금까지 받고 지속적으로 기뻐해 왔던 신성한 보호와 돌보심이 우리나라와 우리 국민들과 모든 자손들에게 계속되기를 간구하자"고 촉구했다.

존슨은 1869년까지 대통령으로 재임했다. 1869년 4월 3일 존슨은 테네시 주 낙스빌(Knoxville)에서 연설을 했다. 그는 "대통령이 되는 것보다 헌법의 원리를 수호하는 특권을 가지고" 그들의 한 가운데 있고 싶다고 말했다. 그는 또한 "나는 평화의 깃발을 '첫째는 하나님, 둘째는 나의 조국'이라고 새긴 십자가 아래 매달고 그것을 펄럭이며 여러분들 가운데 있고 싶다"고 말했다.

1873년 6월 29일 존슨은 죽음에 대한 기록을 남겼다. 그는 아마도 조만간 죽음을 맞이할 것으로 예상했던 것 같다. 콜레라에 걸렸었던 그는 이렇게 말했다.

"모든 것이 침울하고 절망적으로 보인다. 나는 나의 하나님, 나의 조국, 그리고 나의 가족에 대한 나의 의무를 다 했다. 나는 두려운 것이 없다. 내게 닥치는 죽음은 하나님의 보호하시는 날개의 그림자일 뿐이다. 그 아래서 나는 신에게 바쳐진 느낌을 받는다. 여기에 어떠한 악도 다가오지 못한다는 것을 나는 안다. 여기에 나는 조용히, 평화롭게 휴식을 취할 것이다. 그곳은 원수들의 시기와 질투의 영향력, 그 중상과 독화살이 미치지 않는 곳, 조국의 반역자와 배신자들, 교회의 위선자와 비겁자들은 있을 수 없는 곳, 하나님은 진리라는 위대한 사실이 사실화되고 인간이 돌릴 수 있는 최고의 감사가 드려지는 곳이다. 안녕히. 그것이 별들로 혹은 불멸로 가는 길이다."

하지만 그는 2년을 더 생존했다.

1873년 10월 23일 그는 워싱턴 D.C.에서 행한 연설에서 이렇게 말했다. "나는 정치에서 당파에 속해 본 적이 없으며, 신앙에서도 광신자가 되어 본 적이 없습니다. 나의 신앙은 나의 경주와 공존해 왔습니다. 그리고 나의 정치는 나라의 국경 내에서 이루어졌습니다. 나는 원칙대로 행동하고 헌법에 쓰여진 원리대로 행동하는 모든 사람은 그가 멀리 있거나 가까이 있거나, 나의 형제라고 생각합니다. 다른 말로 하면, 같은 이상을 가진 세계는 나의 집이며, 모든 정직한 사람은 나의 형제입니다."

1875년 7월 29일, 그에게 뇌졸증이 왔고 그의 가족들이 그의 집에 모였다. 가까운 테네시 주 엘리자베스톤(Elizabethton)의 프리메이슨 형제회원들도 그가 죽음에 임박하자, 그를 돌보기 위해 모였다. 그 다음날 두 번째 발작이 왔으며 그는 7월 31일에 사망했다. 프리메이슨 형제회원들이 장례식이 행해질 때까지 존슨의 시신을 지켰다. 그 장례식은 완전한 프리메이슨 예식으로 치러졌다.

27장

아브라함 링컨
Abraham Lincoln

링컨은 변호사 시절 동안에는 그 대부분의 시간이나 혹은 모든 시간에 아마도 불가지론자였을 것이다. 그는 기독교의 몇몇 교리들을 믿었을지도 모르지만 다른 것들은 부정했다. 하지만 대통령으로서의 그의 글이나 대화들은 그가 하나님께 가까이 다가갔다는 결론을 우리가 내릴 수 있도록 만든다. 그는 나라를 통치하는데 하나님의 역할을 인정했으며, 그의 개인적인 신앙은 점차 기독교로 가까이 다가갔다. 그의 아들의 죽음은 그리스도안의 삶에 대한 관심의 불꽃을 그의 마음속에 피웠다. 링컨의 죽음과 함께 널리 회자되고 있는 이야기들이 믿을 만 하다면, 그는 기독교인이 되었고 마침내 천국에 발을 들여 놓은 것이다.

아브라함 링컨 Abraham Lincoln

아브라함 링컨은 1809년 2월 12일에 켄터키 주 하딩 카운티(Hardin County)에서 태어났다. 그의 아버지인 토마스 링컨(Thomas Lincoln)은 1823년 6월 7일 서신을 통해 피전 크릭(Pigeon Creek) 침례교회에 등록 교인이 되었다. 아브라함의 새 엄마인 사라 부시 존스턴 링컨(Sarah Bush Johnston Lincoln)도 역시 등록 교인이 되었다. 그러나 아브라함은 등록을 하지 않았다. 토마스 링컨은 열성적인 교인이었다. 몇 년 동안을 이사로 봉사했고, 교회 대표로 교단 회의에 참석하기도 했으며, 몇몇 위원회에서 활동하기도 했다.

링컨의 어린 이복 여동생인 마틸다 존스턴 무어(Matilda Johnston Moore)는 아버지인 토마스와 어머니인 사라가 교회에 가기 위해 1마일 반의 먼 길을 가야만 했으며, 자녀들은 집에 남아 있었다고 말했다. 그녀는 "부모님이 교회에 가면 에이브가 성경을 읽고 찬송을 인도했으며, 우리는 찬송을 불렀다. 우리는 훌륭하게 찬송을 했다." 이 시기의 아브라함은 "약 15세 정도였다." 그녀는 "그는 설교를 했고 우리는 눈물을 흘렸다. 어떤 때는 그가 눈물의 합창에 동참하기도 했다"고 증언했다.

인생 초년기에 아브라함 링컨은 일리노이 주 뉴살렘(New Salem)에 정착했다. 그 마을에는 교회가 없었지만 존 베리(John Berry) 목사가 있었다. 거기다가 피터 카트라이트(Peter Cartwright) 같은 순회 교구 목사들이 종종 마을을 방문했다.

1836년 12월 13일, 링컨은 메리 오웬스(Mary Owens)에게 이런 편지를 썼다.

"현재 이곳에서는 연방 상원의원 직에 대한 커다란 분쟁과 싸움이 일고 있다. 우리는 그러한 고통을 며칠 안에 경감시킬 수 있을 것으로 본다. 반대파들은 자신들의 후보를 내세우지 못하고 있으며, 결과적으로 사탄이 날뛰는 것에 기독교인들이 그러는 것처럼, 밴 뷰런 후보와 그의 지지자들에게 만족할 수밖에 없는 이런 혼란한 상황을 보며 은근히 즐거워하고 있다."

1837년 4월 15일 링컨은 일리노이 주 스프링필드(Springfield)로 이주했다. 3주가 지난 후 링컨은 메리 오웬스에게 보낸 편지에서 이렇게 말했다. "나는 여기서 내 인생에 그 어느 곳에서도 없었던 큰 고독에 빠져있다. 나는 여기에 온 이후로 이야기를 나눈 여성이 단 한명밖에 없다. 그마저도 그녀가 회피했더라면 그 옆에 갈 수도 없었을 것이다. 나는 아직 교회에 가보지 않았다. 그리고 아마 당분간은 그럴 것 같다. 나는 내 자신이 어떻게 행동해야 할지 모르기 때문에 의식적으로 교회를 멀리하고 있다."

그는 메리 토드(Mary Todd)와 1842년 11월 4일 결혼했다.

1843년 하원의원 선거에서 링컨은 종교 문제로 논란에 휩싸였다. 그 다음 해에 친구인 마틴 모리스(Martin M. Morris)에게 보낸 편지에서 링컨은 그 사건을 이렇게 설명했다.

"이번 선거에도 역시 나와 교회가 관련된 이상한 연관성이 논란이 되었다. 베이커(Baker)는 캠벨주의자였다. 그래서 내가 추측한 대로 아주 적은 예외를 제외하고는 그 교단의 표를 모두 얻었다. 내 아내는 장로교회와 연관이 있다. 그리고 성공회와도 관련이 있다. 그래서 말들이 많은 곳에서는 내가 그 가운데 어느 한 교단에 속한 것처럼 보이기도 했고, 한편으로는 어떤 기독교인들도 나를 지지하지 않을 것처럼 보였다. 왜냐하면 나는 어느 교단에도 속해 있지 않았기 때문에 이신론자라는 의심을 받고 있기도 했다.

이런 모든 상항 가운데서 베이커는 물론 내 종교와는 아무 상관이 없다. 나 또한 그들을 비난하지 않는다. 그가 자신의 교회를 가는 것은 옳은 일이라고 생각한다. 그리고 그 영향력에 대해서 나는 다른 사람들과 이미 이야기를 끝냈다. 비록 그 반대자들이 매우 강하게 반발했지만, 그들이 물리적인 힘을 이들에게 행사하는 것은 정의롭지 못하며 진실되지 않은 천박한 행동이 될 것이다. 나는 오직 적지 않은 세금을 부과하는 것을 통해 영향력을 행사할 작정이다. 나는 종교적인 논란에는 나의 최선의 힘을 다 쏟으려 한다."

1846년 링컨은 연방 하원의원에 다시 출마했다. 그의 상대 후보는 개척지의 목사인 피터 카트라이트였다. 카트라이트가 공개적으로 링컨을 믿음이 없는 사람이라고 부르자, 종교적인 논란이 일어났다. 그러한 비난에 대항하기 위해 링컨은 1846년 8월 15일 래콘(Lacon)의 '일리노이 가제트(Illinois Gazette)' 지에 자신의 신앙에 대한 진술문을 기고했다. 그 내용은 다음과 같다.

"우리 지역구에 내가 기독교를 비웃는 사람이라고 비난하는 소문이 나돌고 있습니다. 나는 몇몇 친구들로부터 그 문제에 관해 이렇게 공개적으로 밝히는 것이 필요하다는 충고를 받았습니다. 나는 어느 특정 교회의 등록 교인은 아닙니다. 그러나 나는 성경의 진리를 부정해 본 적이 없습니다. 그리고 나는 일반적인 신앙이나 특정한 기독교 교단을 존중하지 않는 의도적인 발언을 절대로 해 본적이 없습니다. 내가 젊었을 때 내가 '불가피성의 교리'라고 불리는 것에 많이 기운 적이 있었다는 것도 사실입니다. 이것은 다른 더 우위의 지성에 의해서 조종을 받지 않는 최고의 능력자에 의해 인간이 행동을 하거나 혹은 하지 않도록 마음이 통제 된다는 이론입니다. 그리고 나는 한두 세 번 정도 이 의견을 공공의 장소가 아닌 곳에서 개인적으로 토론했던 적이 있습니다. 하지만 나는 토론하는 버릇을 이미 5년 전에 버렸습니다. 그리고 내가 여기에 덧붙이고 싶은 것은 나와 같은 의견은 현재 몇몇 기독교 교단에서도 지지하고 있다는 것을 말해두고 싶습니다.

위의 진술한 내용은 모두 사실이며 내가 이 주제와 관련된 부분을 간략히 설명한 것입니다. 나는 내 자신을 포함해 그 누구라도 신앙을 비웃는 사람이나, 신앙에 대해 공개적인 원수가 되는 사람을 공직자로 선출하기 위해 지지해서는 안 된다고 생각합니다. 인간과 그의 창조주 사이에 있는 영원한 결과에 대한 가장 고귀한 관계성을 고려치 않더라도, 나는 어떠한 인간이라도 그 자신이 살고 있는 사회의 신앙심을 모욕하거나, 그 도덕성에 상처를 입혀서는 안 된다고 생각합니다. 만일 그랬다면 나는 그러한 행동에 대해 잘못을 저지른 셈이 되며, 따라서 나를 비난하는 사람을 내가 비난해서는 안 될 것입니다. 그러나 이제 나는 그게 누구든 간에 나에 관한 잘못된 죄를 씌워 소문을 낸 그 사람들을 비난합니다."

링컨은 그 선거에서 승리했다. 1847년에 그는 워싱턴 D.C.로 가서 의원생활을 시작했다. 전기 작가인 벤저민 토마스(Benjamin Thomas)는 "그 도시에는 8개의 교단에 속한 37개의 교회가 있었다. 그러나 링컨의 의원 시절에 그 가운데 어느 교회에도 링컨이 출석했다는 기록은 존재하지 않는다"고 말했다.

그는 1860년에 대통령에 당선되었다. 그가 워싱턴 D.C.로 가기 위해 스프링필드를 떠날 때 이런 말을 했다.

"나는 이제 언제 다시 돌아올지 모른 채 더 큰 중책을 맡기 위해 워싱턴으로 떠납니다. 그동안 보살펴 주신 하나님의 도우심이 없이는 나는 성공할 수 없습니다. 하나님의 도우심이 있으면 나는 실패하지 않습니다. 나와 함께 가시며 당신들과 함께 계시며 어디서나 선을 행하시는 하나님을 신뢰하면서 모든 일들이 잘 이뤄질 것이라는 확신을 갖읍시다. 당신들을 하나님의 돌보심에 맡기며, 내게 맡겨진 일들을 위한 당신들의 기도를 바라면서, 나는 당신들에게 깊은 애정의 작별을 고합니다."

그는 1861년부터 1865년까지 대통령직을 수행했다. 그의 첫 번째 취임 연설에서 그는 이렇게 말했다. "왜 사람들이 마지막 정의를 신뢰하게 될 때까지 더 이상 기다리고만 있어서는 안 될까요? 세상에 동등하거나 혹은 더 나은 희망이 있을까요? 우리가 가진 현존하는 차이점은 양측 모두가 올바른 신앙이 없는 정파적 파벌이라고 할 수 있을까요? 만일 영원한 진리와 정의로 이 땅을 다스리시는 전능하신 하나님이 당신들 북쪽이나 혹은 당신들 남쪽 어느 한쪽의 편이라면, 그 진리와 정의는 현재와 같은 미국인들의 커다란 갈등 국면에 대한 확실한 판결로 나타나게 될 것입니다. 지성, 애국심, 기독교, 그리고 이 축복받은 땅을 아직까지 한 번도 버리지 않으신 하나님께 대한 굳센 믿음이 우리 앞에 놓인 모든 어려움 속에서도 여전히 가장 좋은 길을 갈 수 있는 유용한 방법들입니다."

1862년 한 해 동안 링컨은 노예 해방령을 선포하는 문제로 고심했다. 그는 이 문제에 하나님의 뜻을 찾기 위해 노력했다. 예를 들면, 시카고의 기독교 교단들이 연합하여 노예 해방령을 선포하도록 요청했을 때 그는 이렇게 말했다.

"그 주제는 내가 지난 수 주간 동안 깊이 고려했던 것이며, 지난 몇 달간 이야기 해왔던 것이기도 합니다. 나는 가장 크게 반대하는 쪽의 이야기도 듣고 조언을 받았으며, 하나님의 뜻을 대리한다고 확신하는 종교인들도 만나 보았습니다. 나는 이들 가운데 어느 한 쪽의 신앙에 잘못이 있다는 확신이 있으며, 어떤 부분에서는 양쪽 다 잘못이 있다고 확신합니다.

내가 이렇게 말하는 것이 불경스런 것이 아니기를 바랍니다. 만일 하나님이 그의 뜻을 다른 사람들에게 계시하시는 것이 틀림없다면, 내 직무와 관련해서 볼 때 하나님이 나에게 직접 계시하실 것이라고 추측할 수 있습니다. 따라서 내가 내 자신에게 더욱 정직하게 말한다면, 나는 이 문제와 관련해 하나님의 섭리의 뜻이 무엇인지를 알고자 하는 진지한 갈망이 있습니다. 그리고 만일 그것이 무엇인지 알게 된다면, 나는 그 일을 실행할 것입니다. 하지만 이 말의 뜻은 기적이 일어나는 날을 기다린다는 것이 아니며, 내게 직접적인 계시가 내릴 것이라고 기대하는 것도 아닙니다. 나는 이 일에 대한 분명한 물리적 요소들을 연구해야 하며, 가능한 것들에 대해 조사해보고, 무엇이 현명하고 옳은 일인지를 배워야만 합니다.

이 문제는 까다로운 문제이며 선한 사람들도 찬성을 하지 않습니다. 예를 들면, 얼마 전에 전쟁과 관련된 사업을 하는 사람들의 대표단 4명이 뉴욕에서 와서 방문을 했습니다. 그런데 그들이 돌아가기 전에 두 사람은 총체적인 노예해방을 간절하게 탄원했지만, 나머지 두 사람은 그들을 공격했습니다. 또한 지난번 의회의 마지막 회기 때 다수는 노예제도를 반대하는 결정을 했었지만, 그들 가운데서도 그 정책의 구체적인 면에 대해서는 하나로 연합하지는 못했습니다. 또한 종교인들 가운데서도 역시 마찬가지 현상이 있습니다.

어째서, 반군들이 우리의 군대보다도 더욱 열심히 성실하게 기도를 할까요? 하나님이 그들의 편을 더 들어 주실까봐 나는 두렵습니다. 우리 병사들 가운데 며칠 동안 남군에 포로가 되었던 사람이 윌슨(Wilson) 상원의원에게 말하기를 그가 잡혀 있을 동안 그들이 신실하게 기도하는 증거를 보면서 자신이 너무도 용기를 잃게 되었었다는 말을 했습니다."

링컨은 결국 1863년 1월 1일 노예 해방령을 선포했다.

1862년 11월 15일 링컨은 "육군과 해군에서 주일을 지키는 것을 존중하기 위한 명령서"를 반포했다.

"육군과 해군의 최고 통수권자인 대통령은 육군과 해군에 복무하는 장교들과 사병들이 주일을 절도 있게 지키게 되기를 바랍니다. 인간과 동물들이 주일의 쉼을 갖는 것이 중요한 이유는 이것이 기독교인 병사들과 수병들이 가진 신성한 권리이며, 기독교인들의 정서에 가장 특징적인 것이고, 육군과 해군에서 일요일에 일하는 것을 최소한으로 줄이도록 원하시는 하나님의 뜻에 대한 의무입니다.

가장 높으신 이의 이름이나 주일을 남용하는 것에 의해 군대의 성격이나 훈련이 지장을 받아서는 안 됩니다. 워싱턴은 1776년에 행한 연설에서 '지금과 같이 국가에 불행이 닥친 때에는 인간은 스스로 부도덕과 악덕을 버리고 자신들의 나라와 하나님을 섬기기 위해 충분히 할 일들을 발견할 수 있다'고 말했습니다. 독립 선언이 선포된 이후 이 나라의 아버지가 내린 첫 번째 명령은 우리나라를 세운 그 정신이 완성되어야 하며 지켜져야만 한다는 것이었습니다. '모든 장교들과 사병들이 자기 조국의 고귀한 자유와 권리를 지키는 그리스도의 군사로서 행동하고 살아가기 위해 노력하는 것에 희망과 기대가 있습니다.'"

빈센트(T. M. Vincent) 장군은 아브라함 링컨의 이 명령문의 내용을 스탠튼(Stanton)이 손으로 기록한 문서로 받았다고 말했다. 링컨은 그 명령문을 수정하지 않고 승인했다.

따라서 빈센트의 증언이 정확하다면, 스탠튼이 그 명령서의 원본을 작성했으며, 아브라함 링컨이 그것을 승인했고, 자신의 이름으로 반포하도록 했던 것이다.

1863년 3월 30일, 아브라함 링컨은 전국 기도와 국치의 날 선포문을 다음과 같이 발표했다.

"미합중국 상원은 전능하신 하나님의 정부가 모든 국민들과 국가들에 대한 정책에 있어 정의롭고도 최고의 권위를 가지고 있다는 점을 진심으로 인정하면서, 전국 기도와 국치의 날을 따로 세워 지정하도록 대통령에게 요청하는 결의안을 채택하였습니다.

하나님을 주님으로 섬기는 국가들만이 축복을 받았다고 하는 것이 성경에도 기록되었고 또한 모든 역사를 통해 증명된 숭고한 진실을 인정하고, 진정한 회개가 용서와 은총으로 이끈다는 확실한 소망을 가지고, 자신들의 죄와 허물을 겸손한 애통과 함께 고백하면서, 통치하시는 하나님의 능력에 의지하는 것은 국가와 국민들의 의무입니다.

그리고 우리가 아는 대로 하나님의 성스러운 법은 이 세상의 개인들뿐만 아니라 국가에도 숭고한 징계를 내리실 수 있습니다. 우리는 이제 이 땅을 황폐화시킨 남북전쟁의 그 끔찍한 재난이 우리의 뻔뻔스러운 죄악들로부터 우리나라를 개혁해 우리를 완전한 국민으로 만들기 위한 필요성 때문에 우리에게 가해진 징벌이라고 하는 것을 정직한 두려움으로 받아들여야 하지 않을까요? 우리는 그동안 하늘이 선택한 축복들의 수혜자였습니다. 우리는 그 많은 해 동안 평화와 번영을 누려왔습니다. 우리는 수적으로나 경제적으로나 국력에 있어서도 이전의 어떤 나라들보다도 더 크게 성장했습니다.

그러나 우리는 하나님을 잊었습니다. 우리는 우리가 평화를 누리고 번성하고 부유해지도록 보호하신 은혜의 손길을 잊었습니다. 그리고 우리는 우리들 자신이 가진 뛰어난 지혜와 힘으로 이러한 축복들을 만들어 냈다고 우리의 마음을 속이면서 헛된 상상을 했습니다. 계속되는 성공에 중독되어 우리는 은혜를 구하고 보존하는 마음의 필요성을 느끼지 않을 만큼 스스로 충족되었고, 우리를 만드신 하나님께 기도하기에도 너무도 자만심이 커져 버렸습니다. 따라서 우리는 하나님 앞에 우리 자신을 겸손히 하고 우리나라의 죄를 고백하고 용서와 자비의 기도를 드려야 할 필요가 있습니다.

따라서 이제, 그러한 요청에 대한 응답으로, 그리고 상원의 관점에 대한 완전한 협력의 의미로, 나는 1863년 4월 30일 목요일을 따로 지정하여 전국 국치와 금식과 기도의 날로 선포합니다. 그리고 나는 모든 국민들이 자신들의 세속적인 일을 쉬고 자신들의 예배 장소와 가정에 모여 그날을 주님께 대한 거룩한 날로 지키며, 그 중대한 이유와 관련한 적절한 신앙적 의무를 겸손하게 이행하는데 헌신할 것을 요청합니다. 이 모든 것은 신실함과 진심으로 행해져야 합니다.

그리고 우리는 하나님의 가르침에 근거한 희망에 겸손히 자신들을 안식합시다. 전국적으로 연합해 부르짖은 것이 하늘에까지 들려서, 우리나라의 죄악들이 용서함을 받고, 현재 나눠진 채 고통을 받는 나라가 이전의 연합과 평화의 행복한 상태로 돌아가는 축복의 응답을 받읍시다. 이에 대한 증거로 나는 여기 미합중국의 인장과 함께 나의 서명을 합니다."

1863년 7월 15일, 링컨 대통령은 다음과 같은 전국 감사의 날 선언문을 발표했다.

"전능하신 하나님이 고통에 빠진 자들의 기도와 탄원에 귀를 기울여 주신 것은 기쁜 일입니다. 그리고 미국의 육군과 해군이 바다와 육지에서 승리할 수 있도록 허용해 주신 것은 미국의 연합이 지속되어야 하고, 그 헌법이 보존되어야 하며, 그 평화와 번영이 영원토록 복원되어야만 한다는 확신에 대한 정당성을 제공해 주는 효과적인 신호라고 할 수 있습니다. 이러한 승리들은 생명과 지체와 건강과 자유, 용맹, 충성, 그리고 애국적인 시민들의 희생이 없이는 이루어질 수 없었을 것입니다.

전국의 모든 지역에서 이러한 경건한 용맹스러움의 행렬이 계속 이어졌습니다. 이 승리들과 슬픔 속에 동일하게 들어 있는 하나님의 손길의 능력과 전능하신 하나님의 임재를 고백하고 인정하는 것은 옳은 일입니다. 그러므로 이제 나는 다음 달 8월 6일 목요일을 국가적인 감사와 찬양, 그리고 기도의 날로 지키도록 따로 지정하며, 미국의 시민들이 그날에 자신들의 예배장소에 모여 위엄있는 하나님께서 이 나라에 행하신 아름다운 일들로 인해 자신들 고유의 의식과 절차에 따라 경의를 표하고, 너무도 오랜 동안 지속된 불필요하고도 잔혹한 반란의 원인이 된 그 분노를 잠재워 주시도록, 폭도들의 마음을 변화시키도록, 이 거대한 국가적인 비상에 알맞은 지혜로 정부가

운영되게 인도해 주시도록, 그리고 진격, 항해, 전투, 그리고 포위 공격 등이 가져오는 마음과 육신과 재산의 고통을 동반하는 인생의 부침 속에 있는 우리 땅의 모든 사람들에게 부드러운 돌보심과 위안으로 찾아가 주시도록, 그리고 마지막으로 전 국민이 회개와 복종의 길을 통해 완전한 연합의 기쁨과 형제애의 평화로 되돌아가게 하시는 하나님의 뜻이 우리나라 전체를 인도하시도록, 하나님의 성령의 영향력을 기원합시다."

대니얼 시클스(Daniel E. Sickles) 장군은 게티즈버그 전투가 일어나기 전에 링컨이 자신에게 이런 말을 했다고 증언했다. "우리의 임무의 막중함에 눌려서, 나는 어느 날 나의 집무실로 가서 문을 잠갔다. 그리고 전능하신 하나님 앞에 무릎을 꿇고, 승리를 주시도록 힘차게 기도했다." 칼 샌드버그(Carl Sandburg)는 이것이 정확한 인용문이 아니라고 믿었다. 그의 의견은 시클스 장군의 증언의 신빙성과 관련해 링컨이 한순간이 아니라 항상 기도했다고 믿은 샌드버그 자신의 견해에 기초하고 있는 것이다.

1863년에 링컨 대통령은 홈스테드법(Homestead Act)을 준비했다. 그는 인디언 부족들과 우호적인 관계를 원하면서 그러한 관심이 "무엇보다도, 도덕적인 면에서, 하나님의 섭리의 축복 아래, 그들에게도 기독교 신앙의 소망과 위안, 그리고 숭고하고도 신성한 영향력을 베풀 수 있을 것이라는 희망을 가졌다."

링컨은 남북전쟁에서 많은 중요한 결정에 하나님의 인도하심을 구하며, 이러한 결정에 그는 반드시 하나님의 대답을 들어야 한다고 믿었다. 그 가운데 하나가 흑인 병사들을 이용하는 문제였다. 그는 이렇게 말했다. "전쟁이 처음 시작되었을 때, 그리고 어느 정도 지났을 때, 유색인종 부대는 고려 대상이 아니었다. 그리고 결심이 어떻게 변화되었는가 하는 것은 지금은 설명할 시간이 없다. 명확한 확신을 바탕으로 나는 그 부대를 사용하기로 결정했다. 그리고 미국인들과 기독교 세계와 역사와 마지막으로 하나님 앞에서 그 결정에 대한 책임은 나에게 있다."

　　아브라함 링컨은 하나님이 세계를 지배하신다는 강력한 믿음을 가지고 있었다. 그는 대통령으로서, 군대의 총사령관으로서 많은 결정을 하는데 있어 하나님의 인도하심을 겸손히 구했다.

　　"나는 이 인터뷰를 하게 되어 기쁩니다. 그리고 내가 당신들의 기도와 호의를 받고 있다는 것을 알게 되어 기쁩니다. 우리는 거대한 시련, 가혹한 시련을 지나고 있습니다. 내가 위치하고 있는 매우 막중한 위치에서 내 자신은 우리 모두가 그런 것처럼, 하나님의 위대한 목적에 사용되어지도록 겸손한 도구가 되기를 바라고 있습니다. 나는 모든 일과 행동이 하나님의 뜻과 조화되고, 내가 하나님의 도우심을 받게 되기를 바래왔습니다. 그러나 만일 하나님이 제공하신 빛 속에서 나의 최선의 노력을 다 한 후에, 나의 노력이 실패했다는 것을 발견하게 된다면, 내가 알지 못하는 다른 목적이 있을 것이라고 믿어야 합니다. 그렇지 않다면 하나님은 내가 승리하기를 원하실 것입니다.

　　만일 내가 나만의 길을 갔다면, 이 전쟁은 시작되지 않았을 것입니다. 만일 내가 나의 길을 허용했더라면, 이 전쟁은 이전에 끝났을 것입니다. 그러나 우리는 전쟁이 지금도 계속되는 것을 보고 있으며, 우리는 하나님이 자신 스스로의 신비하고도 우리에게 알려지지 않은 현명한 목적을 위해 이 전쟁을 허용하신 것이라는 점을 믿어야만 합니다. 그리고 우리의 제한된 이해를 가지고는 우리는 그것을 다 이해할 수 없다는 생각을 해야 합니다. 우리는 세상을 만드신 하나님이 여전히 그것을 다스리신다는 것을 믿지 않을 수 없습니다.

　　나는 내가 하나님 없이 어떠한 것도 이룰 수 없었다고 생각합니다. 그리고 만일 내가 암살자의 손에 죽는 것이 하나님의 뜻이라면 나는 복종해야만 합니다. 나는 내 앞에 있는 나의 의무를 다 해야만 하며, 그 나머지는 하나님께 맡겨야 합니다.

나는 다른 많은 것들과 같이 이런 경우에 있어서도 오직 이렇게만 말할 수 있습니다. 즉, 전국의 종교 단체들로부터 여러 다양한 형태로 오는 존경에 대해 나는 깊이 감사하고 있습니다. 나의 위치에 취임하면서 나는 내가 매우 어려운 경영을 하게 될 것을 내다보았습니다. 그것은 말할 것도 없이 이 나라가 이 전에 보지 못했던 커다란 어려움의 시간입니다. 나는 전능자의 직접적인 도우심이 없이는 무엇이건 나의 권력으로 이룰 수 없고, 모든 것에 실패한다는 살아있는 교훈을 일찍이 배웠습니다. 나는 종종 내가 지금보다도 더욱 경건한 사람이기를 바라곤 합니다.

그럼에도 불구하고 나의 행정부가 커다란 어려움 속에 빠졌을 때 나는 어떤 다른 의지할 데를 찾지 못했고, 나는 하나님이 옳은 것을 결정하실 것이며, 모든 것이 잘될 것이라는 것을 알고 하나님 안에 나의 모든 신뢰를 드렸습니다. 당신들이 대표하고 있는 각 교단들의 이름으로, 공통의 아버지의 이름으로, 여러분들이 존경을 표해 준 것에 대해 나는 여러분들에게 더 이상 말할 수 없이 감사합니다."

1864년에 한 목사를 단장으로 링컨을 방문했던 대표단의 이야기가 찰스톤 머큐리(Charleston Mercury) 신문을 비롯한 여러 곳에 떠돌았다. 그 목사는 링컨에게 "주님이 우리의 편이기를 바란다"고 말했다. 링컨은 "나는 목사님에게 동의하지 않습니다. 나는 그 문제에 대해서 전혀 우려하지 않습니다. 왜냐하면 주님은 항상 옳은 자의 편에 서시기 때문입니다. 그러나 나와 이 나라가 주님의 편에 서도록 하는 것이 내가 항상 두려워하고 기도하는 내용입니다"라고 말했다.

링컨은 하나님의 뜻이 남북전쟁을 통해 성취될 것이라고 믿었다. 아이오와 주의 제임스 윌슨(James F. Wilson) 하원의원이 몇몇 대의원과 함께 링컨을 방문했을 때 그 대의원 가운데 한명이 이렇게 말했다. "노예제도는 어느 곳에 있던지 반드시 폐지되어야 합니다. 나는 만일 그렇게 하지 않는다면, 하나님은 우리를 멸망의 길로 가도록 방치하실 것이라고 믿습니다. 그러나 우리가 옳은 일을 한다면, 나는 하나님이 우리를 이 광야로부터 안전하게 인도하시고, 우리의 팔에 승리를 주시고, 지금 나눠진 연합을 복원시키실 것이라고 믿습니다."

링컨은 하나님의 역할과 섭리에 대해서는 그에게 동의한다고 말하고 "나의 믿음은 당신의 것보다 더 큽니다. 나는 또한 하나님이 정의를 확립하시기 위한 목적으로 이 나라를 향해 계획하신 그 일들이 실행되어질 수 있도록, 우리가 옳은 일을 하지 않을 수 없게끔 우리를 강제로 일하게 하실 것이라고 믿습니다. 나는 하나님이 계획하신 것들에 이르기까지 지금 우리가 했던 것보다 더 많은 것을 해야 한다고 하나님이 우리에게 말씀하고 계시며, 하나님은 우리가 그 일을 할 수 있도록 길을 여실 것이라고 생각합니다. 나는 커다란 시련 속에서 내게 임한 하나님의 손길을 느끼며 하나님의 인도하심에 복종했습니다. 그리고 나는 하나님이 길을 더 멀리 여실 것이고, 내가 하나님의 도우심에 의지하고 하나님의 선하심과 지혜를 신뢰하면서 그 길로 가기를 바라신다고 믿습니다."

링컨은 하나님이 남북전쟁을 뜻하셨고, 그 전쟁은 하나님이 선택한 시간만큼 계속될 것이라고 굳게 믿었다.

"하나님의 뜻만이 승리합니다. 양측은 서로가 하나님의 뜻에 따라 행동한다고 주장하면서 크게 다투고 있습니다. 아마도 양쪽 다 틀렸습니다. 그렇지 않다면 진정 한쪽은 틀렸습니다. 하나님은 동시에 같은 일에 대해 반대의 입장에 설 수 없습니다. 현재의 남북전쟁에 대한 하나님의 목적은 양측의 목적과 무언가 다를 가능성이 다분합니다. 그리고 하나님은 이 목적을 가장 효과적으로 이루기 위해 인간의 수단을 사용하는 것입니다.

나는 이것이 진실일 것이라고 말할 준비가 다 되었습니다. 즉, 하나님이 이 전쟁을 의도하셨고, 이 전쟁을 아직 끝내지 않는다는 뜻을 갖고 계십니다. 현재 싸우고 있는 마음들보다 더 위대하신 하나님의 능력으로, 하나님은 인간의 전쟁이 없이도 연합을 파괴하실 수도 있고 구하실 수도 있습니다. 그러나 전쟁은 시작되었습니다. 그리고 이미 시작되었기 때문에 하나님은 언젠가 어느 편에 최후의 승리를 주실 수 있습니다. 아직 전쟁은 계속되고 있습니다.

당신은 하나님에 대한 나의 믿음을 강하게 하기 위한 목적으로 기도해 왔습니다. 나는 이 나라의 모든 선한 기독교인들에게, 그리고 그들 누구보다도 당신에게 계속적인 기도와 위로의 큰 빚을 졌습니다. 전능하신 하나님의 목적들은 완벽합니다. 그리고 비록 죄 많고 죽을 수밖에 없는 우리가 미리 정확하게 감지하는 것에 실패한다고 하더라도, 하나님의 목적들은 이루어져야만 합니다. 우리는 이 끔찍한 전쟁이 지금보다 훨씬 이전에 행복한 결말을 맺게 되기를 바랐습니다. 그러나 하나님이 가장 좋은 것을 알고 계시며 그렇지 않았다면 다른 길로 인도하셨을 것입니다.

우리는 하나님의 지혜와 그에 따른 우리 자신들의 실수를 인정해야 합니다. 그러는 가운데 우리는 하나님이 우리에게 주신 가장 좋은 빛 가운데 정직하게 일해야 합니다. 그렇게 일하는 것이 하나님이 정하신 위대한 결말로 이끌게 된다는 것을 신뢰하면서 말입니다. 확실히 하나님은 어떠한 인간도 만들 수 없고, 어떠한 인간도 견딜 수 없는 현재의 강력한 전쟁을 수행하는 것을 통한 어떤 커다란 선을 의도하셨을 것입니다."

1864년 링컨은 대통령에 재선되었다. 그의 두 번째 취임사는 미국 문학의 고전으로 손꼽힌다. 대통령 취임사들 가운데 가장 많이 인용되는 이 연설에서 링컨은 전쟁 중인 북쪽과 남쪽의 양편을 묘사하며 이렇게 말했다.

"양측은 같은 성경을 읽고 같은 하나님께 기도합니다. 그리고 양측은 상대방을 이기게 도와 달라고 하나님께 기도합니다. 어떤 사람이 자기 얼굴에 땀을 흘리고 얻은 빵을 다른 사람이 빼앗아 가기위해서 하나님의 도우심을 감히 구한다면, 이것은 매우 이상한 일이 될 것입니다. 그러나 우리는 판단하지 맙시다. 우리가 판단 받지 않도록.

양측의 기도는 응답받을 수 없습니다. 그동안 양측의 기도는 완전하게 응답받지 못했습니다. 전능하신 하나님은 그분 자신의 계획을 가지고 있습니다. '실족케 하는 것이 없을 수는 없으나 있게 하는 자에게는 화로다' (눅 17:1). 만일 우리가 미국의 노예제도가 하나님의 섭리 안에서 실족케 하는 것이라고 가정한다면, 그것은 하나님이 정하신 시간 동안에는 계속해서 진행되어야만 하지만, 하나님은 이제 그 제도를 없애기로 결심하십니다. 그리고 하나님은 북쪽과 남쪽 모두에게 이 끔찍한 전쟁을 이 실족케 함을 통해서 온 화로써 주셨습니다. 살아계신 하나님을 믿는 자들이 하나님의 속성이라고 항상 말하는 것들 가운데서 해당되지 않는 어떠한 것이라도 우리가 식별하는 것이 가능할까요?

이 강력한 전쟁의 채찍이 속히 지나가도록 우리는 애정으로 희망을 품고, 간절히 기도합시다. 만일 하나님이 그것을 원하신다면 지난 2백 50년간 보수를 받지 않은 노동으로 쌓은 모든 부가 사라질 때까지, 그리고 채찍으로 흘린 모든 피의 한 방울을 칼로 다 갚을 때까지 전쟁은 계속될 것입니다. 마치 3천 년 전에 '여호와를 경외하는 도는 정결하여 영원까지 이르고 여호와의 규례는 확실하여 다 의로우니' (시 19:9)라고 말했던 것처럼 말입니다. 누구에게도 원한을 품지 말고, 모든 사람들에게 자비를 가지고, 옳은 것을 바라보라는 의미로 하나님이 우리에게 주신 그 정의에 굳게 서서, 우리가 하고 있는 일을 마칠 때까지 노력합시다. 조국의 부상자들을 하나로 묶고, 전쟁을 겪은 자들과 고아와 과부들을 돌봅시다. 성취할 수 있는 모든 일들을 하고, 정의를 마음에 품고, 우리들 안에서, 그리고 세계 모든 나라들과 평화를 유지합시다."

1864년 9월 7일, 볼티모어에서 온 흑인 협의회가 링컨에게 성경책을 선물했을 때 그는 이렇게 말했다.

"내가 전에 종종 말했던 것처럼, 나는 지금 오직 이 말을 할 수 있을 뿐입니다. 그 말은 항상 나를 감정에 젖게 만듭니다; 모든 인류는 자유로워야 한다는 것입니다. 지금까지 내가 할 수 있는 한, 지금까지 나의 활동 영역에서, 나는 항상 정의롭고 정당하다고 믿는 행동을 해왔으며, 인류의 선을 위해 내가 할 수 있는 모든 것을 했습니다. 내가 지금 말하는 것보다는 이 집무실에서 써 보낸 편지들 속에서 나는 내 자신을 더욱 적절히 표현했습니다.

이 위대한 책과 관련해서, 나는 이것이 하나님이 인간에게 주신 가장 최고의 선물이라고 말할 수 있습니다. 세상의 구주로부터 오는 모든 좋은 것들은 이 책을 통해서 우리와 소통합니다. 이 책이 아니었다면 우리는 거짓과 참을 구분할 줄 몰랐을 것입니다. 사람에게 바람직한 모든 것들이 이 책에 포함되어 있습니다. 나는 당신들이 선물한 이 위대한 하나님의 책에 대해 당신들에게 신실한 감사를 드립니다."

북군이 리치몬드 시를 함락시키고 난 뒤, 아브라함 링컨이 그곳을 방문했을 때 그의 구두에 입을 맞추려고 한 무리의 흑인들이 아브라함의 주변에 무릎을 꿇었을 때 그는 "나에게 무릎을 꿇지 마십시오. 그것은 옳지 않습니다. 당신들은 하나님께만 무릎을 꿇어야 합니다. 그리고 당신들이 이제부터 누리게 될 자유를 인해 하나님께 감사하십시오. 나는 단지 하나님의 비천한 도구일 뿐입니다. 그러나 당신들에게 확실한 평안을 보장하겠습니다. 내가 살아있는 한 아무도 당신들의 손발에 쇠고랑을 채우지 못할 것입니다. 그리고 이 공화국의 다른 모든 시민들에게 하나님이 주신 것과 똑같은 모든 권리를 당신들도 갖게 될 것입니다"라고 말했다.

대통령 재임 중에 링컨은 워싱턴 D.C.에 있는 뉴욕 가(New York Avenue) 장로교회에 정기적으로 출석했다. 그 교회의 담임은 피니아스 구를레이(Phinias Gurley) 목사였다. 링컨은 그 교회에 지정석을 임대하고 비용을 지불했다. 그러나 예배가 끝난 후 그와 이야기를 나누고 싶어 하는 수많은 사람들로 인해서 그는 "항상 밖에서 보이지 않지만 예배를 들을 수 있는 목사의 방에서 홀로 앉아 예배를 드릴 수 밖에 없었다."

「워싱턴 대통령의 교회들」(Churches of the Presidents in Washington)의 저자인 올가 존스(Olga Jones)는 자신의 책에서 "아브라함 링컨이 1865년 부활절 아침에 이 교회의 등록 교인이 되려고 계획했었다는 믿을 만한 자료가 있다"고 말했다.

이러한 링컨의 의도는 그의 죽음에 의해 대중에게 알려지게 되었다. 링컨이 죽은 후 일요일의 장례예배에서 조셉 톰슨(Joseph P. Thompson) 목사는 이렇게 말했다.

"그는 그리스도 안의 자신의 믿음을 공개적으로 고백하려고 했습니다. 이 교회에서는 기도 시간에는 자리에 앉아 있는 것이 전통이었습니다. 그러나 링컨은 일어섰습니다. 한 사람이 링컨에게 왜 일어섰는지를 물었을 때 그는 이렇게 말했습니다. 나의 장군들이 백악관을 방문했을 때 총사령관인 내가 집무실에 들어서면 그들은 모두 자리에서 일어섭니다. 그렇다면 나의 총사령관 앞에서 내가 일어서는 것이 적절한 것이 아닐까요?"

1865년 4월 11일, 링컨과 그의 친구들이 백악관에서 꿈에 대해 이야기를 나누었다. 그는 성경에서 언급하고 있는 몇 가지 꿈들에 대해 이야기하고 이렇게 말했다. "만일 우리가 성경을 믿는다면 우리는 그 사실을 받아들여야만 한다. 옛날에는 하나님과 그의 천사들이 사람의 잠 속으로 내려와서 꿈 속에서 자신들을 알렸다." 그는 자신이 이전에 경험하지 못했던 악몽을 최근에 꾸었다고 말했다. 꿈속에서 그는 "수많은 사람들이 흐느껴 우는 것과 같은 낮은 흐느낌 소리들을 들었다"고 말했다. 꿈속에서 그가 백악관의 동쪽 홀에 갔는데 거기서 "끔찍하게 놀라운 것을 만났다. 내 앞에 있는 것은 영구차였고, 그 속에는 수의를 입은 시신이 누워 있었다. 그 주변에는 경비를

서는 것처럼 군인들이 둘러서 있었고, 수많은 군중들이 몰려들었다. 어떤 사람들은 애처롭게 얼굴이 덮여 있는 그 시신을 바라보았고 다른 사람들은 처량하게 울었다."

그가 군인들 가운데 한 명에게 백악관에서 누가 죽었느냐고 물었을 때 그 군인은 이렇게 말했다. "대통령입니다. 그분이 암살 당하셨습니다." 그러고 나서 링컨은 친구들에게 말했다. "그 일이 생기고 나서 나는 맨 먼저 성경을 펼쳤다. 이상하게도 그것은 야곱이 놀라운 꿈을 꾸었던 것이 기록된 창세기 28장이었다. 나는 다른 장들도 넘겨보았는데, 내가 보는 곳마다 꿈이나 환상과 관련된 내용이 기록되어 있었다. 나는 계속해서 성경을 넘겼다. 그리고 내 눈이 닿는 성경구절마다 이상하게도 초자연적인 방문, 꿈, 환상 등 내 자신의 생각을 계속 간직하도록 하는 것과 관련된 말씀이 기록되어 있었다."

그의 아내가 그 꿈 이야기로 인해 깊은 충격을 받았을 때 링컨은 "글쎄, 그냥 잊어버리자. 나는 주님이 당신 자신의 좋은 시간과 방법으로 이것이 모두 잘되도록 일하실 것이라고 생각한다. 하나님은 무엇이 가장 최선인지를 아신다"라고 위로해 주었다.

물론 3일 후에 그는 저격을 당했다. 그는 총에 맞은 다음날인 1865년 4월 15일에 사망했다. 그가 마지막으로 가졌던 소원은 성지순례를 하는 것이었다. 그의 아내 메리 링컨은 이렇게 말했다. "그는 성지를 방문해 구세주의 발자국으로 인해 신성해진 그 장소들을 보고 싶어 했습니다. 그는 예루살렘처럼 자신이 보고 싶어 하는 도시는 세상에 없다고 하였습니다. 그가 그 말을 절반쯤 이야기 했을 때 암살자의 총탄이 그의 뇌 속으로 들어갔습니다. 그리고 위대하고 선한 대통령은 천사들에 의해 하늘에 있는 새예루살렘으로 옮겨졌습니다."

일리노이 주 스프링필드에서 열린 링컨의 장례식에서 감리교 목사인 매튜 심슨(Matthew Simpson) 감독은 설교를 통해 이렇게 말했다.

"아브라함 링컨은 훌륭한 인물이었습니다. 그는 정직하고, 온화하고, 남을 용서하는 사람이며, 정직한 사람이고 모든 면에서 고귀한 마음을 간직한 사람으로 알려져 있었습니다. 그의 신앙 경험에 대해서는 나는 명확하게 이야기 할 수는 없습니다. 왜냐하면 나는 그의 개인적인 생각을 알 수 있을 만큼 그와 가까이 할 수 있는 기회가 없었기 때문입니다. 나는 그와 깊은 교제를 나누지 못했기 때문에 이 주제에 관해 그의 이야기를 들을 기회가 없었습니다. 그러나 나는 그가 성경을 자주 읽었으며, 그 위대한 진리와 깊은 가르침을 사랑했고, 그 교훈에 의해 인도함을 받기위해 애썼다는 것은 알고 있습니다. 그는 죄인들의 구주 그리스도를 믿었습니다. 그리고 나는 그가 신앙의 원리들 속에서 자신의 삶을 살기위해 신실하게 노력했다고 생각합니다."

역사적 논쟁

아브라함 링컨은 기독교인이었는가?

그 질문은 내가 이 책을 쓰는 동안 가열 차게 논의되었다. 나는 이 문제를 너무도 심각하게 생각했기 때문에 본 27장을 제외할 것을 고려하기까지 했었다. 이 문제와 관련해 세 가지의 서로 다른 주장이 논의되고 있다. 어떤 이들은 아브라함 링컨이 평생 믿음이 없는 사람이었다고 주장한다. (나는 이 입장을 '항상 잃어버린 자' 입장이라고 부른다) 어떤 이들은 아브라함이 항상 기독교인이었다고 주장한다. (나는 이 입장을 '항상 구원받은 자' 입장이라고 부른다) 또 다른 이들은 링컨이 자신의 대통령직에 있는 동안에 기독교인이 되었다고 주장한다. (나는 이 입장을 '개종' 입장이라고 부른다)

아브라함 링컨이 대통령이 되기 이전부터 그를 알던 많은 사람들은 그가 비정통적인 교리를 주장했으며, 따라서 그 당시에는 기독교인이 아니었다고 증언한다. 이 입장을 취하는 많은 증인들과 이들의 의견에 동조하는 사람들은 링컨이 이후의 자신의 삶에서 절대로 자신의 관점을 변화하지 않았다는 믿음을 기정사실화하고 있다. 이 입장을 취하는 역사가들은 종종 반대로 일어난 사건들을 받아들이지 않는다. 아브라함 링컨을 그의 대통령 시절에 알게 된 사람들은 링컨의 신앙관이 변화했으며 그가 기독교에 더욱 가까이 가려고 했다고 말한다. 그중에는 링컨이 기독교인이 되었다는 주장도 있다.

이들 증인들 가운데 몇몇은 자신들의 주장을 링컨의 삶의 젊은 시절로부터 거꾸로 살펴보면서 추정하고 있으며, 반대되는 사실들은 모두 부정한다. 수십 명의 증인들이 거짓말을 하지 않는 한 아브라함 링컨이 대통령이 되기 전에는 정통 기독교인이 아니었다고 결론지을 수는 없다. 그러나 역시 수십 명의 증인들이 거짓말을 하지 않는 한, 그가 무신론자라거나 신앙에 관심을 갖지 않는 사람이었다고 말할 수도 없다.

링컨은 인간의 죄로 인해 죽기 위해 예수가 이 땅에 왔다는 것을 기독교인들이 믿는다는 것을 알고 있었다. 1842년 금주 관련 연설에서 그는 이렇게 말했다.

"누군가 이렇게 말합니다. '우리는 술고래가 아닙니다. 그리고 우리는 어떠한 경우에라도 변화된 중독자들이라는 이름으로 불리는 것을 우리 자신이 인정하지 않을 것입니다.' 어떠한 기독교인도 이러한 반론을 지지하지 않을 것입니다. 만일 그들이 전능하신 분이 죄인 된 인간의 모습을 입기 위해 자신을 낮추셨고, 그들을 위해 그토록 굴욕적인 죽음을 당했다는 것을 믿는다면, 그들은 잘못에 빠지고 불행해진 자기들의 많은 동료들의 영원한 구원을 위해, 겸손하게 무한히 작은 모습으로 복종하라고 요구받더라도 거부하지는 못할 것입니다. 그리고 그러한 겸손의 태도조차도 그다지 위대한 것은 아닙니다."

링컨은 커네티컷 주 출신 연방 하원의원인 헨리 데밍(Henry C.

Deming)에게 왜 그가 교회에 등록을 하지 않는지를 이야기 했다. "나는 어떠한 교회에도 등록한 적이 없다. 왜냐하면 신앙의 고백과 믿음에 관한 조항으로 가득 찬 기독교 교리문서의 길고도 복잡한 내용에 거짓으로 답변하지 않고 그냥 동의하는 것에 어려움을 느꼈기 때문이다. 어떤 교회든지 주님이 율법과 복음을 요약하신 '네 마음을 다하고 목숨을 다하고 뜻을 다하여 주 너의 하나님을 사랑하라 … 또한 네 이웃을 네 몸과 같이 사랑하라' (마 22:37, 39)는 말씀만을 제단에 새기고 그것만을 등록 교인의 요건으로 정하는 교회가 있다면, 나는 내 마음과 뜻을 다 해 그 교회에 등록하겠다."

이러한 인용문들은 일반적으로 의심할 것이 없는 것들이다.

링컨이 죽은 후 그의 동료 법률가였던 무신론자 윌리엄 헌돈(William Herndon)은 링컨이 기독교인이 아니었다는 것을 증명하는 것에 그의 남은 생애를 바쳤다. 그는 링컨이 일리노이 주에서 활동하던 시절에 사귀던 몇몇 친구들을 만났는데 그 친구들이 링컨을 만나던 시절에는 링컨이 기독교인이 아니었다는 증언을 들었다. 이들의 증언은 링컨이 대통령 시절에 신앙이 있었다는 것을 이들이 알게 되자, 링컨의 신앙을 유추해 보려고 증인들의 증언의 강도가 약해졌다. 하지만 논란이 많았던 헌돈의 작업은 링컨이 변호사 시절에는 정통 기독교인이 아니었다는 주장에 무게를 실어준 논점이 되었다.

1866년 9월, 헌돈은 메리 토드 링컨과 인터뷰를 했다. 그 인터뷰에 대한 그의 기록에서 헌돈은 그녀가 이렇게 말했다고 기록했다.

"링컨 대통령은 일반적으로 통용되는 말로 하면 신앙이 없었고 소망도 없었다. 그는 교회에 등록하지 않았다. 그러나 내 생각에 그는 신앙이 있는 사람이었다. 그가 이 문제에 대해 가장 처음 심각하게 생각했던 것은 윌리(Willie)가 죽었을 때였다. 그 전에는 그런 적이 없었다. 그는 게티즈버그에 갈 때쯤에는 그 전에 어느 때 보다도 신앙심을 깊이 느꼈다. 그는 형식적인 기독교인이 아니었다. 그는 1864년에는 성경을 많이 읽었다."

그러나 메리 토드 링컨과 헌돈은 서로 다른 생각을 하고 있었다. 헌돈은 자신의 자료를 워드 힐 라몬(Ward Hill Lamon)에게 주었고, 라몬은 1872년에 「아브라함 링컨의 생애」(Life of Abraham Lincoln)를 저술했다.

1873년 12월 12일, 헌돈은 스프링필드에서 강연을 하면서 자신과 링컨 두 사람 모두 무신론자였다고 말하고, 링컨 부인이 남편에 대해 "형식적인 기독교인"이 아니었다는 말을 했다고 증언했다.

1873년 12월 19일자 일리노이 주 스테이트(State) 저널의 보도에 따르면, 링컨 부인은 "헌돈 씨가 말한 것과 같은 이야기를 한 적이 없다고 명료하게 부인했다." 폴 볼러(Paul Boller)가 쓴 이 기사에 따르면, 링컨 부인은 헌돈과 대화를 나눈 것 자체는 부인하지 않았으나 "그녀는 헌돈이 그녀가 했다는 말을 해석한 방식을 부정했다."

폴 볼러에 따르면 그녀는 이렇게 말했다. "나는 헌돈에게 내 남편의 마음이 자연적인 신앙인이었다고 긍정적인 말을 했다." 볼러는 또한 그녀의 말을 인용해 링컨이 "평안을 얻기 위해 자주 성경을 읽었고, 등록 교인이 아니었을지라도 아내와 함께 자주 교회에 출석했다"고 기록했다. 링컨 부인은 또한 "그 사람은 나와 내 남편에 대해 하늘이 부끄러워질 만큼 거짓된 말을 해서 내 마음은 고통으로 깨져 버렸는데 내가 그 사람에게 무슨 말을 더 할 수 있겠는가?"라고 말했다. 따라서 우리는 헌돈의 증언이 가공된 것이거나, 아니면 꾸며진 것이라는 것을 알 수 있다. 그런 이유로 필자는 헌돈의 주장을 다시 논하는데 더 이상 지면을 할애하고 싶지 않다.

이런 것들은 다른 책들에서도 쉽게 발견할 수 있다. 헌돈의 부주의하게 꾸며낸 이야기들은 이미 충분한 주목을 받았고, 그의 주장을 더 이상 확대하는데 내가 일조하고 싶지는 않다. 이에 더해서 링컨의 관점이 헌돈이 말하던 시점 이후에 변했을 가능성이 있다. 또한 헌돈의 친구들의 주장과 반대되는 주장들도 있다.

1867년 헌돈은 링컨 가족이 다니던 스프링필드 제일장로교회의 담임인 제임스 스미스(James Smith) 목사에게 편지를 보냈다. 스미스 목사는 이런 답장을 보냈다.

"내가 스프링필드 제일 장로교회의 목사로 있을 때에 링컨 대통령이 하나님의 권위와 성경의 영감을 믿었다는 것은 쉽게 증명할 수 있습니다. 불신자들이 자신들의 말로 논쟁하는 것을 통해 링컨이 기독교인이 아니었다고 주장하는 링컨 대통령의 신앙과 관련한 논쟁에 내가 나설 수 있다는 것은 영광스러운 일입니다. 링컨 대통령은 하나님의 권위와 성경의 영감에 대해 스스로 가장 큰 인내를 가지고 자세히 연구했습니다. 그 자신의 말을 빌리자면 그는 변호사로서 증언을 조사해 진실을 밝히는 열정을 가지고 그 주제를 연구했습니다.

그 결과 그는 하나님의 권위와 성경의 영감은 대답할 수 없는 것이라고 말했습니다. 나는 이 주제에 대해 더 많은 것을 말할 수 있지만, 당신은 지금 내가 거부하고 있는 것을 주장하는 사람입니다. 부지불식간에 일어난 그 잔인한 암살은 그 위대한 순교자를 영광, 존귀, 그리고 불멸의 장소로 보냈습니다. 그러나 그의 거짓된 친구들은 링컨의 이마에 불명예스런 낙인을 찍어 후손들에게 전하려 하고 있습니다. 자기 조국의 선을 위해 모든 고통을 받았음에도 불구하고 그는 좋은 평판도 얻지 못하고 동정심이나 애정을 받지도 못했습니다."

워싱턴에서 링컨을 알았던 증인들은 링컨의 아들 윌리엄의 죽음이 링컨의 신앙에 깊은 영향을 끼쳤으며, 이로 인해 좀 더 정통적인 기독교 쪽으로 다가섰다고 말한다. 이들 증인들 가운데 한 사람이 뉴욕 트리니티교회의 담임인 프랜시스 빈턴(Francis Vinton) 목사다. 그는 윌리엄이 죽은 뒤 약 2주 후에 아브라함 링컨을 만났다. 전기 작가인 프랜시스 카펜터(Francis B.

Carpenter)가 후에 그 대화를 기록했다.

"빈턴 목사가 말했다. '당신의 아들은 낙원에 살아있습니다. 당신은 복음서에 있는 이런 구절을 기억합니까?' '하나님은 죽은 자의 하나님이 아니요 산 자의 하나님이시라 하나님에게는 모든 사람이 살았느니라' (눅 20:38).

대통령은 망연자실하게 듣고만 있다가 '당신의 아들은 낙원에 살아있습니다' 는 말을 듣자, 소파에서 일어서면서 큰 소리로 고함을 쳤다. '살아있다! 살아있다! 당신은 정말로 나를 놀리고 있군.' '아닙니다. 내 말을 믿으세요. 이것은 교회가 가진 가장 위로를 주는 교리입니다. 예수님 자신의 말로 세워진 것이구요.' 링컨 대통령은 잠시 동안 그를 바라보고 나서 목사의 앞으로 걸어와 자신의 팔로 그를 안고 그의 머리를 목사의 가슴에 대고 크게 흐느끼며 말했다. '살아있다고? 살아있다고?'

빈턴 목사도 자신의 팔로 울고 있는 그 불쌍한 아버지의 어깨를 감싸고 말했다. '그렇습니다. 대통령 각하, 그것을 믿으십시오. 그것은 하나님의 가장 귀중한 진리입니다. 당신의 아들을 죽은 자들 가운데서 찾지 마십시오. 그는 여기에 없습니다. 그는 오늘 낙원에서 살고 있습니다. 내가 인용했던 모든 말들을 생각해 보십시오. 사두개인들이 예수를 심문했을 때 그들은 아브라함, 이삭, 야곱이 죽어서 장사 지냈다는 것 외에는 다른 생각이 없었습니다. 예수님의 대답을 보십시오. '죽은 자의 살아난다는 것은 모세도 가시나무떨기에 관한 글에 보였으되 주를 아브라함의 하나님이요 이삭의 하나님이요 야곱의 하나님이시라 칭하였나니, 하나님은 죽은 자의 하나님이 아니요 산 자의 하나님이시라 하나님에게는 모든 사람이 살았느니라' (눅 20:37~38).

노년의 족장들이 자기 아들들이 죽었다고 슬퍼했습니까? '요셉도 없어졌고 시므온도 없어졌거늘 베냐민을 또 빼앗아 가고자 하니 이는 다 나를 해롭게 함이로다' (창 42:36). 그러나 그가 믿든지 안 믿든지 간에 요셉과 시므온은 모두 살아있었습니다. 게다가 그에게서 요셉을 데려 간 것은 그의 가족 모두를 구하고자 하는 궁극적인 뜻이 있었기 때문이었습니다. 그리고 하나님은 당신의 아들을 위에 있는 왕국으로 부르셨습니다. 그 나라는 당신의 나라보다도 더욱 더 실제적으로 존재하는 나라입니다. 아마도 이 아이도 역시 요셉과 같이 하나님의 선하신 섭리에 따라 자기 아버지의 집안을 구원하기 위해 갔을 것입니다.

이것은 당신과 당신의 가족들의 궁극적인 행복을 위한 주님의 계획의 일부입니다. 그것을 의심하지 마십시오. 나는 이 문제와 관련해서 아마도 당신이 관심을 가질 수 있는 설교가 한 편 있습니다.' 링컨은 조속한 시일 내에 그 설교를 보내 달라고 간청하고, 그의 격려와 희망의 말에 감사를 표했다. 그 설교는 대통령에게 보내졌고, 그는 그것을 읽고 또 읽었다. 그리고 다시 되돌려 보내기 전에 자신을 위해 베껴 써서 보관했다. 링컨의 가족들의 말을 통해 나는 링컨이 그 시간 이후로 영적인 것과 관련된 관점에 변화가 왔다는 말을 들었다. 확실히 그랬다. 그 이후로 그는 아들이 죽은 그 주간 동안의 근심에서 벗어나 점차 자신 본래의 활기찬 삶을 되찾기 시작했다."

링컨을 기독교인이나 혹은 불가지론자로 묘사하는 것에 별다른 이의를 제기하지 않는 칼 샌드버그(Carl Sandburg)와 같은 전기 작가들은 이 만남이 실제로 일어난 사건이라는 것에 일반적으로 동의한다.

이 이야기에 대해 자주 등장하는 유일한 부정적인 의견은 몇몇 사람들이 이를 "각색된 것"이라고 생각한다는 점이다. 그들은 링컨이 그처럼 감정적이거나 정신이 산만한 인물이 아니라고 생각하고 있다. 그 이야기의 세세한 부분이 과장되었을 가능성이 있다고 해도 그러한 비판론은 한 가지 중요한 사실을 간과하고 있다. 그것은 자식의 죽음은 가장 근엄한 부모라고 해도 감정을 표출하게 만든다는 사실이다. 링컨은 좀처럼 감정표현을 하지 않았지만 이례적으로 감정에 민감한 인물이었다.

링컨이 자신의 아들의 죽음 앞에서 아무런 감정도 보이지 않았다는 것은 있을 법하지 않은 것이다. 왜냐하면 그는 이처럼 개인적인 만남에서는 감정을 잘 나타냈었기 때문이다. 논쟁을 벌이는 양측이 모두 공통적으로 가지고 있는 단점은 사건이 일어난 지 몇 년 후에 이런 토론이 벌어졌다는데 있다. 비판론자들은 증인들의 기억이 희미해졌거나 듣는 사람들을 기쁘게 하기 위해 그런 이야기를 하는 것이라고 논평한다. 이런 문제를 피하기 위해 필자는 1865년에 발간된 책 「우리의 순교자 대통령, 아브라함 링컨: 뉴욕과 브룩클린의 강단으로부터의 목소리들」을 참고했다. 이 책은 링컨을 기념하기 위해 그가 죽은 그 다음 주일인 부활절에 선포된 설교들을 모은 책이다.

"나(필자)는 두 개의 이야기가 중요하게 논의 되었다는 점을 발견했다. 아주 미세한 차이점을 가지고 두 명의 목사가 그 이야기를 했다. 제임스 이엘스(James Eells) 목사는 이렇게 말했다.

'일 년 전에 링컨 대통령은 사람의 마음이 변화된 것을 가장 쉽게 증명할 수 있는 것이 무엇인가 하고 매우 잘 알려진 기독교인 여성에게 질문했다. 그녀는 주 예수 그리스도 안의 믿음, 자신을 부인함, 평안히 기도함이라고 자세히 설명을 했다. 그러자 그는 기쁘게 대답했다. '그렇다면 나는 내가 진정한 기독교인이라고 믿어도 되겠군요.'

그리고 어떤 사람이 링컨과의 인터뷰를 마치면서 했던 마지막 질문에 대한 대답을 여러분들도 기억하고 있을 것이다. '대통령 각하, 마치기 전에 한 가지만 더 질문하겠습니다. 당신은 예수님을 사랑합니까? 링컨은 손으로 머리를 받치면서 이렇게 말했다. '내가 워싱턴으로 오기 위해 집을 떠날 때, 비록 사람들에게는 하나님께 기도해 달라고 부탁했지만, 그때 나는 기독교인이 아니었다. 내 어린 아들이 죽었을 때 그것은 내 인생에서 가장 큰 고통이었고 그때도 비록 내가 은혜와 위로의 필요성을 깊이 느꼈지만 나는 기독교인이 아니었다. 하지만 내가 게티즈버그에 가서 영원한 곳으로 휩쓸려 간 수만 명의 무덤 사이를 걸을 때에 나는 내 마음을 하나님께 드리기로 결심했다. 그리고 그 이후로 나는 예수님을 사랑한다."

찰스 로빈슨(Charles S. Robinson) 목사는 약간 다른 내용으로 게티즈버그 이야기를 이렇게 전했다.

"링컨이 '훌륭하고 올바른 사람이었다' 는 말은 진실이다. 그러나 한 가지 의문이 있다. 이는 성경을 읽는 지혜로운 사람들이 자신들의 위대한 사람들이 죽었을 때 하지 않는 질문이다. 그것은 '그는 기독교인이었는가?' 하는 질문이다. 이와 같이 대답을 듣지 못한 질문을 우리가 회피해야 할 이유는 하나도 없다. 그것은 적절하지 않은 것도 아니고, 그의 개인적인 내적 삶에 대한 주제 넘는 심사도 아니다. 그는 자신의 믿음에 대해 비밀을 남겨놓지 않았다. 종교적인 경험과 관련한 그 자신의 이야기는 여러 명의 증인들에 의해 여러 가지 방법을 통해 이렇게 증언되고 있다.

내가 스프링필드를 떠날 때, 나는 하나님께 전적으로 의지한다고 느꼈다. 그 책무는 나의 가슴에 무거운 중압감을 주었다. 나는 하나님의 도움이 없이는 실패하게 된다는 것을 알고 있었다. 그러나 그때에는 나는 기독교인이 아니었다. 내 아이가 죽었을 때 나는 복음의 위로를 받을 필요를 느꼈다. 그것은 그 이전의 어떤 것보다 더 나를 짓누른 가혹한 고뇌였다. 그때 나는 기독교인이 되고 싶었다. 그러나 내가 게티즈버그에서 죽은 청년들의 무덤들 사이를 혼자 이리저리 돌아다녔던 그날이 오기 전까지는 나는 결코 기독교인이 되는 지점까지 도달하지 못했었다. 거기서 묘비마다 가득히 새겨진 소망과 믿음의 글들을 읽고 나는 예수를 나의 구원자로 사랑하고 신뢰하기 시작했다."

위의 두 이야기들 속에서 링컨은 스프링필드를 떠나는 것, 아들의 죽음, 그리고 게티즈버그의 일화 등 세 가지 사건을 공통으로 꼽고 있다. 그러나 그 이야기들은 적어도 두 명의 다른 사람들에게 비슷한 이야기를 했다는 것을 추정할 수 있을 정도로 약간 다르다. (이것은 "여러 명의 증인들에 의해 여러 가지 방법을 통해" 그 이야기를 알게 되었다는 로빈슨 목사의 증언을 뒷받침한다)

세 번째로 로버트 로우리(Robert Lowry) 목사도 같은 이야기를 증언한다. 그러나 게티즈버그 이야기에서 그는 링컨의 증언을 인용하지 않고 이렇게 말했다.

"어린 윌리 링컨이 세상을 떠났을 때 뒤에 남은 아버지의 마음은 죽음에 대한 생각으로 깊은 슬픔에 잠겼다. 그러나 그가 맡고 있는 공공의 의무의 소용돌이는 그의 마음이 향하고 있는 그 심각한 생각으로부터 그를 붙들었다. 하지만 그가 게티즈버그의 전쟁터에 서서 자신이 옹호하고 있는 그 원리들을 위해 죽음을 당한 수많은 용감한 사람들의 무덤을 보았을 때 하나님이 임재 하신다는 그런 느낌, 그리고 자신의 영혼을 소유하고 있는 자기 자신의 가치에 대한 느낌이 그를 압도했다. 이후로 그는 그날을 자신이 새로운 삶으로 들어가게 된 날로 여겼다.

나는 몇 달 전에, 백악관에 초청되었던 한 여성으로부터 대통령 가족 마차를 함께 탔던 경험에 대한 이야기를 들은 적이 있다. 마차를 타고 가던 중에 대화는 종교에 관한 이야기로 흘러갔다. 대통령은 깊은 관심을 보이면서 기독교인이라는 것을 스스로 알 수 있는 특별한 마음의 상태가 어떤 것인지 가능한 대로 말해 줄 수 있느냐고 그녀에게 질문했다. 그녀는 십자가의 단순한 이야기를 반복했다. 그리고 설명했다. 불쌍한 죄인이 자기 스스로 구원을 받을 수 없다는 것을 자각하고, 예수님을 바라보고, 죄인들의 죄악을 위한 그분의 완전한 속죄의 죽음을 보면서, 그리스도의 죽음이 죄인의 죽음을 대신하는 것으로 받아들여졌다는 것을 믿으면, 그 사람은 하나님의 진노로부터 해방되었다는 것을 느끼게 되고, '우리 주 예수 그리스도를 통해 하나님과 평화를 누리게 된다.' 대통령은 만족한 목소리로 응답했다. '그게 바로 내가 지금 느끼고 있는 것이오.'"

필자는 이 이야기들을 무시할 이유를 찾을 수가 없다. 이 이야기들은 링컨의 삶의 마지막 해 동안 그의 종교적인 믿음에 대한 정확한 반영이다. 첫 번째 목사는 자신의 교인들에게 그들이 예전에 들었던 게티즈버그 이야기를 회상하라고 말했다. 두 번째 목사는 여러 출처를 통해 그 이야기를 들었다고 말했다. 세 번째 목사는 그 이야기가 이미 잘 알려진 기정사실인 것으로 말하고 있다.

28장

제임스 뷰캐넌
James Buchanan

뷰캐넌은 전 인생에 걸쳐 장로교 유산을 높이 샀다. 생전에 그는 신앙적으로 온화한 사람으로 가장 잘 묘사될 수 있다. 그러나 공직에서 물러난 후, 그는 기독교에 공적 헌신을 했다. 그의 개인 경건과 그리스도의 속죄적 희생에 대한 확고한 믿음을 증언하는 자료는 무수히 많다. 생의 마지막 즈음에 뷰캐넌은 다음과 같이 간증했다. "나는 구세주의 신적 인격에 대한 확신과 그분의 속죄하는 은혜와 긍휼을 통한 속죄의 능력에 대한 확신으로만 더 강해졌다." 애니 뷰캐넌의 말처럼 그녀의 삼촌인 제임스는 "구세주이신 예수 그리스도에 대한 강하고 확고한 신자"였다.

제임스 뷰캐넌 James Buchanan

제임스 뷰캐넌은 1791년 4월 23일 펜실베이니아 주의 코브 갭(Cove Gap)에서 출생하였다. 그의 부모는 장로교인이었고, 믿음 안에서 그를 양육했다. 뷰캐넌이 다섯 살 되던 1796년에 그의 부모는 펜실베이니아 주 머서스버그(Mercersburg)로 이사했고, 머서스버그 장로교회에 출석했다. 그 교회 목회자인 존 킹(John King) 박사는 어린 시절 뷰캐넌의 삶에 강한 영향을 주었다. 훗날 뷰캐넌은 그가 "킹 박사보다 더 존경할 사람을 결코 알지 못한다"고 말했다.

1840년 제임스 뷰캐넌은 조카인 제임스 뷰캐넌 헨리(James Buchanan Henry)를 집으로 데려왔다. 헨리의 양친(로버트 헨리 목사와 해리엇 뷰캐넌 헨리(Harriet Buchanan Henry))이 다 돌아가셨기 때문에 여동생인 해리엇의 유언 집행인이었던 제임스 뷰캐넌은 헨리의 후견인(Guardian)이 되었다. 뷰캐넌이 죽은 몇 년 뒤 헨리는 「1883년 제임스 뷰캐넌의 생애」(1883 Life of James Buchanan)의 저자인 조지 틱노르 커티스(George Ticknor Curtis)에게 삼촌의 신앙에 대한 자신의 생각을 보냈다.

"뷰캐넌의 부모는 장로교인이었고, 뷰캐넌은 언제나 장로교 형식의 예배를 선호하는 증거를 남겼다. 워싱턴과 랭캐스터(Lancaster)에 있는 교회, 지정석을 갖고 있었으며, 예배와 건물유지를 위해 언제나 아끼지 않고 후원했다. 그는 모든 교파의 교회의 건물을 위한 모금에 한 번에 수천 불을 내었는데, 그의 가장 친한 친구는 로마 가톨릭 교도였다. 내가 알기에 그는 기독교의 핵심교리에 대해 신실하게 믿었고 괴팍스런 신앙규칙 따위는 갖고 있지 않았지만, 기독교를 신적계시와 인간 삶의 행동을 위한 단순한 법칙으로 받아들였고 자신의 삶의 지도를 그것에 맡겼다. 분명히 그분은 지붕아래서 이루어지는 대화에서 언제나 그 힘을 사촌에게 강요해서 우리를 감시병으로 여겼다. 사촌과 나는 주일날 나오는 일반 신문에 실린 소설을 언제나 숨겼는데, 만일 그가 가까이 오고 있다는 것을 알았어도 주일에 선한 일을 하거나 독서를 하는 좋은 일에 시간을 잘 쓰지 않았다는 정도의 가벼운 질책만 받을 것을 분명히 알고 있었다."

헨리가 지칭하는 사촌은 해리엇 레인(Harriet Lane)이다. 뷰캐넌은 레인이 워싱턴에 있는 조지타운 수녀회에 감독교인이 되도록 했으며, 심지어 펜실베이니아 주의 랭캐스터에 있는 성 제임스 감독교회 지정좌석(21번)을 얻도록 했다.

전체를 통틀어 유산으로 받은 신앙이 그의 생각에 영향을 끼쳤으나 생의 후반기에는 그렇게 강하지 못했다. 뷰캐넌은 러시아에서 미국대사로 근무할 때 동생인 에드워드(Edward, 감독교회 목회자)에게 다음과 같은 글을 썼다.

"그리스도인이 되고 싶다는 것을 진심으로 말할 수 있으며 많은 고통을 겪지 않고 세상의 어리석음과 허영에서 물러 나오고 싶은 생각이 있다. 이상한 땅에 도착한 직후부터 이 주제에 대해 많이 생각했고, 가끔은 내가 그리스도인이라고 나 자신을 설득할 수 있었다. 그러나 가끔은 회의에 빠진다. 많은 경우 참된 기분은 이것이다. '주님, 믿습니다. 내 불신앙을 도우소서.' 하지만 결코 나는 불신자가 아니다."

1844년 2월 29일, 동생에게 쓴 편지에서 뷰캐넌은 이렇게 말했다. '나는 신자이나 행동을 조절할 만한 영향을 줄 정도로 확고한 정도의 믿음은 아니다. 나는 계속해서 기도해야 한다. '주여, 믿음 없음을 도우소서. 전능하신 아버지께서 그 아들의 공로와 속죄로 내가 소유한 이상으로 분명하고 굳건한 믿음을 보증해 주실 것이다."

1839년 앤드루 잭슨(Andrew Jackson) 장군에게 보낸 편지에서 그는 이같이 말했다. "교인은 아니지만 기독교 신앙을 배우는 것은 즐겁습니다. 자신과 본보기가 되기 위해서 신앙의 진리와 능력에 대한 공적인 증언을 가져야만 합니다. 오직 신앙만이 인간을 수반하는 필연적인 아픔을 긍정적인 복으로 변화시키며, 우리를 세상에서 떼어놓도록 하며, 죽음 자체가 또 다른 그리고 보다 나은 존재의 상태로 들어가는 문이 되게 합니다."

뷰캐넌은 1856년 대통령으로 선출되어 한 임기를 채웠다. 대통령으로 그가 한 첫 번째 일은 자신의 직무를 감당하는데 하나님의 도움을 구하는 것이었다. 취임연설은 이런 말로 시작한다.

"친애하는 국민 여러분, 본인은 오늘 미국 대통령직을 성실히 수행하며 할 수 있는 한 미 헌법을 보존, 보호하며 지키겠다는 장엄한 선서를 하기 위해 여러분 앞에 섰습니다. 이 큰 직무에 들어가면서 본인은 여러 세대에 걸쳐 자유정부를 보존하고, 미 국민 가운데 조화와 오랜 우정을 회복하는 방식으로 이 높고 책임이 무거운 직무를 감당할 만한 지혜와 단호함을 달라고 우리 조상의 하나님께 겸손히 구합니다."

그는 취임연설을 이 같은 말로 끝맺었다.

"이제 본인은 헌법에 규정된 대로 엄숙히 선서하며 이 위대한 사람들에게 하나님의 섭리로 인한 복을 겸손히 구합니다."

제임스 뷰캐넌의 네 번의 연두연설 각각에는 하나님께서 국가에게 주신 복에 대해 감사하는 내용이 들어 있다. 처음 세 번의 연설에는 인정하고 감사하는 말로 연설을 시작한다. 네 번째는 남북전쟁의 폭풍우가 다가올 때였는데 감사의 말이 억제되었지만, 그러나 여전히 드러난다. 첫 번째 연두연설에서 그는 이렇게 말했다.

"이 백성에게 주신 수많은 복에 대해 전능하신 하나님께 감사해야 마땅하며, 함께 드리는 우리의 기도가 그분께 올라가 그분께서 계속해서 이 위대한 국가에 복을 주시되 과거에 그러했듯이 장차 올 시간에도 복을 주실 것입니다."

두 번째 연두연설에서 그는 "우리 역사의 가장 위기의 순간에 섭리하사 근심을 덜어주신 전능하신 섭리에 대해 감사할 만한 많은 이유가 있습니다"라고 하였다.

세 번째 연두연설은 "지난 날 다양하고 수많은 복을 우리에게 허락하신 전능하신 힘"에 대해 깊고 가슴으로부터 우러나오는 감사를 표했다. 그는 이같이 덧붙였다.

"우리 역사의 과거 사건에 국가로서 신적섭리의 특별한 보호하심을 이 나라의 시작 이후로 계속 누려왔다는 것을 믿을만한 충분한 이유가 있습니다. 발전하는 동안 많은 위험과 깜짝 놀랄만한 어려움에 노출되었으나 연속되는 각각의 경우에 우리 머리위에 터질 것처럼 보였던 임박한 구름이 순간 사라졌고 정부에 닥친 위기가 사라졌습니다. 우리가 언제나 신적 인도하심과 보호하심 아래에 있게 하소서."

그러나 네 번째 연두연설을 준비하는 동안 남북전쟁의 폭풍우가 지평에 들어왔다. 언어가 억제되고 매우 조심스러워졌다. 국가에 다가오는 위험이 모호한 자유 개념으로 노예제 폐지를 불어넣는 노예들이 남부지역에 '노예폭동의 불안감'을 준 것 때문이라는 자신의 믿음을 드러냈다. 이 연설에서 그는 헌법과 하나된 미국을 보존해 달라고 하나님께 구했다. 그는 이렇게 덧붙였다.

"자기 보존은 자연의 첫째 법칙이며 가장 선한 목적을 위해 창조주에 의해 사람의 마음에 심어진 것입니다. 아무리 다른 모든 면에서 복과 유익으로 가득 채워졌다 하더라도, 만약 전체의 반에 해당하는 가정들과 가정의 단란함이 습관적이고 절망적일 정도로 불안하게 된다면, 오래 지속할 수 있는 연합(Union)은 없습니다. 조만간 그런 연합의 유대관계는 분리될 것입니다. 이 같은 치명적인 기간이 아직 오지 않았다는 것이 본인의 확신이며 하나님께 기도하는 것은 하나님께서 모든 세대에 걸쳐 헌법과 연합을 지켜달라는 것입니다."

부캐넌은 나이가 들어감에 따라 믿음의 일에 더 관심을 기울이게 되었다. 1860년 대통령 임기가 끝날 때 그는 장로교인이 되기로 결심했다. 그는 이 결정과 다른 신앙문제에 대해 뉴욕시의 제일장로교회 목사인 윌리엄 팩스톤(William M. Paxton)에게 알렸다. 뷰캐넌이 죽은 후 팩스톤(Paxton)은 이 대화에 대해 썼다.

"1860년 8월 미국 대통령인 뷰캐넌은 펜실베이니아 주에 있는 베드포드 스프링스(Bedford Springs)를 방문했다. 역마차가 도착할 때 우연히 그 자리에 있었는데, 뷰캐넌과 이전에 친분이 있는 터라 가장 먼저 환영하게 되었다.

그 후 하루나 혹은 이틀 뒤 복도에서 지나갈 때 멈추어서 "담소할 시간이 생기면 목사님을 제 방으로 오시라고 해도 될까요?"라고 내게 말했다. 그런 부름에 순종하는 것이 내 기쁨이라고 답했다. 다음날 개인비서를 통해 초대를 받았고 함께 앉아있는 동안 그는 내게 말했다. '신앙 주제에 대해 대화를 나눌 수 있도록 해달라는 요청을 드리기 위해 모셔왔습니다. 당신도 내 가족에 대해 약간은 알고 있는 것과 같이 어린 시절 당신 부모님을 알았고 내가 신앙으로 교육받았다는 것도 알고 있지요. 하지만 신앙 주제에 대해 과거보다 훨씬 더 많이 생각했습니다. 12년 동안 매일 성경 읽고 기도하는 습관이 들었다고 생각합니다. 대화하고픈 생각이 든 사람이 없었는데 이제 여기서 목사님이 대화할 사람인 것을 알게 되었습니다. 내 느낌을 이해할 것으로 생각하고 중요한 주제에 대해 마음을 열고 명확하게 알지 못하는 것에 대해 설명해 주시기를 부탁드립니다.' 그런 대화를 나누는 것이 즐겁다고 그를 안심시키고 나자, 그는 즉시 '신앙적 경험이 무엇인지 설명해 주실 수 있겠습니까?'라고 묻기 시작했다. 대답대신 나는 우리의 죄된 상태와 하나님의 성령에 의한 중생의 필요성과 우리 주 예수 그리스도의 희생으로 인한 속죄의 필요성에 관한 성경부분을 펼쳤다. 법관이 증인에게 묻듯이 매우 세밀하게 중생과 회개, 믿음과 관련된 질문을 하기 시작했다. 나를 놀라게 한 것은 그의 질문이 교리적 성격이라기보다는 실험적 성격의 것이었다는 것이다. 자신이 그리스도인이라는 것을 사람이 어떻게 알 수 있으며, 어떤 의식적인 경험이 회개와 믿음의 행위 안으로 들어갈 수 있는지에 대해 몹시 알고 싶어 했다. 구체적인 내용을 자세히 소개할 필요가 없다. 이로 인해 나는 가장 간단하고 익숙한 방식으로 그에게 말할 기회를 얻었다. 주일학교에서 사용한 그런 식으로 뛰어난 그리스도 몇 사람의 경험에 대해 말하거나 혹은 간단한 예를 들었을 때 그는 매우 만족스러워 하는 것 같았고 좀 더 명확한 설명을 끌어낼 질문으로 나아갔다. 그는 특히 어떻게 믿음이 주 예수 그리스도를 받아들이고 붙들 수 있는지, 또 사람이 믿는다는 것을 어떻게 알 수 있는지를 이해하고 싶어 했다. 그는 자신을 어린아이의 자리에 놓고서 가장 단순하게 질문했다. 때로 질문에 대한 대답을 두 번씩이나 요구하기도 했는데, 마치 자신의 기억에 고정시키고 싶어 하는 것 같았다. 그의 태도가 너무도 진지했고 그의 정신이 너무나 몰두해 있어서 나는 그의 진지함에서 나오는 확신에 큰 인상을 받았다. 좀 더 실험적인 문제를 처리한 후, 그는 몇 가지 교리적 질문을 했고 그가 얻은 답은 교리와 상관없고 토의가 필요 없는 몇 가지였다.

　대화가 끝날 무렵 그는 특별히 장로 교인이 되는 조건이 무엇인지 물었고, 후보자를 받아들이기 위해 어떤 점을 조사하는지 물었다. 아마 두세 시간 정도 대화가 지속되었던 것 같다. 몇 분정도 말없이 앉아 있다가 그는 말했다. '목사님, 감사합니다. 내 마음은 정해졌습니다. 그리스도인이기를 소망합니다. 말씀해 주신 경험의 많은 부분을 소유하고 있다고 생각합니다. 대통령직에서 물러나자마자 장로교회에 연합할 것입니다.' 이 질문에 나는 '대통령님, 왜 지금은 안 됩니까?' 라고 물었다. 이에 대해 그는 깊은 감정과 강한 제스처를 쓰면서 '신앙의 명예 때문에 반드시 지체해야 합니다. 만약 지금 교회에 연합된다면, 조지아 주로부터 메인(Maine) 주에 이르기까지 저를 위선자라고 할 것입니다' 라고 말했다. 그의 대답이 진실하다는 것을 느꼈고 서두르지 않았다. 이것으로 대화는 끝났지만 뷰캐넌은 스프링스(Springs)에 잠시 머무는 동안, 무슨 식이로든 기회를 찾다가 복도나 거실에서 나를 만나면 생각하고 있던 것에 대해 질문하거나 곰곰이 생각하던 성경 구절을 반복하며 내가 어떻게 이해하는지 물었다. 예를 들어, 그는 '상한 갈대를 꺾지 아니하며 꺼져 가는 등불을 끄지 아니하고' (사 42:3)의 의미를 묻거나, 우리 주님의 온유함에 대한 성경의 표현들이 얼마나 아름다운지 보여주기도 하면서 그는 가장 단순하게 만족한 것을 보여주려 하였다.

 기록 때문에 이런 기억을 떠올리니 기분이 좋다. 왜냐하면 뷰캐넌이 가진 신앙적 느낌의 정직성에 대해 의심해 본적이 없기 때문이다. 정치에 대해 그와 동의하지 않았고, 공적 경력에 대해 동정심을 느끼지도 않았다. 하지만 누군가가 그의 종교적 확신의 실체성에 대해 정당하게 판단할 수 있는 위치에서 본다면, 그에게 간증할 자격을 줄 수 있을 것이다. 뷰캐넌 대통령이 내게 장로교인이 되겠다고 한 취지는 이루어졌다. 그는 대통령직에서 물러난 직후 필라델피아 주 랭캐스터(Lancaster)의 장로교회 교인이 되었다. 뷰캐넌은 절차를 밟아 장로교회 교인 자격에 응시했다. 그러나 정치적 혹은 신학적 견해 때문에, 아마도 오랜 정치적 적수였던 대데우스 스티븐스(Thaddeus Stephens)가 교회의 멤버였기 때문에 그의 지원은 받아들여지지 않았다. 1865년 9월 23일 남북전쟁이 끝나자, 장로교회의 장로들이 '경건의 실험적 증거(experimental evidence of piety)' 를 조사했고 만족스럽다고 판단하여 그에게 교인 자격을 부여했다."

그의 질녀인 애니 뷰캐넌(Annie Buchanan)은 이 시점에서 뷰캐넌의 신앙에 대해 묘사했다.

"내 삼촌에 대해 기억하는 한 그는 신앙적 사람이었고 그의 삶이 종착점에 가까이 갈수록 더 그리되었다. 성경 지식은 매우 철저했고 이전에 가진 어떤 의심도 의의 태양에서 나오는 광원에 의해 흩어졌다. 분명히 인생의 후반기에 예수 그리스도를 구세주로 강하게, 확고하게 믿었다. 워싱턴에서 돌아온 이후 매일 신약성경을 읽고 주일의 많은 시간을 성경과 성경 가르침에 근거한 책을 읽는데 시간을 보낸 것이 그의 계속된 습관이었다.

「제이의 아침과 저녁 습관」(Jay's Morning and Evening Exercises)이란 경건서를 언제나 가까이 했고 프랑스의 위대한 설교자인 매실론(Massilon)의 설교를 많이 읽었는데, 그는 프랑스어판 설교를 자주 인용했다. 복음과 가르침에 대해 많이 말했으며, 그가 이 주제에 깊은 관심을 갖고 있다고 쉽게 말할 수 있을 것이다.

주일아침예배에 출석한 것은 전 생애에 걸친 습관이었고, 주일을 거룩히 지키라는 예수님의 초기 가르침의 영향은 그가 성 피터스버그(Petersburg)에게 있을 때에도 드러났다. 그곳에서는 아주 경건한 사람이라도 주일예배에 참석하고 난 후 주일저녁에는 무도회(ball)에 가거나 축제에 가는 것이 관습이었다. 삼촌에게는 황제의 무도회라도 이유가 되지 못했고, 주일저녁에는 결코 춤을 추지 않았다. 그래서 그곳에 있는 친구들에게 커다란 놀라움을 안겨주었는데, 특히 그들에게 러시아에서 주일저녁을 보내는 주된 방식은 미국에서는 매우 충격적인 것으로 여겨진다고 말했다.

내 삼촌이 공동체의 신앙적 의미를 얼마나 존중했는지, 웨일즈(Wales)의 황태자가 워싱턴을 방문했을 때 많은 사람들이 황태자의 초청을 받았지만 삼촌은 거기서 춤추는 일에 대해 도무지 찬성하지 않았다. 그는 춤추는 것을 인정하지 않았기 때문이 아니라 백악관에서 춤추는 일이 있으면 국가의 신앙적인 사람들에게 불명예가 될 것으로 생각해서 이런 견해를 고수했다. '나는 시민의 종이다' 는 것이 그의 좌우명이었으며, 마음에 이런 생각을 두고서 일하며 살고 행동했고, 언제나 사람들에게 모욕이 되는 것을 하지 않으려고 노력했다.

나는 그가 철저히 세속적으로 보였던 한 부인과 함께 식사한 것을 기억하는데, 그 여인은 공적 일과 세상사람 가운데 살았었다. 대화 전체를 기억하지 못하며 삼촌이 어떻게 말했는지 기억하지 못하지만, 한마디는 기억한다. '나는 매일 기도합니다.' 부인은 깜짝 놀라 그를 쳐다보며 농담이냐고 물었다. '아니오. 나는 농담을 하는 것이 아니라 기도에 대해 말하는 것이오' 라고 삼촌이 말했다. 이에 대해 단 한 가지만 덧붙이면, 삼촌은 계속적으로 주일예배에 참석했을 뿐 아니라 생전에 취미도 즐기지 않았고 주일을 쉬는 날로 여겼다.

워싱턴에서 돌아온 뒤 휘틀랜드(Wheatland)에서 보낸 시기에 삼촌이 했던 대화에는 주목을 끄는 것이 하나있다. 그는 정치에 대해서는 거의 말하지 않았으며, 특히 삼촌에게 권력과 영향력이 있었을 때나 없을 때 무관심과 그토록 강한 증오심을 드러낸 사람들에게 독한 마음을 보인 적이 거의 없었다. 분명히 그도 가끔은 한두 가지 극악한 일에 대해서는 마음을 드러내 보이지 않을 수 없었으나 일반적인 일에 대해서는 그들의 행동에 대해 침묵으로 넘겼다. 사람들에게 혹평하는 것을 좋아하지 않았고 성격상 이웃에 대해 친절하게 생각하고 말했다."

죽음 직전에 뷰캐넌은 후에 유언집행자이며 친구인 스와(Swarr) 씨와 기독교에 대해 말했다. 뷰캐넌의 담임목사가 '죽어가며 남긴 간증' 이라 명명했던 대화에서 뷰캐넌은 이같이 말했다. "어릴 적부터 기독교의 원리는 내 마음에 심기어졌고, 긴 생에서 발견하고 경험한 하나님의 섭리는 내게 확인시켜 주었는데, 나는 구세주의 신적 섭리에 대한 확신과 그분의 구속의 은혜와 긍휼을 통한 속죄의 능력에 대한 확신이 더 굳건해졌다."

그의 친구인 존 윌리엄 네빈(John William Nevin) 목사는 뷰캐넌의 생이 마지막에 가까워질 때의 그의 신앙을 이 같은 말로 표현했다.

"그의 태도에는 조금도 주저하거나 머뭇거리는 것이 없었다. 습관적인 외교관의 조심성이 사라졌다. 동시에 흥분이나 동요의 마음도 사라졌다. 그는 특히 조용했고 죽음에 대해 두려움이 없었다. 여전히 죽음은 그 앞에 놓인 모든 것이었으며 죽음의 끔찍한 임재를 감추려고 하지 않았다. 그는 영원한 세상의 경계에 놓여있다고 느끼는 사람, 또 장차 다가올 삶의 공포에 대해 깨어있는 사람과 대화하고 싶어 했다. 그러나 이 모든 것에도 불구하고 그의 정신은 조용한 확신과 평화 가운데 있으며, 그의 신뢰의 전 근거는 예수 그리스도의 의를 통한 하나님의 긍휼이었다. 물론 그의 경험에는 열정 같은 그런 것은 없었다. 군인 성격을 지닌 그에게는 그런 것이 불가능했다. 그의 신앙은 하나님께 대한 확고한 신뢰라는 방식과 과거에 베푸신 긍휼과 그분의 거룩한 뜻에 대한 맡김에 있었다. 이 황혼기에 그의 관심은 계속적으로 예수 그리스도의 인격과 육체로 다시 오신다는 것으로 집약되는 그리스도인의 구속의 중요성에 대한 것이었다. 그가 고백했듯이 적어도 이전에는 지금과 같은 방식으로도 그의 마음을 사로잡지 못했었다. 그러나 이제는 이것이 큰 위안을 주었고 질병에 대한 특별한 유익의 하나로 여겼으며 '예수님을 바라보는' 단순한 실천 속에서 스스로 발견한 기독교 신앙이 주는 최대의 위안과 힘을 북돋우는 실천을 이해할 수 있도록 해주었다.

부캐넌은 1868년 6월 1일 펜실베이니아 주의 랭캐스터에서 사망했다. 그는 독신으로 살았다. 교회에 기증하는 것을 포함해 조카와 도시의 가난한 사람, 자신의 집 하인에게 유산을 남긴다는 것이 그의 유언이었다.

뷰캐넌의 담임목사인 네빈 박사는 장례식에서 설교의 본문을 이것으로 선택했다. "형제들아 자는 자들에 관하여는 너희가 알지 못함을 우리가 원치 아니하노니 이는 소망 없는 다른 이와 같이 슬퍼하지 않게 하려 함이라 우리가 예수의 죽었다가 다시 사심을 믿을진대 이와 같이 예수 안에서 자는 자들도 하나님이 저와 함께 데리고 오시리라"(살전 4:13~14).

설교에서 그는 그리스도에 대한 뷰캐넌의 헌신에 대해 깊이 이야기 했다. 그는 이같이 말했다.

"3,40년 전 유창한 말로 국회 홀을 가득 채우고 온 땅을 감전시켰던 목소리는 어디에 있습니까? 왕들과 대통령들, 땅의 세계를 지배하는 신들의 군주, 한때 그렇게 불렸지만 이제는 다른 이와 함께 죽었습니다. '모든 육체는 풀과 같고 그 모든 영광은 풀의 꽃과 같으니 풀은 마르고 꽃은 떨어지되 오직 주의 말씀은 세세토록 있도다.' 성육하신 말씀, 우리 주 예수 그리스도, 모든 피조물의 처음이시고 나중이시며 어제나 오늘이나 영원히 동일하신 분을 제외하고 어디서 주의 영원한 말씀이 완전한 임재와 능력가운데 있는 것을 찾을 수 있겠습니까? 다행히 존경받는 휘틀랜드(Wheatland)의 서사시 - 가끔 그렇게 불려졌는데 - 는 세상의 가장 위대한 것보다 조금은 나은 무언가를 그 자신이 인정한 것을 촉구하고 발견했는데 그것은 그리스도의 속죄하는 의에 대한 비천하지만 강한 신뢰이며, 이 의는 그의 생애의 저녁 전체를 밝혔고 마음과 육체가 쇠진할 때 영의 힘이 되었으며, 죽음을 부활의 아침에 선행하는 조용한 잠으로 되게 했습니다.

그는 주안에서 죽었습니다. 이것이 무덤까지 그를 따른 우리에게 주는 위안입니다. 우리는 슬퍼하지만 소망 없는 사람처럼 그리하지는 않습니다. '우리가 예수의 죽었다가 다시 사심을 믿을진대 이와 같이 예수 안에서 자는 자들도 하나님이 저와 함께 데리고 오시리라' (살전 4:14).

어떤 면에서는 뷰캐넌은 평생 신앙의 사람이었다고 말할 수 있을 것입니다. 유아 세례로 장로교회에 받아들여졌고, 어릴 적에 말로 표현할 수 없는 신앙훈련을 받았고, 이것이 그의 모든 성격과 훗날의 행동에서 다소 두드러지게 나타났습니다. 채 일 년이 되기 전에 이 주제에 대해 나와 나눈 대화에서 그는 젖은 눈과 떨리는 목소리로 어린 시절, 특히 경건한 모친에게서 받았던 교훈에 대해 말했습니다. 그 어머니는 그에게 기도하도록 가르쳤고 보이지 않는 수호의 영으로 그녀의 임재는 그가 기독교인의 의무에 붙어 있도록 한 것 같았으며, 그 이후에 공적생활 전체에 뷰캐넌 대신 그러했던 것 같습니다.

어떤 세속성이 생각과 방식에 있었든지 간에 그의 양심은 공적인 삶 뿐 아니라 사적 삶에 있어서 경건의 양심을 포기하지 않도록 했습니다. 그는 성경읽기를 습관으로 삼았고, 안식일을 영화롭게 했으며, 다소 충실하게 홀로 기도를 드렸습니다. 동시에 그의 일반적 성격은 언제나 좋았습니다. 사적인 삶에서 그와 가까이 있었고 그를 가장 잘 알았던 사람들은 하나같이 그가 어떤 사람이었는지에 대한 최고의 증언을 들려줍니다.

오래된 학교의 참 신자로, 고결한 인격으로 인정받았고, 존경받을만한 정신의 소유자로, 행동에 있어서 바르고, 태도에 있어서 측량할 수 없을 만큼 덕스러운 사람으로 알려져 있습니다. 그는 의심의 여지없이 정신에 있어서 가장 순수하고, 공직에 속한 세대에서는 가장 뛰어난 삶의 모범이었습니다.

죽음으로 이제 모든 것을 마무리 짓게 되었습니다. 참으로 불같은 시험에서도 대체로 무사했던 것처럼, 모든 죄와 더러움에 노출된 그 같은 오랜 생을 그가 무사히 통과할 수 있었던 것은 정말이지 놀랍습니다. 이 점에 있어서 그는 지속적인 찬사를 받아 마땅하며 그의 다음 세대에 정치적 탁월성을 추구하려는 젊은 후보자들이 연구하고 모방하는 모범으로 지속될 것입니다. 마땅히 그래야 하지만 모든 우리의 공적인 마음에 두어야 할 것은 옛 시대의 참된 예언입니다.

'의로운 사람에 대한 기억은 복된 것이나 악한 자의 이름은 썩어진다.' 이 말을 뷰캐넌도 잘 알았지만 이 모든 것은 단어의 완전한 의미에 있어서 기독교인이 된다는 것에 요구되는 것에는 부족하다는 것입니다. 뷰캐넌은 점차 나이가 들어감에 따라 보다 더 내적이고 엄격한 방식으로 구세주의 제자가 되는 필수조건에 더욱 더 심각하게 자신의 정신을 돌린 것 같습니다. 공적생활에서 물러나기 수년 전 그는 이 같은 실험적 제자도에 어느 정도 도달했다고 믿었습니다. 그러나 그때 일반적으로 교회 멤버가 되는 방식으로 공적 신앙고백을 하지 않았는데, 신앙고백을 미룬 얼마간의 이유는 그가 공인으로 되었던 특정한 상황에 놓여 있었다는 생각 때문이었습니다. 물론 이 생각은 그 자신도 후에 인정하지만 심각한 실수입니다.

특히 워싱턴을 떠난 직후 좀 더 일찍 교인이 되었어야 했다고 그는 말했습니다. 충분히 고려한 뒤 시간이 흐르면서 그는 중요한 발걸음을 내디뎠고 랭캐스터 장로교회에 공식적으로 출석했는데, 이 교회는 그가 이전에 정기적으로 예배를 드렸고 그 후에도 계속 예배를 드렸던 곳입니다. 이제 교회와 연합한 가운데 인생을 떠나 마지막 날의 부활과 장차 올 삶을 찾습니다.

마지막 몇 년에 종교 주제에 대해 그와 자주 대화하는 가운데 그의 마음은 가장 단순하고 보편적으로 인정된 복음적 방식아래서 기독교를 이해하는 가운데 일관될 뿐 아니라 언제나 분명하고 놀라우리만치 확고한 것처럼 보였다고 말할 수 있습니다. 그는 언제나 주의 깊게 연구했고, 나는 하이델 베르그 소요리문답(Heidelberg Catchecism; 가장 공통적이며 어떤 부분에 있어서 개혁신앙고백에 가장 잘 맞음)을 신앙 진리의 요약으로 높이 샀으며, 자신의 신학적 신앙의 완전한 표현을 하는데 있어서 진심으로 인정했다고 말할 수 있습니다. 그러나 특히 마지막 여름, 그가 케이프 메리(Cape Mary)에서 집으로 돌아온 때에 그의 기독교 신앙 견해와 소망에 대해 가장 친밀한 지식이 생긴 것을 볼 기회가 있었는데, 이때는 이상한 병으로 인해 무덤으로 들어갈 것이라는 위험을 느끼고 있을 때였습니다. 이 병은 육체의 고통은 거의 수반하지 않았고 정신은 완벽하리만치 자유로웠으나 이 병 때문에 자신이 죽을 것이라는 강한 인상을 마음에 새기고 있었습니다. 이 엄숙한 상황에서 얼마동안 매일같이 그와 대화했는데 죽어가는 사람으로 함께 대화하고 기도했습니다. 그는 자신의 상태에 대해 거의 자유롭게 말했고 신앙은 영혼 깊이 심겨진 원리가 되었으며, 땅이나 지옥 권세로도 흔들리지 않는 믿음의 확신을 주는 가장 만족스러운 자신의 견해와 감정을 말했습니다. 여기서는 그가 완전한 확신과 신뢰로 자신을 신실한 창조주이시며 구세주이신 하나님의 손에 맡길 수 있었습니다. 동시에 그의 믿음은 단지 하나님의 일반적인 선함이나 긍휼하심에 대한 희미한 신뢰 이상의 것이었습니다. 그것은 자신을 죄인으로 알고 있는 분께 대한 겸손하고 회개하는 맡김이며, 아들이신 예수 그리스도로 인해 인간에게 보장된 하나님의 긍휼에 대한 맡김이었습니다. 동시에 이전보다 더욱 그는 그분이 모든 그리스도인의 구원의 총체이며 본체이신 분으로서 예수님(요한복음과 사도신경의 정신으로)을 단순히 바라보는 것의 이상으로 중요성을 인식하고 보게 되었습니다.

그의 마음은 '주여 우리가 누구에게로 가리이까? 주님께는 영원한 말씀이 있습니다. 우리는 당신께서 살아계신 하나님의 아들이신 그리스도라 확신하고 믿습니다. 이것은 전적으로 죽음의 침상에서의 경험이며 빛과 평화로 가득하고, 긴 인생의 조용한 저녁이며, 죽음 이후의 새롭고 보다 나은 삶에 대한 밝은 약속 자체로 보인 것입니다. 그의 최근 병은 죽음으로 종결되었고 본인이 이제 말한 것 이상으로 그의 몸과 마음을 항복시켰습니다. 그러나 이 모든 것을 통해 신앙에 대한 그의 견해와 감정은 그가 선언했던 대로 이 세상을 그만둘 것이라는 전망을 갖고 있었으며, 이전에 거듭 목격했던 바로 그것이었습니다. 그는 하나님 아버지의 뜻에 전적으로 순종했습니다. 참으로 알아들을 수 있는 마지막 말은 고통스럽게 몸을 돌리며 그를 둘러싼 사람의 귀에 속삭인 것으로, '오 주여, 전능하신 하나님, 당신의 뜻이 이루어지이다' 였습니다. 그리고 그는 숨을 거두었습니다. 그의 믿음은 못 박히고 죽은 자 가운데서 부활하신 그리스도에 대한 것이었습니다. 그는 복음에 대한 완전한 확신과 영생과 부활에 결국 한 부분을 차지할 것이라는 기쁜 소망 속에 숨을 거둔 것입니다. 그는 예수님 안에서 자고 있습니다. 이 경구가 마땅할 것입니다. '길고 탁월한 인생의 마지막이며 면류관을 받는 영예, 개인적 기억과 이름보다 결코 적지 않은 가장 부유한 그의 공적 경력.'

우리 앞에 존경할 만한 위엄으로 누운 그를 바라보며 무덤까지 천천히 슬픈 장례행렬을 따르도록 요청받은 슬픔에 싸인 친구들에게 이 또한 위로가 될 것입니다. 우리는 소망 없는 다른 사람처럼 슬퍼하지 않습니다. 만일 예수께서 죽으셨다 다시 사신 것을 믿을진대 하나님께서 그리스도 안에 잠자는 자들을 데리고 오실 것입니다.

마치 완전히 익은 옥수수나 볏단처럼 이 늙은 정치가는 연수를 다 채우고 아버지의 품에 안겼으며, 조국을 잘 섬겼고, 당대에 오래도록 명성을 누렸으며, 우리에게 정의와 관대함, 고결함과 진실, 모든 면에서 존경받을 만하고 덕스러운 성격의 좋은 예를 우리 뒤에 남겼습니다. 이 모든 일에 감사하는 마음의 만족을 발견하며 하나님의 뜻에 온유하게 순종하는 가운데 머리를 숙이는 기회로 삼을 것인데, 이 하나님의 뜻이 결국 그를 우리 눈에서 데려 가신 것입니다. 그러나 동시에 이 모두를 통해 그의 그리스도인다운 죽음을 우리가 아는 것과 따라서 그리스도 안에서 우리는 그가 여전히 우리와 함께하며 가까이 있다는 것에 대해 무엇보다 더 승리와 기쁨을 갖습니다.

이제 그분께 그리스도 안에 잠자는 모두와 우리를 위해 죽음과 무덤에 대해 얻으신 승리에 대해 거짓 없는 감사를 드리는데 하나가 됩시다. 또한 우리 앞서 간 분들의 믿음을 따라 기도하여 '죽음의 문에서 기쁨으로 들어가며, 그들과 함께 평화와 안식에 계속 머물며, 그들과 우리가 마지막 날 영광스런 부활 속에 구속과 복스런 공통의 완성에 도달합시다.' 아멘."

조지 틱노르 커티스(George Ticknor Curtis)의 두 권짜리 「제임스 뷰캐넌의 일생」(Life of James Buchanan)에 팩스턴(Paxton) 일화와 애니 뷰캐넌(Annie Buchanan)과 네빈(Nevin) 박사의 기록에 의해 남은 위의 일화는 뷰캐넌의 기독교를 지켜본 사람들 중 첫 번째 일화에 대한 제일 자료이다. 이 책이 한 세기가 지나 꽤 오래되었고 희귀하며 찾기가 어려워 본인은 두 가지 이유에서 이 일화 전체를 복사했다.

첫째, 독자들이 내가 접근할 수 있는 첫째 자료와 동일한 자료를 읽도록 하기 위함이다.

둘째, 고대 자료에 대한 사본을 찾기가 어렵거나 불가능해서 이 자료가 후대 학자를 위해 잘 보존되도록 보증하기 위한 것이다.

이 장을 끝내기 전에 또 하나의 질문에 답해야 한다. 뷰캐넌의 장례설교에서 그의 목사는 뷰캐넌이 "신학적 신앙의 온전한 표현"으로서 하이델베르크 소요리문답을 "충심으로 받아들였다"고 말했다. 하이델베르크 소요리문답은 무엇인가? 하이델베르크 소요리문답은 칼빈주의 관점에서 기독교에 대한 간략한 설문을 가한 것이다. 이것은 기독교 교리에 관련된 여러 문제에 대한 129가지 질문과 답을 포함한다. 뷰캐넌이 신앙연구에 가장 적절한 질문 - 기독교의 핵심 교리에 대한 사람의 믿음을 직접 다룬 - 은 아래와 같다.

질문 22번, 그리스도인이 믿을 필요가 있는 것이 무엇인가?
답 : 우리를 위하여 복음서에서 약속하신 그 모든 것이니, 그것은 우리의 공교회의 신조들이며, 의심할 수 없는 기독교 신앙이 요약된 것으로 우리를 가르치는 것이다.

질문 23번, 그 신조들은 무엇인가?
답 : 1. 전능하사 천지를 만드신 하나님 아버지를 내가 믿사오며
   2. 그 외아들 우리 주 예수 그리스도를 믿사오니
   3. 이는 성령으로 잉태하사 동정녀 마리아에게서 나시고
   4. 본디오 빌라도에게 고난을 받으사 십자가에 못 박혀 죽으시고 장사한 지
   5. 사흘 만에 죽은 자 가운데서 다시 살아나시며

6. 하늘에 오르사 전능하신 하나님 우편에 앉아 계시다가
7. 저리로서 산자와 죽은 자를 심판하러 오시리라
8. 성령을 믿사오며
9. 거룩한 교회와 성도가 서로 교통하는 것과
10. 죄를 사하여 주시는 것과
11. 몸이 다시 사는 것과
12. 영원히 사는 것을 믿사옵나이다.

질문 60번, 어떻게 해서 당신은 하나님 앞에서 의롭게 되는가?
답 : 다만 예수 그리스도를 믿는 참된 신앙으로만 되는 것이다. 즉, 내가 하나님의 모든 계명에 대하여 큰 죄를 범하였고, 계명의 어느 한 가지도 지킨 일이 없고, 언제나 모든 악으로 향하는 경향을 갖고 있다고 내 양심이 나를 고발하더라도 하나님은 만일 내가 믿는 마음을 가지고 다만 그의 은혜를 받아들이기만 하면, 마치 내가 아직도 범죄한 일이 없는 것처럼, 또 그리스도가 나를 대신해서 이루신 일체의 복종을 내 자신이 이룬 것처럼, 하나님은 나의 공적을 보지 않고 전적으로 그리스도의 완전한 속량과 의와 거룩을 나에게 주셔서 내 것으로 삼게 하신다.

질문 61번, 왜 당신은 믿음으로 의롭다 함을 받는다고 말하는가?
답 : 그것은 내 신앙에 가치가 있어서 내가 하나님에게 용납된다는 말이 아니고 다만 그리스도의 속죄와 의와 거룩만이 하나님 앞에서 나의 의가 되며, 나는 이 의를 다만 믿음으로만 받아들여서 나의 것으로 삼을 수 있기 때문이다.

29장

프랭클린 피어스
Franklin Pierce

대학 시절부터 아내의 사망 시까지 프랭클린 피어스는 신앙에 대해 알고 진리의 많은 부분을 인정했다. 그러나 중생하지 못했음을 시인했다. 아내의 사망 후 그는 공적신앙고백을 했고, 침례를 받았으며, 감독교회의 교인임을 확인 받았다.

프랭클린 피어스 Franklin Pierce

프랭클린 피어스는 1804년 11월 23일 뉴햄프셔 주의 힐스보로(Hillsborough)에서 태어났다. 1820년 메인 주의 브룬스윅(Brunswick)에 있는 보도인대학에 입학했다. 동급생인 제나스 콜드웰(Zenas Caldwell)과 친구가 되었는데, 그는 "감리교 신앙의 매우 경건한 그리스도인"이었다.

피어스는 콜드웰이 "좋은 사고와 확고한 신앙견해, 그리고 복되신 구주를 가장 진실하게 따르는 사람"으로 묘사했고, 또한 "같은 방을 쓸 때에 그는 매일 밤 무릎을 꿇고 나는 그 곁에서 그와 나를 위해 기도했다. 그는 믿음과 그리스도인의 삶으로 나를 압도했다"고 말했다.

피어스의 전기 작가인 로이 니콜스(Roy Nichols)는 "콜드웰의 신앙의 본이 있었지만, 피어스는 공적 신앙고백에는 이르지 못했다. 하지만 피어스에게 지속적인 영향을 미쳤다"고 하였다. 피어스 자신도 종교적 회의론자는 아니지만 중생을 경험하지는 못했다고 대학 졸업식에서 콜드웰에게 말하기도 했다. 콜드웰은 대학 졸업 직후에 사망했으나 수십 년 후에 열매 맺게 될 씨앗을 피어스의 삶에 심어놓았다.

1834년 11월 10일, 피어스는 제인 민스 애플톤(Jane Means Appleton)과 결혼했다. 피어스 부부는 뉴햄프셔의 콩코드(Concord)에 있는 남부회중교회에 출석했다. 그 교회는 제인(Jane)이 다니는 교회였는데, 한 초기 선거운동 전기 작가는 콜드웰의 영향 때문에 "피어스의 마음은 감리교회에 있었다"고 말했다. 그는 아내의 생전에 건강이 좋을 때 함께 교회에 다녔으나, 그렇지 못할 때에는 홀로 교회까지 걸어갔다. 피어스는 기독교 신앙과 중생의 근본 교리를 많이 알았으나 공적 신앙고백을 하지 않았다. 하지만 이것은 그가 신앙에 대해 많이 생각해 보지 않았거나, 발견된 문제와 씨름하지 않았다는 것을 말하지는 않는다. 1839년 상원의원으로 워싱턴에 있는 동안 피어스는 아내에게 편지를 썼다.

"이 겨울에 평소보다 신적 계시에 대해 더 많이 생각했고, 어쩌면 그 어느 때보다도 신약의 말씀과 교훈에 일치하게 생각하고 행동하려고 더 애를 썼소. 하지만 이렇게 말하는 것이 싫지만 진실을 말하면, 나처럼 겸손하지 않고 헌신도 없는 사람이 갖는 영적 성취에 대해 무관심한 정도의 마음으로 하는 정도일 뿐이었오."

니콜스(Nichols)는 이 부분에 대한 피어스의 영적상태에 대해 말을 더 해준다. "그는 오직 복음을 통해서만 계시될 수 있는 근본적 진리에 대해 의심하지 않았으나, 구원에 대한 의식은 초대하더라도 그에게 오지 않았다."

1843년 11월 14일, 아들인 프랭크(Frank)가 죽었을 때 피어스 부부의 마음은 산산이 부서져 버렸다. 아들이 죽기 직전 피어스는 이같이 썼다.

"우리 마음에 우상을 세우지 말라는 명령을 받았고, 특별히 지난 2년 내에 내 마음을 주도하는 감정은 우리 아이를 위해 살고 있다는 것이었다. 모든 일, 계획, 그리고 실행하는 것이 내 소망의 중심이었고, 그들이 생각의 모든 것이었다. 우리는 하나님을 위해 살아야 하고 오직 아이들과 우리를 돌보실 수 있는 그분의 돌보심에만 사랑하는 자녀를 맡겨야 한다. 대부분의 사람처럼 내 마음은 오랫동안 이 세상의 단순한 일이 만족을 주지 못한다는 것을 생각해 왔다. 내 마음은 복된 하나님의 말씀이 가르치듯이 만일 현재의 삶이 성격상 잠정적인 것이 아니며, 또 다른 그리고 보다 높아진 존재 상태를 준비하기 위해 여기 있는 것이 아니라면, 우리는 비본질적이고 잠시 머무르고, 사라지며, 지속적인 평화를 주지 못하며, 영혼의 닻을 내리는 조용한 소망을 주지 못하는 것에 에너지를 낭비하도록 운명 지워진 것이다. 하지만 계속적으로 일어나는 그런 확신으로도 일과 근심으로 인한 혼란과 같은 전적으로 세상적인 성격 안에 흡수되는 것은 거의 없었다."

아들의 비석에 피어스 부부는 다음과 같이 새겼다.

"우리에게는 잃어버린, 그러나 구세주의 돌보심 안에 사랑스럽고 고귀한 보물."

1852년 피어스는 미 대통령 민주당 후보 지명을 주저하는 마음으로 수락했다. 그 당시 대통령 선거운동에서 자주 발생한 것이지만 선거 자서전이 만들어졌다. 1852년 선거운동 당시 최소한 네 권의 책이 만들어졌고 출판되었다.

바틀렛(D. W. Bartlett)이 쓴 「프랭클린 피어스 장군의 생애」(The life of General Franklin Pierce)는 그중의 하나였다. 그는 피어스의 신앙에 대해 이같이 썼다. "그는 언제나 주일에 교회에 있었으며, 주중에는 가난하고 불행한 사람들을 자신의 돈과 재능으로 도울 준비가 되어 있었다."

또한 바틀렛은 "습관적으로 그는 엄격하고 모질었다. 그와 여러 번 대화해 보면 모든 일에 섭리의 손길에 대해 장엄함과 존경을 보내는 그의 모습을 관찰할 수 있다. 그는 한 교회의 멤버는 아니나 대체로 콩코드(Concord)에 있는 회중교회의 예배에 출석했다"고 말하였다.

피어스는 1852년 대통령으로 선출되었다. 선거 직후, 아들인 벤저민(Benjamin)이 교통사고로 죽었다. 피어스 부부는 슬픔에 잠겼다. 니콜스(Nichols)는 이렇게 말한다.

"피어스 부인은 신앙에서 위로를 찾았으며, 그녀의 남편은 그녀의 그런 생각에 영향을 많이 받았다. 여러 날을 두 사람은 엄격한 칼빈주의적인 자기 질문으로 보냈고, 하나님의 엄격한 말씀에 들어 있는 목적을 발견함으로 슬픔의 미로를 찾으려고 애썼다. 피어스는 은혜의 징조를 경험하지 못했고 죄의 특징을 지닌 잘못과 연약함을 그 어느 때보다 더 느끼고 있었다. 이 상실이 죄에 대한 심판인가? 피어스 부인은 그의 제안의 힘을 느꼈으나 이런 방식의 설명을 선택하지는 않았다. 그녀는 가장 파괴적인 해결책에서 위안을 찾았다. 하나님께서는 피어스가 아이들의 행복에 너무 몰두해서 그가 하나님으로부터 한 눈을 팔지 못하도록 하기위해 자기 것으로 여겨진 큰 책임에 대한 관심에 간섭하려고 아이를 데려 가셨다고 그녀는 말했다. 피어스의 높은 명예는 아들의 희생이라는 값을 지불하고서 얻은 것이다.

이런 비극적 해석이 대통령 선거에 미친 영향을 충분히 설명하기는 어렵다. 이것은 앞으로 몇 달간 자신감을 약화시키고 거의 전적으로 그를 불안하게 했으며 양심을 괴롭히며 인생에 있어서 최상의 중요한 사실이 되었다. 이후 4년간 국가경영에서 경험한 많은 어려움은 이 같은 끔찍한 비극과 오래도록 지속된 부작용 때문이었다."

피어스는 대통령 임기동안 그리스도인의 외적 의무에 신실했다. (그는 매일아침 백악관 하인에게 기도문을 읽어주었고 식사 때마다 기도했다) 피어스와 아내는 주일날 바이런 선더랜드(Byron Sunderland)가 목회자로 있는 4번가 교회에 가끔 다녔고, 다른 경우 9번가 장로교회에 다녔다.

피어스가 대통령으로서 남긴 글에는 하나님에 관한 언급이 많이 들어 있다. 지난해의 일을 요약하면서 그는 두 번째 임기연설을 시작했다.

"따라서 과거에도 그랬던 것처럼 현재 국민으로서 우리를 자비롭게 대해 주시고 보호하시는 은혜의 하나님께 많은 감사를 드립니다."

그는 다음의 말로 결론 지었다. "이 엄숙한 확신아래 전능하신 하나님의 복이 여러분의 생각과 모든 회의, 정부의 활동에 보편적인 열정과 노력과 함께 끝까지 임하도록 간절히 구하며 신적인 뜻에 겸손히 순종하면서 미국에게 최고선이 장려되도록 협력합시다."

　　대통령 재임 시 노예 논쟁이 일어났다. 그는 세 번째 연두연설을 노예제에 대한 논의와 하나님께서 미국을 보존하실 것이라는 호소로 결론을 맺었다. "본인은 시민들의 애국심과 주의 위엄과 자존, 국회의 지혜, 그리고 무엇보다도 국내에서와 외국에서 모든 원수에 대항해 연방(union)의 고귀함과 헌법의 거룩함을 유지하는 전능하신 하나님의 계속된 은혜로운 호의에 확신 있게 의지합니다."

　　그러나 연방은 해체되고 남북전쟁이 일어났다. 남북전쟁 중인 1863년 12월 2일 그의 아내 제인 피어스는 사망했다. 여러 해 동안 남부 회중교회에 다녔으나, 헨리 파커(Henry E Parker) 목사가 노예제에 반대하는 설교를 시작했을 때 피어스의 교회 출석은 뜸해졌다. 그는 콩코드에 있는 성 바울 감독교회의 목사인 임스(Eames) 박사를 알고 있었고, 과거와 달리 정치에 관해 설교하지 않았기에 감독교회에 다니기 시작했다.

　　피어스는 수십 년 동안 종교에 대해 많이 생각했지만 확고한 믿음을 가지지 못했다. 제나스 콜드웰(Zenas Caldwell)이 그에게 믿음의 씨앗을 심어주기는 했으나 수십 년간 씨앗은 열매 맺기까지 자라지는 못했다. 아내인 제인은 그녀의 친척처럼 신앙에 대해 깊은 관심을 가졌다. 그러나 피어스의 친척들은 신앙에 대해 거의 관심이 없었다. 니콜스(Nichols)는 40년간 피어스가 "정통신자로 자처했으나 공적 신앙고백에 이를만한 감동스런 경험이 없었고, 그런 경험을 결코 느껴보지 못했으며, 기독교 교훈을 받아들일 만한 자신감이나 기쁜 마음이 없었다. 그는 그런 경험을 하기 위해 최선을 다했고, 고정적으로 예배에 출석했으며, 특히 아들의 죽음 이후 백악관에서 습관적으로 보여준 것처럼 훨씬 더 예배 출석을 고수하려 했다"고 말했다. 그러나 결혼생활 내내 공적인 신앙고백을 하지 못했다.

피어스는 콩코드에 있는 성 바울 감독교회의 목사인 임스(Eames) 박사와 친해졌다. 임스는 1865년 12월 3일 주일에 피어스가 신앙고백을 하는 데에 큰 영향을 미쳤다.

"그는 육체의 탐욕과 죄스런 욕망과 함께 악과 자신의 업적, 헛된 사랑과 세상 영광을 부인하고 더 이상 이를 따르거나 이끌림을 받지 않고 하나님의 거룩한 뜻과 명령을 준수하고 남은 생애에 같은 방식으로 걷겠다고 말했다."

그는 같은 날 임스 박사에게 침례를 받았다. 1866년 봄 체이스 주교(Bishop Chase)는 피어스가 감독교회 신앙에 있음을 확인해 주었고 피어스는 감독교회 성만찬 참여자가 되었다. 그는 뉴햄프셔의 콩코드에서 1869년 10월 8일 사망했다.

30장

밀러드 필모어
Millard Fillmore

필모어는 지적인 사람이었다. 젊은 시절 지성 때문에 유니테리언교회를 선호했다. 나이가 들어서는 유니테리언교회와의 유사성을 유지하면서 다른 교단 교회에 다녔다. 그의 신앙에 대해 아는 것이 거의 없으나 우리가 아는 바로는 그가 유니테리언의 정통교리에 동의하지 않았음을 짐작할 수 있다.

밀러드 필모어 _Millard Fillmore_

밀러드 필모어는 1800년 1월 7일 뉴욕의 카유가 카운티(Cayuga County)에서 출생하였다. 그는 1826년 아비가일 파워스(Abigail Powers)와 결혼했다. 파워스의 아버지는 침례교 사역자인 르무엘 파워스(Lemuel Powers) 목사였고, 아비가일이 아기였을 때 사망했다.

그러나 그녀의 어머니인 아비가일 뉴랜드 파워스(Abigail Newland Powers)는 침례교 신앙에 따라 그녀를 키웠다. 밀러드 필모어와 아비가일 파워스가 결혼할 때 감독교회 사역자가 아비가일의 형제의 집에서 결혼식을 주례했다.

1830년 봄, 필모어는 뉴욕 주의 버펄로(Buffalo)로 이사했다. 밀러드의 사촌인 글레젠 필모어(Glezen Fillmore) 목사는 감리교 순회 사역자였고 거기에서 최초의 감리교회를 설립했다. 그러나 밀러드와 아비가일은 그 교회에 출석하지 않았다. 대신 이들 부부는 버펄로 제일 유니테리언교회의 멤버가 되었다. 1834년 지방회가 교회를 세웠는데 그들은 그 교회의 예배에 참석했다.

필모어의 전기 작가인 로버트 레이백(Robert Rayback)은 유니테리언교회에 가입한 결정은 교리에 근거한 것이 아니라 이성에 강조를 둔 것에 근거했다고 말했다.

"필모어 같은 기질을 가진 사람에게 유니테리언이 삼위일체 교리를 부인한 것은 이성을 공격한 모든 교리를 거부하는 것보다 훨씬 덜 중요했다. 이와 같이 하여 유니테리언이 칼빈주의가 지지한 분노의 하나님을 관대한 하나님으로, 또 죄인인 인간을 덕스런 인간으로 교체하여 진보사상을 받아들였을 때 그들은 필모어에게 그들의 교회가 주는 매력을 확대했다. 그는 보스턴(Boston)에 있는 미국 유니테리언 지방회에 교인청원을 했으나 거절당했다."

그는 친구인 호스머(G. W. Hosmer) 목사와의 친분 때문에 버팔로 유니테리언교회에 남아있었다. 재커리 테일러(Zachary Taylor)가 1850년 7월 9일에 사망했을 때 부통령이었던 필모어는 대통령이 되었다. 그는 테일러의 사망을 선포하였는데 그 내용은 다음과 같다.

"상원과 하원의 친애하는 시민 여러분, 본인은 여러분에게 고인이 된 미대통령이던 재커리 테일러를 이 땅에서 데려가신 것이 하나님의 마음에 맞았다는 것을 선포하는 슬픈(Melancholy) 직무를 수행해야만 합니다. 그는 지난 밤 10시 반에 가족과 애정 어린 친구들에 둘러싸인 채 조용히, 정신이 또렷한 채 사망했습니다. 그가 남긴 마지막 말은 이것입니다. '나는 언제나 직무에 충실했고 죽을 준비가 되어있다. 후회스러운 단 한 가지는 친구들을 남겨두는 것이다.'"

필모어는 1850년부터 1853년까지 대통령으로 섬겼다. 첫 번째 연두연설에서 그는 "하나님의 섭리에 따른 고통스런 계획에 의해 국회의 마지막 회기에 내가 지금 책임지는 자리로" 갑작스레 불려왔다고 말했다.

두 번째 연두연설에서 그는 국가가 최근 두 대통령이 직무기간 중에 사망하는 충격에서 벗어났다고 말했다. 그의 서문은 훨씬 강한 톤으로 시작한다.

"아무도 지나간 위험이나 혹은 우리 앞에 놓인 밝은 미래에 대해 감사하는 마음이 없이는 볼 수 없습니다. 동시에 이토록 많이 사랑받는 나라의 행복에 드러난 아버지의 돌봄과 하나님의 섭리에 대해 감사하는 마음이 있어야 합니다."

마지막으로, 세 번째 연두연설에서 그는 "전적으로 긍휼하신 섭리"(all-merciful Providence)에 감사를 표하며 이렇게 말했다.

"우리의 감사는 전적으로 긍휼하신 섭리 때문이며, 여러 모양으로 도시를 파괴했던 역병에서 살아남은 것뿐 아니라 풍성한 수확으로 일꾼의 수고와 평화와 번영으로 국가에게 면류관을 씌워주신 것에 대해서도 그러합니다."

전기 작가인 로버트 레이백은 필모어가 성경내용에 대해 익숙하지 않았거나 혹은 연설에서 성경을 사용하지 않거나, 언급하지 않기로 했다고 믿었다. 그는 간혹 섭리에 대해 언급했으나 성경을 언급하거나 인용한 일은 거의 없다.

1853년 3월 30일, 아비가일 필모어(Abigail Fillmore)가 사망했다. 1858년 2월 10일, 필모어는 캐롤라인 카마이클 맥킨토시(Caroline Carmichael McIntosh)와 재혼했다. 유니테리언 목사인 호스머(G. W. Hosmer)가 은퇴한 후 그는 아내와 함께 침례교회에 출석했다. 경우에 따라서는 감독교회에 다니기도 했다. 필모어는 대통령 재임 시 로체스터 브릭교회에서 그를 위해 50달러의 돈을 지불한 뒤 미주일학교연합 회원이 되었다. 이 일에 대해 그는 "이것은 예상치 못한 일이며 반드시 섬세하고도 조용하게 마음에 들어올 마땅치 않은 영광으로 인해 두렵다"고 말했다.

필모어는 1874년 3월 8일 뉴욕 주 버펄로에서 사망했다. 그의 장례식에는 침례교, 감독교, 장로교의 세 사역자가 의식을 함께 진행했다.

31장

재커리 테일러
Zachary Taylor

재커리 테일러와 제임스 먼로(James Monroe)는 아마도 신앙에 대해 아는 것이 가장 적은 두 대통령일 것이다. 테일러의 신앙이 정통적인 것이었는지에 대해서 우리는 모른다. 그러나 정통이었다 할지라도, 그의 신앙적 확신은 분명히 교회에 즉시 가입할 만큼 충분히 강하지는 못했다.

재커리 테일러 Zachary Taylor

재커리 테일러는 1784년 11월 24일 버지니아인 오렌지카운티(Orange County)에서 출생하였다. 그는 마가렛 맥칼 스미스(Margaret Mackall Smith)와 1810년 6월 21일에 결혼했다.

스미스는 경건한 감독교회 교인이었다. 군 생활 대부분의 기간에 테일러는 정기적으로 교회에 출석하지는 않았다. 교회생활을 하게 되었을 때 그는 아내와 함께 개신교 감독교회에 출석했다.

에드먼드 풀러(Edmund Fuller)와 데이빗 그린(David Green)은 「대통령의 기독교」(Presidential Christanity)란 책에서 "테일러는 보통 감독 교인으로 잘못 분류되지만 어느 교회에도 속하지 않으며 신앙고백을 한 기록도 없다. 해리슨 대통령 이상으로 그의 신앙은 40년간의 결혼생활 동안 아내의 이름으로 된 것이다"고 진술했다.

그러나 블리스 이슬리(Bliss Isley)는 동전의 반대 면을 보면서 "테일러가 비록 성찬 참여자는 아니지만 교회에 다녔었다"고 진술한다. 이슬리는 테일러의 딸이 한 말을 증거로 내세우는데, 비록 테일러가 "교단 일에 대해 단지 수동적인 관심을 갖고 있었으나 그는 부지런한 성경 제자였다"고 말한다.

아마도 테일러의 신앙에 관해 유일하게 현존하는 문장은 (분명히 전기 작가와 「대통령의 기독교」의 저자에게 알려진 유일한 진술인) 테일러의 딸이며 백악관 여주인인 엘리자베스 블리스(Elizabeth 'Betty' Bliss)가 한 말이었다. 그녀는 아버지에 대해 이런 말을 했다. "그는 계속해서 성경을 읽었고, 성경적 교훈을 실천했으며, 하나님께 대한 자신의 책임을 알고 있었다."

테일러는 1849년 대통령으로 선출되어 1850년까지 섬겼다. 짧은 재임 기간 동안 그는 아내와 함께 워싱턴 D.C.의 성 요한 감독교회에 출석했다. 대통령으로서 남긴 글과 연설에서 기독교에 대해 일부 언급한 것을 보면, 신성에 대해 "신적 섭리"란 보편적인 용어를 대부분 사용했다. 1849년 3월 5일 취임연설에서 그는 "신적 섭리의 선함이 우리 모두의 국가에 행한 최상의 번영"으로 동료시민에게 축하했다.

그는 1849년 3월 3일에 이렇게 썼다. "우리 정부는 협조하는 한 분과가 다른 분과를 침식하는 경향이나 권리 주장을 완전히 뿌리 뽑고 누름으로서 그 순수성을 보존할 수 있습니다. 이 규칙과 헌법이 규정하는 다른 법령을 엄격히 준수하고 우리 선조가 소중히 여겼고, 자손들에게 의무 지웠던 미국에 대한 존경과 사랑을 열심히 주입하면서 그토록 오래, 그리고 친근하게 우리 자유와 기관을 보호하신 섭리의 다스림이 주는 도움으로 우리는 합리적으로 이것들과 그것의 무수한 축복을 가장 먼 후손에게까지 전달하기를 이성적으로 기대합니다."

1849년 12월 4일에 행한 첫 번째이자 유일한 연두연설에서 그는 과거에 국가가 "관대한 섭리와 땅의 열매의 풍성함으로 축복을 받았다"고 말했다.

"비록 파괴의 천사가 파괴라는 끔찍한 질병으로 우리 땅의 광범위한 부분을 방문했으나, 그분의 능력을 알고 긍휼의 보호하심을 구하는 백성에게 전능하신 분이 측량할 수 없는 보편적 건강의 복을 회복해 주셨습니다."

비록 테일러는 사적인 서신에서 '그의 많은 복'에 대해 하나님께 감사했으나 재임기간 중에 추수감사절을 공포하지는 않았다. 그는 교회와 국가의 분리 때문에 그럴 수 없었다고 말하지도 않았다.

그는 1849년 11월 편지에서 시간 관습에 대해 말했다.

"선생님, 같은 취지를 가진 다른 편지와 함께 국가적 추수감사절을 선포하는 것과 관련해 10월 6일에 보낸 편지는 잘 받았고 중요한 만큼 충분히 관심을 갖고 생각했습니다. 수많은 축복에 대해 하나님께 보편적인 감사의 마음으로 드리는 일과 특히 최근에 우리에게 일어난 페스트를 약화시킨 것에 대해서도 진심으로 감사하지만, 이 나라의 많은 부분의 관습이 오래도록 교부했던 감사의 주제를 각 주의 주지사의 손에 맡겨두는 것이 적절하다고 생각합니다. 이 시기는 항상 그 같은 목적을 위해 구별되었고 각 주 주지사들이 이에 따라 연례 감사절 공포를 이미 내렸음을 고려하면 이 같은 결정의 정당성은 더 강화됩니다."

테일러는 1850년 7월 9일 워싱턴 D.C.에서 사망했다. 그의 장례예배는 성 요한 감독교회에서 거행되었고, 교회의 교구목사인 페인(Payne) 박사가 장례 설교를 맡았다.

32장

제임스 낙스 포크
James Knox Polk

포크는 장로교회의 출석 교인으로 자라났고 그렇게 살았다. 인생을 통틀어 기독교 교리를 분명히 믿었다. 감리교 부흥집회에서 그는 개인의 구주로 그리스도를 영접하도록 도전 받았으나 헌신하려는 것에 대한 가족의 반대를 너무 두려워했다. 그래서 인생의 대부분을 교회에 출석했다. 하지만 죽음이 가까이 왔음을 알게 되자, 부흥회를 인도했던 목사님에게 침례를 주도록 요청했다. 그리고 감리교인이되었다. 그는 윌리엄 헨리 해리슨(William Henry Harrison)을 포함한 다른 대통령처럼 죽음의 침상에서 기독교에 헌신하기로 결정했다. 그러나 해리슨과 달리 하나님은 포크에게 더 살 수 있는 축복을 주셔서 이 결정을 지킬 수 있도록 하셨다.

제임스 낙스 포크 James Knox Polk

　　제임스 낙스 포크는 노스캐롤라이나 주의 맥클렌버그(Mecklenburg)에서 1795년 11월 2일에 출생하였다. 포크의 부모님은 유아 세례를 주려고 지역 장로교회에 데려갔으나, 제임스 윌리스(James Wallis) 목사는 그들 부부가 먼저 신앙고백을 해야 한다고 요구했다. 포크의 아버지인 샘 포크(Sam Polk)는 신앙고백을 하지 않았고 유아 세례는 거절되었다. 샘 포크나 그의 아버지인 에스겔 포크(Ezekiel Polk) 둘 다 정통 그리스도인이 아니었다.

　　그러나 샘 포크는 열 아이의 신앙교육을 아내인 제인 낙스 포크(Jane Knox Polk)에게 일임했고, 그래서 포크의 어릴 적 삶은 정통 기독교로부터 강한 영향을 받았다. 제인은 제임스를 데리고 규칙적으로 교회에 다녔다. 제임스는 거기서 최초의 신앙 교훈을 받았다.

　　제인은 수 세대동안 가족이 그랬던 것처럼 장로교인이었다. 아들에게 전해준 '낙스'란 이름 또한 여러 세대동안 가족의 이름이었다. 사실 제인은 스코틀랜드 종교개혁자인 존 낙스(John Knox)의 증손주 질녀(great-grandniece)였다. 그녀에게 기독교 신앙은 단지 전통이 아니었다. 이것은 그녀 자신이었다. 성경과 신앙고백과 시편과 왓츠(Watts)의 시편을 즐거워했다.

　　제임스 낙스 포크는 어린 시절 신앙 논쟁의 한 가운데 살았고 그는 집중 공격을 받았다. 할머니인 마리아 포크(Maria Polk)가 죽은 후 에스겔 포크(Ezekiel Polk)는 재혼했다. 이 결혼으로 태어난 모든 아이는 사산했거나 유아기를 넘어 살지 못했다. 아이들의 죽음으로 인한 슬픔 중에 장로교의 유아 정죄설은 아이들이 천국에 가지 못한다는 증거로 인용되었다. 에스겔 포크는 이를 믿지 않았으나 그의 격렬한 반응은 공동체를 놀라게 했다. 그는 기독교를 거부했고 공공연히 이신론을 변론하고 이신론적인 글을 유포했다. 두 명의 지역 목회자인 제임스 월리스(James Wallis)와 사무엘 콜드웰(Samuel C. Caldwell)은 그의 공격에 대해 반격하고 기독교를 변호했다.

이 논쟁은 1800년 초기에 끝났다. 부흥운동이 이 지역을 휩쓸고 갔으며, 약 5,000명이 1802년 부흥회 모임에 참석했다. 에스겔 포크의 가장 강력한 편이 되었던 사람들이 회심했고, 그는 포기하고 다음 해에 그 지역을 떠났다.

제임스 포크가 거의 11살이 되었을 때 가족은 테네시(Tennessee) 주로 이사했다. 제임스는 테네시 주 콜롬비아(Columbia)에 있는 시온교회가 후원한 학교를 다녔다. 학교장은 로버트 헨더슨(Robert Henderson) 목사였는데, 그는 포크가 "라틴 작가들에 대한 표준 작품을 읽었으며 일부는 신약성경과 루시안(Lucian)의 대화의 일부를 읽었다. 또한 도덕적 행동이 매우 뛰어났고 매우 모범적이었다"라고 말했다.

포크는 그 학교에서 일 년을 다닌 후 그는 테네시 주의 멀프리스보로(Murfreesboro)에 있는 사무엘 블랙의 학교에 다녔다. 두 학교에서 포크의 선생은 모두 칼빈주의자로 포크에게 칼빈주의 가치를 전수했다. 1816년 그는 채플 힐(Chapel Hill)에 있는 노스캐롤라이나대학에 입학했고, 총장은 장로교 목사였으며, 포크는 신앙적 영향을 수학 교수인 조셉 콜드웰(Joseph Caldwell) 박사에게 받았다. 이 학교의 교육은 신앙적 기초를 갖고 있었다.

포크의 전기 작가인 존 시겐탈러(John Siegenthaler)는 학교 분위기를 이같이 묘사한다. "성경공부는 대학의 다른 모든 과목의 근본이며 도덕 철학은 사회경력을 쌓으려는 똑똑한 젊은이를 결정하는 근거로 사용되었다."

전기 작가인 찰스 셀러스(Chares Cellers)는 대학 교육에 대한 포크의 반응을 묘사했다.

"짐(제임스)은 위더스푼(Witherspoon)과 콜드웰(Caldwell)의 체계가 납득할 만하다고 발견했다. 어쨌든 그는 정통이 가르치는 것에 대해 조금도 다른 징후를 드러내지 않았다. 그러나 상식철학 이단적 사상에 대해서는 교리화하면서도 개인적인 신앙 감성을 포기하게 하는 효과가 있었던 것 같다. 지적 세계에서 질문에 답하고 의식을 잠재우면서 상식철학의 결과는 종종 이미 결정되고 닫힌 문제로 여겨진 의식 영역에 신앙과 철학의 관심을 들이대곤 했다. 콜드웰 자신은 사역하는 동료로부터 참 신앙을 상실한 것으로 의심받았지만, 테네시에서 온 어린 학생은 비록 겉보기에는 정통이지만 교회에 등록할 만큼 강한 확신을 느끼지는 못했다.

포크는 1824년 1월 1일 경건한 장로교인인 사라 차일드레스(Sarah Childress)와 결혼했다. 결혼 직후 포크는 테네시 주 콜롬비아 장로교회의 지정석을 구입했다. 그는 신실하게 예배에 참석했다. 제임스 포크는 "마을에 있는 한 매 주일 거기에 있었다."

얼마 지나지 않아 포크는 국회의원에 출마했고 1826년 처음으로 국회에서 연설했다. 그는 다음과 같이 말했다. "유아기로부터 최초의 부모의 타락으로부터 지금까지 인간은 타락했고 악하고 더럽다는 것을 믿도록 배웠다."

어느 날 침례교회에 참석한 후 포크는 설교자가 "지난 수 년 동안 어쩌면 전 생애를 통틀어 들었던 것보다 더 강하게 예정 교리를 변호했다"고 썼다. 인생의 대부분을 장로교회에서 보낸 것에도 불구하고 말이다.

1833년 8월에 포크는 (나중에 테네시 주 감리교 감독이 된) 존 맥페린(John Mcferrin) 목사가 주도한 감리교 부흥집회에 참석했다. 맥페린은 청중들에게 "썩지 않고 더럽혀지지 않으며 사라지지 않는 천국이 당신들을 위해 준비되었다"고 전하였다.

브리스는 「대통령: 믿음의 사람」(The Presidents: Men of Faith)이란 책에서 "그 모임까지 포크는 매 주일 지정석에 앉았으며 영혼이 특별한 구원을 필요로 한다는 것을 거의 생각지 않았다"라고 기록하고 있다. 이슬리(Isley)는 맥페린의 설교에 대해 이 같은 말로 포크의 반응을 기록한다.

"포크가 그토록 감동받은 적은 결코 없었다. 맥페린의 설교를 들을 때 그는 감리교가 테네시의 컴버랜드 교구에서 단 한 해에 6천명의 회심자를 얻게 된 이유를 알게 되었다. 그의 마음은 하나님의 심판대 앞에서 죄상을 묻고 정죄 받았다. 다른 사람과 함께 옆으로 뛰어나가고 싶었지만 또 다른 힘이 그를 저지했다. 만일 시끄러운 부흥집회에서 회심을 받아들이면 아내와 어머니가 충격 받을 것이란 생각이 들었음에 틀림없다. 충동을 억누르며 그는 뒤로 물러섰다."

그는 수십 년간 기독교에 헌신하지 않았지만, 생의 말년에 열매 맺게 될 씨앗이 심어졌다. 1844년 사라 차일드레스 포크(Sarah Childress Polk)는 장로교회에 등록하기로 결정했다. (비록 그때까지 정기적으로 교회에 다녔지만 멤버가 되지는 않았다) 제임스 포크는 생전에 아내와 함께 장로교회에 다녔다.

하원의원으로 14년간 재직하고 그중 몇 년은 하원 대변인으로 지낸 후, 테네시 주지사로 입후보해서 선거에 승리했다. 취임식에 그는 감리교 목사로 기도하도록 했다. 주지사 재임 시 포크는 맥페린 목사와 신앙에 관해 대화했다. 블리스 이슬리(Bliss Isley)는 "만일 두 번째 임기가 있었다면 주지사는 둘째 임기에 회심했을 가능성"이 있다는 의견을 피력했다.

1844년 대통령으로 선출되어 한 임기(1845~1849)동안 일했다. 1845년

3월 5일, 그는 취임연설에서 하나님의 도우심을 구했다.

"이토록 광범위한 책임을 떠맡음에 있어서 본인은 개인과 국가의 운명이 전능하신 통치자께 공공정책에서 생겨날 수 있는 불행에 대해서 보호해 달라고 간절히 도움을 구합니다. 본인이 추구하도록 임명받은 이 의무의 길에서 후원하고 지도할 전능자의 지혜에 확고히 의지하며 힘이 닿는 한 이 헌법을 보존하고 보호하며 변호하는 장엄한 의무를 자신에게 지우기 위해 이렇게 모인 시민의 무리 앞에서 서 있습니다."

그는 하나님의 의로움을 구하며 취임연설을 마무리 지었다.

"공적 일을 수행하는 데에 있어서 협력하는 정부 각 부서의 도움과 조언에 확고히 의지하면서, 사람들에 의해 할당된 높은 의무의 수행에 들어가면서 다시 한 번 전능하신 분께서 우리의 사랑하는 나라를 유아기로부터 지금까지 보호하시고 돌아보셔서 은혜로운 축복을 우리에게 주신 것을 감사하고 계속적으로 번영하고 행복한 백성이 되도록 겸손히 간구합니다."

포크는 대통령 연설에서 여러 번 하나님을 언급했다. 첫째 연두연설에서 그는 이렇게 말했다. "우리 조국의 계속된 번영으로 인해 축하를 드리게 되어 기쁩니다. 신적 섭리의 축복과 자유정부의 선한 영향아래 세계 앞에 국가적 행복이라는 모습으로 서 있습니다."

그는 또한 네 번째 연두연설에서 하나님께 감사의 표현을 사용했는데 이런 말로 시작된다. "전능하신 하나님의 자애로우신 섭리 아래 각 주와 사람들의 대표들은 다시금 공공의 선을 논의하기 위해 모였습니다. 모든 사람을 향한 전능하신 중재자께 대한 국가적 감사는 우리가 누리고 있는 무한한 복과 비례합니다."

대통령으로 일하는 동안 포크는 일기를 썼다. 1845년 11월 2일, 50회째 생일에 기록된 일기에서 그는 이렇게 썼다.

"개인비서인 낙스 워커(J. Knox Walker)와 함께 오늘 파운드리교회라 불리는 감리교회에 참석했다. 궂은 날이었고 아침 이른 시간에 비가 왔다. 아내와 집에 있는 여인들은 참석하지 않았다. 비록 내가 좋아하는 곳은 감리교회이지만, 아내는 장로교인이기에 대개의 경우 아내와 함께 교회를 다녔다.

오늘은 50회 내 생일이며 가족 성경에 등록한 것과 어머니께서 말씀하신 것으로 확인되었듯이 1795년 11월 2일에 출생하였다.

오늘 본문은 사도행전 17장 31절 말씀인 '이는 정하신 사람으로 하여금 천하를 공의로 심판할 날을 작정하시고 이에 저를 죽은 자 가운데서 다시 살리신 것으로 모든 사람에게 믿을 만한 증거를 주셨음이니라 하니라' 였다.

그날은 교회의 성만찬 일이었고 설교는 엄숙하고 강권적이었다. 50년간의 인생을 되돌아보도록 일깨워 주었고, 앞으로 20년의 인생이 되기도 전에 나보다 먼저 간 세대와 함께 나도 잠들 것이다. 이 세상 명예가 헛됨을 생각했고 한 세기동안 내게 거의 유익을 주지 못했고 '내 집을 제자리에 돌려놓아야' 할 때가 되었다."

포크는 워싱턴에 있는 제일장로교회의 예배를 빠뜨리는 일이 거의 없었다. 대통령 재임 시 일기에 언급된 183번 중 147번 주일을 지켰다. 그는 아프거나 날씨가 나쁜 경우만 예배에 불참하였다. 제일장로교회의 지정석을 얻기 위해 여러 번 $6.50을 지불했다. 어느 주일은 국회에서 예배를 드렸다. 그는 일기에 이 예배에 대해서 이렇게 썼다.

"설교 주제는 그리스도의 십자가였는데, 아주 고상한 주제였다. 목회자는 힘을 많이 쏟았고 열심히 하는 것처럼 보였다. 설교 방식이나 내용에 있어서 장엄하거나 인상적인 것은 없었다. 설교자는 능변과 학식을 드러내려고 애썼는데, 나는 그가 실패했다는 생각이 들었고 이 생각은 계속해서 남아 있었다."

포크는 다른 교파의 교인에 대해서도 광신도가 아니면 용납했었다. 1846년 10월 14일 일기는 장로교 목사인 윌리엄 맥칼라(William McCalla)와 대화한 것을 기록했다. 맥칼라 목사는 포크가 맥칼라를 원목(Chaplain)으로 임명하지 않는다면, 포크가 로마 가톨릭 원목을 공격한 일에 대해 공격하겠다고 약속한 여러 사람들로부터 온 소개장을 갖고 왔다. 포크는 말했다.

"나는 맥칼라 씨와 그의 신앙에 대해 아주 큰 경멸감을 갖고 있었으며, 이런 마음을 공공연히 드러냈다. 나는 그에게 우리 헌법아래 교회와 국가의 연결이 있으며 미 대통령으로서 내 행동에 있어서 직무를 감당하도록 임명받은 일에서 신조(creeds) 사이에 아무런 차이도 못 느낀다고 말했다."

포크는 맥칼라 목사에 대한 인상을 다음과 같은 말로 요약했다.

"나는 그가 넘치는 이성이 없는 무뢰한 이거나 이성 없는 광신도라 여겼다. 재임 중에 나를 당혹케 한 권력을 추구하는 많은 사람 가운데 그 사람처럼 깊은 경멸감을 갖게 한 사람을 만나 본적은 없다. 나를 강요해서 그에게 직위를 주도록 하거나 혹은 내가 갖고 있지도 않은 그런 의심이나 그런척 하는 신앙적 근거에 대해 공격할 목적으로 나와 분파 간 종교적 불화를 연계시키려는 시도는 그가 신앙과 원칙에 있어서 부족한 사람임을 드러냈다."

1848년 11월 2일, 포크는 일기에 생일에 관해 썼다.

"매번 생일이 돌아올 때마다 나는 세상 명예와 즐거움, 그리고 미래를 준비하는 것이 헛되고 공허하다는 것에 진지한 인상을 받는다. 넉 달 후면 영원히 공직에서 물러날 것이다. 땅에서 사람에게 일반적으로 주어진 기간의 사분의 삼을 살았다. 세속에서 가장 높은 직무로 큰 영광을 받았다. 하지만 곧 땅의 길로 가게 될 것이다. 하나님께서 큰 사건을 위해 나를 준비시킬 것이다."

죽음이 가까워짐이 확실해지자, 그의 어머니는 그가 침례 받고 장로교회 교인이 되기를 바랐다. 어머니는 침례를 줄 목회자를 불러왔다. 하지만 포크는 이에 교회에 등록하기로 이미 결심했고 맥페린 목사에게 침례 받기를 원했다. 그는 1849년 6월 9일, 1833년 부흥회에서 영적인 감동을 주었던 맥페린 목사에게 침례를 받았다. 포크는 그때 감리교회에 등록했고, 며칠 후인 1849년 6월 15일 테네시 주의 내쉬빌(Nashville)에서 사망했다.

33장

존 타일러
John Tyler

타일러를 잘 알고 있는 사람들의 간증에 의하면, 그는 정통 기독교인이었다. 드러난 것에 의하면, 그의 믿음은 그가 종종 논의하던 주제가 아니었지만, 종교에 대해 논의한 것을 보면, 그의 믿음은 정통이었던 것이 분명하다.

존 타일러 _{John Tyler}

　　존 타일러는 1780년 3월 29일 버지니아의 그린웨이(Greenway)에서 출생하였다. 그는 레티시아 크리스천(Letitia Christian)과 1813년 3월 29일에 결혼했다.

　　그는 개신교 감독교회의 교인이었다. 부통령인 타일러는 1841년 윌리엄 헨리 해리슨(William Henry Harrison)의 죽음으로 대통령직을 승계하여 남은 임기를 채웠다. 타일러는 해리슨이 죽은 뒤 다음과 같은 공고를 냈다.

　　"그리스도인은 큰 재앙에 사로잡혀 있다는 생각이 들면, 신적 섭리로 사람의 자녀위에 역사하시는 그분의 의로운 통치를 인정하고, 그들 자신의 무가치함과 과거에 그분의 선하심을 인정하고 미래에 그분의 긍휼하신 보호를 구하기 위해 겸손하게 됩니다.

　　고인이 된 미국대통령 윌리엄 해리슨이 높은 지위에 오른 직후 사망한 것은 큰 고통으로 여겨지는 상실이며, 개인뿐 아니라 하늘의 아버지께 국가를 의존하고 인간 삶의 불확실성을 지각하는 마음을 가진 이에게 깊은 인상을 남길 상실입니다.

　　따라서 지금도 그렇지만 본인을 추천한 공동체의 정서와 큰 기대에 부합하도록 행동해야 한다는 것을 생각하며 다양한 종교분파를 가진 미국민에게 다양한 예배방식과 양식을 따라 그러한 상황에 맞는 예배를 통해 금식과 기도하는 날을 준수하기 위해 다음 5월 14일 금요일을 이 목적에 사용되도록 제안합니다. 그날에 우리 모두가 한 마음으로 겸손히, 경건한 마음으로 그분께 나아가 바른 영혼과 마음과 정신의 침착함을 우리에게 주시도록 간구하며, 우리 정부와 나라에 그분의 은혜로운 복을 내려달라고 합시다."

네 번의 연두연설마다 타일러는 매번 하나님께 다른 이름을 부르며 감사드렸다. 첫 번째 연두연설에서 그는 신적섭리에 감사했고, 상하양원이 하늘 아버지께 대한 신앙을 새롭게 하도록 요청했다. 두 번째 연두연설에서 그는 하나님을 "모든 것의 위대한 창조주"로 또 "우리를 만드시고 국가로서 우리 존재를 보존하시는 위대한 존재"로 불렀다. 세 번째 연두연설에서 그는 국민들에게 "최고의 존재(SPREME Being)"께 감사를 드리도록 요청했다. 네 번째 연두연설에서 "우주의 최고 통치자(Supreme Ruler of the Universe)"께 감사드릴 이유가 있다고 말했다.

그는 대통령 재임 시 워싱턴 D.C.에 있는 개신교 감독교회인 성 요한교회에 가족 지정석을 갖고 있었다. 1842년 9월 10일 아내인 레티시아(Letitia)가 백악관에서 사망했다. 한 해 반쯤 지난 뒤인 1844년 6월 26일 그는 줄리아 가디너(Julia Gardiner)와 재혼했다. 임기가 끝난 뒤 버지니아 주의 찰스시에 있는 집으로 돌아왔다.

전기 작가인 올리버 페리 칫우드(Oliver Perry Chitwood)는 "생의 내리막길에서 타일러는 참 종교에 대한 경험적 지식을 얻는 축복을 받았다"고 말했다.

그는 1862년 1월 18일 버지니아 주 리치몬드(Richmond)에서 생을 마감했다. 장례식에서 버지니아 주 감독교구의 존스 감독(Bishop Johns)이 설교를 했는데, 그는 이같이 말했다.

"영원의 큰 역사를 소홀히 하지 않았다는 것을 아는 것은 위로가 됩니다. 그의 천부적 정신은 하나님의 말씀에 대한 신앙과 소망에 근거한 것으로 견고히 서 있었습니다. 그는 오랫동안 영원의 것에 대해 묵상하는 일에 익숙했습니다. 수년전 병마로 인해 죽음이 다가오는 것을 알았을 때 그가 그토록 열심히 참석했던 교회와 그 교회의 목사님의 설교를 듣기를 좋아했던 목사님의 증언에 따르면 그는 빛나는 믿음 안에서 생을 마쳤습니다."

첫우드는 "타일러의 신학적 견해는 당대의 정통과 조금도 다르지 않은 것 같다"고 말했다. 언젠가 타일러는 "내 인생은 언제나 기독교신앙에 대한 분명한 신앙으로 빛났다"고 말했다.

자신의 글에서 타일러가 돌보시는 하나님에 대한 믿음을 표현했다. 1832년 상원의원 재직 시 딸인 메리(Mary)에게 다음과 같은 편지를 썼다.

"병마에 낯선 사람은 건강이라는 최고의 즐거움에도 낯선 것이다. 그래서 삶에서 일어나는 변수는 창조주께서 그의 피조물을 위해 고안하신 것을 나는 믿게 되었단다. 진정 현명한 목적이 아니라면 왜 존재하겠는가? 우리를 공격하는 모든 십자가와 고민거리는 도덕적 상황을 개선하기 위해 의도된 것이다."

타일러에 대해 잘 알고 있던 주지사인 헨리 와이즈(Henry Wise)는 타일러의 신앙에 대해 다음과 같이 말했다.

"그는 하나님의 아들의 속죄에 대한 확고한 믿음을 갖고 있었으며, 사망에 이르게 하는 모든 죄의 흔적을 씻는 주님의 보혈의 유효성을 분명히 믿고 있었다. 그는 믿음과 상속(heirship)에 의해 감독교회의 신자가 되었고, 신적 계시를 의심해 본 적이 없었다."

그의 사망 이후 미망인인 줄리아 가디너 타일러(Julia Gardiner Tiler)는 로마 가톨릭교로 전향했다. 그녀는 1872년 3월 이런 결정을 내렸으며 다음 달 가족들이 가톨릭교회에 다니기로 결정했다.

34장

윌리엄 헨리 해리슨
William Henry Harrison

결혼생활을 통해 윌리엄 헨리 해리슨은 아내의 신앙을 존중했고, 안식을 준수하고, 성경을 읽었다. 성경 읽는 것이 즐겁다고 대통령직 수행 직전에 한 그의 말은 그가 기독교를 향해 나아갔음을 암시한다. 이 진술을 볼 때 아마도 그가 감독교회에 등록하고 싶다고 실제로 말했을 것이다. 비록 확정적으로 말할 수는 없지만 그의 결심은 기독교 진리에 대한 참된 믿음을 반영한다. 그가 얼마나 더 살아야 했는지는 아무도 모른다. 해리슨은 교회의 멤버가 되어 공적인 기독교인이 되기 수일 전에 죽었다. 그가 교회에 등록하고자 한 의도가 진실하고 기독교의 기본교리에 믿음을 반영한다는 것을 의심할 마땅한 이유를 찾을 수 없다.

윌리엄 헨리 해리슨 William Henry Harrison

윌리엄 헨리 해리슨은 1773년 2월 9일 버지니아 주의 버클리(Berkeley)에서 태어났다. 그는 1795년 11월 25일 애나 투틸(Anna Tuthill)과 결혼했다.

그는 생의 일부가 된 아내의 영향으로 주일아침예배에 고정적으로 출석했으며, 간혹 주일저녁에는 장로교회에 다니기도 했다. 주일에 사업을 안 하는 이유를 묻자, 그는 이렇게 대답했다. "나는 아내의 종교를 깊이 존경하기에 주일을 범할 수가 없습니다."

그는 오하이오 주의 클리브즈(Cleves)에 교회를 세우는데 도움을 주었다. 그래서 한 작가는 "윌리엄 헨리 해리슨이 제공한 1500피트의 목재 덕에 교회가 세워질 수 있었다"고 말하기도 했다.

감독교회의 목회자였던 티모시 플린트(Timothy Flint)가 해리슨의 집을 방문하고는 이렇게 말했다. "그의 집은 공적 예배를 위해 개방되었다. 모든 방문객을 위해 빈 탁자를 비치해 두었다." 해리슨은 1817년 5월 18일 신시내티에 머무는 동안 그리스도 감독교회의 창립후원자였으며 교구위원으로 명명되었다.

나이를 먹어갈수록 기독교를 향한 그의 태도는 뜨거워졌다. 대통령에 당선되었으면서도 기자가 그를 찾았을 때 그는 피츠버그의 한 호텔에서 성경을 읽고 있었다. 매일 잠들기 전에 성경을 읽는 것이 변하지 않는 규칙이라고 그는 말했다. 비록 처음에는 "의무적으로" 성경을 읽었으나 "이제는 즐거움이 되었다"고 말했다.

그가 행한 대통령 취임연설에는 다수의 종교적 문장과 인용문이 들어 있다. 그의 종교적 신념에 가장 잘 부합하는 세 가지를 아래에 인용한다.

"관대하고 남을 신뢰하는 사람들을 기대하는 것이 나의 현재 목적이지만, 나도 역시 권력의 크기로부터 노출될 수 있는 위험한 유혹을 잘 이해합니다. 그것은 사람들의 즐거움이 되어 왔었지만, 나의 주요한 확신에는 미치지 못하였습니다. 전능자의 능력의 도움이 나를 보호하였고 나로 하여금 다른 중요한 호의적인 이슈를 가져오게 하였습니다. 그러나 그것은 내 나라에 의해 지금까지 나에게 맡긴 훨씬 열등한 신용입니다.

시저는 로마시민과 의회의 군주가 되었고, 의회의 귀족정치에 반대하는 시민의 민주적 주장을 지지하는 척만 했습니다. 크롬웰은 시민 자유의 보호자 같은 성격을 지녔으나 영국의 독재자가 되었고, 볼리바(Bolivar)는 국가의 해방자라는 칭호와 함께 무제한의 권력을 소유했습니다. 그러나 거기에는 광범위하고 잘 설립된 귀족화된 공화국의 기록에 대한 사건이 없었습니다. 이 모든 쇠락하고 있는 정부의 경향은 자유와 대립되는 군주정치이며 거기에는 당파정신, 즉 이 정신은 그런 성격을 취하는 정신이며, 큰 열정의 시기에는 진정한 자유정신으로 사람들에게 위용을 자랑하는데, 이는 마치 그가 장차 올 것이라고 구세주가 예견한 거짓 그리스도처럼, 가능하다면 자신을 자유의 참되고 신실한 제자로 드러냅니다.

본인은 현 상황이 기독교 종교에 대해 깊은 존경과 철저한 확신을 본인의 동료시민에게 표현하도록 정당성을 부여할 만큼 현 상황이 중요하고도 엄숙하여 건전한 도덕, 종교적 자유, 그리고 정당한 종교적 책임과 모든 진리와 지속적인 행복이 필연적으로 연결되었다고 본인은 여깁니다. 시민자유와 종교자유로 복을 주신 선하신 분, 우리 선조의 돌보시고 번성케 하시며 다른 나라 백성의 기관보다 넘치고도 넘치도록 보존해 오신 분께도 그렇게 여깁니다. 우리 모두 장차 올 시간에 사랑하는 조국의 모든 이익에 대해 힘껏 찬양하는 데에 하나가 됩시다."

취임 다음날 해리슨은 "시내로 걸어가 대통령을 위한 성경과 기도 책을 구입했다." 그는 취임과 사망 사이의 짧은 시기에 라피엣 광장에 있는 성 요한교회에 출석했으며 45열 좌석에 앉았다.

올드 티피캐누(Old Tippecanoe)의 저자이며 해리슨의 전기 작가인 프리맨 클리브즈(Freedman Cleaves)는 해리슨이 성경을 구입하고 "독감에 걸렸을 때 성찬 참여자가 되려는 생각을 알렸다고 진술한다. 이 말은 성 요한교회의 성경봉독자인 홀리(Hawley) 목사에 의해 확인되었다. (거의 한 세기 동안 이 말은 의심받지 않았으나 그 이후로는 역사적 논쟁의 출처가 되었다. 아래에서 이 부분을 논의한다)

불행하게도 교회의 정회원이 되기 수일 전인 1841년 4월 4일 해리슨은 사망하고 말았다. 내각의 다섯 구성원(그중 한 사람은 다니엘 웹스터였다)은 해리슨의 장례준비를 위해 간단한 통지문을 준비했다. 이 통지서는 이렇게 시작한다.

"국회의 휴회와 부통령의 부재중에 일어난 대통령의 서거로 인해 우리가 처한 상황으로 말미암아 필수불가결한 것은 장례식을 준비하는 것입니다. 고인의 가족, 가까웠던 분들과 상의한 끝에 7일 수요일 정오에 엄숙히 치러질 것을 결정했습니다. 고인이 가장 정기적으로 예배드렸던 감독교회의 절차에 따라 예배가 드려질 것입니다."

역사적 논쟁

정말 해리슨이 감독교회의 멤버가 되려 했을까?
1930년까지 이 사실을 의심하는 이는 아무도 없었으나, 이때 이후 이

역사기록에 대해 옳다고 지지하거나 혹은 반대하는 논쟁이 있어왔다.

해리슨은 1841년 4월 4일 종려주일에 사망했다. 4월 7일 수요일에 치러진 장례식에서 해리슨의 담임목사인 홀리(Hawley)는 감독교회의 전통적 장례예배문을 읽었다. 그리고는 해리슨의 생애에 대해 짤막하게 말했다. 장례식에 참석한 전임대통령이었던 존 퀸시 애덤스(John Quincy Adams)는 일기장에 이렇게 묘사하고 있다.

"4월 7일. 미국 대통령인 해리슨의 장례, 이 의식은 고결하고 꾸밈없으며 신앙적 엄숙함에 부합하고 또한 우리 공화제도와 맞는 단순함 속에 치러졌다. 정오 12시 15분 전 대통령의 집에 들어갔는데, 동편으로 난 방의 중앙에 검정색 벨벳휘장으로 싸인 관이 놓여있었고, 그 옆의 대각에 놓인 다른 테이블에서 성 요한교회의 홀리 목사님이 감독교회의 장례문을 읽었는데, 두 가지 사실에 대한 매우 짤막한 말을 덧붙였다. 첫째는 해리슨이 대통령관저로 들어간 다음날 시내로 걸어 나가 구입한 성경과 기도 책에 대한 것이며 - 이것은 장례집전자가 모인 사람들에게 보여주려고 테이블에 놓아두었다 - 그는 고 해리슨이 성경 읽는 것으로 하루를 시작하는 것을 습관으로 삼았다고 말했다. 또 다른 사실은 교회의 완전한 멤버가 되지 못한 것을 후회한 말을 했으며, 돌아오는 부활주일인 11일에 그렇게 하려던 것이 해리슨의 의도였다는 것이다."

몽고메리(Montgomery)가 쓴 「해리슨의 생애」(Life of Harrison)도 동일한 사건을 약간 다른 말로 기록하고 있다.

"11시 반이 지나자 성 요한교회의 홀리 목사님이 일어나 앞의 테이블에 놓인 (검정색 실크벨벳)성경을 보면서 성경과 관련된 일화에 대해 말했다. '이 성경은 3월 5일 대통령이 구입한 것입니다. 그 이후로 매일 규칙적으로 성경을 읽었습니다. 단지 교회에 출석하는 것만이 아니라 (진지하게) 예배에서 말씀을 들었으며, 창조주 앞에 겸손히 무릎을 꿇는 일에도 익숙하게 되었습니다.' 만일 대통령이 살아있어서 건강했더라면 다음 안식일(주일)에 주의 성찬에 참여자가 되려 했을 것이라고 홀리 박사는 말했다."

자신의 책 「대통령: 믿음의 사람」(The Presidents Men of Faith)에서 블리스 이슬리(Bliss Isley)는 다음과 같이 기록했다. "워싱턴에 도착하자 해리슨은 부활주일에 성 요한교회에 출석하려고 했습니다. 준비과정으로 새로이 성경과 기도 책을 사고 멤버십 준비를 했습니다."

완성된 해리슨의 전기인, 올드 티피캐누의 저자인 프리맨 클리브즈는 홀리 박사가 이런 선언을 한 것은 전혀 놀라운 일이 아니라고 썼다. "그(해리슨)가 성경을 구입하고 독감에 걸렸을 때 성찬 참여자가 되려는 뜻을 알렸다." 독감으로 인해 해리슨이 죽음을 맞이한다. 이후 두 세대 동안 학자나 일반 대중이건 이 진술을 의심하는 사람은 아무도 없었다.

이 일화에 대해 의심을 품은 최초의 인물은 「대통령의 종교적 신념」(The Religious Beliefs of Our Presidents)의 저자인 무신론자 프랭클린 스타이너(Franklin Steiner)였다. 스타이너는 대부분의 다른 회심 이야기의 진정성에 대해 도전하고, 그 의미를 최소화했기 때문에 홀리 목사님의 주장도 의심받았다. 그 이후 스타이너의 책을 참고로 자료조사를 한 다수의 작가가 스타이너와 같은 방식으로 홀리 목사님의 말을 의심했다. 스타이너와 그의 수정해석을 따랐던 모든 이는 이 일화에 대해 두 가지 논증을 만들어냈다.

1. 이 회심 일화는 우리가 해리슨에 대해 알고 있는 것과 일치하지 않는다.
2. 만일 해리슨이 진정 교회에 참여했다면 훨씬 일찍 그렇게 했을 것이다.

각각의 논증을 살펴보자.

첫째, 기독교로의 회심이 우리가 해리슨에 대해 알고 있는 것과 일치하지 않는다는 주장을 생각해보자.

우리가 해리슨에 대해 알고 있는 것이 무엇인가? 그가 대통령직을 수행하기 전부터 주일을 준수했고, 목재를 제공해서 지역교회를 세우는데 일조했으며, 신시내티에 있는 감독교회의 설립을 후원했고, 그래서 그 교회에서 교구위원이란 이름을 얻었고, 처음에는 의무감으로 시작했으나 나중에는 기쁨이 된 성경읽기를 사망하기까지 20년간 계속했다는 사실이다. 아내의 영향과 규칙적인 성경읽기를 통해 기독교를 향해 나아갔던 것이다. 우리가 해리슨에 대해 알고 있는 것을 가지고 홀리 목사님이 소개한 일화에 대해 의심할 수 없다.

둘째, 만일 해리슨이 감독교회의 교리를 참으로 믿었다면 생애의 이른 시점에 교회에 참여했을 것이며, 따라서 회심일화는 홀리 목사님이 꾸며낸 것이라는 주장에 대해 생각해보자.

이 주장은 성립하지 못한다. 사람은 생의 어느 시점에서나 진리에 대한 확신이 생길 수 있다. 덧붙여서 신앙의 외적형식(주일을 준수하고, 교회에 출석하며, 성경을 읽는 것)을 평생토록 준수하지만, 어떤 교회와도 공적 관계를 맺지 않는 해리슨과 같은 사람들이 많이 있다. 이들은 마음에 진리를 알고 있으나 당장은 교회의 일원이 되고 싶지 않거나 혹은 급하게 그럴 필요를 못 느낀다. 어떤 이는 진리를 알고 있으나 생애 마지막 순간까지 공적 신앙고백과 교회 출석을 미루고 신앙에 따라 살지는 않는다(이런 신앙적 태도는 터툴리안 이후로 로마 가톨릭에 남아있는 자기공로사상과 잉여죄 사상에 기인한다. 그리스도를 믿고 죄사함을 받았으나 그것은 회심순간까지이며 그 이후의 신앙적 복은 개인의 공로와 업적에 크게 영향을 받아서 죄를 범하면 벌을 받아야 하며, 선행을 하면 복된 위치를 누린다. 그러나 신자도 스스로의 힘으로는 죄에 대해 완전하지 못하므로 결국에는 죄가 쌓이고, 그 죄에 대해서 연옥에서 모두 갚아야 천국으로 가며, 이를 교묘히 이용한 면죄

부가 생겨났고, 루터는 바로 이런 로마교회 신학의 행위사상을 간파하고 종교개혁을 시도했다. - 역자 주).

해리슨은 성경을 읽었고, 안식일을 준수했으며, 교회에 출석하고 진리를 알았다. 그 진리는 그가 자신의 창조주를 만나기 위해 준비한 것은 진리로 믿고 있는 것에 부합하는 삶에 관여하도록 했을 것이다.

홀리 목사님의 장례설교에 반대하는 어떠한 유효한 논증이 세워질 수 없다. 도리어 그의 말의 진정성을 증언하는 강력한 논지들이 여럿 있다.

첫째, 홀리 목사님의 말의 전반부 - 해리슨 장군이 성경과 기도 책을 구입한 것 - 의 역사성을 확인해주는 문서가 추가로 발견되었다. 올가 존스(Olga Jones)가 쓴 「워싱턴에 있는 대통령의 교회」(Churches of the Presidents in Washington)에서 그녀는 성 요한교회의 라피엣 광장의 문서보관소에서 발견된 문서를 인용하는데, 이 문서는 이 같은 사실을 확인한다. "이 역사적 자리에서 해리슨 장군이 대통령관저로 들어간 다음날 시내로 걸어가 (자신의 후대의) 대통령을 위한 성경과 기도 책을 샀다고 기록한 한 문서가 눈에 띤다"고 쓰고 있다.

둘째, 만일 해리슨 대통령이 관저로 들어간 지 한 주 만에 교회에 등록했다면 홀리 목사님의 이름은 아마도 알려졌을 것이다. 한순간에 즉시 교회에 등록하는 것은 극히 드문 일이다. 대부분의 교단에서 목회자는 기독교 신앙의 기본 진리와 등록하기 원하는 신자를 위한 교회 교리를 거치도록 하고 있다. 홀리 목사님이 꾸며댔거나, 아니면 사실이라고 알고 있는 것을 그냥 기록했든지 둘 중의 하나이다.

셋째, 전기 작가인 프리맨 클리브즈에 따르면, 해리슨은 죽음 이전에 교회 등록의 의사를 알렸으며, 가족과 가까운 친구들은 그의 의사를 알고 있었다. 만일 홀리 목사님의 말이 옳지 않다면 이들 중 누군가가 공적이든 사적이든 간에 진실을 말했을 것이다. 이들이 조용히 침묵하고 있었을 때는 사실을 숨기려는 자와 동참했거나, 아니면 단순히 진실을 인정하고 있었든지 둘 중의 하나이다. 만일 홀리 박사가 국가를 위로하기 위해 이 이야기를 꾸며냈다면 대통령의 친구, 가족, 정치적 교분이 있는 사람, 적대자 중 적어도 어느 한 사람의 일기에는 진실에 대한 언급이 있어야만 했다(아무도 그런 사람이 없었다).

넷째, 홀리 목사님의 말은 수십 년 동안 의심받지 않았다. 이미 언급한 대로 이에 대해 의심을 품은 최초의 사람은 이 일이 있고 거의 한 세기가 지난 뒤에 나왔으며, 초기 대통령 중 그리스도인은 하나도 없다는 것을 보여주려는 숨은 의도를 가진 불가지론적 무신론 자유사상가였다. 다른 이들은 이 같은 역사적 수정을 뒷받침하는 자료의 진정성에 대해 세심하게 조사하지 않고 그의 뒤를 따랐다.

다섯째, 부활주일에 해리슨이 등록하겠다는 의사를 표현한 것은 부활절이나 오순절에, 이따금씩 혹은 예외적으로, 멤버로 받아들여진다는 초기 교회의 전통과 일치한다. 만일 해리슨의 교회가 이 같은 방식을 고수했다면, 워싱턴으로 이사 가서 교회에 등록하는 최초의 시간은 부활주일일 것이다. 하지만 또 다른 질문이 남아있다. 왜 그가 이런 의사를 표시했을까? 아마도 부인의 권유 때문이었을 것이다. 그가 하나님의 나라에 가까이 나아가게 된 이유에는 다른 변수들을 고려해도, 부인의 지속적인 기독교적 모범이 작지 않은 부분일 것이다. 대통령직 수행에 신적 인도하심과 도움이 필요하다는 인식도 있었을 것이다. 해리슨의 결정에 이 같은 변수나 혹은 다른 변수가 복합적으로 작용했다 하더라도 병들고 지상에서의 삶이 얼마 남지 않았다는 것이 아마도 가장 큰 동기였을 것이다. 반론의 증거가 없는 상황에서 감독교회에 등록하려했던 해리슨의 의도가 진실한 것이라고 결론짓는다.

마틴 밴 뷰런
Martin van Buren

대부분의 여타 대통령들에 비해 밴 뷰런의 종교적 신념에 대해 아는 것이 적다. 밴 뷰런이 자신의 교회에 오랜 기간 신자였으며, 모든 기록에 비추어 적극적인 예배 참여자란 것은 알 수 있다.

마틴 밴 뷰런 Martin van Buren

　마틴 밴 뷰런은 1782년 12월 5일 뉴욕 주의 킨더훅(Kinderhook)에서 태어났다. 그의 부모는 아브라함 밴 뷰런(Abraham van Buren)과 마리아 밴 뷰런(Maria van Buren)이었다.
　밴 뷰런의 전기 작가인 데니스 린치(Dennis Lynch)는 "마리아는 경건한 여인으로 단순한 믿음을 지녔다. 그들 부부가 바라는 것은 아무것도 없었던 것으로 보이며, 아무도 그들처럼 주님을 신뢰하지는 못했을 것이다"고 쓰고 있다.

　어린 시절 마틴 밴 뷰런은 킨더훅 개혁교회의 멤버였다. 그는 평생토록 교회를 다녔다. 「백악관의 하나님」(God in the White House)이란 책에서 에드먼드 풀러(Edmund Fuller)와 데이빗 그린(David Green)은 "화란 개혁교회 신앙이 밴 뷰런의 삶의 한 패턴이며, 언제나 좋은 교인으로 알려졌으나 결코 신학적 문제에 대한 깊은 관심을 보인 적은 없다"고 기록한다.
　린치는 밴 뷰런이 "한 번은 간단히 한 줄로, 또 한 번은 사도행전의 다섯 구절을 단 두 번을 인용한 것만 남겼다"고 말한다. 후자의 다섯 구절은 사도행전 23장 6~10절이다. 이 구절에서 바울은 산헤드린공회 앞에 섰고 바리새인의 부활교리와 갈등을 일으킨 것이라고 밴 뷰런은 말한다. 이 행동으로 산헤드린은 여러 당파로 나뉘고 아마도 이 때문에 바울은 생명을 건졌다. 밴 뷰런은 제임스 매디슨(James Madison)이 자신의 정적들이 서로 싸우도록 교묘히 조종한 상황에서 이 구절을 인용했다.

비록 신학적 신념에 대해서는 별로 아는 바가 없지만 그가 매우 열정적으로 노래했다는 것만은 알고 있다. 전기 작가인 린치가 말했듯이 "교회가 회중들로 가득했어도 모두가 찬양으로 소리를 높이는 중에도 밴 뷰런이 찬송하는 소리는 자신을 제외한 모든 사람들의 소리들보다 더 크게 들렸다." 그는 1807년 2월 21일 한나 호에스(Hannah Hoes)와 결혼했다.

1836년에는 대통령에 선출되었고, 1837년부터 1841년까지 대통령으로 섬겼다. 뷰런은 이런 말로 취임연설을 마무리 지었다.

"본인의 전임자에게 두 번씩이나 거룩한 신뢰를 보낸 국민과 또 전임자가 그토록 신실하며 잘 수행한 일을 인정하면서 본인은 (전임자와) 동일한 능력과 성공으로 이 힘든 일을 해내리라고 기대할 수 없다는 사실을 압니다. 그러나 전임자의 조언에 마음을 같이했고, 이 나라의 복지를 위해 예외적으로 보여준 앞지를 수 없는 그분의 헌신을 목격했고, 국민이 따뜻함으로 지지하고 그분의 자신감에 나도 동참할 수 있도록 한 그 같은 감정에 대해 그분과 동의하며, 그런 같은 종류의 열렬한 인정을 받는 것이 본인이 앞길에도 함께 하기를 희망합니다. 나와 모든 사람의 소원은 그분께서 장수하여 잘 살아온 생의 빛나는 저녁을 보내시기를 바라는 것이며, 본인 스스로는 신실하게 조국을 섬겨야 한다는 것을 인식하면서 그 같은 정의와 친절함에 두려움 없이 나 자신을 던집니다. 이것을 넘어 본인은 신적존재가 주는 힘에 겸손히 간구하며 오직 그 은혜로운 보호하심을 바라봅니다. 그분의 섭리의 기간 동안 사랑하는 이 나라에 명예와 긴 날로 복주시기를 기원합니다. 국가가 가는 길이 즐거운 길이 되게 하시고 모든 걸음이 평화의 걸음 되게 하소서!"

공식적인 말과 글에서 뷰런은 또 다른 하나의 종교적 글을 남겼다. 1838년 12월 3일에 있었던 2차 연례연설에서 그는 이렇게 말했다. "모든 형태의 종교(신앙)가 처음으로 자비와 경건의 확산을 위해 연합되었는데, 이는 제국의 역사에서 모두가 절대적으로 자유롭고 아무런 방해도 없는 일이 처음으로 나타났기 때문이다."

대통령 재임 시 그는 그 당시 워싱턴에 화란개혁교회가 없는 관계로 라파엣 광장에 있는 성 요한교회에 출석했다.

인생의 후반부에 한나 밴 뷰런(Hannah Van Buren)은 장로교인이 되었다. 밴 뷰런은 화란개혁교회에 남아있었으나 1819년 부인이 사망할 때까지 가끔은 부인과 함께 장로교회에서 예배를 드리기도 했다. 그는 1862년 7월 24일 뉴욕 주의 킨더훅에서 사망했다. 장례식은 킨더훅 개혁교회에서 거행되었는데 '오 하나님, 옛적부터 우리의 도움이신 분' 찬송만이 연주되었다.

윌리엄 페더러(William Federer)는 자신의 책인 「미국의 하나님과 조국」(America's God and Country)에는 마틴 밴 뷰런이 임종 침상에서 신앙고백을 했으며 "그리스도의 속죄가 내 영혼의 단 하나 뿐인 치료약이며 안식이다"라고 쓰고 있다. 그의 죽음에 관한 다른 일화를 찾을 수 없으므로 이 보고서의 정확성을 확인하거나 또는 반박할 수 없다.

역사적 논쟁

밴 뷰런은 화란개혁교회의 멤버였는가?
자신의 책 「대통령의 종교적 신념」에서 무신론 작가인 프랭클린 스타이너는 밴 뷰런이 킨더훅의 화란개혁교회와 워싱턴의 성 요한교회에 출석했다고 시인하기는 하나, 어느 교회에서도 성찬 참여자였거나 전통을 고수하는 것 외에는 다른 어떤 종교적 주제에 관심을 보이지 않았다고 썼다. 스타이너의 말에 따르면 뷰런이 성찬 참여자는 아닌 것이 사실이기는 하나, 스타이너의 말은 뷰런이 교회의 멤버가 전혀 아니었음을 암시하고 있다. 그러

나 이것은 사실이 아니다.

　마틴 밴 뷰런이 화란개혁교회의 멤버였다는 것이 여러 자료에서 나타난다. 블리스 이슬리(Bliss Isley)는 「대통령: 믿음의 사람」(The Presidents: Men of Faith)이라는 책에서 이렇게 썼다. "밴 뷰런이 화란개혁교회의 멤버였으며, 평생 규칙적으로 예배에 참석했고, 성경을 배우는 사람이었다. 그는 필요하면 언제든지 참고할 수 있도록 언제나 성경책을 자신의 방에 있는 캐비닛에 비치한 것으로 알려져 있다."

　올가 존스(Olga Jones)는 「워싱턴에 있는 대통령이 다닌 교회」(Churches of the Presidents in Washington)에서 밴 뷰런이 "화란개혁교회의 멤버로 기록되었다"고 언급한다. 린든왈드(Lindenwald)에 있는 마틴 밴 뷰런 국가역사유적지의 공원 안내인인 톰 마리노(Tom Marino)는 마틴 밴 뷰런이 어릴 적 킨더훅개혁교회의 멤버였다고 말했다.

36장

앤드루 잭슨
Andrew Jackson

잭슨은 공적생활을 통해 성경을 읽고, 신앙의 외적 형식을 지켰다. 그는 이 기간에 기독교의 근본 교리의 대부분을 거의 믿었던 것 같다. 공직에서 물러나자 공적 신앙고백을 했는데, 목격자의 이야기를 바탕으로 최선의 판단을 한다면, 그의 신앙은 단지 형식적인 것이 아니라 예수 그리스도에 대한 믿음과 가슴 깊은 확신을 반영한 것이었다.

앤드루 잭슨 Andrew Jackson

앤드루 잭슨은 1767년 3월 15일 사우스캐롤라이나의 왝스호(Waxhaw)에서 출생하였다. 그의 아버지는 그가 태어나기 전에 사망했다. 어머니인 베티 잭슨(Betty Jackson)은 장로교회에서 잭슨을 양육했고, 웨스트민스터 소요리문답을 가르쳤다. 그의 어머니는 앤드루 잭슨이 장로교 목사가 되기를 희망했다.

잭슨은 1791년 레이첼 도넬슨(Rachel Donelson)과 결혼했다. 레이첼의 전남편은 그녀와 이혼하기를 원했으나 레이첼과 잭슨이 결혼하기까지 이혼하지 않았다. 1794년 1월 17일 도넬슨의 이혼이 마무리되자, 잭슨과 도넬슨은 결혼했다. 레이첼의 생전에 잭슨은 그녀의 장로교회에 다녔다. 심지어 자신의 땅에 아내를 위해 은둔처라는 이름의 교회를 세우기도 했다.

그러나 아내가 장로교회에 등록하자고 권유했을 때 그는 "여보, 지금 그렇게 하면, 내가 정치적 이유로 그런다고 온 나라에 소문이 날 것이오. 정적들 모두가 그런 말을 할 것이니, 지금은 그럴 수 없소. 하지만 정치에서 물러날 때는 날이면 등록한다고 약속하오"라고 했다. 그는 공적 신앙고백에 대해 부담스러워 했지만, 매일 성경 읽는 습관을 유지하여 결혼생활 내내 하루에 세 장씩 성경을 읽었다.

잭슨은 1882년 대통령선거운동에서 성공적인 결과를 얻었다. 선거운동 기간 중 자신의 선거운동책임자인 마틴 밴 뷰런(Martin Van Buren)이 후보자의 종교적 신념을 공포하기로 결정했다. 존 퀸시 애덤스(John Quincy Adams)는 유니테리언 교도였으며 잭슨은 장로교회에 다녔는데, 뷰런은 잭슨을 '훨씬 더 정통신자'로 묘사할 수 있을 것이라 생각했다. 뷰런은 뉴욕 잡지의 발행가인 제임스 해밀턴(James Hamilton)에게 글을 쓰면서 이렇게 말했다. "노신사가 자신의 집에서도 기도합니까? 만일 그렇다면 온건하게 묘사해 주시오." 해밀턴은 답장에 잭슨이 "기독교 신앙의 참된 신자이며 집에서 가족과 함께 규칙적인 경건예배(devotion)를 드리며 이웃 장로교회의 교인이다"라고 활자화 했다.

　잭슨은 레이첼이 사망한 그해 12월 22일 선거에서 승리했다. 마음은 아팠지만 1829년 대통령직을 인수했다. 취임연설에서 그는 다음의 말로 끝을 맺었다. "우리나라의 유아기에 긍휼하심으로 보호하시고 그 후로 다양한 부침(浮沈) 속에서도 우리의 자유를 붙들어 주시고, 본인으로 하여금 사랑하는 조국이 계속해서 신적 보호하심과 자애로우신 복을 받게 해달라는 뜨거운 간청을 드리도록 하신 그 능력의 선한 섭리를 신뢰하면서."

　두 번째 취임연설의 결론에도 비슷한 감정을 표현했다. "마지막으로, 내가 지금 그 앞에 서있는 전능하신 분, 우리 공화국의 유아기로부터 지금까지 우리를 그분의 손 안에 두신 그분께 드리는 본인의 가장 뜨거운 기도는 그분께서 본인의 모든 의도와 행동을 좌우하시고, 본인의 친애하는 시민을 감동하사 모든 형태의 위험에서 벗어나 행복하고 하나 된 백성이 되게 해달라는 것입니다."

　잭슨은 비록 공적으로나 사적으로 하나님께 대한 감사와 신뢰의 표시를 하였지만, 국가에 하나님께 대한 감사를 표하는 날을 정하는 것이 자신의 직권에 해당된다고 생각하지는 않았다. 그래서 그는 감사절을 공포하지 않았다. 두 번의 재임기간 동안 잭슨은 성실하게 장로교회에 출석했고 정기적으로 헌금했다.

1833년 친구인 존 커피(John Coffee) 장군이 죽었다. 그는 가족에게 위로의 편지를 보냈는데, 전기 작가인 로버트 레미니(Robert Remini)는 이를 인용하여 다음과 같이 요약했다.

"그는 우리를 떠났고 우린 그를 기억 못합니다. 우리는 그를 따라야 하고… 그리고 이 일을 준비하는 것이 우리 의무가 됩니다. 오직 신앙만이 여기 있는 우리에게 평안과 무덤 저 너머 있는 행복을 줍니다. 오직 신앙만이 죽어가는 날들에서 우리를 붙들어 줍니다. 나머지 모든 것은 허영이고 영을 귀찮게 하는 것입니다. 커피는 죽음의 침상에서 교회에 등록하지 못한 것을 후회했고, 자신의 가족에게 자신의 본을 따르지 않도록 충고했습니다. 잭슨은 유가족에게 보낸 편지에서 '모든 사람이 이 충고를 깊이 새기고 그에 따라 실천해야 한다' 고 덧붙이고 있습니다. 분명 커피도 잭슨에게 자신의 아내와 아이를 위해 기도해 달라고 부탁했으며, 올드 힉커리(Old Hickory)는 '여러분 모두를 위해 은혜의 보좌 앞에 기도가 드려질 것' 이라고 시인했습니다. 그는 '우리 구주' 를 의지하라고 썼으며 '그분이 아버지 잃은 자녀에게 아버지가 되고 과부에게 남편이 되어 주실 것입니다' 라고 썼습니다. 그리스도의 긍휼하심과 선하심에 맡기고 '언제나 주의 뜻이 이루어지이다' 는 말씀처럼 하나님의 뜻에 맡길 준비를 합시다."

한 해 뒤 조카 손주(grandnephew)인 앤드루 잭슨 허칭스(Andrew Jackson Hutchings)와 그의 아내인 매리의 아이가 죽자 위로의 편지를 썼다. 1835년 1월 25일에 쓴 그 편지의 내용이다.

"나는 너희 두 사람이 기독교의 당연한 의무인 온유함과 순종으로 이 극심한 상실의 때를 극복하고 있다는 사실이 참으로 나를 기쁘게 하는구나. 이처럼 예쁜 아기를 창조주이시며 복을 베푸시는 분, 오직 그분이 주셨는데, 아마도 너희가 그 아이에게 홀딱 빠져서 은혜를 주신 그분을 소홀히 했나 보구나. 그래서 그 아이를 데려가심으로 그분께 대한 첫사랑이 당연한 것이라는 시각을 회복시키시며, 이 같은 징계로 우리의 모든 것이 그분으로부터 왔고, 주시고 또 다시 찾아갈 권한을 가지신 하나님께 대한 의무를 돌려주시려는 것이란다. 그래서 겸손히 그분의 뜻에 순종하며 '언제라도 그분의 이름에 복이 있기를' 이라고 말할 준비를 하고 있어야 한단다. 이 고통스런 상실의 때에 우리를 위로하는 것이 하나 있는데, 그것은 이제 이 아기가 세상의 모든 유혹과 고통, 악에서 해방되어 귀여운 아기천사와 구세주의 품안에 있다는 것이며, 우리도 지친 자가 안식을 얻는 복된 집에 먼저 가 있는 아기와 다른 모든 성도를 만나 연합할 준비를 해야 한단다. 그래서 죽은 자를 위해 울지 말고 산 자를 위해 애통하며 그 아이를 따라 복된 집에 들어갈 준비를 하도록 하자꾸나."

잭슨은 사적인 삶으로 돌아오면 장로교회에 출석하겠다고 아내에게 약속했는데, 1838년 7월 15일 이 약속을 지켰다. 한 달 후에 쓴 편지에서 다음과 같이 말했다. "나는 오랫동안 전능하신 하나님께 대한 엄숙한 헌신을 드릴 수 있기를 간절히 바랐소. 하지만 세상의 비참함과 사람들이 얼마나 악으로 치우치기가 쉬운 지, (내가 만일 공직에 있을 때 헌신했다면) 조롱하는 사람들이 '내가 정치적 이유로 교회 등록했다, 위선자' 하고 소리쳤을 것이오. 종교에 해를 끼치는 거짓된 가정이 더 이상 없는 사적인 삶의 그늘 속으로 물러갈 때까지 이 공적 신앙고백을 미루는 것이 최선이라고 생각했오."

공적 신앙고백을 할 결심에 이르게 된 데에는 두 사람의 목회자, 제임스 스미스(James Smith)와 존 에드가(John Todd Edgar)의 역할이 있었다. 스미스 목사는 잭슨이 자신의 땅에 세운 허미티지교회의 목사였다. 에드가는 내쉬빌 제일장로교회의 목사였다.

스미스 목사는 선거와 여타 교리에 대한 믿음 때문에 잭슨을 교회에 받아들이는 데에 주저했을 것이다. 에드가 목사는 잭슨과 그의 딸, 사라를 받아들이고 싶어 했다. 두 사람 모두를 받아들이고 싶은 동기 때문에 에드가 목사는 사라가 교회에 등록하지 않으면 사라의 아이에게 유아 세례를 줄 수 없다고 거절했다.

전기 작가인 제임스 파튼(James Parton)은 1859년부터 1960년까지 3권 짜리 잭슨의 전기를 쓰기 위해 자료조사를 하고 있었는데, 당시 에드가 목사는 여전히 내시빌 제일장로교회의 목사였고, 에드가는 파튼에게 잭슨의 회심에 대한 일화를 보냈다. 파튼이 제공한 첫 번째 일화는 잭슨의 회심에 관해 알려진 유일한 것이다. 150년이나 된 희귀한 책이므로 여기에 그 일화를 그대로 옮겼다.

"머지않아 허미티지 농장의 작은 교회에서 오래 지속된 모임이 열렸다. 에드가 박사가 이 일을 주도했고 허미티지의 가족들은 계속 참석했다. 모임 마지막 날이 되었는데, 이 날은 그 주의 마지막 날이기도 했다. 잭슨 장군이 매번 앉던 자리에 앉았고 에드가 박사가 설교를 했다. 설교 주제는 사람의 삶에 끼어든 신적 섭리였는데, 이는 잭슨 장군이 습관적으로 생각하는 방식과 유사한 것이었다. 설교자는 삶에 혼란을 주는 위험과 질병과 갑작스런 죽음에서 얼마나 자주 보호받는 지에 대해 자세하게 말했다. 설교에 몰입되어 듣는 잭슨 장군을 보며 능숙한 설교자는 생의 일상적 위험과 더불어 전쟁과 첨예한 정치적 갈등의 광야를 만나고, 야만인의 도끼(tomahawk, 인디언이 쓰는 작은 도끼 - 역자 주), 국가적 원수의 공격, 국경분쟁으로 인한 피곤함과 빼앗김, 암살기도의 위험을 피한 한 사람의 경력을 간단히 묘사했다. 이성과 지성을 갖고 있는 사람이라면 어떻게 이 같은 장면에서 해를 받지 않고 지나온 사람이 자신의 구원에 있어서 하나님의 손길을 보지 못할 수 있겠냐고 설교자는 외쳤다. 이 주제에 대해 더 말하자, 에드가 박사는 자신의 말이 잭슨의 가슴에 깊이 내려가고 있음을 보았고 예사롭지 않은 생기발랄함과 인상적인 모습으로 말했다.

예배가 끝나자, 잭슨 장군은 자신의 마차에 올라 집으로 달렸다. 에드가 박사가 말을 타고 그를 앞섰다. 그는 박사를 불러 이야기하고 싶다고 말했다. 두 사람이 나란히 달리자, 잭슨은 에드가 목사에게 과수원쪽 작은 길로 가도록 했다. '박사님' 하고 잭슨이 불렀다. '오늘밤 함께 집으로 가 주셨으면 합니다.' '오늘은 안 됩니다. 다른 곳에 약속이 있습니다' 고 그가 대답했다. '박사님' 하고 잭슨이 반복했다. '오늘밤 함께 집으로 가 주셨으면 합니다.' 에드가 박사는 저녁에 아픈 부인을 방문하기로 약속했고, 약속을 꼭 지켜야한다고 했다. 그 말을 듣지 않은 것처럼 잭슨은 세 번째, 이전보다 훨씬 더 간청하는 투로 말했다. '박사님, 오늘밤 함께 집으로 가 주셨으면 합니다.' '잭슨 장군님, 저는 맹세했습니다. 약속을 어길 수는 없습니다. 하지만 내일아침 일찍 허미티지에 가겠습니다.'

간절히 바랐지만 그는 이 약속에 만족할 수밖에 없었고, 잭슨은 홀로 자신의 아파트 집으로 돌아갔다. 그는 묵상하고 성경을 읽고 사랑하는 딸과 대화하고 기도하면서 그 밤의 대부분을 보냈다. 그는 매우 고민이 되었다. 늦은 밤, 딸이 떠나고 그는 여전히 불안해하고 슬퍼했다. 그가 밤의 침묵가운데 방을 오가며 무슨 생각을 했는지, 어떤 죄를 회개했으며 하지 말았어야 한다고 생각한 행동이 무엇인지 아무도 모른다. 어쩌면 영원히 모를 것이다. 그러나 영혼의 격변으로 인한 가치는 바로 그런 것에 의존한다. 회개에는 급격하고 고귀하며 새로 태어나는 무언가가 있다. 깊이가 얕고 열매 없는 회개도 있다. 회개란 돌이킴을 의미한다. 그것은 한 사람이 무언가로부터 돌이켜 다른 것에로 돌아서는 때이며, 오직 그때에 우리는 그 회개가 어떤 유익이 있는지 안다. 하룻밤의 고민과 기쁨에서, 시간의 순간적인 짜릿 함속에, 교만과 탐욕의 지배에서 자신을 해방하는 그런 것이다. 평원을 따라 걷는 사람은 한순간에 산 정상에 도달할 수 없다. 하지만 한순간에 고개를 들어 그곳을 향해 고정하고 그 높이를 가늠해 볼 수는 있다. 잭슨 장군의 일생의 가치와 성격을 접하면서 나는 아무것도 알지 못하며 말할 것도 없다. 이제 우리에게는 그 사람의 영혼이 참으로 변했는지, 아니면 지금껏 보아온 모습 그대로 끝까지 남아 있는지 지켜볼 기회가 있을 것이다.

　날이 밝아오고 있었는데, 그 빛은 고민하는 그의 영혼에게 밝아오고 있는 것 같았으며 큰 평안이 그에게 내려왔다. 동이 트자 곧장 달려온 에드가 박사에게 잭슨은 그 밤에 일어난 기쁨의 역사에 대해 말했고, 바로 그날 아침 딸과 함께 교회의 멤버로 받아달라는 의사를 표시했다. 교리와 경험에 대한 일상적 질문에 대해 잭슨은 만족스럽게 답을 했다. 대화중에 잠시 침묵이 있은 뒤, 목사는 길게 말했다. '장군님, 이것은 제 의무인데, 한 가지 질문이 더 있습니다. 당신의 모든 적을 용서하시겠습니까?' 이 질문은 당연히 돌발적인 것인데 잭슨은 잠시 침묵한 후 말했다. '무조건 용서하겠습니다. 하지만 전장에서 국가를 섬기고 있을 때 나를 욕했던 사람과 조국을 섬길 때 나를 욕했던 사람들은 그럴 수가 없습니다. 박사님, 이것은 다른 경우입니다.' 박사는 다르지 않다고 확인시켰다. 그는 기독교는 어떤 종류의 증오도 허락하지 않는다고 말했다. 자신의 마음에서 그런 본성(미움)을 몰아내지 않고 교회에 받아들여지는 사람은 아무도 없다. 이것은 근본적이고도 필수적인 조건이었다. 잠시 침묵한 후 잭슨은 자신에게 해를 입힌 사람과 야전에서 국가를 섬길 때 자신을 공격한 사람들까지도 용서할 수 있다는 생각을 말했다. 그러자 목사님은 아침에 있을 엄숙한 의식에 참여할 것을 동의했고 방을 떠나 이 기쁜 소식을 잭슨 부인(잭슨의 며느리)에게 알렸다. 그녀는 급히 잭슨의 아파트로 갔다. 서로의 팔을 붙들고 눈물을 흘리며 사랑과 침묵의 포옹을 했다.

　허미티지교회의 작은 공간이 허락하는 최대한의 사람들로 가득했고 창마다 하인들로 가득해 교회 안이 어두워졌다. 통상적인 예배가 끝나고 모든 교리에 동의하고 교회의 법령에 순종하겠다는 결심을 공적으로 선포하려고 장군이 일어섰다. 양손에 쥔 지팡이에 자신의 몸을 기대고 양 뺨에는 눈물이 흘러내렸다. 결혼한 예쁘고 어린 딸이 그와 함께 섰다. 깊은 침묵을 향해 그는 자신에게 주어진 질문에 답했다. 그가 교회의 일원이 되었다는 공적인 선언을 하고 목사님이 예배를 계속하려는 순간 오랫동안 눌러왔던 청중의 감정이 흐느낌과 탄성으로 터져 나왔고, 이로 인해 목사님은 몇 분간 예배를 진행할 수 없었다. 목사님 자신도 감정에 복받쳐 말을 잇지 못하고 말할 수 없는 기쁨의 시간을 함께 누렸다. 교회 안과 밖의 회중 모두가 귀에 익은 찬송을 불렀고, 말할 수 없는 기쁨을 표하고 감정을 식히는 극도의 열정에 참여했다."

허미티지교회의 담당 목사인 스미스 목사는 실망스러워했으며 어쩌면 에드가 잭슨을 받아들였다는 것에 좀 화가 났다. 그는 신문에 자신의 감정을 표출했는데 "솔직히, 꾸밈없이 말하면 잭슨이 그가 다녔던 교회에 멤버가 되었으며, (자신이라면) 잭슨을 교회에 받아들이지 않았을 것이라고" 덧붙였다.

그러나 스미스 목사의 주의에도 상관없이 잭슨은 마음을 다해 예배에 참여했다. 전기 작가인 레미니(Remini)의 말처럼 잭슨은 "교회의 멤버가 되기 위해 자리에서 일어나 교리에 대한 믿음과 다른 법령에 순종하는 결심을 공포했다."

남은 생애동안 잭슨 대통령은 적극적인 그리스도인이었다. 그는 규칙적으로 예배에 출석했고, 매일 성경(스콧의 주석과 찬송가)을 읽었으며, 가족과 하인을 위한 밤 모임을 열었다. 이 모임에서 그는 기도문을 읽었고 때때로 성경구절을 설명했다.

그가 회심한 후에 허미티지교회는 규칙적 모임을 위해 조직을 정비했다. 잭슨이 교회의 치리 장로 후보로 추대되었다. 그는 "안 됩니다. 성경은 '성급히 안수하지 말라'고 가르칩니다. 나는 교회에서 그런 직분을 맡기에는 어린 사람입니다. 국민이 내게 높은 영예를 주었지만 내가 지금껏 받은 그 어떤 것보다 그리스도 교회의 치리 장로가 되는 일을 가장 큰 영예로 여기고 있습니다"라고 말했다. 그는 다른 두 사람을 그 직분에 추천했다.

잭슨은 장로교 교리를 믿었지만 분명히 선택 교리는 믿기 힘들어했고, 대신에 모든 사람이 구원받을 수 있다는 교리를 믿었다. 한 번은 장로교 목사에게 "베인(Bain) 목사님, 내 구주 예수님이 '수고하고 무거운 짐 진 자들아 다 내게로 오라' 고 말씀하셨을 때 그분은 말씀하신 그대로를 의미하시지 않았다고 내게 말씀하시려는 것입니까?" 라고 질문했다.

1838년 친구인 랄프 얼(Ralph Earl)이 갑작스레 죽었을 때 잭슨은 이렇게 썼다. "나도 곧 그를 따를 것이고 사랑하는 구속자이신 예수 그리스도의 복된 곳에서 나보다 먼저 간 친구를 만날 것이다."

1845년 봄, 잭슨에게 죽음이 다가왔다. 많은 친구들이 작별인사를 하려고 찾아왔다. 잭슨은 이 가운데 토마스 제섭(Thomas Jessup) 장군에게 이같이 말했다. "장군, 나는 이제 긍휼이 많으신 하나님의 손에 있소. 그분의 선하심과 긍휼하심을 전적으로 신뢰하며… 성경은 진리이며… 할 수 있는 한 그 정신에다 나를 맞추려고 했소. 복되신 구주이신 예수 그리스도의 피와 공로를 통해 영원한 구원의 소망을 그 거룩한 책에다 둔다오."

잭슨은 1845년 6월 18일에 사망했다. 1843년에 마무리된 유언은 이런 말로 시작한다. "첫째, 때가 오면 내 몸은 땅에다 주고 영혼은 세상의 구주이신 주 예수 그리스도의 대속의 공로로 얻는 행복한 불멸성을 희망하며 이를 주신 하나님께 돌려드린다."

37장

존 퀸시 애덤스
John Quincy Adams

애덤스는 정통 기독교 환경에서 자라났다. 훗날 그는 알 수 없는 것과 입증하는 것 사이에서 갈등했다. 믿음과 성경의 권위에 대해 알 수 없다는 것을 받아들이지 않고 다양한 교리들이 참인지를 의심했다. 그의 영원한 운명이 그가 내린 결론에 의해 결정되었고, 우리는 이런 영원의 측면에 대해서 알지 못한다.

존 퀸시 애덤스 John Quincy Adams

존 퀸시 애덤스는 1767년 7월 11일 매사추세츠 주의 브레인트리(Braintree)에서 출생하였다. 그는 루이자 캐더린 존슨(Louisa Catherine Johnson)과 1797년 7월 26일에 결혼했다.

1812년, 애덤스는 아들인 조지 워싱턴 애덤스(George Washington Adams)와 성경에 관한 편지를 쓰기 시작하여 1813년 9월 14일에 편지 쓰는 일을 마무리 지었다.

1816년, 퀸시 애덤스는 대영제국 주재 미 대사였고 그의 부친은 성경에 오류가 있는 지의 여부에 대해 논의하자는 편지를 보냈다. 존 퀸시 애덤스는 답신에서 자신이 "성경의 심판자로 부름을 받은 것이 아니기 때문에" 그 주제에 대해 논쟁하고 싶지 않다고 썼다. 부친인 존 애덤스(John Adams)가 계속해서 요구하자, 전기 작가인 폴 네이젤(Paul Nagel)의 말대로 퀸시는 "칼빈주의와 삼위일체 신앙의 교리를 조심스럽게 따른다고 시인했으나 그들의 편협주의는 인정하지 않는다고 덧붙였다." 존 퀸시 애덤스는 유니테리언주의(Unitarianism)나 이 운동의 지도자중 하나인 조셉 프리스틀리(Joseph Priestley)의 견해를 인정하지 않았다. 그는 아버지에게 매실론(massillon) 주교의 그리스도의 신성에 관한 설교인 '원한다면 소시니안이 되고 난 후'를 읽도록 도전했다. 존 퀸시는 "제가 너무 많이 믿어서 영원한 멸망의 위험에 처해 있다고 생각하지 않았으면 합니다"라고 결론을 맺었다.

1817년 6월과 7월에 국무장관직을 맡기 위해 조국으로 가는 배를 탔다. 항해도중 자기를 조롱하는 사람에게 "속에 있는 믿음"을 지키는 이유를 설명했다. 전기 작가인 네이젤(Nagel)에 따르면 "이 사건으로 애덤스는 성경 전체가 처음부터 끝까지 기적의 연속이며, 만약 그중 하나를 받아들이면 논의하는 다른 모든 사소한 것에도 관련된다는 사실을 받아들이지 않는 것을 이상하게 여기게 되었다"고 한다.

애덤스는 국무장관 재직 기간에 미국성서공회의 회장으로 선출되었다. 네이젤은 그가 "국가의 종교적 경향에 있어서 두 가지 발전, 유니테리언주의와 복음주의 대립이라는 국가의 종교적 경향 때문에" 이 직무를 받아들였다고 말했다. 네이젤은 "이들 학파의 사유는 유럽에 있는 동안 수용한 자신의 영적 견해에 대한 하나의 도전이었다. 결국 그의 1817년의 일기에는 붙임성(genial)있는 유니테리언주의와 비관용적인 근본주의 둘 다를 반박하며 둘 다 공화제 사회체계에 위협이 된다는 생각이 등장한다"고 했다.

그는 유니테리언주의를 "하찮은 도덕체계에 불과한" 종교로 여겨서 싫어했다. 그는 헨리 클레이(Henry Clay)가 유니테리언 예배를 드린 후에 "보스턴의 목회자가 이제 가까이 가고 있는 새로운 종교체계에 대해 매우 만족했다는 말"을 한 예로 들었다.

애덤스의 일기를 보면 그가 이신론자(deist)가 아니라 여전히 국가와 국민의 길을 지도하는 하나님을 믿었음을 분명하게 입증할 수 있다. 1812년 후반에 등장하는 일기에 나오는 내용이다.

"12월 3일, 올해의 마지막에 긍휼하신 하나님께서 나를 사랑한 모두에게 호의를 베푸심으로 복을 주신 하나님께 감사드리며, 그분의 선하심이 계속되기를 기도한다. 무엇보다 내 안에서 그런 뜻과 행동을 하도록 역사하신 분께서, 기쁘나 슬프나 모든 섭리의 경륜(dispensation)을 수용하는 일에 매일같이 가장 잘 적응하도록 마음의 기질과 영혼의 확고함을 허락해 주시기를 기도한다. 그분의 징계하시는 손과 독한 슬픔으로 시험하신 일이 그분을 기쁘시게 했다. 반역하는 마음을 누르려는 내 노력에 위로부터 오는 복이 있었다. 삶을 향해 나아갈 때 생의 악이 늘어나고 죽음(mortality)의 순간이 자주 더 가까이 온다. 거기에 다른 치료법이 없는 그런 고통을 지지하는 종교의 후계자가 육체라는 재앙에 마주서는 강한 마음의 필요가 더욱 크다. 종교적 감성은 나날이 더 지속적인 습관이 되었다."

1814년, 애덤스는 1812년의 전쟁을 종식하기 위해 영국과 협상하는 일에 선출되었을 때 4월 22일 일기에 이렇게 썼다. "내게 맡겨진 신뢰는 부분적으로는 어려움이기는 하나, 사람의 보기에는 정복할 수 없는 것이며, 성공의 희망을 막고 내 앞에 보이는 보편적인 어두운 전망은 나보다 더 밝고 복잡한 정신을 가진 사람조차 중압감을 느낀다. 하나님의 섭리만이 내가 의존할 곳이다. 빛과 주의하는 마음, 정신의 임재와 강한 마음, 그리고 맡기는 마음을 달라는 기도는 내 시험에 비례하는 힘을 주는 데에 적합하며, 이것이 계속해서 내 마음에 있다. 인류의 이익과 더불어 내 가족과 국가의 안녕이 이 사건에 달려있다. 오직 하늘에게만 이것을 맡겨야 한다."

수년 후에 플로리다(Florida)를 두고 스페인과 협상을 끝낸 후 그가 아들들에게 소식을 보낸 것이 1821년 2월 22일 일기에 들어 있다. "만일 내 아들들이 아버지의 일생에 대해 접하게 된다면 그들로 그날(플로리다조약의 서명이 이루어진 날)의 일기에 나타난 반성으로 눈을 돌리도록 하라. 그 조약 - 이 일기가 그날과 오늘 사이의 중인인데 - 에 나타난 모든 변화에 대해 깊이 생각하도록 하라. 개인의 이익이나 불성실한 사기, 더러운 음모, 반역, 악한 경쟁, 애국심의 가면을 쓴 시기심으로 인한 일, 대서양을 건너 서로의 손에 왔다 갔다 한 책략, 이 모든 것이 서명과 인준사이에 있는 조약을 파괴하려고 했다는 부분에 줄을 긋도록 하며 하나님의 통치하시는 섭리에 신뢰를 두도록 하라."

애덤스는 그의 초기에 수편의 시를 썼다. 그는 시편 23편을 비롯해 여러 편의 시편을 음악으로 옮겼다.

내 목자는 높이 계신 주님
그분의 손이 내게 잔잔함을 공급하시네
푸른 초장에 나를 눕히시고
작은 물결이 이는 시내 곁에
내 영혼을 북돋우시고, 재앙을 덜어주시며,
전개될 그분의 영광과
그분의 의의 길을 내게 보이시고
그분의 길로 인도하시네

애덤스는 1824년 대통령으로 선출되어 한 번의 임기를 수행했다. 그는 하나님의 도움을 구하며 취임연설을 마무리 지었다.

"입법부의 지도에 대해, 행정부와 하위부서의 도움, 그리고 존경하는 주정부의 협력과 도움, 국민들의 솔직하고 자유로운 후원에 대해, 본인은 본인의 공직에 수반될 성공, 비록 그것이 무엇이든 간에 바라봅니다. 그리고 '하나님께서 성을 지키시지 않으면 파수꾼의 수고가 헛된 줄' 알기에 그분의 호의를 구하는 뜨거운 기도를 드리며, 그분의 통치하시는 섭리에 대해 겸손과 두려움 없는 자신감으로 본인의 운명과 조국의 미래 운명을 맡깁니다."

1828년 7월 4일, 존 애덤스는 에리 운하의 기공식에 참석했다. 그 당시 연설에서 미국의 꿈이 세 단계로 진행된다고 말했다. 첫째 단계는 독립선언문에 의해 특징 지워지며, 둘째는 헌법에 의해, 셋째 단계인 국가 발전은 그 때에 시작되었다고 말했다. 운하의 가장 뛰어난 목적은 '땅에 충만하고 정복하라'는 하나님의 명령을 성취하는 단계라고 믿었다.

워싱턴에 있던 초기 기간에 그의 교회 출석은 뜸했다. 1819년 일기에는 이렇게 쓰고 있다. "이제 워싱턴에 도착했으므로 어느 교회에도 정기적으로 출석할 수 없다. 그 이유는 주중의 날이 안식일을 너무 많이 침식했기 때문이며 주일의 의무에 대해 충분히 유의치 않았기 때문이기도 했는데, 그러나 주된 이유는 여기에 교회가 너무 많고 다양하며 그중에 독립 회중 부류의 교회가 하나도 없기 때문이다."

그러나 애덤스는 대통령으로 선출되기까지 유니테리언, 감독교회, 그리고 장로교회의 세 교회를 주일 오전과 오후, 저녁에 각각 다녔다. 1827년 사망할 때까지 로버트 리틀(Robert Little)은 애덤스가 대통령 재임기간과 국회예배 시에 다녔던 유니테리언교회의 목사였다. 그 교회는 워싱턴의 북서쪽 6번 D거리에 있었다. 그는 주일 오후면 다니엘 베이커(Daniel Baker)가 목사로 있는 제2 장로교회에 출석했다. 애덤스는 그 교회 이사였다. 1826년 7월 부친의 사망이후 애덤스는 퀸시 유니테리언교회 목사인 피터 휘트니(Peter Whitney)에게 교인이 되고 싶다고 말했다. 전기 작가인 사무엘 플래그 베미스(Samuel Flagg Bemis)에 따르면 10월 1일 "목사님이 그리스도의 거룩한 선교에 대한 믿음을 나타내길 원하는 사람과 복음의 원칙에 따라 사는 확고한 목적을 가진 모든 이는 일어서라고 말했다"고 했다. 다른 여러 사람과 함께 애덤스도 일어나 교회의 멤버가 되었다.

대통령 임기가 끝난 후 애덤스는 공적 경력에 있어서 아마도 가장 뛰어난 부분이 될 일에 착수했는데, 그것은 미하원에서 섬기는 일이었다. 애덤스는 노예제도 폐지에 가장 초기부터, 가장 강력한 목소리를 낸 사람 중 하나였다. 그는 하원의원들은 엄격히 유권자가 바라는 것을 따라야 하는 지에 대해서 이 같은 말로 자신의 견해를 표현했다. "공직자는 사람의 종이 아니라 하나님의 종입니다." 애덤스는 영국이 소유권을 주장한 오리건 주를 합병하는 것이 국가의 권리인지에 대한 논쟁(1845년)에서 성경적 논증을 사용했다. 그는 비서에게 창세기 1장 26~28절을 읽도록 부탁하고 이 구절이 "우리 권리의 기초"라고 말했다. 비서는 읽었다. "하나님이 가라사대 우리의 형상을 따라 우리의 모양대로 우리가 사람을 만들고 그로 바다의 고기와 공중의 새와 육축과 온 땅과 땅에 기는 모든 것을 다스리게 하자 하시고 하나님이 자기 형상 곧 하나님의 형상대로 사람을 창조하시되 남자와 여자를 창조하시고 하나님이 그들에게 복을 주시며 그들에게 이르시되 생육하고 번성하여 땅에 충만하라, 땅을 정복하라, 바다의 고기와 공중의 새와 땅에 움직이는 모든 생물을 다스리라 하시니라."

애덤스는 이렇게 답했다. "보시오, 내 생각에는 오리건 주에 대한 우리 권리의 기초뿐 아니라 인간의 소유에 대한 모든 사람의 권리의 기초도 거기에 들어 있습니다." 그는 논쟁이 비기독교인과 하는 것이라면 성경을 인용할 수 없지만, "기독교 국가 간에 창세기 첫 장에 나타난 땅에 대한 권리의 기초에 대한 것과 성경 안에 사법과 분명한 다스림에 대한 권리의 기초를 발견합니다"라고 했다.

그리고 그는 비서에게 시편 2편 8절을 읽도록 했다. "내게 구하라 내가 열방을 유업으로 주리니 네 소유가 땅 끝까지 이르리로다." 그리고 하나님께서 그 땅이 미국에 속하기를 원하시는데, 그 이유는 "광야에 꽃을 피우고 법을 세우며… 번성하고 땅을 정복하는 나라가 전능하신 하나님의 첫째 명령에 의해 취하도록 명령을 받았기 때문입니다. 영국은 항해상의 목적과 야생동물을 사냥할 목적으로 그 땅의 권리를 요구합니다. 하지만 우리의 권리 주장과는 거리가 있습니다"고 결론지었다.

애덤스는 이 사건에서 승리했다. 하원은 영국과 미국이 공동으로 그 땅을 다스리기로 동의한 조약을 철회했다. 상원도 철회하기로 투표했고 오리건 주를 미연방에 복속시키는 절차를 정했다.

1829년 4월 30일, 존 퀸시와 루이자(Louisa)의 아들인 조지 워싱턴 애덤스(George Washington Adams)가 롱 아일랜드 사운드(Long Island Sound)의 한 증기선에서 죽었다. 자살했다고 말하는 이도 있었다. 부모는 망연자실했다. 이 비극으로 두 사람은 더 가까워졌다. 루이자는 존 퀸시가 "언제나 내 곁에선 수호천사"라고 말했다. 영부인에 대한 책을 쓴 마가렛 트루만(Margaret Truman)에 의하면 "애덤스 부부는 서로에게 위로의 성구를 읽어주었다." 그녀는 퀸시가 또 다른 아들, 찰스(Charles)에게 쓴 편지를 인용했다. "우리는 큰 슬픔 속에 있단다. 그러나 섭리의 최초 충격은 지난 일이 되었고, 네 엄마와 나는 궁휼 속에 정결케 하시는 분을 의지하며 남은 아들의 애정 어린 친절 속에서 여전히 위로를 찾고 있단다."

애덤스는 어린 시절부터 매일 성경을 읽기를 시작했다. 1809년 일기에 하루의 전형적인 모습을 묘사했는데 그는 "6시쯤, 간혹 더 일찍 일어났으며, 성경을 10~15장 읽었다"고 썼다. 1801년 즈음에 시작하여 남은 생애 동안 계속된 일은 캔터베리(Canterbury) 대주교(1691~1694년)였던 존 틸롯슨(John Tillotson)의 설교를 읽는 것이었다.

애덤스는 매해 성경전체를 완독했다. 때때로 외국어로 된 성경을 읽기도 했다. 그는 1812년 3월 13일 일기에 이렇게 쓰고 있다.

"3월 13일, 오늘 아침 독일성경을 정독했는데 지난 6월 20일부터 시작한 것이었다. 영어나 불어, 독일어 성경 사이에 번역의 차이가 있는데 세 번역의 일부를 비교해 보았다. 영어번역에서 모호하고 심하게는 알 수 없었던 많은 구절이 독일어와 불어에서는 더 명확했다. 내가 생각하기에 셋 중 모호한 부분이 가장 적은 것은 독일어이다. 그러나 바울 사도의 능변이 다른 두 번역보다 영어번역에서 더 고양되고 숭고한 인상을 받았다."

대통령 재임 시, 애덤스는 아침 5시에 일어나 스콧성경 두 장과 이에 유사한 휴렛의 주석을 읽었다.

애덤스의 신앙적 견해가 얼마나 정통이었는가? 에드먼드 풀러(Edmund Fuller)와 데이빗 그린(David Green)은 존 퀸시 애덤스가 정통 칼빈주의를 부인하고 유니테리언주의로 옮겨갔다고 말한다. 반면에 전기 작가인 베미스(Bemis)는 애덤스에 대해 "정통의 향취가 언제나 거기에 있다"고 말한다.

다른 교리에 대한 애덤스의 견해를 살펴보자. 1846년, 그는 예수께서 인류의 죄를 속하기 위해 하나님에 의해 보냄을 받은 분인 지에 대한 논쟁을 기록했다. 전기 작가인 네이젤(Nagel)은 이렇게 썼다. "애덤스는 속죄에 대해 '난 믿을 수 없어.' '이건 사실이 아니야. 증오스런 것이야. 그러나 사도 바울이 말한 것을 어떻게 반대하지?'" 그는 바울이 기록한 것이 성경에 있다는 것을 알았다. 애덤스는 또한 믿는 것을 말하기도 했다. "나는 하나님을 창조주로 경외한다. 세상의 창조주로 나는 거룩한 두려움을 갖고 그분을 경외한다. 예수 그리스도를 내 구주로 받든다. 그리고 이해할 수 있는 한 세상의 구주로 존경한다. 그러나 이 믿음은 어둡고 불확실한 것이다."

언젠가 애덤스가 삼위일체론 혹은 유니테리언을 믿는 지 질문을 받았을 때 그는 이렇게 대답했다. "나는 한 분 하나님을 믿지만 그분의 본성은 내가 이해할 수 없는 것이며, 유니테리언과 삼위일체 사이에 대한 질문에 대해서 분명한 이해가 없기에 결정적인 신앙은 없다."

언젠가 다니엘 베이커(Daniel Baker)가 그 주제에 관한 그의 견해를 물었다. 그는 이같이 대답했다. "나는 삼위일체론자나 유니테리언이 아닙니다. 나는 예수 그리스도의 본성이 초인적이라 믿지만 그분이 하나님인지, 아니면 단지 인간 중에 첫째 인지의 여부가 성경에서 내게 분명히 계시되지 않았습니다."

전기 작가인 베미스는 애덤스가 "동정녀 출생이나 기적에 대해 확신하지 못했다"고 말한다. 또 베미스는 애덤스가 "많은 은유적인 구절에도 불구하고 성경은 본질적으로 신적 영감을 받았다"고 고수한다. 초자연적인 것에 대해 베미스는 이 같이 말한다. "성경의 문자적인 구절에 대해 애덤스는 신경이 쓰였다. 기적은 어떤가? 기적은 전능하신 하나님의 능력을 넘어선 것이 아니지만, 성경과 연루된 그런 사건에 대해서 그는 의심하게 되었다."

그러나 애덤스는 하나님에 대한 믿음은 가지고 있었다. 그는 1845년 즈음 이렇게 썼다. "왜냐하면 나는 기도를 듣는 하나님이 있으며, 그분께 드리는 진실한 기도가 헛되지 않다는 것을 믿는다." 애덤스는 1848년 2월 23일 사망했다.

38장

제임스 먼로
James Monroe

먼로는 종교가 사생활이라고 믿었으며, 보존되어 있는 편지에서는 종교적 신념에 대해 논하지 않았다. 그의 종교생활에 대해 조사한 역사가들은 자료를 거의 얻지 못했고, 우리는 이 주제에 대해 어떠한 결론도 내릴 수가 없다.

제임스 먼로 James Monroe

제임스 먼로는 1758년 4월 28일 버지니아 주의 웨스트모어랜드 카운티(Westmoreland County)에서 출생하였다. 그의 부모는 스코틀랜드 장로교인이었다. 먼로는 1786년 2월 16일에 엘리자베스 코트라이트(Elizabeth Kortright)와 결혼했다.

1816년 대통령으로 선출되어 두 번의 임기로 나라를 섬겼다. 첫 번째 취임연설에서 국가적 종교자유에 대해 찬사를 표하면서 이렇게 물었다. "우리 합중국 안에 어떠한 억압이 있었습니까? 인간적 권한이나 재산을 빼앗긴 이가 있습니까? 자기 존재의 신적 저자를 택하는 그런 방식으로 자신의 맹세를 드리는 일에 제한을 받는 이가 있습니까? 이 모든 복을 최대한으로 누려왔음은 잘 알려져 있습니다."

그는 국가를 인도하는 하나님의 손을 인식하며 "지금까지 한 일과 이미 지나온 길에 인내하면, 하나님의 은혜로운 섭리아래 우리를 기다리는 높은 운명을 얻는 일에 실패할 수 없습니다"라고 말하며, 그는 이렇게 결론짓는다. "본인은 동료시민의 참정권의 행사에 따라 신뢰에로 부름을 받는 일에 들어가면서 그분께서 이미 우리에 대해 기뻐하시는 가운데 우리를 보호하신 일을 은혜가운데 기꺼이 계속해 주시기를 바라는 뜨거운 기도를 드립니다."

두 번째 취임연설에서 먼로는 "모든 선의 최고 저자이신 분께 드리는 본인의 가장 뜨거운 기도의 내용은 언제나 우리 조국의 행복입니다"라고 말하며, 이렇게 결론을 내렸다. "이제까지 겪어온 국민 전반의 솔직하고 관대한 사면(indulgence)이 계속될 것이라는 전적인 확신과 전능하신 하나님의 보호하심에 대한 확고한 신뢰 속에 본인은 지금부터 여러분께서 부르신 높은 신뢰의 임무(대통령직)를 이제부터 시작하겠습니다."

또 다른 종교적 진술은 재임 8년째 행한 대통령 연두연설에 나타난다. 미국의 상황을 논의하면서 그는 다음과 같이 말했다. "전능하신 하나님께 얻은 이 모든 복, 우리가 그분에게서 나왔으며, 깊은 경외함으로 최고의 감사와 쉬지 않는 인정(acknowlegments)을 드립니다."

대통령으로 재임하면서 먼로는 라파엣 광장에 있는 성 요한교회에 규칙적으로 출석했다. 그러나 "어느 교회에도 교인이 되지는 않았다." 성 요한교회의 문서보관소에 있는 종이에는 "먼로가 종교가 '창조주와 우리 사이의 일'이라는 데에 제퍼슨(Jefferson)과 동의했다"고 말한다. 그는 1831년 7월 4일 뉴욕시에서 사망했다.

39장

제임스 매디슨
James Madison

매디슨은 어릴 적 정통기독교로부터 강한 영향을 받았으며 이 유산에 결코 등을 돌린 적이 없다. 그가 구체적으로 믿은 교리에 대해서는 알 길이 없지만 그가 이신론자가 아니라는 것은 알고 있다. 그는 국가의 운명을 조절하는 전능하신 분의 능력을 믿었다.

제임스 매디슨 James Madison

제임스 매디슨은 1751년 3월 16일에 버지니아 주의 포트 콘웨이(Port Conway)에서 태어났다. 그의 부모는 제임스 매디슨(James Madison)과 몰리 콘웨이 매디슨(Molly Conway Madison)이며 경건한 감독교인이었다. 아버지 제임스는 성 도마교구에 교구위원이었다. 이들 부부는 제임스가 21일 되던 영아 때에 유아 세례를 받도록 했다. 매디슨은 결국 감독교인이 되었다.

1772년 친구인 윌리엄 브래드포드(William Bradford)에게 편지를 썼다. "우리가 여기에 명성과 최상의 복이라는 이상의 기념탑을 세우는 동안 하늘의 연대기에 우리 이름을 등록하는 일에 소홀히 하지 않도록 지켜보는 눈이 항상 우리에게 있어야만 한다."

매디슨이 목회사역의 결정을 내린 것에 대해 브래드포드가 반대하자, 그는 언젠가는 브래드포드가 그리스도의 열렬한 옹호자가 될 것이란 희망을 표시했다. 매디슨은 사역준비를 위해 프린스턴대학에서 신학을 공부했다. 1910년 윌리엄 미드(William Meade) 주교는 그에 대해 다음과 같이 썼다.

"그가 프린스턴에 머무는 동안 큰 부흥이 일어났는데, 그가 이 영에 참여한 것으로 믿어진다. 집에 돌아오자, 그는 아버지의 집에서 예배를 드렸다. 입법부에서 일하는 제의를 받았는데 반대자들은 그가 입법부 건물보다 설교단에서 더 잘 맞는다며 반대했다."

전기 작가인 랄프 켓츠만(Ralph Ketchman)은 대학경력을 통해 "우리가 아는 한 매디슨의 스승들은 모두가 목회자이거나 경건한 정통 기독교 평신도였다"고 말한다.

그는 또한 이렇게 말했다. "매디슨이 받은 학교교육의 기독교적인 면은 대체로 형식적이며 결코 열렬한 신자가 되지는 않았던 것으로 보이나, 그럼에도 불구하고 해가 갈수록 기독교적 관점에서 자신의 연구를 수행했다. 더욱이 한 번도 반종교적 혹은 반기독교적 자세를 취한 적이 없었으며, 프린스턴에서 함께 공부했던 경건하고 젊은 정통신자에 대해 존경하고 감탄했다. 그는 기독교 기반의 교육을 전적으로 혹은 열렬하게 거부하지 않았던 것은 분명한 것으로 보인다. 매디슨은 일반적으로 기독교 신념을 받아들였고 그 세계관 안에서 삶에 대한 자신의 관점을 형성했다."

켓츠만은 "비록 스승들처럼 기독교의 도덕과 사회이론의 근본을 오래도록 계속 표시하지는 않았지만, 그가 자란 기독교적 배경과 관련짓지 않고서는 공적생활의 목적과 열성을 이해하기란 불가능하다"고 덧붙인다.

윌리엄 리브스(William Rives)는 「제임스 매디슨의 삶과 시대에 대한 역사」(History of the Life and Times of James Madison)라는 책에서 이렇게 썼다. "베뢰아 사람의 방식(행 17:11)을 따라 그는 매일 열심히 성경을 뒤진 것으로 보인다. …그는 모든 면에서 기독교의 전역사와 증거를 탐구했고, 교부(the Fathers)로부터 학교교사에 이르기까지 구름 같은 증인과 승리자들을 통해서, 모든 측면에서 기독교의 전역사와 증거를 탐구했다. 아무도, 심지어 신학자도 그처럼 진리에 이르기 위해 광범위하게 연구하고 애쓰지는 않았다."

우리는 그가 어떤 결론에 도달했는지 모른다. "옛날 교회, 목회자, 버지니아의 가족"의 작가인 미드 주교는 말한다. "나는 매디슨의 집에 단 한 차례 갔다. 내 의도는 아니었지만 돌아가며 의사를 표시하고 논증을 제시했는데 그의 신경(신앙에 관한 이해나 교리)이 성경에 의해 엄격히 규정된 것은 아니라는 인상을 받았다."

그러나 매디슨은 기독교에 적의를 표시하지 않았다. 미드 주교는 이렇게 덧붙였다. "종교(신앙)의 주제에 대한 사적 감정이 어떠했든지 간에 매디슨은 결코 기독교에 적의를 표하지 않았다. 언제나 존경으로 (기독교를) 대하며 이웃의 교회에 출석하고, 목회자를 자신의 집으로 초청했는데, 그런 때면 가족기도를 드렸는데 무릎 꿇고 하지는 않았다. 가끔 감독교회 목회자들이 집에 들러 신앙심 깊은 연로한 모친에게 성찬을 시행했다."

1776년 매디슨은 버지니아 의원총회에 대의원으로 선출되었다. 6월 12일 총회는 '권리장전(Declaration of Rights)' 을 공포했다. 매디슨은 총회에서 단 한 번 발언했다. 이 행동은 종교 자유란 문구를 수정하기 위한 것인데, 이전에 이 문구는 "모든 사람은 종교행위에 있어서 완전한 관용을 누려야 한다" 였다. 매디슨은 이 구절을 "모든 사람은 자유롭고 완전한 종교의 행사에 똑같이 처한다"고 수정 제안했다. 채택되지는 않았지만 이것은 종교가 강요되어서는 안 된다는 매디슨의 초기신념의 표시였다. '관용' 이란 말이 사용된 곳에서는 종교 자유란 취소할 수 없는 권리로 보였다. 수용되었더라면 매디슨의 수정안은 종교자유를 취소할 수 없는 권한으로 선포하게 되었을 것이다.

1794년 9월 15일 그는 퀘이커교도의 과부인 돌리 댄드리지 페인(Dolley Dandridge Payne)과 결혼했다. (매디슨이 퀘이커교도가 아니어서 돌리는 퀘이커 신앙을 떠나 교단 밖에서 결혼한다는 말을 들었다)

1784년 매디슨은 종교 교사에 적합한 시민을 평가하는 법안에 대해 반대하는 발언을 했다. 그는 종교란 "시민 권한의 범위 내에 있지 않다"고 주장했다. 그는 손에 든 법안이 기독교를 제도교회로 만드는 경향을 띠고 있으며, 보편적 평가의 진보로 인해 이런 경향을 입증할 수 있게 된다고 말했다. "잘못된 것을 제도화하는 것과 그것에 대해 관용하는 것에는 차이가 있다"

고 그가 남긴 짧은 메모에 쓰여져 있다. "바른 질문은 종교가 필수적인지가 아니라 종교의 제도적 확립이 종교에 필수적인가 하는 것이다." 이에 대해 그는 "아니오"라고 답한다. "인간에게는 종교적 성향"이 있으며 "종교가 제도에 의해 타락한다는 것은 경험이 말해준다"고 주장했다.

참된 요법은 교회를 제도화하는 것이 아니라 무엇보다도 "덕을 새기는 법"과 "정의의 시행", 그리고 "개인적 모범"이라고 말했다. 그는 상정된 법안의 구체적인 결함을 지적했다. 그는 "기독교가 무엇이냐"고 물었다. 이 법안 하에서는 "법정이 결정한다"고 했다. "삼위일체 신앙, 아리안주의, 소시니안주의 중 어느 것이 기독교인가? 믿음에 의한 구원, 아니면 행위 또한 포함되는 구원? 그리고 무엇, 그리고 또." 그것은 "정통이 무엇이며 이단이 무엇인지로 끝난다." 이 법안은 "기독교를 불명예스럽게 만든다."

매디슨은 종교자유에 대한 "버지니아 개런티(Virginia Guarantee)"의 초안을 만들었다. 그는 1808년 대통령으로 선출되어 두 임기동안 섬겼다. 첫째 취임연설에서 이 같이 결론을 내렸다.

"본인이 의지해야 할 근원 혹은 부족함을 채울 유일한 도움은 잘 사용된 지성과 동료시민, 그리고 국가의 이익을 돌보는 일에 관련된 다른 부처를 대표하는 사람들의 조언입니다. 모든 어려움을 통과할 때 여기에 본인의 자신감을 두며, 다음으로 전능하신 분의 능력이 국가의 운명을 좌우하고 그분의 축복이 발흥하고 있는 공화국에 얼마나 많이 주어졌으며 지난날에 대해 경건한 감사를 드리는 것 뿐 아니라, 뜨거운 감사와 미래에 대한 최선의 소망을 드려야 할 전능하신 분의 후원과 인도하심을 우리 모두가 느껴야하는 것입니다."

첫째 임기 중에 국가의 독립을 위협하는 전쟁이 1812년에 일어났다. 매디슨이 하루를 떼어 별도로 "미국민이 신앙적 엄숙함으로 겸손함으로 기도를 드리는 하루를 준수하자"고 한 것을 국회가 추천하여 매디슨은 "우주의 주권자이며 인류의 보혜사께 그분의 거룩한 속성에 따른 마땅한 찬사를 돌리는 경건한 목적과 당연히 신적 불쾌감을 일으키는 허물을 인식하고 회개와 개선이라는 큰 의무에 있어서 그분의 도우심과 자비한 용서하심, 그리고 특별히 전쟁과 재앙이라는 현시점에 그분께서 미국민을 특별한 돌보심과 보호하심 아래로 이끄시며, 공적회의를 인도하시며, 애국심을 고취시키며, 그들의 팔에 복을 부으시고 모든 민족을 정의와 일치됨에 대한 애정으로 고취시키며, 마지막으로 그들의 공회를 우리에게 돌려 폭력과 불의를 일삼는 우리의 적에게 마음을 주며, 그분이 평화의 축복으로 회복해 주시는" 날로 1812년 8월 3일을 구별하는 포고를 내렸다.

    매디슨은 1812년 대통령으로 재선출 되었다. 그는 자신의 엄숙한 의무를 논하면서 두 번째 취임연설을 시작했다. "만일 이토록 계몽되고 관대한 시민의 후원에 덜 의지하며, 우리 현실에서는 너무나 분명한 강한 나라와의 전쟁이 하늘의 미소를 전쟁을 수행하는 방식에 초대하여 성공적인 종결을 맺도록 하는 정의로 특징 지워진다는 확신을 덜 느낀다면, 이 직무에 속한 중압감과 고귀함으로 인해 본인은 움츠러들 수밖에 없습니다."

    1813년 매디슨은 공적인 기도와 낮춤을 위해 하루를 드리는 것을 공포했다. 그는 사람들에게 국내적인 축복에 대해 감사하고 "우리의 연약함을 긍휼히 보시는 전능하신 분께 뜨거운 기도와 우리의 죄를 용서하시는 그분께 회개와 또한 시험과 재앙의 시기에 그분께서 특별한 방식으로 공적회의와 모든 시민을 국가에 대한 사랑과 형제애로 다스리시며, 국내에서 안전하며 해외에서는 존경받도록 하는 그런 행복한 즐거운 경향을 주는 상호신뢰를 갖도록 하며, 게다가 우리가 일부인 제국정부가 다른 모든 부분과 공통으로 부여된 권리와 특권을 빼앗아가려는 것에 대항하는 우리의 분투에 그분께서 미소를 지으시고, 그들을 양육하여 독립적이고 고귀한 시민의 자리에 오르도록 하시는 것처럼, 그분께서 같은 방식으로 적대자에 대항하며 우리에게서 모두의 공통적 유산이며 독립국가의 큰 공동체에 동등한 멤버로서 미국민에게 필수적이며 소유인 권리와 면제를 대양에 빠뜨리려는 동일한 힘의 애씀을 견디게 하시며, 하나님께서 절제와 정의, 그리고 우리나라가 계속해서 드러낸 이성적인 변통이라는 정신으로 우리 원수를 감동하시어 우리로 검을 쳐서 보습을 만들고 평화 속에 정직한 산업의 열매와 정당한 기업의 보상을 모든 사람이 누리도록 전능하신 하나님께 뜨거운 간구"와 함께 경건한 감사를 드리도록 요청했다.

그는 하나님께 대해 가치 있는 공적 겸손은 자발적이어야 함을 상기시키며 공포문을 맺었다. "공적감사가 그것을 받는 거룩하고 전능하신 분의 호의를 받을 정도의 가치가 있으려면 참여하는 사람이 자유선택과 마음의 충동, 양심의 명령에 의해서 인도함을 받을 때에만 그러하고 신앙을 입증하는 모든 기독교국가에 흥미로운 광경이 되어야 하며, 인간의 선을 향한 하늘의 선물이 모든 강압적인 명령으로부터 자유롭고 종교를 타락케 하여 하나의 수단이 되게 하거나 국가의 정책을 침해하도록 하는 세상 권력과의 거룩하지 못한 연계에서 자유로워야하며 오직 이성과 마음, 양심에 호소하는 것이 그 자비로운 영향이 모든 곳으로 확산되며, 신적제단에 어떤 위선도 속일 수 없고 어떤 강요된 희생도 속죄할 수 없는, 그분께만 받아들여질 만한 겸손한 간구와 감사, 찬양을 가져오도록 합시다."

전쟁의 지속으로 다음해에 또 하나의 공포문을 내게 된다. 1814년 11월 16일 그는 공적 겸손과 금식의 또 다른 날을 선포했는데, 사람들에게 "죄와 허물"을 고백하고 "회개와 개선"의 맹세를 강화하고 인류의 자애로운 그분께 우리의 모든 죄를 은혜가운데 기쁨으로 용서하시도록 뜨거운 간구를 경건한 감사와 함께 드리도록 했다.

평화가 돌아오자 다음 포고령은 완전히 다른 방향으로 전개되었는데,

이것은 1815년 3월 14일에 내려진 감사공포문이었다. 그는 "우리의 적이었던 사람과 이제는 평화와 화해로 행복한 결말을 내리게 된" 분쟁의 종식에 대해 국가 전체가 감사를 드리도록 요청했다.

매디슨이 은퇴 후 사생활로 돌아온 뒤인 1825년에 비슬리(F. Beasley) 목사는 하나님의 존재를 입증하는 것과 그분의 속성에 대해 논의한 소책자를 보냈다. 매디슨은 그 책에 맞는 충분히 비평적인 관심을 가질 수 없다는 말로 반응했다. 그는 이렇게 썼다.

"전능하고 전지하며 최고의 선이신 하나님께 대한 믿음은 세계의 도덕적 질서와 인류의 행복에 아주 필수적이어서 그것을 강화하는 논증은 많은 출처에서 끌어올 수 없으며, 그것의 영향을 받은 다른 성질의 것과 능력에 많은 염려를 가진 채 적용할 수 없습니다. 그러나 당신이 그토록 강하게 지지하는 추상적인 사고의 맥락에 의해 일부 사람들의 마음에 무슨 효과든지 생겨나게 한다면 그것은 아마도 언제나 결과에서 원인으로, '자연에서 하나님의 본성'으로 가는 사유방식이 훨씬 더 보편적이고 설득력 있는 적용이라는 것을 발견하게 될 것입니다. 인간 이해의 유한성은 모든 주제에 대해 자신을 배신할 것이나 영원을 수반하는 것을 사유할 때는 특히 더 그러합니다. 안전하게 말할 수 있는 것은 시공의 무한성은 우리의 개념 속에 이해할 수 없는 것에 대한 한계를 강요하며, 정신은 원인과 결과라는 무한한 연속 - 어려움을 피하기보다는 논쟁을 일으키는 - 보다 자존하는 원인이라는 사유를 즉시 선호할 것이며, 우주의 자존이라는 것보다 무한한 능력, 지혜, 선을 소유한 보이지 않는 원인, 눈으로는 이런 속성을 볼 수 없고 그것의 결과인 그런 원인에 동의하는 것이 훨씬 더 편할 것입니다. 이 같은 개념과 신앙의 비교적인 수월함과 그 주제에 대한 모든 철학적 사유는 아마도 종결될 것입니다. 그러나 내가 아는 이상을 멀리 나아가지 않도록 하며, 당신으로 하여금 헤아리는 수고를 하도록 한 빚진 것에 대해 또 존경과 존경하는 인사로 확신시키는 감사를 드립니다."

매디슨은 성경의 일부에 대한 주석을 포함한 원고를 썼다. 이 원고는 국회도서관이 소장하고 있다. 전기 작가인 랄프 켓참(Ralph Ketcham)은 매디슨의 신앙에 대해 이렇게 말했다. "종교적 사변으로 치우치지 않았지만 매디슨은 제한적인 능력을 가진 인간이 완전히 품거나 이해하는 범위를 넘어선 하나님에 의해 다스려지는 도덕적이고 질서 있는 우주에 대한 조용한 믿음을 고수했다."

매디슨의 신앙에 대한 에디스모(J. Edismoe)의 요약은 잘 받아들여진다. "만약 매디슨이 기독교신앙의 근본교리에 대해 거절했다면 오늘까지 남아있는 자료에서는 결코 그러지 않았다. 그리고 생애를 통틀어 그는 기독교와 교회에 대해 우호적이고 존경했다."

"매디슨은 예수그리스도에 대한 신자였는가? 1772년 어릴 적 친구에게 보낸 구절에서처럼 자신의 이름이 천국의 생명책에 등록되어 있다는 것을 기억하는가?" 우리는 하나님과 매디슨 자신에게 이 질문을 남겨두어야 한다.

"그러나 이것은 분명하다. 기독교, 특히 위더스푼(Witherspoon) 목사의 칼빈주의가 법과 정부에 대한 매디슨의 견해에 영향을 강하게 미쳤다."

매디슨은 1836년 6월 28일 버지니아 주 몬펠리어(Montpelier)에서 생을 마쳤다.

40장

토마스 제퍼슨
Thomas Jefferson

제퍼슨은 오직 한 하나님과 예수가 선하며, 개혁하는 선생이고 도덕적 철학자임을 믿었다. 그는 예수의 신성과 동정녀 탄생을 믿지 않았다. 어떻게 성경을 정의하든 간에 그를 기독교인으로 부를 수는 없지만, 예수의 도덕적 가르침에 대해 큰 존경심을 갖고 있었으며, 타인에 대해 이 존경심을 갖도록 자극했다. 아마도 종교적 신념에 대한 그의 가장 정확한 개념은 그가 자신에 대해 말한 것일 것이다. "나는 교회의 신앙 항목에 대해 결코 잘 알지 못했다."

토마스 제퍼슨 Thomas Jefferson

　토마스 제퍼슨은 1743년 4월 13일 버지니아 주의 알버말리 카운티(Albemarle County)에서 출생하였다. 집안에 내려오는 말에 의하면 그는 성경을 포함해서 아버지가 가지고 있는 책을 다섯 살이 되던 때까지 모두 읽었다.

　1757년 아버지인 피터 제퍼슨(Peter Jefferson)이 죽었다. 다음 두 해에 제퍼슨은 성공회 사제인 제임스 메리(James Mary)의 집에서 주 중에는 먹고 자며 지냈다. 모리(Maury)는 제퍼슨에게 헬라어와 라틴어를 가르쳤다. 2년간 이 한 번의 경험으로 평생에 걸친 목회자에 대한 불신이 시작되었다.

　남아있는 초기의 편지 중 하나는 1762년 12월 25일 존 페이지(John Page)에게 쓴 것인데, 제퍼슨은 이 드라마틱한 시기에 다닌 학교에 대한 불만을 묘사했다. "다른 이에게는 큰 명령함과 기쁨을 주었던 바로 그날은, 수천 년전 과거에 아브라함의 후손에게 닥친 것보다 더 많고 더 큰 불행에 압도당한 나를 본다. 어쩌면 창조 이후로 욥의 경우를 제외하면. 그(욥)의 불행이 나보다 다소 클 것이다. 왜냐하면 우리는 거의 같은 수준에 있기는 하나 상황은 다르기 때문이다. 이 경우에 형제 욥과 같은 자리에 있었으나 사탄이 손을 뻗쳐 내 몸에 육체의 고통의 부담을 주지 않은 것에 대해 하나님께 감사드린다."

이것은 여러 영역에서 초기의 정통신앙을 반영하는 것으로 보인다. 토마스 제퍼슨은 (1) 창조 (2) 욥 (3) 사탄 (4) 심지어 하나님에 대해서 '나의 하나님'으로 언급한다. 1763년 7월 15일 존 페이지(John Page)에게 보낸 또 다른 편지에서 칼빈주의 예정교리와 놀라울 정도로 일치하는 견해를 피력한다.

"내가 믿는 참된 행복이란 신성이 세상에서 그의 피조물 중 하나가 많은 것이 되도록 결코 의도하지 않고, 우리의 능력 안에 행복을 향해서 가까이 나아가도록 주셨다는 것이 내가 지속적으로 믿는 것이다. 삶의 여정에 있어서 우리 모두에게 가장 다행스러운 것은 크게 근심케 하는 재앙과 불행을 간혹 만나는 것이다. 이것은 재앙과 불행의 공격에 대해 우리 마음을 강화하여 삶에 대해서 분투하고 이러한 것을 주요 연구 대상으로 삼도록 한다. 이를 실행하는 유일한 방법은 신적 의지에 완전히 굴복하여 어떤 일이 일어나든지 그것은 반드시 일어나며 마음이 불안해도 충격이 오기 전에 그것을 막을 수가 없으나 일어난 후에는 거기에 무언가를 더할 수는 있다고 여기는 것이다. 이런 종류의 사고 덕에 우리를 막아선 어려움을 얼마간 극복하며, 삶의 무게에 참을만한 정도의 인내심을 기르며, 주신 분의 손에 신뢰를 전달하며 업적에 따라 그분이 주실 보상을 받는 생의 여정 끝에 이를 때까지 경건하고 흔들리지 않는 순복함으로 나아갈 수 있게 된다."

그러나 훗날 제퍼슨은 정통이 아닌 신앙견해를 채택했다. 이를 고려한다면 생의 대부분을 통틀어 그는 감독교회의 적극적인 신자였으며, 심지어는 교구위원이 되었고, 비정통 견해를 채택했다는 인상을 주변사람에게 준 적이 없었다. (만약 참으로 그가 초기에 그러했다면) 심지어 가족마저도 그가 규칙적으로 교회 가는 사람으로 알았고 그의 장손자는 손자인 토마스 제퍼슨 랜돌프(Thomas Jefferson Randolph)는 이런 말로 그를 기억한다. "그는 교회에 고정적으로 출석했으며 기도 책을 항상 갖고 다녔다. 그는 샬롯빌의 감독교회 설립을 계획했는데, 교회설립에 가장 큰 기부자였으며 목회자를 보조하는 일에 고정적으로 기부했다."

토마스 제퍼슨 랜돌프는 제퍼슨이 1777년에 버지니아 감독교회가 무너지고 난 후 교회를 세우는 초안을 만들고 서명하는 일에 동의한 것을 언급한다. 그는 사람들을 자발적으로 지역목회자를 돕는 데에 동의한 사람들을 조직했다. 그는 문건을 만들었는데 그 문서에 의하면 그와 동료 기부자들은 자신들이 "칼빈주의 개혁교회를 지지하고 후원하기를 바라며, 교회의 교사를 통해 복음적 진리와 종교적(신앙적) 성장의 유익이 자신들에게 이루어지기를 바란다"고 천명했다. 이들은 찰스 클레이(Charles Clay) 목사가 자신들의 교구에서 고정적으로 설교하게 될 것으로 생각해서 정해진 금액을 지급했다.

교구 내에서 제퍼슨의 역할은 단지 물질적인 지원에 끝나지 않았다. 1774년 6월 또는 7월에 그는 존 워커(John Walker, 버지니아의회와 성 앤의 교회의 동료)와 다음과 같은 선언을 발표했다.

"성 앤 교구 주민 여러분에게, 이전의 버지니아 의회 멤버는 영국령 미국(British America)에 대한 형제식민지로부터의 적대적 침략의 위험을 고려하여 편안한 하루를 정하여 이 상처받고 억압받는 백성을 대신할 신적인 간섭을 탄원하는 금식과 경건한 기도를 드리며, 장관들과 국회가 위로부터 오는 지혜로 감동을 받아 내전과 시민의 권리를 위협하는 모든 위험으로부터 피하도록 식민지의 여러 교구에 제안하는 것이 적절하다고 생각합니다. 고로 우리는 성 앤 교구의 모든 주민에게 즉각적으로 23일 토요일을 앞서 말한 목적에 부합하는 날로 정하며, 그날에 클레이 목사님으로 교구민의 최중앙으로 여겨지는, 하드웨어(Hardware) 강가에 있는 새 교회에서 설교와 기도를 드릴 것을 제안합니다."

1771년 8월 3일 제퍼슨은 자신에게 사립도서관을 시작하도록 요청한 로버트 스킵위드(Robert Skipwith)에게 추천도서목록을 보냈다. 흥미롭게도 제퍼슨은 세네카(Seneca), 에픽테투스(Epictetus), 안토니우스(Antonius), 크세노폰(Xenophon), 록크(Locke), 흄(Hume)을 종교목록에 포함시켰으나 고대역사목록에 성경을 언급했다.

제퍼슨은 1772년 1월 1일 마타 웨일리스 스켈톤(Martha Wayles Skelton)과 결혼했다. 대통령으로 감사하는 포고문을 내는 것을 거절한 일에 대해 많은 언급이 있었다. 그러나 그는 버지니아 주지사 재임 시에는 거부하지 않았다. 1779년 11월 11일 그는 다음과 같은 선언을 했다.

"존경하는 국회가 이 큰 나라의 많은 부분에 풍성하게 복주시고, 계속되는 성공으로 이끄시며, 우리를 둘러싼 위험으로부터 안전하게 하시는 분께 국회가 12월 9일 목요일을 엄중한 공적 감사와 기도의 날로 정한 법이 적절하다고 생각합니다.

'이 법은 그분의 선하심에 따라 서구세계에 우리 조상들로 행동하도록 하신 경이로움에 대해, 위험과 곤란 중에 보호하심과 번성함에, 깊은 괴로움으로부터 우리 자녀들을 기르셔서 땅의 국가 중에 하나가 되게 하신 일에 대해, 우리를 구원하시는 일에 정의롭고 강한 군주로 무장하도록 하신 일에 대해, 특히 우리로 건강하도록 허락하신 것과 그래서 계절의 순환을 명해서 땅이 번성하도록 일꾼들의 수고에 복주시고 온 땅에 충만하도록 하신 일에 대해, 우리와 우리 편의 군대를 번영하게 하시어 위험의 때에 군대로 하여금 방패 되고 칼을 승리로 향하게 하신 일과 적의 요새에 대해 승리로 이끄신 것에 대해, 야만족(인디언)이 있는 광야에 나아가게 하시 것에 대해, 훼방자의 손을 붙드시고 계산된 파괴행위에 대해 갚으시며, 상업을 잘되게 하시며, 깊음의 표면에서 적을 찾는 사람에게 성공을 허락하시며, 무엇보다도 복음의 광채를 확산하여 은혜로우신 구세주의 공로를 통해 우리가 그분의 영원한 영광에의 상속자가 되도록 하심에 대해 감사와 찬양으로 전능하신 하나

님께 겸허히 나아가도록 합니다.'

따라서 이제 다음 12월 9일 목요일을 전능하신 하나님께 그분의 궁휼하심에 감사를 드리며, 미국에게 계속적인 호의와 보호와, 공적 회의에 기꺼이 은혜로운 영향을 미치며 위로부터 오는 지혜로 만장일치와 그리고 성공으로 복주시고 승리로 군대에게 관을 씌우시며, 교회에게 신적은혜가 풍성하게 확산되며 모든 복음의 사역자에게 성령을 부어주시고 기독교적 진리의 빛이 땅의 가장 먼 곳까지 비치도록 허락하시며, 그분께서 우리 백성의 수고에 미소 지으며 땅으로 풍성한 열매를 맺도록 하시어 감사와 기쁨으로 이를 즐기게 하시며, 그분께서 아군을 보호하셔서 적으로부터 승리를 주시며, 그분께서 즐거이 원수의 마음을 은혜로 돌리시며 다투는 나라와 평화의 축복을 나누어주시도록 기도드리는 날로 정할 것을 각 주(state)에게 제안하기를 결정합니다. 그분께서 궁휼하심으로 우리를 내려다보시고 모든 죄를 용서하시며, 그분의 호의로 우리를 받아주시며, 끝으로 그분께서 종교와 미덕에 근거해 미국의 독립을 확고히 하시며 우리로 평화, 자유, 안전을 누리도록 보호하시고 후원하시도록 합시다."

그러므로 본인은 국회로부터 주어진 권한에 따라 이를 본인의 포고문으로 선언하며 이에 따라 다음 12월 9일 목요일을 공적으로 엄중한 감사와 기도를 전능하신 하나님께 드리며, 말씀드린 이 날을 이 같은 목적으로 정하도록 정부의 선한 백성 모두와 기도하고 말씀으로 교훈하며 각자의 역할에 따른 거룩한 임무를 수행하기 위해 적절한 시점에 각자의 사회(교회)를 만날 종교사역자들에게 간곡히 제안합니다."

1779년 11월 11일, 윌리엄스버그(Williamsburg)에서

토마스 제퍼슨"

비록 토마스 제퍼슨이 국회의 글을 이 글에 채택하기는 했어도 그는 국회의 감성을 승인했거나 공식적으로 반대할 만한 것을 찾지 못했다. 이 주제

에 대한 그 자신의 견해가 무엇이든 간에 그가 주지사로서의 공식적인 일에 이런 종교적 문서를 추진했다는 것은 흥미로운 일이다.

1787년 제퍼슨은 피터 카(Peter Carr)에게 편지를 써서 어떻게 체계적인 종교연구에 착수할 것인가에 대해 제안을 했다. 이 조언을 통해 제퍼슨의 종교적 견해를 알 수 있다. 제퍼슨은 카에게 "종교보다 다른 어떤 주제 안에서" 진기함과 특이한 의견을 따르라고 격려했다. 그러나 그는 덧붙였다. "약한 마음이 비굴하게 노예처럼 웅크리고 있는 두려움과 굴종스런 선입견을 떨어버리시오. 이성을 본래의 자리에 단단히 고정시키고 그 법정 아래로 모든 사실과 견해를 불러 모으세요. 담대히, 심지어 하나님의 존재에 대해서도 의문을 가지세요. 왜냐하면 만약 하나님이 한 분 존재한다면, 눈을 감은 채 두려움의 존경보다는 이성의 존경을 더 인정할 것이기 때문입니다."

그는 카에게 먼저 "당신 조국의 종교", 즉 기독교에 대해 조사하도록 권면했다. 그러나 이것 역시 단서가 붙어있다. "자연법에 위배되는 성경의 그러한 사실에 대해 더 조심스럽게, 다양한 각도에서 조사해야 합니다. 여기 하나님으로부터 영감을 받았다고 하는 주장으로 돌아가야 합니다. 저자가 말하는 사건에 대해 그 주장의 근거에 무슨 증거가 있는지, 그 증거가 강력해서 자연법에서 생기는 변화보다 더 그럴 법한지 조사해야 합니다."

신약에 대해 연구할 때, 제퍼슨은 "반론도 당신의 눈에 두라"고 말한다. 그것은 첫째, 하나님의 독생자로서 처녀에게 출생했고, 원하는 대로 자연법을 뒤집거나 중지하고 육체로 천국에 올라갔다는 사람의 반론과, 둘째, 그가 비합법적인 출생신분을 가졌으며 관대한 마음과 열정적인 정신과 신성에 대해 아무런 주장도 하지 않았으며 선동죄로 중하게 처벌받은 사람에 대해 말한 사람들의 반론입니다."

그는 이렇게 결론 내린다. "이 연구로부터 얻는 결과에 대해서도 놀라지 마십시오. 설령 하나님이 존재하지 않는다는 믿음으로 끝난다 해도, 그 결론이 당신으로 인해 타인에 대한 사랑과 이를 실행하는 가운데 느낄 만족과 위로 속에서 미덕에 대한 격려라는 것을 얻게 될 것입니다. 만약 하나님이 존재한다는 것을 믿을만한 이유를 발견하면, 덤으로 얻는 위로는 그분의 눈동자 아래 행하고 그분의 인정을 받을 것입니다. 만약 예수가 또한 하나님이라면, 당신은 그분의 도움과 사랑에 대한 믿음으로 위로를 얻게 될 것입니다."

제퍼슨의 종교적 신념은 1800년 대통령 선거 당시에 논쟁의 쟁점이었다. 1800년 뉴욕의 존 메이슨(John Mason)은 「미 대통령의 연임에 대해 기독교인을 향한 경고의 소리」(The Voice of Warning, to Christians, on the Ensuing Election of a President of the United States)라 불리는 책을 출판했다. 그는 제퍼슨이 "하나님의 말씀의 진리에 어긋나는 글을 썼고, 심지어 기독교에 대한 (신앙)고백조차 하지 않았으며, 안식일도 교회도 없고, 기독교의 예배와 믿음에 대한 어지간한 외적 증거도 없는 사람"이라고 말했다."

이런 주장에 대해 제퍼슨의 개인 신앙이 무엇이든 교회 예배에 다녔다고 반격하는 사람도 있었다.

1800년 제퍼슨은 대통령으로 선출되었고, 두 임기를 섬겼다. 첫째 취임 연설에서 그는 미국인이 번영하고 행복하려면 필요한 것이 무엇인지에 대한 주제로 연설했다. 그는 이렇게 말했다.

"자연과 지구의 사분의 일을 멸절시키는 황폐함으로부터 넓은 대양이 분리해 준 친절함과 타인에 의해 품위가 떨어지는 것을 참기에는 너무나 고상하고, 후손이 천대에 천대까지 이르도록 충분한 땅을 가진 택함 받은 나라, 출생의 결과가 아니라 행동과 이에 대한 지각의 결과에 따라 산업을 획득하고 동료시민으로부터 명예와 자신감을 얻는 데까지 우리 자신의 고유한 능력의 사용에 대한 평등한 권리라는 마땅한 의식을 향유하며, 관대한 종교에 의해 계몽되고 공언하며 참으로 다양한 형태로 실행하지만 그들 모두가 다 정직, 진리, 절제, 감사, 사람에 대한 사랑을 주입하며, 위에서 다스리는 섭리를 찬양하는데, 이 섭리의 경륜은 여기서는 사람의 행복을, 그리고 여기 이후에는 보다 큰 복을 즐거워합니다. 이 모든 복이 있는데 우리를 행복하게 하며 번성하게 하는 더 무엇이 필요하겠습니까? 아직 한 가지가 더 있다면, 동료시민 여러분, 그것은 서로에게 해를 입히는 것을 제한하는 현명하고 검소한 정부는 산업과 발전의 추구를 자유롭게 조절하도록 내버려 두며 수고(Labor)의 입에서 얻은 빵을 빼앗아 가지 않는 것입니다. 이것이 좋은 정부의 총체이며 더할 나위 없는 행복의 범위를 닫아두는 데에 필수적입니다."

제퍼슨은 다음의 말로 결론지었다. "따라서 보다 나은 선택이 여러분의 손 안에 있음을 언제든지 여러분이 인식하면 물러날 준비를 하면서 선한 의지의 보호아래에 맡기고 본인은 순종함으로 주어진 일을 향해 나아갑니다. 우주의 운명을 결정하는 전능한 능력이 우리의 회의를 최선으로 인도하여 여러분의 평화와 번영에 대한 좋은 소산을 줄 것을 주시기를 기원합니다."

제퍼슨은 대통령의 개인 신앙이 무엇이든 간에 교회에 출석하여 국민에게 모범을 보여야 한다고 믿었다. 낯선 사람이 제퍼슨이 교회의 어떤 것도 믿지 않는다고 생각하며 그에게 교회에 가는 이유를 물었을 때 그는 이같이 답했다. "선생님, 어떤 국가도 종교 없이 존재하거나 통치 받은 적이 없습니다. 본인은 이 나라의 최고 관료로서 그것(종교생활)에 모범을 보임으로 인정해야만 합니다."

그는 하원 건물에 있는 주일 예배에 규칙적으로 출석했다. 그 교회는 원목이나 방문 설교자가 설교했다.

그는 대통령재임 당시 쓴 개인편지에서 종교에 대한 글을 남겼다. 1801년 12월 5일 아이삭 스토리(Isaac Story) 목사에게 보낸 편지에서 그는 이렇게 썼다. "어렸을 적 숨겨진 나라에 대한 통찰을 제공한다는 약속을 주는 것으로 보이던 일에 대해 생각하기를 좋아했습니다. 그러나 오랫동안 그것에 대해 읽거나 생각하기를 그만 두었으며 자비한 창조주께서 우리를 위해 그토록 부드럽게 만드신 무관심의 베개에 나를 두었습니다. … 선한 열정을 기르고 악한 것을 제어함으로 내가 아는 것이 거의 없는 존재의 상태를 상속으로 주시는 것과 이전에 그토록 선하셨던 그분 안에서 미래에 대한 신뢰를 두는 것이 더 낫다고 생각했습니다."

1804년 딸인 메리 제퍼슨 에프스(Mary Jefferson Eppes)가 병들어 죽음에 가까울 때 그는 성경을 읽어주고 있었다.

1804년 제퍼슨은 대통령으로 재 선출되었다. 두 번째 취임연설에서 그는 이렇게 말했다.

"종교문제에 대해 자유로운 종교생활의 실행은 정부의 권한과 독립적으로 헌법에 따라야 한다고 생각합니다. 따라서 본인은 어떤 경우에도 종교생활에 적합한 것을 규정하지 않았고 헌법이 그러하듯 여러 종교사회의 인정을 받은 주정부나 혹은 교회의 강령과 지도에 따라 실행하도록 할 것입니다."

그는 또한 "그 전능자의 손아래 우리가 있는데, 그분의 호의, 즉 옛적 이스라엘 백성처럼 우리 조상으로 본토를 떠나 모든 필수불가결한 것과 삶의 위로가 넘치는 곳으로 인도하시며, 우리의 유아기에 섭리로 감싸주시며 보다 성숙한 시기에 지혜와 권능으로 덮으시며 인도하신 그분의 선하심을 향해, 본인은 여러분이 저와 함께 그분께서 여러분의 종의 마음을 비추사 회의를 인도하시고 무엇을 하든지 여러분에게 선을 주고 평화와 우정, 모든 나라의 안정을 지켜줄 그런 방책이 넘치도록 탄원드릴 그런 호의"가 필요함을 말했다.

그는 마태, 마가, 누가, 요한이 준 예수님의 가르침과 생의 일화를 뽑아서 「나사렛 예수의 철학」이라 부른 책에 기독교와 예수에 대한 자신의 신념을 요약했다. 인디언들이 쓰도록 만든 신약성경의 요약이기에 그들의 이해의 차원을 넘어가는 믿음이나 사실에 관해서는 신경 쓰지 않았다. 이 책은 더 간단히 '제퍼슨 성경'이라 불린다.

존 애덤스(John Adams)와 찰스 탐슨(Charles Thomson)에게 보낸 두 편지에서 그는 이 책의 배경사상에 대해 논의했다. 애덤스에게 그는 이같이 말했다.

"그분이 가르친 순수원리를 뽑을 때 제사장들에 의해 둔탁하게 되고, 자신들의 부와 권한에 맞는 도구로 쓰이도록 고쳐서 다양한 형태로 제사장이 둔탁하게 만든 인공적인 옷을 벗겨버려야 합니다. 우리는 성경의 부피를 줄여 단순한 복음전도자에 맞도록 해야 하며 심지어는 예수님의 말조차도 일부만을 선택해야 하며 그들도 종종 잊어버리거나 혹은 이해하지 못하고 그분에게서 떨어지게 된 모호한 진술을 없애야 합니다. 그렇지 아니하면 이해하지 못하고 그분으로부터 떨어질 것입니다. 인간에게 제공된 가장 고귀하고 관대한 도덕법을 거기서 발견할 것입니다. 나는 나를 위해 이런 기능을 사용했는데, 인쇄된 책(성경)에서 한 구절 한 구절 구분하여 분명히 그분의 것이라는 것을 확인하며, 배설물 속에서 다이아몬드를 찾듯 쉽게 구별할 만한 그런 방식을 따라서 배열했습니다. 그 결과는 46페이지의 8절에 있는 순수하고 소박한 교리이며, 이는 사도와 교부, 일세기의 그리스도인이 공언하고 실천했던 것입니다. 참으로 이들의 플라톤주의 후계자들은 시간이 지남에 따라 예수님의 교리에 합병시킨 타락한 것을 합법화하기 위해, 예수님 자신과 그의 사도들, 이들과 동시대에 살았던 교부들의 입술로부터 나온 원리를 취했던 고대 그리스도인들을 부인하는 것이 필요하다고 느꼈습니다. 이들은 그들의 동료들을 이단으로 출교시켰습니다."

"배설물 속의 다이아몬드라고?" 이것은 단지 변덕이나 실수로 쓴 것이 아니다. 그는 애덤스에게 보낸 또 다른 편지에서 이 구절을 반복했다.

"신약성경에는 그 일부가 비범한 사람에게서 나왔으며, 다른 부분들은 열등한 정신을 가진 사람들에 의해 구성되었다는 내적 증거가 있습니다. 이 부분들을 분리하는 것은 배설물 속에서 다이아몬드를 찾는 것처럼 쉽습니다. 전자의 문제는 듣는 자의 기억 속에서 보존되고, 오랫동안 전통으로 내려온 것입니다. 후자는 언제, 어디서든지, 그것을 둘러싸려고 수집한 것입니다."

그가 신약성경에서 믿었던 부분은 다이아몬드이며 믿지 않았던 부분은 배설물이었다. (그는 동정녀탄생, 부활, 예수님의 기적 등의 모든 것을 제거했다) 제퍼슨은 애덤스에게 이 책을 보냈다.

대륙회의(독립전쟁 당시 영국식민지 각주의 대표자가 필라델피아에서 모인 회의 - 역자 주)의 서기인 찰스 탐슨(Charles Thomson)에게 그는 이렇게 썼다.

"본인 역시 같은 자료로부터 작은 책을 지었는데, 본인은 그것을 예수님의 철학이라고 부릅니다. 이것은 그 책(성경)에서 본문을 깎고 시간의 순서나 주제에 따라 빈 책의 페이지에다 배열하여 만든 그분(예수)의 교리들에 대한 범례입니다. 이것보다 더 아름답거나 더 귀한 도덕의 부분은 결코 보지 못했습니다. 이것은 본인이 참된 그리스도인이며 예수님의 교리에 대한 제자임을 증명하는 문서이며, 스스로 기독교인며 복음 설교자라 부르며, 본인을 비기독교인이라 부르는 플라톤주의자와는 아주 다른 것입니다. 이들은 성경의 저자가 결코 보거나 말하지 않았던 것으로부터 모든 특징적인 교리들을 뽑은 것입니다. 이들은 이방신화로부터 인간의 이해를 넘어선 체계를 결합한 것으로 예수님이 지상으로 오셨다면 결코 한 부분도 알아볼 수 없는 그런 유대인의 이신론이며 큰 도덕개혁가의 것입니다."

따라서 이 책은 그분이 그토록 많이 말씀하셨던 것을 품고 있습니까? 이 책은 성전에서 돈 바꾸는 사람들을 정결케 하셨던 것 같은 예수님의 가르침과 행동을 포함합니다.

풀러(Fuller)와 그린(Green)은 「백악관의 하나님」(God in the White House)이란 책에서 "그(제퍼슨)는 성경을 앙상한 뼈만 남기고 모든 초자연적 진술, 기적, 신성에 대한 주장을 빼버렸다. 수난이야기는 포함되었으나 매장되었다"고 기록했다.

제퍼슨의 장손주인 토마스 제퍼슨 랜돌프(Thomas Jefferson Randolph)는 그 책에 대해 이것을 기억한다. "그가 주장한 예수님의 도덕법은 죽음 이전까지 가족들도 몰랐다. 그가 잠들기 전까지 밤이 늦도록 책을 읽는 습관을 갖고 있었다는 사실을 그의 친구에게 보내는 편지에서 알게 되었다."

제퍼슨의 편지에는 그 책에서 버린 것이 초자연적 사건, 신성에 대한 주장, 부활이며, 이것은 그에게 배설물이며 그는 이를 "인간의 이해를 넘어선" 것이라 했다.

제퍼슨은 1801년 즈음 '타인의 것과 비교한 예수의 교리에 대한 강의계획안'을 썼다. 한 전기 작가는 이에 대해 이 같은 말로 묘사했다. "강의계획안에 대해 간단히 말하면 비록 예수님의 신성을 받아들이지 않지만 본인은 좋은 기독교인이며 예수님을 존경하는 사람이다. 그러나 그의 도덕법은 어떤 고대철학자나 고대 유대인의 것보다 훨씬 나은 체계로 받아들인다."

제퍼슨은 종교가 개인의 문제임을 믿었다. "나는 종교가 순전히 우리 하나님과 우리 양심 사이의 문제, 즉 우리가 그분께 책임이 있으며 제사장에게 책임이 있는 것이 아닌 것이라고 언제나 생각했다. 내가 믿는 종교에 대해 한 번도 말하지 않았으며, 타인의 것에 대해서 낱낱이 조사하지도 않았다. 회심자를 만들거나 타인의 신조를 바꾸고 싶어 하지도 않았다. 타인의 종교를 그들의 행위에 따라 판단했다. 왜냐하면 종교는 종교가 읽혀지는 우리의 삶 안에 있지, 말에서 나오지 않기 때문이다. 같은 시험에 의해 세상이 나를 판단해야 한다."

1817년 1월 11일, 존 애덤스에게 보내는 편지에서 그는 다음과 같이 말했다.

"작은 사람을 아주 크다고 과장하여 포장하는 전기 작가가 최근에 애정을 갖고 물었는데, 일부에서 말한 나의 종교의 변화를 진실한 것으로 생각해도 되는 것의 여부였습니다. 이는 이전의 내 신앙이 어떠했는지를 안다고 가정하는 것이지만, 내 신앙은 오직 나와 내 하나님에게만 알려져 있습니다. 세상 앞에 보일 증거는 내 삶에서 찾아야 할 것입니다. 만약 그것이 사회 앞에서 정직하고 의무에 마땅한 것이라면, 그것을 통제하는 신앙은 결코 나쁜 것이 될 수 없습니다."

제퍼슨의 종교(신앙)는 무엇인가? 그는 기독교에 대해 여러 차례 긍정적인 말을 했다. "나는 예수님에 의해 전달된 그분의 교훈이 여태껏 인간에게 전해진 가장 순순하고 관대하며 고귀하다는 사실을 붙든다."

1803년의 한 편지에서 그는 이렇게 썼다. "그의 도덕 체계는 아마도 지금껏 가르쳐진 가장 관대하고 고귀한 것이며 결과적으로 고대의 어느 철학자보다도 더 완벽하다. (그는) 가장 순수하고 가장 관대하며 가장 웅변적이며 지금껏 인간에게 보여진 가장 고귀한 성격의 것이다."

1814년 그는 이렇게 쓴다. "사복음서에서 발견되는 것보다 더 순수하고 고귀한 도덕 체계가 인간에게 전달된 적은 없다."

그러나 그는 기독교가 왜곡되어서 도덕 교훈의 다이아몬드(정수)를 기적과 부활, 초자연적인 배설물에서 건져내어야 할 필요가 있다고 믿었다. 1801년 3월 21일, 영국 작가인 조셉 프리스틀리(Joseph Priestley)에게 보낸 편지에서 제퍼슨은 "기독교 철학"을 "가장 고귀하고 관대하지만 지금껏 인간에게 비친 가장 타락한 체계"라고 언급했다. 기독교가 왜곡되었다고 제퍼슨이 믿었다는 것을 보여주는 확실한 증거가 있다.

"나는 진정한 그리스도인이며, 말하자면, 플라톤주의자의 교리와 아주 다른 예수님의 교리의 제자인데, 플라톤주의자들은 내가 비기독교인이며 스스로를 기독교인과 복음의 설교자라 부르지만, 이들이 뽑아낸 특징적인 교리란 그것의 제자(그리스도)가 결코 말한 적이 없거나 보여주지 않는 것에서 끌어낸 것이다. 그들은 인간의 이해를 넘어선 이방 신화에서 만든 체계를 융합했는데, 이것은 사악한 윤리와 유대인의 이신론을 결합한 것으로 만일 예수님이 이 땅에 다시 오신다 해도 한 부분도 알아볼 수 없다.

이에 대한 내 견해는 연구와 사고의 결과이며 내 견해를 안다고 하는 사람들에 의해 부과된 반기독교적 체계와는 너무나 다르다. 기독교의 왜곡에 대해서 나는 참으로 반대하지만 예수님 자신의 순순한 법령에는 (반대하지) 않는다. 나는 그분이 다른 모든 것보다 더 그분의 교리에 붙어있기를 누구에게나 바라는 점에 있어서 기독교인이다.

나는 예수님 자신에 의해 전달된 예수님의 법령이 지금껏 인간에게 전해진 가장 순수하고 가장 관대하며 가장 고귀한 것으로 붙든다. 나는 초기의 원리에 붙어 있으며 모든 뒤따르는 혁신을 그분의 종교에 대한 타락으로 여기며 그분으로부터 온 것에 근거하지 않는 것이다. 만일 종교의 자유가 법에 의해 우리에게 보증된 것이라면 진리는 광신위에 승리하게 될 것이며, 그분의 거짓 제자에 의해 그토록 오래 왜곡되었던 예수님의 참된 교리는 다시 한 번 원래의 순수함으로 회복될 것이다. 이 개혁은 인간 정신의 개선과 함께 올 것이지만 내가 목격하기에는 너무나 늦게 오지는 않을 것이다. 고대 기독교의 회복이 올 것을 기뻐하며 나는 중세기와 현대의 신비주의자에 의해 접

붙임 받은 거짓 가지들을 목격하고 잘라내도록 하는 일을 젊은 경주자들에게 남겨둔다.

　나는 (최근 설교의) 저자와 예수님의 교훈이 고대 철학자들보다 더 순수하고 정확하며 고귀하다는 데에 동의한다. 하지만 그것을 증명하는 방식에는 동의하지 않는다. 그는 철학자들의 교리를 비방하고 명예를 깎아내리는 것이 마땅하다고 생각한다. 그러나 사람은 참으로 위대한 단계의 공로를 부인하는 선입견 때문에 눈이 멀었음이 틀림없다. 나는 그들에게 응당 받아야 할 것을 주지만 예수님 자신에 의해 가르쳐진 예수님의 교훈이 후대의 타락과 무관하며 가장 뛰어난 것임을 지지한다. 그들의 철학은 우리를 존경하는 한 우리 열정의 정부에 들어갔으며 평정한 마음에 동의한다. 타인에 대한 의무에 있어서 그들의 것은 부족하고 결핍된 것이다. 그들의 돌봄은 동족과 친구에게 개인의 의무를 하는 것과 국가에 추상적인 것을 하는 이상으로 결코 확장되지 못한다. 예수님은 이웃과 국민, 인류 전체에 대한 구휼과 박애 정신을 품었다. 그들은 행동에 제한을 둔다. 그분은 자신의 감성을 우리 사고의 영역에 압력을 가하며 샘의 근원에 순수함을 요구한다."

　1814년 7월 5일, 제퍼슨은 애덤스에게 플라톤의 공화국을 끝까지 읽은 것이 "내가 지금껏 겪어 온 가장 힘든 일이었다"고 편지를 썼다. 그는 이같이 말한다.

　"그의 안개 같은 마음은 절반은 안개를 통해 보나 형태나 차원으로 정의될 수 없는 사물의 유사성을 언제나 제시한다. 그러나 빨리 잊어버리게 한 그것은 플라톤에게 명예와 존경의 불멸성을 주는 것에는 동의한다. 그리스도인의 제사장직은 그리스도의 교리를 모두가 이해할 수 있는 수준으로 평평하게 하며 설명하기에는 너무나 평이하고 플라톤의 신비주의에서 본 것처럼 구별되지 않는 것으로부터 물질이 구별되지 않는 것으로부터, 인공적인 체계로 세워져서 영원히 논쟁하게 만들고 질서에 따라 일을 부여하고 거기에 이익과 힘, 명성을 취하게 한다. 예수님 자신의 입술에서 나온 교리는 어린아이의 이해의 범위에 있다. 그러나 수천 권의 책으로도 그 안에 접붙여진 플라톤주의를 설명할 수 없으며, 이런 분명한 이유 때문에 허튼 소리는 결코 설명될 수 없는 것이다."

제퍼슨은 "왜 그리스도인이 박해받으며 살아온 모든 사람 가운데 보다 더 뛰어난가? 그들 종교의 천재 덕인가? 아니다. 천재는 그 반대다. 기독교의 천재는 종교로 인한 전쟁과 분란을 일으킨 다른 견해에 대해 참기를 거부한다"고 말한다.

1825년 알렉산더 스미스(Alexander Smyth)에게 보낸 편지에서 계시록이 "미치광이의 헛소리며 간밤에 꾼 꿈이 앞뒤가 맞지 않는 것보다 더 무가치하고 더 이상 설명이 필요 없는 것"으로 묘사했다.

제퍼슨은 자신을 에피큐리언(Epcurean, 쾌락을 최고의 가치로 여기는 고대 철학파 - 역자 주)으로 묘사했다. 친구인 윌리엄 쇼트(William Short)에게 보내는 편지에서 그는 "당신 자신에 대해 말한 것처럼 나 역시 에피큐리언입니다. 나는 순수한(그렇게 여겨진 것이 아닌) 에피큐루스의 가르침이 그리스와 로마에 남긴 도덕철학의 모든 이성적인 것을 포함하는 것으로 간주합니다. 「대통령의 종교」(Presidential Religion)의 저자인 풀러(Fuller)와 그린(Green)에 따르면, 에피큐루스의 참된 교설로 제퍼슨이 의미하는 것은 "철학이란 감각적 증거에 의존함으로 얻어지는 삶의 현명한 실천과 미신과 초자연적 간섭에 대한 신념을 제거하는 것으로 구성된다"는 것을 의미한다.

그는 또한 조셉 프리스틀리(Joseph Priestley)에게서 강한 영향을 받았다. 1813년 8월 22일, 존 애덤스에게 보낸 편지에서 프리스틀리와 그의 업적에 대해 언급했다.

"당신의 책에서 내가 프리스틀리의 '예정론', '무영혼 체계(No-Soul System)' 혹은 홀슬리(Horsley)와의 논쟁에 대해 많이 읽지 않은 것으로 가정한 것은 옳습니다. 그러나 그의 '기독교의 타락'과 '예수님의 초기견해'에 대해 읽고 또 읽었습니다. 그리고 이 책들과 미들톤(Middleton)의 글, 특히 로마에 보낸 편지와 워터랜드(Waterland)에게 보낸 편지를 나 자신의 신앙의 근거로 삼습니다. 이 글들은 결코 역사적 증명을 인용해서는 답을 얻지 못했거나 답할 수 없는 것입니다. 이런 사실 때문에 나는 그들의 학식에 의존하는데 그들은 나 자신의 것보다 더 뛰어납니다.

그러나 8월 9일에 보낸 당신의 편지에서 신약과 구약의 도덕이 비교된 것을 결코 보지 못했다고 말한 것을 프리스틀리("계시철학과 비교한 이방철학의 교리"에서)는 실제로 이 중요한 부분을 빠뜨렸습니다. 그리고 두 가지는 결코 다르지 않습니다. 나는 그에게 그것에 대해 말해달라고 묻지 않았어야 했습니다. 그는 시도조차 하지 않았을 것입니다. (만약 그랬다면) 그는 참을성 없는 형제인 식인종 사제에 의해 산채로 잡혀 먹혔을 것입니다. 그래서 이것은 그의 책에서 실제로 가장 중요한 부분입니다."

제퍼슨이 특별히 믿었던 예수님의 교리는 무엇인가? 1822년 벤저민 워터하우스(Benjamin Waterhouse)에게 보낸 편지에서 그는 이렇게 말했다.

"예수님의 교리는 단순하며 모든 사람의 행복을 향해 갑니다.

1. 오직 한 하나님이 있으며, 그분은 전적으로 완전하다.
2. 보상과 심판이라는 미래상태가 있다.
3. 마음을 다해 하나님을 사랑하고 이웃을 자신처럼 사랑하는 것이 종교 전체이다. 그러나 이것들과 비도덕적인 칼빈의 교리를 비교해 보세요. 칼빈과 아타나시우스 같은 불경건한 교리주의자는 문을 통해 우리 안으로 들어가지 않고 다른 방식으로 담을 넘어간다고 (신약에서) 미리 예언된 가짜 목자입니다. 그들은 그리스도인의 이름을 찬탈하며 정신 나간 상상으로 만들어낸 정신착란으로 구성된 반종교, 마호멧교처럼 기독교에 이질적인 것을 가르칩니다. 이 같은 신성모독은 생각하는 사람을 불신자로 몰고 가는데,

거짓으로 부과된 공포 때문에 부인하는 것입니다. 만약 예수의 교리가 그의 입술에서 나온 그대로 순수하게 전해졌다면 문명화된 전 세상은 지금이면 그리스도인이 되었을 것입니다."

제퍼슨은 우주를 시작하고 통치하시는 하나님이 있다는 것을 믿었다.

"당신의 마지막 호의에서 표현한 소망, 내가 칼빈주의자가 될 때까지 건강하게 살아 적어도 '여호와여 내가 부르짖어도 주께서 듣지 아니하시니 어느 때까지리이까?'(합 1:2)라고 외치게 되기를 바라는 바람 때문에 나는 불멸할 것입니다. 나는 결코 칼빈이 하나님에 대해 말하는 데에 함께 하지 않습니다. 그는 참으로 무신론자이며 나는 결코 그렇게 될 수 없습니다. 차라리 그의 종교는 악마주의입니다. 만약 사람이 가짜 신을 경배하면 죽었습니다. 그의 5대 교리(이것은 칼빈이 말한 것이 아님 - 역자 주)는 당신과 내가 세상의 창조주이며 관대한 통치자로 인정하고 경배하는 그런 하나님이 아니라 악한 정신을 가진 마귀입니다. 칼빈이 가르친 죄악된 속성으로 그분을 모독하는 것보다 차라리 아무 신도 믿지 않는 것이 더 용서받을 만합니다. 진실로 기독교의 모든 분파가 계시의 도움 없이는 신의 존재에 대한 충분한 증거가 없다는 일반 교리를 가지고 무신론이 좌우할 수 있는 빌미를 무신론에게 주었습니다.

이제 온 인류의 1/6이 그리스도인으로 여겨지는데 유대교나 기독교 계시를 믿지 않는 나머지 5/6는 신의 존재에 대한 지식이 없습니다. 이것은 오셀러스(Ocellus)와 티매쿠스(Timacus), 스피노자(Spinoza), 디더롯(Diderot), 그리고 디 홀박(D'Holbach)의 제자들에게 완벽한 원인을 제공하는 것입니다. 이들이 답할 수 없고 승리한 것으로 여기는 논쟁은 우주 생성의 모든 가정에 있어서 선재하는 영원한 무엇인가를 인정해야 하며, 건전한 철학의 원리에 따라 혹은 하나로 충분한 경우 난제를 해결하는 두 원리를 결코 사용하지 말라는 것입니다. 그리고 영원한 선재, 보지 못하고 알지 못하며 그의 본체나 존재의 장소, 또는 감각이 알려주지 못하는 그의 행동, 어떤 정신의 힘도 묘사하거나 이해하도록 하지 못하게 하는 그런 창조주나 숨은 원인을 믿는 것보다 지금도 그렇고, 우리가 보고 목격하는 재생산의 원리에 따라 아마도 영원히 그럴 세상의 영원한 선재를 즉시 믿는 것이 더 간단하다고 이들은 말합니다.

반대로 보편적인 부분과 특별한 부분에서 (계시에 의존하지 않고) 우주에 대한 한 견해를 취할 때 인간정신이 세계를 구성하는 각 원자 안에 설계, 완벽한 솜씨, 무한정한 힘에 대한 확신을 느끼지 않는 것은 불가능합니다. 천체의 움직임은 원심력과 구심력의 균형에 의해 제 경로를 정확히 가는데 땅과 물, 환경, 동물과 식물의 배분과 함께 지구의 구조도 그렇고 아주 미세한 부분까지 조사해보면, 곤충도 삶의 원자이나 사람이나 맘모스처럼 완벽하게 조직되어 있고, 미네랄의 본체 생성과 사용을 보면 인간정신이 이 모든 것 안에 종국적인 원인, 물질과 움직임으로부터 모든 것을 빚은 존재, 현재의 모양대로 존재하도록 허락한 보존자이며 통치자, 그리고 새롭고 다른 형태로 재창조한 존재에 의존하는 설계, 원인과 결과가 있다는 것을 믿지 않기란 불가능합니다. 또한 우리는 자신의 경로와 질서 속에 우주를 유지하는 초월적 감독자의 힘이 필요하다는 분명한 증거를 봅니다. 잘 알려진 것처럼 별들이란 사라지고 새 별이 생성되고 추측할 수 없는 경로를 따르는 혜성은 태양과 행성에 충돌할 수 있고 다른 법에 의해 갱신이 필요할 지도 모릅니다. 동물의 특정한 종은 멸종되고 만약 회복하는 힘이 없다면, 모든 존재는 우주가 형태 없는 혼란으로 축소될 때까지 하나씩 계속해서 사라질 것입니다.

분명히 이 같은 만장일치의 정서는 다른 가설 속에 드러난 정서보다 훨씬 더 그럴법하게 합니다. 고대 그리스도인들은 동시에 창조주와 세상의 영원한 선재를 믿었고, 둘 사이의 원인 - 결과의 관계에 대해서는 바꾸지 않았습니다."

제퍼슨은 벤저민 러쉬(Benjamin Rush)에게 이렇게 썼다.
"그(예수)의 부모는 불분명합니다. 그의 환경은 열악하고 교육은 전무이며 자연적으로 주어진 것은 크고, 삶은 정확하고 무죄했습니다. 온유하고 관대하며 인내심 많고 확고하며 치우치지 않고 고귀한 웅변력을 지녔습니다. 인류를 개혁하고 계몽하려 시도했던 이들의 보편적인 운명에 따라 그는 질투하는 사람과 보좌의 결탁에 일찍 희생당하여 약 33세까지 살았습니다. 만약 우리에게 남겨 둔 풍부한 단편의 문체로 가득 채워진다면 여태껏 인간에 의해 가르쳐진 가장 완벽하고 고귀한 (그의) 도덕 체계는 다음과 같습니다.

1. 오직 한분 하나님에 대한 그들의 믿음을 확인시키고 신의 속성에 대한 보다 공정한 개념을 주면서 그는 유대인의 이신론을 바로 잡았다.

2. 친구와 자신과 유사한 사람에게 말한 그의 교리는 철학자의 가장 정확한 것보다 더 순수하고 완전하며, 유대인의 것보다 훨씬 더 위대하다. 이 교리는 우주적 박애를 주입하는 것을 훨씬 넘어 비슷한 사람과 친구들, 이웃과 동포뿐 아니라 모든 인류에게 미쳤으며 사랑, 자애, 평화, 공통적 필요, 공동의 도움의 유대아래 모든 사람을 한 가족으로 모은다. 이 제목의 발전은 예수의 체계가 다른 모든 것보다 유별나게 뛰어남을 증명할 것이다.

3. 철학과 히브리 율법의 교훈은 오직 행동에만 해당된다. 그는 자세히 근사한 것을 사람들의 마음에 밀어 넣고, 자신의 사유의 영역에 재판됨을 세우고, 수원의 물을 정화한다.

4. 그는 미래 상태에 대한 교리를 강조하며 가르쳤는데 이는 유대인에 의해 의심받거나 불신 당했으며, 미래의 교회를 강조해서 가르쳤고 도덕적 행동에 대한 다른 동기에 관해 중요한 자극과 보충을 제공하는 것으로 효과적으로 사용했다.

제퍼슨이 예수의 교리 중에 특별히 믿지 않았던 것은 무엇인가? 그는 삼위일체를 부인했다. 1813년 8월 22일에 애덤스에게 보내는 편지에서 그는 이같이 말했다.

"진실한 사람이 셋이 하나고 하나가 셋이지만, 하나는 셋이 아니며 셋은 하나가 아니라는 것을 믿는 척 하는 것과 인류를 글자 한 자로 동일본질주의자와 유사 실체론자로 나누는 것은 이미 때가 너무 늦었습니다. 그러나 이 같은 교리는 제사장의 교활함과 힘, 이권으로 구성됩니다. 퀘이커교도처럼 그들의 얇아빠진 구성을 쓸어버리고, 제사장 없이 살고 스스로를 도덕으로 무랑하고, 양심에서 나오는 계시를 따르고, 아무도 이해할 수 없고, 따라서 믿지도 않는 것에 대해 아무 말도 하지 마십시오. 왜냐하면 믿음이란 지성적 명제에 대한 지성의 동의라고 생각하기 때문입니다."

1821년 티모시 픽커링(Timothy Pickering)에게 쓴 편지에서 제퍼슨은 이같이 썼다.

"이성적 기독교를 향한 진천에 있어서 이성의 발전을 나보다 더 즐겁게 바라보는 사람은 없을 것입니다. 이해불능의 셋이 하나고 하나가 셋이라는 삼위일체적 산술이라는 은어를 집어 치울 때, 단순한 예수의 구조를 못 보도록 씌운 가면 뒤에 있는 인위적 단두대를 쓰러뜨릴 때, 간단히 말해서 예수의 생애 이후로 가르치려고 했던 모든 것을 모르는 것으로 하고 그가 가르쳤던 순수하고 단순한 교리로 돌아갈 때 우리는 그때 참되고 가치 있는 그의 제자가 될 것입니다. 그분의 입술에서 정결하게 흘러나온 것에 아무것도 더해지지 않았다면, 지금이면 온 세상이 기독교인이 되었을 것입니다. 종교 건축가들은 예수의 교리를 왜곡하고 알아볼 수 없게 만들었고 신비주의, 망상 거짓에다 감추어 버렸고, 무시무시하고 이해할 수 없는 형태로 풍자해서 이성적인 사상가를 놀라게 만들고, 전체에 대항해서 반역하고 성급히 창시자를 사기꾼으로 몰아내 버렸습니다."

그는 동정녀 탄생을 믿지 않았다.

"그의 아버지인 최고의 존재가 동정녀의 자궁 속에 있었다는 예수의 신비주의 세대가 미네르바(Minerva)의 주피터(Jupiter)의 뇌 속에 있다는 우화와 함께 취급된 그런 날이 올 것입니다."

그는 예수의 신성을 믿지 않았다. 1803년 벤저민 러쉬(Benjamine Rush)에게 보낸 편지에서 그는 이렇게 말했다.

"(기독교 종교)에 대한 내 견해는 연구와 사유의 삶의 결과이며 내 견해를 모르는 사람들이 내게 부과한 반기독교적 체계와는 아주 다릅니다. 나는 기독교에 대한 그 같은 타락을 진정으로 반대하지만, 예수 자신의 순수한 가르침에 대해서는 아닙니다. 나는 누구든지 다른 모든 것에 우선하여 그분의 교리에 순수한 마음으로 붙어 있기를 바라며, 그분에게 모든 인간의 뛰어남을 돌리며, 그밖에 아무것도 주장하지 않는다는 것을 믿습니다."

그는 "만약 사람이 선하다면 예수는 선하다"고 믿었다. 그는 천국에 이르는 많은 길이 있다고 믿었다. 적어도 그렇게 바랬다. 1814년 편지에서 그는 이렇게 썼다.

"종교란 정직한 삶을 만드는 정말 좋은 것이며, 당신과 내가 똑같이 존경하는 한 분(하나님)에 의해 열매로 나무를 판단하도록 허락을 받았습니다. 종교의 특별 원리는 오직 하나님에 대한 책임입니다. 나는 어떤 사람에 대해서도 조사하지 않고 나 자신에 대해서도 불편하지 않습니다. 당신의 견해나 내 견해, 친구 혹은 원수가 정확히 옳은 자를 아는 것이 이 삶에 주어지지 않았습니다. 아니 천국에는 퀘이커교도, 침례교도, 장로교인 혹은 감독교인, 가톨릭교도나 신교도도 없다는 것을 들었습니다. 그 문에 들어가면서 분열의 배지를 뒤에 두고 하나님께서 우리 모두를 연합케 하신 오직 그 원리들에 우리가 연합된 것을 알게 될 것입니다. 마치 우리가 추구하는 다른 길에 대해 그것이 최단거리인양, 혹은 최종 거주지 인 것처럼 불편해 하지 말고 선한 양심의 인도를 따라 다른 길을 가서 마지막에 우리 모두가 만날 희망으로 즐거워합시다. 그리고 당신과 내가 거기서 만나 부둥켜안는 것이 내 간절한 기도입니다."

그는 물질이 아닌 존재는 없다고 믿었다. 1820년 편지에서 그는 존 애덤스에게 이렇게 썼다.

"비물질적 실존에 대해 말하는 것은 아무것도 말하지 않는 것입니다. 인간 영혼, 천사, 하나님이 비물질적이라고 말하는 것은 그것이 없다고 말하는 셈이거나 혹은 하나님도 천사도 영혼도 없다고 말하는 것입니다. 나는 다른 식으로 생각할 수 없습니다.

그러나 물질에 대한 내 신조를 로크(Locke), 트레이시즈(Tracys), 그리고 스튜어츠(Stewarts)가 지지한다고 믿습니다. 기독교회의 어느 시점에 비물질주의 혹은 가면을 쓴 무신론이 기어 들어왔는지 나는 분명하게 알지 못합니다. 그러나 그것은 분명히 이단입니다. 예수님은 이것에 대해 아무것도 가르치지 않았습니다."

그는 요한복음 1장 1절이 예수님에 대한 것과 예수가 창조에 관여했다는 주장을 거부한다. 그는 "세계의 발생론이 요한복음의 최초 세 구절에 분명히 정의되었다"고 진술하고 이렇게 번역했다.

"제대로 번역하면 '태초에 하나님이 계시고 이성(혹은 정신)이 하나님과 함께 계셨고, 그 정신은 하나님이시다. 이것은 하나님과 시작했다. 모든 것은 그것에 의해 만들어졌고 그것이 없다면 만들어진 것이 하나도 없다' 이다. 그러나 세상이 최고의 지성적인 존재에 의해 만들어졌다면 예수의 교리를 단순하게 선포하는 이 본문은 로고스라는 단어를 왜곡되게 번역하여 삼신론의 제2격(성자 예수)으로 만든 현대 기독교인에 의해 왜곡되었다. 이 단어의 황당한 의미는 참으로 '말씀' 이다. 그러나 이 의미에 따라 이것은 의미

없는 은어가 된다. 똑같이 정당한 다른 의미인 이성은 하나님의 영원한 선재와 그분에 의한 세상 창조를 이성적으로 설명한다.

말씀, 즉 행동이나 소리의 발음, 말의 기관이 세상을 만든다는 것이 얼마나 이해하기가 어려운지를 알고서 그들은 이 말을 선재하는 제2격 존재로 만들고 세상의 창조를 하나님이 아니라 그(성자)에게 속한 것으로 돌리기 시작했다.

여기서 무신론자들은 그런 하나님의 무용성과 지존하는 우주에 대한 보다 단순한 가설을 자랑한다. 예수님의 교리에 대한 최대의 적은 스스로를 교리의 해석자로 부르며, 도무지 이해할 수 없고, 그분의 순수한 말에 아무런 근거도 두지 않고, 공상체계로 왜곡시킨 사람들이란 것이 진실이다. 그리고 예수의 신비적 제자들이 사라지고, 최고의 존재가 아버지로서 처녀의 자궁 안에 있다는 것이 주피터의 머릿속에 들어 있는 미네르바 세대의 우화와 함께 분류되는 날이 올 것이다. 그러나 미국에 이성의 밝아옴과 사상의 자유로 인해 이 모든 인공단두대는 사라지고 인간 실수에 대해 최고로 존경받는 개혁자의 원시적이고 순수한 교리를 우리에게 회복시켜 줄 것을 희망한다."

그러면서 그는 이렇게 편지를 끝맺는다. "당신이 인용한 칼빈의 말 '여호와여, 어느 때까지리이까? - 이 말은 예수님의 하나님, 그리고 우리 하나님 - 로 충분합니다. 나는 진심으로 당신과 함께하며, 그분의 시간을 기다리며, 주저함보다 훨씬 더 즉각적으로 그럴 것입니다. 국회에서 옛 동료와 다시 만나 그들과 함께 '잘 하였도다, 착하고 충성된 종아' (마 25:21)라는 인정된 도장을 받기를 소망합니다."

그는 죽음 너머에 있는 삶을 바랬지만 성경이 말한 것 때문에 믿었던 것은 아니었다. 1817년 아비가일 애덤스(Abigail Adams)에게 보낸 편지에서 그는 이렇게 썼다.

"다음 만남은 (과거의 날들이) 지나간 곳에서이며, 지금이 아니라 아주 멀리 있는 우리를 위한 나라일 것입니다. 이 여정에는 지갑에 금이나 은, 혹은 지폐나 외투 또는 디딤대가 필요하지 않습니다. 그러나 준비하는 것보다 세상을 다스리는 존재가 필연적으로 관대하다는 것을 더 잘 증명하는 것은 없습니다."

1823년 존 애덤스에게 보낸 편지에서 제퍼슨은 "나는 결코 무신론자가 될 수 없습니다"라고 썼다. 하지만 자신의 믿음이 정통이 아니라는 것을 알았고 시인했다. 적어도 두 차례 그는 자신의 교리가 독특하다는 신념을 표시했다. "내가 아는 한, 나는 나 자신이 한 교파이다."

가장 분명하고 기억할 만한 제퍼슨의 종교적 진술 중 일부는 종교 자유의 주제에 대한 것이었다. 자신의 책 「버지니아 주에 대한 수기」(Notes on the State of Virginia)에서 그는 이렇게 썼다.

"기독교가 소개된 이후 수많은 무죄한 남녀, 아이들이 화형당하고, 고문 받고 벌금을 물고 투옥되었다. 그러나 단 한 번도 연합을 향해 일 인치라도 나아간 적이 없다. 강요의 결과가 무엇인가? 세상의 반을 바보로, 그 나머지 반을 위선자로 만들기 위해."

1800년 9월 23일 벤저민 러쉬(Benjamin Rush)에게 보낸 편지에서 "만약 그가 대통령에 당선된다면 어느 교회도 국가 교회가 되지 못하도록 하겠다"라고 말했다. "내가(제퍼슨) 인간 정신 위에 군림하는 거대한 형태의 독재에 대해서 영원히 획이 될 것을 나의 제단에 맹세했기에…."

그는 1826년 7월 4일 버지니아의 샬롯빌(Charlottesville)에서 사망했다.

41장

존 애덤스
John Adams

애덤스는 칼빈주의자로 자라났으나 젊은 시절 칼빈주의를 포기했고, 점차적으로 정통 기독교 교리로부터 멀어져 갔다. 기독교인이라 생각하는 지에 대한 질문에 대해, 그는 긍정적으로 답했으나 '기독교'란 용어를 재 정의하기도 했다. 노년에 정통이란 말의 의미에 따른 기독교인은 아니었다. 하지만 애덤스가 그리스도의 신성을 부인했다는 것은, 기독교 유신론의 근본에 대한 믿음이 있었다는 사실의 관점에서 보아야 한다.
기독교 유신론자는 전능하신 하나님이 정통 기독교의 범위 내에 해당되든지(다른 교리적 신념이) 아니하든지 간에 우주의 통치자라고 보았다. (이런 식으로 기독교를 이해하는 것은 참으로 비기독교관이다. 애덤스는 분명히 추상적, 논리적, 이성적 신, 그것을 신이라 부를 수 없는, 그런 관념을 신봉했고 이는 일종의 범신론이나 이신론이지 그리스도 안에서 인격적으로 계시하신 참 하나님의 모습과는 아무 상관이 없다, 심하게 말하면 기독교의 왜곡이며 복음의 원수인 조잡한 사상이다. - 역자 주)

존 애덤스 John Adams

존 애덤스는 매사츄세츠 브레인트리(현재 Quincy)에서 태어났다. 그는 칼빈주의자로 자라났다. 이것이 그의 유산이다. 평생 기독교인으로 보였고 종교적이기는 했으나 결국에는 칼빈주의 유산의 핵심교리를 버렸다.

1755년 9월 1일에 나단 웹(Nathan Webb)에게 쓴 편지에서 그의 첫 단계가 드러나 있다. 남아있는 가장 이른 편지에서 그는 주일을 '엄격한 존 칼빈'에게 희생한다고 언급했다.

1756년 4월1일 찰스 쿠싱(Charles Cushing, 그에게 목회 사역을 권했던 친구)에게 쓴 편지에서 애덤스는 목회자의 삶에 대해 그는 이렇게 말한다.

"하나님의 [목사]는 수천 가지 장애물을 만납니다. 자기 자신과 자기 사람들의 선입견과 싸우고 변덕스런 유머와 천박한 상상에 항복해야 하며, 가난과 투쟁하고 이단으로 몰아붙이는 것을 참아야 하며, 체계적인 경건, 일명 연구하고 자세히 조사할만한 체계적인 정신의 애태움이 있어야 합니다. 그러나 다른 한편으로 그에게는 정신을 깨우치고 열정을 정복할 여가가 더 많이 있으며, 무절제와 불의에 대한 유혹이 적으나 치장하고 위선에는 더 치우치기 쉽습니다. 내가 생각한 이 모든 것에 교회회의, 혹은 교부들의 정서보다는 자신의 이해를 신뢰하며, 마음의 명령에 따라 자신의 위치에 따른 의무를 굳게 이해하고, 길에서 어슬렁거리지 않고 지식이 있어서 두뇌와 덕에 있어서 마음을 개발하는데 시간을 쓴다면, 다른 어떤 것보다 이 직업에서는 동료 인간에 더 많은 선을 행하고 자신의 장래 행복을 위해 더 잘 준비할 수 있습니다. 그러나 나는 학교 교장의 자리에 여전히 만족하고 있습니다. 따라서 급하게 설교자가 되지는 않을 것입니다. 그럴 때가 되면 당신과 이웃하며 살 수 있기를 바랍니다."

그는 편지의 말미에 이같이 덧붙였다. "추신; 내가 오메니안(알미니안을 의미함)으로 지냈던 마을에 대한 이야기입니다. 18세기에 알미니안주의로 낙인 찍혔던 뉴잉글랜드 칼빈주의는 사실상 이단으로 고소당했습니다. 자유의지에 대한 알미니안주의의 강조와 만인 구원의 가능성은 하나님의 주권과 예정에 대한 칼빈주의의 강조점과 날카롭게 대조되었습니다."

1756년 8월 21일, 그는 2년 동안 풋남(Putnam)의 감독아래 법을 공부하는 계약을 체결했다. 하지만 그는 법과 목회를 두고 결정하느라 고민했다. 다음날 일기에 그는 이렇게 쓴다.

"필연적으로 이 결정을 해야 하지만, 내가 생각하기에 설교하는 것에 마음이 더 기웁니다. 그러나 그렇게 되지는 않겠지요. 굳은 결심으로 법을 실행하는데 있어서 야비한 짓이나 불의한 일을 결코 하지 않겠다는 생각을 합니다. 법을 연구하는 실천은 분명코 도덕이나 종교의 의무를 취소하지 않습니다. 신학을 그만 둔 이유가 논쟁거리가 된 쟁점에 관한 것이지만 경솔한 온정 때문에 그 직업(목회직)에 대한 어떤 부분에도 공격할 이유를 대지 않기를 희망합니다."

무엇이 논쟁거리가 되었는지 애덤스는 여러 편지에서 암시를 준다. 1756년 8월 29일자 리처드 크랜치(Richard Cranch)에게 보낸 편지에서 그는 이같이 말했다.

"나는 풋남(Putnam) 씨와 2년간 법을 공부하며 동시에 학교도 다니기로 약속했습니다. 이 일이 힘들지만 어렵고 힘들수록 더 밝은 월계관이 승리자에게 주어질 것입니다. 하지만 이 결심이 성공할 것인지에 대해 염려가 없지는 않습니다만, 설교하겠다고 생각할 때보다는 훨씬 덜 걱정이 됩니다. 악마적 악의로 가득한 교회회의 끔찍한 기계장치와 칼빈주의적으로 선한 본성은 설교할 생각을 할 때마다 언제나 두려움을 주었습니다. 그러나 이제 논쟁은 결말이 났고 타인을 괴롭히거나 타인에 의해 내가 괴롭힘을 당하는 일 없이 스스로 생각할 자유가 있을 것입니다."

그 해 가을 존 웬워스(John Wentworth)에게 쓴 편지에서 비슷한 생각을 표시했다.

"지금까지 나 자신과 친구를 불편하게 했던 마음의 근심은 마침내 어느 정도 제거되었습니다. 나는 이 마을에서 똑똑하고 호감을 주는 풋남(Putnam) 씨와 법 공부를 시작했습니다. 내가 어떻게 법으로 성공할지는 하나님만이 아십니다. 걱정이 없지는 않지만 어느 직업을 따라야 할지 결정하기 전보다는 훨씬 덜 괴롭습니다. 나는 공포스러운 교회회의와 신조를 생각할 때마다 극도의 공포를 느끼지 않은 적이 없습니다."

애덤스는 법으로 이끄는 길에 발걸음을 내디뎠는데, 이것은 공적 일에 몸담는 것이며 결국 대통령직으로 이끄는 것이었다.

경솔한 온정 때문에 그 직업(설교)에 대한 어떤 부분에도 공격할 이유를 대지 않는다는 1756년 8월 21일의 결심에도 불구하고 그는 편지에서 목회직에 대한 자신의 감정을 분출시켰다. 찰스 쿠싱(Charles Cushing)에게 보낸 1756년 10월 19일자 편지에서 그는 이렇게 말했다.

"내가 관찰한 바에 따르면, 사람들은 어린 설교자를 통해서 경건, 고결성, 좋은 지식이나 배움으로 향하고 싶어 하지 않습니다. 오히려 어리석음(왜냐하면 나는 저능아가 신성한 척 하는 것을 그렇게 부릅니다)과 저항할 수 없는 은혜, 원죄로 향하도록 하는 것을 목격합니다. 당신은 내가 미지근한 사람이라 생각하겠지만, 나는 단 한 번도 진실의 범위를 넘어가는 표현을 쓴 적이 없습니다. 그렇다면 당신이 알기에 이런 직업에 종사할 만큼 정통이라는 최상의 견해를 가진 사람이 도대체 누구입니까?"

1763년 '모든 사람은 만약 할 수만 있다면 독재자일 것이다' 란 논문에서 애덤스는 변하지 않는 군대의 독재에 대한 논의에서 자신이 믿기에 목회자의 독재에 대한 논의로 옮겨갔다. 그는 이렇게 말했다.

"개인양심에 있어서 자연적인 뛰어남으로 주(state)에서 중요한 권력을 얻었던 목회자가 과연 있는가? 기술이나 아첨과 음모, 뇌물과 타락, 사람들에게서 지식의 수단을 빼앗고 천국의 약속과 지옥의 위협으로 신비롭고 끔찍한 근심을 불어넣어 노동과 근면, 지혜, 모든 인류의 자유와 삶을 희생하고 스스로를 풍요롭고 게으름, 장대함을 끊임없이 바라지 않으면서 개인 양심에 있어서 자연적인 뛰어남으로 주(state)에서 중요한 권력을 얻었던 목회자가 과연 있는가?"

다른 서신에서 애덤스는 예정 교리를 믿지 않았음을 분명히 했다. 사무엘 퀸시(Samuel Quincy)에게 1761년 4월 22일에 쓴 편지에서 그는 다음과 같이 말했다.

"이상한 종교적 교리, 즉 하나님이 귀중한 소수(하지만 그 교리를 믿는 사람은 언제나 하나이다)를 예지한 덕과 무관하게 영생에 처하게 하고, 그 나머지는 미리 알게 된 악과 무관하게 버리기로 한 것 - 유머와 변덕이란 통치아래 강한 중력으로 세상을 대표하여 남아프리카의 호텐톳(Hottentots)족과 북아메리카의 모호크(Mohawks)족도 두려워서 거부할 그런 교리를 유발시킨 똑같은 허영이다."

시간이 지나면서 애덤스는 법률 실습에 집착하기 시작했다. 이 시기로부터 그의 편지에는 신학적 문제를 거의 다루지 않았다. 그는 1764년 10월 25일 아비가일 스미스(Abigail Smith)와 결혼했다. 존 애덤스는 필라델피아에서 열린 대륙회의에 참석하는 동안 하루 두세 차례 예배에 참석했다. 그는 성공회, 감리교, 침례교, 장로교, 퀘이커교도와 모라비안 교회를 방문했다. 심지어 로마교회에도 한 번 다녀갔다. 각 예배에 대해 일기에 기록했다.

대륙회의 중에 애덤스가 지지한 금식의 날에 대한 제안을 제퍼슨이 반대했다. 데이빗 맥컬루(David Mccullough)의 말에 따르면 애덤스는 이 반대를 '기독교의 중상모략'으로 여겼다. 벤저민 러쉬(Benjamin Rush)는 애덤스에 대해 쓰면서 애덤스의 뒷날의 반응에 대해 기록했다.

"당신(애덤스)이 일어서서 그 제안에 대해 변호했고 제퍼슨의 기독교에 대한 반대에 대한 답변에서 그토록 존경하며 많은 주제에 대해 의견을 같이 했던 신사로부터 그런 취지를 듣는 것이 유감스러우며 건전한 정신의 소유자이며 천재가 기독교의 적이란 것을 알게 된 최초의 순간이라고 말했습니다. 그(제퍼슨)의 감정을 상하게 했으나 그는 반대로 그 방을 가로질러 와서 당신 옆자리에 앉으므로 그렇지 않음을 확신시켜 주었다고 내게 말했습니다."

한 연설에서 독립선언을 옹호하며 애덤스는 이같이 말했다(1776년).
"선생님, 하나님 앞에서 나는 이제 시간이 되었다고 믿습니다. 내 판단은 이 법안을 인정하며 내 온 마음을 거기에 둡니다. 이 땅에서 내가 가진 모든 것, 나의 나된 모든 것, 희망하는 모든 것으로 이제 나는 이것(독립선언)에 걸 준비가 되었습니다. 이제 출발하면서 살게 될지 혹은 죽게 될지, 살아남게 될지 혹은 사라질 지의 여부를 남겨두고 독립을 지지합니다. 이것은 내 살아있는 소감이며, 하나님이 축복하시면 죽어가며 남기는 소망이 될 것입니다. 이제도 독립, 그리고 영원히 독립."

그는 1796년 대통령으로 선출되었고 한 임기동안 섬겼다. 취임연설에서 그는 공화국의 태동에 대해 논의했다. 그는 다음과 같이 말했다. "동기의 순수함, 이유의 정당함, 사람들의 고결성과 지성에 의지하면서, 이 나라와

이 나라의 대표자와 이 나라의 국민들을 통치하시는 하나님의 섭리 아래, 주된 체인과 높이 들려진 쇠막대기를 산산조각 내실 뿐 아니라 서로 결합하고 있던 끈을 나누며 불확실의 바다로 나아갑니다."

위의 연설에서 그는 이같이 덧붙였다. "만일 겸손한 마음의 존경심으로 스스로를 그리스도인이라 부르는 사람의 종교에 대한 존경심, 공공의 일에 대한 최선의 추천을 받는 가운데 그리스도에 대한 존경을 생각하는 확고한 결심은 어느 정도 당신의 소망에 부합한다면 상하양원의 영웅적인 명령은 효과 있는 것이 되도록 하는 것이 내 노력입니다."

그는 이렇게 결론을 내린다. "모든 것 위에 전능하신 존재, 질서의 후원자, 정의의 샘, 그리고 덕스런 자유의 모든 세대에 있어서 보호자께서 계속해서 이 나라와 정책에 복을 주시고, 그분의 섭리의 최종적 목적과 일치하는 모든 가능한 성공과 지속성을 주실 것입니다."

1798년 3월 23일, 애덤스는 기도 요청을 공포했다.

"국가의 안전과 번영이 궁극적으로 또 필연적으로 전능하신 하나님의 보호하심과 복에 의존하며, 국가적으로 이 진리를 인정하는 것은 사람들이 그분에게 없어서는 안 될 의무일 뿐 아니라, 이 같은 의무가 끼치는 영향은 도덕과 경건을 증진시키는 데에 도움이 됩니다. 이것이 없다면 사회의 행복은 존재할 수 없고, 자유로운 정부의 축복도 누릴 수 없습니다. 그리고 이 의무는 언제나 부과되지만, 특히 어려움이나 위험의 시기에 그렇고, 재앙이 존재하거나 위협할 때 만연하는 불의에 대한 하나님의 정당한 심판이 회개와 개혁으로 크게 부를 때 그러합니다. 그리고 평화와 화해의 사절을 계속적으로 거부한 것에서 분명히 입증되었지만, 미국이 적대적인 의향과 행동, 외세의 필요에 의해 현재 위험하고 고통스런 상황에 처할 때 우리의 상업을 약탈하고, 해상에서 정당한 사업에 몰두할 때 그 많은 동료시민에게 부상의 고통을 가하는 것, 이 모든 것을 고려한 후 하늘의 긍휼과 축복을 구하는 의무가 주민들의 특별한 관심을 지금 요구한다는 것으로 본인에게는 보입니다.

따라서 본인은 다음 5월 9일 수요일을 전 미국이 엄숙한 겸손, 금식과 기도의 날로 보내며, 미국시민은 이 날에 일상적인 일을 삼가고 긍휼의 아버지께 경건한 기도를 드리며, 동시에 우리의 모든 범죄를 값없이 용서하시고 측량할 수 없는 호의와 하늘의 축복을 바랄만한 이유를 주는 그분께 회개하며, 우리 조국을 위협하는 모든 위험에서 보호받도록 하는 것이 특별하고도 간절한 간구의 주제가 되며, 시민적 그리고 종교적 특권이 최후 세대에까지 더럽혀지지 않고 영속되도록 하며, 공적 회의와 관료들이 이 위기의 기간에 특별한 영감과 인도함을 받으며, 미국민이 우호와 상호신뢰의 유대로 연합되고 과거에 고도로 구별되고 그 같은 귀중한 이익을 얻었던 활력과 불굴의 정신으로 감동을 받으며, 이 땅의 주민의 건강이 보호받으며 농업, 상업, 예술, 공업이 복 받고 번영하고 참된 경건과 건전한 도덕의 원리가 마음에 영향을 끼치고, 시민의 다양한 삶을 지배하고 평화, 자유, 순수한 종교의 복이 땅의 모든 나라에 급속히 확대되도록!

그리고 마지막으로, 말한 그날에 겸손과 기도의 의무에다 모든 선한 선물을 주신 분께 뜨거운 기도도 함께 드립시다. 지금까지 미국민을 보호하고 보전하셔서 종교나 시민의 자유를 독자적으로 누리게 하실 뿐 아니라 놀라운 인구 성장에 복주시고 국가의 행복과 번영에 유익한 크고 많은 호의를 베푸신 것 때문에도 가장 깊은 겸손으로 개인과 국가에게 돌려야 할 다양한 죄와 허물을 하나님 앞에 시인하는 날로 보내도록 제안하는 것이 마땅하다고 사려 되며 여기서 그렇게 제안합니다."

애덤스는 1799년 3월 6일 또 다른 기도의 날을 공포했다. 그는 이렇게 말했다.

"영감 받은 책(성경)보다 더 진리가 분명하고 보상과 심판에 대한 정당한 분배를 하시는 최고의 존재에 대한 깊은 지각, 다스리는 섭리에 대한 정당한 인정과 그분께 대한 인간의 책임에 대한 마땅한 수용은 개인의 행복과 바른 삶과 공동체의 복지에 동일하게 유익함을 모든 세대의 경험보다 더 잘 보여주는 것은 없습니다. 인간은 사회적 행동과 관계를 맺을 수 있으며, 사회의 상태를 개선하고 그것으로부터 만족을 끌어내며 사회로서 이런 구별에 따라 각 존재의 위치를 높이시고 이런 능력을 부여하신 그분께 대한 의무와 의존해야 함을 안다는 것이 그 자체로 가장 이성적입니다. 마찬가지로 임박한 위기와 급한 상황에 처할 때 보호하며 파괴하실 수 있는 그분께 간절하고 특별한 간구를 드리는 것은 자연도 강하게 느끼는 정서이며 당연한 의무로부터 나오는 명백한 명령입니다.

　　무엇보다도 가장 귀한 미국민의 이익은 적대적인 계략과 틈을 엿보는 외국에 의해, 또 모든 종교, 도덕, 사회적 의무의 기초를 전복하는 원리(이것은 다른 나라에서는 무수한 불행과 비극을 야기시켰는데)에 의해 아직도 위협받고 있습니다.

　　마지막으로, 공적 신앙의 엄숙함을 위한 특별한 시간을 준수하는 것은 다행히도 우리가 마땅히 반대해야 할 악을 피할 수 있으며, 이미 언급한 중대한 진리에 사람들의 관심을 고정시키며, 이것을 가르치고 주입할 기회를 얻으며, 경건에 생명력을 부여하고, 이것에다 국가적 행동의 성격을 부여함으로 이 의무를 수행하는 것이 즐겁도록 하기 때문입니다.

　　이런 연유로 본인은 다음 4월 25일 목요일을 장엄한 겸손과 금식, 그리고 기도의 날이 되며, 이 날에 시민들은 할 수 있는 한 세속적인 일을 삼가고, 사적으로 또 공적으로 거룩한 종교의무에 시간을 드리며, 가장 높으신 하나님께 범한 무수한 죄를 기억하고, 그분 앞에 가장 진실한 회개로 고백하며, 그분의 용서하시는 긍휼 앞에 우리의 모든 지난 죄를 용서해 달라고 탄원하며, 성령님의 은혜로 장차 올 시간에 그분의 의로운 요구에 더 잘 순종하게 되며, 그런 마음으로 향하도록 하며, 그분의 간섭으로 원리와 실천에 있어서 그분께 불쾌하며 인간에게는 파괴적인 그런 불경건과 방탕함을 사로잡도록 하며, 그분께서 '의로움은 나라를 세우나 죄는 사람에게 불명예이다' 는 것을 깊이 인식하며, 그분께서 허물에서 우리를 돌이키시며, 우리에 대한 불쾌함을 돌리시도록 하며 비이성적인 불만과 분열, 파당, 폭동, 반란을 억제하며, 파괴하는 칼에서 우리나라를 보호하며, 끔찍하고 유해한 천벌아래 최근까지 심하게 고통 받는 도시와 마을을 보호하시며, 주민의 건강이 그분 앞에 귀하며, 우리를 기뻐하사 열매가 가득한 계절을 주시고 농부의 손을 축복하사 사람과 짐승에게 식량이 풍성하게 하시며, 상업과 공업, 어업을 번성하게 하시며, 정당한 산업과 기업에서 사람들에게 성공을 허락하시고 그분께서 대학과 중학교, 학교와 배움의 신학교를 보시고 미소 지으며 이것들이 건전한 과학의 양성소가 되도록 하며, 높은 자로부터 낮은 자에게 이르기까지 모든 관료에게 복 주사 자신의 위치에 맞는 참된 정신을 주시고 악을 행하는 사람에게는 두려움이, 선한 일을 하는 사람에게는 칭찬이 되게 하시며, 그분께서 이 위기에 국가 회의를 주재하시고 공공이익에 대한 바른 분별에 이르도록 마음을 깨우치며 실수와 분열, 불협화음으로부터 구하시며, 서로 다투는 나라들에게 정의와 평등, 관대함, 평화를 지향하도록 하여 인간의 피의 확산과 비참함의 축적을 중단하며 그분께서 온 세상에 참된 자유, 순수하고 더럽혀지지 않은 종교의 복을 주시도록 기도할 것을 제안하는 것이 마땅하게 여기면서 이같이 제안합니다.

또한 모든 선의 저자이신 그분께 이런 겸손과 회개와 기도, 뜨거운 감사를 드리는 행위에 모두가 하나 되어, 그분께서 여전히 미국민에게 무한한 호의를 계속하시며, 다른 나라의 운명과 비교해볼 때 이 나라의 상황이 눈에 보이게 행복하도록 기도합시다."

이 같은 기도요청은 애덤스가 후일에 자신의 종교적 견해를 사적으로 표현한 것과 균형을 이루는데 유용함을 주기위해 재 출판되었다. 나중에 보겠지만 애덤스는 결국 예수의 신성과 다른 중요한 교리를 거부했다. 내가 믿기에 이런 후일의 진술은 그 주제에 대한 애덤스의 견해를 정확히 반영하며,

국가의 갈 길을 감독하고 미국을 인도하고 지시하는 신적인 하나님(아버지)을 믿었다는 사실의 측면에서 이해되어야 한다.

대통령 재임 이후의 기간에 애덤스는 자신의 종교적 견해를 재검토하고 수정했다. 그리스도인에게 보낸 편지에서 그는 여전히 기독교에 대해 깊은 존경심을 갖고 있었다. 벤저민 러쉬(Benjamin Rush)에게 보낸 편지에서 그는 다음과 같이 말했다.

"내가 이해하기에 기독교는 영원한 존재, 독립적이며 관대하고 전능하며 궁휼의 창조주, 보존자이며 우주의 아버지에 대한 있는 그대로의 그림이며, 영광의 빛남입니다. 그것은 세상만큼이나 지속될 것입니다. 야만인이나 문명인도 그것을 찾아냈거나 발명하지 못했습니다. 그렇다면 내가 가톨릭 교도인지, 아니면 개신교인지, 칼빈주의자나 알미니안주의자인지를 묻지 마십시오. 그들이 기독교인인 한 나는 그들 모두의 동료 제자가 되고 싶습니다."

다른 경우 이런 말로 기독교를 묘사했다.

"기독교는 무엇보다도 고대에 혹은 현대에 왕성했거나 존재했던 모든 종교보다 더 덕과 평등 인간 중심적 종교이며 불량배 페인(Paine)으로 하여금 그가 말하고 싶은 것 - 즉, '하나님께는 포기하지만 사람에게는 선 그 자체이다'를 말하게 하시오."

기독교에 대한 정의는 변했지만, 애덤스는 여전히 기독교의 근본에 대한 존경심을 유지했으며, 이것은 예수가 단지 사멸할 존재 이상이라는 믿음을 포함한다.

그의 손자가 쓴 전기에는 애덤스의 말을 인용하여 애덤스가 "산상수훈을 사멸할 선생 이상인 존재에 의해 인간에게 제시된 완벽한 도덕법"으로 믿었다고 말하고 있다.

애덤스는 예수님이 죽을 존재 이상이지만 신적인 존재보다는 못한 것으로 보았다. 아마도 가장 흥미진진하고 슬픔을 주는 진술은 토마스 제퍼슨(Thomas Jefferson)에게 편지를 보냈을 때인데, 그는 만일 하나님께서 직접 삼위일체가 있다고 말씀하시더라도 하나님의 말씀을 거부하고 유니테리언 신을 믿을 것이라고 말했다. 애덤스는 이렇게 말한다.

"만약 당신과 내가 시내산에서 모세와 40일 동안 함께 있으며 신적 임재를 보고 하나가 셋이며 셋이 하나라는 말을 거기서 들었다면, 그것을 부인할 수 없겠지만, 그래도 믿지는 못했을 것입니다. 천둥과 번개와 지진, 그리고 초월적 광채와 영광으로 인해 공포와 놀라움을 수반해 우리를 압도했을 것이지만, 그 교리를 믿을 수는 없을 것입니다. 입술로 무슨 말을 한다 해도 마음으로는 '이것은 우연이다' 고 말했을 것입니다. 하나님은 없다. 진리도 없다. 이 모두는 환상이고 가공이며 거짓입니다. 아니면 모두 우연입니다. 그러나 우연이 무엇입니까? 이것은 움직임이며 행동, 사건입니다. 이유 없는 현상입니다. 우연은 아무런 이유가 없습니다. 비존재입니다. 무(Nothing)가 이 모든 허식과 광채를 만들었으며 우리가 아는 지옥과 유황의 불꽃에 있는 영원한 저주를 만들었고 공포와 거짓의 끔찍한 모습을 만들어냈습니다."

정통 기독교 신학자의 교리(하나님이 먼지 조각과 그의 영광을 위해 인간을 만들었다는)를 말한 후 그는 질문했다.

"내 친구여 이제 예언 혹은 기적이 당신과 나로 무한히 관대한 존재, 지혜와 능력이 어느 기간에 셀 수 없는 수백만을 창조하고 보존하여 그들로 영원히 불행하도록 했다는 것을 납득시킬 수 있겠는가? 그분의 영광을 위해? 비참! 그의 영광이 무엇인가? 그는 야심에 가득 찼습니까? 승진하기를 바랍니까? 자신의 능력과 복수의 달콤함에 도취하며 승리하고 있나요? 나를 만드신 분이여, 이 끔찍한 질문에 대하여 용서해 주십시오. 내 대답은 언제나 준비되었습니다. 나는 그런 것을 믿지 않습니다. 우주의 저자(창조주)에 대한 내 경외함은 심오하고 진실합니다. 하나님에 대한 사랑과 그분의 피조물에 대한 사랑, 비록 우주 안에 원자이며 분자 유기체이지만, 내 실존에 대한 기쁨, 즐거움, 승리가 내 종교입니다.

짖고 으르렁거리며 물어뜯어라, 칼빈주의자여! 아다나시우스 계열 신학자들이여. 만약 원한다면 당신들은 내가 그리스도인이 아니라고 말하겠지만, 나는 당신들이 그리스도인이 아니라고 말합니다. 그리고 계좌가 균형을 이룹니다. 그러나 내가 이해하기에, 나는 당신들 가운데 가장 정직한 사람들은 그리스도인이라고 믿습니다."

애덤스가 거부한 또 다른 교리는 보편 타락교리(인류가 완전한 상태에서 추락했고 하나님의 도우심으로만 선을 행할 수 있다)이다.

1817년 4월 19일에 제퍼슨에게 쓴 편지에서 그는 독서하는 중 여러 차례 "종교가 없었더라면 가능한 최상의 세계일 것이다"라고 말했다.

"종교 없는 이 세상은 공손한 사람들 사이에서 말하는 것에 적합하지 않는 무엇이며, 지옥을 의미합니다. 인간본성의 전체적이고 우주적 타락을 믿는 대신, 어떤 개인도 완전히 타락하지 않았다고 믿습니다. 지금껏 생존했던 최고의 불한당도 완전히 양심이 지워지지 않았고 양심이 남아 있는 한 종교가 있습니다."

죽음 이후의 미래 상태가 있다고 믿었지만 그의 소망은 논리이지 성경이 아니었다. 아비가일 애덤스(Abigail Adams)가 죽은 뒤 제퍼슨은 애덤스에게 위로의 편지를 보냈다.

애덤스는 답장을 썼다. "미래 상태에 우리가 만나 서로를 알아볼 수 있는지를 어떻게 육체적으로 증명할 수 있을지 모릅니다. 내가 발견한 바에 의하면 계시조차도 그런 더할 나위없는 항복에 대한 적극적인 확신을 주지는 못합니다. 가장 의심 없이 그걸 믿는 이유는 그런 존재가 거저 땅에서 살다가 죽는 그런 인간이란 종을 만들 수 있다고 상상할 수 없기 때문입니다. 만약 미래 상태를 믿지 않는다면 어떤 신도 믿을 수 없습니다. 이 우주는 부풀어 오른 허식이며 아이들의 폭죽놀이처럼 보일 것입니다. 만약 미래 상태가 있다면 왜 전능하신 분이 이 땅에서 그토록 우리를 기뻐하는 관계로 연합한 모든 부드러운 관계를 영원히 녹여버리고 다음 세계에서 서로를 보지 못하도록 금지 하실까요?"

애덤스는 기적도 부인했다. 그는 신이 경우에 따라 그런 법을 대체하는 것이 배제된 그런 세상을 다스리는 법을 세웠다는 사실은 믿었다. 1815년 6월 20일자 제퍼슨에게 보낸 편지에서 애덤스는 이같이 썼다.

"인류 앞에 놓인 질문은 자연의 신이 자신의 법에 따라 세상을 다스리는지 혹은 제사장과 왕이 가공의 기적으로 다스리는지 또는 다른 말로 권위가 원래 사람들에게 있는지, 아니면 1800년간 교황과 주교의 계승에 의해 내려왔는지 혹은 거룩한 기름의 조류 속에 비둘기 형상으로 성경에 의해 하늘로부터 내려왔는지의 여부입니다."

애덤스는 이 같은 말로 편지를 맺었다. "내 마음에 오래도록 정리된 견해가 있는데 우주를 이해하는 한 분이 있다는 주장은 지금도 아니고 앞으로도 아니며 과거에도 아니었습니다."

그는 성경을 축소하여 이해할 수 있는 것으로 만들기 원했다. 1813년 11월 14일 애덤스는 제퍼슨에게 "만일 내게 눈과 신경이 있다면 신구약 성경 모두를 검토하고 내가 아는 모든 것에 표시했을 것입니다"라고 말했다.

예상한대로 애덤스는 성경이 영감으로 된지에 대해 공개적으로 논쟁해야 한다고 생각했다. 1825년 1월 2일에 제퍼슨에게 쓴 편지에서 전 기독교 세계를 통틀어 성경의 영감을 부인하는 것은 범죄로 여겨진다고 말했다. 여러 나라에서 신성모독에 대해 책정한 벌에 대해 논하고 미국에서 그 같은 질문을 하는 사람에게는 벌금과 감옥행이 기다린다고 말했다. 그는 물었다.

"이 책(성경)의 신적 권위에 대해 조사하는 논증을 제시하는 일에 벌금과 투옥을 당한다면 어느 작가가 감수하며 자유로이 연구하겠습니까? 누가 볼니(Volney)가 쓴 「빼어난 뉴스」(Recherches Nouvelles)를 번역하려고 하겠습니까? 누가 두푸이(Dupuis)를 번역하려고 하겠습니까? 그러나 나는 이 주제를 확대할 수 없고 단지 마음에 두었습니다. 나는 그런 법이 인간 정신의 발전에 대한 큰 혼란이며 장애라고 생각합니다. 조사할 수 없는 책들은 형법에 따라 신적 영감으로 확정되어서는 안 됩니다. 그런 법을 실행하고 싶어 하는 사람이 있다는 것도 사실이고, 그런 법으로부터 떠나 살기에 충분히 배짱 있는 사람이 있다는 것도 사실입니다. 하지만 이 법이 법으로 효력을 지니고 있는 한 인간정신은 이런 연구에 있어서 매우 이상하고 볼썽사나운 꼴이 될 것입니다. 이런 법이 취소되길 바랍니다. 내가 이해하는 기독교의 본질과 핵심은 영원하고 불변하며 영원히 시험을 견딥니다. 그러나 기독교는 외적인 요소가 섞여서 당연히 분리되어야 합니다."

그는 구할 수 있는 이방종교의 글을 읽고 싶었고 어떤 종교가 참인지를 미국인이 나중에 스스로 결정하기를 바랐다. 애덤스는 이렇게 썼다.

"성경이 모든 언어로 번역되고 사람들에게 보내진 것처럼 페르시아, 중국, 힌두… 등의 경전이 영어나 불어 독일어와 이탈리아어로 번역되기를 바란다. 그래서 우리 후손과 그 후손이 비교해 보고 선한 모든 것에 고정될 것이다." (그러나 '사람이 진리를 결정한다'는 것은 기독교가 아니라 인본주의의 근본적 원리이다. - 역자 주)

비정통 교리이기는 하나 애덤스는 스스로를 그리스도인으로 여겼다. 그는 자신이 보기에 적절하다고 생각하는 방식으로 기독교를 재 정의했다. 그는 정통 기독교의 교리는 타락한 형태의 기독교라 믿었고, 편지에서도 그는 간혹 기독교가 타락한 것으로 언급했다. 1816년 11월 24일 미국 성서공회의 설립에 대해 제퍼슨에게 보낸 편지에서 그는 말했다.

"이제 우리는 미국 성서공회로 하여 킹제임스성경을 온 세상에 보급시켜야 합니다. 이런 경건한 성경 구독을 통해 기독교의 타락에서 기독교를 정화하는 것이 유럽과 아시아, 아프리카와 미국에 오염을 전파하는 것보다 더 낫지 않겠습니까?

두푸이(Dupuis)를 모든 언어로 번역하고 훈장과 다이아몬드 그것에 대해 최상의 답을 제시하는 사람이나 혹은 조직체에 주도록 사회에 투영해야 합니다.

나는 슬픔의 남용에 대한 치명적 본보기를 암시하는 것에 대해 몸서리를 치며 이것은 인류역사가 보존해 온 것입니다. 십자가. 슬픔의 동력이 만들어 낸 재난에 대해 생각해 보세요! 무뢰한 같은 제사장이 기독교에 마땅한 이성적 존경에다 매춘을 더하여 인간역사를 가장 어둡고 피 흘리는 역사로 채웁니다."

위의 편지에서 그는 제사장을 '무뢰한'으로 말하며, 1813년 6월 6일 제퍼슨에게 쓴 편지에서 인용한 글에서 그는 가장 적대적으로 말한다.

"존 퀸시 애덤스(John Quincy Adams)는 각각 10살과 12살 아들에게 수년 동안 연속으로 편지를 썼는데, 거기서 당신보다 더 광범위한 계획을 세웠지만 핵심적인 항목에 대해 당신과 거의 동의합니다. 이 편지가 그의 아들의 가슴에 보존되기를 바랍니다. 그러나 여인과 제사장도 그것을 얻게 될 것입니다. 내가 기대하기로는 만약 그가 평화를 성취한다면 제이(Jay)처럼 인생의 마지막까지 예언을 연구하기 위해 은퇴해야만 합니다."

한편 같은 편지에서 기독교 철학은 "가장 고귀하고 관대하다"고 말하며, 제퍼슨과 의견을 같이하나 이들의 역사 체계가 종교를 보존하는 데에 영향을 미쳤는지에 대해서는 '결정적인 견해를 형성할 만한' 정도로 공자나 조로아스터교(Joroaster), 드루이드(Druids)의 마호멧, 힌두교, 그리고 다른 종교를 충분히 알지는 못했다고 말했다.

무엇이 이같이 본질적인 칼빈주의 사상가가 불가지론자로 변화토록 했는가?

애덤스의 치명적인 신학적 오류는 자신이 옳은 것을 결정할 수 있다는 것을 믿었다는 것이다. 그러나 기독교인은 하나님께서 말씀하신 것을 진리로 받아들인다. 이후에 그는 조셉 프리스틀리(Joseph Priestly) 목사의 영향아래 놓이게 되었다. 성경에 대한 위의 견해와 1813년 7월 22일 제퍼슨에게 보낸 글과 비교해 보자.

"만약 프리스틀리(Priestly)가 생존해 있다면 나는 분명 그와 편지를 주고받았을 것입니다. 당신, 그리고 내게 불행을 안겨 주었고 그의 친구였던 쿠퍼(Cooper)는 해밀튼(Hamilton)이 워싱턴(Washington)에게 그랬던 것처럼 프리스틀리에게 치명적 영향을 끼쳤습니다. 그리고 그의 급하고 불같은 사고(思考) 덕에 프리스틀리는 모든 불행과 행동의 오류를 범했고, 그와 나 사이의 관계를 설명하는 것을 막을 수 없었습니다. 나는 그에게 수천, 수백만 가지 질문을 해야 합니다. 그리고 아무도 프리스틀리 박사만큼 이 모든 것에 대해 더 잘 답하거나 그런 경향을 가지지는 못했습니다. 흥미로운 내 인생에서 일어난 어떤 것도 쿠퍼처럼 그토록 학식 있고 독창적이며 과학적이고도 재능 있는 그런 무분별한 사람이 프리스틀리가 내 원수가 되도록 한 것보다 더 깊은 영향을 주지는 못했습니다. 오! 프리스틀리가 다시 살아서 방안에 함께 있다면! 시간이나 방법이 없었던 진리 추구자가 그에게 몇 가지 의문에 대한 답을 찾고 조사하도록 요청할 것입니다.

1. 예수의 생애에 대한 두 사람 이상의 증인이 있는가?
    마태와 요한?
2. 마태복음이 1세기에 존재했다는 것에 대한 증인이 있는가?
3. 요한복음이 1세기에 존재했다는 것에 대한 증인이 있는가?

4. 마가복음이 1세기에 존재했다는 것에 대한 증인이 있는가?

5. 누가복음이 1세기에 존재했다는 것에 대한 증인이 있는가?

6. 유아기에 대한 복음인 도마복음이 1세기에 존재했다는 것에 대한 증인이 있는가?

7. 사도행전이 1세기에 존재했다는 증거가 있는가?

8. 사도행전 (베드로와 바울, 혹은 바로와 테클(Tecle)에 대한) 보충자료가 1세기에 존재했다는 증거가 있는가?

애덤스와 제퍼슨의 관심을 끈 조셉 프리스틀리(Joseph Priestly) 목사는 누구인가? 그는 18세기 유니테리언 사역자이며 저술가이다. 최고로 기억되는 그의 신학 작품은 「기독교의 타락의 역사」(History of the Corruptions of Christianity, London, 1786)이다. 4권으로 된 예수 그리스도에 대한 초창기 견해의 역사(History of Early Opinions Concerning Jesus Christ, London:1786)에서 그리스도에게도 오류가 있다는 교리를 발전시켰다. 그의 아들 조셉(Joseph)은 1795년까지 프리스틀리 목사에 대한 회상을 편집했는데, 그 제목은 '사망할 때까지 프리스틀리 자신에 의해 계속되었고, 후에는 그의 아들인 조셉 프리스틀리에 의해 기록됨' 이었다.

프리스틀리는 「계시 교리와 비교된 이방철학의 교리」(The Doctrines of Heathen Philosophy Compared with Those of Revelation(Northumberland, PA1804))와 「소크라테스와 예수의 비교」를 썼다. 프리스틀리는 유니테리언 견해를 발전시켰고 정통 기독교 교리가 왜곡되었다는 근거로 도전했다.

말년에 애덤스는 기독교 교리에 대한 존경심을 유지했다. 1816년 그는 '십계명과 산상수훈은 내 종교를 포함한다'를 썼다. 그 해에 쓴 또 다른 편지에서 그는 "도덕적 혹은 종교적 신경"은 50~60년간 짧은 네 마디 말인 "의롭고 선하게 살아라"는 말에 포함되었다고 덧붙였다.

그는 안식일(주일을 지칭)에 대한 존경을 유지했고, 그날에 여행하는 것을 꺼려했다. 생애의 마지막에 그는 국가의 갈 길을 감독하는 하나님에 대한 믿음을 표했다. 신의 섭리는 인격적 하나님에 대한 믿음이 아닐지도 모른다. 그는 기독교의 일반 원리인 섭리의 지침이 미국의 건설에 기초를 형성했다고 하였다. 1813년 6월 28일 그는 이같이 썼다.

"독립을 쟁취했던 선조들이 의존했던 보편적 원리는 신사들의 아름다운 모임이 하나 되는 원리이며, 이런 원리는 그들의 연설에서만 의도될 수 있거나 혹은 내 대답에 의해서만 의도될 수 있는 것이다. 그러면 이런 일반 원리들은 무엇인가? 그 안에서 분파들이 하나가 되는 기독교의 보편원리라고 나는 대답한다. 그리고 그 안에서 젊은이들이 하나가 되는 영국과 미국의 자유, 그리고 독립을 주장하고 지키는 데에 충분한 다수(Majorities) 안에서 그리고 미국 안에서 모든 정당이 하나가 되는 것이 보편원리이다.

이제 나는 그 당시 믿었고 지금도 믿는 대로 기독교의 보편 원리가 영원하고 불변하며 하나님의 실존과 속성이며 자유의 원리가 인간 본성과 현세적이고 세속적인 체계만큼이나 변할 수 없음을 맹세한다."

애덤스는 1826년 7월 4일 사망했다. 아마도 그의 종교에 대한 최상의 요약은 그의 손자이며 전기 작가인 찰스 프랜시스 애덤스(Charles Francis Adams)에 의해 기록 되었는데 그는 이렇게 썼다.

"그는 모든 세대나 국가들의 종교에 대해 정성들여 연구하는 데에 헌신했고 그 결과는 종잡을 수 없는 방식으로 대화한 것이다. 그 쟁점은 뉴잉글랜드 유니테리언이 채택한 주조 방식과 거의 같은 식으로 자신의 신학적 견해를 형성한 것이다. 초기에 목회 사역에서 뒤로 물러나도록 했던 독립정신으로 칼빈주의의 특징적 교리인 삼위일체, 속죄, 선택을 거부하고 사멸할 스승 이상인 사람에 의해 인간에 제시된 완전한 법인 산상수훈에 정착한 것으로 만족했다."

42장

조지 워싱턴
George Washington

이신론자는 최고 존재가 세상을 창조했으나 그 이후로 세상과 관여하지 않는다고 믿는다. 이들은 최고 존재가 국가의 길을 지도하거나 혹은 우주 시계가 자연법을 주관하는 어떠한 기적도 믿지 않는다.

조지 워싱턴은 이 모든 이신론의 근본교리를 부인했다. 워싱턴은 개인과 국가의 운명을 지도하시는 하나님을 믿었다. 워싱턴의 교리적 견해에 대해서는 잘 알지 못하지만 적어도 하나님이 국가와 개인의 운명을 지도한다는 것을 믿은 유신론자라는 것에 대해서는 확신할 수 있다.

조지 워싱턴 George Washington

조지 워싱턴은 1732년 2월 22일 버지니아 주의 웨스트모어랜드 카운티의 폽스 크릭(Pope's Creek)에서 출생하였다. 그는 1732년 4월 5일 침례를 받았다.

프랑스와 이탈리아 간 전투에서는 군 장교였지만, 버지니아 주정부에서 일했다. 그는 버지니아 주정부를 설득하여 군목을 임명하는 데에 성공했다. 모논가헬라 전투에서 워싱턴이 섬겼던 에드워드 브래독(Edward Braddock) 장군이 전사했다. 군목이 심하게 부상당해 장례예배를 드릴 군목이 없었다. 워싱턴은 주머니에 성공회 기도 책을 넣고 다녔는데, 브래독의 시체가 매장되기 전에 드린 장례예배에서 성경을 읽었다.

그는 마르다 댄드리지 쿠스티스(Martha Dandridge Custis)와 1759년 1월 6일 결혼했다.

워싱턴은 1769년 사촌인 버웰 바셋(Burwell Bassett)에게 쓴 편지에서 이런 말로 시작한다.

"존경하는 선생님, 당신이 그토록 진리에 어두워 깨우치는 복음의 소리가 귀에 도달하지 못하고 본을 통해 선을 지각하는 대로 깨어나지 못하는 것이 이상하군요. 매 주일마다 내가 급히 예배드리러 가는 종교적 열심을 볼 수 있겠습니까? 동일한 언변으로 마음을 선하게 하고 채우기를 소망하니다."

역사가들은 이 편지가 신랄하다고 처리하려 했지만 워싱턴은 정말 그렇게 진지했다. 그는 트루로 교구에 있는 지역 감독교회(개신교 감독교회)에 적극적으로 참여했다.

1762년 10월 25일 교회의 교구위원으로 뽑혔다. 전기 작가인 더글러스 사우스홀 프리맨(Douglas Southall Freeman)은 "워싱턴이 4년 동안 버논산을 돈이 되는 담배 농장으로 만들려고 애썼고, 이 기간에 워싱턴은 교회에 더 가까워지려고 했다"고 프리맨은 말했다.

「미대통령의 믿음」에 대한 한 책에서는 워싱턴이 "이름뿐인 감독교회의 교구위원"이었다고 기록되어 있다. 이는 결코 사실이 아니다. 왜냐하면 그의 예배는 결코 형식적인 것이 아니었다. 프리맨은 워싱턴의 많은 의무 중 일부에 주목했다.

"아마도 계속해서 더해가는 관심은 트루로 교구(Truro Parish)의 일이었다. 이제 그는 교구위원이고 성실하게 자신의 직무를 수행했다. 찰스 그린(Charles Green) 박사는 1765년 사망했는데, 리 매시(Lee Massey) 목사가 사역자가 되었고 새 교회를 세우도록 호소하기 시작했다. 워싱턴은 정한 기간 동안 새 교회 구조를 '검토하고 조사하도록' 임명된 다섯 명 가운데 한 사람이었다. 버논산의 주인이 조지 윌리엄 페어팩스(George William Fairfax)와 함께 교구의 헌금 모금을 관장하며 새로운 기도처의 설립과 목회자 사례를 지불하기 위해 교구 내의 담배를 팔도록 지명 받았다. 이 직무에 서명하면서 워싱턴은 자신의 이름을 따라 '와든(Warden)'이란 이름을 사용하도록 허락을 받았다."

또 다른 저자는 워싱턴의 교구위원 직무가 '특별한 종교적 의미가 없으며 하원의 멤버'가 되는 자격을 얻으려고 한 것이었다고 말한다. 하원의원 자격이 교구위원이 되고자 하는 결정에 영향을 주었더라도 결코 그 의미가 가볍게 형식적이지 않은 그런 일에 대한 의무와 명예를 바라지 않고서는 그렇게 하지 않았을 것이다.

불가지론(Agnostic)적인 한 저자는 워싱턴이 매번 주일예배에 다닌 것은 아니라는 사실을 중시한다. 그러나 가장 가까운 교회가 집에서 7마일 거리에 있었고, 거친 도로와 날씨 때문에 (혹은 둘 다) 이따금씩 교회에 출석하지 못했다. 마르다 워싱턴(Martha Washington)의 손녀이며 조지 워싱턴의 양녀가 된 엘리노 넬리 쿠스티스(Eleanor Nelly Custis)는 워싱턴의 종교적 원리와 실천에 대한 일화를 기록하고 있다.

"워싱턴 장군은 포힉교회에 지정석을 갖고 있었으며 알렉산드리아에 있는 그리스도교회에도 지정석이 있었다. 그는 포힉교회를 세우는데 역할을 했고 광범위하게 헌금을 내었다고 믿는다. 교회 좌석은 설교단 가까이에 있었으며, 그곳에 계셨던 것을 완벽하게 기억하는데 대통령으로 선출되기 전까지 그분은 할머니와 함께 앉으셨다. 교회는 예뻤고 크고 존경할 만하며 부유한 회중이었고, 그들은 정기적으로 예배에 출석하는 사람들이었다. 그분은 알렉산드리아에 있는 교회에 출석했는데 날씨와 도로 사정으로 10마일의 거리를 이동했다. 뉴욕과 필라델피아에서는 몸이 아프지 않는 한 주일 오전예배를 빠뜨리는 법이 없었다. 오후에는 자신의 방에서 시간을 보냈고 저녁에는 가족과 함께, 혹은 홀로 시간을 보냈다. 가끔 오래 사귄 친구들을 한두 시간 불러주기는 했으나 주일날 사람을 방문하거나 방문객을 맞이하지는 않았다.

교회 멤버 중 누구도 워싱턴만큼 목회자에 대한 존경심으로 예배에 참석한 사람은 없었다. 나의 할머니는 특히 경건한 분이었는데 아침 일찍 일어나지 않는 경우가 없었다. 성찬주일에는 할아버지는 나와 함께 교회에 가서 성찬 후 축도를 받고 집으로 돌아와 할머니를 모셔오기 위해 마차를 돌려보냈다.

그는 밤 9시나 10시까지 도서관에 있는 것이 습관이었고 침실에 들기 한 시간 전까지 계속 거기에 있었다. 그는 언제나 해뜨기 전에 일어나 아침 식사 때까지 도서관에 있었다. 그가 경건의 시간을 거르는 것을 한 번도 목격하지 못했다. 기독교에 대한 그분의 신앙을 의심하는 것은 가장 큰 이단이라 생각했었다. 그의 생애와 글은 그가 그리스도인임을 보여준다. 그는 사람들에게 보이기 위해 기도하고 실천한 분이 아니다. 그분은 은밀히 하나님과 교제했다."

워싱턴의 믿음에 대해 기록된 자료의 많은 부분은 그를 알지 못했던 자료로부터 나왔다. 쿠스티스(Custis)의 기록은 몇 안 되는 남아있는 가장 최초의 사건 기록이다. 여기 그녀의 기록이 워싱턴의 죽음에 대한 묘사로 결론을 맺는다는 것은 언급할 가치가 있다.

"40년간 중단 없는 애정과 행복의 시간을 보내고 그녀(Martha Washington)는 속삭이는 소리도 없이 영원한 복락을 확신하며 구세주와 하나님께 워싱턴을 맡겨 버렸다. 워싱턴 장군이 자신이 기독교 신자임을 내게 인정했다는 것을 증명해야 할 필요가 있는가? 차라리 국가에 대한 그의 애국심과 영웅적이고 사심 없는 헌신을 의심하는 편이 낫다."

전기 작가인 스파크스(Sparks)는 워싱턴이 매일 경건의 시간을 가졌다는 증인을 찾아냈다. 워싱턴의 조카인 로버트 루이스(Robert Lewis)는 대통령 재임 당시 워싱턴의 개인 비서였다.

루이스는 "우연히 아침과 밤에 도서관에서 경건의 시간을 갖는 워싱턴을 보았으며, 그런 경우 무릎 꿇은 자세로 앞에 성경을 펼쳐놓고 있었는데 매일같이 그렇게 하는 것으로 믿었다"고 말했다.

워싱턴은 독립전쟁 기간 중에 미군을 지휘했다. 1775년 명령서에서 워싱턴은 이렇게 말했다.

"대륙의회가 금요일을 전능하신 하나님의 긍휼을 탄원하여 그분께서 우리의 다양한 죄와 허물을 용서하시고 식민지 연합의 군대를 강하게 하시어 끝내는 미국의 평화와 자유가 굳건하고 지속적인 기초위에 세워지도록 낮은 마음으로 기도를 드리는 날을 금요일로 정했다. 장군은 모든 장교와 사병이 대륙의회의 명령을 엄격히 준수하며 꾸밈없고 경건하게 자신의 종교적 의무를 수행하여 우리 군대를 번영하게 하사 승리를 주시는 분, 주님께로 향하도록 명령한다."

그는 이 같이 덧붙였다. "존경하는 대륙의회가 기꺼이 각 연대마다 군목을 허락하여… 따라서 각 연대의 대령이나 사령관은 군목으로 하여금 선한 행실과 본보기가 되는 삶을 살도록 하며, 모든 하급 장교와 사병들이 마땅히 존경하며, 종교적 실천에 주의 깊게 참석하도록 한다. 하늘의 축복과 보호가 언제나 필요하지만, 공공의 어려움과 위기에서는 특히 그러하다. 장군은 모든 장교와 사병이 그렇게 살려고 애쓰기를 바라며 국가가 그토록 사랑하는 권리와 자유를 보호하는 그리스도인 군인으로 행동하기를 바라고 또 그렇게 될 것으로 신뢰한다."

워싱턴의 생존 당시에 알려진 일화에 의하면 그는 밸리 포지(Valley Forge)에서 무릎을 꿇고 기도하는 것이 목격되었다.

1775년 워싱턴은 베네딕트 아놀드(Benedict Arnold)에게 충고의 편지를 썼다. 그는 이렇게 말했다.

"국가 종교(기독교)와 그 예식에 대한 경멸이나 불순종하는 것을 피하십시오. 신중함과 공손함, 참된 기독교 정신으로 인해 실수에 대해 욕하는 대신 애정의 눈으로 바라보십시오. 자유를 위해 다투지만 오직 하나님만이 인간의 마음의 심판자이시며, 그분께만 해답이 있음을 항상 염두에 두고서 타인의 양심의 권리를 침해하지 않도록 조심하십시오."

아놀드가 반역자임이 드러났을 때 워싱턴은 "개전 이후 아놀드의 비열

한 배신으로부터 웨스트포인트에 주둔한 부대가 위험에서 구출 받는 것보다 더 섭리의 간섭이 분명하게 보여진 순간은 없다"고 썼다.

1776년 그는 펜실베이니아 연합회의 장교와 사병에게 이렇게 썼다.

"피 흘리는 이 나라의 명예와 안전, 그리고 용감하고 영웅적인 애국자에게 영향을 주는 다른 모든 동기가 영(spirit)으로 우리 자신을 무죄 방면하라고 우리 귀에 크게 들리고 있다. 간단히 말해서 노예가 되거나 자유롭기를 이제 결정해야 한다. 만약 자유가 우리의 선택이 되게 한다면, 하나 되고 열렬한 우리의 노력에 하늘의 복이 임하여 그것을 얻어야만 한다."

그는 또한 이렇게 말했다. "자유, 명예, 안전은 언제나 중요하고 나는 (신적) 섭리가 우리의 노력에 대해 미소 짓고 다시금 우리를 자유롭고 행복한 국가의 주민으로 세울 것을 신뢰한다."

1778년 5월 2일, 워싱턴은 미국민과 군인들에게 군사령관으로서의 명령을 내렸다.

"군사령관은 매주일 11시에 군목이 있는 여단과 가까운 곳에 예배처가 없는 모든 사람에게 신적 예배를 드릴 것을 명령한다. 장교들은 계급에 상관없이 예배에 출석함으로 부하에게 모범을 보일 것을 기대한다. 선한 시민과 군인의 의무를 열심히 수행하면서 높은 종교 의무에 게을러지지 않도록 해야 한다. 애국자라는 유명한 성격보다 그리스도인이라는 훌륭한 성격에 대해 칭찬하는 것이 최고의 영예가 되어야 한다."

1778년 워싱턴의 군대는 뉴욕 외곽에 있고 영국군은 시내에서 요새를 쌓고 있을 때 그는 토마스 넬슨(Thomas Nelson)에게 편지를 썼다.

"창조이후 어쩌면 한 번의 분쟁에 나타난 2년간의 교묘한 술책과 이상한 변화를 경험하고 나서 양편 군대가 출발했던 장소로 다시 돌아왔고, 처음에 공세를 했던 편이 이제는 방어하기 위해 삽과 손도끼를 사용하는 정도로 위축된 것이 조금도 놀랍지 않고 기이하지도 않습니다. 섭리의 손길이 이 모든 것 속에 너무나 뚜렷해서 그 사람은 믿음 없는 불신자보다 더 비참한 상태에 있고 자신의 의무를 알 만큼 감사의 마음을 가지지 못한 사악한 사람보다 더 심각합니다. 지금 임명 받는 일이 끝나게 되어 설교자에게로 향할 때가 되었고, 따라서 신적 섭리에 대해 더 이상 추가할 것이 없습니다."

1783년 미군에게 보낸 고별 명령에서 그는 이렇게 썼다.
"우리의 불리한 상황 - 그 조건아래 전쟁이 일어났는데 - 을 결코 잊지 못한다. 우리의 열악한 상황에 나타난 한 차례의 섭리의 역사는 가장 불순종하는 자의 눈으로도 차마 볼 수 없는 것이었다. 8년의 긴 기간 동안 모든 가능한 고난과 실망을 통과한 미군의 비교 불가능한 인내심은 뛰어난 기적에 조금도 뒤지지 않는다."

워싱턴은 미국 혁명(독립)이 하나님의 간섭으로 일어난 결과라고 믿었다.
"자유를 향하는 우리의 마지막 노력이 좋은 결말을 맺게 된 것은 내 노력이 아니라 일의 위대한 통치자께 돌려져야 한다."

버논산을 방문하고 필라델피아에 있는 미국 정부로 돌아오는 여행 중에 그는 펜실베이니아 주의 뉴욕시에 있는 화란개혁교회 예배에 참석했다. 예배를 드리는 중에 이렇게 말했다. "감독교회 사역자가 현지에 없어서 화란개혁교회에서 드리는 예배에 참석했는데 비록 그의 언어(한마디도 알아들을 수 없는)로 했지만 설교자의 능변 때문에 초신자가 될 위험은 없었다."

워싱턴은 인디언을 전도하는 데에는 거의 관심을 기울이지 않았다.

1788년 존 에트웨인(John Ettwein) 목사에게 보낸 편지에서 "인디언을 기독교로 개종시키고 결국은 문명화시키는 것처럼 한 사건, 그토록 오랫동안 간절히 바라던 일이 실천된다면, 그것과 상당부분 관련이 있는 베들레헴 모임(Society of Bethlehem)은 작별을 고해야 합니다"라고 썼다.

1789년 이방인을 위한 복음 전파를 위해 모인 형제연합에게 보낸 편지에서 그는 이렇게 썼다.

"날이 갈수록 미 정부가 힘을 얻어가는 것에 비례하여 땅 끝에 있는 원주민에게까지 건전한 영향력을 확대할 만한 힘을 그 손에 갖게 될 것입니다. 동시에 여건이 허락하는 한 서로 협력해야 할 연맹이 보호받기 위해 야생의 야만인을 문명화하고 기독교화 하기위해 당신의 조직이 노력을 기울이는 것이 바람직합니다."

1788년 대통령으로 선출되어 두 임기동안 섬겼다. 첫 번째 취임연설에서 워싱턴은 미 정부를 봉헌하는 데에 필수적인 하나님의 도움을 구했다.

"우주를 다스리며 국가회의를 주재하고 섭리의 손길로 사람의 결점을 보충하는 최고의 존재와 이런 필연적인 목적에 따라 스스로 정부를 세워 미국의 자유와 행복에 봉헌하고, 정부의 운영에 사용된 모토 수단으로 할당된 기능을 성공적으로 수행하도록 하는 최고의 존재에게 간절한 기도를 드리는 것을 본인의 최초의 공식적 업무에서 빠뜨리는 것은 특히 부적절합니다. 모든 공적, 사적 선의 위대한 저자이신 분께 경의를 표하는 일을 소중히 여기면서 본인은 이것이 나 자신이 느끼는 것보다 적지 않게 여러분의 감정과 동료 시민 전반이 느끼는 감정을 표출한다고 확신합니다. 보이지 않는 손이 사람의 일을 지휘하는 것을 미국보다 더 많이 인식하고 경배해야 하는 국민은 없습니다."

그는 또한 "국가 정책의 기초가 순수하고 변하지 않는 개인 도덕의 원리에 놓여있고 자유 정부의 뛰어남은 세계의 존경과 시민의 애정을 받을 수 있는 특성으로 보여 져야 함을 믿는다"고 말했다.

그는 계속해서 말했다. "나는 조국에 대한 열렬한 애정이 불어넣는 만족함 가운데 이런 전망에 대해 생각합니다. 왜냐하면 본성의 진로에 있어서 덕과 행복, 의무와 이익, 진실하고 관대한 정책이라는 순수한 격언과 공공의 번영과 행복이라는 확실한 보상의 진리가 여기에서 보다 더 확실히 이루어진 곳은 없기 때문이며 하늘의 자비로운 미소가 하늘 스스로가 정한 질서와 권리라는 영원한 법칙을 무시하는 국가에게는 결코 기대할 수 없으며, 자유의 거룩한 불꽃이 보존되고 공화정부의 운명이 정당하게 여겨지고 가장 깊고 최종적으로 미국인의 손에 맡겨진 실험에 의존하기 때문입니다."

그는 이렇게 결론을 맺는다. "우리를 하나 되게 한 상황에서 얻은 내 감정을 나누었기에 지금 휴가를 떠납니다. 그러나 그분께서 미국민을 기뻐하사 완벽한 평화 속에 생각할 기회를 주시기를 즐거워하시고, 미연방의 안전과 행복의 증진을 위한 정부형태에 유례없이 만장일치로 결정하게 하는 마음을 주시고, 그래서 그분의 신적 축복이 꼭 같이 확장된 견해와 온건한 회의, 그리고 이 정부의 성공이 근거로 삼는 현명한 수단 속에 있기를 간구합니다."

1795년 12월 16일 하원은 국가의 현실에 관한 메시지를 워싱턴에게 보냈다. 다음날 쓴 답장에서 그는 이렇게 시작했다.

"의원 여러분, 미전역에서 오신 것처럼, 본인은 자신의 연구결과로 여러분께 제시했던 국가의 행복에 대한 흥미로운 도약이 옳다는 것에 대해 여러분의 증언이 일치하는 것에서 큰 만족을 얻습니다. 이 수많은 복의 근원인 모든 선의 저자께 대해서 우리가 서로 심오한 감사를 표현하는 것은 진실하고 열정적인 노력을 하나로 묶는 의무에 대한 충성이며, 신적 섭리의 도구인 우리가 보존하고 영속해야할 것입니다."

워싱턴은 "전능하신 하나님의 섭리를 인정하는 것이 모든 국가의 의무"라고 믿었다. 1789년 10월 3일 추수감사절을 공포했는데 그것은 다음과 같다.

"국가적인 감사절. 전능하신 하나님의 섭리를 인정하고 그분의 뜻에 순종하며 주신 유익에 대해 감사하며, 그분의 보호와 호의를 겸손히 탄원하는 것이 모든 국가의 의무이며, 상하양원이 합동위원회로 미국민에게 공적 감사와 기도를 드리며, 감사하는 마음으로 전능하신 하나님의 많은 호의를 인정하고, 특히 안전과 행복을 위한 정부 형태를 평화롭게 세울 수 있도록 기회를 제공하도록 하는 날로 추천하도록 제안함에 따라, 이제 본인은 다음 11월 26일 목요일을 각 주의 주민이 과거도, 지금도, 그리고 장차 있을 모든 선의 은혜로우신 저자이신 위대하고 영광스런 분께 예배를 드리는 날로 제안하고 제정합니다. 그래서 그분의 친절한 돌봄과 국가를 이루기 전에 이 나라 백성을 보호하신 것에 대해, 특별하고 다양한 긍휼, 그리고 최근의 전쟁의 진행과 결론에 있었던 호의적인 섭리의 간섭, 지금까지 즐기고 있는 큰 수준의 평화와 연합, 풍요에 대해, 안전과 행복을 위해 정부 구성과 특히 최근에 설립된 국가적인 정부를 이루는 일이 가능하도록 하신 것에 대해, 복으로 주신 종교와 시민 자유에 대해, 필요한 지식을 얻고 확산하는 수단에 대해, 그리고 그분께서 우리에게 주시기를 기뻐하신 크고 다양한 호의에 대해 우리 모두가 하나 되어 그분께 진실하고 겸손히 감사를 드립시다.

또한 우리 모두 하나가 되어 가장 겸손한 기도와 간구를 위대하신 주님과 국가의 통치자께 드리며, 그분께서 우리의 국가적 그리고 다른 죄를 용서하시고, 개인적 혹은 공적 위치에 있든지 간에 우리 모두를 능하게 하여 여러 가지 관련된 의무를 적절하고 정확히 수행하며, 계속적으로 현명하고 정의로우며 헌법적인 정부로 하여 모든 국민에게 정부가 축복이 되게 하며, 사려 깊고 신실하게 일을 실행하고 순종하며, 모든 숭엄한 것과 국가를 보호하고 인도하며, 선한 정부, 평화, 일치로 그들에게 복을 주시기를 간구합니다.

지식과, 참 종교와 미덕의 실천을 증진하며 그들과 우리 가운데 과학이 발전하며 모든 인류에게 오직 그분만이 아시는 그 같은 시간적 번영을 허락해 주시기를 기도합니다.

　1789년 10월 3일 뉴욕시에서, 조지 워싱턴"

　1789년 그는 국회에서 연설하도록 제안을 받아 준비했지만 실제로 행하지는 못했다. 이 연설문의 한 문장은 이렇게 쓰고 있다.

　"하나님의 말씀에 나타난 복된 종교는 최상의 기관도 인간의 타락으로 남용될 수 있으며, 경우에 따라서는 심지어 가장 악한 목적에 종노릇 할 수 있다는 것을 입증하는 영원하고 끔찍한 기념탑으로 남을 것이다."

　워싱턴은 언젠가 "하나님과 성경 없이 세상을 바르게 통치하는 것은 불가능하다"고 말했다. 워싱턴이 대통령으로써 남긴 글에는 종교 자유에 대한 신념과 관련되는 것이 다수 포함되어있다.

　1789년 그는 이렇게 썼다. "우리 지역에 사는 모든 사람은 양심의 명령에 따라 하나님을 예배하는 일에 보호를 받고 있는 동안 그들 모두가 보답으로 행동으로 선함과 삶의 무죄함으로 자신의 일이 거룩함을 열렬히 입증해야 한다는 것을 기대하는 것은 이성적이다. 도덕에 있어서 방탕하거나 시민 공동체의 악한 멤버는 참된 그리스도인이 되거나 자신의 종교 사회에 자랑거리가 될 수 없다."

　1789년 버지니아의 연합침례교회의 일반위원회에 보낸 편지에서 워싱턴은 이렇게 썼다.

　"만일 보편정부가 양심의 자유를 불안정하게 하는 정책을 시행한다는 생각이 들면, 영적 독재와 모든 종류의 종교적 박해에 대한 효과적인 장벽을 세우는 일에 대해 나보다 더 열심인 사람은 없을 것이라는 것을 납득하기를 간청합니다."

그는 또한 이렇게 말했다. "모든 사람은 선한 시민으로 행동하며 자신의 종교적 견해에 대해 오직 하나님께만 책임이 있으며, 양심의 명령에 따라 신을 섬기는 일에 마땅히 보호를 받아야 한다는 내 감정을 종종 말했습니다."

1789년 퀘이커교도에게 보낸 편지에서 그는 이렇게 썼다. "각자의 양심에 부합하여 전능하신 하나님을 예배하는 이 나라의 백성이 누리는 자유는 최고의 축복일 뿐 아니라 동시에 그들의 권리이기도 합니다. 사람은 자신의 사회적 의무를 신실하게 수행하고 사회나 국가가 적절하게 요구하거나 기대하는 모든 것을 하면서, 선호하거나 공언하려는 신앙의 양식이나 종교에 대해 오직 자신의 창조주에게만 책임을 집니다."

1793년 볼티모어(Baltimore)의 새로운 교회의 멤버에게 쓴 편지에서 그는 이렇게 썼다. "이 땅에서 진리와 이성의 빛이 완고함과 미신에 대해 승리를 거두었고, 여기서는 모든 사람이 마음의 명령에 따라 하나님을 예배하는 것을 기뻐할 만한 충분한 이유가 있습니다. 이 같은 계몽의 시대와 평등한 자유의 땅에서 인간의 종교적 신념으로 인해 법의 보호를 상실하지 않고 미국에서 알고 있는 최고의 직위를 얻고 유지하는 싸움의 기회를 박탈당하지 않는다는 것이 우리의 자랑거리입니다."

워싱턴은 1799년 12월 14일에 사망했다. 나흘 뒤 열린 장례식은 감독교회의 장례의식과 완벽한 프리메이슨(Masonic) 예식으로 진행되었다. 목사인 데이비스(Davis) 씨는 감독교회 기도문에서 뽑은 장례의식으로 진행했다. 프리메이슨 의식은 알렉산드리아 집회소의 교장인 엘리사 컬렌 딕(Elisha Cullen Dick) 박사에 의해 집행되었고 집회소 목사인 뮈르(Muir) 씨가 도왔다.

"나는 부활이요, 생명이니"라는 요한복음 11장 25절이 조지 워싱턴의 비석에 새겨졌다. 라파엣(Lafayette)에게 쓴 편지에서 그는 "어떤 한 형태의 예배에 대해서 고수하지 않기에 교회에서 기독교 교수들을 만족시키고 싶은데, 그들에게 천국 가는 길은 가장 바르고 쉽고 간단하며 예외가 거의 있을 수 없는 그런 것이었다."

역사적 논쟁

조지 워싱턴은 감독교회의 성찬 참여자였던가?
양녀인 넬리 쿠스티스(Nelly Custis)에 따르면 미국혁명(독립전쟁) 이전에 그는 성찬을 받았다. 독립전쟁 중과 이후에는 규칙적으로 성찬을 받지는 않았다. 이런 실천을 바꾼 이유에 대해 그는 말하지 않았다. 워싱턴의 전기 작가인 제이레드 스파크스(Jared Sparks)는 다음과 같이 말한다.

"아마도 군 지휘를 맡고난 후 자신에게 양도된 일에 필연적으로 생각과 관심을 집중시켰고, 자주 주일과 다른 날 사이를 구별할 수 없었기에, 교회의식에 참여하는 것이 부적절하다고 믿었다. 그가 가졌던 생각에 의하면 교회의식은 외적 행동에 심한 제약을 가했고, 의무를 수행하겠다는 거룩한 맹세는 그의 현실에서는 실천할 수 없는 것이었다. 그런 인상은 진지한 마음을 가진 사람에게는 자연스러운 것이다. 교회의식의 본질에 대한 잘못된 견해에 근거하고 있기는 하나 예민한 양심과 종교에 대한 습관적인 존경심을 가진 사람에게는 그 중요성이 적었다."

그러나 워싱턴의 목사들은 독립전쟁 이후 그가 결코 성찬 참여자가 아니라는 인상을 갖게 하였다. 제임스 에버크롬비(James Abercrombie) 목사는 필라델피아에 있는 성 베드로 감독교회의 목사였는데 그는 어느 편지에서 기억을 떠올리며 이렇게 썼다.

"당신이 묻는 질문에 대해 나는 다음의 사실에 대해 말할 수 있을 뿐입니다. 감독교회 목사로서 조지 워싱턴이 예식주일에 설교가 끝나면 언제나 워싱턴 부인과 다른 성찬 참여자를 남겨두고 거대한 회중의 일부와 함께 교회를 떠난 것을 목격했는데, 공적예배에 행한 설교에서 성찬을 두고 한결같이 등을 돌리는 그런 마음이 특별히 높은 위치에 있는 사람의 불행한 태도의 예를 드는 것이 내 의무라고 생각했습니다. 내 말은 대통령을 염두에 둔 것입니다. 그리고 대통령도 그렇게 받아들였습니다. 내가 믿기로 며칠 후에 한 상원의원과 나눈 대화에서 그는 이틀 전에 대통령과 식사를 했는데 식탁에서 나눈 대화에서 대통령은 지난 주일에 항상 성찬을 앞에 두고 교회를 떠난다는 당연한 질책을 받았다고 말했으며, 그는 설교자의 진실함과 솔직함을 높이 사며 자신의 본이 미치는 영향에 대해 결코 충분히 생각한 적이 없으며, 게다가 그런 일을 반복한 것에 대해 이유를 제시하지 않았습니다. 또 성찬 참여자가 아니면서도 만약 그때 성찬 참여자가 되려고 했다면 종교적 열심이 있는 것처럼 겉치레로 보이려는 것으로 여겨지며, 이것은 전적으로 높아진 위치에서 생겨나는 것으로 생각했다고 그 상원의원이 내게 말했습니다. 따라서 대통령은 그 후 한 번도 성찬주일에 오지 않았으나 성찬주일이 아닌 주일아침에는 빠지지 않고 출석했습니다."

워싱턴이 사망한 지 수십 년 후, 필라델피아의 그리스도교회의 사역자인 윌리엄 화이트(William White) 목사에게 다음과 같은 질문이 제기되었다.

"목사님, 제게는 조지 워싱턴이 개신교 감독교회의 신자였는지 혹은 그가 가끔은 성찬에만 참석했는지, 아니면 그가 한 번이라도 성찬에 참여했는지 알고 싶은 마음이 있습니다. 이 점에 대해 당신만큼 참되고 완전한 권위는 없습니다."

화이트 주교는 이렇게 반응했다. "당신 질문의 주제에 대해 사실을 말하자면, 내가 섬기는 교회에서는 워싱턴 장군이 성찬을 받은 적이 없었습니다. 반면, 부인은 정규적으로 성찬에 참여하였습니다."

또 다른 편지에서 화이트 주교는 "교회에서 워싱턴은 언제나 진지하고 경청하는 태도를 가졌지만, 종교적 주체에 대해 자신의 견해를 드러내는 것을 한 번도 듣지 못했다"고 말했다.

워싱턴은 규칙적으로 예배에 출석했는가?
워싱턴은 두 교회에 다녔는데 하나는 포힉교회(투루로 교구)와 그리스도 교회(페어팩스 교구)이다. 리 매시(Lee Massey) 목사는 워싱턴이 다녔던 이런 교회의 교구 목사였는데 그는 이렇게 말한다.

"워싱턴처럼 교회에 지속적으로 출석한 사람을 알지 못한다. 그리고 하나님의 집에서 보여준 그의 행동은 깊은 존경심으로 가득 차 우리 회중에게 즐거운 영향을 주었고, 설교하는 내게 큰 도움을 주었다. 아무도 그가 교회에 오는 것을 막지 않았다. 나는 가끔 안식일 아침에 버논산에서 손님으로 가득한 아침식사를 들곤 했다. 그러나 함께 식사한 사람들이 하나님께 소홀히 하고 선한 본이 되는 기쁨을 잃을 만한 구실을 그에게 준 적이 없었다. 왜냐하면 집에 머무는 대신 포장된 위안을 줄 생각으로, 그는 언제나 친구들이 자신과 동행하도록 초대했다."

손녀이며 양녀인 넬리 쿠스티스(Nelly Custis)는 이렇게 말했다.
"그는 알렉산드리아에 있는 교회에 다녔는데 날씨와 도로사정 때문에 10마일을 말을 타야 했다. 뉴욕과 필라델피아에서는 마음이 내키지 않는 경우를 제외하고는 주일오전예배를 빠지는 법이 없었다. 오후에는 항상 자신의 방에서 시간을 보냈고, 저녁에는 친구들 없이 가족과 함께 시간을 보냈다. 때로는 오래된 절친한 친구들이 한두 시간 정도 그를 불러냈다. 그러나 그날에 방문객과 누구를 방문하는 것을 금했다. 워싱턴보다 더 열렬한 존경심으로 예배에 참석한 사람은 교회에 아무도 없었다."

완성되지 않은 일기에 보면, 워싱턴은 교회에 간 시각을 기록했다. 1768년에 15회, 1769년 10회, 1770년에 9회, 1772년에 5회, 1774년에 18회, 1785년에 1회, 1786년 1회, 1787년 3회, 1788년 1회에 대해 구체적으로 언급했다.

무신론자/불가지론자인 프랭클린 스타이너(Franklin Steiner)는 증거를 수집했는데, 그의 비기독교적 편견은 워싱턴이 대통령 재임 시 정기적으로 교회에 출석한 것을 시인하지만, 출석한 연도를 계산해 넣었다는 사실에서 잘 나타난다.

대통령 재임 시 워싱턴은 도시에 살았다. 따라서 정기적으로 교회에 출석할 수 있었고 실제로 그렇게 했다. 그는 뉴욕에 있는 동안에 삼위일체교회 혹은 성 바울교회에 출석했고, 필라델피아에 있을 동안에는 그리스도교회 혹은 성 베드로교회에 다녔다.

한 편지에서 목사인 제임스 에버크롬비(James Abercrombie) 박사는 필라델피아에 있는 동안 워싱턴이 정기적으로 교회에 출석했다고 증언했다. 그는 워싱턴이 "성찬주일에는 결코 오지 않았으나 다른 주일에는 항상 출석했다"고 말했다. 생애 마지막 3년(1797, 1798, 1799년) 기간에 워싱턴은 버논 산으로 집을 옮겼는데, 일기에서 교회 출석에 관한 언급을 별로 하지 않았다. 그는 1797년 4회, 1798년 1회, 1799년 두 차례를 일기에 언급했다. 이는 교회에 출석했으나 그 사실에 대해 말하지 않았다는 사실을 강조해야 한다. 교회 출석에 대해 말하지 않은 것이 참석하지 않았다는 말은 아니다.

워싱턴의 기도 노트는 진실한가?

이 기도노트는 약 1900년에 한 낡은 가방에서 발견되었다. 이 노트는 워싱턴의 젊은 시절에 만들어졌거나 기록되었다고 한다. 크로핏(W. A. Croffutt) 박사는 영국 국왕 제임스 1세 통치 시기인 1583년부터 1625년 사이에 만들어진 기도 책에 나온 기도문을 추적했다. 팀 라헤이(Tim LaHaye)는 「우리 선조들의 믿음」(Faith of Our Founding Fathers)이란 책에서 다음을 인용했다. 일부 문장만 뽑으면 다음과 같다.

"당신께 간구하오니, 내 죄가 서로부터 동으로 갈 만큼 멀리 떠나가기를 구합니다. 그리고 당신 아들 예수 그리스도의 공로로 나를 받아주셔서 당신의 성전에 들어가며, 보좌에 가까이 가며, 내 기도가 언제나 당신 앞에 향기가 되게 하시고, 내 기도 속에서 당신의 이름을 부를 때 들으사 당신의 말씀 속에서 당신께서 나를 부르는 소리를 듣는 은혜를 주셔서 주 예수 그리스도의 날에 내 영혼의 구원에 필요한 지혜와 화해와 평화를 주소서. 내가 범죄하였고 악한 일을 행하였사오니 오, 주님! 긍휼히 여기소서. 예수 그리스도로 인해 나를 용서하소서. 나의 죄가 그분의 죽으심과 고난당하심으로 용서받음을 내가 알게 하소서."

만약 이 기록이 참되다면, 워싱턴은 그리스도인이다. 그러나 워싱턴 전문가인 워팅톤 포드(Worthington C. Ford)나 스미소니언박물관에 있는 사람들은 필체가 워싱턴의 것이 아니라고 진술한다. 1936년 당시 스미소니언은 이 기록을 정정한 것으로 받아들이지 않았다.

전문가의 증언 때문에 기도노트가 위조되지 않았다고 자신 있게 말할 수 없다. 내가 아는 한, 한 가지 가능성이 무시되었는데 그것은 워싱턴이 기록했고 어릴 적 그가 철자를 정확히 썼으나 나중에 기술을 익히는데 집중하다 보니 글씨를 빨리 쓸 수밖에 없었다는 것이다. 또 다른 가능성은 자신의 기도를 누군가에게 받아쓰도록 했다는 것이다. 그래서 글씨를 잘 쓰고 철자를 분명하게 쓰도록 했다는 것이다. 이런 가능성은 이 논쟁을 끝내지 못한다. 연구가 더 진행되고 새로운 증거가 나와서 결론을 바꿀만한 필수적인 정보가 필요하다.

파슨 메이슨 윔스(Parson Mason Weams)는 워싱턴의 담임목사였는가?
파슨 윔스는 미국 역사의 처음 반세기에 관해 가장 광범위하게 읽혀진 1,800권으로 된「워싱턴의 생애」의 저자이다. 윔스는 출판의 제목 페이지에 자신이 "버논산 교구의 교구목사"였다고 썼다. 파슨 윔스는 워싱턴의 일기에 한차례 언급되었다. 그러나 윔스는 워싱턴의 담임목사가 아니었으며, 버논산 교구도 존재하지 않았다. 윔스의 책은 유명한 체리나무 사건을 포함해 워싱턴의 생애의 여러 사건에 대한 유일한 2차 자료(1차 자료에서 얻은 자료)이다. 윔스가 정확했는지 의심스럽다. 윔스를 옹호하는 사람들은 윔스가 워싱턴의 목사였으며, 그래서 아무도 듣지 못한 이야기에 대해 들었다고 진술한다. 그러나 이런 반응은 비록 윔스가 워싱턴을 만났고 일기에 한차례 기록되었더라도 워싱턴의 정규적(담임) 목사가 아니었다는 사실이 밝혀졌을 때 그 의미를 상실한다.

워싱턴은 이신론자였는가?
많은 학자들이 워싱턴이 이신론자라고 썼다. 로버트 데일 오웬(Robert Dale Owen)이란 작가는 워싱턴의 목사였던 애버크롬비에게 말했던 사람과 이야기를 나누었다고 1831년에 썼다. 그 사람은 애버크롬비가 "선생님, 워싱턴은 이신론자입니다"라고 말했다고 이야기했다.

애버크롬비 목사는 워싱턴의 개인 서신에 대해 알지 못했다. 만약 그가 그런 말을 했다면 그는 잘못 알고 있는 것이다. 워싱턴의 편지를 보면 그가 이신론자가 아님을 논쟁의 여지없이 증명할 수 있다.

이신론자의 기본 신념에 대해 검토하는 것이 유용하다. 이신론자는 최고의 존재가 세상을 만들었으나 그 이후로 세상과 접촉하지 않는다고 믿는다. 이신론자는 자연법이 다른 것으로 대체될 수 없으며, 따라서 어떤 기적도 가능하지 않다고 생각한다. 모든 역사는 세상 창조 때 결정되었고 인간은 단지 우주 시계의 한 부분이라고 믿는다. 따라서 하나님은 사건의 진행 속에 아무런 역할도 하지 않는다고 믿는다.

워싱턴의 편지는 세상에 관여하며 인간사를 이끄는 기적적인 능력이 있는 최고의 존재에 대한 믿음을 보여준다. 1755년 존 어거스틴 워싱턴(John Augustine Washington)에게 쓴 편지에서 워싱턴은 하나님께서 역사의 사건을 인도하신다고 믿었다. 그는 이 믿음을 편지에서 여러 차례 나타냈다. 1788년 라파엣(Marquis de Lafayette)에게 보낸 편지에서 그는 이렇게 말했다.

"메릴랜드 주는 연방헌법을 63대 11로 인준했습니다. 헌법을 승인한 7번째 주가 되었습니다. 다음 월요일에 버지니아 주의회가 소집됩니다. 여기서도 큰 표 차는 아닐지라도 채택될 것이라는 소망이 있습니다. 아마도 사우스캐롤라이나도 이미 좋은 쪽으로 결정했을 것입니다. 짧은 몇 주간에 현세대를 위한 미국의 정치적 운명이 결정되며 아마도 앞으로 올 긴 세대에 걸쳐 사회의 행복에 적지 않은 영향을 미칠 것입니다. 모든 것이 조화롭게 진행되고 실제로 기대하고 바라는 대로 사람들이 동의해 준다면 후작께 고백하는데 18개월 전에 상상하거나 기대한 그런 것을 훨씬 넘어서 섭리의 손길이 인간사에서 나타날 수 있는 가능성이 있는 것으로 드러나게 될 것입니다. 이것은 여러분이나 그 어느 누구도 그 자리에 있지 않은 사람이 사람의 정신 속에 일어난 변화와 형성된 사고와 행동을 바로잡는 방향으로의 진보를 인식하는 것은 거의 불가능합니다."

그는 1781년 존 암스트롱(John Armstrong)에게 이렇게 썼다.
"우리 일이 끔찍한 위기로 몰고 가 본인이 믿기에 섭리의 손이 우리를 구원하는 일에 현저하게 드러나고 있습니다. 놀라운 신적 정부의 간섭이 가장 깊은 절망과 어둠의 시간에 가장 밝게 빛나서 현재의 투쟁이라는 행복한 이슈를 의심하도록 합니다."

그는 1778년 이스라엘 에반스(Israel Evans) 목사에게 이렇게 썼다.

"당신의 경건한 열심을 도와서 우리의 성공이 오직 그분께 의존하는 지혜롭고 전능하신 분께 마땅히 의존해야 한다는 당연한 생각을 불어넣는 것이 내 마음의 첫째 소망일 것입니다."

1781년 토마스 맥킨(Thomas Mckean)에게 그는 이렇게 썼다.

"이 일을 위해 우리가 광범위하게 준비한 여러 일에 하늘의 손길이 간섭한 것은 가장 분명하고 현저합니다."

1781년 북미주의 화란개혁교회 노회에 보낸 편지에서 그는 이렇게 썼다.

"내가 가진 그런 재능은 큰 사건에 사용되었고 우리나라를 위해 그런 일이 행복하게 종결되었다면, 영광은 다스리는 그분의 섭리가 분명하게 간섭한 것에 돌려져야 합니다."

1792년 법무장관에게 보낸 편지에서 그는 이렇게 썼다.

"일을 처리하시는 무한히 현명하신 분께서 지금까지 내 걸음을 지켜보셨고 잠시 후면 매달려야 하는(즉 대통령으로 두 번째 임기를 시작하며) 일에 그분께서 길을 평탄하게 하사 그 길에서 실수하지 않도록 하실 것을 믿습니다."

워싱턴은 하나님께서 역사의 경로에 간섭하실 뿐 아니라 미국을 대신해 역사에 영향을 미칠 것도 믿었다. 1781년 편지에서 그는 이렇게 쓴다.

"우리를 대신해 유리하게 간섭하신 섭리에 감사할 만한 많은 이유가 있습니다. 다른 모든 구원이 아무 소용없었을 때 오직 섭리만이 내가 의존할 것이었습니다."

1789년 커네티컷 주의회에 보낸 편지에서 그는 '나는 다만 호의를 베푸시는 하늘의 보잘 것 없는 대행자이며, 그분의 자애로운 간섭은 너무나 자주 우리를 위해 나타났고, 오직 승리의 찬양은 그분에게 마땅히 돌아가야 합니다'라고 썼다.

그는 1778년 벤저민 해리슨(Benjamin Harrison)에게 쓴 편지에서 "섭리란 지금까지 다른 모든 수단과 희망이 우리에게서 떠난 것으로 보일 때 우리를 붙들었습니다. 나는 이것을 신뢰합니다"라고 했다.

1788년 벤저민 링컨(Benjamin Lincoln)에게 보낸 편지에서 그는 이렇게 썼다.

"여섯 가지 곤란에서 우리를 건지신 섭리가 보이지 않지만 다가오는 일곱 번째 위험에서 우리를 건져줄 것이라고 믿습니다. 그러나 우리 편에서 아무것도 하지 않고 있으면 안 됩니다."

1777년 랜돈 카터(Landon Carter)에게 쓴 편지에서 그는 "우리를 감독하는 섭리가 모든 것을 뒤엎어 우리에게 유리하도록 할 것이며 정한 때에 모든 것이 잘 될 것입니다"라고 썼다.

1778년 주지사인 조나단 트럼벨(Jonathan Trumbell)에게 쓴 편지에서 그는 "지혜로운 섭리가 의심의 여지없이 사건을 인도해 최상의 목적으로 이끌고 최대 다수의 사람들에게 최상의 행복을 가져올 것입니다."

그는 1788년에 트럼벨(Trumbell)에게 또다시 편지를 썼다.

"우리에게 급히 다가온 혼란과 불행을 두려워할만한 충분한 이유가 있었을 때 경건하고 감사의 절정과 같은 그런 것으로 여러 주(States)들을 설득하여 먼저 일반의회를 임명하고 그런 다음 차례로 일반의회가 제안한 체계를 채택하여 인간이 추측할 수 있는 모든 가능성 속에 평화와 행복을 위한 영속적 기초를 놓도록 하신 그런 어둡고 신비한 사건 속에 나타난 섭리의 손길을 추적할 수 있습니다. 여전히 우리를 보호하시고 우리 입술 앞에까지 들어 올려진 국가적 행복의 잔이 깨어지지 않도록 하시는 그런 동일한 섭리가 계속되기를 바라는 것이 내 간절한 기도입니다."

그는 1789년 필라델피아 시장, 시의회 의원과 시의원 총회에게 편지를 썼다.

"독립전쟁 기간에 우리를 인도하실 때 드러났고 일반 정부를 수용하도록 준비시키고 미국민의 선한 뜻을 모아 그것을 채택한 섭리의 간섭을 생각할 때 하나님께서 아낌없이 주셨다는 생각에 나 스스로 압도당합니다."

이 주제에 관한 워싱턴의 생각은 다음과 같이 말한 것에 요약되어 있다. "자신들의 일에 나타난 신적 섭리를 인정하는 일에 미국인보다 더 많은 이유를 가진 사람은 결코 없었다고 확신합니다. 그리고 그들이 독립 기간에 그토록 자주 드러난 대행자를 잊고 있다는 것이나 혹은 오직 하나님의 전능하심 만이 그들을 보호하신다는 것을 생각하지 못하는 것을 고통스럽지만 믿어야 한다."

그는 하나님의 도움 없이 미국이 세워질 수 없었을 것이라고 믿었다. 1789년 뉴햄프셔의 행정부에게 이렇게 말했다.

"지금까지의 성공은 모두 하늘의 은혜로운 간섭 덕이며, 그 간섭에 우리 모두 승리의 찬양과 평화의 복을 돌립시다."

1797년 로드아일랜드 의원총회에 그는 다음과 같이 말했다.

"우주의 최고 통치자의 자애로운 섭리 없이는 유례없이 빨리 얻은 뛰어난 상황에 결코 도달하지 못했을 것입니다. 따라서 그분께 감사와 존경으로 머리를 숙이고 그분의 특별한 호의를 계속해서 얻도록 노력합시다."

워싱턴은 고된 업무를 수행하기 위해 하나님의 도움이 필요함을 믿었다. 1776년 윌리엄 고든(William Gorden) 목사에게 편지를 썼다.

"최고 존재의 가장 지혜롭고 강력한 다스림에 나보다 더 완벽하게 의지하는 사람도 없고, 그분의 도움을 나보다 더 확실하다고 느끼는 사람도 없습니다."

1789년 볼티모어 시민에게 보낸 편지에서 그는 "내가 수행하도록 부름 받은 일에 발생하는 직무의 미묘한 성격을 압니다. 그리고 단 한순간도 섭리의 도움 없이는 성공적으로 이 업무를 감당해 낼 수 없는 무능력함을 느낍니다."

호의적인 섭리의 간섭에 대해 워싱턴은 "겸손하고 감사하는 마음의 을" 표했다.

1778년 랜돈 카터(Landon Carter)에게 편지를 썼다.

"섭리란… 이 같은 다툼으로 유발된 힘들고 복잡한 상황에서 나를 보호하고 지도하신 것에 대해, 그리고 구름이 짙게 깔리고 금방이라도 번개가 칠 듯한 상황에서 우리를 대신하여 계속적으로 간섭한 일에 대해 겸손하고 감사하는 마음을 요구합니다."

1797년 편지에서 그는 "내 걸음을 지도하시고 지나온 여러 가지 변화와 나를 보호하신 섭리에 나는… 감사합니다"라고 했다.

그는 국가에 대한 하나님의 섭리가 계속되도록 기도했다. 1783년에 각 주의 주지사에게 보낸 편지에서 그는 이렇게 썼다.

"하나님께서 여러분과 여러분이 다스리는 주(State)가 그분의 거룩한 보호하심을 입기를 바라는 것이 내 간절한 기도입니다. 또 그분께서 시민의 마음을 움직여 정부에 순종하고 예속하는 정신을 개발하도록 해달라고 하며, 미국 동료 시민 일반과 전장에서 섬긴 형제를 형제의 사랑과 서로에 대한 사랑으로 만족하도록 마음을 움직이며, 마지막으로 그분께서 우리 모두가 저의를 행하고, 긍휼을 사랑하며 복된 종교의 신적 저자이신 분의 특징인 자비와 겸손, 그리고 마음의 평화로 행동하며 이 모든 일에 그분에 대한 겸손한 순종 없이 결코 행복한 나라가 될 수 없음을 알기를 바라는 것이 내 기도입니다."

1783년 장군 직을 사임하는 연설에서 그는 "전능하신 하나님의 보호하심에 사랑하는 조국의 이익을, 국가를 돌보는 사람들을 그분의 거룩하신 돌보심에 맡기면서 공적 업무의 장엄한 행위를 종결하는 것이 본인의 필수적인 의무라 생각합니다"라고 말했다.

그는 1788년 국방장관에게 "가장 극심한 위험에서 미국을 버리지 않으신 전능하신 분께서 결코 자유의 유산을 혼란과 전제정치에 그저 그렇게 내어주시지 않도록 간절히 기도합니다"라고 말했다.

1794년 국회연설에서 그는 이렇게 말했다.
"그분의 보호하심을 미국에 확대하고, 악한 자의 음모를 돌이켜 우리 헌법을 인정하게 하고 언제나 우리 내부의 소란을 뿌리 뽑고 그분의 선하심으로부터 이미 받은 이 나라의 번영이 계속되며 우리 정부가 인간의 권리를 보호하기를 바라는 기대를 확인해 줄 수 있도록 나라의 최고 통치자께 탄원하는데 하나가 됩시다."

1796년 국회에서 한 연설에서 그는 이같이 말했다.
"마지막으로 미국민의 대표자 가운데 본인이 지금 서 있는 상황은 자연스럽게 현재 정부 형태의 경영이 시작된 기간을 떠올리게 합니다. 그리고 실험에 성공한 여러분과 내 조국에게 축하했던 때를 빼놓을 수 없습니다. 또 우주의 최고 통치자이시며 나라의 최고 중재자께서 그분의 섭리적 돌보심을 미국에 확대시켜서 국민의 덕과 행복이 보호되고 자유의 보존을 위해 설립된 정부가 영속되도록 그분께 간절히 기도하는 것도 빼놓을 수 없습니다."

워싱턴은 하나님께서 개인의 삶의 길도 지도하신다고 믿었다. 1773년 질녀가 죽었을 때 워싱턴은 그녀 아버지인 버웰 바셋(Burwell Bassett)에게 이렇게 썼다.

"섭리의 길은 찾을 수 없고 그것의 정당함은 인간의 얕은 눈으로 조사할 수 없으며, 인간의 힘과 지혜에 의한 최상의 노력으로도 뒤엎을 수 없고, 신앙과 이성의 힘이 이끄는 데까지 가서 신적 섭리에 즐거운 마음으로 항복하는 것이 우리가 지향해야 할 것이네."

1773년 브라이언 페어팩스(Bryan Fairfax)에게 쓴 편지에서 그는 "섭리의 결정은 언제나 현명하고, 가끔은 찾을 수 없고 때로 그 같은 결정이 우리에게 힘이 들지만, 이것은 은혜로운 목적을 의미합니다"라고 했다.

1779년 룬드 워싱턴(Lund Washington)에게 쓴 편지에서 그는 말한다.

"각각의 섭리의 계획이 일부 귀중한 목적에 대한 응답으로 고안된 것임을 바라보며 나 자신이나 혹은 재산에 일어날 지도 모르는 것에 대해서도 불평하지 않고, 충분히 견딜만한 정도의 불굴의 의지를 소유하고 있다는 소망이 있습니다."

그는 1794년 윌리엄 피어스(William Pearce)에게 쓴 편지에서는 "섭리의 행동으로 일어난 실망과 상실에 대해 나는 결코 푸념하지 않는데, 그 이유는 사건을 처분하는 신적인 분이 최선이라고 여기시는 것을 우리가 행하거나 우리가 당연히 받아야 할 것을 우리보다 더 잘 아시기 때문입니다"라고 썼다.

1793년 브라이언 페어팩스(Bryan Fairfax)에게 쓴 편지에서 그는 "조카의 죽음에 대해 친절히 위로해 주신 것에 감사드립니다. 참으로 섭섭해 할만한 상실이지만 이것은 하늘의 뜻이며, 하늘의 명령은 언제나 정의롭고 지혜로우며 나는 한마디 불평 없이 여기에 순종합니다"라고 말했다.

1797년 헨리 낙스(Henry Knox)에게 보낸 편지에서 그는 말했다.

"사람이 하나님의 섭리를 조사하는 것이 아닙니다. 사람이 할 수 있는 최선은 그 명령에 순종하는 것입니다. 이성, 종교, 철학은 이것을 가르칩니다. 그러나 오직 시간만이 사람의 고통을 개선하고 재앙을 순화시킵니다."

1793년 그는 이렇게 썼다.

"(일이 어떻게) 끝날지는 오직 사건의 통치자께만 알려져 있다. 그분의 지혜와 선하심을 확신하고 이성과 양심이 인정하는 방식으로 우리에게 할당된 부분을 행하는데 유념하면서 인간의 이해 범위를 넘어선 것을 찾느라

좌절하지 않고 이 문제를 그분께 안심하며 맡긴다."

1797년 대디우스 코시우스코(Thaddeus Kosciuszko)에게 쓴 편지에서 그는 "섭리의 길은 찾을 수 없고 죽을 인간은 반드시 순종해야 한다"고 썼다.

그는 1793년 조지 어거스틴 워싱턴(George Augustine Washington)에게 편지를 썼다.

"하늘의 뜻은 이 세상의 자녀들이 논쟁하거나 찾는 것이 아니다. 따라서 그것이 우리 생명의 날을 연장하거나 축소하거나, 건강으로 축복하거나, 고통으로 아프게 하거나, 창조주의 뜻에 맡기고 인내함으로 순종하는 것이 피조물이 할 일이다."

부록 A

인물

대통령의 신앙에 관한 책에 왜 이 같은 부록이 포함되어야 하는지는 두 가지 이유가 있다. 첫째, 바른 양심에 따라 사실과 다른 경우 대통령을 거룩하고 신앙적인 사람으로 묘사할 수 없기 때문이다. 대통령의 인격을 의도적으로 거짓되게 소개할 마음이 내게는 없다. 둘째, 우리는 열매로 나무를 알 수 있다. 대통령이 얼마나 깊은 신앙적 확신을 가졌는가를 아는 수단은 행동이 말과 일치하는 지에 있다.

부적절한 관계

대통령의 부적절한 관계에 대해 자세히 조사하는 것이 이 책의 목적은 아니다. 적합한 정보를 가능한 간단히 요약할 것이다. 제임스 가필드(James Garfield), 그로버 클리브랜드(Grover Cleveland), 우드로우 윌슨(Woodrow Wilson), 워런 하딩(Warren Harding), 프랭클린 루즈벨트(Franklin Roosevelt), 존 케네디(John F. Kennedy), 윌리엄 클린턴(William Clinton)은 모두 외도를 했다. 외도를 입증하는 가필드, 하딩, 루즈벨트가 남긴 서신이 남아있으며, 클리브랜드와 클린턴은 공적으로 이를 시인했다. (클리브랜드의 외도는 결혼 이전의 것이었다)

가필드는 아내와 화해하고 관련된 여인과의 관계를 바로잡았다. 윌슨의 외도는 단지 부적절한 감정이었다. 토마스 제퍼슨(Thomas Jefferson)과 드와이트 아이젠하워(Dwight D. Eisenhower)도 외도를 했지만 증명할 수 없다. (추정하기로, 제퍼슨의 외도는 아내가 죽고 난 뒤였으며, 엄밀하게 말하면 외도는 아니다) 다른 대통령에 대해서도 의심이 있지만, 소문을 언급할 필요는 없다.

미신 행위

기독교에 적대적인 영적 힘에 관련된 미신숭배를 한 대통령과 영부인, 그리고 가족들이 품었던 미신에 대해 여기에 나열한다.

존 타일러(John Tyler). 역사가인 칼 앤토니(Carl Anthony)에 따르면 타일러의 부인인 줄리아(Julia)는 "'저 너머 세계'를 접촉하려는 무리를 초청했으나 식탁을 공중 부양시키는 정도만 했다." 그녀는 꿈을 통해 미래를 예지하는 능력을 갖고 있다고 말하기도 했다.

프랭클린 피어스(Franklin Pierce). 피어스의 부인은 아들인 벤저민(Benjamin)의 죽음으로 인해 극도로 상심해서 백악관의 강령집회에서 영매자인 팍스 자매(Fox sisters)와 대화했다.

아브라함 링컨(Abraham Lincoln). 보스톤 가젯트(Boston Gazett)의 작가는 백악관을 "야간집회"(soiree)로 묘사했는데 "미대통령인 아브라함 링컨도 백악관의 빨간(crimson)방에서… 열도록 권유받았다." 이 일화는 링컨의 생전에 주요 신문에 활자화되었고 만일 거짓이었다면 쉽게 부인할 수 있는 내용이었기에 링컨이 이 일을 허락했다는 것을 믿을만한 모든 증거가 있다. 아들인 윌리(Wille)의 죽음 후에 아내인 메리 링컨(Mary Lincoln) 또한 중매자와 대화하고 백악관 강령집회를 열었다.

율리시즈 그랜트(Ulysses S. Grant). 그랜트의 부인인 줄리아(Julia)는 "그랜트에게 다가오는 전투에 대해 완벽한 환상"에 대한 초감각적인 느낌을 갖고 있다고 주장했다. 역사가인 칼 앤토니(Carl Anthony)는 그녀의 예언이 "가끔 현실로 나타났다"고 말했다.

데오도르 루즈벨트(Theodore Roosevelt). 루즈벨트는 윌리엄 태프트가 대통령직을 승계하기를 원했다. 태프트 부부와 저녁식사를 하면서 루즈벨트는 자신이 요가 수행자라고 제시하고 다음과 같이 말했다. "나는 일곱 째 딸의 일곱 째 아들이며 투시력을 갖고 있습니다. 몸무게가 350파운드 되는 한 남자를 보고 있습니다. 머리에 무언가가 걸려있군요. 그게 무엇인지 알 수가 없네요. 어떻게 보면 대통령직 같고 사법부 수장 같기도 하군요."

비록 루즈벨트는 가볍게 받아들이도록 의도했던 것으로 보이나 딸인 앨리스(Alice)는 매우 심각하게 받아들였다. (그녀는 젊은 나이에 다윈의 종의 기원을 읽고 신앙을 부인했다) 앨리스는 넬리 태프트(Lellie Taft, 윌리엄 태프트의 아내)를 좋아하지 않았고, 그래서 그녀는 태프트 부부에게 저주를 가하기로 마음먹고 마법에 연루되었다. 백악관을 떠나기 전 백악관 뜰에 부두인형(바늘로 찔러 그 사람을 저주하도록 하는 인형)을 묻었는데, 마가렛 트루먼의 말에 의하면 "새로운 백악관 주인에게 저주를 붓도록 영을 불러들였다"고 한다. 넬리 태프트는 남편이 대통령으로 재직하는 동안 두 달 동안 심한 마비를 일으키는 뇌일혈로 고생했다.

앨리스 루즈벨트는 여행 중에 병이 난 대통령인 우드로우 윌슨에게도 저주를 했다. 윌슨이 집으로 돌아왔을 때 앨리스는 군중 가운데 있었다. 그녀는 "손가락을 가로지르게 했고, 악마의 눈의 모양을 만들어 고전적인 저주를 불러들였다." 뇌일혈로 윌슨의 몸이 마비되었을 때 앨리스는 "전적으로 인정받게 되었다고 보도되었다."

비록 일부 전기 작가들이 이 저주를 가볍게 다루었지만 앨리스는 매우 심각하게 생각했다. 물론 앨리스의 마법이 루즈벨트 또한 여기에 빠졌다는 것을 반드시 의미하지는 않는다. 그러나 그가 농담으로 여긴 것을 그의 딸은 매우 심각하게 받아들였다.

우드로우 윌슨(Woodrow Wilson). 1917년 위자놀이(Ouija Board)가 성행했고 "종종 누군가가 죽었을 때 행해졌다." 3월 11일 에디스 윌슨(Edith Wilson)의 자매인 애니 리(Annie Lee)가 죽었을 때 백악관에서 위자놀이가 열렸다. 윌슨의 친구인 하우스(House) 대령은 이 놀이에 대해 일기에 기록했다. "이것은 내가 여기에 온 이후 대통령이 시작한 발명이었다. 그는 책 읽는 것보다 더 기분 전환을 잘 해준다는 것을 알게 되었다고 말했다." 윌슨이 이것이 잘못되었다고 믿을 만한 이유가 있었는지는 알지 못한다.

워런 하딩(Warren Harding). 하딩의 부인인 플로렌스는 다소 미신적이었다. 결혼식이 예정 시간보다 30분 초과해 진행되도록 했고, 그래서 예식 전까지 시계 바늘이 올라가서 내려오지 못하도록 했다. 분침과 시침이 아래로 내려올 때 결혼식이 진행되는 것은 성공적이지 못하다고 믿었다. 어떤 기록에는 플로렌스 하딩(Florence Harding)이 점쟁이와 상담했다고 주장했다. 대법원장인 윌리엄 하워드 태프트의 편지에 나타난 일화에서는 한 점쟁이가 먼저 플로렌스의 남편이 대통령 후보로 지명되고 미대통령으로 선출된다고 예언하고, 후에 하딩이 임기까지 살지 못할 것이라고 예언했다고 주장한다.

드와이트 아이젠하워(Dwight Eisenhower). 2차 대전 이전에 적어도 한 차례 마미 아이젠하워(Mamie Eisenhower)는 집시 점쟁이를 파티에 불러서 카드 점을 치도록 했는데, 이 점쟁이는 아이젠하워가 대통령이 될 것이라고 예언했다.

로널드 레이건(Ronald Reagan). 할리우드에 사는 동안 레이건은 점술인인 캐롤 라이터(Carroll Righter)를 알고 있었으며, 그가 만든 신문인 호로스코프(별자리)를 읽었다. 레이건의 최초의 자서전인 「내 나머지는 어디에?」(Where's the rest of me?)에서 점성술에 연루되었다고 공공연히 시인했다. "좋은 친구 중에 캐롤 라이터가 있는데, 이 사람은 공동으로 점성술에 관한 기사를 실었다. 매일 아침 낸시와 나는 우리 각자의 출생 징조와 동일한 사람에 대해 뭐라고 말하는지 읽었다. 우리가 본 그날 아침 모임에서 MCA의 공모를 거의 의심하고 있었는데, 그날 내게 주는 말은 '전문가의 충고에 귀를 기울일 날이다'는 것이었다." 점성술에 연루된 것은 할리우드에 보낸 시간동안 계속되었고 심지어 그가 캘리포니아 주지사로 재임하는 동안에도 그랬다.

그러나 레이건이 대통령이 될 때까지 그는 점성술이 정치적 책임이라는 것을 알게 되었다. 비록 레이건이 점성술에 관련되었다는 것을 직접적으로 부인하지는 않았지만, 가족과 친구는 레이건의 삶에 대한 그 같은 영향을 축소했다. 마이클 레이건은 그것이 "아버지에게는 큰 일이 아니었으며, 웃으시며 '오늘 운세 들어봐' 라고 말했다"고 했다.

에드 미스(Ed Meese)는 레이건이 "취미"와 "재미거리"로 공포물을 읽었다고 했다. 재임 기간 중에 낸시 레이건이 점성술사와 상의한다는 것은 공공연히 알려진 사실이 되었다. 이 일화가 사실이라 하더라도 전직 자문위원이었던 도널드 레이건의 무책임한 주장인 "실제로 레이건이 내린 모든 중요한 행동과 결정"은 점성술의 영향을 받은 것이라고 말한 것은 다른 많은 이들의 증언으로 반박된다. 레이건은 "마음에 있는 어떤 정책과 결정도 점성술에 의해 영향을 받지 않았다"고 말했다. 그는 이렇게 말하기도 했다. "내가 내린 어떤 결정도 점성술에 근거하지 않았다." 다른 경우 한 기자가 계속해서 "일상 계획을 결정할 때 점성술이 역할을 하도록 했는지"를 물었다. 이에 대해 레이건은 "그럴 수 없소, 왜냐하면 결코 그렇게 한 적이 없기 때문이오"라고 답했다.

레이건의 조력자인 마이클 디버(Michael Deaver)는 그가 이따금씩 (레이건 몰래) 어떤 특정한 (불길한) 날에 행사를 잡는 것을 피했는데 "단지 낸시의 마음의 평화를 위해" 그리했다고 말했다. 레이건의 행사계획에 미친 점성술의 영향은 참모들에 대한 그의 아내의 요청으로 이루어진 것이며, 그의 등 뒤에서 일한 참모를 통해서였다. 로널드 레이건 자신은 재임 중에 점성술을 사용해서 결정을 내리는 일은 하지 않았다.

윌리엄 클린턴(William Clinton). 클린턴의 정치자문위원인 조지 스테파노풀로스(George Stephanopoulos)는 임기 중 한 번 클린턴 부부가 "뉴에이지 지도인 토니 로빈스와 메리앤 윌리엄슨을 데이빗 기지의 비밀 회합에" 초청했다고 말했다.

부록 B

프리메이슨이었던 대통령들

워싱턴, 제임스 먼로, 앤드루 잭슨, 제임스 포크, 제임스 뷰캐넌, 앤드루 존슨, 제임스 가필드, 윌리엄 매킨리, 데오도르 루즈벨트, 해리 트루먼, 린든 존슨, 제럴드 포드 등 14명의 대통령이 프리메이슨 단원이었다. 어떤 목록에는 제임스 매디슨과 허버트 후버가 포함되지만 대부분의 목록에는 이들이 없다. 만약 이들이 메이슨이었다면 16명의 메이슨 대통령이 있는 셈이다.

17번째 대통령인 재커리 테일러는 시간과 여건이 허락되었더라면 자신도 메이슨 단원이 되었을 것이라고 의도적으로 진술했다. 18번째 대통령인 로널드 레이건은 명예 메이슨 단원이었다.

일부 대통령 중, 가장 주목을 받는 트루먼과 앤드루 존슨은 메이슨에서 높은 서열에 있었고, 스코틀랜드 의식의 계열의 멤버가 되었다. 워싱턴과 앤드루 존슨은 전적으로 메이슨 장례의식으로 치러졌다.

잭슨, 포크, 뷰캐넌 같은 대통령은 어릴 적 메이슨이었으나 후에 그리스도인이 되었다. 이들이 메이슨에서 얼마나 열심이었는지 또 기독교로 회심 이후에도 여전히 메이슨이었는지는 알려지지 않고 있다.

한편 가필드와 매킨리, 하딩은 초기에 기독교로 회심하고 후에 메이슨이 되었다. 대통령이 메이슨 단원이란 것이 신앙에 어떤 영향을 주는가? 메이슨의 주된 영향은 메이슨이 기독교와 일치하지 않는 것을 가르쳤거나 대통령이 이들의 가르침을 믿은 것에서 나타날 것이다.

메이슨이 정통기독교에 적대적인 것을 가르쳤는가? 이 질문에 답하기 위해서는 메이슨의 구조와 절차를 간략하게 소개해야 한다. 메이슨의 단원이 되기 원하는 모든 사람들은 프리메이슨의 첫 세 단계를 거쳐야 한다. 그것은 초보 입문 등급 - 일 단계, 조합의 등급 - 이 단계, 그리고 대가 메이슨 - 삼 단계의 수준을 말한다. 첫 세 단계를 거친 후, 더 높은 수준의 메이슨 비밀 의식을 경쟁해야 한다. 미국에 소개된 두 개의 최대 공통 메이슨은 스코트 의식(Scottish Rite)과 욕 의식(York Rite)의 템플 기사 단원(Knights Templar)이다. 더 높은 수준의 메이슨을 거친 대통령은 아무도 없는 것으로 알려졌다. 메이슨 단원의 각 대통령은 첫 세 단계를 모두 거친 것으로 알려졌다. 린든 존슨 대통령만 첫 단계에 그쳤다.

1단계 : 초보 입문 등급

먼저 후보자의 눈이 가리워진다. 상급 집사가 숙소의 방으로 동행한다. 하급 감독자가 "누가 여기에 왔는가?"라고 묻는다. 대답은 "어둠 속에 있다가 이제 빛으로 보내어지며 이전에 이를 행한 모든 형제들처럼 하나님과 거룩한 요한에게 세워지고 바쳐진 예배하는 집의 권한과 유익을 얻으려고 찾는 아무개입니다." (아무개란 기독교인이든 아니든 메이슨 단원이 아닌 사람으로 어둠 가운데 있는 사람을 암시한다는 것을 주목하라) 그리고 후보자는 프리메이슨의 어떤 비밀도 누설하지 않겠다고 맹세한다.

2단계 : 조합의 등급

여기서 후보자는 다시 눈이 가리어지거나 혹은 다른 의식처럼 "눈을 속인다." (이 의식은 품위가 떨어지는 식으로 이 용어가 사용되기도 한다) 다른 동료 조합메이슨을 제외하는 누구에게도 이 조합메이슨의 비밀을 누설하지 않겠다고 맹세한다. 이제 조합메이슨은 야긴과 보아스의 기둥이 측면에 있는 솔로몬 성전의 중간 방으로 연결되는 계단으로 인도된다(때로는 상징적이고, 때로는 실제적이다). 그리고 계단의 처음 세 층계는 청소년기와 성년기, 노년기를 상징하며, 청소년기에 일 단계를 들어와 조합메이슨으로 지식과 선행의 성숙으로 성장해 프리메이슨으로서의 명예로운 삶을 돌아볼 때 불멸의 확신 속에 자신이 대가 메이슨(Master Mason)으로 살게 되는 것과 동일시된다는 말을 듣는다.

3단계 : 대가 메이슨

3단계로 받아들여지기 전에, 대가 메이슨은 3단계의 비밀을 지키겠다는 또 다른 맹세를 한다. 그리고 후보자는 3단계의 핵심부분으로 들어간다. 이 단계의 목적은 메이슨에게 있어서 "히람의 열정"과 솔로몬 성전의 "살해당한 건축자의 열정을 덜어내는" 것이다. 메이슨의 전설에 의하면 히람 아비프(Hiram Abiff)는 솔로몬 성전을 건축하고 살해당했다. 3단계의 목적은 "히람의 열정"을 통과하여 사는 것이다. 히브리 이름의 히람 아비프는 "아버지로부터 온 선생"을 의미하며, 메이슨 단원들은 복음서에 나타난 그리스도인 선생(예수)의 죽음이야기와 이 이야기의 사이의 일치성이 정말 분명하다고 인정한다. 히람 아비프는 모든 메이슨 의식의 핵심이다.

히람 아비프를 상징하는 메이슨은 후보자로 대가 메이슨의 비밀을 누설하도록 강요하는 시도를 하는 세 악한 역을 한다. 메이슨이 세 가지 요구를 모두 거절하면 메이슨 단원들은 죽음을 상징하는 것으로 후보자를 마루로 끌고 온다. 세 악한은 돌무더기에 그 사람을 장사하기로 결정한다. 그들은 그렇게 한다. 후보자는 솔로몬 왕이 12명의 조합 메이슨이 후보자를 찾도록 명령할 때까지 거기에 둔다. 이들은 악한을 사로잡고 솔로몬 왕 앞에서 죄를 고백한다. 그리고 후보자는 발견된다. 그의 몸은 돌무더기에서 끌어내어져 솔로몬 왕 앞으로 불려온다. 솔로몬 왕은 후보자에게 대가 메이슨의 말을 그에게 속삭이고 맹세에 제시된 조건을 대가 메이슨을 제외한 그 누구에게도 누설해서는 안 된다고 경고한다. 이 비밀스런 말은 "마하본"이다.

그리고 후보자는 이전의 드라마를 상징한다. 오래된 메이슨 작가의 말에 따르면 이 드라마는 죽음과 부활을 상징한다. 메이슨 단원이고 메이슨 전문가인 아더 웨이트(Arthur Waite)는 메이슨이 "인간과 창조주 사이의 직접적인 관계와 장차 올 심판에 대해 들으며 죽음의 신비와 그 이후 올 일, 즉 부활의 거대한 신비에 대해 실제 대면하도록 인도된다"고 말한다.

어떻게 메이슨이 죽음의 신비와 마주할 수 있는가? 3단계에서 후보자는 "신비로운 죽음"을 경험한다. 프리메이슨 백과사전에 의하면 "인턴단계의 시간은 세 가지 사건으로 특징 지워지는데, 그것은 회복하고자 하는 많은 시도이며 그 시도의 오직 마지막만이 성공한다." 이것은 후보자의 "부활의 재출생"으로 이해된다. 저명한 메이슨 작가인 알버트 맥케이(Albert G. Mackey)는 맥케이의 프리메이슨 백과사전에 이 의식에 대해 썼다. "대가 메이슨은 그림자가 지나가듯 사라지는 청소년기, 성년기, 노년기와 삶 자체인 인간을 상징하지만, 불의의 무덤에서 부활하고 또 하나의 보다 나은 세상으로 변화된다. 전설과 모든 의식에 따라 우리는 죄로 인한 죽음과 오염의 무덤에서 구속받는다."

최근의 수정주의 메이슨 작가는 이 주장에 대항하여 이 의식이 부활을 실제로 상징하는 것이 아니라고 말한다. 많은 사람들이 이 의식이 상징하는 바를 다르게 해석한다. 최소한 많은 혹은 대부분의 메이슨은 이 의식이 부활을 상징한다고 인식한다고 분명히 말할 수 있다. 게다가 부활을 상징하지 않는다는 많은 최근의 진술은 가장 최근의 메이슨 회장이 이 집회소에 참가한 후에 나온 것이다. 이들이 참가했을 때 일반적인 인상은 2단계가 부활을 상징한다는 것이다.

메이슨 활동에 참여하기를 원하는 메이슨은 3단계를 모두 취해야 한다. 소위 푸른 집회소 메이슨이라는 기본 메이슨의 가르침이 신앙에 어떤 영향을 주는가?

이 부분에서 나는 푸른 집회소 메이슨에 적절한 자료뿐 아니라 앞서 논의한 맹세와 의식에 대해서도 다룬다.

1. 메이슨은 예수 그리스도를 제외한다.

모든 메이슨은 의식과 기도에 있어서 예수 그리스도의 이름을 언급하는 것을 제외한다. 교리적 논의, 특히 예수 그리스도에 대해 말하는 것은 메이슨 집회소에서는 금지된다. 이 규정은 유대인과 무슬림, 다른 종교의 멤버가 예수 그리스도의 이름을 언급하는 것 때문에 상처를 받지 않도록 하기 위해 그렇게 만들어진 것이다. 이것은 다음 단계로 이끈다.

2. 그리스도인 메이슨은 타 종교 메이슨과 형제가 된다.

입문 단계에서 후보자는 이런 말을 듣는다. "형제애를 실천함에 따라 우리는 모든 인류를 한 가족으로 여기도록 배운다. 높은 자와 낮은 자, 부유한 자와 가난한 자가 전능하신 부모에 의해 창조되었으며 같은 별의 거주자로 창조되었고, 서로 돕고 상호간 보호해야 한다. 이 원리에 대해 메이슨은 모든 국가, 분파와 견해를 하나로 연합하고 그렇지 않았다면 영원히 떨어져 있을 사람들 가운데 참된 우정을 조성한다."

메이슨 집회는 종종 기도회를 갖는다. 이 기도는 "하나님이나 각자의 신에 해당하는 일반적인 메이슨의 이름인 우주의 위대한 건축자"에게 드려진다. 이 기도는 결코 예수 그리스도에게 드려지지 않는다. 메이슨의 지도력에 대해 의문을 품은 그리스도인이 만일 예수 그리스도에게 기도하면 "하나님"에게 기도해야 한다는 말을 듣게 되며, 만약 원한다면 "우주의 위대한 건축자"가 예수 그리스도를 의미한다고 믿을 수 있다는 말을 듣는다. 마찬가지로 무슬림은 "우주의 위대한 건축자"란 용어가 알라를 암시하는 것으로 믿을 수 있다.

새로운 멤버가 들어올 때마다 제임스 앤더슨(James Anderson)이 써서 1723년에 출판된 프리메이슨의 헌법이 큰소리로 읽혀진다. 처음 항목은 "비록 고대에 메이슨이 모든 나라에서 그 나라나 국가의 종교로 여겨졌지만, 그 것이 무엇이든 간에 이제는 자신들에게만 해당하는 특정한 견해를 떠나 모든 사람이 동의하는 그런 종교에 의무를 느끼는 사람들에게만 더욱 신속히 여겨지고 있다. 즉, 무슨 교파나 신앙에 의해 구별되든지 간에 선하고 참된 사람이 되려면, 명예와 정직의 사람이 되는 것이다. 그것에 의해 메이슨은 연합의 핵심이 되고 영원히 떨어져 있을 사람들 가운데에 참 우정을 조성하는 수단이 된다."

신을 인정하는 다른 종교의 멤버도 메이슨이 될 수 있는데, 연합기도를 그들의 신에게 드리는 것으로 해석한다. (범신론자는 그들의 많은 신이 영으로 우주의 위대한 건축자를 의미한다는 근거에서 받아들여진다) 이는 세 번째 요점으로 인도한다.

3. 메이슨은 다른 종교의 멤버에게도 영생을 제공한다.

조합 메이슨의 등급에서 메이슨 단원은 층계로 인도되고, 처음 3단계가 메이슨의 삼 계층을 의미한다는 것을 배운다. 여러 메이슨 단체와 출판물에 의해 인정받은 한 책의 저자는 메이슨으로서 자신의 영예로운 삶을 돌아볼 때 세 번째 단계가 "영생의 확신가운데 대가 메이슨으로서의 삶은 산" 사람을 상징한다고 말한다. 따라서 모든 메이슨은 유대인, 무슬림, 힌두교 혹은 다른 어떤 종교의 멤버라 할지라도 "영생의 확신"이 있다는 말을 듣는다.

나의 경우는 이 한 가지 인용에 의존하지 않는다. 메이슨의 편지는 이 같은 말로 이루어지는 의식을 소개한다. "전능하신 하나님이 무한한 지혜가운데 아래의 거룩한 집회소로부터 형제와 친구들의 영이 있는 위의 새예루살렘의 거대한 처소에 부르는 것을 기뻐하시는 반면…"

덧붙여 세 번째 단계 동안 죽임당한 입문자의 죽은 몸을 살리기 전 일부집회소에서는 플레옐(Pleyel)의 시로 알려진 찬송이 히람 아비프를 상징하며 불려진다. 마지막 구절에 이 찬송은 이렇게 쓰고 있다. "모두의 주여! 아래와 위에서 마음을 진리와 사랑으로 채우소서. 이 땅의 끈이 풀어지면 위에 있는 당신의 처소에 데려가소서." 이 애도가는 일부 메이슨의 장례식에서도 불려진다.

다른 언급도 인용된다. 이런 언급은 그들이 모두 낮은 등급의 메이슨 단원이기에 인용된다. 메이슨은 대가 메이슨에게는 영생이 있다고 가르친다. 메이슨은 종종 각자의 교회의 행동을 통한 구속을 받았다고 믿도록 허락된다. 그러나 다른 종교의 멤버는 그들 종교의 구속과 메이슨의 가르침을 통해 구속을 받는다고 가르친다. 이것이 윌리엄 맥킨리 같은 메이슨 회장의 "종교적 관용"에 대한 주석이 메이슨 의식에 익숙한 사람의 마음에 경고의 벨이 울리는 이유이다.

비기독교인과 형제인 기독교 메이슨을 포함해 이런 반대는 아마도 푸른 집회소 메이슨에서 가르치는 두 교리에 대한 것인데, 이것이 이 같은 단계를 확보한 대통령의 신앙에 강력한 영향을 미쳤다. 메이슨은 예수 그리스도에 대한 믿음을 거부하도록 하지는 않으나(신앙을 갖고 메이슨에 들어온 대통령에게는) 적어도 하나님께 가는 다른 길 또한 정당하다고 믿는 쪽으로 기울어지도록 한다.

그러나 요한복음 14장 6절에서 예수님은 "내가 곧 길이요 진리요 생명이니 나로 말미암지 않고는 아버지께로 올 자가 없느니라"고 말씀하셨다. 예수님의 주장은 배타적이다. 참 그리스도인이 예수님의 말씀과 메이슨의 가르침을 동시에 받아들인다는 것을 믿기는 어렵다.

4. 메이슨은 기독교인을 포함해 후보자가 메이슨이 될 때까지 "어둠에

있다"고 가르친다.

후보자는 어둠을 상징하는 것으로 눈이 가리워진 채 첫째 등급을 받는다. 방으로 안내되면 "누가 여기 왔는가?"란 질문을 받는다. 메이슨 후보자가 기독교이든 아니든 다음과 같은 대답이 주어진다. "어둠속에 있다가 이제 빛으로 보내어지며, 이전에 이를 행한 모든 형제들처럼 하나님과 거룩한 요한에게 세워지고 바쳐진 예배하는 집의 권한과 유익을 얻으려고 찾는 아무개입니다."

메이슨은 비메이슨이 메이슨이 될 때까지 어둠에 있다고 주장한다. (여인과 아이들은 제외되는데 그들은 어둠 가운데 남아있다) 그리스도인도 비슷한 주장을 한다. 비그리스도인은 세상의 빛이신 예수 그리스도를 구세주로 받아들일 때까지 어둠에 있다고 주장한다(요한복음 1장을 보라). 이 주장은 상호 배타적이다. 한 사람이 메이슨이 될 때까지 어둠 가운데 있다는 것이 사실이라면, 그는 메이슨이 되기 전에 이미 그리스도인이며 여전히 어둠 가운데 있다. 다른 한편 그리스도인이 되기 전까지 한 사람이 어둠 가운데 있다면, 그는 어둠 가운데 있으면서 메이슨이 될 수 있다.

첫 번째 등급에 있는 메이슨의 가르침에 대한 간단한 조사로 심지어 다음 등급에 있는 프리메이슨의 주장이 기독교와 배치한다는 것이 드러난다. 대통령이 여전히 그리스도인이면서도 메이슨이 될 수 있는가? 그렇다. 하지만 메이슨의 특정 가르침은 부인해야 한다. 일부 대통령이 이 사회적 그리스도인이면서 교회에서 큰 소리로 신조를 읽으면서도 마음에 거부하는 것처럼 여지없이 사회적 메이슨이며, 메이슨의 가르침을 받아들이지 않으면서 행동은 그렇게 하는 대통령도 있다.

메이슨에 대한 이 자료의 대부분은 최근 밝혀졌기에 대통령의 신앙에 대해 널리 수용되어온 결론이 재평가 될 필요가 있다. 이 책의 정보는 권위 있는 출처로부터 수집된 것이다. 하지만 이 부록에 포함된 많은 주장(메이슨이나 메이슨 배교자에 의해 만들어진 것이든 간에)에 대해 메이슨의 비밀을 보존하는 데에 관심을 가진 메이슨에 의해 논쟁이 되었기에 나는 각 대통령에 대해 신앙과 메이슨 멤버십을 동시에 자세히 다루지는 않았다. 아마도 더 많은 자료가 확보되면 이런 결론은 재검토되어야 할 것이다.

    메이슨의 가르침에 대해 더 자세히 알려면 참고문헌에 실린 책을 참고하라. 기독교적 관점에서 쓰여진 최상의 책은 아마도 스티븐 추칼라스(Steven Tsoukalas)의 「메이슨의 의식과 잘못들: 프리메이슨에 대한 조사」일 것이다. 하지만 메이슨의 관점에서 가장 많은 정보를 주는 것은 존 로빈슨(John Robinson)이 쓴 「피 속의 출생: 프리메이슨의 마지막 비밀」이다.

참고문헌 에세이

당신이 미국 대통령의 신앙에 대해 쓴 다른 책에 대해 들어 본 적이 없다면, 그것은 당신 혼자만은 아니다. 내가 이 책을 쓰기 시작했을 때 나도 그런 책이 존재한다고 생각하지 않았다. 이런 매혹적인 주제에 대해 연구를 시작하면서 나는 이 주제에 대한 몇 권의 책을 발견했다. 여기서 각각의 책에 대해 논의한다.

미국 역대 대통령의 믿음에 대해 쓴 이전의 책들

년도	대통령	저자	제목	관점
1932	후버	스테이시 매터니 (E. Stacy Matheny)	미국인의 애국적인 헌신 (American Patriotic Devotions)	세계주의자
1936	F. 루즈벨트	프랭클린 스타이너 (Franklin Steiner)	대통령의 종교적인 믿음 (Religious Beliefs of Our Presidents)	무신론자, 불가지론자
1953	아이젠하워	블리스 이슬리 (Bliss Isley)	대통령: 믿음의 사람들 (The Presidents: Men of Faith)	감리교신자
1966	존슨	벤저민 와이스 (Benjamin Weiss)	미국 역사의 하나님 (God in American History)	알려지지 않음
1968	존슨	풀러와 그린 (Fuller and Green)	백악관의 하나님 (God in the White House)	장로교인, 감독교회인
1971	닉슨	존 보넬 (John S. Bonnell)	대통령 프로필 (Presidential Profiles)	장로교인
1991	부시(40대)	존 맥콜리스터 (John McCollister)	하나님 나를 도우소서 (So Help Me God)	장로교인(?)

이 책 가운데 최고는 에드먼드 풀러와 데이빗 그린이 쓴 「백악관의 하나님: 미대통령의 신앙」이다. 이 저자는 장로교와 감독교회 교인이며, 이 배경에서 썼다. 1968년 책은 조지 워싱턴부터 린든 베인스 존슨까지 다루며 분량은 246페이지이다.

존 서덜랜드 보넬이 쓴 「대통령 단상: 미대통령의 삶에 나타난 신앙」은 거의 「백악관의 하나님, 대통령의 단상」의 축소판이라 불려질 만한 책으로 흥미롭기는 하나 대부분의 대통령에 대해 깊이 들어가지는 않았다. 평균 4페이지가 각 대통령에게 할애되었다. 극도로 복잡한 아브라함 링컨의 기독교란 쟁점은 6페이지로 다루었다. 보넬 박사는 장로교인이며, 이 관점에서 썼다. 1971년에 나온 책은 조지 워싱턴부터 리처드 닉슨까지 다루었다.

존 맥콜리스터의 최근 책인 「하나님, 나를 도우소서」는 대통령 단상과 거의 같은 분량이다. 맥콜리스터는 이전 책 이후로 새로운 방법을 적용하는데 이 주제를 205페이지로 간단히 다루었다. 이 책은 온전히 43페이지 분량의 삽화와 장 사이에 8장 분량의 공란을 포함한다. 「하나님, 나를 도우소서」는 잘 쓰여진 책이지만 주제를 충분히 다루기에는 너무 분량이 적다. (주의, 이 책을 산다면 해리 트루먼에 대한 장에 몇몇 천박한 단어가 포함된 것에 주목하라) 이 책은 웨스터민스터/존 낙스출판사에서 출판했는데, 장로교나이와 유사한 관점에서 다루었다. 1991년의 이 책은 조지 워싱턴부터 조지 부시까지 다루었다.

나의 책은 이전의 책과 어깨를 나란히 할 수 있는가? 이전의 책들은 연구를 위한 출발점을 제공하지만, 솔직한 답은 아니다. 대통령에 관한 심도 있는 전기가 쓰여졌다. 거의 모든 대통령의 전기는 대통령의 기독교에 관해서 이전의 책보다 더 신앙에 대해 깊이 파고들어갔다. 대통령의 개인 신앙에 대해 다룬 것이 유용한 책이 여러 권 있다. (조지 워싱턴과 조지 부시) 각 대통령에 관한 가장 유용한 출처는 그들 자신의 글이다. 나는 가능한 출판된 자료를 참고했다.

내 책은 대통령의 글들과 어깨를 나란히 한다. 그들의 글이 없다면 이 같은 결정적인 작품을 쓸 수 없었다. 이 글들은 최선의 정보를 제공하고 영원이 올 때까지 그들이 믿은 것에 대해 우리가 갖고 있는 모든 것이다.

이제 대통령의 기독교에 대한 부분을 할애하는 책으로 옮겨간다. 벤저민 바이스의 「미국 역사에서의 하나님, 미국의 종교적 유산에 대한 문서」란 책에는 미대통령에 관한 부분이 들어 있다. 그는 대통령의 취임연설에서 몇 구절 인용하는 데에 그쳤다. 스테이시 매터니의 「미국인의 애국적 헌신」이란 책은 허버트 후버 대통령까지 다룬다. 매터니의 간단한 언급은 비록 다른 어느 곳에서도 발견되지 않는 하딩의 회심경험을 기록하기는 하나 전형적으로 대통령의 교파와 교회출석기록에만 초점을 맞추었다. 선택된 대통령에 대해 특별히 도움이 되는 몇 가지 전기를 언급하는 것은 가치 있을 것이다.

토마스 제퍼슨

연구를 시작하면서 나는 캐터린 밀러드의 「위대한 미국 정치가와 영웅들」이란 책과 같은 작품에 나타난 사건에 영향을 받았다. 이 같은 사건에서 제퍼슨은 꽤 종교적이고 아마도 자신을 복음적 그리스도인으로 여긴 것으로 묘사되었다. 제퍼슨 자신의 종교적 글에 대해 더 많이 발견했는데, 이 견해를 버리도록 강요받았다. 결국 나는 이 주제에 관해 윌리엄 밀러의 영감 있는 관찰에 동의한다. "결국 토마스 제퍼슨에 대한 보편적 미국의 태도는 제퍼슨이 예수님에 대한 그런 것과 유사하다. 그들은 참으로 높은 영예를 예수님께 돌리는 동시에 그분의 가르침을 취하고 해석할 때는 매우 선택적이었다."

앤드루 잭슨

연구를 시작하는 최선의 장소는 제임스 파튼이 쓴 세 권으로 된 「앤드루 잭슨의 생애」이다. 제1권은 1859년에 출판되었고, 마지막 두 권은 1860년도에 출판되었다. 이 책은 일화와 이야기로 가득하다. 글을 쓸 당시 잭슨은 최근 기억 속의 인물이었다. 그는 제1권이 나오기 15년 전이 채 못 되어 사망했다. 파튼은 잭슨을 잘 아는 사람과 인터뷰를 하고 서신교환을 했다. 아내의 사망이후 잭슨이 장로교에 가입한 그런 일부 일화는 (잭슨으로 그런 결정을 하도록 이끈 설교를 한 목사에 의해 기록되었다) 다른 자료에서 한 가지만 인용한 것을 제외하고는 다른 어떤 자료에서도 얻을 수 없다.

존 타일러

존 타일러의 기독교에 관한 연구에서 「존 타일러, 고대남부의 승리」는 출발로 삼기에 좋은 책이다. 이 책은 타일러의 신앙에 관해 두 페이지를 할애하고 다른 자료를 지시하는 것이 각주에 들어 있다.

제임스 포크

폴 버게론이 쓴 「제임스 포크의 대통령 재임 기간」은 포크의 신앙을 이해하는 데에 좋은 기초가 된다. 유진 맥코맥의 포크 전기는 최초의 학문적 전기로 찰스 셀러스의 두 권으로 된 포크의 전기처럼 유용한 정보를 첨가하고 있다. 그러나 이런 전기중 어느 것도 신앙을 생애의 중요한 부분으로 다루는 것은 없다. 각각의 전기에는 1833년 캠프부흥집회 경험처럼 그의 받은 신앙훈련은 참고할 만하다. 그러나 이 전기들에는 포크의 신앙이 부수적 이슈이며 여기에 한 줄 혹은 저기에 한 단락 정도로 취급되었다.

프랭클린 피어스

프랭클린 피어스의 「프랭클린 피어스, 그래나이트 언덕의 젊은 히커리

(신앙)」는 매우 귀중한 출발점이다. 대체로 니콜스는 피어스의 신앙 견해에 대해 지지하고 믿을만한 방식으로 소개했다. 그러나 그는 피어스의 아들인 벤저민이 사망한 이후 피어스가 보인 "엄격한 칼빈주의 방식의 자문"의 효과를 좋아하지 않았다. 니콜스는 피어스가 1865년에 한 공적 신앙고백과 침례일화를 포함했다. 이 일화는 뉴햄프셔 콩코드의 아더 피니 목사가 제공한 것이다.

제임스 뷰캐넌

1833년에 출판된 조지 틱노르의 두 권짜리 「제임스 뷰캐넌의 생애」를 구할 수 있다면 거기에서 시작하라. 30장은 '1868년 뷰캐넌 씨의 죽음, 정치가와 한 인간 그리고 그리스도인으로서의 그의 인격'이란 제목이 붙었다. 이 장에는 커티스가 전기를 쓰려고 수집한 목회자와 가족의 증언이 다수 들어 있다.

아브라함 링컨

여러 권으로 된 전기 중에 칼 샌버그가 쓴 「아브라함 링컨, 전쟁기간」이 재미있고 유용하다. 단권짜리로는 벤저민 토마스가 쓴 「아브라함 링컨, 전기」가 기본이나 유용한 출발점이 된다.

루더포드 헤이스

헤이스의 일기와 서신들이 중요한 일차 자료이다.

프랭클린 루즈벨트

루즈벨트의 공적 선언문에 대한 유용한 자료는 「프랭클린 루즈벨트의 공적 글들」이다. 사생활에 관한 자세한 자료는 엘리옷 루즈벨트가 쓴 「루즈벨트, 그의 개인 편지들」과 엘리노 루즈벨트가 쓴 「이것을 나는 기억한다」와

오티스 그래함 주니어와 메간 완더가 쓴 「프랭클린 루즈벨트, 그의 생애와 시대, 백과사전적 견해」가 있다. 케네스 데이비스의 대작인 다섯 권의 전기는 꽤 자세하고도 유용한 자료를 제공한다. 그러나 루즈벨트의 신앙은 (루즈벨트 자신이 보였던 정도로 그의 세부적 신앙에 대해 신경을 썼던) 데이비스에게 중요한 관심거리가 아니었다. 조셉 래시의 「엘리노와 프랭클린, 엘리노 루즈벨트의 사적 글에 근거한 그들의 관계」는 제프리 워드의 책만큼이나 자세하고 유용한 정보를 제공한다. 「일급 성격, 프랭클린 루즈벨트의 형성, 개인세계, 시련, 루즈벨트가 된 사람의 공적 승리에 대한 친밀한 묘사」는 제목이 암시하는 것보다 방대한 책으로 역시 유요한 자료를 제공한다.

로널드 레이건

레이건의 자서전인 「미국의 삶」과 「내 나머지는 어디에?」는 둘 다 레이건의 친구가 쓴 책으로 유용한 자료다. 레이건의 글은 비록 일부 글에 대한 것이기는 하나, 여러 가지로 출판되고 있으며 나는 키론 스키너, 아넬리스 앤더슨, 마틴 앤더슨이 공동으로 편집한 여러 권을 발견했으며, 특별히 도움이 되는 것은 「레이건, 편지에 나타난 삶과 레이건의 승리에의 길」이다. 폴 켄고르의 「하나님과 로널드 레이건, 영적 삶」은 꽤 도움이 된다. 이 책이 출판된 직후의 어느 오후에 지역도서관에 전화를 걸어 이 책이 있는지 물었고, 내가 있는 지역도서관으로 보내줄 수 있도록 요청했다. 그들은 이 책을 구했고 보낼 것이라고 말했다. 잠시 후, 아마도 통화한지 한 시간이 못되어 라디오에서 레이건이 그날 오후에 사망했다는 소식을 들었다. 소식이 나오기 전에 전화를 걸었기에 레이건의 신앙에 대해 관심을 촉발했던 그의 죽음처럼 그 책을 지정하는 데에 필연적으로 걸리는 몇 달의 기다리는 시간을 피할 수 있었다.

조지 부시

1988년 덕 위드가 쓴 선거 전기인 「도덕의 사람」에서 조지 부시는 신앙에 대한 생각을 광범위하게 공유했다. 신앙에 대한 사고와 감정을 보수적 그리스도인이 사용하고 이해하는 언어로 표현했다. 이 책은 보수적 기독교공동체의 후원을 늘리기 위해 쓴 것이다.

조지 W. 부시

조지 부시는 신앙에 대해 쓴 책이 있는 몇 안 되는 대통령중 하나이다. 나는 스티븐 맨스필드가 쓴 「조지 부시의 신앙」과 데이빗 에익맨이 쓴 「믿음의 사람, 조지 부시의 영적 순례」 둘 다를 참고했는데, 두 권 다 장점이 있지만 에익맨의 책이 연구가 더 잘 되었고 이해하기가 더 좋다.

역자의 말

30여 년 전부터 미국의 심리학계는 "리더십"에 대한 연구로 꽃을 피우고 있습니다. 리더십 연구의 선두주자 중 하나인 존 맥스웰은 "리더십은 영향력이다"라고 말했습니다. 그는 "스스로 지도자라고 생각하더라도 따라오는 사람이 없다면 그저 산책을 하고 있는 것이다"라고 했습니다.

사회학자들은 지극히 내성적인 사람일지라도 일생동안 만여 명의 사람들에게 영향을 끼친다고 말합니다. 그러므로 한 사람의 능력은 대단합니다. 한 사람의 영향력도 위대합니다. 그 한 사람이 공동체의 리더라면 더욱 그렇습니다. 대기업의 회장이라면 지역사회와 나라에 기여하는 영향력은 매우 큽니다. 더욱이 한 나라의 대통령은 그 영향력이 나라 전체에 미치게 됩니다. 그 대통령이 세계 최강대국 중 하나인 미국의 대통령이라면 그 영향력은 미국에 국한되는 것이 아닐 것입니다.

한 나라의 대통령은 최고의 경영자(CEO)입니다. 그들은 정치, 경제, 문화, 사회 등 전반적인 일에 책임을 집니다. 그러므로 그들이 무슨 생각을 하느냐, 무엇을 믿느냐 하는 것은 매우 중요합니다. 왜냐하면 그들의 신앙은 국가를 위한 결정에 지대한 영향을 끼치기 때문입니다.

기독교 역사가이며 정치학을 전공한 저자는 대통령의 믿음에 초점을 맞추었으며, 그 믿음이 그들의 삶과 대통령의 직무에 어떠한 영향을 끼쳤는가를 조명했습니다. 이 책을 처음 손에 잡았을 때 제목부터가 저에게 흥미를 주었습니다. 그리고 제가 아는 몇몇 대통령에 대한 글을 단숨에 읽었습니다. 초대 대통령이었던 조지 워싱턴, 미국 헌법을 기초한 토마스 제퍼슨, 어렸을 때부터 믿음을 가졌으며 수많은 실패에도 불구하고 포기하지 않고 도전하여 대통령이 된 아브라함 링컨… 무엇보다도 2001년 9월 11에 있었던 911사태 때 부시 대통령은 무슨 생각을 하며 어떻게 위기를 모면했을까 궁금했습니다.

이 책을 번역하면서 귀중한 것들을 발견했습니다. 각 대통령의 신앙 노선이 주를 이루고 있습니다. 그들의 정치적 성향, 사상과 철학 등이 전반적으로 포함되어 있습니다. 조찬기도회, 추수감사절의 메시지 등이 있습니다. 그들이 중요한 국가 정책을 결정 할 때 어떻게 신앙으로 결정을 했는지 등이 들어 있습니다. 빌리 그래함 목사가 대통령들에게 전도하고 신앙 상담한 내용들이 있습니다. 독자는 이 책을 통해 여러 면에서 유익을 얻게 될 것입니다.

현재 세계 최고의 강대국 중 하나인 미국을 경영하였던 최고의 경영자(CEO)들에게 이 땅의 수많은 경영자들은 경영에 대한 것을 배우게 될 것입니다. 교회나 각 단체의 장들은 리더십에 대해서 많은 것을 배울 수 있습니다. 설교자에게는 좋은 예화집이 될 것입니다. 목회자가 어떻게 경영자들에게 영향을 미칠 수 있는가를 배울 수 있습니다. 교사는 신앙과 리더십을 다룰 수 있습니다. 미국 대통령의 신앙은 비신자들에게도 매력으로 다가갈 것입니다.

베드로서원의 대표이신 한영진 장로님과 좋은 책을 번역할 수 있는 기회를 주신 한순진 목사님께 깊은 감사를 드립니다. 미국 역대 대통령의 믿음에 초점을 둔 책이지만, 아울러 정치적인 용어와 정책에 대한 내용이 들어 있어 딱딱할 수 있는 글들을 이해하기 쉽고 읽기 쉽게 정리해 주신 베드로서원의 김복녕 팀장님과 직원 여러분께 많은 감사를 드립니다.

2008년 초여름 아틀란타의 목양지에서
권석균 목사

The Faith of America's Presidents

Copyright ⓒ 2007 by Daniel J. Mount
Published by Living Ink Books/AMG Publishers
6815 Shallowford Road

Chattanooga, Tennessee 37421

Korean translation copyright ⓒ 2008 by Peter's House
281 Yangpyung-Dong 4-Ga, Youngdeungpo-Ku, Seoul Korea

미국 역대 대통령의 믿음

초판 1쇄 발행일 2008년 8월 25일

저　자 | 다니엘 마운트(Daniel J. Mount)
번　역 | 권석균
발행처 | 베드로서원
발행인 | 한순진
대　표 | 한영진

등록번호 : 제318-2005-000043호 · 등록일자 : 1988. 6. 3

서울시 영등포구 양평동4가 281 삼부르네상스한강 1307호
Tel. 02)333-7316, Fax. 333-7317
www.petershouse.co.kr
E-mail : peter050@kornet.net

베드로서원은 기독교문화 창달을 위해 좋은 책 만들기에 힘쓰고 있습니다.
*파본 및 잘못된 책은 바꾸어 드립니다.

ISBN 978-89-7419-257-0

값 18,000원

미주사역
PETER'S HOUSE
49 Candlewood Way, Buena Park, CA 90621
☎ (562)483-1711. Cell. (714)350-4211
E-mail : soonjinhan@hotmail.com